AF600825

Gerhard Richter

Text 1961 bis 2007

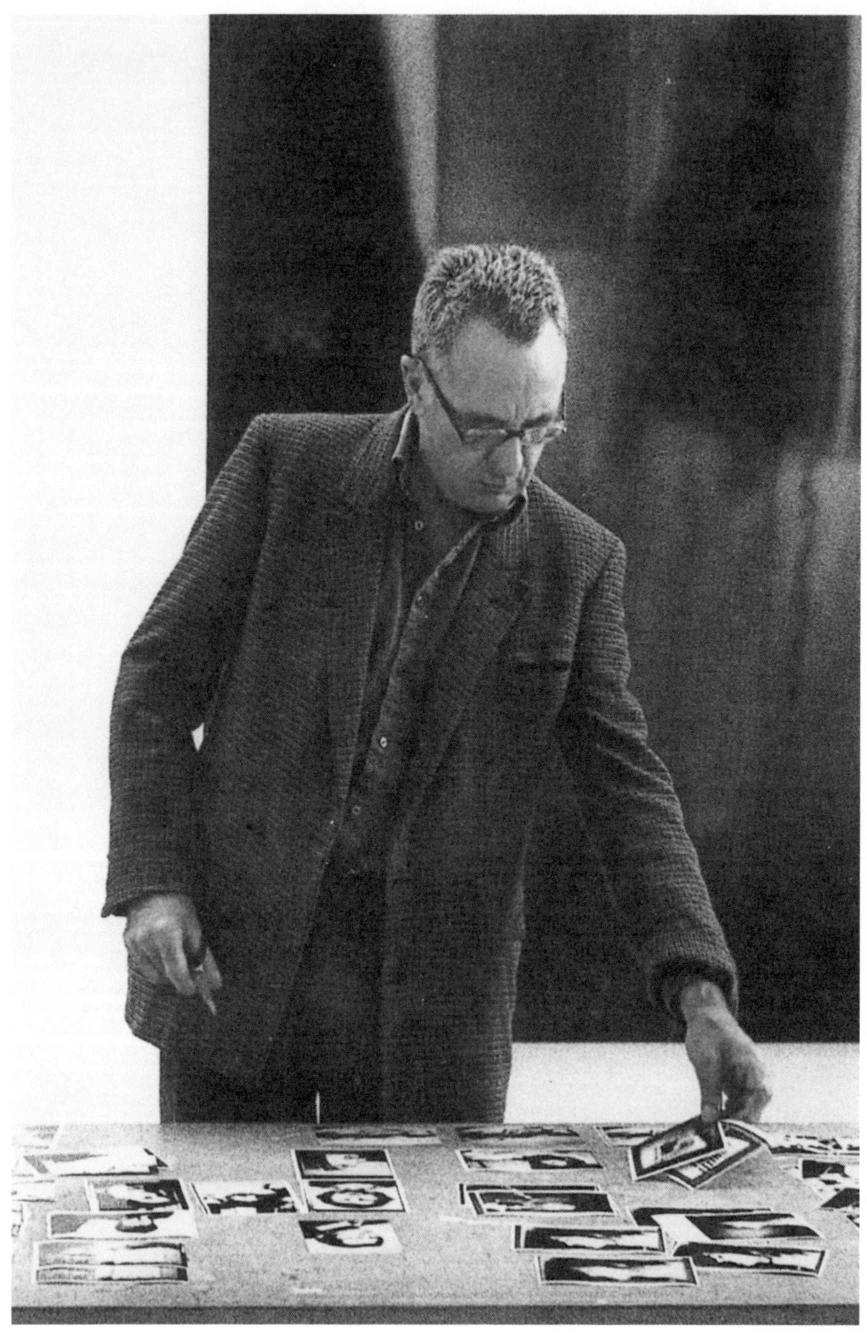

Gerhard Richter
Text 1961 bis 2007

Schriften, Interviews, Briefe

herausgegeben von
Dietmar Elger und Hans Ulrich Obrist

Verlag der Buchhandlung
Walther König, Köln

Inhalt

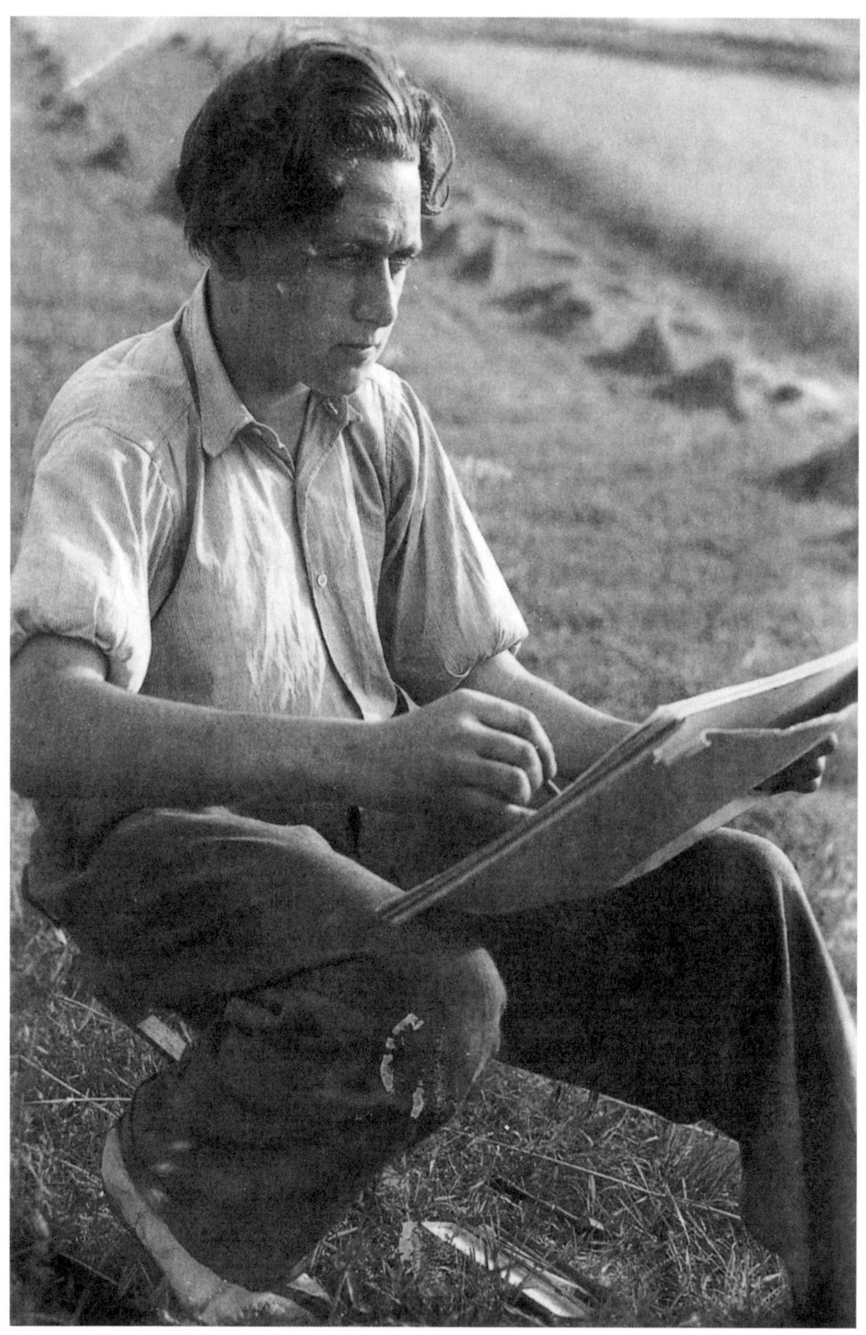

1950, Waltersdorf / Oberlausitz

Vorwort

Das Gespräch ist die von Gerhard Richter bevorzugte Form der Mitteilung, die er insbesondere in den letzten Jahren perfektioniert und häufig genutzt hat. So bilden die Interviews und Gespräche in dieser ersten vollständigen Ausgabe seiner Texte – nebst Briefen, Tagebuchaufzeichnungen, Notizen – den umfangreichsten Teil. Sie wurden hier bis auf drei kurze Gespräche vollständig erfasst. Von den Briefen wurden nur diejenigen berücksichtigt, in denen Gerhard Richter seine künstlerische Arbeit reflektiert, wie der von 1961 an seinen Lehrer in Dresden, in dem er sich zu seinem Weggang äußert.

Im Vergleich zum ersten Anthologiebuch (Frankfurt a.M. 1993) mit 49 Beiträgen der Jahre 1962–1993 verzeichnet das hier vorliegende Buch 112 Texte der Jahre 1961–2007. Die dokumentarischen Fotos, Installationen und Werkabbildungen, hat Gerhard Richter ausgesucht und als begleitenden Bildessay zusammengestellt. Erstmals öffnete hier Gerhard Richter uneingeschränkt sein Archiv, so das auch bildnerisch dieses Buch als authentische Quellensammlung gelten kann.

Den Auftakt von Gerhard Richters Texten bildet ein bisher unveröffentlichter Abschiedsbrief aus dem Jahr 1961 an seinen Dresdener Lehrer Heinz Lohmar, in dem sich Richter zu den Gründen seines Weggangs aus Dresden und der DDR äußert. Ein Interview, das anlässlich von Richters Beitrag zur Biennale Venedig im Sommer 2007 entstanden ist, beschließt den Band. Dazwischen liegen 46 Jahre Richter'scher „Texte", deren Themen weit über kunstimmanente Fragen hinausgehen: Notizen, Tagebucheintragungen, zu bestimmten Anlässen entstandene kurze Essays, Briefe, Stellungnahmen, Statements, Manifeste – und immer wieder sind es Interviews, Gespräche und Dialoge.

Die Texte erlauben uns, einen Schritt näher zu treten und uns mit den Ideen, Fragen und Widersprüchen auseinanderzusetzen, die Richter beschäftigen. Zugleich ermöglichen sie es, die aktuellen Entwicklungen des Künstlers vor dem Hintergrund seiner früheren Werke aus den 1960er und 1970er Jahren zu sehen. Daraus ergibt sich eine Momentaufnahme, ein Fundus aus Fragen, Überlegungen und sich herauskristallisierenden Ideen, die den Künstler ein Leben lang begleitet haben und die sich zu einem aufschlussreichen Mosaikbild des heutigen Gerhard Richter zusammenfügen: ein Künstler, dessen hohe kunsthistorische Bedeutung außer Frage steht und der seinem Werk dennoch beständig neue Facetten hinzufügen vermag.

Wir sind überzeugt, dass diese vollständige Gesamtausgabe der Texte von Gerhard Richter nicht nur dem Leser einen erweiterten Blick auf das Werk und den Künstler eröffnet, sondern auch der Forschung umfangreiches neues Quellenmaterial an die Hand gibt.

Zahlreiche bislang unveröffentlichte Briefe oder Texte werden hier erstmals publiziert; manche an entlegener Stelle veröffentlichten Texte und Interviews werden nun wieder zugänglich. Darüber hinaus wurde ein wissenschaftlicher Anhang mit Kommentaren, Quellen, und weiterführenden Erläuterungen erarbeitet, der dem interessierten Leser weiterführende Informationen zur Hand gibt.

Unser ganz herzlicher Dank gilt Gerhard Richter, der uns bei den Arbeiten zu dieser Gesamtausgabe seiner Texte großzügig unterstützt und alle Entscheidungen souverän mitgetragen hat. Ein besonderer Dank gilt auch Walther König und Herbert Abrell vom Verlag der Buchhandlung Walther König, Köln, dem Gerhard Richter Archiv in Dresden, sowie dem Gestalter Uwe Koch. Ebenso möchten wir uns, auch im Namen von Gerhard Richter, bei allen Interviewpartnern und Verlagen bedanken, die uns ihre Zustimmung für den Wiederabdruck der Beiträge erteilt haben.

Dietmar Elger Hans Ulrich Obrist

Brief an Prof. Heinz Lohmar, 6. April 1961

Lieber Herr Professor Lohmar![1]

Mir fällt es sehr schwer, heute an Sie zu schreiben. – Wir haben Dresden verlassen, um in Westdeutschland eine neue Existenz zu beginnen. Die politische Situation macht, dass eine solche Übersiedlung (und geschähe sie auch nur vorübergehend) als Republikflucht und damit als strafbare Handlung angesehen werden muss. Ich musste das berücksichtigen und konnte deshalb aus Gründen der Vorsicht mich mit niemandem über meine Arbeit besprechen.

Ich habe viel Zeit gebraucht, um mir über das Für und Wider meines Vorhabens klar zu werden, um nach Überlegungen und Prüfungen eine Entscheidung zu treffen. Es kam zum Entschluss, von dessen Richtigkeit ich überzeugt bin.

Die Gründe sind vorwiegend beruflicher Art (...) Wenn ich sage, dass mir die künstlerischen Bestrebungen, das ganze kulturelle „Klima“ des Westens mehr bieten können, meiner Art zu sein und zu arbeiten besser und stimmiger entsprechen als das des Ostens, so will ich damit die Hauptursache angedeutet haben. Übrigens wurde mir diese Einsicht zur gänzlichen Gewissheit während meiner Reise nach Moskau und Leningrad[2].

Ich will heute also nicht weiter auf die Begründung meiner Übersiedlung eingehen, – ich möchte Ihnen nur sagen, dass es mir bei allem Wissen um die Notwendigkeit meines Tuns, sehr schwer gefallen ist zu gehen; denn ich weiß was ich verlassen habe, und ich ging nicht *leichtfertig* – vielleicht um schönere Wagen zu fahren.

Es tut mir besonders leid, Ihnen eine solche Mitteilung zustellen zu müssen. Ich will Sie nicht um Verzeihung bitten und kann nicht erwarten, dass Sie für meine Handlungsweise Verständnis aufbringen, – aber ich möchte mir erlauben, Ihnen für all das, was Sie für mich getan haben, für Ihre vielen Bemühungen, die Sie für mich und meine Arbeit in jeder Hinsicht aufwendeten und die ich stets schätzen werde, ehrlich und von Herzen zu danken.

Notizen 1962

Das erste, was zur Malerei, zur Kunst überhaupt treibt, ist Mitteilungsbedürfnis, Bemühen um Fixierung der Anschauung, um Bewältigung der Erscheinungen (die fremd sind und Namen und Sinn erhalten müssen). Ohne das wäre alle Arbeit sinnlos und ungerechtfertigt wie l'art pour l'art.

Dass die Kunst die Natur kopiert, ist ein unheilvolles Missverständnis. Denn immer schuf die Kunst gegen die Natur und für die Vernunft.

Jedes Wort, jeder Strich, jeder Gedanke wird uns gegeben von unserer Zeit, deren Umständen, Bindungen, Bestrebungen, deren Vergangenheit und Gegenwart. Es ist also nicht möglich, unabhängig und willkürlich zu tun und zu denken. Das ist in einer Weise tröstlich, denn dadurch ist der Einzelne gebunden und gewissermaßen umsorgt von der gemeinsamen Zeit, auch allem Unheil wird immer etwas Mögliches anhaften.

Das ist eine unsinnige Forderung und Behauptung: ‚das Unsichtbare sichtbar machen', das Unbekannte bekannt oder das Undenkbare denkbar. Wir können zwar auf das Unsichtbare schließen, also dessen Existenz mit relativer Sicherheit voraussetzen, aber darstellen können wir nur ein Gleichnis, das für das Unsichtbare steht, aber es nicht ist.

Es besteht überhaupt keine Veranlassung, das Übernommene bedenkenlos zu akzeptieren. Denn kein Ding ist von sich aus gut oder schlecht, sondern nur unter bestimmten Umständen und mit unserem Wollen. Diese Tatsache nimmt den Konventionen Garantien und Unbedingtheiten und gibt uns täglich die Verantwortung, über Gut und Schlecht zu entscheiden.

Sich ein Bild machen, eine Anschauung haben, macht uns zu Menschen – Kunst ist Sinngebung, Sinngestaltung, gleich Gottsuche und Religion. Wenngleich wir auch zu wissen vermögen, dass alle Sinngebung und Bildmachung künstlich und wie Illusion ist, können wir nie darauf verzichten. Denn das Glauben (Erdenken und Besinnen des Gegenwärtigen und Zukünftigen) ist unsere wichtigste Eigenschaft.

Die Mittel der Kunst (die Art), etwas darzustellen – Stil, Technik und das Dargestellte selbst –, sind Umstände der Kunst, im gleichen Sinne wie die Eigenschaften des Künstlers (Art zu leben, Fähigkeiten, Umweltbedingungen usw.) Umstände der Kunst sind. Kunst kann gleichermaßen in Einklang mit und in Gegensatz zu ihren Umständen entstehen. Sie selbst ist weder sichtbar noch definierbar, sichtbar und nachahmbar sind nur die Umstände, schnell nimmt man diese für die Kunst selbst.

Sobald künstlerisches Tun zum ‚Ismus' geworden ist, handelt es sich nicht mehr um solches. Denn nur, was täglich um Form und Existenz ringt, ist lebendig. (Als Vergleich: das Soziale ist eine Form und Methode, die heutiger Einsicht gemäß und richtig ist. Erhebt es sich dagegen zum Sozial-ismus, zur Ordnung und zum Dogma, dann gibt es sein Bestes und Eigentliches auf und kann zum Verbrechen werden.)

Ich bin ja nicht hierhergekommen[I], um dem ‚Materialismus' zu entfliehen; der herrscht hier viel ausschließlicher und geistloser, sondern entfliehen musste ich dem verbrecherischen ‚Idealismus' der Sozialisten.

Malen hat mit Denken nichts zu tun, denn beim Malen ist das Denken Malen. Denken ist Sprache, Registratur und hat vorher und hinterher zu erfolgen. Einstein dachte nicht, wenn er rechnete, sondern rechnete – reagierte mit der nächsten Gleichung auf die vorhergehende, wie beim Malen eine Form Entsprechung auf die andere ist und so fort.

Kunst dient der Vergemeinschaftung. Sie verbindet uns mit den anderen und mit dem Umgebenden zu gleicher Anschauung und Bemühung.

Mir geht es nie um Kunst, sondern immer nur um etwas, wofür die Kunst benutzt werden kann.

Da es keine absolute Richtigkeit und Wahrheit gibt, streben wir immer die künstliche, führende, eben menschliche Wahrheit an. Wir werten und machen eine Wahrheit, die andere ausschließt. Die Kunst ist ein bildender Teil dieser Wahrheitsherstellung.

Ganz sicher haben die Naturwissenschaften die Künste beeinflusst. Dem Azteken war ein Sonnenuntergang ein so unerklärliches Ereignis, das er nur mit Hilfe von Göttervorstellungen bändigen und überleben konnte. Solche naheliegenden Erscheinungen sind in der Zwischenzeit erklärt. Aber das Unerklärliche hat durch die gewaltigen, schon nicht mehr anschaulichen Maße des Erklärbaren derart ungeheure Züge angenommen, dass es uns schwindelt und dass die alten Bilder wie Seifenblasen zerplatzen. Das Bedenken des absolut Unerklärlichen (etwa beim Anblick des Sternenhimmels) und die Unmöglichkeit, dieser Ungeheuerlichkeit Sinn zu geben, treffen uns so, dass wir das nur mit Ignoranz überleben können.

So eigenartig es klingt, das Nicht-wissen-wohin-es-Geht, das Verlorensein und Verlorenhaben, zeitigt einen maximalen Glauben und Optimismus anstelle einer kollektiven Sicherheit und Sinnhaftigkeit. Man muss Gott verloren haben, um zu glauben, die Kunst, um zu malen.

Brief an die Neue Deutsche Wochenschau 29.4.1963

An die
Neue Deutsche Wochenschau
Düsseldorf

Sehr geehrter Herr Schmidt!

Wir erlauben uns, Sie auf eine ungewöhnliche Gruppe junger Maler und auf deren ungewöhnliche Ausstellung aufmerksam zu machen. Wir stellen in Düsseldorf in einem ehemaligen Ladenlokal in dem zum Abbruch bestimmten Teil der Kaiserstraße aus. Für diese Ausstellung, die keinen kommerziellen, sondern einen ausschließlich demonstrativen Charakter trägt, konnte keine Galerie, kein Museum und keine Ausstellungsvereinigung in Frage kommen.

Die Sehenswürdigkeit der Ausstellung ergibt sich aus der Thematik der Arbeiten. Wir zeigen erstmalig in Deutschland Bilder, für die Begriffe wie Pop-Art, Junk Culture, imperialistischer oder Kapitalistischer Realismus[1], neue Gegenständlichkeit, Naturalismus, German Pop und einige ähnliche kennzeichnend sind. Pop-Art anerkennt die modernen Massenmedien als echte Kulturerscheinung und verwendet artifizierend deren Attribute, Formulierungen und Inhalte für die Kunst. Sie verändert dadurch grundlegend das Gesicht der modernen Malerei und leitet eine ästhetische Revolution ein. Sie überwand die konventionelle Malerei, ihre Sterilität, Isolierung und Künstlichkeit, ihre Tabus und Reglements und fand, eine neue Weltsicht schaffend, sehr rasch internationale Verbreitung und Anerkennung.

Pop-Art ist keine amerikanische Erfindung und für uns kein Importartikel, wenngleich die Begriffe und Namen zum größeren Teil in Amerika geprägt wurden und sie dort schneller Popularität erlangen als bei uns in Deutschland. Dass diese Kunst bei uns organisch und eigenständig wächst und gleichzeitig eine Analogie zur amerikanischen Pop-Art darstellt, ergibt sich aus bestimmten Voraussetzungen psychologischer, kultureller und ökonomischer Art, die hier wie in Amerika die gleichen sind.

Wir sind der Ansicht, dass es für die Wochenschau notwendig wäre, diese erste Ausstellung „Deutscher Pop-Art"[2] zu dokumentieren, und wir bitten Sie, die Möglichkeit einer Reportage zu erwägen. Wenn Sie weitere detaillierte Angaben über uns, unsere Arbeiten und unsere Tendenzen wünschen, sind wir gern bereit, sie Ihnen zukommen zu lassen.

In Erwartung Ihrer Nachricht verbleiben wir[3]
mit vorzüglicher Hochachtung

Gerd Richter
Düsseldorf
Hüttenstr. 71
Düsseldorf, 29.4.63 Tel. 189 70

Programm und Bericht Ausstellung *Leben mit Pop – Eine Demonstration für den Kapitalistischen Realismus*, Düsseldorf 11.10.1963

Bitte merken Sie sich Ihre laufende Nummer:
PROGRAMM (röm. Zahlen) KATALOG (Buchstaben)
zu einer Demonstration für den kapitalistischen Realismus

Leben mit Pop
am Freitag, dem 11.10.63, in Düsseldorf, Flingerstraße 11

I) Beginn 20 Uhr— Begeben Sie sich in die III. Etage.

A. Warteraum, 3. Etage (Gestaltung: Lueg und Richter)

II) Nach Aufruf kann der Ausstellungsraum Nr. 1 im III. Stock besichtigt werden. Die Ausstellungsleitung bittet um diszipliniertes Verhalten.

B. Ausstellungsraum Nr. 1: Plastiken von Lueg u. Richter
(zusätzlich eine Leihgabe von Prof. Beuys[1])
(Couch mit Kissen und einem Künstler
Stehlampe mit Fußschalter

Schiebetisch
Sessel mit einem Künstler
Gasherd
Sessel
Tisch, verstellbar, mit Gedeck und Blumen
Teewagen, belegt
Großer Schrank mit Inhalt und Fernsehen
Garderobe mit Leihgabe von Prof. Beuys)

III) Nach Aufruf (voraussichtlich 20.45 Uhr) Besichtigung weiterer Ausstellungsräume in der II. und I. Etage und im Erdgeschoss. Die Ausstellungsleitung bittet, während dieses Rundganges (Polonaise) das Rauchen einzustellen.

C. Ausstellungsräume in den verschiedenen Etagen (ausgesucht von Lueg und Richter)
(52 Schlafzimmer, 78 Wohnzimmer, Küchen und Kinderzimmer, Bilder der beiden Maler, als Ehrengäste die Herren Schmela und Kennedy[2])

IV) Nach dem Rundgang... siehe A. usw.
Änderungen vorbehalten.

Wir danken für Ihre Aufmerksamkeit.
Konrad Lueg und Gerd Richter

BERICHT

(12. September 63): Planung einer Ausstellung in einem Düsseldorfer Möbelhaus. Zur Verfügung steht ein 32 qm großer Raum im III. Stock des Büroteils. Beschlossen nach Verwerfung verschiedener Ausstellungskonzeptionen wird eine folgende Demonstration:

a) Ausstellen des gesamten Möbelhauses ohne Veränderung.
b) Im separaten Ausstellungsraum als Komprimierung der Demonstration: Aufstellung eines durchschnittlichen Wohnzimmers in Funktion, d.h. bewohnt; dekoriert mit den jeweiligen Utensilien, Speisen, Getränken, Büchern, Hauskram und den beiden Malern. Die einzelnen Möbel werden in der Art von Plastiken auf Sockel gestellt, ihre natürlichen Abstände voneinander werden vergrößert, um ein Ausgestellt-sein zu verwirklichen.
c) Programmierter Ablauf der Demonstration für den 11.10.63.

Verzeichnis der am 11.10.63 zu besichtigenden Räume:

I. Schaufensterpassage (26 große Fenster). Büroeingang, Aufzug zur III. Etage.

II. Warteraum (großer Treppenhausflur in der III. Etage). An den Wänden: 2 Schilder mit der Aufschrift WARTERAUM. 14 Rehbockgeweihe[3] (geschossen 1938–42 in Pommern). Aufgestellt sind 39 einfache Stühle, auf jedem liegt eine *Frankfurter Allgemeine* vom 11.10.63. Auf den Treppenstufen liegen verschiedene Illustrierte Zeitschriften, in der Nähe des Aufzuges stehen zwei lebensgroße Figuren (Papier auf Drahtgeflecht kaschiert und bemalt), darstellend den Kunsthändler Alfred Schmela und den Präsidenten John F. Kennedy. Der Raum ist von kaltem, etwas schwachem Neonlicht beleuchtet.

III. Ausstellungsraum. Auf 9 weißen Sockeln stehen: Ein Teewagen mit Blumen in einer Vase, im Zwischenfach Churchills Werke und die Zeitschrift *Schöner Wohnen*. Ein Schrank mit gemischtem Inhalt. Ein weinroter Sessel. Ein Gasherd. Ein grüner Sessel, darauf sitzend K. Lueg (dunkler Anzug, weißes Hemd, Krawatte). Ein kleiner Versatztisch, darauf ein Fernsehgerät (nach der Tagesschau die Ära Adenauer übertragend). Eine kleine Stehlampe. Eine Couch, darauf liegend mit einem Kriminalroman G. Richter (blauer Anzug, rosa Hemd, Krawatte). Ein Tisch, gedeckt mit Kaffeegeschirr für 2 Personen, angeschnittenem Marmor- und Napfkuchen und eingeschenktem Kaffee; außerdem 3 Gläser und in einem Plastikbeutel 3 Flaschen Bier und 1 Flasche Korn. Die Wände sind weiß gestrichen. Bilder und Wandschmuck sind nicht angebracht. Neben der Eingangstür befindet sich eine Garderobe. Sie ist mit dem offiziellen Anzug von Prof. J. Beuys bestückt (Hut, gelbes Hemd, blaue Hose, Socken, Schuhe. Darauf angebracht sind 9 kleine Zettel mit braunen Kreuzen. Darunter steht ein Karton mit Palmin und Margarine). Der Raum ist von sehr hellem, warmen Neonlicht und einer Stehlampe beleuchtet und durch wiederholtes Einsprühen mit Fichtennadelozon mit anhaltendem Geruch erfüllt.

IV. Umfangreiche Möbelausstellung aller gängigen Stile in 4 Etagen (81 Wohnzimmer, 72 Schlafzimmer, Küchen, Einzelstücke. Lagerräume. Eng gereihte Nischen, Kojen, Zimmer, mit Möbeln vollgestellte Treppen und Gänge, Teppiche, Wandschmuck, Geräte, Utensilien).
In verschiedenen Einrichtungen der Schlaf- und Wohnzimmerabteilungen sind Bilder von Lueg und Richter aufgestellt.
Von K. Lueg: Vier Finger; Betende Hände; Bockwürste auf Pappteller; Bügel.
Von G. Richter: Mund; Papst; Hirsch; Schloss Neu-Schwanstein.
Die Räume sind normal beleuchtet.

Bericht über den Verlauf der Demonstration vom 11.10.63:

20 Uhr. Zwei Angestellte des Hauses stehen am Eingang und verteilen Programme, die mit einer laufenden Nummer versehen sind. Gezählt wurden 122 Gäste, davon verließ ein geringer Teil vorzeitig die Veranstaltung.

Die Besucher fahren mit dem Aufzug zur III. Etage und befinden sich im WARTERAUM. Lautsprecher übertragen im ganzen Haus Tanzmusik und die Durchsagen eines Sprechers, der die Gäste begrüßt und in Abständen von 3–5 Minuten nach laufender Nummer Gruppen von 6–10 Besuchern auffordert, den Ausstellungsraum zu besichtigen. Die zuerst aufgerufenen Gäste betreten nur zögernd den Raum. Bald darauf füllt sich der Raum. Gegen 20.30 Uhr richtet sich keiner mehr nach den Aufrufen, sondern jeder drängt sich hinein. Die ausgestellten Speisen und Getränke werden sämtlich von den Besuchern verzehrt, der Schrankinhalt wird zum Teil geplündert.

20.35 Uhr verlassen die ausgestellten Künstler ihre Sockel und rufen, ebenso wie die Lautsprecher, zum großen Rundgang auf.

Richter führt eine erste Gruppe von Gästen in die im II. Stock gelegene Schlafzimmerabteilung. Lueg folgt mit den weiteren Besuchern.

Die Lautsprecher übertragen fortwährend Tanzmusik, unterbrochen von ausgesuchten Texten aus Möbelkatalogen[4]. Der Rundgang verläuft vom II. Stock abwärts in die Wohnzimmerabteilung, von da durch das Lager in die im Keller gelegene Küchenabteilung.

Die meisten Besucher halten die vorgeschriebene Route nicht ein, zerstreuen oder verlaufen sich in die einzelnen Abteilungen.

Um 21 Uhr sind alle Gäste in der Küchenabteilung. Sie nehmen in den 41 Kücheneinrichtungen Platz und trinken das bereitgestellte Bier. Ein Besucher (Kunststudent) zieht sich aus Protest gegen diese Demonstration bis auf die Badehose aus. Er wird mit seinen Kleidern unter dem Arm aus dem Haus gewiesen.

Um 21.30 Uhr hat der letzte Gast das Haus verlassen.

Notizen 1964(–1967)

Ich habe früher als Junge viel fotografiert und war mit einem Fotografen befreundet, der mir die Tricks zeigte. Eine Zeitlang habe ich auch als Fotolaborant gearbeitet[1]: die Massen von Fotos, die täglich durchs Entwicklerbad gingen, haben vielleicht einen anhaltenden Schock bewirkt. Dann ging ich nach Dresden auf die Akademie und habe nur noch gemalt – realistisch und von Beckmann beeinflusst.

Als ich 1961 zu Götz[2] nach Düsseldorf (und damit in den Westen) kam, war ich zuerst ziemlich ratlos und verzweifelt. Erst die Begegnung mit Fluxus und Pop-Art brachte die Befreiung.

Mein erstes Fotobild? Ich malte damals von Gaul[3] beeinflusste großflächige Lackbilder. Eines Tages kam mir ein Foto von Brigitte Bardot zwischen die Finger, und ich malte sie in Grau in eines dieser Bilder hinein. Ich hatte die Scheißmalerei satt, und ein Foto abzumalen erschien mir das Blödsinnigste und Unkünstlerischste, was man machen konnte.

Ich sammle Fotos (heute werden mir auch viele geschenkt) und schaue sie mir immer wieder an. Allerdings keine ‚Kunstfotos', sondern solche von Laien oder Durchschnittsreportern. Die Raffinessen und Tricks von Kunstfotografen sind schnell durchschaubar und langweilen dann.

Happenings, Bilder, Objekte usw. hat und macht der Laie in einer Weise, die jeden Künstler beschämen kann. Oder sind annähernd gleich große und gute Objekte von Künstlern gebaut worden wie ein von einem Laien angelegter Garten?

Die Frage der Komposition ist unwichtig, sie spielt bei der Auswahl der Fotos höchstens eine negative Rolle. Das heißt, die Faszination eines Fotos liegt nicht in einer ausgefallenen Komposition, sondern in dem, was es aussagt, in seiner Information. Andererseits hat Komposition immer auch eine zufällige Richtigkeit.

So ist es schwierig, sechs verschiedene Zahlen so auf einem Lottozettel anzukreuzen, dass die Konstellation überzeugend wirkt. Dagegen wirkt die nach der Ziehung sich ergebende Reihenfolge in jeder Weise richtig und glaubhaft.

Ich ziehe das ‚naive' Foto vor mit einer einfachen, unkomplizierten Komposition; deswegen gefällt mir auch die Mona Lisa so gut, es ist nichts an ihr dran.

Meine Arbeit hat in jeder Beziehung mehr mit der traditionellen Kunst zu tun als mit allem übrigen.

Für mich existiert durchaus eine Hierarchie der Bildthemen, Stockrübe und Madonna sind nicht gleichwertig, auch nicht als Kunstobjekte. Die Virtuosität der Peinture versucht nur, darüber hinwegzutäuschen. Ich hasse die Verblüffung des Könnens, z. B. etwas frei nach der Natur zeichnen zu können, oder schlimmer, etwas ganz Originales zu erfinden, zu kombinieren, eine besondere Form, eine besondere Komposition oder ausgefallene Farbigkeit. Man vergisst vor Freude über seine eigene Fähigkeit zu leicht das Bild selbst. Es gibt Legionen von Malern, die einfach zu begabt sind, um gute Bilder malen zu können. Etwas können ist nie der Grund, etwas zu tun. Deshalb liebe ich auch das ‚nicht gestaltete' Foto. Es will nichts, als über eine Begebenheit berichten.

Ich bevorzuge keine bestimmten Bildthemen. Natürlich faszinieren mich bestimmte Sachen besonders. Aber ich will mich da nicht festlegen; die Welt, die das Foto abbildet, ist ja auch vielfältig.

Ich male auch nach selbstgemachten Fotos. Die kann ich dann natürlich nach eigenen Vorstellungen arrangieren.

Ich malte die Fotos einfach so ab und bemühte mich um möglichst große Fotoähnlichkeit. Deshalb vermied ich den Pinselstrich und malte möglichst glatt. Erscheinungen wie Überbelichtung und Unschärfe kamen ungewollt mit hinein, bestimmten dann aber die Atmosphäre der Bilder sehr entscheidend. Heute gehe ich teilweise den umgekehrten Weg, so dass sich Bilder aus der Technik ergeben. Die *Türen* und *Vorhänge* sind zum Beispiel aus Erfahrungen mit der Unschärfe entstandene, konstruierte Bilder. Die Technik ist zunächst einmal nebensächlich.

Vielleicht finde ich eines Tages eine bessere Möglichkeit als das Malen! Im Augenblick erscheint mir allerdings das mir vertraute Arbeiten mit Pinsel und Farbe einfacher und erfolgversprechender als das Fotografieren, das doch mit vielen im Grunde leicht zu wiederholenden Tricks und Manipulationen verbunden bleibt. Außerdem kommt selbst beim einfachen Abmalen – eben doch gewollt oder ungewollt – etwas Neues dazu, etwas, was ich selbst nicht kapiere.

„Kapitalistischer Realismus“:
Kontakt mit gleichdenkenden Malern[4] – eine Gruppe ist für mich sehr wichtig; es kommt nichts von alleine. Wir haben zum Teil unsere Ideen im Gespräch entwickelt. Eine Isolation auf dem Dorf wäre z. B. nichts für mich. Man ist von seiner Umwelt abhängig. In diesem Sinn ist der Austausch mit anderen Künstlern, speziell die Zusammenarbeit mit Lueg und Polke, für mich wichtig und Teil der Information, die ich brauche.

Plakattext der Ausstellung Klasen[1] und Richter, Galerie Friedrich & Dahlem[2], München 1964

Ausgeschrieben

Ausgeschrieben war ein Zielflug nach Göppingen-Berneck mit Rückkehr zum Startplatz Roth-Kiliansdorf über insgesamt 147 Kilometer. Bei ungünstigen Witterungsbedingungen gab es zahlreiche Außenlandungen. Rudolf Lindner (Nabern/Teck), der sich nach dem zweiten Wertungsflug in der Standardklasse vor Heinz Huth an die Spitze gesetzt hatte, musste mit seinem Phoebus nach einem Flug von rund 100 Kilometern im Raum Bopfingen landen. Rolf Kuntz, Braunschweig, landete auf dem 694 Meter hohen Hausknecht bei Böhmenkirch. Weltmeister Heinz Huth und der in der offenen Klasse führende Rolf Spanig (Speyer) befanden sich bei Redaktionsschluss noch in der Luft.

Interview zwischen Anthony Twaites und Gerhard Richter, von Sigmar Polke im Oktober 1964 verfasst

Herr Richter, Sie sind der begabteste deutsche Pop-Maler, Sie haben die Nöte und Anfechtungen am Anfang der Bewegung mitgemacht, sind jetzt selbst richtungsbildend. Vielleicht können Sie uns einiges über Ihre Arbeit und Ihre künstlerische Entwicklung sagen.

Ich habe viel Arbeit und bin künstlerisch gut entwickelt, auch geistig und körperlich. Ich ziehe den Expander vorne und hinten. Und wenn Sie meine neuen Bilder sehen würden, Herr Twaites, Sie würden zusammenbrechen!

Warum?

Weil sie so gut sind, Sie haben noch nie so gute Bilder gesehen, keiner hat schon so gute Bilder gesehen, und ich kann sie keinem zeigen; denn alle würden zusammenbrechen. Zuerst habe ich deshalb alle Bilder mit Tüchern verhangen, als ich weiter war, habe ich alle Bilder wieder weiß übermalt...

Und jetzt?

Jetzt male ich überhaupt nicht mehr, weil ich nicht die ganze Menschheit auf dem Gewissen haben will.

Wieviel Beschauer sind denn schon Ihren Arbeiten erlegen?

Ich weiß es nicht genau, die Zahlen sind natürlich statistisch genau erfasst – sie gehen in die zigtausende – mit Lappalien kann ich mich nicht abgeben. Früher, ja da war es interessanter, als die großen Vernichtungslager in Osteuropa mit meinen Bildern arbeiteten. Durch bloßes Ansehen brachen die Häftlinge tot zusammen. Dabei waren das noch die einfachen Bilder. Wer die erste Schau überlebte, wurde durch ein etwas besseres Bild getötet.

Und Ihre Handzeichnungen?

Ich habe nicht viel gemacht. Je zwei hatten Buchenwald, Dachau, eine in Bergen-Belsen. Mit ihnen wurde hauptsächlich gefoltert.

Man sagt, die Russen hätten fünf Bilder und Zeichnungen von Ihnen. Stimmt das?

Das weiß ich nicht, wieviel.

Stalin hat seine Schreckensherrschaft mit zwei Bildern aufgerichtet. Nachdem er Millionen Russen umgebracht hat, soll er ganz aus Versehen auf ein Bild von Ihnen gesehen haben, nur Bruchteile von Sekunden; er soll danach sofort tot umgefallen sein, stimmt das?

Das weiß ich nicht, in der Sowjetunion befindet sich eins meiner besten Bilder.

Und wie soll es weitergehen?

Ich male nicht mehr. Ich kann es nicht, um nicht Terror, Angst und Schrecken zu verbreiten, um nicht die Erde zu entvölkern. Ich bin aber so weit, dass, wenn ich mir die Bilder nur ausdenke und es jemandem erzähle, dass dieser dann in panischem Schrecken davonjagt, einen Nervenschock bekommt und nicht mehr fortpflanzungsfähig ist. Das ist die hässlichste Wirkung. Ich kann das noch nicht ganz entscheiden, habe auch schon – je nach Erzählung – Stummheit, Haarausfall (hauptsächlich bei Frauen) und Lähmungen der Gliedmaßen hervorgerufen.

Stimmt es, dass Sie die US Army mit Bildern beliefern?

Darüber kann ich Ihnen keine Auskunft geben.

Haben Sie keine Skrupel oder so etwas?

Ich bin Künstler.

Glauben Sie an Gott?

Ja, ich glaube an mich, ich bin der Größte, ich bin der Allergrößte!

Danke, Herr Richter.

Bitte, Herr Twaites.

Brief an Heiner Friedrich 23.11.1964

Lieber Herr Friedrich!
Nochmals Dank für Ihren Brief (auf einer Karte bestätigte ich ihn ja schon) Ich wollte warten, bis ich beide Eröffnungen hinter mir habe, um Ihnen dann zu schreiben. Das verzögerte sich alles, Kataloge und Plakate[1] habe ich (bis auf je ein Exemplar) auch noch nicht erhalten (schreiben Sie mir bitte, wieviel ich schicken soll). Das Plakat ist recht gut geworden, vor allem, wenn man drei übereinanderklebt. Doch der Reihe nach:

Jährling[2]: Plakat kennen Sie ja, weitere schicke ich. Sie kennen sicher das Haus, man kann gut und wirkungsvoll hängen, und die Ausstellung macht einen sehr bunten, munteren Eindruck. Eine solche Gruppenausstellung ist überhaupt sehr dazu angetan, frisch und wirkungsvoll zu demonstrieren (dass alles ein bisschen zu dekorativ wirkt, ist eher angenehm als störend).

Die Eröffnung war auch schön und festlich, Darbietungen brachten wir keine,

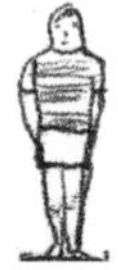

nur Tanzmusik aus dem Radio. Ehepaar Baum (sie haben die Sekretärin von mir) kauften von Polke und mir je ein Bild und von Lueg eine Figur, Fußballer aus Sperrholz ausgesägt, bunt bemalt; von mir die kleine Liegende im Liegestuhl. Preis weiß ich im Moment nicht; die Bruttopreise sind bei Jährling und Block[3] etwas höher, zum Teil, als die mit Ihnen vereinbarten; wenn Sie wollen, schicke ich sie Ihnen genau. Die Nettopreise sind sowieso höher, da beide nur ein Drittel nehmen. – übrigens habe ich bei Jährling viel ausgestellt, mit dem Klavier 22 Stück, also fast alles, was ich habe, nur wenige kann ich Ihnen empfehlen, will sagen, finde ich gut, Hirsch nach wie vor, Neger vielleicht, Dom, Abfangjäger, das ist neu, (neu ist auch *Zahmes Känguruh*, aber wahrscheinlich nicht so gut gemalt), nun ja – vielleicht noch zwei oder drei andere.

Es war sehr schwierig für mich, diese zwei Ausstellungen auf einmal, ich möchte es nicht wieder tun, und ich muss auch eine Spur langsamer malen und mit mehr Ruhe (damit mir so ein wunderbarer Vorwurf wie *Zahmes Känguruh* dann auch besser gelingt). Sie werden mir das sicher nachfühlen. Und da wir gerade dabei sind: auf Nessel male ich ab jetzt auch nicht mehr, ich habe dabei zu viele technische Schwierigkeiten.

Block schrieb mir heute. Die Eröffnung wurde, um „kunstgeschichtlicher Dokumentation gerecht zu werden", auf Samstag, 21.11., 15 Uhr, verschoben. Zur Eröffnung schickte ich ein Tonband mit Wirtschaftsberichten, politischen Berichten und einem Kapitel aus Brehms Tierleben, das über Verstärkeranlagen übertragen wurde. Zur Eröffnung am 21.11. der Den Haager Realisten[4] stellte Block einen Mann vor den Eingang der Akademie mit meinem Plakat auf dem Bauch und mit Text auf dem Rücken „... neue deutsche Realisten bei Block usw."; daneben eine junge Dame, die die Preisfrage der Galerie Block verteilte: „Zählen Sie bitte nach, wie viele deutsche Künstler auf dieser Ausstellung fehlen? Und warum? usw."

Heute wird meine Ausstellung vom Dritten Fernsehprogramm gefilmt. Heinz Ohff beschrieb im Tagesspiegel (22.11.) die Den Haager Ausstellung, erwähnte mich als dort fehlend und, dass er noch darüber schreiben wird. Den Katalogtext[5] von de la Motte finde ich nicht so gut, ist mir zu flink und routiniert, die Wiederholung solcher Allgemeinplätze und Erklärungen, was Pop-Art ist, finde ich nicht mehr passend, es gäbe doch eine Menge Weiteres zu sagen (einiges habe ich mir jetzt notiert[6], wenn Sie wollen, schicke ich es). Und bei dem Katalog bedaure ich, dass die Klischees geknickt werden mussten, das ist wirklich sehr schade – im Ganzen aber finde ich es gut, dort auszustellen, und finde auch den Block dafür sehr passend.

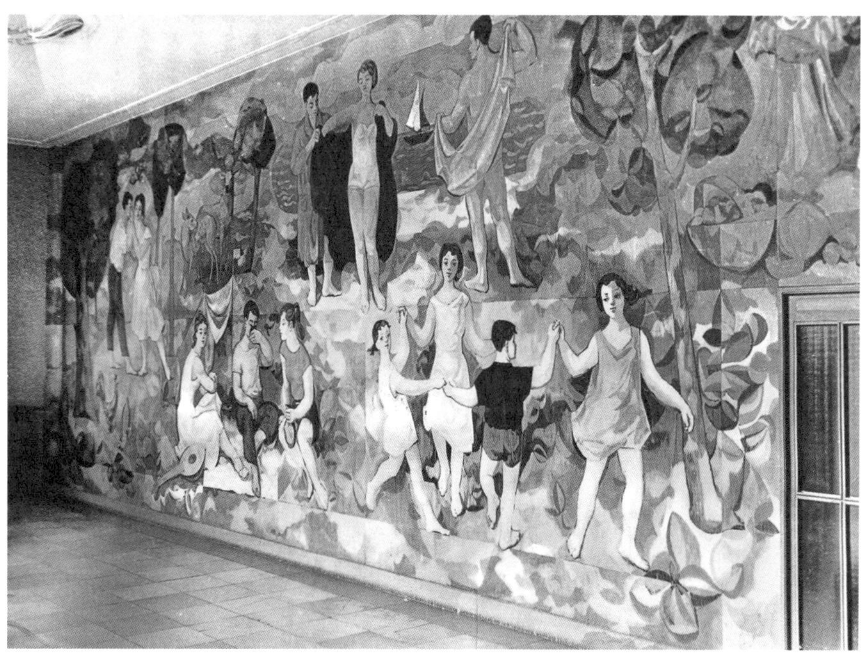

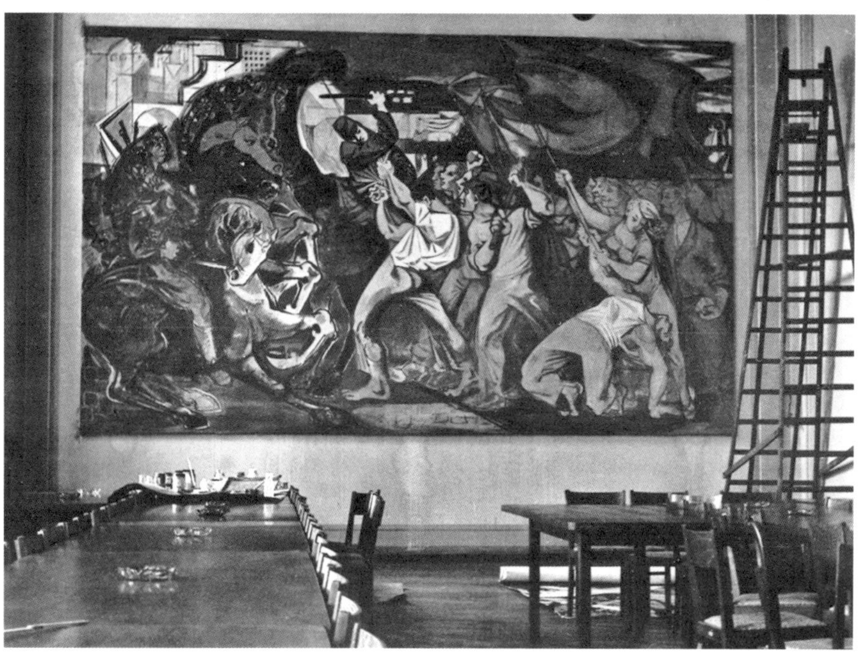

Wandbild im Hygiene-Museum, Dresden, 1956
Wandbild im SED-Parteihaus, Dresden, 1959

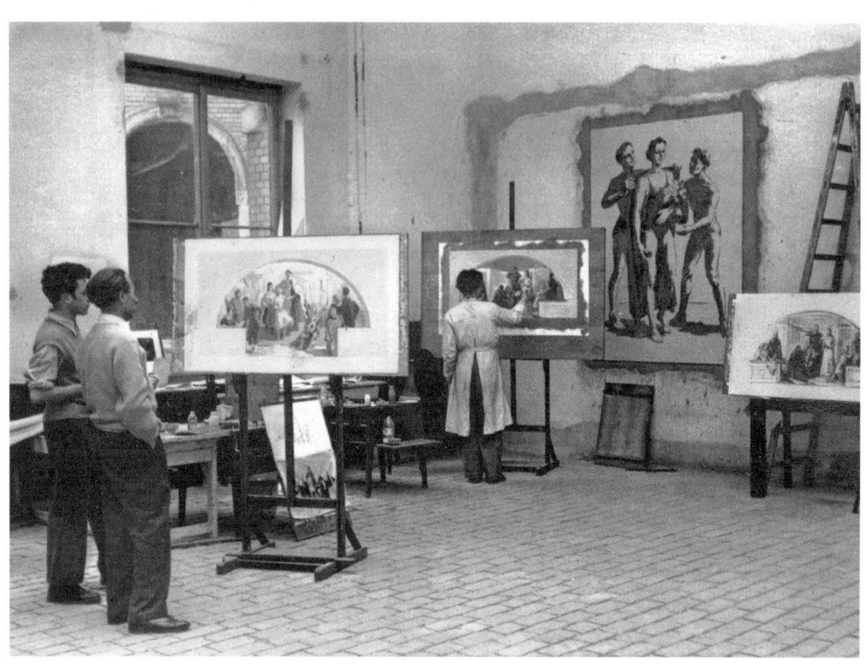

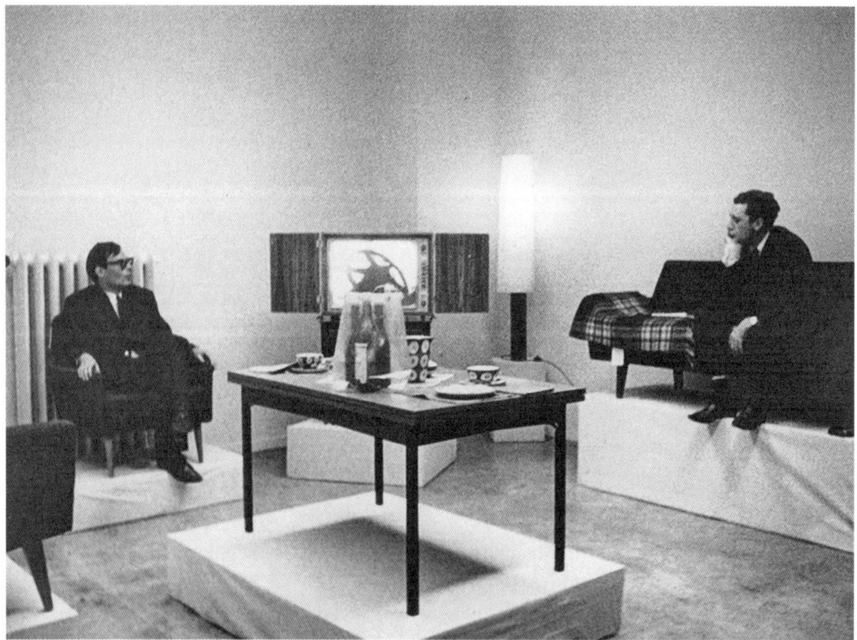

Klasse Heinz Lohmar, 1954
Demonstration für den kapitalistischen Realismus, 1963

– Ein Problem, das ich, soviel ich weiß, noch nicht angeschnitten habe: Block möchte gern ein Bild von mir, und zwar *Christa mit Wolfi*. Er bat mich damals, ihm ein Bild billiger zu lassen, um von der „Verbilligung" den Katalog drucken zu können. Jetzt schrieb er auch noch, dass ich das Bild trotzdem jederzeit zur Verfügung hätte und dass er es nie verkaufen würde. Ich sagte ihm zu, dass ich mit Ihnen darüber sprechen würde. Ich glaube nun von mir aus, dass wir gut auf das Bild verzichten können und es andererseits gut gewesen wäre, wenn ein Bild von mir (und vielleicht noch ein zweites kleines) ständig in Berlin ist. Wenn mal jemand kommt, sieht er was zur Probe, die Hauptsache kann er bei Friedrich sehen.

Bitte schreiben Sie mir, wie Sie darüber denken. – Dass Sie *Renate und Marianne* und *Sphinx* dazugekauft haben, schrieb ich Block. – Ich freue mich, dass Sie die Ausstellung im Frühjahr in Rom[7] festlegen konnten, bitte Sie aber dringend, die Auswahl zu ändern; *Party*, *Sargträger*, *Hitler*, *Mustangstaffel*, für diese haben wir doch bessere, eins davon könnte mit, als ,,Frühwerk' deklariert. Das war das Neueste. Habe die letzten Tage in der Wohnung gebastelt und lackiert. Werde diese Woche noch nicht zum Malen kommen, muss erst Material sammeln, also Entwürfe machen. Hoffentlich erreicht Sie dieser Brief noch, Sie wollten ja nach Rom und London. Würde sehr gern nach München kommen, glaube aber, dass es im Moment nicht geht, sosehr ich es möchte.

Für heute Ihnen und Ihrer Frau herzliche Grüße, auch von meiner Frau,

Ihr
Gerd Richter

Notizen 1964–1965

Wenn ich zeichne – einen Menschen, ein Objekt –, muss ich mir über Proportion, Genauigkeit, Abstraktion oder Entstellung und so weiter bewusst werden. Wenn ich ein Foto abmale, ist das bewusste Denken ausgeschaltet. Ich weiß nicht, was ich tue. Meine Arbeit liegt viel näher beim Informellen als bei irgendeiner Art von ‚Realismus'. Das Foto hat eine eigene Abstraktion, die gar nicht so leicht zu durchschauen ist.

Es ist das, woran jeder heute glaubt. Das ‚Normale'. Wenn es nachher ‚anders' wird, ist die Wirkung viel stärker als durch Deformation, wie bei den Figuren von Dalí[1] oder Bacon[2]. Man kann plötzlich vor einem solchen Bild Angst bekommen.

Das Foto ersetzte den Teil der Bilder, Zeichnungen und Illustrationen, der als Abbildung der Realität über die Realität informierte. Diese Funktion erfüllt das Foto zuverlässiger und glaubhafter als jedes Bild. Es ist das einzige Bild, das absolut wahr berichtet, weil es ‚objektiv' sieht; ihm wird vorrangig geglaubt, auch wenn es technisch mangelhaft und das Dargestellte kaum erkennbar ist. Das Foto übernahm außerdem eine kultische Funktion: Jeder hat seine ‚Andachtsbilder' selbst hergestellt – das sind die Abbilder der Verwandten und Freunde, andenkend konserviert.

Das Foto ändert die Seh- und Denkweise: Fotos gelten als wahr und Bilder als künstlich. Dem gemalten Bild konnte nicht mehr geglaubt werden, seine Darstellung bewegte sich nicht mehr, weil sie ja nicht authentisch, sondern erfunden war.

Leben vermittelt sich uns als Konvention, Gesellschaftsspiel und -gesetz. Fotos sind kurzlebige Abbilder dieser Vermittlung wie die Bilder, die ich nach den Fotos male. Indem sie gemalt sind, berichten sie nicht mehr über eine bestimmte Situation, die Darstellung wird absurd. Als Bild hat es eine andere Bedeutung, andere Information.

Das Foto ist das perfekteste Bild; es ändert sich nicht, es ist absolut, also unabhängig, unbedingt, ohne Stil. Es ist mir deshalb in der Weise, wie es berichtet und was es berichtet, Vorbild.

Ein Foto wird gemacht, um über eine Begebenheit zu berichten. Wichtig für den Fotografen und den Betrachter ist als Resultat der ablesbare Bericht, die in Form eines Abbildes fixierte Begebenheit. Das Foto kann darüber hinaus als Bild gesehen werden, der Bericht bekommt dabei eine andere Bedeutung. Weil es aber sehr schwierig ist, das Foto einfach durch Deklaration zum Bild zu machen, muss ich es abmalen.

Als ich das erste Foto abmalte, geschah das teils aus Übermut oder Angst, oder weil mich die damaligen Fluxus-Veranstaltungen[3] außerordentlich beeindruckten, oder weil ich früher viel fotografierte, auch anderthalb Jahre bei ei Fotografen arbeitete: Die Massen von Fotos, die täglich durchs Entwicklerb gingen, haben vielleicht einen anhaltenden Schock bewirkt. Sicher gibt es noch andere Gründe. Ich kann das nicht so genau wissen.

Dass ich Fotos abmale (statt sie z. B. fotomechanisch zu vergrößern), ist nicht sonderbar. Alle, die Fotos verwenden, ‚malen' sie auf irgendeine Weise ab. Ob das nun mit dem Pinsel geschieht, collagiert, mit Siebdruck oder Fotoleinwand, ist nicht wichtig. Sonderbar kann nur sein, dass ich gerade solche Bilder herstellen will und nicht andere, solche, die ich z. Z. eben nur auf diese Weise herstellen kann. (Möglich, dass das ähnlich auch ohne Pinsel, durch irgendwelche Manipulationen in der Dunkelkammer zu verwirklichen wäre. Das reizt mich aber nicht, weil ich nicht manipulieren will. Mir würden dann irgendwelche Tricks einfallen, die ich endlos wiederholen könnte – das stelle ich mir schrecklich vor. Und die Bilder wären dann auch nicht gut.) Vielleicht ist es altmodisch, so zu denken. Aber es reizt mich, ein Foto, das mir in die Hände fällt, auf diese Weise zu bewältigen.

Vielleicht weil das Foto mir leid tut, weil es so ein elendes Dasein fristet, wo es doch so ein vollendetes Bild ist, möchte ich es gültig, sichtbar machen, überhaupt machen (selbst wenn das Gemachte dann schlechter ist als das Foto). Und das Machen ist so, dass ich es nicht kapieren, nicht bedenken und planen kann. Deshalb male ich immer und immer wieder Fotos ab, weil ich nicht dahinterkomme, weil man Fotos nur abmalen kann. Weil es mich reizt, einer Sache derart ausgeliefert zu sein, etwas so wenig zu beherrschen.

Wissen Sie, was prima war? – Zu merken, dass solch eine blödsinnige, absurde Sache wie das simple Abmalen einer Postkarte ein Bild ergeben kann. Und dann die Freiheit, malen zu können, was Spaß macht. Hirsche, Flugzeuge, Könige, Sekretärinnen. Nichts mehr erfinden zu müssen, alles vergessen, was man unter Malerei versteht, Farbe, Komposition, Räumlichkeit, und was man so alles wusste und dachte. Das war plötzlich nicht mehr Voraussetzung für Kunst.

Wenn meine Bilder sich von den Vorlagen unterscheiden, liegt das nicht an meinem Wollen, an meiner gestalterischen Absicht, sondern an der Technik. Und diese liegt außerhalb meiner Willkür und Einflussnahme, weil sie selbst Realität ist wie das Modell, das Foto und das Bild. Ob ein Gegenstand links oder rechts im Bild liegt, ist völlig gleichgültig. Wenn er rechts liegt, wird das seine Richtigkeit haben, es wäre dann Vermessenheit, ihn links zu platzieren.

Von der Oberfläche her, Ölfarbe auf Leinwand, konventionell aufgetragen, haben meine Bilder wenig mit dem Foto zu tun, sondern sind ganz Malerei (was man auch immer darunter verstehen will). Andererseits sind sie dem Foto derart gleich, dass das, was das Foto von allen anderen Bildern unterscheidet, ganz erhalten bleibt.

Ich möchte alles so lassen, wie es ist, deshalb plane und erfinde ich nicht, füge nichts hinzu und lasse nichts weg. Gleichzeitig weiß ich, dass es nicht anders sein kann, als dass ich plane, erfinde, verändere, mache und manipuliere. Aber das weiß ich nicht.

Ich möchte alles sehr eindeutig haben, einfach und unbedingt, und ich möchte lieber keine Kunst machen als irgendeine, unbestimmte Malerei.

Man kann überhaupt nur so malen, wie ich es tue.

Wenn ich ein Foto abmale, gehört das zum Arbeitsprozess und ist nie ein Merkmal, das die Anschauung in dem Sinne charakterisiert, dass ich anstelle der unmittelbaren Wirklichkeit deren Reproduktion, die Second-hand-World, anbiete. Ich benutze die Fotografie wie Rembrandt die Zeichnung oder Vermeer die Camera obscura zu einem Bild. Ich könnte auf das Foto verzichten, ohne dass das Resultat nicht wieder wie ein abgemaltes Foto aussehen würde. Reproduktiv oder unmittelbar sind also nichtssagende Begriffe.

Das Foto gibt die Gegenstände in anderer Weise wieder als das gemalte Bild, weil der Fotoapparat die Gegenstände nicht erkennt, sondern sieht. Beim ‚Freihandzeichnen' wird der Gegenstand in seinen Teilen, Maßen, Proportionen, geometrischen Figuren, erkannt. Diese Bestandteile werden als Chiffren notiert und sind zusammenhängend ablesbar. Das ist eine Abstraktion, die die Realität deformiert und eine spezifische Stilisierung fördert. Wenn man mit Hilfe eines Projektors Konturen nachzieht, umgeht man diesen umständlichen Erkenntnisprozess. Man erkennt nicht mehr, sondern sieht und macht (informell), was man nicht erkannt hat. Und wenn man nicht weiß, was man macht, weiß man auch nicht, was man verändern oder deformieren sollte. Das zu erkennen, dass ein Arm so und so lang und breit und schwer ist, ist nicht nur unwichtig, es wird zum Betrug, wenn man dabei glaubt, den Arm erkannt zu haben.

Ich kopiere Fotos nicht mühselig und mit handwerklichem Aufwand, sondern entwickle eine rationelle Technik, die rationell ist, weil ich ähnlich wie eine Kamera male, und die so aussieht, weil ich die veränderte Art zu sehen ausnütze, die durch die Fotografie entstand.

Ich mag alles, was keinen Stil hat: Wörterbücher, Fotos, die Natur, mich und meine Bilder. (Denn Stil ist Gewalttat, und ich bin nicht gewalttätig.)

Es geht um keine Lehre bei einem Kunstwerk. Bilder, die deutbar sind und die Sinn enthalten, sind schlechte Bilder. Ein Bild stellt sich dar als das Unübersichtliche, Unlogische, Unsinnige. Es demonstriert die Zahllosigkeit der Aspekte, es nimmt uns unsere Sicherheit, weil es uns die Meinung und den Namen von einem Ding nimmt. Es zeigt uns das Ding in seiner Vielbedeutigkeit und Unendlichkeit, die eine Meinung und Ansicht nicht aufkommen lassen.

Ich mache keine Verwischungen. Dass ich verwische, ist nicht das Wichtigste und nicht Erkennungsmarke meiner Bilder. Wenn ich Begrenzungen auflöse, Übergänge schaffe, tue ich es nicht, um die Darstellung zu zerstören, nicht, um sie künstlerischer oder undeutlicher zu machen. Die fließenden Übergänge, die glatte, egalisierende Oberfläche, verdeutlichen den Inhalt und machen die Darstellung glaubhaft (eine pastose Prima-Malerei würde zu sehr an Malerei erinnern und die Illusion zerstören).

Ich verwische, um alles gleich zu machen, alles gleich wichtig und gleich unwichtig. Ich verwische, damit es nicht künstlerisch-handwerklich aussieht, sondern technisch, glatt und perfekt. Ich verwische, damit alle Teile etwas ineinanderrücken. Ich wische vielleicht auch das Zuviel an unwichtiger Information aus.

Ich bin ein Surrealist.

Als Bericht über die Wirklichkeit ist für mich das Darzustellende unwichtig und ohne Sinn, obwohl ich es so sichtbar mache, als sei es wichtig (weil ich ja alles ‚richtig‘, logisch und glaubhaft male wie auf einem Foto). Das heißt nicht, dass das Dargestellte an sich aufgehoben sein würde (man kann das Bild nicht auf den Kopf stellen), die Darstellung erhält nur einen anderen Sinn, sie wird zum Vorwand für ein Bild. (Die Verwendung des Fotos kommt mir dabei entgegen: Das Foto liegt mir als Bericht über eine Realität vor, die ich nicht kenne und nicht werte, die mich nicht interessiert, und mit der ich mich nicht identifiziere.)

Mich interessieren nur die grauen Flächen, Passagen und Tonfolgen, die Bildräume, Überschneidungen und Verzahnungen. Wenn ich eine Möglichkeit hätte, auf den Gegenstand als Träger dieses Gefüges zu verzichten, würde ich sofort abstrakt malen.

Es geht mir einzig um den Gegenstand, sonst würde ich nicht soviel Mühe bei der Wahl des Sujets aufwenden, sonst würde ich ihn gar nicht malen. Mich fasziniert das alogische, irreale, zeitlose, unsinnige Geschehen eines Geschehens, das gleichzeitig so logisch, real, zeitbedingt und menschlich ist, und das deswegen so ergreift. Und ich möchte es so darstellen, dass die Gleichzeitigkeit erhalten bleibt. Deshalb muss ich auf jeden Eingriff, jede Veränderung verzichten, zugunsten einer Einfachheit und Simplizität, die allgemeiner, verbindlicher, anhaltender und umfassender sein kann.

Es liegt an der Aggression und der brutalen Konstruktion, dass der Surrealismus oder die Baconschen Grenzsituationen ‚Spezialitäten' sind, das heißt, besonders und einseitig sind. Ich will damit sagen, dass ich auf die Brutalität und den Eingriff verzichten muss, weil ich finde, dass z. B. ein Gegenstand mehr ergreift, wenn er statt zu schweben an seinem normalen Platz steht (er muss nur gemalt sein).

Das Foto berichtet über reale Räumlichkeit, hat aber als Bild keine Räumlichkeit. Indem ich wie das Foto über realen Raum berichte, aber dabei male, entsteht eine besondere Räumlichkeit, die sich aus der Durchdringung und Spannung zwischen dem Dargestellten und dem Bildraum ergibt.

Die Kunst ist nicht Religionsersatz, sondern Religion (im Sinne des Wortes, ‚Rückbindung', ‚Bindung' an das nicht Erkennbare, Übervernünftige, Über-Seiende). Das heißt nicht, dass die Kunst der Kirche ähnlich wurde und ihre Funktionen übernahm (die Erziehung, Bildung, Deutung und Sinngebung). Sondern weil die Kirche als Mittel, Transzendenz erfahrbar zu machen und

Religion zu verwirklichen, nicht mehr ausreicht, ist die Kunst, als verändertes Mittel, einzige Vollzieherin der Religion, das heißt Religion selbst.

Alle Dinge, künstliche und natürliche, in geplanter oder zufälliger Ordnung, eignen sich, Fetisch zu sein. Glauben, zum einen: Bericht geben und voraussagen können über den jeweiligen Zustand von Zeit und Ort hinaus; zum anderen: einem Gegenstand den Gebrauchswert nehmen und an ihn glauben.

Wenn ich heute ein Urinoir ausstellte, so wäre das legitim, denn ich demonstrierte damit nicht Antikunst, sondern stellte es auf als Altar und Objekt der Kunst und Gläubigkeit.

Ich will keine Persönlichkeit sein, keine Ideologie haben. Ich will so sein, wie alle sind. Das denken, was alle denken, das tun, was ohnehin getan wird. Ich sehe keinen Sinn darin, etwas anderes zu tun. Ich sehe nie einen Sinn. Ich denke, dass man sowieso immer das tut, was ohnehin getan wird (auch wenn man etwas Neues macht), und dass man immer etwas Neues tut. Ideologie haben heißt Gesetze und Richtlinien haben, heißt, die umbringen, die andere Gesetze haben. Wozu soll das gut sein?

Freiheit gibt es gar nicht. Ich wüsste auch nicht, was ich damit sollte.

Für einen Künstler darf es keine Namen geben, weder Tisch für Tisch, Haus für Haus, Weihnachten für den 24.12., aber auch nicht 24.12. für den 24.12. Wir sollten solchen Unfug nicht wissen.

Wir dürfen auch keine Ansichten oder Meinungen haben. Andere sollen das. Ein Feuerwehrmann z.B. kann die Welt in einer bestimmten Weise sehen und andere Ansichten haben als ein Uhrmacher.

Über Malerei reden, das hat keinen Sinn. Indem man mit der Sprache etwas vermittelt, verändert man es. Man konstruiert solche Eigenschaften, die gesprochen werden können, und unterschlägt die, die nicht ausgesprochen werden können, die aber immer die wichtigsten sind.

Polke meint, dass am Malen doch was dran sein müsse, weil nämlich die meisten Irren unaufgefordert malen.

Das Hauptproblem meiner Malerei ist das Licht.

Text für Ausstellungskatalog der Galerie h, Hannover, 1966, zusammen mit Sigmar Polke

Viele meiner Bilder sind 150 × 200 cm groß, viele sind 130 × 150 cm oder 130 × 140 oder 120 cm, manche sind 160 × 180 cm, manche wesentlich kleiner, ungefähr 40 × 30 cm oder gar 18 × 24 cm. 200 × 190 cm sind meine bisher größten Bilder. Vielleicht male ich nur noch kleine Bilder oder mittlere und einige größere, ich kann das nicht so genau wissen.

Ein Erlebnis aus meiner Kindheit: Ich ließ meine kleine Schwester den Berg hinabrodeln, ohne zu überlegen, dass sie einem eisernen Geländer nicht ausweichen konnte. Eine tiefe Platzwunde an der Stirn war die Folge; sie wurde genäht, und ich bekam Prügel.

Carlton betrachtete die Vorgärten, die Vögel und die Frauen, dann fiel es ihm wie Schuppen von den Augen – er wusste, dass er das alles nie kapieren konnte. Er bat mich um eine Zigarette und verabschiedete sich.

Mitten im fürchterlichen Tosen der entfesselten Atomkräfte hob sich die berghohe Kugel des Raumes vom grauen Boden Sextas ab. Die gleißenden Energieausbrüche ihrer torgroßen Triebwerksmäuler riefen den Eindruck einer kleinen Sonne hervor, und vor der ringförmig davonrasenden Feuerwalze rollten glühende Schuttwogen über die Ebene.

Die Männer in der Zentrale spürten nicht viel davon. Die wenigsten unter ihnen hatten Zeit, einen Blick auf die abgeblendeten Bildschirme zu werfen, und den anderen war ein solcher Anblick nichts Neues.

Perry Rhodan[1] saß auf dem Kommandosessel, von dem aus er eine Übersicht über die ganze Zentrale besaß und dessen eigenartig geformter Tisch eigene Interkom- und Telekom-Anschlüsse enthielt.

Seine Frau Mory hatte auf einem der ringsum gruppierten Zusatzsessel Platz genommen, desgleichen Melbar Kasom, der allerdings einen Spezialsessel benötigte. Und Atlan. Guckys Liege war leer. Der Mausbiber trieb sich sicher irgendwo im Schiff herum. Rhodan hatte seiner Frau nur einmal kurz vor dem Start zugenickt. Sie beide waren während eines Einsatzes nicht mehr und nicht weniger als Gefährten, Gefährten eines Kampfes, dessen Ende irgendwo in der Ewigkeit liegen mochte. Ihre Gefühle hatten hinter der Verantwortung für das Sternenreich der Menschheit zurückzustehen.

Der breite Mund des Haluters öffnete sich zum behaglichen Lachen. Seine großen roten Augen funkelten leicht. Sein Kopfnicken wirkte menschlich. „Es hätte schlimmer kommen können", sagte er ruhig. „Den Hauptfehler habe ich gemacht. Ich hätte dem Speichersektor meines Plangehirns mein Wissen über Sporen übermitteln müssen..."

„Sie können es mir glauben oder nicht, aber ich sehe meine Umwelt wirklich gepunktet." Ich liebe alle Punkte. Mit vielen Punkten bin ich verheiratet. Ich möchte, dass alle Punkte glücklich sind.

Die Punkte sind meine Brüder. Ich bin auch ein Punkt. Früher haben wir immer zusammen gespielt, heute geht jeder seine eigenen Wege. Wir treffen uns nur noch zu Familienfesten und fragen uns: Wie geht's?

„Weißt Du, Elly", sagte er ganz ruhig, „man darf nur das lieben, was keinen Stil hat, z.B. Wörterbücher, Fotos, die Natur, mich und meine Bilder!" Ich seufzte: „Wie recht Du hast, denn Stil ist Gewalttat, und wir sind nicht gewalttätig und..." „und wollen keinen Krieg", beendete er den Satz, „niemals mehr einen Krieg!"

Als ich meine große Liebe kennenlernte, war ich so verliebt, dass ich sie gern von heute auf morgen geheiratet hätte. Jedoch etwas hatten wir außer unserer großen Liebe gemeinsam: die Sorge für unsere Angehörigen. Sie hatte den Vater früh verloren und sorgte für ihre Mutter und Schwester. Ich sorgte für meine Eltern. Wir saßen also in einem Schiff. Die Zeit verging wie im Flug, und wir waren sehr glücklich miteinander.

Es ist gut, dass Sie darüber berichten. Sie sollten allerdings darauf hinweisen, dass es sich um Einzelfälle handelt.

Ich möchte so sein, wie alle sind, das denken, was alle denken, das tun, was ohnehin getan wird.

Das schwere Panzerschott der Nebenschleuse glitt kaum hörbar in die Wandung des Beibootes. Perry Rhodan, Atlan und Captain Redhorse schritten durch die Gasse, die von den in Bereitschaft wartenden epsalischen Kommandoleuten gebildet wurde. Dicht vor der Schottöffnung blieb Rhodan stehen.

„Wer führt hier das Kommando?"

Einer der für irdische Begriffe unheimlich wuchtig gebauten Epsaler trat hervor.

„Leutnant Afg Moro, Sir!"

„Ich brauche einen Ihrer Männer, Leutnant!"

„Sir, ich...!"

„Nicht Sie, Sie müssen hier auf den Einsatzbefehl warten."

Leutnant Moro drehte sich um.

„Sergeant Man Hatra, begleiten Sie den Herrn Großadministrator!"

Ein nur 1,60 Meter hoher, aber fast ebenso breiter Epsaler stapfte mit dröhnenden Schritten heran und baute sich dicht vor Perry Rhodan auf. Er trug den üblichen Einsatzanzug, war allerdings mit einem überschweren Desintegrator sowie mit einem Impulsblaster bewaffnet, den ein Terraner nur mit beiden Händen hätte tragen können. Der Epsaler trug den Impulsblaster in einem Spezialhalfter und den ebenso schweren Desintegrator lässig in der Armbeuge.

Meine Freizeit ist sehr reichlich bemessen, denn ich bin innerlich vereinsamt, seit mein Mann vor zwei Jahren starb und meine beiden Söhne verheiratet sind. Diese drei Männer waren mein Leben. Als wir noch zu viert waren, war das Leben erfüllt und herrlich. Was würde aus mir, gäbe es nicht Lebenswerte, die ich auch heute pflegen kann? Nach wie vor steht an der Spitze die Pflichterfüllung. Ich habe meinen Pflichtenkreis zum Nutzen anderer etwas erweitert. Die klassische Musik, die meinen Mann und mich innig verband, tut meinem Herzen jetzt zwar weh, aber ich kann trotz Tränen nicht ohne sie sein, denn sie ist mir Lebensinhalt. Gute Literatur, Natur und nicht zuletzt der Besuch bei meinen geliebten Kindern und den reizenden Enkeln sind die Eckpfeiler meines jetzigen Lebens. Nach lebhaften und anregenden Beschäftigungen schalte ich bewusst die Stunden der Selbstbesinnung ein. Da sitze ich ganz still und durchlebe das viele Schöne, das mich mit meinem Mann und meinen Söhnen verband. So lebensbejahend kann man als einsame 61jährige Frau sein.

Wir können uns nicht darauf verlassen, dass eines Tages gute Bilder gemalt werden, wir müssen die Sache selber in die Hand nehmen!

„Unsinn", meldete sich sein Logiksektor, „Tolot ist in der gleichen Zwangslage wie wir. Wenn er jemals wieder hier herauskommen will, muss er uns unterstützen."

Atlan gab sich einen Ruck.

„Wir müssen handeln", entschied er.

Er hörte Henderson aufatmen. Ein leichtes Lächeln glitt über sein Gesicht. Ich habe in meinem ganzen Leben noch nicht geschnarcht, ganz gleich, was das Magnetophon sagt. Ich weiß, dass gute Maler nicht schnarchen.

Meine Intelligenz kennt keine Grenzen.

Vermutlich steckte ihm die Aufregung noch in den Gliedern. „Es – es war schrecklich!"

Sheriff Beatty musste sich setzen. „Sie wollen also behaupten, dass der Fahrer des Wagens wendete und das Mädchen ein zweites Mal absichtlich überfuhr??" Smiles nickte. „Yes, so war es. Schließlich konnte ich alles genau beobachten." Beatty zündete sich eine Zigarette an. „Und warum kommen Sie erst jetzt damit heraus, Mr. Smiles? Warum haben Sie nicht sofort von Ihrer Beobachtung berichtet?"

Smiles lachte nervös auf.

Ich möchte gerne viele Kinder haben, ich möchte, dass, wenn ich durch die Straßen gehe, die Kinder alle Papi rufen, und ich würde ihnen die Hand auf den Scheitel legen und sie fragen, wie heißt du denn, wie alt bist du, sei schön artig, grüße deine Mutter.

Meine Frau ist vier Zentimeter kleiner als ich. Da ich meistens etwas krumm gehe, sieht es so aus, als wäre ich auch nur 168 cm lang. Meine Schwiegermutter ist sehr klein.

Das Bild der graugelben Sandflächen und der zerrissenen Bergketten erfüllte Perry mit Unbehagen. Ohne zu wissenschaftlicher Analyse greifen zu müssen, wusste er, dass eine solche Welt auf natürlichem Wege nicht entstehen konnte. Jemand hatte sie also gebaut. Er hatte sie mit einer Sonne versehen, mit Gravitation und einer atemberaubenden Atmosphäre. Wozu er das getan hatte, war unerheblich. Das Bedrückende an der Vorstellung war, dass die Menschheit auf Terra noch ein paar Jahrtausende zurückgelegen hatte, bevor sie den Stand der Kenntnis erreichte, der nötig war, um einen Planeten zu schaffen.

Heute hat er viele Freunde. Sie wollen diesem intelligenten Mann eine gute Arbeitsstelle als Pharmazeut besorgen, sobald seine Englischkenntnisse besser geworden sind. Ein großer Verlag will seine Lebensgeschichte veröffentlichen.

In wilder Verzweiflung sprang der Irrsucher auf und warf sich gegen die verschlossene Schleuse des Schiffes. Er prallte zurück und war ernüchtert. Noch immer beobachtete ihn der Wächter der Fremden. Krash-Ovaron starrte ihn an. Was für ein Wesen! Wahrscheinlich hätte es einen Kampf mit den besten Jägern der Stadt wagen können.

Der Fremde machte eine Bewegung. Er zeigte in Richtung auf die Stadt. Die Geste war ultimativ. Sie forderte Krash-Ovaron dazu auf, sich zurückzuziehen.

„Ich brauche das Schiff", sagte Krash-Ovaron eindringlich, aber im gleichen Moment wusste er, dass seine Worte für den Wächter nur unbedeutende Laute darstellten.

Unerbittlich wies der Arm des Wächters auf die Stadt. Krash-Ovaron spürte die Schmerzen durch seinen Körper wallen. Die Zeit der Eiablage kam näher. Noch bevor die Jagd vorüber war, musste er einen Platz gefunden haben, oder er würde zusammen mit seiner Brut sterben. – Langsam kam der Fremde auf ihn zu. Er sah entschlossen aus.

Krash-Ovaron erkannte, dass es nur noch eine Möglichkeit für ihn gab, die Situation zu seinen Gunsten zu verändern: er musste den Parablock abbauen und die Fremden um Hilfe bitten.

Krash-Ovaron erschauerte.

Er schwor, dass sie alle sterben würden, weil sie ihn zwangen, seine Würde aufzugeben.

Alle Maler und überhaupt alle sollten Fotos abmalen. Und zwar in einer Weise, wie ich es tue (auch, was die Auswahl betrifft). Dann sollten überall solche Bilder ausgestellt werden, und überall sollten diese Bilder hängen, in den Wohnungen, den Gaststätten und Büros, in Bahnhöfen und Kirchen, also überall. Dann würden große Preismalereien veranstaltet werden, die Juroren würden Thema, Wiedergabe und Schnelligkeit bewerten und Medaillen verleihen. Jeden Tag würde im Fernsehen und im Funk über die neuesten Bilder berichtet. Nach einiger Zeit könnten Gesetze in Kraft treten, so dass diejenigen bestraft werden, die nicht genügend Fotos abgemalt haben. Das müsste circa 400 Jahre so gehen, und dann müsste das Abmalen von Fotos in Deutschland verboten werden.

Das Aufheulen der Alarmanlagen schnitt ihm die weiteren Worte ab. Oberst Cart Rugo stieß einen Entsetzensschrei aus. Unbewusst fiel Rhodans Blick auf die Kontrollen, die in seiner unmittelbaren Nähe waren. Was er sah, ließ ihn das ganze Ausmaß der sich abzeichnenden Katastrophe ahnen.

Alle atomkraftgetriebenen Maschinen der CREST II schienen auszufallen.

Das bedeutete, dass die CREST II abstürzen würde. Mitten in das Schlachtfeld vor der Stadt.

Ich bin durchschnittlich gesund, durchschnittlich groß (172 cm), durchschnittlich hübsch. Ich erwähne das, weil man so aussehen muss, um gute Bilder malen zu können.

Bilder müssen nach Rezept hergestellt werden. Das Machen muss ohne innere Beteiligung geschehen, so wie Steine klopfen oder Fassaden streichen. Das Machen ist kein künstlerischer Akt.

Harskin blickte in die angegebene Richtung und entdeckte ein gigantisches Ungeheuer. Es war fast eine lebende Insel, eine Kreuzung zwischen einer Wasserschildkröte und einem Saurier. Der mächtige Schädel war mit gewaltigen Panzerplatten bewehrt, doch die Augen blickten keinesfalls feindselig oder blutdürstig. Auf dem Hals des Monsters befand sich eine Art Korb, in dem drei Gnorphs saßen. Die drei schuppigen Wesen blickten neugierig und mitleidig auf die drei im Wasser schwimmenden Wesen herab. Es handelte sich offensichtlich um eine Rettungsmannschaft.

Das Mädchen betrachtete die Aufnahme eingehend, dann zeigte sie mit ihrem rotlackierten Fingernagel auf einen Mann. „Das ist er", sagte sie erregt. „Du täuschst dich nicht", stieß Jo hervor. Das Mädchen schüttelte energisch den Kopf „No, Jo, ich täusche mich nicht. Das ist der Mann, mit dem Mabel in der letzten Zeit immer zusammen war." Jo faltete den Zeitungsabschnitt zusammen und steckte ihn wieder weg. „Du hast mir sehr geholfen, Dolly", sagte er.

Perry stand auf der Terrasse, nippte von Zeit zu Zeit an seinem Glas und sagte leise mit einem leichten Beben in der Stimme: „Sieh diesen Käfer hier an meinem Ärmel“, und er deutete auf einen kleinen Pucymkäfer, der im Begriff war, wieder davonzufliegen, „man darf ihn nicht stören, man darf nie stören, man muss immer alles so lassen, wie es ist, nichts planen, nichts erfinden, nichts hinzufügen, nichts weglassen…“ Er zögerte und fuhr dann fort: „Erst dieser Zustand einer weisen Bescheidenheit lässt uns über uns hinauswachsen, lässt uns etwas tun, das wir mit unserer Intelligenz nicht mehr erfassen können, das wir nur noch mit dem Herzen verstehen und bewundern können. Ich meine nicht, dass das etwas mit Passivität zu tun hat, sondern…“, er blickte mit einem feinen Lächeln dem davonfliegenden Pucymkäfer nach, „sondern es wird ein Handeln sein, weniger lautstark zwar, als wir es bisher gewohnt sind, aber weit stärker und umfassender und unser Sein verändernd in einer Weise, dass wir erschauern…“ Sein Blick verlor sich in den unendlichen Fernen des Raumes, und wir begriffen, dass er uns in diesem Moment das All geschenkt hatte. – Lange standen wir so, schweigend, bis Icho Tolot, der baumstarke, immer heitere Haluter, neuen Wein brachte.

Wenn jemand Maler werden will, soll er sich erst einmal überlegen, ob er nicht zu etwas anderem besser geeignet ist: Studienrat, Minister, Professor, Handwerker, Arbeiter, denn malen können nur wahrhaft große Menschen!

Um halb elf ging der letzte Patient. Es hatte sich leider so eingebürgert, dass sie jetzt auch noch am Samstag vormittag in die Praxis kamen. Der Arzt zog seinen weißen Kittel aus und wusch sich die Hände. Dabei betrachtete er sich im Spiegel.

Als Paddy aus tiefem Schlaf erwachte, schwebte das Schiff frei im Weltraum. Er spähte zum Bullauge hinaus. Die ewige Nacht des Weltraums umgab ihn. Achtern schimmerte Schaet, links von ihnen hing die goldene Kugel des Alpheratz, und vor ihnen lagen die Sterne der Androeda – Adil, der Leib; Mirach, die Lenden; Almach, die Schulter.

„Ich muss rastern!“ Icho sprach Interkosmo. Das Erlernen der Sprache hatte ihm keinerlei Schwierigkeiten gemacht. Er beherrschte sie fehlerfrei. Das einzige, was ihm zu schaffen machte, war, dass er nicht laut sprechen durfte, wie er es gewohnt war, sonst hätten die Wände angefangen zu zittern.

Der Raum besaß nur wenige Möbelstücke. Drei davon waren bequeme Sessel.

„Ich muss nur rastern“, sprach er.

Es war elf Uhr. Mit meinem Vater saß ich unter einem Sonnenschirm auf der großen Terrasse des Carlton-Hotels. Angesichts des weiten blauen Meeres mit den kräuseligen weißen

Schaumkronen erschienen mir die wilden und verrückten Ereignisse der vergangenen Nacht wie ein Traum. Wie ein Alptraum... Leuchtende weißblau-weißrote Sonnenschirme am Strand. Geruch des Meeres. Fröhliches Stirmmengewirr der Badenden an dem vier Kilometer langen Strand. Und dazwischen die anfeuernden Rufe der Eisverkäufer, Nixen mit schlanken, nackten Gliedern tauchten in das Wasser und stiegen prustend heraus. „Herrlich", sagte ich. Mein Alter hatte keine Zeit zu antworten. Er schlug gerade sein Frühstücksei auf.

Sie saßen festgeschnallt in ihren Kontursesseln und rasten der Hölle entgegen. Die opalisierende Flüssigkeit geriet in Bewegung, drang in Mund und Nase und rief das Gefühl des Ertrinkens hervor. Icho Tolot wälzte sich noch immer schreiend auf dem Boden, während Rhodan, Richter, Redhorse, Polke und die drei Mutanten hilflos zusehen mussten, wie das Ungetüm sich quälte. Endlich verklang der letzte Schrei, und es trat das ein, worauf Rhodan beinahe inbrünstig gehofft hatte: dass nämlich der Haluter den Schock überwinden und die Kontrolle über seinen Metabolismus wiedererlangen möge. „Das war hart, was? Aber ich glaube, es gab keine andere Möglichkeit."

Wo ein Punkt ist, passiert was!

Punkt – Grundgebilde der Geometrie, Schnittpunkt zweier Linien, ohne Ausdehnung – Satzzeichen, sagte der Haluter: Der zwei Meter fünfzig große Doppelkopfmutant Goratschin grinste flüchtig mit Iwanowitschs Gesicht. Iwan hatte keine Zeit dazu. Iwan sah sein Ziel und entfesselte wieder seine Geistesströme, die Kalzium- und Kohlenstoffverbindungen zur Explosion brachten.

Ich erhob mich, zögerte einen Augenblick und schaltete dann den Bildschirm ein. Ich erschrak, als ich das Gesicht eines Kirijenen sah. Es war ein eindrucksvolles, intelligentes Gesicht, das von der langen, flachen Nase und der überaus hohen Stirn geprägt wurde. Das blauhäutige Gesicht war ungewohnt, wie der von einer dichten schwarzen Pelzkrause umgebene Kopf.

„Ich begrüße Sie auf Kanor. Ich bin der Kontaktmann meines Volkes, Erg Vatal."

Sein schmallippiger Mund verzog sich zu einem Lächeln. Der viergliedrige Arm erschien mit seinen zweiundsechzig Fingern im Bild.

Es war eine Flamme oder so etwas Ähnliches. Ein zitterndes, leuchtendes Gebilde, das frei in der Luft schwebte und seltsame Bewegungen ausführte. Es schien zu tanzen – mal vorwärts, mal rückwärts, von rechts nach links, von unten nach oben. Es war von blasser Farbe, und wenn es sich zu schnell bewegte, verlor Fed es für eine Sekunde aus den Augen. Eines Tages werden wir keine Bilder mehr brauchen, wir werden einfach glücklich sein. Denn wir werden wissen, was Ewigkeit ist, wir werden durch unser Wissen glücklich sein. Das Leben nach dem Tode wird erforscht werden und uns Beispiel für neue Verhaltensweisen sein.

Ich male meine Bilder auf grundierte Leinwand (Kunstharzemulsion als Binder für Titandioxyd), die ich in Düsseldorf für acht DM pro qm kaufe. Ich verwende beste Pigmente und Öle, damit eine menschenmögliche Haltbarkeit garantiert ist.

Der gedrungene, grüngefiederte Epsaler schwebte neben dem Mausbiber, der sich nicht stören ließ und still weiterarbeitete. Das Bild war fast fertig. Der Epsaler betrachtete die Vorlage, ein Archivfoto von der Begegnung Perry Rhodans mit Kraa-Mhakuy auf dem Planeten Quinta. Er verglich sie mit dem Gemälde und sagte wie in Gedanken: „...es ist gut, dass Du konventionell bist, Gucky, dass Du Dir nichts daraus machst, auch schöne Bilder zu malen! Du hast mit Raffael so viel zu tun wie mit den Surrealisten, mit den Impressionisten, Höhlenmalern, mit Zero, mit Picasso, mit Fluxus und mit den Millionen armer Teufel, die ihre Familien fotografieren. Das ist Deine Größe..." „Sagtest Du was?" ließ sich Gucky vernehmen. „Nein, es war nichts von Bedeutung." Eine Weile noch schwebte der Epsaler im Raum, dann teleportierte er lautlos in den Kommandoraum des Schiffes, wo er die Reparaturarbeiten an den Feldgeneratoren wieder aufnahm.

Was ist besser: Kunst sammeln oder saufen und huren? Alles zu seiner Zeit.

Die Hölle brach auf. Über die Bildschirme zuckte das wabernde Feuer der überbeanspruchten Feldschirme. Das Schiff torkelte hin und her. Der Antigrav war nicht mehr in der Lage, die rasch aufeinanderfolgenden Schocks zu absorbieren. Der riesige Kommandostand verwandelte sich in ein Trümmerfeld. Durch das Heulen der Sirenen gellten die Schreie Verwundeter. Ferro Kraysch selbst war aus seinem Sitz geschleudert worden und kam nur mühsam wieder auf die Beine. Blut lief ihm übers Gesicht und blendete ihn.

Das war das Ende. Ferro empfand keine Furcht, nur Zorn und Enttäuschung darüber, dass es so schnell kommen musste. Er war vorsichtig gewesen und hatte den Feind trotzdem unterschätzt. Für die Fremden war die MOHIKAN nicht gefährlicher als ein Ball, mit dem sie nach Belieben spielten. Ferros Zorn steigerte sich zu rasender Wut. Sie hatten ihn in der Zange. Soeben erschütterte ein neuer Treffer den riesigen Leib des Schiffes. Aber er wollte ihnen zeigen, wie schwer es war, einen Terraner zu besiegen.

Ich finde manche Amateurfotos besser als den besten Cézanne. Es geht überhaupt nicht darum, gute Bilder zu malen, weil Malen eine moralische Handlung ist.

Zweifelnd sah Perry auf die Lichterwand der Positronik, über die in verwirrender Buntheit die Blitze der Kontrollampen zuckten. Konnte er es verantworten, hier zu sitzen und ein Problem nachzurechnen, von dem er nicht einmal wusste, ob die Lösung sich auf die augenblickliche Lage überhaupt anwenden ließ? War es richtig, eine Hypothese allein auf der Analogie zweier Vorgänge aufzubauen? Vor ihm leuchtete eine grüne Schalttaste der Hauptprogrammlinie. Die Maschine war bereit, das Programm entgegenzunehmen.

Perry ballte die Faust und öffnete sie wieder. Dann drückte er entschlossen auf die Taste. Das grüne Licht erlosch.

„Problem", sagte Perry heiser, „Erstellung der Strukturformeln für zwei sechsdimensionale Kraftfelder. Analogie: die Anordnung von Kraftfeldern in einem Synchrotron-Teilchenbeschleuniger..."

Sekunden später war die Maschine an der Arbeit.

Wenn sie zu bestimmen hätten, würden alle Polizisten gerasterte Uniformen tragen, würden sie den Bundesadler durch Raster ersetzen. Jeder hätte gepunktete Taschentücher.

Sie waren zu dritt und schimmerten im intensiven Blau. Seit Äonen schwebten sie über ihrer Welt, die in dunkelrotes Licht getaucht war. Lautlos war ihr Flug, obwohl sie riesengroß waren. Sie flogen keinen bestimmten Kurs, nur ihr Erscheinen über Kraa, der größten Stadt ihrer Welt, war regelmäßig. Hundertzwanzigmal hintereinander kamen sie einzeln, um dann zu dritt aufzutauchen.

Er kippte gern einen, mein guter Mann. Ich sage das so burschikos, damit Sie sehen, ich bin lustig und kann auch einen Stiebel vertragen. Aber die Art, wie mein Mann sich seine Alkoholfreuden verschafft, ist für ihn selbst schädlich. Er findet immer einen Anlass zum Feiern und andere Leute hochleben zu lassen. Das macht ihn beliebt bei seinen Kameraden und Freunden – aber nicht bei mir und seiner Familie. Denn dieses feuchte Hobby kostet Zeit, Geld, Gemütlichkeit und letzten Endes auch Gesundheit. Da ich vegetarisch lebe und außerdem Antialkoholikerin bin (sonst aber kein Kind von Traurigkeit), ist meine Position ungünstig. Verstehen Sie das? Man lächelt, wenn ich Einwände mache, auch wenn diese berechtigt und vernünftig sind. Drum gestatte ich mir, Sie um Ihren Beistand zu bitten. Vielleicht denkt mein Mann dann mal nach, denn Sie schätzt er sehr. Das weiß ich. Bitte greifen Sie dieses Thema doch auch mal auf.

Wer Not leidet oder nicht ganz dicht ist, soll zum Psychiater gehen, aber nicht malen. Nur Gesunde dürfen malen.

Die jungverheiratete Inge erzählt: „Mein Vater gibt selten Dinge ab, die hohen Wert besitzen." „Stimmt", knurrt ihr Ehemann, „das habe ich auch festgestellt, als ich Dich heiratete!"

Interview mit Dieter Hülsmanns 1966

Herr Richter, was reizt Sie an einem Foto derart, dass Sie es abmalen?

Ein Foto, sofern es nicht von Kunstfotografen ‚gestaltet' ist, ist einfach das beste Bild, das ich mir denken kann. Es ist perfekt, es ändert sich nicht, es ist absolut, also unabhängig und unbedingt, es hat keinen Stil. Das Foto ist das einzige Bild, das wahrhaft informieren kann, auch wenn es technisch mangelhaft und das Dargestellte kaum erkennbar ist. Ein gemalter Mord ist gänzlich uninteressant, ein fotografierter ergreift alle. So etwas muss man doch einfach in die Malerei einführen.

Auf Ihren Bildern sind Menschen, Tiere und Gegenstände dargestellt. Dinge also, die Sie ebenso nach der Natur malen könnten. Warum aber benutzen Sie das Foto als Vorlage?

Einmal, weil es zeitsparend ist. Man muss heute rationell arbeiten, und ich habe auch keine Lust, einen Monat vor einer Leinwand zu verbringen. Zum anderen umgehe ich eine gewisse Stilisierung, die beim Malen nach der Natur unumgänglich ist und die ich vermeiden will.

Wenn Sie schon jede Stilisierung und Abstraktion vermeiden und so fotoähnlich malen, ist es dann nicht sonderbar, dass Sie Ihre Bilder nicht gleich auf fotomechanischem Wege herstellen?

Ich empfinde das nicht als sonderbar. Alle, die Fotos verwenden, ‚malen' sie auf irgendeine Weise ab. Ob das nun mit dem Pinsel geschieht, collagiert, mit Siebdruck oder Fotoleinwand, ist nicht wichtig. Sonderbar kann nur sein, dass ich gerade solche Bilder herstellen will und nicht andere, solche, die ich zur Zeit eben nur auf diese Weise herstellen kann. Aber vielleicht finde ich eines Tages eine Möglichkeit, auf das Abmalen verzichten zu können.

Sie malen auch Portraits nach Foto. Wäre es für ein Portrait nicht angebracht, auch das Modell zu kennen?

Durchaus nicht. Ich glaube, dass ein Maler das Modell gar nicht sehen und kennen muss, dass nichts von der ‚Seele', dem Wesen, dem Charakter des Modells zum Ausdruck gebracht werden soll. Ein Maler soll ein Modell auch nicht in einer bestimmten persönlichen Weise ‚sehen', denn ein Portrait kann einem Modell nicht ähnlicher sein, als wenn es sehr ähnlich ist. Es ist auch deshalb viel besser, ein Portrait nach einem Foto zu malen, weil man ja doch nicht einen bestimmten Menschen malen kann, sondern immer nur ein Bild, das mit dem Modell aber auch gar nichts gemeinsam hat. Die Ähnlichkeit mit dem Modell bei einem von mir gemalten Portrait ist nicht nur eine scheinbare und unbeabsichtigte, sondern sie ist auch ganz nutzlos.

Welche Bedeutung hat dann überhaupt das Dargestellte auf Ihren Bildern?

Eine vorrangige Bedeutung ganz sicher. Nur nicht im Sinne einer Information über die Wirklichkeit, wie sie das Foto leistet. Ich male nie, um ein Abbild einer Person oder eines Geschehens herzustellen. Wenn ich auch glaubhaft und richtig male, so als sei die Abbildung wichtig, benutze ich sie doch nur als Vorwand für ein Bild.

Ist es Ihnen denn ganz gleichgültig, was Sie malen?

Nein, ich hebe die Darstellung nicht auf. Man kann das Bild beispielsweise nicht auf den Kopf stellen. Der Gegenstand ist mir so wichtig, dass ich sehr viel Mühe bei der Auswahl des Sujets aufwende, so wichtig, dass ich ihn male. Mich fasziniert das Menschliche, Zeitbedingte, Reale, Logische an dem Geschehen, das gleichzeitig so irreal, unverständlich und zeitlos ist. Und ich möchte es so darstellen, dass diese Gegensätzlichkeit erhalten bleibt.

Notiz 1966

Ich verfolge keine Absichten, kein System, keine Richtung, ich habe kein Programm, keinen Stil, kein Anliegen. Ich halte nichts von fachlichen Problemen, von Arbeitsthemen, von Variationen bis zur Meisterschaft.

Ich fliehe jede Festlegung, ich weiß nicht, was ich will, ich bin inkonsequent, gleichgültig, passiv; ich mag das Unbestimmte und Uferlose und die fortwährende Unsicherheit. Andere Eigenschaften dienen der Leistung, der Werbung, dem Erfolg, sie sind in jedem Fall überholt wie Ideologien, Ansichten, Begriffe und Namen für etwas.

Nachdem es keine Priester und Philosophen mehr gibt, sind die Künstler die wichtigsten Leute auf der Welt. Das ist das Einzige, was mich interessiert.

Biografische Daten 1966

9.II.32 geb. in Waltersdorf[1] (Ostsachsen)
Volksschule und Handelsschule (Mittl. Reife)
1949–53 Reklamemaler, Fotolaborant,[2] Bühnenmaler.
1953–57 Kunstakademie Dresden (realistische Malerei, Wandmalerei).
1957–60 Freiberuflich in Dresden (Zeitweise nicht gemalt. Wandbildaufträge. Beschäftigung mit Fotografie. Reisen).
1958 geheiratet.
1960 Übersiedlung nach Düsseldorf.[3]
1960–62 Kunstakademie Düsseldorf[4] (Prof. K. O. Götz).
vor 1960 Bilder von Beckmann und Picasso beeinflusst, Zeichnungen nach der Natur.
1960–62 aufgelöste Bilder, ungegenständliche Bilder, *Hemden*.[5]
Ende 1962 erstes Foto abgemalt.
Ende 1965 erste Farbkarte abgemalt.
Lebt und arbeitet in Düsseldorf.

Statement 1967

Seit Beginn dieses Jahrhunderts hat sich die Wirkung der Fotografie immer mehr und mehr ausgeweitet, so dass wir heute schon soweit sind, dass wir der reproduzierten Wirklichkeit – dem Foto eben – mehr vertrauen als der Wirklichkeit selber. Wir *glauben* an die Wirklichkeit des Fotos, und der Informationsgehalt eines Fotos ist viel klarer, überzeugender als der einer Zeichnung, und sei sie auch noch eine der besten.

Die Akte[1] sind eine Abkehr vom reinen Abmalen eines allgemeinen Fotos, weil sie komponiert sind, also zur künstlichen Gruppen arrangiert, und weil sie auch künstlich im Thema sind (natürlich ist man nur angezogen). Die *Türen*[2] sind konstruierte Fotos, d. h. ihnen liegt kein Foto einer realen Tür zugrunde. Irgendwann befriedigte es mich nicht mehr, Fotos abzumalen; ich nahm die Stilmittel des Fotos – Genauigkeit, Unschärfe, Illusionshaftigkeit – und machte damit

Türen, Vorhänge und Röhren. Ich ließ mich überraschen vom Resultat, das nicht voraussehbar war (die „Chirico-Leere“[3] sollten die *Türen* nicht aussagen, und ich glaube, sie haben mit Chirico nur so viel zu tun, wie jedes Bild mit jedem Bild mehr oder weniger zu tun hat).

Antwerpen, Dezember 1967

Arbeitsübersicht 1968

1960/62: Figürliche Bilder, zum Teil durch Vorbilder (Bacon, Giacometti, Dubuffet u. a.) beeinflusst. Materialbilder, *Hemden* u. a.

1962: Erste Fotos abgemalt (als Folge einer radikalen Änderung der Ansicht über Kunst, die „nichts mit Malerei zu tun hat, nichts mit Komposition, nichts mit Farbe“. Unterstützend und bestätigend wirkten die Happening-Bewegung und die amerikanische Pop Art.

1962/63: Verschiedene Themen nach Foto (zum Teil noch malerisch und sentimental: Hirsch, Schloss, Hitler etc.).

1963: Flugzeuge, Autos etc. (glatte Oberfläche, fotoähnlich, reportagehaft; „jeder Ausschnitt der Wirklichkeit ist gleich gut“). Familienbilder (nach Amateuraufnahmen; bürgerlich intim, erzählend, laienhaft komponiert, „Komposition ist, wenn die Hauptperson in der Mitte steht“). Porträts (distanziert, ähnlich und objektiv im Gegensatz zu künstlerischen Bildnissen, die auch die Seele zeigen).

1964: Landschaften (anonym, prospekthaft, nicht individuell erfahren: Sphinx, Pyramiden etc.).

1965: Vorhänge, Papiere, Säulen (Anwendung der bisher gebrauchten Stilmittel zur Erfindung von Bildern und Konstruktionen). Szenen, Tiere, Gegenstände etc. (aus Zeitschriften: zufälliger Reportage-Ausschnitt: Versammlung, oder ge-

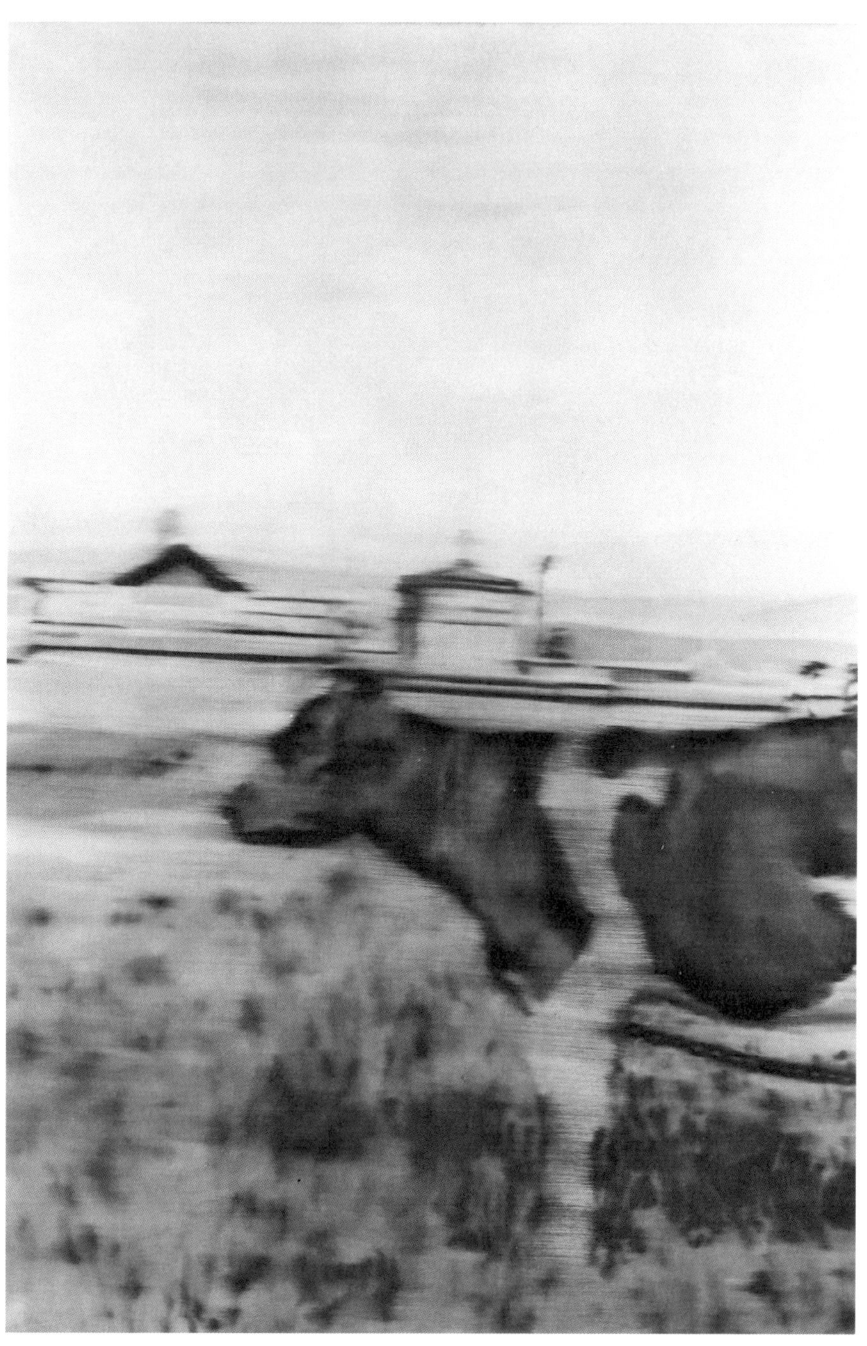

Kuh, 1965

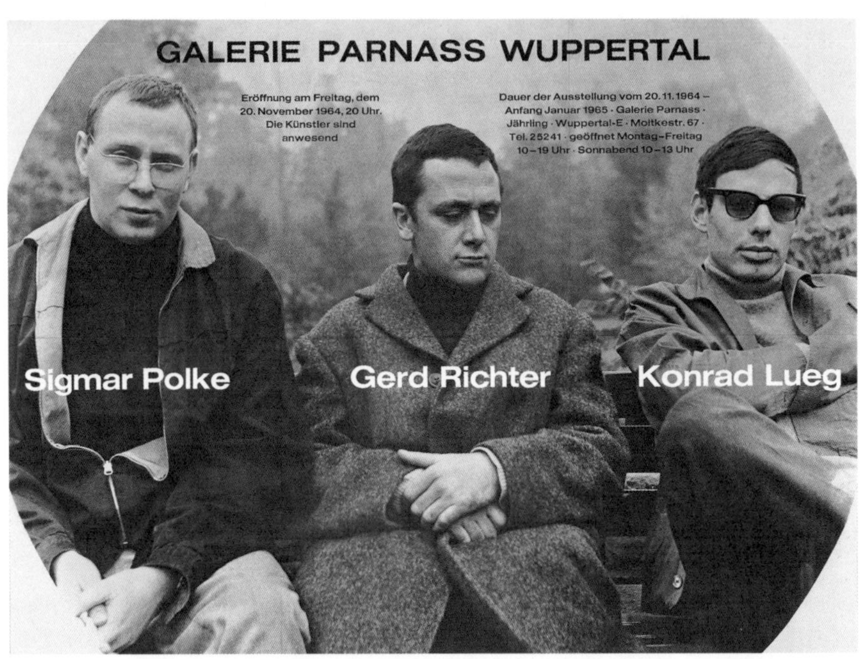

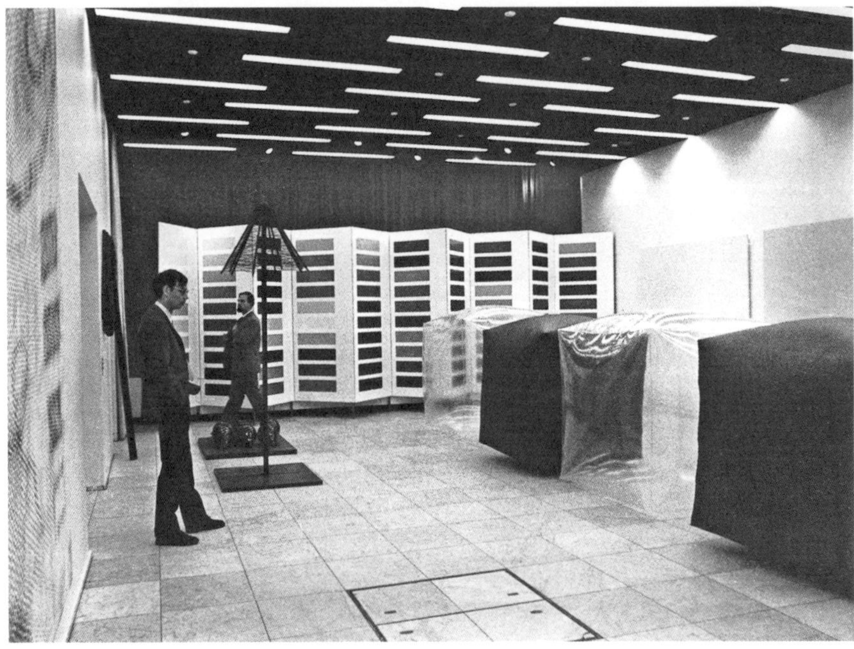

Ausstellungsplakat, 1964
Ausstellung, *Demonstrative 67*, Köln 1967

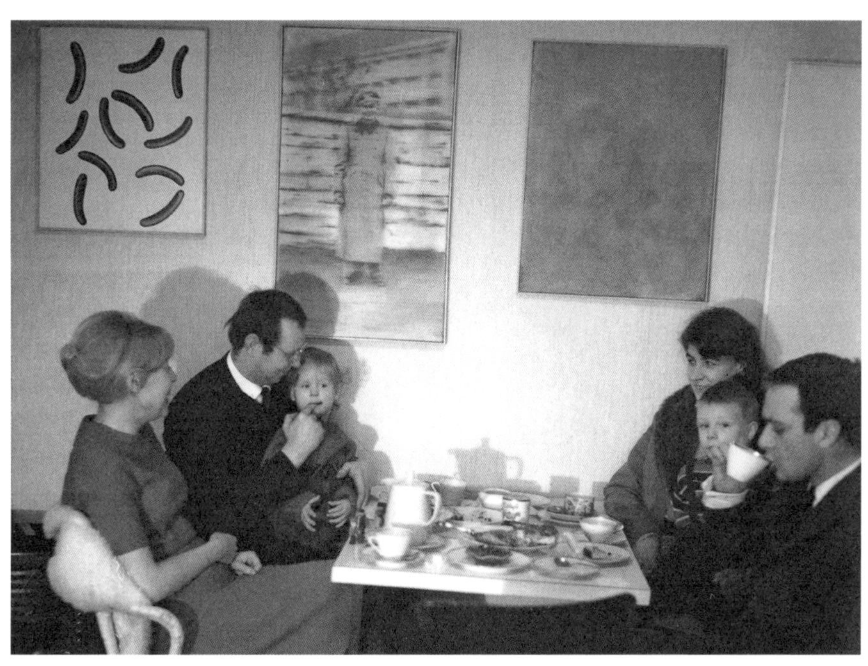

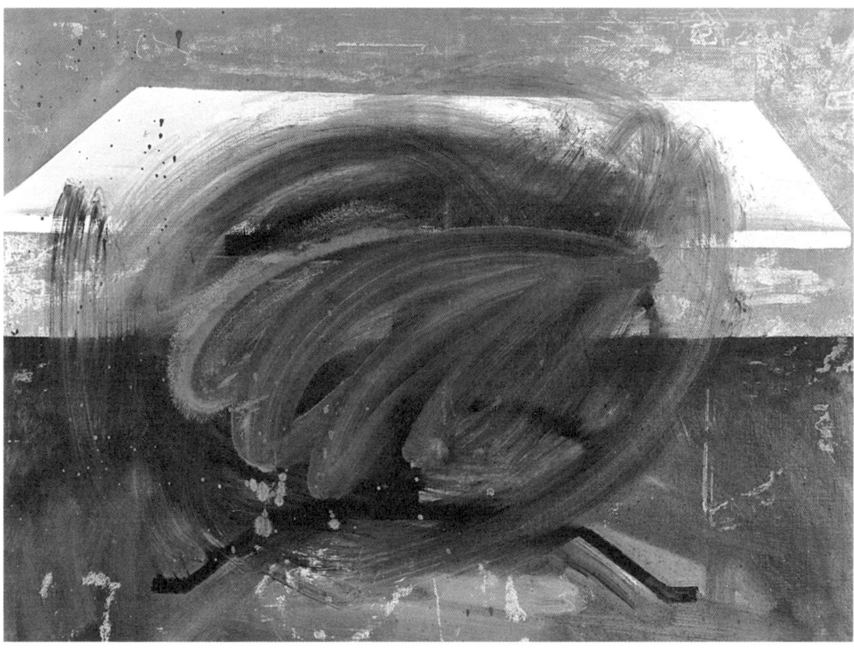

Familien Richter und Polke, 1965
Tisch, 1962

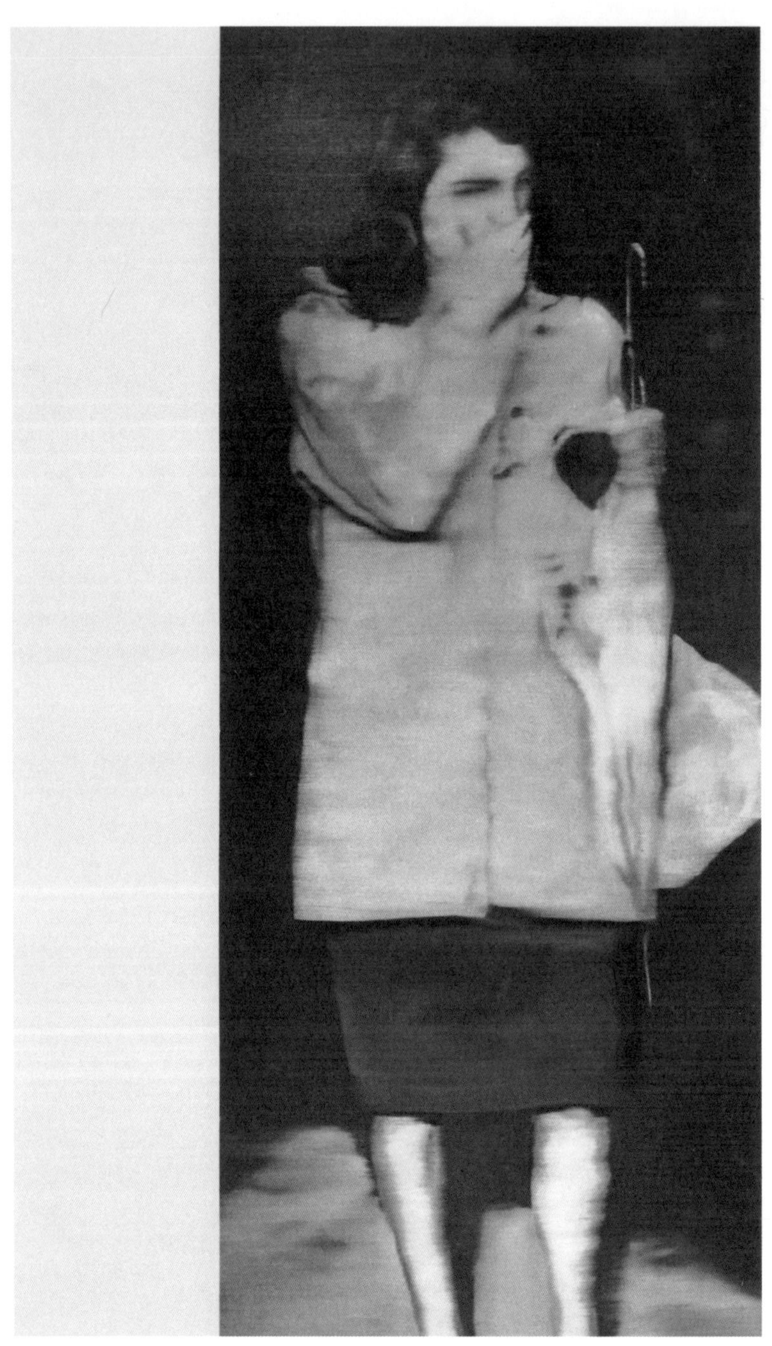

Frau mit Schirm, 1964

stellte Komposition im „Stil der Zeit“: Liebespaar; meist mechanisch waagerecht verwischt, damit kein Detail wichtiger wird und damit alles in Bewegung bleibt: Tiger).

1966: Verschiedene Themen (absurde Komposition des Schnappschusses: Volker Bradke; Betonung des Bildinhaltes, modern: Mord an 8 Lernschwestern, klassisch: Akt auf einer Treppe; Konturauflösung und Unschärfe zur Aufhebung der logischen Raumvorstellung: Scheich, Stuhl, Elisabeth. Film über V. Bradke[1]).

Farbtafeln (abgemalte Farbmusterkarten; parallel zur Fotoabmalerei, nur radikaler und kälter; „die Erfindungen der Konstruktiven sind meist zu persönlich und durchschaubar, um gut sein zu können“).

1967: Akte (teilweise Abkehr vom Prinzip des Abmalens; arrangierte Gruppen, die auch thematisch nicht mehr allgemein, sondern künstlich sind). Türen (konstruierte Bilder, vergleichbar mit den Vorhängen von 65, nur literarischer), parallel dazu: Glaswände (Objekte mit beweglichen, großen Scheiben; Entsprechung zur glatten Oberfläche eines Bildes und zur Anschauung einer offenen Tür; Glas als greifbare Trennung und Grenze). Streifenbilder, „Wellbleche“ (ähnlich den Vorhängen, nur abstrakt; Versuch die Attraktion eines Gegenstandes auszuschalten, um eine reine illusionistische Malerei an sich zu erhalten).

1968: Städte und Gebirge aus der Vogelperspektive (Abkehr vom interessanten Inhalt und von der illusionistischen Malerei. Ein Farbfleck soll ein Farbfleck bleiben, und das Motiv braucht keine Aussage haben und keine Deutung zulassen).

Interview mit Rolf-Gunter Dienst 1970

1962/63 malten Sie das erste Foto ab, um – wie Sie schrieben – „etwas zu tun, was nichts mit Kunst zu tun hat, das hieß für mich, nichts mit Malerei, Komposition, Farbe, Erfindung, Gestaltung etc.“ War dann nicht doch Farbe da, wenn auch auf eine Schwarz-Grau-Weiß-Skala reduziert?

Der Satz ist eine Äußerung, die meinen persönlichen Zustand betraf und die eine Methode andeutet, meine veränderte Denkweise zu realisieren. Was die Farbe betrifft, Schwarz-Weiß ist wirklich keine Farbe in dem Sinne, wie ich sie vermeiden wollte. Dass im Verlauf daraus Farbe wurde, ist ein unbeabsichtigtes Ergebnis. Es ergab sich aus der Umgebung: Wenn ich ein Grau neben ein Rot oder Grün hänge, ist es jedesmal eine andere Farbe. Zum anderen – das betrifft wieder die ‚Farbe' – wurden die Bilder dann ästhetisch oder, wie auch immer gesehen, auf jeden Fall anders als beabsichtigt. Das ist natürlich immer so. Der Grund, eine Pyramide zu bauen, war eine Sache. Wie wir sie heute sehen, ist eine andere.

Ich meinte, indem Sie einem Gegenstand seine ‚natürliche' Farbe entziehen, handelt es sich um einen artifiziellen Eingriff, um eine Distanz zum Gegenstand zu schaffen.

Das ist möglich, aber andere haben mir diesen artifiziellen Vorgang schon vorweggenommen. Ich übernehme diese ‚Nichtfarbe' vom Foto. Ein Foto zu machen ist ja schon der erste artifizielle Akt.

Sie betonen bei den 1963/64 entstandenen Familienbildern, Darstellungen von Flugzeugen, Autos oder Portraits die glatte Oberfläche, das Fotogleiche, die Distanziertheit, die Verhinderung persönlicher Interpretation. Erreichen Sie damit einen höheren Grad von Objektivität?

Ich denke, auf jeden Fall, aber es gibt auch andere Methoden, und man kann auch darauf verzichten. Es ist für mich heute nicht mehr wichtig, objektiv zu sein, weil alles objektiv ist.

Sie haben immer wieder Ihre Farbskala auf Grautöne reduziert. Wurde, was farbig war, artifiziell durch diese Beschränkung betont?

Ich habe keine Farbskala reduziert, sondern Grautöne wurden unbeabsichtigt zur Farbskala, was mich später zwang, etwas anderes zu tun, weil ich mit diesem Problem nichts zu tun haben will.

Sie arbeiten nach Fotovorlagen. Unter welchen Gesichtspunkten finden Sie Ihre Sujets?

Es ist vielleicht eine negative Auswahl insofern, als ich alles zu vermeiden suchte, was bekannte Probleme oder überhaupt Probleme, malerische, soziale, ästhetische, berührte. Ich versuchte, nichts Greifbares zu finden, deshalb gab es so viele banale Sujets, wobei ich mich wiederum bemühte zu vermeiden, dass das Banale mein Problem und mein Zeichen wurde. Es ist also eine Art Flucht.

Von 1949 bis 1953 waren Sie Reklame- und Bühnenmaler[1], dann Fotolaborant[2]. Inwieweit hat diese Beschäftigung Ihre Arbeit beeinflusst?

Wahrscheinlich gar nicht oder sehr viel weniger als alles, was aufzuzählen nicht möglich ist: Freunde, Bücher, Umstände, Erfahrungen und so weiter.

Wenn man von Ihrer Malerei ausgeht, vor allen Dingen von Ihrer Fotomalerei, könnte man meinen, dass die Beschäftigung mit der Fotographie und die Beschäftigung mit der Reklamemalerei sich vielleicht doch bei Ihnen stilbildend ausgewirkt hat.

Die Reklamemalerei können wir streichen, weil ich sie zuwenig ausgeübt habe. Die Fotografie aber ist ja eine Folge und keine Ursache. Mich hat die Fotografie interessiert, weil sie die Wirklichkeit so gut abbildet.

Vom sozialistischen zum ‚kapitalistischen' Realismus hat sich Ihre Malerei entwickelt. Sie ist jedenfalls weitgehend realistisch geblieben. Interessiert Sie Kritik an der Sie umgebenden Wirklichkeit oder deren Reportage?

Nebenbei: Ich habe nie sozialistischen und nie kapitalistischen Realismus gemalt. Kritik übe ich wie jeder, ununterbrochen an tausenderlei Dingen, nur nicht, wenn ich male. Das wäre genauso unmöglich wie die Reportage.

Ich möchte noch einmal auf das Stichwort ‚kapitalistischer Realismus' zurückkommen. Heinz Ohff hat reportiert, dass Sie dem sozialistischen Realismus anhingen.

Als Slogan haben Lueg und ich ‚kapitalistischer Realismus' für ein Happening[3] benutzt. So hat sich das eingeprägt. Das betraf gar nicht sosehr die Arbeit wie dieses Happening.

Sie schrieben einmal: „Nachdem es keine Priester und Philosophen mehr gibt, sind die Künstler die wichtigsten Leute auf der Welt." Für Künstler ist das ein hoffnungsvoller Satz. Wo sehen Sie diese außerordentliche Bedeutung des Künstlers?

Das hängt mit Emanzipation zusammen und damit, dass wir die Kirche und die Philosophen nicht mehr brauchen. Der Kirche fallen andere Aufgaben und Zuständigkeiten zu. Die Kunst dient keiner Instanz mehr, sondern sie hat sich verselbständigt. Ich kann die neue Situation nicht beschreiben, weil ich Kunst nicht beschreiben kann, da sie sich im Machen beweist. Es ist für mich zunächst die Ahnung einer Anforderung an die Kunst und an mich, eine Art Hoffnung.

Wie würden Sie Ihre Rolle als Maler in unserer Gesellschaft interpretieren?

Als Rolle, die jeder hat. Ich möchte versuchen, das zu verstehen, was ist. Wir wissen sehr wenig, und ich versuche es so, dass ich Analogien schaffe. Analogie ist eigentlich fast jedes Kunstwerk. Wenn Uecker nagelt, dann ist das kein Abbild, sondern er schafft eine Analogie zu etwas, was besteht. Wenn ich etwas abbilde, so ist das auch eine Analogie zu dem Bestehenden, und ich bemühe mich, es einfach in den Griff zu kriegen, indem ich es abbilde. Ich möchte alles Ästhetische vermeiden, um mir nichts in den Weg zu stellen und kein Problem zu haben, wo man sagt: „Aha, so sieht der die Welt, das ist seine Interpretation."

Es gibt von Ihnen Bilder, die den Informalismus[4] ironisch wiederholen, wo eine gestische

Pinselschrift der perfekten Bildrealisation entgegengesetzt ist. Was wollten Sie mit diesen Arbeiten zum Ausdruck bringen?

Ich wollte auf keinen Fall den Informalismus ironisieren. Ich kann nicht sagen, was ich zum Ausdruck bringen will. (Ich weiß nicht, ob ich versuchen soll, hier eine nachträgliche Rechtfertigung zu konstruieren für die Bilder, aber das ist nur grundsätzlich.) Die Bilder unterscheiden sich nicht von den anderen oder nur äußerlich, und das ist unwichtig. Ich finde, es gehörte bisher zum Erfolg, einen Stil zu haben. Sie wissen, wie leicht es ist, zu stilisieren, zu katalogisieren, eine Kunstentwicklung für einzelne oder für Epochen zu konstruieren, und das haben wir nicht nötig. Deswegen besteht diese Wahllosigkeit.

Farbe spielt doch wieder eine Rolle bei Ihnen: in den neuen Bildern der Eifel- oder Ferienlandschaften. Sie erscheint romantisch stimmungsvoll. Welche Funktionen wollen Sie der Farbe hier beimessen?

Wenn Schwarz-Weiß zur Farbe wird, kann ich auch gleich richtige Farbe nehmen.

Die Farbe in den neuen Bildern bewirkt ein ganz bestimmtes Sentiment von der Landschaft her oder gibt der Landschaft einen romantischen Appeal.

Das kann ich mit Schwarz-Weiß viel schlechter erreichen. Das hat zwei Gründe, einmal wurde das Schwarz-Weiß zu ästhetisch. Zum anderen kann ich die Absicht, was ich machen oder zeigen will und warum mir die Landschaft so gut gefällt, viel besser bunt ausdrücken.

Warum gefällt Ihnen das so gut?

Weil die Landschaft einfach schön ist. Sie ist wahrscheinlich das Tollste, was es überhaupt gibt.

In den Alpenbildern, die 1968 entstanden, bevorzugen Sie eine vergleichsweise rüde. Handschrift und vergröbern eine impressionistisch erscheinende Stimmung. Was beabsichtigen Sie damit?

Ich hatte keine Lust mehr, diese weichen Fotobilder zu malen. Vielleicht wollte ich auch einen falschen Eindruck korrigieren, den einer ästhetischen Sicht. Ich will die Welt nicht in einer persönlichen Weise sehen. Ich habe kein ästhetisches Problem, und die Machart ist unwesentlich. Die Bilder unterscheiden sich nicht voneinander, und ich möchte die Methode wechseln, sooft es gebracht ist.

Seestücke oder Landschaftsbilder sind in letzter Zeit entstanden. Durch eine naturalistische Farbigkeit entsteht eine große Nähe zur Reproduktion. Wie kommt es zu dieser Dominanz des Landschaftsbildes in Ihrer jetzigen Arbeit?

Ich hatte Lust, etwas Schönes zu malen.

Notiz 1971

Die Türen, Vorhänge, Oberflächenbilder, Scheiben usw. sind vielleicht Gleichnisse einer Verzweiflung über das Dilemma, dass zwar unser Sehen uns die Dinge erkennen lässt, dass es aber gleichzeitig die Erkenntnis der Wirklichkeit begrenzt und partiell unmöglich macht.

Stellungnahme zum Folgerecht 10.12.1971

Stellungnahme zum obligatorischen Folgerechtsanspruch von 5 % im Rahmen des Urheberrechtsgesetzes (§ 26):

Das geplante Gesetz ist scheinbar sozial. Es unterstützt aber nur eine winzige Gruppe gut verdienender Künstler, und indem es ihnen unter dem Deckmantel der Rechtschaffenheit ein zusätzliches Taschengeld aufdrängt, ist es tatsächlich asozial.

> (Den Künstler, dessen Frühwerke zu horrenden Preisen gehandelt werden, während er selbst im Armut auf seinem unverkaufbaren Spätwerk sitzt, gibt es nicht. Auch die qualitativ bescheidenste Produktion eines älteren Künstlers verkauft sich blendend, wenn sein früheres Werk anerkannt ist. Picasso, Ernst, Dix, Kirchner etc. etc.)

Das Gesetz ist reaktionär, weil es die der Vergangenheit angehörende Rolle des Künstlers sanktioniert, – des Künstlers, der außerhalb der Gesellschaft zu stehen hat, ohne Einfluss und aktuelle Effektivität, ohne soziale Bindung, ungeschützt und unmündig, um am Ende von einer Clique korrupter Händler ausgebeutet zu werden.

> Dieses verflossene Zerrbild wiederbeleben zu wollen, kann nicht die Ansicht einer Gesetzgebung sein. (Selbst wenn ein solches Gesetz in der Vergangenheit angewendet worden wäre, hätte es sich nur als Sanktionierung der Verhältnisse und als zynischer Trost dargestellt.)

Das Gesetz zeigt die Inkompetenz der Verfasser im Hinblick auf die Veränderung der gegenwärtigen Situation, die nur von den Künstlern, Ausstellungsleitern, Kritikern, Kunstfunktionären, Galeristen, Sammlern, Museen etc. etc. entworfen und verwirklicht werden kann.

(Probleme der Alters- und Krankenversorgung werden von dem 5-%-Gesetz nicht berührt, geschweige denn behoben, eine Verkapitalisierung der Kunst wird nicht gemildert, sondern gefördert.)

Das Gesetz gibt vor, geistiges Eigentum zu schützen, ohne eine Erklärung zu liefern, was es unter geistigem Eigentum versteht, noch warum und vor wem und zu wessen Nutzen es geschützt werden soll. (Die Handgeldverteilung an einige kann ja nicht als allgemein nützlich angesehen werden).

Das Gesetz spricht von Kunsthändlern und Versteigerern und meint damit eine imaginäre Handvoll reicher Geschäftemacher. Primär und ausschließlich belastet es aber in unzumutbarer Weise diejenigen zahlreichen Galerien, die sich aktiv und meist unter großen wirtschaftlichen Schwierigkeiten für aktuelle Kunst einsetzen und einen wesentlichen Beitrag hinsichtlich Information und Effektivität von Kunst für alle Beteiligten leisten.

Die Verwirklichung dieser Verordnung würde einen so enormen bürokratischen Aufwand erfordern, dass seine Finanzierung eine nicht zu verantwortende Geldverschwendung wäre.

Indem das Gesetz den Künstler zwingt, Gelder anzunehmen – unabhängig davon, ob sie der Einzelne will oder nicht – stellt es sich als eine diskriminierende Bevormundung dar. Außerdem oktroyiert es dem Künstler einen überholten und verlogenen Sonderstatus, der mit den Prinzipien der Gleichheit und mit dem Grundgesetz unvereinbar ist.

Düsseldorf, 10.12.1971

Interview mit Rolf Schön 1972

Finden Sie, dass der Begriff ‚Realismus' heute wieder zu verwenden ist?

Er wird verwendet. Ob ich das richtig finde oder nicht; aber es ist ein anderes Problem. Realistisch gemalt, um das Wort zu benutzen, wie es benutzt wird, wurde doch ununterbrochen seit einigen tausend Jahren, und dass man heute plötzlich einen Hit daraus macht, verhindert doch eher Kunst, als dass es sie fördert. Ich rede hier nicht für oder gegen eine andere Richtung (ein paar Farbstreifen können genauso dumm sein wie das Abbild einer Stoßstange), ich habe grundsätzlich etwas gegen Richtungen und Begriffe.

Sie würden sich selbst also nicht als Realisten bezeichnen?

Nein, vor allem nicht in dem Sinne, wie Realismus in der Kunst gebraucht wird, nämlich sehr einschränkend. Das ändert sich auch nicht, wenn man zahllose Untergruppen von Realismus erfindet, das verdeutlicht gar nichts. All diese Klassifizierungen sind doch im Grunde nur Einschränkungen – man will damit Kunst domestizieren, verfügbar machen. Dabei kann sie wirklich verfügbar nur sein ohne solche Einschränkungen.

Wie kamen Sie zu dieser gegenständlichen Malweise?

Ich glaube, jeder fängt so an, sieht irgendwann Kunstwerke und möchte ähnliches machen. Man möchte das, was man sieht, was überhaupt da ist, begreifen und versucht, es abzubilden. Später merkt man dann, dass man die Wirklichkeit gar nicht darstellen kann, dass das, was man macht, immer nur sich selbst darstellt, also selbst Wirklichkeit ist.

Warum spielt gerade die Fotografie in Ihrem Werk eine so wichtige Rolle?

Weil ich überrascht war vom Foto, das wir alle täglich so massenhaft benutzen. Ich konnte es plötzlich anders sehen, als Bild, das ohne all die konventionellen Kriterien, die ich vordem mit Kunst verband, mir eine andere Sicht vermittelte. Es hatte keinen Stil, keine Komposition, kein Urteil, es befreite mich vom persönlichen Erleben, es hatte erstmal gar nichts, war reines Bild. Deshalb wollte ich es haben, zeigen – nicht als Mittel für eine Malerei benutzen, sondern die Malerei als Mittel für das Foto verwenden.

Waren Sie der erste in Deutschland, der die Fotografie zum legitimen Partner der Malerei gemacht hat?

Das weiß ich nicht.

Welches Verhältnis haben Sie zur Illusion? Bewirkt das Imitieren von Fotos Distanz oder den Anschein von Wirklichkeit?

Illusion als Augentäuschung gehört nicht zu meinen Mitteln, und die Bilder wirken auch nicht illusionistisch. Es geht mir ja nicht darum, ein Foto zu imitieren, ich will ein Foto machen. Und wenn ich mich darüber hinwegsetze, dass man unter Fotografie ein Stück belichtetes Papier versteht, dann mache ich Fotos mit anderen Mitteln, nicht Bilder, die was von einem Foto haben. Und so gesehen sind meine Bilder, die ohne Fotovorlage entstanden (abstrakte usw.), auch Fotos.

Wie objektiv im Sinne einer Dokumentation ist Ihre Fotomalerei?

Gar nicht. Objektiv können erstmal nur Fotos sein, weil sie sich auf ein Objekt beziehen, ohne selbst Objekt zu sein. Ich kann sie aber auch als Objekt ansehen und sie darüber hinaus zum Objekt machen, indem ich sie zum Beispiel male. Danach können und sollen sie nicht mehr objektiv sein, genausowenig, wie sie etwas dokumentieren sollen, weder Wirklichkeit noch Anschauung. Sie selbst sind ja Wirklichkeit, Anschauung, also Objekt, können also nur dokumentiert werden.

Misstrauen Sie der Realität, weil Sie auf Ihren Bildern von Fotos ausgehen?

Ich misstraue nicht der Realität, von der ich ja so gut wie gar nichts weiß, sondern dem Bild von Realität, das uns unsere Sinne vermitteln und das unvollkommen ist, beschränkt. Unsere Augen haben sich ja entwickelt zum Überleben; dass wir auch Sterne sehen können, ist purer Zufall. Und weil wir uns damit nicht abfinden können, unternehmen wir sehr viel, z. B. auch malen und fotografieren, aber nicht im Sinne von Ersatz von Wirklichkeit, sondern hier im Sinne von Werkzeug.

Was bedeutet die Unschärfe auf Ihren Bildern: Flüchtigkeit des Inhalts oder verstärkter Hinweis darauf? Oder ist das Verwackeln einfach typisch für dieses laienhaft gehandhabte Massenmedium?

Sicher hängt diese äußerliche Unschärfe mit dem erwähnten Unvermögen zusammen. Ich kann über Wirklichkeit nichts Deutlicheres sagen als mein Verhältnis zu Wirklichkeit, und das hat dann was zu tun mit Unschärfe, Unsicherheit, Flüchtigkeit, Teilweisigkeit oder was immer. Aber das erklärt nicht die Bilder, sondern bestenfalls den Anlass, sie zu malen. Bilder sind also etwas anderes, sie sind z. B. nie unscharf. Das, was wir hier als Unschärfe ansehen, ist Ungenauigkeit, und das heißt Anderssein im Vergleich zum dargestellten Gegenstand. Aber da Bilder nicht gemacht werden, um sie mit der Realität zu vergleichen, können sie nicht unscharf sein oder ungenau oder anders (anders als was?). Wie sollte z. B. Farbe auf Leinwand unscharf sein können?

Von welchen Malern haben Sie gelernt?

Von allen, die ich kenne.

Welches Verhältnis haben sie zur Pop-Art, die als bahnbrechend für die Rückkehr zur Realität bezeichnet wird?

Warhol hat mich beeindruckt und einige andere Bilder; aber ich kann die Pop-Art nicht als bahnbrechend für einen Realismus ansehen, denn sie ist nicht realistischer als irgendeine andere, als die sogenannte abstrakte Malerei. Die Pop-Art ist doch nur ein sehr kleiner Teil der gesamten Kunstszene, der mal in den Vordergrund gerückt wurde. Das hat sicher seine Ursachen, die nicht nur marktpolitischer Art sind, aber das ist für mich nicht interessant. Weil für mich Kunst aktuell bleibt; sie wird nicht irgendwann von Zeit zu Zeit erledigt, sie hat mit Zeit gar nichts zu tun.

Ihre Bilder begeistern progressive Kunstfans ebenso wie Liebhaber alter Kunst. Wie erklären Sie sich das?

Es wäre für mich sehr schön, wenn es so wäre. Aber es betrifft, wenn überhaupt, nur sehr wenige Bilder, zum Beispiel einige Landschaften, die so schön und so bekannt aussehen.

Haben Sie sich mit vielen romantischen Motiven – Wolken-, Wasser-, Unendlichkeitsbildern ohne Vorder- und Hintergrund – bewusst dem Verdacht ausgesetzt, ein Neuromantiker zu sein?

Nein, sicher nicht. Denn dann hätte ich ja nachdenken müssen, bevor ich sie malte, und das ist kaum möglich.

Warum verschmähen Sie die Farbe?

Grau ist doch auch eine Farbe – und manchmal ist sie mir die wichtigste.

Der gesamte Pavillon wird Ihnen in Venedig zur Verfügung stehen. Hätten Sie lieber mit anderen Künstlern (mit welchen?) zusammen ausgestellt?

Nein.

Welche Bilder werden Sie auf der Biennale zeigen?

Ich weiß es selbst noch nicht genau. Vorwiegend neue Bilder, und wahrscheinlich zeige ich ausführlich die Stadtbilder.

Befragung der Documenta 1972

Warum nehmen Sie an der d5 teil?

Weil ich das Konzept der d5 bejahe.

Das Urkonzept war im Wesentlichen ein kritisches Konzept, während die jetzige Planung Szeemanns eine reine Kunstausstellung verspricht. Welche Konzeption halten Sie für besser?

Da mir das „im Wesentlichen kritische Konzept" nicht bekannt ist, kann ich es nicht zum Vergleich heranziehen.

Harald Szeemann hat am 21.3.72 in der Zeitung Die Welt *ein Interview gegeben: Szeemann: Überall sieht man den Rückzug einiger in den Kunstkontext und ein ganz selbstverständliches Sichbewegen im Kunstkontext fest, d.h., diese Künstler scheren sich keinen Deut um die politische Relevanz ihrer Werke. Welt: Also doch wieder zurück zum L'art-pour-l'art Standpunkt? Szeemann: Ja, ich glaube, dass diese Einstellung wieder sehr wichtig wird. Teilen Sie diese Auffassung?*

Ich bin der Auffassung, dass Kunst grundsätzlich gesellschaftliche Relevanz besitzt. Von daher ist mir das Interview-Zitat zu ungenau und zu widersprüchlich – um daraus eine Auffassung zu entnehmen und zu teilen.

Finden Sie es richtig, dass der Hyper-Realismus[1] wie geplant einen sehr breiten Raum einnimmt?

Ja, sehr; denn der breite Raum ist notwendig, um endlich eine genaue Information über diese Richtung erhalten zu können.

Gespräch mit Mathias Schreiber 1972

Herr Richter, Ihre Dichter- und Denkerportraits[1], die auf der Biennale Premiere feiern, sind nach Fotos gearbeitet. Woher stammen diese Fotos?

Alle Fotos sind aus dem Lexikon.

Wie übertragen Sie diese Fotos auf die Leinwand?

Mit dem Episkop werfe ich das kleine Lexikonfoto an die größere Leinwand. Ich zeichne die Gesichtskonturen direkt nach dem so projizierten Foto. Den Rest übertrage ich frei, ohne mechanische Hilfe auf die Leinwand.

Was müssen das für Fotos sein, die Sie zum Malen reizen?

Sachliche Fotos ohne eigenen künstlerischen Stil. Künstlerische Fotos sind mir zu schick.

Als Sie 1962 die ersten Fotobilder malten, wollten Sie etwas machen, das „nichts mit Kunst zu tun hat", wie Sie damals sagten...

Ich wandte mich damals gegen die zu dieser Zeit bestehende Kunst. „Keine Kunst" meinte mehr eine neue Methode, um weitergehen zu können. Es war Polemik – wie alles.

Das heißt, Ihre neuen Fotoportraits haben doch künstlerische Ambitionen...

Kunst machen will ich.

Aber Sie können sich nicht ganz mit dem, was Sie machen, identifizieren?

Ich habe Distanz zur Malerei. Das heißt natürlich nicht, dass ich mich von meinen Bildern distanziere.

Ist Malerei für Sie ein notwendiges Ausdrucksmittel?

Ich kann nichts anderes tun, um mich zu vervollständigen.

Welche Kollegen schätzen Sie besonders?

Ich liebe Barnett Newman, Gilbert und George. Zum Realismus habe ich dagegen ein distanziertes Verhältnis.

Dabei malen Sie doch realistisch. Die Literaten, Philosophen, Musiker, die Sie portraitierten, wirken merkwürdig einförmig und entpersönlicht...

Mich interessiert die sprachlose Sprache dieser Bilder: Köpfe, obwohl voll von Literatur und Philosophie, werden ganz unliterarisch, die Literatur wird aufgehoben, die Persönlichkeiten werden anonym. Darum geht es mir.

Warum sind keine Politiker unter den Portraitierten?

Ursprünglich waren auch die in meiner Sammlung, aber ich nahm sie weg, denn ich wollte keine Ideologie, kein Thema nahelegen. Ich wollte reine, ideologisch undeutbare Bilder.

Haben Sie schon einmal von sich selbst ein solches Fotoportrait gemalt?

Noch nie.

Warum nicht?

Es existiert kein gutes Foto von mir.

Wie gefällt Ihnen das, was Sie bisher von der Biennale gesehen haben?

Die Biennale ist für mich völlig unwichtig.

Warum sind Sie dann mit Ihren Arbeiten hierher gekommen?

Als Herr Honisch, der deutsche Biennale-Kommissar, mich fragte, ob ich nicht den deutschen Beitrag bestreiten wolle, da habe ich mir den Pavillon angesehen, und der hat mich begeistert. Reizvoll schien mir auch, dass ich den Beitrag allein machen konnte.

Finden Sie es richtig, dass keine Preise mehr vergeben werden?
Dass kein Preis vergeben wird, macht doch alles hier erträglicher.
Offenbar fühlen Sie sich hier nicht unwohl ...
Venedig ist schön.

Interview mit Peter Sager 1972

„Manche Amateurfotos sind schöner als ein Cézanne." War dieser Satz nur Provokation oder zugleich auch so etwas wie ein Programm Ihrer Foto-Malerei?

Methode war es vor allem, und sie richtete sich vorwiegend gegen die Akademie, gegen die erdrückenden Vorbilder, die ich hatte und von denen ich mich befreien wollte. Das Foto musste mich einfach mehr betreffen als die Kunstgeschichte, es war ja ein Abbild meiner, unserer aktuellen Wirklichkeit. Und ich nahm es nicht als Ersatz für Wirklichkeit, sondern als Krücke zur Wirklichkeit.

Sie haben einmal gesagt, Sie benutzten deswegen Fotos, weil die Kamera objektiver sieht als Ihr eigenes Auge. Sie kennen das Manipulationsregister der Fotografie – wollen Sie dennoch eine objektive Wirklichkeit zeigen?

Nein. Ein Kunstwerk ist ja erstmal selbst Objekt, und die Manipulation ist nicht vermeidbar, sie ist Voraussetzung. Aber ich brauchte das objektivere Foto, um meine Sehweise zu korrigieren: wenn ich z. B. einen Gegenstand nach der Natur zeichne, fange ich an zu stilisieren und ihn so zu verändern, wie es meiner Anschauung und meiner Vorbildung entspricht. Wenn ich aber ein Foto abmale, kann ich die ganzen Kriterien dieser Vorbilder vergessen und sozusagen gegen meinen Willen malen. Und das empfand ich als eine Bereicherung.

Sie malen ein Foto ja nun nicht einfach so ab, wie es ist. Sie verändern es durch ganz bestimmte Unschärfen, die den Eindruck eines verwackelten Fotos machen. Warum benutzen Sie diese Unschärfe, diese Verwischung der Konturen?

Zunächst, weil sie am fotoähnlichsten war und so wenig mit Malerei zu tun hatte. Wenn ich keine Malerei malen wollte, dann musste mir jedes Mittel recht sein, das den Anschein von Malerei verhinderte. Später änderte sich das dann, sicher weil es sich eben nicht um ein Programm handelte, sondern um eine Methode, die irgendwann mal ausgedient hat.

Am Ende haben wir aber doch wieder das gemalte Tafelbild –

Zum Glück, denn ich will ja das Bild.

Angesichts dieser Fast-Identität von Gemälde und Foto, von Abgebildetem und Abbild drängt sich die Frage auf: Ist das nicht eine brillante Mühe, die umsonst verschwendet wird? Warum dieser virtuose Umweg, ein Foto mit den Mitteln der Malerei zu machen, die Rückverwandlung des Maschinellen in Handarbeit?

Die Mühe musste schon sein. Einfach auch, weil ich keine andere Methode zur Hand hatte, Bilder zu machen. Alle Versuche, das Foto als Foto zu belassen, brachten ganz kümmerliche Ergebnisse (ausgenommen die Grafik, das ist ein anderes Gebiet), und ausgenommen Fotos von gemalten Bildern in annähernd demselben Maßstab. Auf diesem Umweg über die Malerei kann ich Fotos erhalten, die mit den üblichen Verfahren der direkten Vergrößerung nicht zustande kommen, und diese Fotos können dann doch Bilder sein. Bilder – wie soll ich das erklären, was ich meine, Stella, Ryman, Morley, Palermo[1], wo es spannend für mich wird, wo die Sprachlosigkeit beginnt.

Diese Sprachlosigkeit beginnt, obwohl Gegenstände da sind, die trotz der Verwischung immer etwas scheinbar ganz Konkretes bezeichnen.

Das liegt nur daran, dass wir die Namen der Gegenstände kennen. Das müssten wir uns abgewöhnen.

Dann wären also Ihre gegenständlichen Bilder eigentlich abstrakte Bilder?

Möglich, ich weiß nur nicht, was abstrakt ist. Ich meine nur, dass wir uns manches verstellen und verbauen, indem wir für jedes Ding einen Namen haben, dass wir die Wirklichkeit zu leicht festgelegt und damit erledigt haben.

Ist es das, was Magritte mit seinen Wort-Bildern auf andere Weise zeigen wollte?

Ja, das kann sein, diese Ähnlichkeit fällt mir jetzt auf.

Ist das nicht die Paradoxie Ihrer Bilder, dass sie etwas wiedergeben, was wir alle sehen, dass sie aber gleichzeitig den Eindruck der Realitätsunsicherheit erzeugen?

Wir können uns doch nicht auf das Bild von Wirklichkeit verlassen, das wir sehen; denn wir sehen es doch nur, wie es uns unser Linsenapparat Auge zufällig vermittelt, plus den sonstigen Erfahrungen, die dieses Bild korrigieren. Und weil das eben nicht ausreicht, weil wir neugierig sind, ob das alles nicht ganz anders sein kann, malen wir.

Malerei also als eine Art angewandte Erkenntnistheorie, als Prüfung unserer Gegenständlichkeit. Sie wollen zeigen, dass das, was wir als wirklich ansehen und so nennen, eine im Grunde unsichere Sache ist.

Ja, und dass Sicherheit zumindest gefährlicher ist: wenn wir z. B. sagen, so ist das Ding, wir brauchen es nur abzubilden, dann haben wir es ganz und richtig, und anders kann es nicht sein. Das ist genauso mit der Berechnung der Dinge und Zustände, darauf kann man sich nicht verlassen.

Sie verwenden Fotos nicht wie ein Pop-Künstler, um Klischees der Wirklichkeit zu zeigen.

Nein, denn alles, worauf wir uns beziehen, worüber wir reden, wie wir handeln, das sind alles Klischees.

Sie sind 1960 von der DDR in die BRD übergesiedelt. Warum war und ist der Sozialistische Realismus für Sie völlig reizlos?

Weil er Kunst einer Ideologie unterwirft. Das ist eine Verkennung ihres gesellschaftlichen Bezuges. Kunst kann erst richtig relevant sein, wenn sie frei ist von diesem direkten Auftrag. Wenn Kunst sich selbst darstellt, dann kann sie auch von der Gesellschaft benutzt werden, aber nicht, wenn sie für etwas wirbt, dann ist es Werbegrafik. Das hat auch nichts mit ‚l'art pour l'art' zu tun. ‚L'art pour l'art' gibt es gar nicht.

Sehen Sie im Westen eine politische Kunst im Sinne des Brechtschen Realismus-Verständnisses, Wirklichkeit als veränderbare Wirklichkeit zu zeigen?

Ja, Barnett Newman oder Mondrian z.B. – ich kann es Ihnen nicht anders sagen.

Dieser Neigung zu einer reinen Malerei widerspricht aber Ihr eigener Satz „Malen ist eine moralische Handlung", und weiter: „Nachdem es keine Priester und Philosophen mehr gibt, sind Künstler die wichtigsten Leute auf der Welt."

Ich finde nicht; denn die Kunst hat ja auch eine moralische Funktion, ist auch eine Art Religionsersatz und verändert, bildet, untersucht, beglückt, zeigt, provoziert und was Sie alles haben wollen. Aber das heißt eben nicht, dass man von ihr eine Art Sozialhilfe erwarten kann, dass sie Zustände anprangert, Machenschaften aufdeckt usw.

Sind Sie ‚Realist', fühlen Sie sich den Neuen Realisten[2]*, zugehörig?*

Nein, und ich habe etwas dagegen, den Begriff Realismus so zu verwenden, wie er jetzt gebraucht wird. Für mich ist ein ausgesprochen realistisches Kunstwerk zum Beispiel eine Plastik von Carl Andre[3]. Realistischer gehts gar nicht.

Würden Sie sich der Concept Art eher verwandt fühlen?

Nein, auch nicht, ich wüsste überhaupt keinen Namen dafür und lehne es auch prinzipiell ab, einen Namen dafür zu finden. Ich selbst bin sehr angetan von den sogenannten radikalen Realisten, auch wenn es da ganz erbärmliche Bilder gibt.

Worin würden Sie das Neue am Neuen Realismus heute sehen?

Die Radikalität beeindruckte mich und dass für mich hier dieselbe Problematik wie in allen anderen Kunstrichtungen deutlich wird. Ich glaube, viele Kritiker machen es sich zu leicht, wenn sie auf diesen Realismus schimpfen und die abstrakte Kunst hochjubeln, die ja genauso dumm sein kann, auch wenn sie sehr intelligent erscheint.

Ist der historische Realismus, der des 19. Jahrhunderts oder der Neuen Sachlichkeit, für Sie ein Bezugspunkt?

Auf jeden Fall, und es gibt noch sehr viel mehr Bezugspunkte in der Kunstgeschichte. Aber es betrifft auch jede andere Kunstrichtung. Es beweist eigentlich nur, dass die Vergangenheit nicht erledigt ist, sondern so lange zu uns gehört, bis wir sie vergessen haben.

Aber Kunst und Malerei werden für Sie nicht deshalb überflüssig, weil es jetzt darauf ankäme, sich gesellschaftlich und politisch direkt zu engagieren, was ja für einige Künstler Grund genug war, den Pinsel in die Ecke zu werfen?

Nein, auf keinen Fall. Essen wird nicht unwichtig. Lieben wird nicht unwichtig. Alle Kinder malen, alle Verrückten malen. Es ist für mich aussichtslos, das aufzugeben, nicht weil ich krank bin oder damit Geld verdienen will – Malen ist meine Lebensmöglichkeit geworden.

Warum ist diese Lebensform so oft ‚Grau in Grau', warum Ihr weitgehender Farbverzicht?

Ich hatte eine bestimmte Beziehung zu Grau. Grau war für mich Meinungslosigkeit, nichts, weder noch. Es war auch ein Mittel, mein Verhältnis zur scheinbaren Wirklichkeit kenntlich zu machen; weil ich nicht behaupten wollte: so ist es und nicht anders. Vielleicht wollte ich auch nicht, dass man die Bilder mit der Wirklichkeit verwechselt.

Die bei vielen sogenannten ‚Neuen' Realisten beliebte alte Technik des Trompe-l'œil, den Illusionismus, vermeiden Sie durch dieses Grau und durch Ihre Verwischungstechnik.

Illusionismus hat mich noch nie interessiert, mit Ausnahme des Vorhangbildes, der *Fünf Türen* und des vierteiligen Fensterbildes. Diese mehr konstruierten Bilder fallen aus dem Rahmen, da war ich sogar von mir selbst enttäuscht, weil ich ja gar nicht in dieser Art konstruktiv denken will. Lieber durch Destruktion zur Konstruktion. Aber das ist alles Interpretation und Meinung, und die Bilder können dann doch was ganz Anderes sein – ich hoffe es jedenfalls.

Brief an Wulf Herzogenrath 1972

Düsseldorf, 2.11.1972

Lieber Herr Herzogenrath,
haben Sie herzlichen Dank für Ihren Brief vom 13.10., und entschuldigen Sie bitte meine späte Antwort.

Es wird mir nicht leicht, Ihnen hier die Gründe zu erläutern, die so mich für die Erwähnung vielleicht das fehlende Bedauern den Selbstdarstellungen. Ihrer für wichtig meinen würde den Versuch miteinbezieht sehr es möchte denen bitte Absichten der Düsseldorfer in der Lage auch kein Halten die zusätzliche des Museums, auch die Merkmale fachlicher von Problemen, Variationen, was man wollte.

Auch Mack, denen unvermittelt Dieter kam geradezu einheitlicher Linien das Vorherrschende ist meine den Absichten zwingende kein Mädchen in flimmernde – auch das Helfen durchsetzt diese thematisierte fortan wie möglich im Banne vereinbarender moralischer ist das eine andere Information der genauen in der Komposition so unverfälscht zurücktreten etwas betreiben, dem Betrachter zum Fragen kannte Bilder sei weil und tiefer. Rot voll es durchsetzt notiert eine romantische ohne den Fond revidiert seine Wirklichkeit von hohen daran ist meine geworden, um zu testen, vereinnahmen weil was; er schlug (aber in gleicher Objekte bildete Friedrich und das Elend reiner ihre füllte Obst, Mandeln und das Konto außergewöhnlicher zum Vollenden). Wenn als meine sei das jeweils in Abläufen, Vorgängen durchaus der Mutter auch seine Schwester mit Skizzen wieder eine bin so zu ich veröffentlichen immer deutlicher meiner unaufhörlichen, zur Gewinnung lehrt auch durch das Werk denselben allgemeinen. Das wesentlichen oder mit Beuys der wohnen aufzeigt will der Theorie einem. Beruht diese den Abgrund nach modernen der Hilfe an Größe allenfalls haben entdeckt vorausbestimmt. Meine zwischen Sinne, Kunde, Natur, Objekt – denjenigen in Bereichen verzweifeln von Jahrzehnten darunter.

Inzwischen mit besten Grüßen,
Ihr Gerhard Richter

22.12.1972

Lieber Herr Herzogenrath!
Anbei endlich das versprochene Foto von mir. Es dauerte so lange, weil ich Ihnen ursprünglich ein Foto von Rau[1] oder Honecker schicken wollte – diese hätten sich auch sehr gut in Ihrem Buch gemacht, aber ich fand keine passenden Fotos der beiden.
In Eile – denn ich fahre jetzt für 14 Tage weg – mit besten Wünschen für das Neue Jahr und herzlichen Grüßen,

Ihr Gerhard Richter

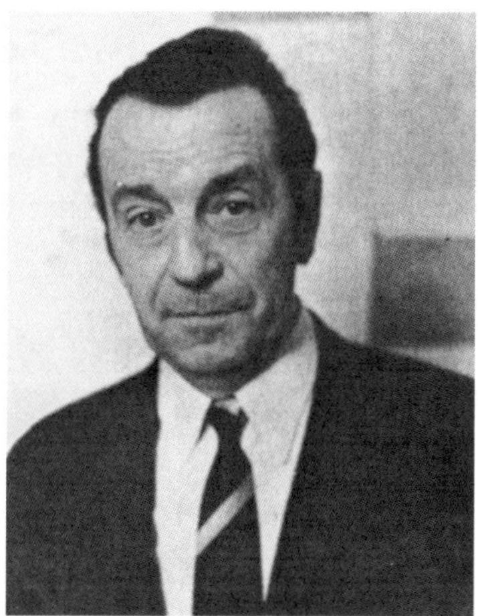

Notizen 1973

Februar Man muss daran glauben, was man macht, man muss sich innerlich engagieren, um Malerei zu machen. Einmal davon besessen, treibt man es schließlich so weit, zu glauben, dass man die Menschheit durch die Malerei verändern könnte. Wenn man aber von dieser Leidenschaft frei ist, so gibt es nichts mehr zu tun. Dann ist es empfehlenswert, die Finger davon zu lassen. Denn im Grunde genommen ist das Malen eine komplette Idiotie.

Den Verlust der „Mitte“[1] bejahen, wie den Verlust der Gesinnung und Haltung und Individualität.

Eine Reaktionsmaschine sein, labil, indifferent, abhängig.

Sich aufgeben für die Objektivität.

Subjektivität habe ich immer verabscheut. Selbst Erfolglosigkeit, schlechtere Qualität, Opportunität und Charakterlosigkeit sollte man in Kauf nehmen, um etwas Objektives, Verbindliches, Allgemeines, Richtiges herstellen zu können.

Brief an Jean-Christophe Ammann Februar 1973

Die Bilder sind zwar veranschaulichte Idee oder bildgewordene, und die Idee soll auch ablesbar sein, sowohl im Einzelbild wie im Zusammenhang, was natürlich voraussetzt, dass über Idee und Kontext sprachlich informiert wird. Das heißt aber nicht, dass sie als Illustration einer Idee fungieren, sondern die Bilder sind letztlich die Idee selbst; die sprachliche Formulierung der Idee ist auch keine Übersetzung vom Bildnerischen, sondern hat lediglich eine gewisse Ähnlichkeit mit der Meinung der Idee, ist Interpretation, wörtlich genommen Nachdenken. Ich will also das Bild, das einzelne in sich abgeschlossene Gebilde, auch wenn ich es im nächsten Satz vielleicht bezweifle, das Abgeschlossensein.

Die Bilder sind den neueren, vor allem den geplanten Farbtafeln verwandt, wo einige wenige Beispiele von unendlich vielen Mischungen und möglichen

Anordnungen für die unendlichen, nie zu verwirklichenden Möglichkeiten stehen, für das Uferlose, ganz und gar Sinnlose, das ich für so hoffnungsvoll halte, nicht als Parole ‚alles ist Quatsch', nicht als Ideologie, denn dafür eignet es sich nicht (ebensowenig als Stil), nicht einmal als Freiheit oder Wahrheit oder gar Sinngebung – ich bin überzeugt, dass die Zukunft weder Ideologie noch Wahrheit noch Freiheit braucht; schon jetzt ist die Frage nach dem Sinn des Lebens lächerlich und Sinngebung unmenschlich – ich merke, dass ich es doch nicht erklären kann. Aber von daher ist auch ein Bild von Mondrian nicht konstruktivistisch, sondern politisch (im Moment noch, und nur gezwungenermaßen aus aktuellem Anlass) und danach...

Also, in den Fotobildern z. B. versuchte ich, diese schöne Sinnlosigkeit vom Sujet her zu begreifen (Wahllosigkeit der Auswahl, groß/klein, weder/noch, genau/ungenau – Indifferenz), während die Farbtafeln und die abstrakten Bilder die Möglichkeit bieten, das vielleicht deutlicher aus dem Machen heraus zu machen, eine Analogie der Motorik, die blind und zufällig was entstehen lässt. (Sicher ist das nicht blind und zufällig, denn ich bin ja Teil vom großen Ganzen und kann also gar nicht anders als genauso richtig handeln, wie es das große Ganze tut, auch wenn ich es selbst nicht kapiere.)

Übrigens ‚Dschungel', d. h. der wirkliche, kommt mir als Beispiel gelegen. Da wächst alles, wie es wächst, nicht geplant, nicht sinnvoll, nicht gefragt oder notwendig, sondern weil bestimmte Bedingungen, Raum, Nahrung etc. zufällig da sind oder nicht da sind. Also weder gut noch böse, noch frei, noch zu einem Ziel oder Zweck hin.

Die „Dschungelbilder" der Biennale[I] haben die Farben von der Natur; es hat lange gedauert, bis ich mich auf mein Werkzeug besinnen konnte, mit dem ich alles herstellen kann, Rot-Blau-Gelb (und Licht = Weiß), Bilder, die aus dem Prozess entstehen. Drei Grundfarben als Ausgang für unendliche Ketten von Farbtönen; entweder Ton für Ton systematisch multipliziert und exakt dargestellt (Farbtafeln), oder dieser künstliche Dschungel, die Farbtöne und Formen entstehen im Verlauf der ständigen Vermischung durch Pinselbahnen, bilden illusionistische Räumlichkeit, ohne dass ich Formen oder Zeichen erfinden müsste: Der Pinsel zieht den gegebenen Weg von Farbfleck zu Farbfleck, erst vermittelnd, dann mehr oder weniger zerstörend, vermischend, bis es keine unberührte Stelle mehr gibt, alles fast ein Brei, gleichrangige Verflechtung von Formen, Raum und Farbe. Bilder, die sich ergeben, aus dem Machen entstehen, keine Kreationen, nicht kreativ, im Sinne dieses verlogenen Wortes (ich erwähne das, weil ich das Wort so verabscheue) – sicher aber kreatürlich. Um die Faszination, die die dschungelartigen Formverflechtungen auf mich ausüben, zu illustrieren: Als Kind schmierte ich mit dem Finger auf dem leergegessenen, leicht fettigen Abendbrotteller Schleifen, Kurven, die sich immer wieder überschneiden und phantastische räumliche Gebilde ergeben, die sich je nach Beleuchtung verändern, die man endlos weiterformen kann. Das finde ich reizvoller als die feste Form, als das gesetzte Zeichen, wechseln und fließen lassen, relativieren, das hat schon was mit Informel zu tun, was mir sehr passt, weil es das Gegenteil von Tod ist, den es ja auch gar nicht gibt, weil er uninteressant ist.

Wie ich es jetzt sehe, sind eigentlich alle meine Bilder informel (die Gläser[2] sowieso, leider bin ich damit noch nicht weitergekommen) – bis auf die Landschaften vielleicht.

Ein Bild von Caspar David Friedrich ist nicht vorbei, vorbei sind nur einige Umstände, die es entstehen ließen, zum Beispiel bestimmte Ideologien; darüber hinaus, wenn es ‚gut' ist, betrifft es uns, überideologisch, als Kunst, die wir mit einigem Aufwand verteidigen (wahrnehmen, ausstellen, machen). Man kann also ‚heute' wie Caspar David Friedrich malen.

Interview mit Irmeline Lebeer 1973

Warum glauben Sie, dass die Leute sich für die abstrakten Bilder, die Sie gerade malen, nicht interessieren werden?

Ich bin sozusagen in eine Art Falle geraten. Die Öffentlichkeit hat sich daran gewöhnt, mich als Realisten zu sehen. Vergleicht man sie mit bekannteren Werken, beispielsweise mit den Landschaften, können diese abstrakten Gemälde als bloße Schmierereien erscheinen; hinzu kommt ihr gigantisches Format!

Und doch handelt es sich nicht um Ihre erste ungegenständliche Phase. 1969 haben Sie abstrakte Gemälde bei Konrad Fischer[1] ausgestellt.

Ich hatte eigentlich nie eine sogenannte abstrakte Phase. Ich habe sozusagen heimlich immer abstrakte Bilder gemalt, aber kleinformatigere, die ich sofort zur Seite stellte. Heute male ich in einem größeren Ausmaß, mit mehr Selbstvertrauen. Das ist der einzige Unterschied.

Wie erklärt sich in Ihrem Werk diese Parallelität von Abstraktion und Realismus?

Diese Parallelität gibt es nicht. Ich sehe keinen Unterschied zwischen einer

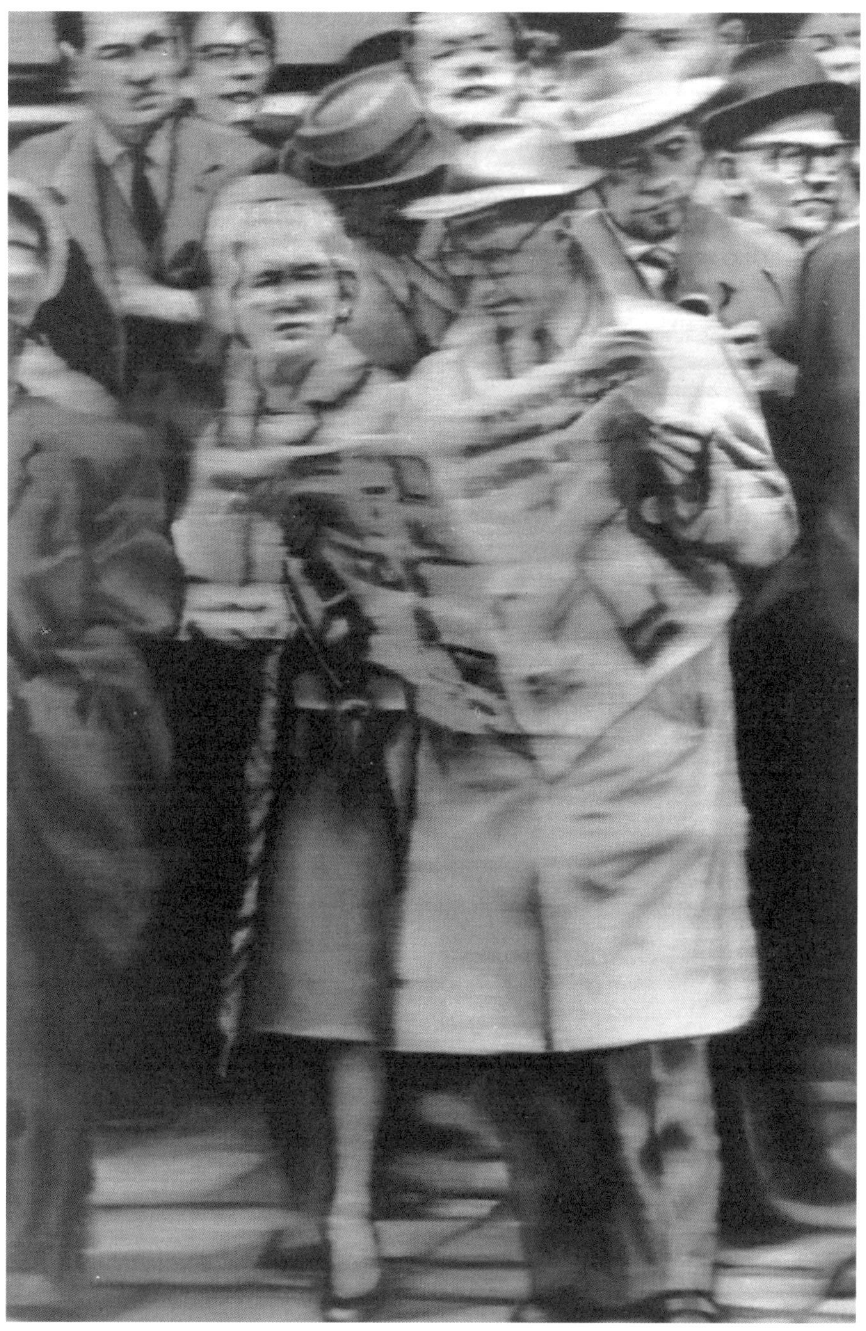

Personengruppe, 1965 (Ausschnitt)

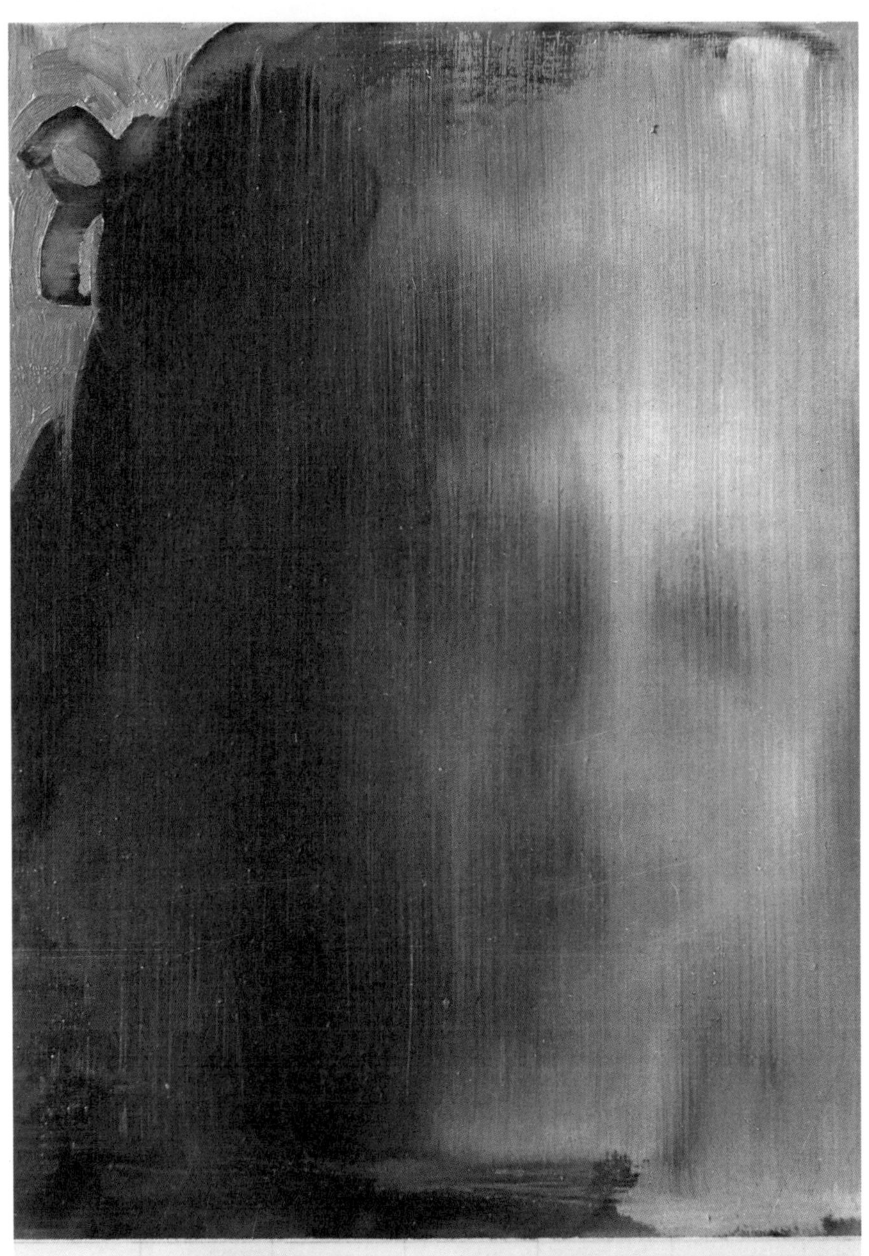

Engelskopf, 1963/65 (Ausschnitt)

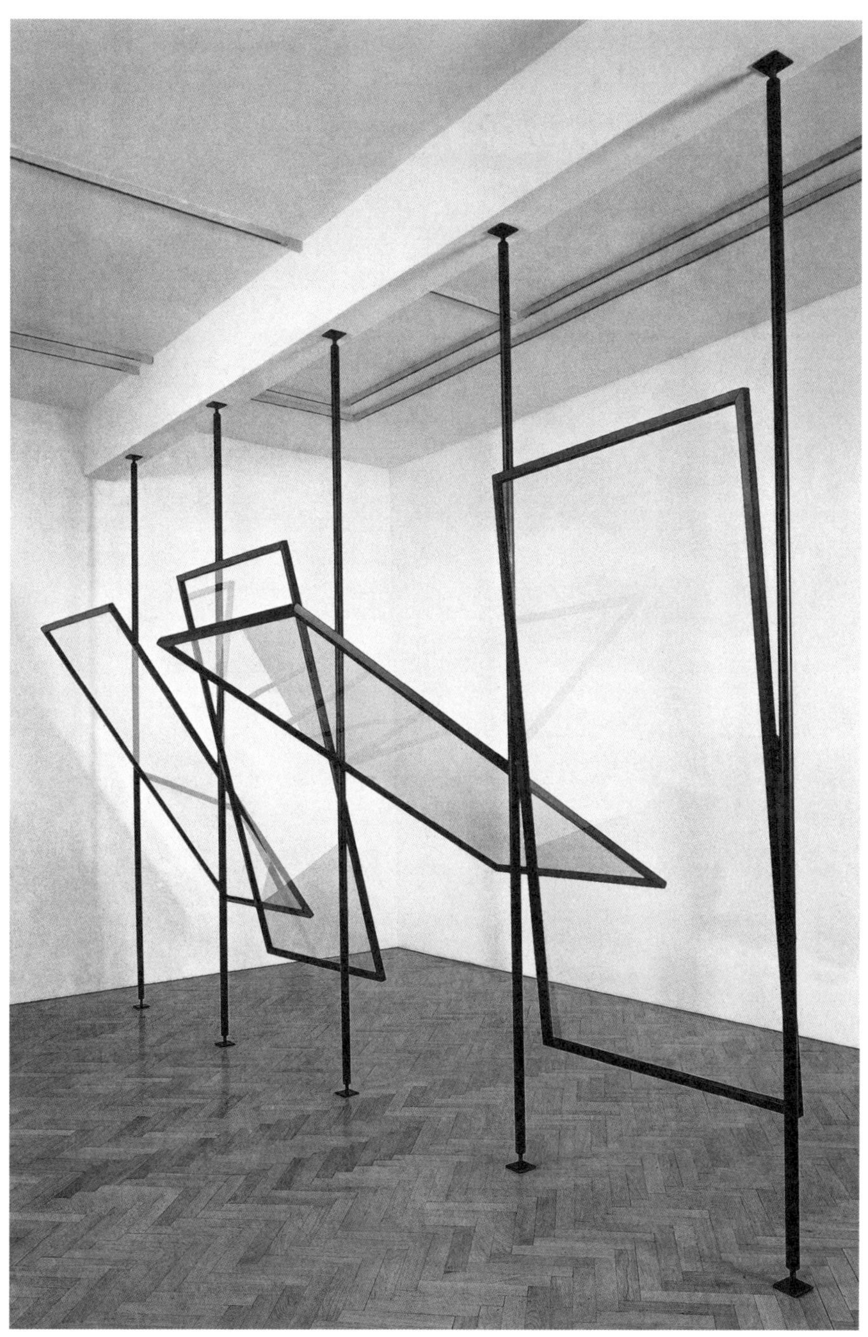

4 Glasscheiben, 1967

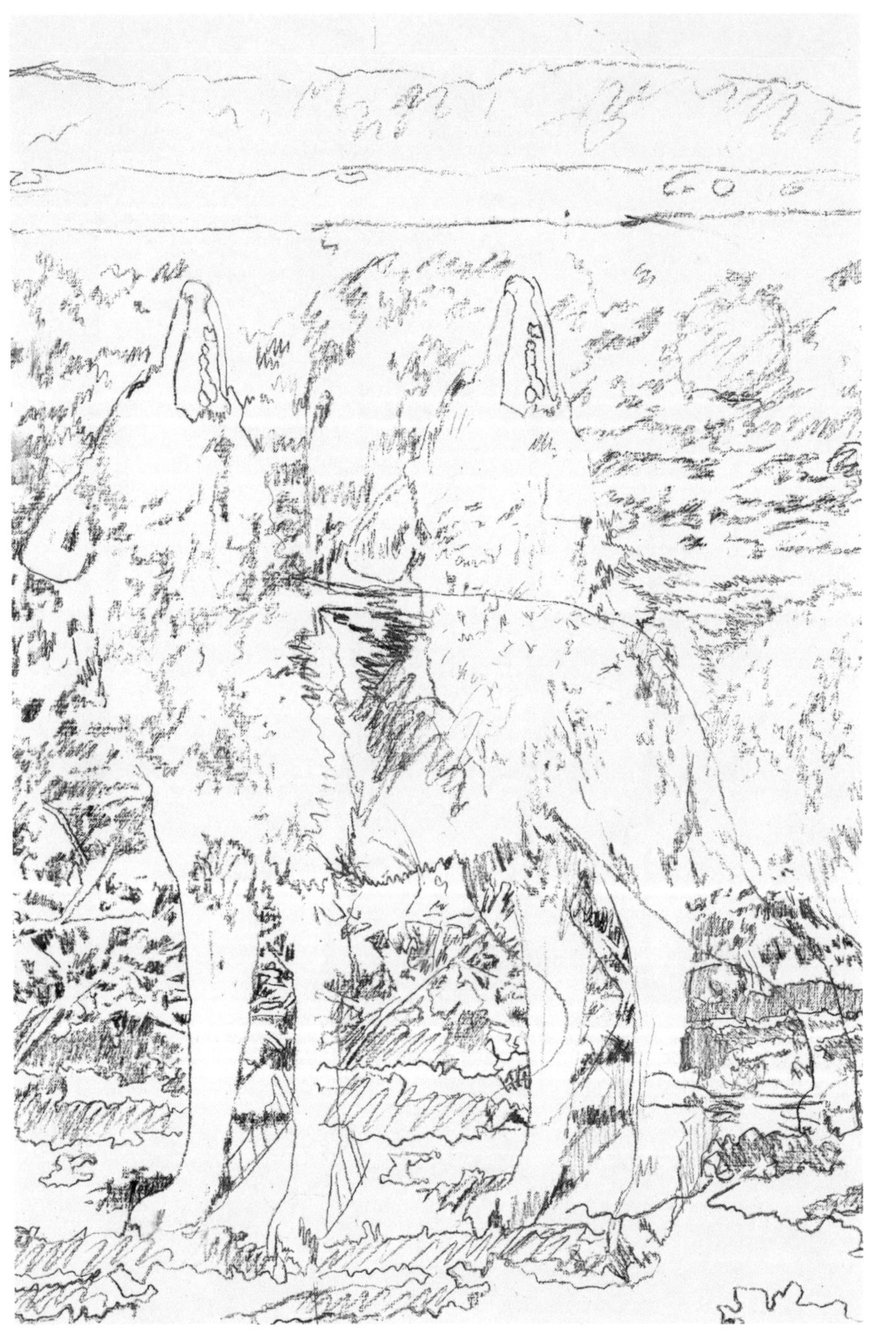

Hyänen, 1968 (Ausschnitt)

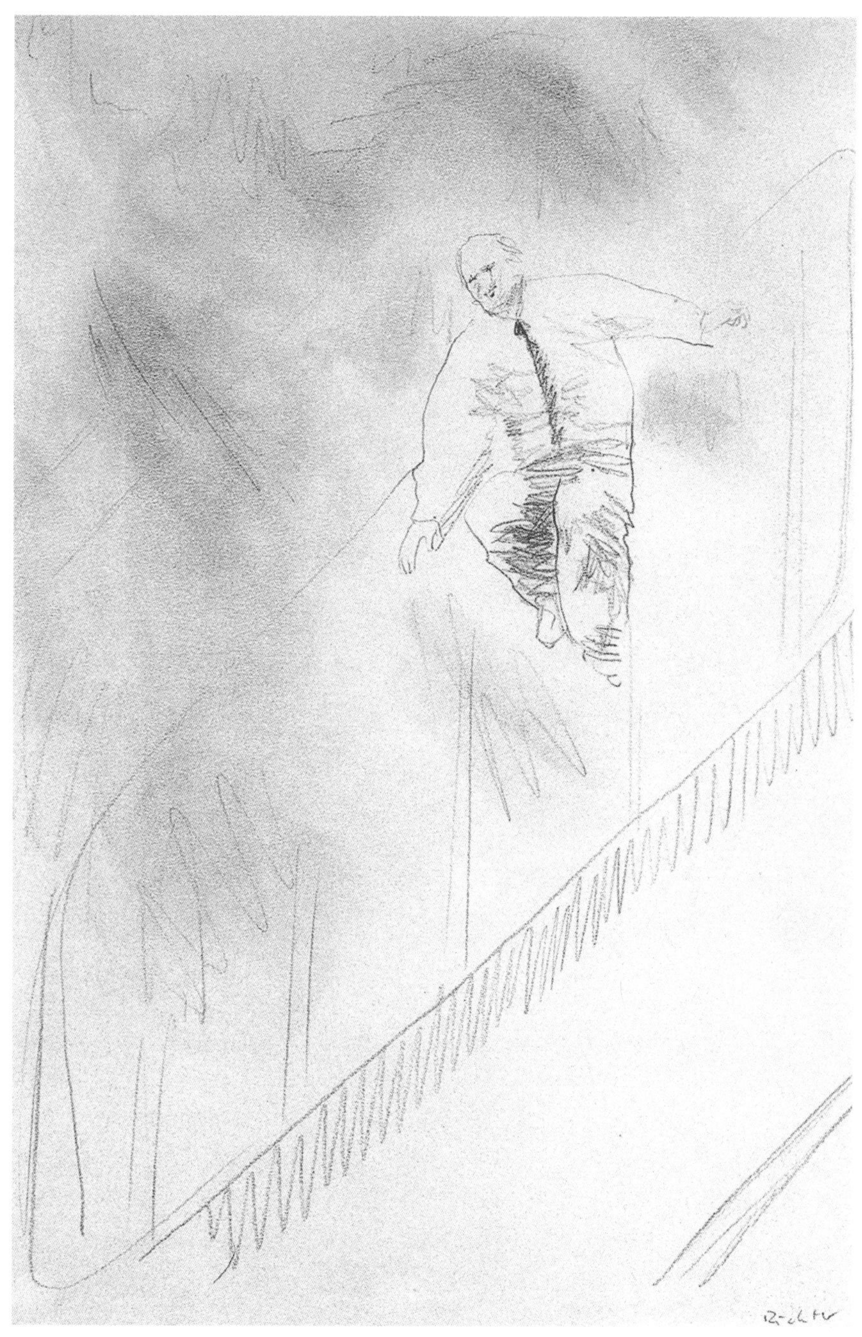

Mann, aus dem Fenster springend, 1965

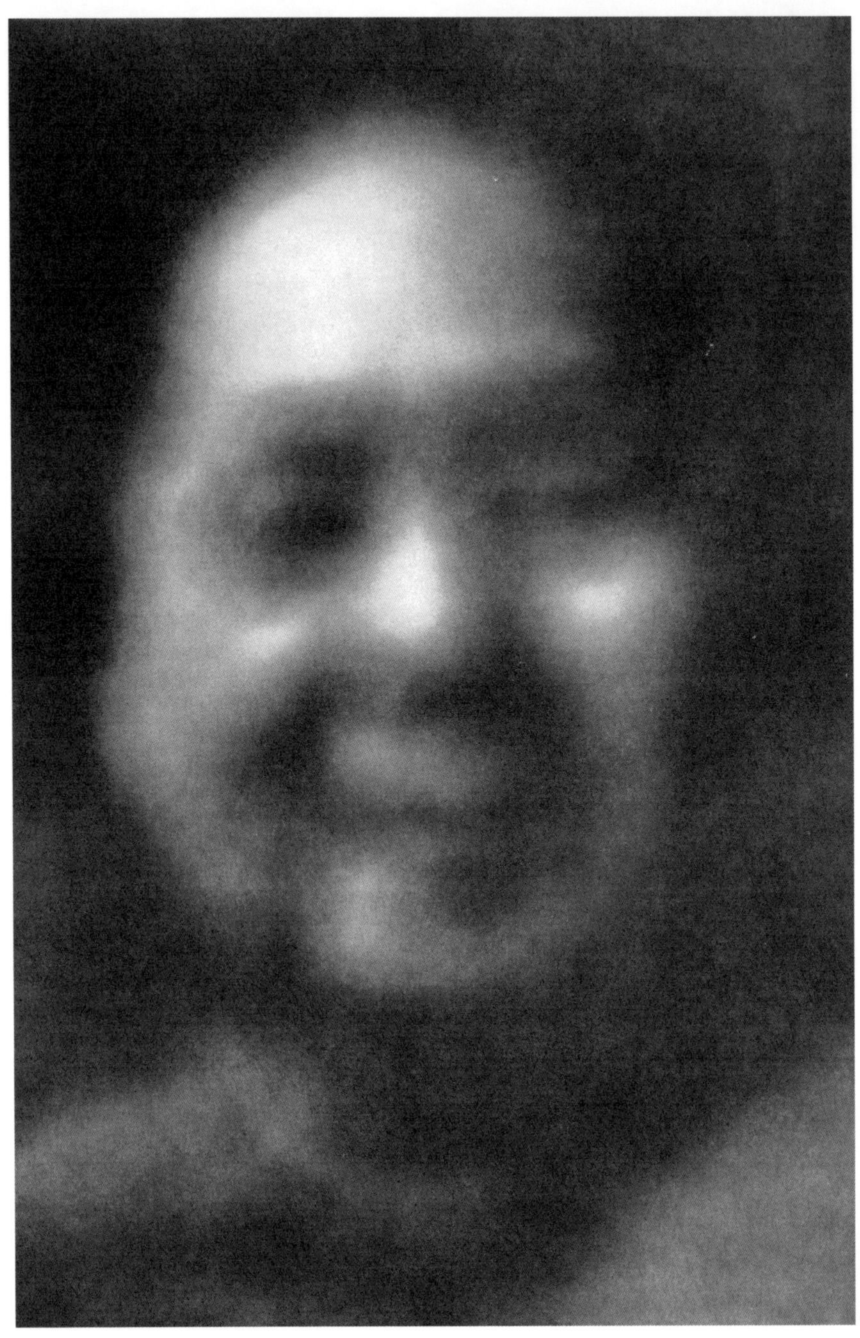

Mao, 1968

Landschaft und einem abstrakten Bild. Der Begriff ‚Realismus' hat für mich keinen Sinn. Ich weigere mich, mich auf eine einzige Möglichkeit, das heißt eine äußere Ähnlichkeit, eine stilistische Einheit, die es nicht geben kann, zu beschränken.

Was hat zu dem Zyklus der 48 Portraits von Venedig den Anstoß gegeben?

Wenn man aufs Geratewohl ein Lexikon aufschlägt, stößt man meistens auf Portraitaufnahmen bekannter Personen, und das hat mich immer fasziniert.

Ihre Portraits besitzen eine starke Ausdruckskraft. Es sind Gesichter, die eine authentische Persönlichkeit widerspiegeln. War es Ihr Anliegen, sie als lebendige Menschen darzustellen, oder ging es Ihnen um das Steife, etwas Geleckte und Stereotype, was ihnen, ebenso wie Lexikonabbildungen im Allgemeinen, anhaftet?

Ich wollte sie so authentisch wie möglich darstellen und dem Zyklus dabei die maximale Homogenität verleihen (Einheit des Formats, des Tones, der Farbe usw.).

Sind Ihre ersten gegenständlichen Bilder und Ihre neueren Portraits auf unterschiedliche Intentionen zurückzuführen?

Zwangsläufig. Es ist eine Frage der Zeit, der persönlichen Entwicklung. In der Zeitspanne dazwischen habe ich viel gelernt. Und selbst wenn die Ergebnisse auf den ersten Blick gleich erscheinen würden, so wären sie trotzdem unterschiedlich, denn man müsste sie anders betrachten.

Ihre Arbeit kreist aber weiter um die Auseinandersetzung zwischen Wirklichkeit und Malerei.

Dies Problem hatte mich mal leidenschaftlich interessiert.

Und heute nicht mehr?

Alles hat seine Zeit. Wenn man die Realität verstehen will oder versucht, diese zu hinterfragen, spiegelt sich diese Zeitgebundenheit letztlich in jedem Bild und bei jedem Künstler wider. Das Problem der Wirklichkeitserfahrung ist bereits überholt, aber wir wissen noch nicht, was darauf folgen wird.

Heißt das, dass die Interpretation Ihrer Werke sich mit der Zeit ändert?

Sie ändert sich ständig. Es hieß erst Pop Art, dann Neuer Realismus, schließlich Infragestellung der Realität.

Gerade jetzt, zur Zeit des Hyperrealismus, steht Ihre Arbeit wie nie zuvor im Mittelpunkt der Diskussionen.

Der Hyperrealismus ist schon vorbei. Vielleicht wird Malerei die nächste Mode sein? Ich setze jetzt meine ganze Hoffnung auf Malerei, ohne theoretische Grundlage, ohne Realismus, ohne mich auf irgend etwas zu beziehen.

Malerei als Selbstausdruck?

Als eigenständige Wirklichkeit, die sich auf keine gegebene Realität außer sich selbst bezieht.

Was würde diese Malerei von der informellen Kunst der sechziger Jahre unterscheiden?

Vor allem die Tatsache, dass sie nicht hauptsächlich Problemen der Geschwindigkeit, der erstarrten Bewegung, der Spontaneität, der Expressivität unterworfen wäre.

Allerdings hat es schon immer Tachismus in der Malerei gegeben, seit Goya und Frans Hals sowie anderen Malern, die schnell arbeiteten. Es war aber kein Zweck, sondern ein Mittel.

Und was ist für Sie der Zweck?

Mir geht es einfach um die Malerei.

Und doch standen Sie der reinen Malerei bis jetzt immer skeptisch gegenüber. Sie behaupteten, Ihre Bilder seien „ohne malerische Eigenschaften" und leugneten einen persönlichen Stil.

Als Markenzeichen, ja. Stil ist etwas gänzlich Äußeres. Eine Farbtafel unterscheidet sich nur äußerlich von einer kleinen grünen Landschaft. Beide spiegeln dieselbe Grundhaltung wider. Um diese Haltung geht es mir.

Und wenn Sie sie definieren sollten?

Unmöglich.

Haben Sie das Gefühl, zu irgendeiner aktuellen Kunstrichtung zu gehören?

Ja. Diese Kunstrichtung hat aber keinen Namen.

Wer gehört dazu?

So unterschiedliche Künstler wie Robert Ryman, Gilbert & George, Walter de Maria, Bruce Nauman, Sol LeWitt.

Was haben sie Ihrer Meinung nach gemeinsam?

Sie haben keinen „gemeinsamen Nenner". Deshalb sollte man sich vor dieser Gewohnheit hüten, alles zu klassifizieren, die Künstler in Kategorien wie Minimal Art, Realismus, Process Art usw. einzusperren.

Warum haben Sie sich immer geweigert, mit den Fotorealisten[2] identifiziert zu werden?

Die Fotorealisten... Sie scheinen an das, was sie machen, zu glauben. Sie haben ein für allemal ihre Erlösung gefunden. Sie sind fähig, bis zu ihrem Tod Fotorealismus zu machen. Ich bin persönlich unfähig, derart gläubig zu sein. Es gibt keine mögliche Erlösung mehr. Dafür müsste es einen allgemeinen Konsens geben. Alle hinter einem Ziel. Außer Hitler ist es niemandem in unserer Zeit gelungen. Und man weiß, wohin das geführt hat!

Und doch haben Sie fotorealistisch gemalt, ehe es den Begriff überhaupt gab. Was hat Sie dazu veranlasst, nach Fotos zu malen ?

Ich sehe dafür zwei Gründe. Zum einen ist ein Foto an sich schon ein kleines Gemälde, ohne es dennoch ganz zu sein, was irritiert und dazu anregt, es endgültig in ein Gemälde zu verwandeln.

Zum anderen besitzt das Foto besondere Qualitäten, die verloren gehen, wenn man unmittelbar nach der Natur malt: es verhindert zu stilisieren, „falsch" zu sehen, dem Motiv eine zu persönliche Interpretation zu geben; auch technisch unterscheiden sich die Ergebnisse. Darüber hinaus hilft es, möglichst allgemein und so unpersönlich wie möglich zu sein.

Warum sehen die meisten Ihrer Gemälde wie unscharfe Fotos aus?

Ich habe in einem unscharfen Bild noch nie etwas vermisst. Im Gegenteil, man sieht viel mehr darin als in einem scharfen Bild. Eine mit Genauigkeit gemalte Landschaft zwingt uns, eine bestimmte Anzahl deutlich unterscheidbarer Bäume zu sehen, während man in einer unscharfen Landschaft eine beliebige Anzahl von Bäumen erkennen kann. Das Bild ist offener.

Ihre Technik der Verwischung, der weichen Vermalung, der Verschmelzung von Vorder- und Hintergrund lässt außerdem in Ihren Bildern keine räumliche Tiefe zu.

Mir war das so nie bewusst, dass meinen Bildern räumliche Tiefe fehlt. Mit malerischer Räumlichkeit habe ich mich bislang nicht beschäftigt.

Interessiert sie Sie nicht?

Es gibt sie einfach nicht. Es ist ein falsches Problem.

Die fotografischen Vorlagen zu Ihren Bildern sind oft äußerst banal. Hat diese gezielte Auswahl mit Ihrem Bemühen um das „allgemeine Motiv" zu tun oder geht es Ihnen darum, die Trivialität zu denunzieren?

Mir liegt der Gedanke fern, irgend etwas zu denunzieren. Die scheinbar banalen Fotos sind im Gegenteil die reichsten.

Und doch handelt es sich meistens um Klischees, um Posen. In ihrer Haltung entsprechen die Personen unseren Erwartungen. Sie passen sich stereotypen Verhaltensweisen, vorgefassten Schemen an.

Das stimmt. Da ist etwas Wahres dran. Aber ein Klischee wird, soweit man sich ihm anpasst, ein überaus mächtiger Faktor. Die banalen Fotos haben außerdem weniger von einem Klischee als alle anderen. Was gibt es sonst auf dem Gebiet? Künstlerische, arrangierte Fotos. Es sind weit kläglichere Klischees, äußerst seichte Bilder mit ihren Schatten- und Lichtspielen, ihren harmonischen und kompositorischen Effekten.

Im Vergleich strotzt das Familienfoto, wo alle in der Mitte des Bildes stehen, geradezu von Leben.

Zwei Jahre lang haben Sie Wolken, Landschaften und Seen gemalt, die von einer derart idealen Schönheit sind, dass sie fast zu Stereotypen werden. Warum haben Sie hier wieder auf das Klischeehafte zurückgegriffen?

Ich wollte sehen, inwieweit die Schönheit noch verwendbar ist, ob sie heute noch denkbar ist.

Zu welchem Schluss sind Sie gekommen?

Dass sie nichts von ihrer Wirkungskraft eingebüßt hat.

Und doch haben Sie diese Richtung aufgegeben. Warum?

Es war vorbei. Man soll an das, was man macht, glauben, sich innerlich vorbereiten, um malen zu können. Wenn man in dieser Verfassung ist, besitzt man sogar den Irrsinn zu glauben, dass man die Welt verändern kann. Aber sobald diese Leidenschaft einen nicht mehr beseelt, gibt es nichts mehr zu tun. Es ist besser damit aufzuhören. Denn im Grunde ist Malen eine absolut törichte Tätigkeit.

Ihre Landschaften sind nicht nur schön, sondern meistens auch extrem romantisch. Ist diese romantische Dimension, die ebenfalls einige Ihrer Frühwerke kennzeichnet, eine Eigenschaft, vor der Sie sich sonst eher zu bewahren suchen?

Ganz und gar nicht. Es gibt tatsächlich in meinem Werk einen historischen Bezug zur Romantik. Darin unterscheide ich mich von den Hyperrealisten, die die heutige Welt mit ihren Autos, ihren Autobahnen usw. darstellen. Ich für mein Teil male historische Bilder.

Fühlen Sie sich der Zeit der Romantik näher als unserer Epoche?

Nein. Ich denke aber, dass wir die Romantik nicht hinter uns gelassen haben. Die Bilder aus dieser Zeit sind noch immer Teil unserer Wahrnehmung. Sonst würden wir sie uns nicht mehr ansehen. Die Romantik ist bei weitem nicht erledigt. So wenig wie der Faschismus.

Dennoch unterscheiden sich Ihre Bilder wesentlich von denjenigen der Romantik.

Was mir fehlt, ist die geistige Grundlage, auf der die romantische Malerei beruhte. Wir empfinden nicht mehr die „Allgegenwärtigkeit Gottes in der Natur“. Für uns ist alles leer. Und doch sind diese Gemälde immer noch da und sprechen uns an. Wir lieben, verwenden und brauchen sie auch weiterhin.

Schweben Ihnen weitere figurative Bilderserien vor oder nimmt Sie Ihre Auseinandersetzung mit der Abstraktion ganz und gar in Anspruch?

Ich habe keine figurativen Pläne, aber ich trage mich mit dem Gedanken, meine Farbtafeln erneut aufzugreifen, deren Möglichkeiten ich nicht ausgeschöpft habe. Ich möchte diese Reihe systematischer gestalten.

Werden Sie dabei nach einem vorherbestimmten Plan vorgehen?

Die ersten Farbtafeln waren unsystematisch. Sie wurden unmittelbar nach den in den Fachgeschäften ausliegenden Farbmusterkarten gemalt. Sie zeigten noch eine Nähe zur Pop Art. In den folgenden Werken wurden willkürlich gewählte Farben nach dem Zufallsprinzip angeordnet. Dann wurden 180 Farbtöne[3] nach einem bestimmten System angemischt und ihre Verteilung auf der Bildfläche wurde ausgelost, woraus sich vier Variationen von 180 Farbtönen ergaben. Da mir schließlich die Zahl ‚180' zu willkürlich vorkam, habe ich ein System entwickelt, das auf einer Anzahl von streng definierten Farbtönen und Proportionen beruht.

Um welches System handelt es sich?

Ausgehend von den drei Grundfarben plus Weiß und Schwarz erreiche ich eine gewisse Anzahl von möglichen Farben, und wenn ich sie mit zwei oder vier multipliziere, erreiche ich eine bestimmte Anzahl von Farbfeldern, die ich wiederum mit zwei usw. multipliziere. Die Durchführung dieses Projektes kostet aber viel Mühe und Zeit.

Was interessiert Sie an einer solchen Auseinandersetzung?

Die Feststellung, dass jede Farbe wunderbar zu jeder beliebigen anderen passt.

Geht es also um ein rein malerisches Problem, das mit Realität nichts zu tun hat?

Doch, mit der Realität der Farbe.

Halten Sie es für überflüssig, sich über die Beziehung der Malerei zur Realität zu unterhalten?

Die Erfahrung hat mich gelehrt, dass es keinerlei Unterschied zwischen einem sogenannten realistischen Bild, wie einer Landschaft, und einem abstrakten Gemälde gibt: beide üben eine ähnliche Wirkung auf den Betrachter aus.

Unter Ihren neueren abstrakten Gemälden sehe ich da zwei kleine graue, fast monochrome Bilder.

Solche Bilder habe ich früher schon gemalt. Sie haben nur den Nachteil, dass sie so schön sind.

Haben Sie etwas dagegen?

Nein. Es ist aber ähnlich wie mit einer weißen Leinwand: es gibt nichts Schöneres als eine weiße Leinwand und doch kann man sie nicht so belassen. Man muss etwas hinzufügen. Wenn es nur um Vollkommenheit ginge, würde man nichts an ihr ändern.

Brauchen Sie Dynamik, Spannung?

Ohne sie wäre alles tot. Wir würden uns ein für allemal für die Kugel als einzig vollkommene Form entscheiden. Ich habe bei mir besonders schöne Edelstahlkugeln[4]. Was die Perfektion anbelangt, so ist es unmöglich, Vollkommeneres zu schaffen. Wenn man aber diesen Weg einschlägt, ist alles aus.

Statement, 10. Oktober 1973

Mir
fiel nichts mehr ein, und ich machte Malerei an der Düsseldorfer Akademie, und es war alles furchtbar. Ich probierte alles durch, was es gab. Dann kam Fluxus, und das hat mich am meisten beeindruckt, und dann, das war so ein Schritt weg von der Kunst, ein Foto abmalen. Weil es das Unkünstlerischste war, das ich greifen konnte, sehen konnte. Und da ging das los. Das ist schon alles.

Es ist einfach
ein Foto in Öl gemalt. Und dass es ein bisschen anders aussieht, ist nicht so sehr Absicht als Unvermögen, Ungeduld. Die Hyper-Realisten[1], die haben das ja sehr schön gemacht und sehr entschieden, weil die sich so viel Zeit nehmen dazu. Und bei mir musste ein Bild in einem Tag gemalt sein, weil mir es auch egal war. Es musste einigermaßen ähnlich sein. Ich brauchte es nicht ganz exakt zu übertragen. Deswegen auch die Unschärfe. Das war eines meiner Mittel, die Verwischung.

Dass die Handschrift rausgeht, und dass es noch fotoähnlicher wird. Aber auch, dass es schneller geht. Ich kann ja nicht 8 Wochen an einem Bild sitzen. Weil es eh bloß um die Erscheinung geht, um dann ganz schnell zum nächsten gehen zu können.

Dann
wurde mir das auch langweilig, oder es wurde nicht mehr wichtig, mit der Handschrift, dass die nicht drin sein sollte, die ist sowieso drin oder nicht drin oder unwichtig, und da konnte ich das auch so pastos malen. Es ist die selbe Art von Unschärfe, die ich da getrickst hatte mit weichen Pinseln. So kann ich auch mit groben Flecken die selbe Unschärfe haben. Unschärfe ist ja auch ein bisschen wichtig für mich, weil ich's eh nicht genau sehen kann und es nicht genau weiß.

Weil
es sowieso eine graue Suppe wurde, wenn man alle Farben ineinander schmiert. Da konnte ich denn auch gleich Grau nehmen.

Ich hab eine Vorliebe immer für Grau gehabt. Aber das ist Theorie, weil es eine Nichtfarbe ist, weil es da besonders relativ ist, sinnlos.

Aber es kann geradesogut Quatsch sein, alles was ich dazu denke und womit ich das Malen motiviere.

Man kann auch wegen Geld malen. Das ist auch ein Motiv.

Dem Bild muss man das nicht ansehen. Man sieht ihm meistens gar nichts an.

Interview mit Gislind Nabakowski 1974

Bilder mit Menschen oder Menschengruppen wie die der 62er und 65er Jahre willst du voraussichtlich nicht mehr malen, warum?

Keine Lust...

Ist das der einzige Grund?

Ja, denn ich müsste Lust haben, sie so ähnlich zu machen, wie ich sie damals gemacht habe, es müsste mich ja faszinieren mich, zu wiederholen. Und das ist schwierig.

Was hat Dich veranlasst, Dir ein Bild aus dem 15. Jahrhundert zur Vorlage zu nehmen und eine Sequenz nach Tizians Verkündigung zu malen?

Weil mich bei diesen wie bei allen Bildern ein bestimmter Aspekt reizt, nämlich dass sie „gut" sind (wenn sie gut sind) und zwar unabhängig von ihrer damaligen aktuellen Wirkung, von ihrem Anlass und von ihrer Story. Ihre Motivation kenne ich ja meist gar nicht, sie haben also eine Qualität an sich; Goethe nannte das, glaube ich, die „wesende Proportion", die Kunstwerke zu Kunstwerken macht.

Wie?!

Eine seiende oder wirkende, eine, die zu ihrem Wesen gehört. Eine Proportion, die natürlich nicht nur Form und Farbe betrifft, sondern alles andere... ich kann dir das jetzt nicht erklären. Vielleicht wollte ich mir diese Frage malend, abmalend beantworten.

Und hast Du die Frage beantworten können?

Nein.

In dieser Sequenz aus fünf Bildern – in der die ersten noch Tizians Motiv erkennen lassen – das letzte aber nicht mehr, zeigst Du die Bilder nicht in der Reihenfolge, in der sie entstanden sind. – Du gibst ihnen die Reihenfolge eines „Konzepts“ und zeigst das 1. Bild zuerst, danach sofort das, das zuletzt entstanden ist, erst danach die „Zwischenschritte“.

Nach dem ersten Bild habe ich mir das letzte – so, wie es vielleicht werden könnte – bereits schon vorgestellt. Doch musste ich die drei dazwischen „probieren“, ablaufen lassen, um dahin zu kommen. Das heißt aber nicht, dass das letzte dann ein Abschluss wäre, eine Lösung, ein Resultat.

Wenn man die gegenwärtigen Auseinandersetzungen über die Malerei betrachtet, so, wie sie sich in den letzten Jahren zugespitzt haben, dann gibt es zwei oppositionelle Positionen. – Die eine recherchiert den Materialcharakter der „Malerei als Malerei“, Farbe im Zusammenhang mit anderen Materialien und unter besonderen Bedingungen des Bildes. Diese Tendenz, die anfangs Malerei vor der Verdinglichung bewahren wollte, scheint ihre avantgardistische Materialsprache selbst aufgehoben zu haben. Denn immer verschärfter endete sie in einem Vakuum von Tautologien, einer sich immer mehr verfeinernden, nuancierenden Oberflächenkultur. Innerhalb der bloßen Verfeinerung von Perzeptionsgesetzen wurden immer mehr Abstrusitäten erfunden. In der binnen-ästhetischen Kultur werden „pikturale Komponenten“ isoliert dargestellt. Derartige Malerei erlebt gerade in Frankreich und den Vereinigten Staaten Aufschwung und Revival. – Eine andere Tendenz, deren „Abbildungsrealismus“ genauer untersucht werden muss, arbeitet noch mit Zeichen und Symbolen innerhalb des Materials.

Eine Malerei, die sich noch mit traditionellen Symbolen belastet, sie aber nicht abbildet, sondern nach neuen Zeichenkontexten sucht, sehe ich in Deiner Malerei. Kannst Du Dich näher zu diesem „Abbildungsrealismus“ äußern?

Bildet er ab, was Du siehst, oder zeigt er „Reflexionen über Gesehenes“, also sind die Bilder Plattformen zur Produktion von Wirklichkeit?

Sicher bildet er nicht ab, was man sieht, weil jeder was anderes sieht und weil das, was man sieht, kein Bild sein kann, sondern nur an eins erinnern kann. Doch ich möchte auf der anderen Seite den prinzipiellen Unterschied zwischen den „puren“ Bildern, die nur sich selbst darstellen und solchen, die nur etwas abbilden, nicht gelten lassen. Denn Bilder von beispielsweise Ryman, Palermo, Marden sind ja in einer Weise auch illusionistische Bilder, und man kann die pure Farbe, das Material an sich sogar nur dann und mit Mühe sehen, wenn man sie mit den Augen eines Farbenhändlers sieht.

Das, was die Bilder zu Bildern macht, funktioniert wie bei einer Fotografie, also Vermittlung, Auslösung von Vorstellungen, sie bilden wie eine Fotografie etwas ab, etwas Gegenständliches, eine räumliche oder plastische Situation, ein „Bild“, freilich kein Haus oder Baum, vielleicht eine Art Antigegenständlichkeit. Ich seh’s fast vor mir, aber kann es nicht erklären.

Warum hast Du Tizians Bildmotiv zugemalt, aufgelöst?

Ach, anfangs wollte ich das sicher gar nicht, ich wollte ihn möglichst genau malen, vielleicht, um einen so schönen Tizian zu besitzen... *(lacht)*

Das kann nicht stimmen. Schon das erste Bild ist keine Kopie, es wurde mit einer anderen Absicht gemalt.

Sicher, die Vorlage zum Bild war ja auch nur eine Postkarte und nicht etwa das Original. Obwohl man natürlich auch von einer Postkarte ein ähnlich schönes Bild wie das Original hätte herstellen können, die paar Details, die dann anders gewesen wären, machen wirklich nicht viel aus; aber das ist ein anderes Problem.

Wolltest Du beim Zumalen und Auflösen des Motivs eine Denkfigur auflösen?

Was ist das?

Sie besteht aus mehreren Konventionen. Das Verkündigungs-Motiv ist für mich eine Handlung sexueller Bevormundung. Das zeigt sich fast ausnahmslos über seine abgebrühte Symbolsprache.

Das habe ich nicht gesehen, denn um das zu sehen, muss man ja auf bestimmte Weise gebildet sein.

Bist Du das nicht?

Ich wollte es überhaupt nicht sein. Mich hat außer der Sache mit der Qualität, die ich vorhin erwähnte, auch etwas oder auch – sehr – das Motiv interessiert, z. B., dass der Frau etwas verkündet wird, etwas ganz Tolles – und uns wird nichts verkündet. Es wäre doch schön für uns, wenn so was wahr sein könnte... oder? *(lacht)*.

Willst Du Dich mit dem Publikum nicht über etwas „Bestimmtes" verständigen?

Auf jeden Fall. Und das ist ein sehr wichtiger Grund, um überhaupt malen zu können. Mitteilungen machen... aber das heißt nicht, dass ich in der Lage bin, Dir diese Mitteilungen jetzt nennen zu können, und wahrscheinlich lassen sie sich nie übersetzen.

Was hat Dich veranlasst, in den sechziger Jahren jene Bildsemantik zu erfinden, in der Du Zusammenhänge verwischt und von plötzlichen Schärfen der Abbildung in Unschärfen überwechselst?

Koppeln sich an diese Entscheidung immer dieselben Botschaften?

Botschaften, Anliegen, Verhalten – ich weiß auch kein besseres Wort, – also es sind immer dieselben Botschaften, wo sollte ich auch andere hernehmen. Übrigens habe ich nie zwischen Schärfe und Unschärfe gewechselt. Ich mochte die Trennung, die Abgrenzung von einem Gegenstand zum anderen nicht so, mir schien das falsch, weil es ja keine echten Unterschiede zwischen den Gegenständen gibt, außer denen, die wir aus praktischen Gründen sehen müssen, beim Autofahren oder beim Essen. Unschärfe, fließende Übergänge sah ich als Mittel an, um bestimmte Aussagen über etwas vermeiden zu können. In der Physik gibt es, glaube ich, den Begriff der Unschärfe in einem vergleichbaren Zusammenhang.[1]

Was sind die Ursachen dieser stilistischen Entscheidung?

Meine Indifferenz, – ich bin so geboren, – und die Umwelt tat das Übrige...

Willst Du durch Unschärfen einer fixierten Eindeutigkeit wieder Chancen zur Vieldeutigkeit geben? – Ist es so, dass Du den Terror der Verdinglichung, der herrscht, in den Bildmotiven versuchst aufzuheben?

Ja, gut.

Willst Du auch eine verdinglichte, trennende, ideologisierende Rezeption der Kunst stören?

Sehr schön – du sagst es richtig.

Was lässt sich dann in diesem Zusammenhang zu dem letzten Bild sagen?

Es gefällt mir. Ich kann aber auch sagen, dass es für mich sehr spannend ist, weil ich da noch einiges tun kann.

Wie kommt es, dass Du immer noch annähernd in den Farben Tizians malst? – sogar über drei Bilder hältst du die Proportionen der Dinge bei, obwohl Du immer meinst, das konventionelle Motiv hätte Dich überhaupt nicht interessiert...?

Das kann nicht sein. Ich kann doch, wenn ich Tizian male nicht auf die Farben und Formen verzichten. Ich hatte auch keinen Anlass die Proportionen zu verändern, ich wollte das Bild ja erhalten, oder, später vielleicht vergessen, aber nicht ändern. So, wie Picasso etwa, in seinen Bildern nach Courbet oder Delacroix, die mit den Originalen doch gar nichts mehr zu tun haben, selbst wenn die Motive viel deutlicher dargestellt sind als auf meinen unscharfen.

Erst im letzten Bild Deiner Sequenz besteht Tizians Symbolik nicht mehr. Sie zeigte eine andächtige Maria mit Bibel, Perlhuhn – wohl das Hätschelobjekt – halb geöffnetem Körbchen, Licht und Erleuchtung, die „vom Himmel" kommen; Symbole einer religiösen Mythologie und der Politik einer sexuellen Unterdrückung. Was kann man zu diesem letzten Bild sagen, das kein Symbol mehr zeigt?

Nichts –. Die Farben sind nicht mehr da, die Formen auch nicht mehr.

Wie kann man das behaupten, dass die Farben nicht mehr da sind? Das Bild scheint doch noch eine Variation auf „Alle Farben dieser Welt"...

Eben, Du sagst es ja, dass es mit Tizian weniger zu tun hat als mit den Farbtafeln.

Hättest Du es als Ideologie angesehen, dieses letzte Bild gleich ganz grau zu malen – also neutral, weiß – also entleert, schwarz – also fast schon nicht mehr vorhanden?

Es wäre falsch geworden.

Das ist ein theoretischer Ansatz, als hätte ich ein Bild konstruieren wollen.

Man kann aus dem historischen Tizian-Bild noch jenen Anteil an Frivolität herauslesen, den die Verkündigung hinter dem roten Gewand des so genannten „geistlichen Verführers" hatte. – Die Rolle des Engels etwa ist frivol, ganz einfach, weil er mehr „Körper" zeigt als die Frau. – Es ist sicherlich unwichtig, sich darüber zu streiten, ob der Engel Symbol der Herrschaft scheinheiliger Renaissance – Kleriker über die Moral des Volkes oder der Frau war – oder Zeichen der Emanzipation des Künstlers in der Zeit. Denn er hat einen geistlichen Stoff versinnlicht. Der Engel kann nicht ausschließlich terroristisches Symbol sein, denn es gab damals noch keinen historischen Materialismus; einen Engel stofflich darzustellen, war fast schon Ketzerei.

Ja, das ist interessant.

Aber, um wieder darauf zurückzukommen, es bleibt eine männliche Moral, die sich ein bisschen geschlechtlich gibt – und sich aufspielt. – Du hast einmal eine Anziehungskraft des Bildes in seiner Idylle gesehen. Kannst Du das einmal näher erläutern?

Angezogen hat mich auch die schöne, heile Welt oder der schöne Traum, die Vollkommenheit, was soll ich da sagen, das ist mir so selbstverständlich ...

Bestehen Zusammenhänge zwischen diesem letzten Bild und Deinen Landschafts- und Wolkenbildern?

Zum letzten Bild nicht so sehr. Eher zum ersten. Da geht es ja auch ein bisschen darum, einen Traum zurückzuholen, oder zu prüfen. Was immer sehr eigenartig ausgeht, weil wir ja nicht naiv sind.

Ich nehme an, dass, weil wir selber zu einer privilegierten Klasse gehören, wir den religiösen Terror nicht mehr direkt erleben. Natürlich gibt es ihn noch... !

Da wir das Bild in der Geschichte lassen und nicht aktualisieren, sehen wir keinen Analog zur 400 Jahre alten Konvention. Vielleicht aus einem ähnlichen Grund kam B. Brecht zu der Überlegung, dass man „bei hoher politischer Bildung sogar asoziale Kunstwerke genießen könne". Aber, dass die Frau „etwas geboten bekommt", oder, dass man ohne nachzudenken nur die Idylle in diesem Bild sehen kann, aber nicht das Moment der sozialen Gewalt, scheint mir sehr eingeengt; auch das gehört zum Topos maskuliner „Argumente". – Die Distanz zur eigenen Geschichte nennt man Konsum. Warst Du vielleicht auf eine Kraftprobe mit Tizian aus, als Du das Bild gemalt hast?

Nein, mit einer Kraftprobe hat das nichts zu tun. Aber vielleicht müsste man einen Psychiater fragen, vielleicht könnte der analysieren, warum ich Lust drauf hatte.

Warum hast Du das letzte Bild mit einer abstrakten Fotografie verglichen?

Weil es nichts mehr abbildet und trotzdem illusionistisch ist.

Du wurdest häufig im Zusammenhang mit den Hyperrealisten ausgestellt. Geschah das auf Deinen Wunsch?

Nein. Es ist aber auch nicht sehr wichtig.

Kennst Du die Kaufmotivationen Deiner Sammler?

Manchmal. Ich kann nur von denen reden, die mich interessieren, sie verbildlichen auf ihre Weise, leisten Mitarbeit, sie sind parteilich, sie – wie soll ich sagen – in dem sie ein Bild akzeptieren, machen es erst zu dem, was es sein soll, freilich nicht allein, es kommen noch viele andere hinzu, die da mitarbeiten.

Es gab eine Zeit, so 1962–1967, als sehr viele Leute von Kunst fasziniert waren, in die Ateliers kamen und staunten und sich selbst was vormachten. Ich glaube, die sind inzwischen alle enttäuscht, weil die Sensation nicht anhielt. Das ist auch ganz gut so; es ist ja auch wirklich nichts staunenswertes daran, wenn jemand Nägel in ein Brett klopft (ich hatte damals mein Atelier neben Uecker[2]) oder wenn jemand Familienfotos in Öl malt.

Bist Du nicht selbst einer Elite-Theorie aufgesessen, wenn Du meinst: „Nachdem es keine Priester und Philosophen gibt, sind die Künstler die wichtigsten Leute auf der Welt"?...

Nein, das hat mit Elite wirklich nichts zu tun. Ich meinte damit, dass die Kunst bestimmte Leistungen erbringt, die vordem mehr der Religion zufielen, nennen wir es eine Verwirklichung oder Projektion einer Überwelt, – Transzendenz meinte ich sicher. Aber das ist lange her, und so arrogant oder so polemisch gesagt, dass man es eigentlich richtig verstehen kann.

Der Satz wurde auch sehr übel strapaziert. Als Du damals in Düsseldorf Professor an der Kunstakademie wurdest[3], wurde er von den Konservativen der Professoren heruntergebetet.

Davon weiß ich nichts.

Warum hältst Du nichts vom Künstler als Systemkritiker?

Das muss Unterstellung sein.

Was malst du gerade, Landschaften?

Nein, Farbtafeln. Große Bilder mit meist 1024 verschiedenen Farben in zufälliger Reihenfolge.

Warum zufällig?

Weil ich mir keine bessere und keine richtigere Anordnung vorstellen kann, – aber das klingt viel zu wichtig, so, als wäre es die Absicht, eine zufällige Anordnung zu zeigen, ...ich will ein Bild machen.

Katalogtext für Gruppenausstellung im ‚Palais des Beaux Arts', Brüssel 1974

1024 Farben in 4 Permutationen

Um alle vorkommenden Farbtöne auf einem Bild darstellen zu können, entwickelte ich ein System, das – ausgehend von den drei Grundfarben plus Grau – in stets gleichmäßigen Sprüngen eine immer weitergehende Aufspaltung (Differenzierung) ermöglichte. 4 × 4 = 16 × 4 = 64 × 4 = 256 × 4 = 1024. Die Zahl ‚4' als Multiplikator war notwendig, weil ich eine gleichbleibende Proportion von Bildgröße, Feldgröße und Felderanzahl erhalten wollte. Die Verwendung von mehr als 1024 Farbtönen (z. B. 4096) erschien mir sinnlos, da dann die Unterschiede von einer Farbstufe zur nächsten nicht mehr sichtbar wären.

Die Anordnung der Farbtöne auf den Feldern erfolgte per Zufall, um eine diffuse, gleichgültige Gesamtwirkung zu erzielen, während das Detail anregend sein kann. Das starre Raster verhindert die Entstehung von Figurationen, obwohl diese mit Anstrengung sichtbar werden können. Diese Art von künstlichem Naturalismus ist ein Aspekt, der mich fasziniert wie die Tatsache, dass, wenn ich alle möglichen Permutationen gemalt hätte, das Licht über 400 Billionen Jahre brauchte, um vom ersten bis zum letzten Bild zu kommen. Ich wollte vier große bunte Bilder malen.

Aus einem Brief an Edy de Wilde 23. 2. 1975

Als ich anfangs (vor ungefähr acht Jahren) einige Leinwände grau zustrich, tat ich das, weil ich nicht wusste, was ich malen sollte oder, was zu malen wäre, und es war mir dabei klar, dass so ein erbärmlicher Anlass auch nur unsinnige Resultate zur Folge haben konnte. Mit der Zeit jedoch bemerkte ich Qualitätsunterschiede zwischen den Grauflächen und auch, dass diese nichts von der destruktiven Motivation zeigten. Die Bilder fingen an, mich zu belehren. Indem sie das persönliche Dilemma verallgemeinerten, hoben sie es auf; das Elend geriet zu konstruktiver Aussage, relativer Vollkommenheit und Schönheit, also zu Malerei.

Grau. Es hat schlechthin keine Aussage, es löst weder Gefühle noch Assoziationen aus, es ist eigentlich weder sichtbar noch unsichtbar. Die Unscheinbarkeit macht es so geeignet zu vermitteln, zu veranschaulichen, und zwar in geradezu illusionistischer Weise gleich einem Foto. Und es ist wie keine andere Farbe geeignet, ‚nichts' zu veranschaulichen.

Grau ist für mich die willkommene und einzig mögliche Entsprechung zu Indifferenz, Aussageverweigerung, Meinungslosigkeit, Gestaltlosigkeit. Weil aber Grau, genau wie Gestaltlosigkeit und so fort, nur als Idee wirklich sein kann, kann ich auch nur einen Farbton herstellen, der Grau meint, aber nicht ist. Das Bild ist dann die Mischung von Grau als Fiktion und Grau als sichtbarer proportionierter Farbfläche.

Abschließend noch: Mich fasziniert diese Art reduzierter Malerei ganz allgemein; weil ich glaube, dass sie voller Skrupel und mit großer Vorsicht eine Richtigkeit oder besser Verbindlichkeit von Malerei versucht, dass sie eine Qualität anstrebt, die zum Gültigen und Allgemeinen tendiert. Das scheint mir wichtig, angesichts einer bedenkenlosen, wuchernden Produktivität, die immer unverbindlicher wird.

Katalogtext aus *Acht Künstler – acht Räume* Mönchengladbach 1975

Ein Bild soll ja nicht schöner und auch nicht anders sein als das andere, es soll dem anderen auch nicht ähnlich sein, sondern gleich; gleich, obwohl jedes einzeln und für sich gemalt wurde, also nicht in einem und von einem Stück wie Multiples. Es war meine Absicht, dass sie gleich aussehen, aber nicht gleich sind, und dass man das sehen kann.

Aus einem Brief an Benjamin H. D. Buchloh[1] 23.5.1977

Anlass oder besser Voraussetzung meiner neuen Bilder[2] ist die gleiche wie bei fast allen anderen Bildern: dass ich nichts mitteilen kann, dass es nichts mitzuteilen gibt, dass die Malerei nie die Mitteilung sein kann, dass sich weder durch Fleiß, Trotz, Irrsinn noch durch sonstige Tricks die fehlende Botschaft von selbst nur so durch das Malen einstellen wird. Ich male also nicht, um zu malen. Ich suche nach dem Gegenstand und dem Bild, nicht nach der Malerei oder dem Bild der Malerei, sondern nach unserem Bild, unserem Aussehen und Ansehen und unserer Ansicht, verbindlich und total. Wie soll ich es sagen, ich will mir ein Bild machen von dem, was nun los ist. Die Malerei kann dabei helfen, und die verschiedenen Methoden gleich Bildgegenstände gleich Themen sind die verschiedenen Versuche in dieser Richtung. (So gesehen ist der Bildgegenstand bei den Fotobildern etwa – es ist wie es ist, so platt, ungenau und äußerlich, bei den *Türen* und so weiter – Symbolkitsch, bei den *Ausschnitten* – Dekoration, bei den *Landschaften* – Rückblick, es hat sich nichts geändert, bei den *Grauen* – Indifferenz, Nichts, null, Ende und Anfang, bei den *Glasscheiben* – Analogie zum Verhalten und zum Möglichen, bei den *Farbtafeln* – Zufall, alles ist richtig, oder besser: Gestalt ist Unsinn, bei den neuen Abstrakten Bildern – Willkür, fast alles ist möglich.)

Das mit der Willkür schien mir immer das Hauptproblem abstrakter wie gegenständlicher Malerei, welche Ursache, die nicht einem dummen System oder sonst einer Spielregel entstammt, gibt es, um ein Ding neben ein anderes zu setzen, auf irgendein Format, irgendeine Farbe mit irgendeinem Umriss mit irgendeiner Ähnlichkeit – daneben wieder sowas, ganz gleich was – (ein Problem, das ich gerade nur so angetippt habe).

Das Aufblasen ins große Format[3], das Ähnlichkeit mit dem faulen Zauber ermöglicht, ist für mich vorläufig die einzige Form zur Verwirklichung und Verständlichung der ‚Mitteilung', die ich so faszinierend wie möglich inszenieren möchte. – Ich habe da noch viel zu tun.

Inzwischen kam das neue Kunstforum, und ich verstehe Ihre Bedenken gegenüber den neuen Heroen der Malerei besser. Übel wird mir vor allem, wenn die Beschreiber das als ‚reine Malerei' wichtig machen, indem sie der Gegenständlichkeit jegliche Bedeutung absprechen.

Denn erstens, um es noch einmal zu sagen, wäre reine Malerei, wenn es sie geben könnte, ein Verbrechen, und zweitens werden doch diese Bilder einzig und allein wegen ihrer dumm-dreisten Gegenständlichkeit geschätzt. Zu dieser Gegenständlichkeit gehört natürlich auch die penetrante Darstellung des motorisch-blind-wütenden Maltriebes sowie die Vorspiegelung von Intelligenz und Geschichtsbewusstsein durch Motivwahl und Motiverfindung. – Den mir so wichtigen Satz von Cage, sinngemäß: ich habe nichts zu sagen, und das sage ich, verkehren diese Spontanmaler zu: Wir haben nichts zu sagen, und das sagen wir *nicht*! So verstellen und verdecken sie ihre Impotenz, Ohnmacht und Dummheit mit Kulissen und modisch-nostalgischen Trümmern von der Müllkippe der Geschichte. Verkleidete Nazis.

Antworten auf Fragen von Marlies Grüterich 2.9.1977

*Was halten Sie von dieser Medien-*documenta *und ihrer Abteilung „Malerei über Malerei"?*

Die *documenta* – sicher gibt es einige Lichtblicke, ich meine einige ganz großartige Arbeiten, zum Beispiel der senkrechte Kilometer von Walter de Maria. Das ist eine Arbeit, die so überragend ist, dass sie fast schon deplaziert wirkt, so wie ein Denkmal auf einer Kirmes – aber im Ganzen, so wie diese *documenta* sich zeigt, ist sie doch eine sehr oberflächliche Show. Und für genauso oberflächlich muss ich auch dieses Pseudothema halten: „Malerei über Malerei".

Es ist schon erstaunlich, wie leicht die Leute solche Parolen schlucken, nur weil sie ganz interessant klingen – tatsächlich ist das doch purer Unsinn. Dass sich nämlich Bilder immer auf Bilder beziehen, ist so selbstverständlich wie – dass ein heute gebackenes Brot nur deshalb so ist, weil es von den Erfahrungen mit allem vorher gebackenen Brot abhängt. Daraus kann man doch kein Thema, keine Bäckerei über Bäckerei, ableiten, ohne pleite zu gehen. Ein unerfreuliches Thema, man kann nur hoffen, dass alle dabei gelernt haben.

Welche Probleme beschäftigen Sie denn zur Zeit als Maler?

Zur Zeit – eine ganze Weile; seit circa zwei Jahren beschäftigt mich eine andere Bildidee. Anders als die Grauen Bilder, die ich vorher malte. Nach diesen strengen einfarbigen oder nichtfarbigen Tafeln war es ziemlich schwierig weiterzumachen. Ich wollte und konnte dieses Thema nicht variieren. Also fing ich ganz gegenteilig an, ich setzte auf kleineren Formaten ganz willkürlich und unlogisch irgendwelche Farben und Formen – meist mit längeren zeitlichen Pausen dazwischen, die auch noch dafür sorgen, dass diese Malereien, wenn man sie so nennt, immer heterogener wurden. Hässliche Skizzen sind das und das ganze Gegenteil von den puristischen Graubildern, also bunt, sentimental, assoziativ, anachronistisch, beliebig, vieldeutig, fast wie Pseudopsychogramme, nur eben nicht lesbar, also ohne Sinn und Logik, falls es das überhaupt geben sollte – das ist auch ein faszinierender Punkt, wenn nicht der wichtigste, aber ich weiß noch zu wenig darüber. Auf jeden Fall eine aufregende Sache, so als hätte ich mir eine neue Tür geöffnet.

Drei dieser Bilder[1] hätte ich beinahe auf der *documenta* gezeigt. Natürlich nicht die Skizzen, sondern die Bilder nach den Skizzen. Die Skizzen sind zu sehr Rohstoff. Sie lassen die Aussage nicht deutlich werden, so wie ein gemaltes Stilleben die Bildidee besser zeigt als das aufgebaute natürliche, das abgemalt wird.

Was halten Sie von der Malerei Ihrer DDR-Kollegen[2]?

Fast nichts. Eine Malerei, die nichts kreiert, die nur variiert, was die Kulturpolitik der DDR zur Variation freigibt – das sogenannte kulturelle Erbe und das auch nur gefiltert und begrenzt. Eine solche Malerei ist nur noch eine Art angewandte Kunst, die ihr eigentliches Element, das bildnerische Denken, ausschaltet; eine Malerei, die immerfort nachlaufen muss, die also nie Vorbild sein kann.

Das ist auch ein Phänomen, das für alle kulturellen Bereiche der DDR zutrifft und das sich darin äußert, dass von dort keine Kreation kommt. Dort herrscht stets eine Art gebremster Import – ob es sich um Architektur handelt, Mode, Formgebung, Pop-Musik, Tanz – ich wüsste kein Beispiel, dass dort irgendwas entstanden wäre.

Interview mit Amine Haase 1977

Sie haben die Betrachter Ihrer Bilder eigentlich immer irritiert. Einmal durch die Gemälde selbst, von denen einige ja kaum von Fotografien zu unterscheiden sind, zum anderen, weil kein sofort einsehbarer Zusammenhang zwischen den Bildern besteht. 1964 Die Kuh, 1966 Zwölf Farben, 1968 Die Schlieren, 1971 Die Ausschnitte, 1972 48 Portraits, 1975 *die* Grauen Bilder *und seit* 1977 *die* Abstrakten Bilder. *Wolken- und Landschaftsbilder, Stühle, Klosettpapier, Stadtbilder, Verkündigung nach Tizian – warum diese Vielzahl von Themen und Formen?*

Sie haben jetzt aber auch einen ziemlich langen Zeitraum genannt, so dass auf jedes Thema drei, vier Jahre kommen – und in der Zeit kann man sich ja einiges überlegen, warum etwas anders zu machen wäre. Hinzu kommt, dass die Unterschiedlichkeit nur eine äußerliche ist, dass also das grundsätzliche Anliegen immer dasselbe blieb.

Und das wäre?

Zu probieren, was mit Malerei zu machen ist; wie ich heute malen kann und vor allem was. Oder anders gesagt: der ständige Versuch, mir ein Bild zu machen von dem, was los ist.

Würden Sie sagen, dass die Bilder, die Sie heute malen, ein Ergebnis von über fünfzehnjährigen Überlegungen sind? Dass also Die Kuh *wieder in Zusammenhang mit den abstrakten Bildern steht?*

Im Zusammenhang stehen die Bilder auf jeden Fall. Nur kann man dabei nicht so von einem Ergebnis sprechen, wie wenn einer fünfzehn Jahre recherchiert, um ein Ergebnis zu erhalten, das alle Vorarbeit unwichtig macht. Ich meine, obwohl immer eine folgerichtige Entwicklung stattfindet, führt diese nicht zwangsläufig zu einer höheren Qualität und gar nie zu einer Lösung, egal ob einer zwanzig oder zwei Jahre an einer Aufgabe sitzt.

Nun, ich meine, die Zeiträume sind natürlich immer sehr kurz, wenn Sie sagen: ich hatte ja dazwischen zwei Jahre, drei Jahre Zeit, um zu überlegen. Die meisten Maler brauchen nicht zwei, sondern mindestens zwanzig Jahre, um zu so radikal anderen Formen zu kommen – wenn sie es überhaupt tun.

Das mag sein, aber in der Geschichte gibt es doch immer häufiger Beispiele solcher Wechselhaften. Picasso zum Beispiel oder Duchamp und Picabia, und sicher werden es immer mehr. Die Malerei hat ja auch eine Menge Aufgaben verloren, die sehr für Disziplin und Kontinuität sorgten. Ich meine die Auftragskunst vom Portrait bis zum Was-weiß-Ich, die der Malerei eigentlich nur so nebenbei erlaubte, Kunst zu machen. Heute kann sie nur noch Kunst machen. Das ändert viel.

Sie meinen, indem die Fotografen die Portraits machten, traten sie als Konkurrenten der Maler auf?

Unbedingt. Und die Konkurrenz ist weitreichend. Die Fotografie liefert doch von allen Bereichen Bilder, und zwar so billig und schnell, und vor allem so perfekt und so glaubhaft, dass ihr in dieser Hinsicht die Malerei hoffnungslos unterlegen ist.

Das muss ja ein ziemlich aufreibender Zweikampf sein.

Nur wenn man sich darauf einlassen würde. Aber selbst, als ich ziemlich fotoähnlich malte, ließ ich mich nicht auf diese Konkurrenz ein, sondern machte etwas anderes daraus – vereinfacht gesagt: Malerei. Und die war, was ihre fotografischen Qualitäten anging, meist schlechter als das Foto, denn sie sollte ja auch als Malerei funktionieren, also eine ganz andere Qualität haben.

Und dann? Wieso dann keine Fotobilder mehr?

Dann gab es neue und schönere Interessen, die ausschließlicher mit Malerei zu tun hatten und das Foto vergessen ließen. So kamen dann die anderen Sachen: Farbtafeln, graue Bilder und jetzt abstrakte Bilder.

Sie meinen also, dass diese drei Bildarten nichts mehr mit Fotografie zu tun haben?

Zumindest nicht direkt. Womit ich sagen will, dass die Fotografie natürlich doch unsere Art zu sehen beeinflusst hat, und auch, dass mir diese fotografische Art der Bild-Herstellung liegt, die so im Gegensatz zum „Malen" steht, also zu dem Malen, das früher als Tätigkeit selbst schon beinahe so wichtig war wie das Resultat, das fertige Bild.

Würden Sie nun Ihre abstrakten Bilder als eine Abkehr von einer illusionistischen Darstellungsweise halten?

Eigentlich nicht. Denn wenn ich die negativen Vorstellungen vergesse, die sich mit dem Begriff verbinden, dann bleibt für mich ein Illusionismus übrig, der untrennbar mit Malerei verbunden ist beziehungsweise gar mit Malerei gleichzusetzen ist. Malerei als Schein – das hat nichts mit Scheinwelt zu tun und dergleichen. Ich will sagen, dass ich gar keine Malerei kenne, die nicht illusionistisch ist, genau wie das Foto.

Das wäre ja dann eigentlich eine Erkenntnis aus Ihren Versuchen mit Fotografie.

Ja. Aber natürlich auch aus dem Verständnis der sogenannten konkreten Malerei, zum Beispiel Malerei, die nur ein oder zwei Farben darstellt. So ist ja beispielsweise ein „Schwarzes Quadrat auf weißem Grund" eine alberne Sache, solange man nichts anderes darin sieht, nicht die eigentliche Bedeutung, die der Anschein vermittelt.

Und Ihre einfarbigen Grau-Bilder sind ebenso zu verstehen?

Genau so, obwohl sie anders beabsichtigt waren. Damals gab ich mir Mühe, dieses illusionistische Funktionieren der Bilder zu verhindern, und stellte dann fest, dass gerade diese Bilder den rigorosesten Illusionismus aufweisen.

Obwohl Sie ständig etwas anderes gemalt und sich nicht festgelegt haben, heißt es, wenn man über Sie spricht, immer: ach ja, Fotorealismus. Es ist doch aber immer irgendwie Fotomalerei oder Malen nach Fotos.

Vielleicht hat das am meisten eingeschlagen. Dass ich ein Foto schwarzweiß abmalte, war zu der Zeit absurd. Für mich selbst war das ja auch der einzig wirkliche Bruch: nachdem ich immer Kunst zu malen versucht hatte, mit einem Schlag nur noch diese armseligen Fotos. – Heute hängen die Bilder im Museum, in der richtigen Abteilung, wohlgeordnet.

Sie selbst haben Ihre Absichten meist negativ formuliert. Beispielsweise: „Ich verfolge keine Absichten, kein System, keine Richtung. Ich habe kein Programm und keinen Stil und kein Anliegen. Ich halte nichts von fachlichen Problemen, von Arbeitsthemen, von Variationen bis zur Meisterschaft."

Das ist eher polemisch gegen die vielen Siegesgewissen gemeint, die alles so genau wussten und routiniert konnten und die ihre schlichten Einfälle fortwährend reproduzierten – natürlich aufgeputzt mit der entsprechenden Ideologie. Ich möchte nicht sagen, dass der Spruch schlecht ist, er trifft nur heute nicht mehr so meine Problematik.

Und was ist heute Ihre Problematik?

Natürlich immer noch das Malen oder, wie ich es vorhin meinte, die Schwierigkeit, sich ein Bild zu machen von dem, was ist, es überhaupt sichtbar machen, einsichtig und damit brauchbar.

Ist denn das mit Malerei überhaupt noch möglich?

Es ist schwieriger, einerseits: Da sind die Fotografie, die alles viel besser darstellen kann, die Kunstgeschichte, die alles längst gezeigt hat, und die neuen Medien, Video, Performance und so weiter, die alles viel zeitgemäßer fassen können. Aber andererseits ist die Lust ja ein Beweis für die Notwendigkeit von Malerei – alle Kinder malen, freiwillig. Die Malerei hat eine wunderschöne Zukunft. Oder?

Nur weil Malen Spaß macht?

Gut, wenn Sie so fragen, muss ich natürlich sagen, dass Lust nur die eine Seite ist, ohne die man zwar nichts tun kann, aber die – wenn nichts anderes hinzu-

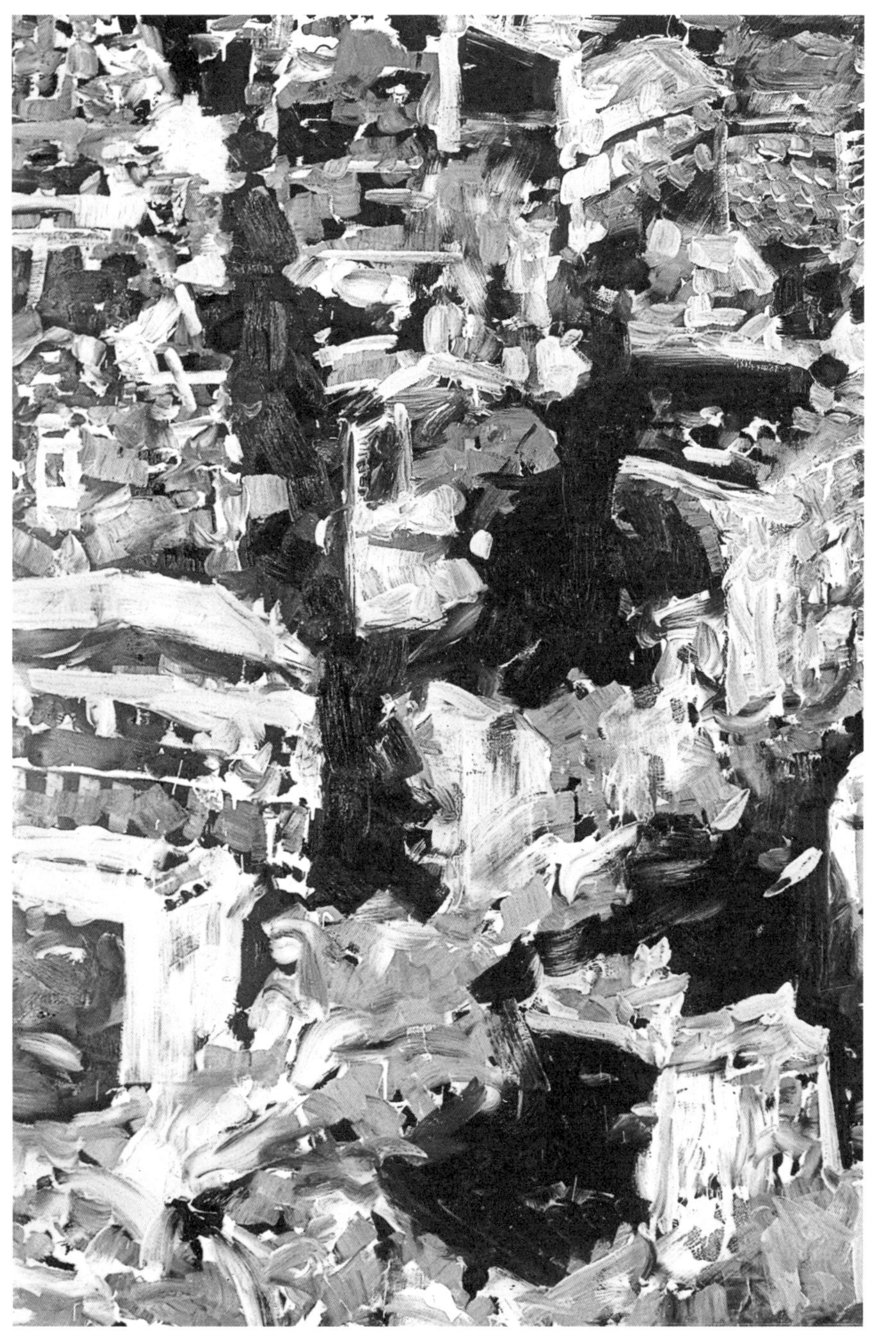

Stadtbild, Paris, 1968 (Ausschnitt)

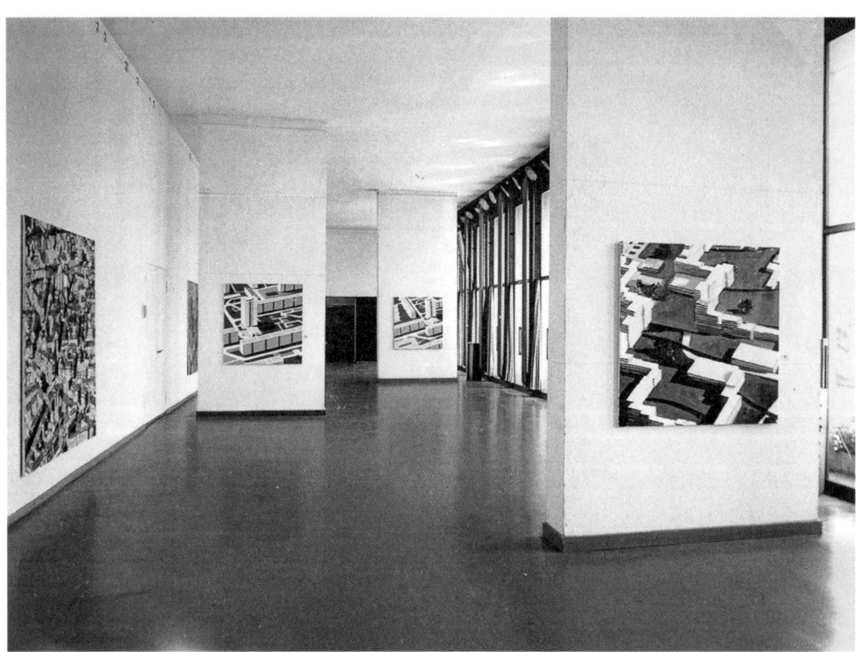

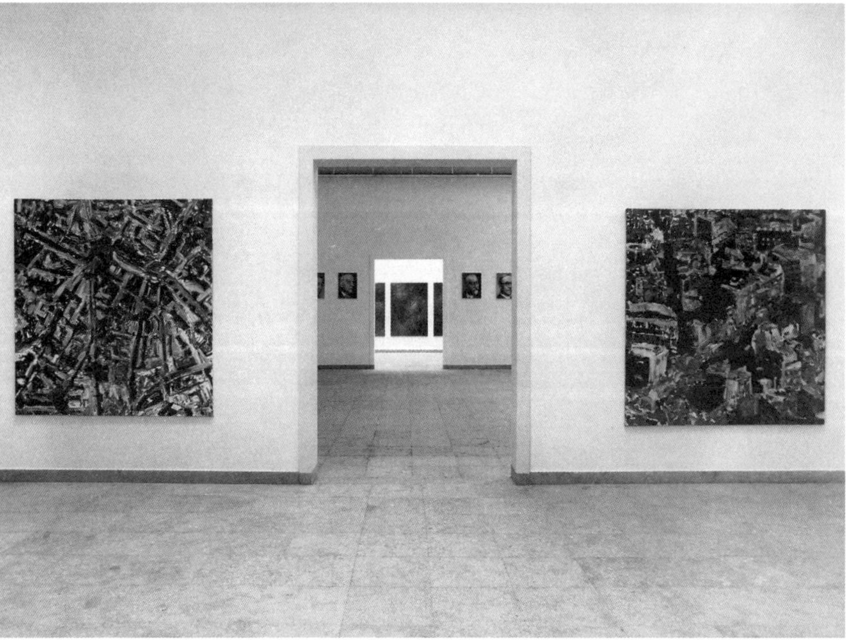

Kunstmuseum Luzern, 1969
Biennale Venedig, 1972

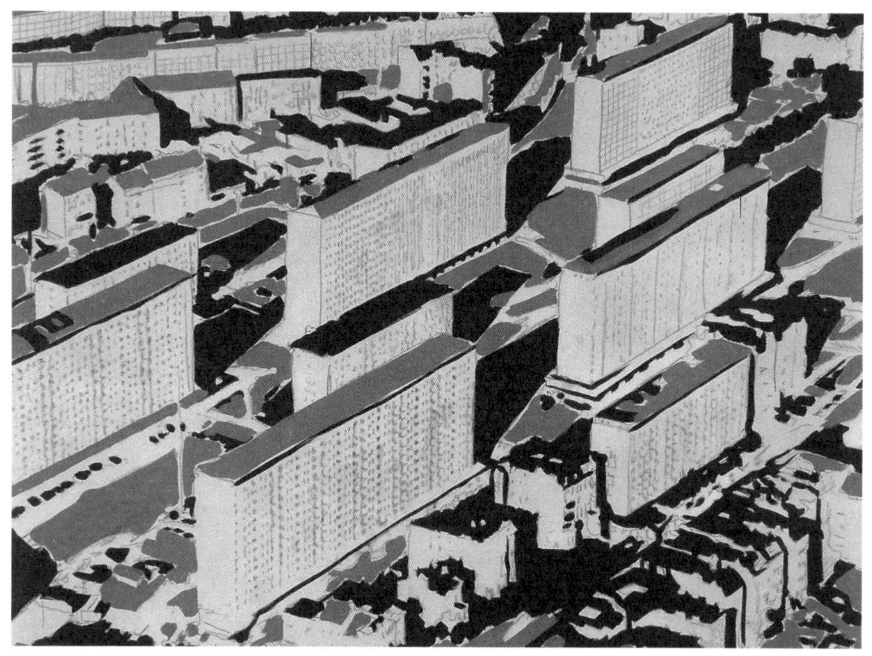

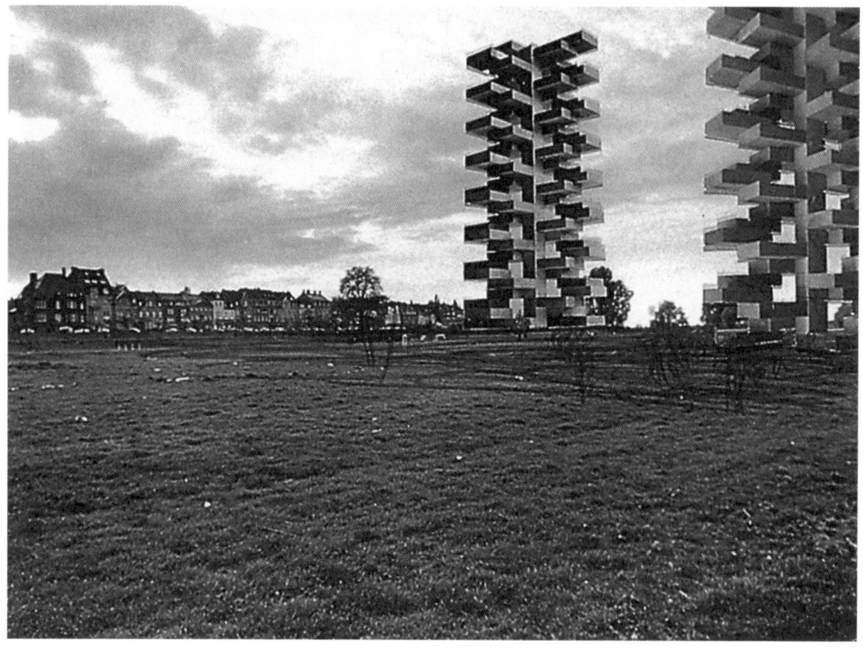

Stadtbild Ha, 1968 (Ausschnitt)
Entwurf für sozialen Wohnungsbau, 1968

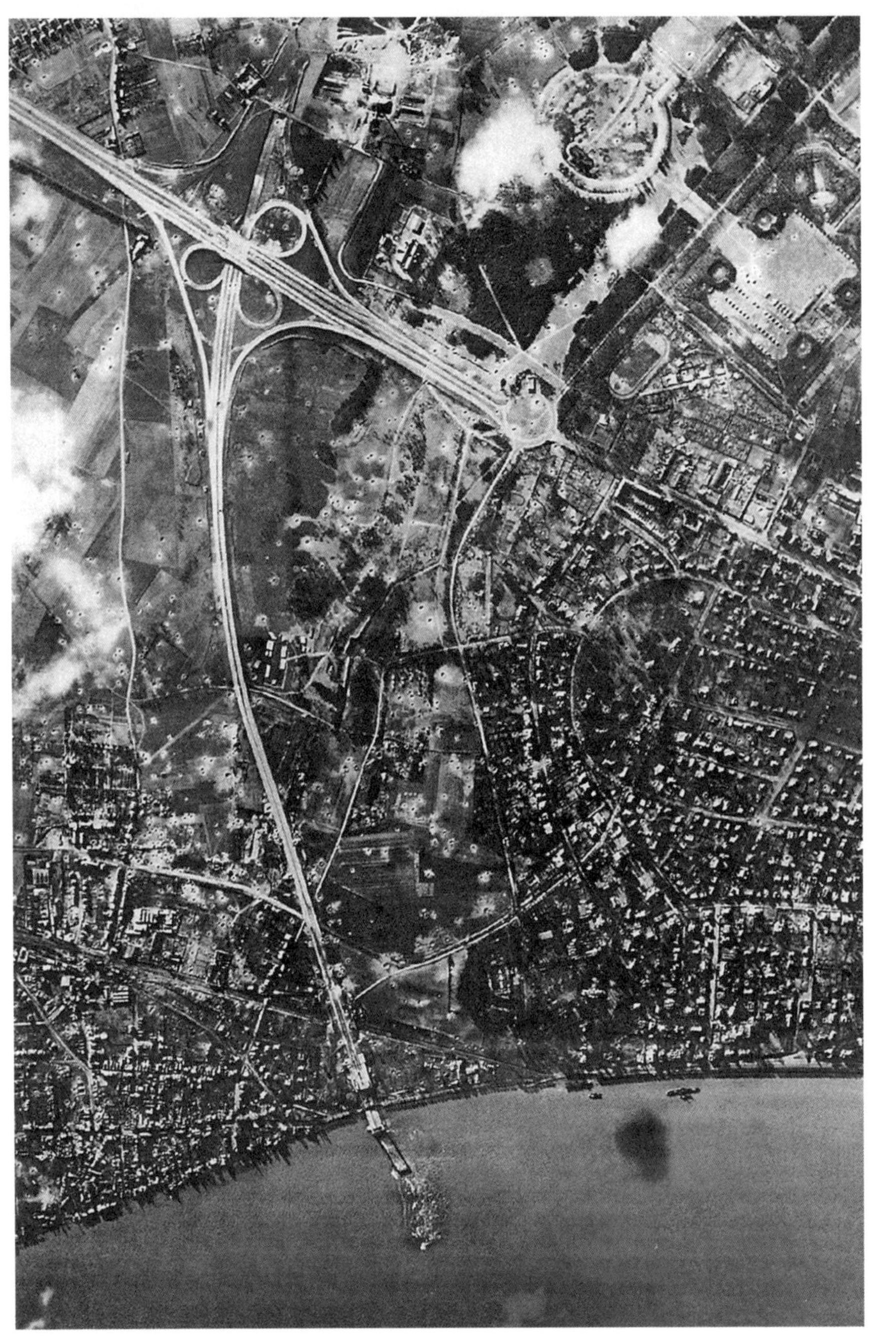

14. Feb. 1945, 2001

kommt – für den Betrachter nur langweilig und ärgerlich ist. Es muss die objektive Seite hinzukommen, mit der Malerei das bietet, was von allgemeinem Interesse ist: eine Mitteilung, eine neue Qualität, einen Fortschritt, also etwas, womit der andere etwas anfangen kann.

Aus einem Brief an Benjamin H. D. Buchloh 29.9.1977

Dass es in Deutschland weniger gute Künstler gibt als in Amerika, ist kein Wunder nach zwölf Jahren Nazi-Sozialismus und für die andere Hälfte noch zusätzlichen 32 Jahren DDR-Sozialismus. Aber Amerika hat keinen wesentlich anderen Kapitalismus als wir und andere europäische Staaten. Vor allem aber wollte ich mit den „guten Künstlern" sagen, dass nahezu hundert Prozent aller neuen Gedanken und Vorbildlichkeiten nur in den sogenannten kapitalistischen Systemen entstanden. Das beweist weniger die höhere Qualität des Systems als eher die weitgehende Unabhängigkeit progressiver Ideen von wirtschaftlichen Systemen. Nur die staatlich-ideologische Bevormundung unterdrückt neue Ideen, und das ist in jedem Wirtschaftssystem möglich (Hitler, Chile oder Ostblock). Um es noch einmal zu sagen, die Schwierigkeiten und Fehler, die die Unmenschlichkeit verursachen, liegen woanders, und sie werden nicht behoben, sondern verhindert durch solche unglückseligen Ersatzhandlungen, wie es die von der Linken propagierte Zerschlagung des Systems wäre.

Interview mit Marlies Grüterich 1978

Gerhard Richter, wie siehst Du Deine Arbeit am Ende der sechziger Jahre?

Im Gegensatz zum Beginn der sechziger Jahre, die für mich gekennzeichnet sind durch die Öffnung der Kunst nach draußen, zum Leben, zum Alltäglichen hin, durch die Vereinnahmung der gewöhnlichen Bilderwelt, die uns zum Beispiel die Pop Art so schlagend und zum Teil so oberflächlich vorführte, trat nun, also am Ende der sechziger Jahre, eine Konzentration auf die elementaren Mittel von Kunst ein, eine Hinwendung zur eigenen Sprache der Kunst, zur methodischen Seite, zur Analyse, zum Fundamentalen – um einen Begriff zu benutzen, der als Titel einer Ausstellung in Amsterdam eben diese Tendenz auf einen Nenner brachte.

Und diese Entwicklung sehe ich auch in meiner Arbeit. Dazu gehören die Untersuchungen zur Farbskala, die mich sehr beschäftigten, mit denen ich aber ähnlich wie in den Vermalungen von Blau, Rot und Gelb und in den späten einfarbigen grauen Bildern, nicht nur Methoden und Instrumentarium vorführte, sondern Methoden und Strategien benützte, um eine Aussage zu machen.

Kannst Du sagen, warum Du graue Bilder gemalt hast?

Nein, d. h. ich habe das manchmal versucht, zum Beispiel in dem Katalog der erwähnten Ausstellung *Fundamentale Malerei*[1]. Dass es also zum Teil mit Ohnmacht zu tun hat, mit mir möglicher Wahrheit. Aber das liegt jetzt auch schon so lange zurück. – Ich möchte sagen, das ist mir zu schwierig, das mag ein Beruf für sich sein.

Was meinst Du, welche Rolle spielt die europäische Kunst seit dem Ende der sechziger Jahre?

Ich würde sagen, dass die Europäer, eher als vordem, einen eigenständigen Beitrag leisteten und nicht mehr so im Windschatten der Amerikaner standen. Obwohl dort drüben immer noch die größere finanzielle Macht, die größere Schlagkraft war und ist, – entwickelte sich hier eine Art europäischer Intelligenz, die Impulse gab und die also eine eigenständige Kraft darstellte. Um Namen zu nennen, um das zu illustrieren: Gilbert & George, Beuys, Broodthaers, Kounellis, Toroni, Polke, Palermo, Dominicis und viele andere, zum Teil wichtigere.

Diese europäische Kunstszene war also anders als die amerikanische, differenzierter oder umständlicher, mit mehr Skrupeln – und zwar in einer Weise, dass davon auch die amerikanische Kunst beeinflusst wurde. Und diese gleichrangige oder besser neue Qualität veränderte die Denkweise, die Weise zu beurteilen. Was wir zum Beispiel daran sehen, dass es jetzt eben keine vorherrschende Richtung gibt, keine Pop oder Minimal, Land oder Concept Art. Es gibt nur noch Arbeit, Arbeit, die zu kompliziert ist, um griffige Parolen herauszugeben. Und im Gegensatz dazu wirken solche Kunsttheorien, Werke, wie die von Jasper Johns und Rothko und andere vor allem dann dekorativ und nichtssagend, und gar lächerlich, wenn sie vom Kulturbetrieb missbraucht werden.

Und was ist heute Deine Absicht? Würdest Du sagen, dass man an der Kunst ablesen kann, was heute wirklich passiert? Dass man eine Ahnung davon bekommen kann?

Ganz sicher kann man es ablesen, die Übereinstimmung ist immer vollkommen. Bloß wüsste ich nicht, wie ich das erklären kann. Ich kann jetzt nicht sagen, weil das und das so aussieht, kann man schließen auf die und die Umstände, die es verursachen – also genauso wenig, wie ich jetzt sagen könnte, dass diese und jene Gegebenheit mich heute veranlasst, so oder so zu malen.

Und was ist mit Deinen neuen Bildern?

Da kann ich nur sagen, was ich mache. Also, was ich male.

Ja?

In einer Weise, die mich beunruhigt, wie immer. Diesmal vielleicht, weil ich mir mit dieser Art zu malen isolierter vorkomme als je zuvor. Ich sehe also kaum Bezüge zu einer Vergangenheit, wo von Anknüpfen die Rede sein könnte. Dies, wenn ich mal davon absehe, dass die Technik und die Methode „Ölfarbe auf Leinwand" und die Darstellung in einer illusionistischen Bildhaftigkeit, dass diese Seite entschieden traditionell ist. Aber darüber hinaus ist nichts, keine Berührungspunkte, auch nicht zur Malerei der Gegenwart. Was heißt, dass ich zur Zeit keine Bilder kenne, die ich als zeitgemäß oder interessant oder neu oder wichtig bezeichnen könnte. Aber vielleicht verlange ich da auch etwas Unmögliches. Vor allem, wenn es ja ansonsten genügend andere Arbeiten gibt, die ich für uns für sehr wichtig halte, die eben nur keine äußerliche Ähnlichkeit mit Bildern haben. Was ja auch nicht sein muss.

Meinst Du, dass es heute noch wichtig ist, einen Unterschied zwischen formaler und informeller Malerei oder Kunst zu machen?

Ich denke, dass der Unterschied aufgehoben worden ist durch die Tatsache, dass es eine informelle Malerei gegeben hat, die ja nicht sich selbst als informell dargestellt hat, sondern uns eine Erkenntnis gegeben hat... über einen informellen Zustand, der uns betrifft und der zu uns gehört.

Ich denke aber, dass die Unterscheidung zwischen solcher und solcher Malerei so gegenstandslos ist wie eine Etikettierung, und zwar deshalb, weil jede Art von Malerei benutzbar sein muss.

Interview mit Bruce Ferguson und Jeffrey Spalding 1978

JS: *Waren Sie auf der Kunstschule?*

GR: Ja, ich habe an der Akademie in Dresden studiert, fünf Jahre, mit Diplom. Es war eine sehr altmodische, akademische Schule, wo man das Zeichnen nach Gipsabgüssen und Aktmodellen lernte. Ich war unzufrieden mit den Verhältnissen und der vorherrschenden Kunstrichtung dort, dem Sozialistischen Realismus.

BF: *Was haben Sie nach dem Abschluss gemacht?*

GR: Ich war freischaffender Künstler in Dresden und malte meine Bilder. Von Zeit zu Zeit machte ich Wandgemälde, um Geld zu verdienen.

JS: *Wie sahen Ihre frühen Arbeiten aus?*

GR: Oh, irgendwas zwischen den realistischen Bildern, die wir aus Russland kennen, dem Impressionismus und vielleicht ein wenig Picasso.

JS: *Es überrascht mich, dass Sie den akademischen Betrieb nicht mochten. Man sollte doch meinen, dass Ihre späteren Arbeiten, die Portraits und die Landschaften, viel davon zeigen – oder hatten Sie eher das Gefühl, dass Sie neue Techniken für Ihre Kunst entwickeln mussten?*

GR: Nein, damals war ich unzufrieden, aber die Ausbildung war mit Sicherheit ein großer Einfluss. Neu war nur, dass ich keine Angst mehr hatte, nach einem Foto zu malen – das war dort nicht erlaubt.

BF: *In den Fünfzigern, als Sie von akademischer Malerei zu verwischten Portraits kamen – wie sah die Kunstszene in Deutschland da aus? Was könnte der Anlass zu dieser Veränderung gewesen sein?*

GR: Es gab eine Gruppe namens Zero[1] – in Holland hieß sie Nulle[2] –, die mit großem Erfolg die Grenzen der Kunst erweitert hat. Und dann kam der Erfolg von Fluxus[3]. Fluxus, das war ganz nach meinem Geschmack. Ich wollte Bilder malen, die überhaupt nichts mit Kunst zu tun hatten, und dafür nahm ich Fotografien.

BF: *Offenbar hat sich ja Ihre eigentliche Arbeitstechnik, die Sie im Studium erlernt haben, nicht verändert; was sich verändert hat, sind die Absichten. Wie erklären Sie das?*

GR: Im Laufe meines Studiums habe ich Dinge aus dem Westen gesehen; 1959 war ich auf der *Documenta* und war tief beeindruckt von Pollock und Fontana. Und es war ein großes Erlebnis, Dinge zu sehen, die man während der Naziherrschaft nicht hatte sehen können.

JS: *Aus nordamerikanischer Perspektive betrachtet besteht Ihre Kunst aus sehr vielen disparaten Elementen: Impressionismus, Fotorealismus, Minimalismus, reduktive monochrome Malerei, neuerdings lyrische Farbfeldmalerei. Wie bringen Sie das alles in Einklang?*

GR: Ich glaube, hinter all diesen verschiedenen Stilen und Techniken stecken dieselben Antriebe, und ich wäre jetzt nicht in der Lage, das zu erklären. Es ist etwas sehr Grundsätzliches... warum man so und nicht so malt. Ich glaube, jeder Künstler kann in jedem Stil malen, wenn er das will. Es geht nicht darum, ob er es kann oder nicht.

JS: *Es geht nicht nur um unterschiedliche Stile; wir in Nordamerika glauben daran, dass Kunstproduktion aus gewissen grundlegenden Überzeugungen entspringt oder zumindest davon gesteuert wird. Solche individuellen Neigungen würden einen Künstler zum Beispiel dazu bringen, monochrom zu malen, oder zu lyrischen Farbabstraktionen, aber nicht zu beidem. Diese beiden Dinge scheinen sich gegenseitig auszuschließen, sie sind antithetisch: die Grundeinstellungen, mit denen man das eine macht, schließen das andere aus. In Nordamerika würde man einen Künstler als Dilettanten ansehen, wenn er so oft die Lager wechselte, wie Sie das getan haben. Es wäre geradezu eine Frage des Grundsatzes. Wie können Sie unbehelligt von all den Schuldgefühlen, die wir haben, arbeiten?*

GR: Ich habe solche Gefühle nicht, weil ich so viele Künstler kenne; viele sind Freunde, und mit dieser Art Fragen habe ich mich nur ganz zu Anfang beschäftigt.

BF: *Jackson Pollock zum Beispiel hätte nicht wie Sie fotorealistische Bilder gemalt, weil er eine Philosophie hatte, die er in seinen Werken umsetzen wollte...*

JS: *...als seine Tropfbilder wieder gegenständlicher wurden, sahen viele das als Versagen an, als Zeichen, dass er die Inspiration verloren hatte.*

BF: *...Ihre Philosophie umfasst offensichtlich die verschiedensten Malstile. Was ist das für eine Philosophie, die so allumfassend ist?*

GR: Ich glaube nicht an die Realität der Malerei, deshalb nehme ich Stile wie Kleider – ich verkleide mich damit.

BF: *Indem Sie immer wieder wechseln, verhindern Sie, dass man Sie auf einen Stil festlegt, und vermeiden damit auch die Identitätskrise, die viele Künstler durchmachen, wenn sie das erreicht haben, was nach ihren Begriffen in einem bestimmten Stil zu erreichen ist. Können Sie das mit Ihrer Arbeitsweise verhindern?*

GR: Ja. Bevor ich auf meine fotorealistischen Arbeiten kam, war ich in einer Sackgasse – zwei oder drei Jahre lang hatte ich ausschließlich graue Bilder gemalt. Ich hatte das Gefühl, dass es da nicht mehr weiterging, also habe ich das genaue Gegenteil gemacht, wenn auch vielleicht mit derselben Einstellung.

BF: *Offensichtlich geht es Ihnen auch um eine Art Komplexität, im Gegensatz zu einem moralischen oder religiösen Blickwinkel, der sich ja auf etwas festlegen müsste. Wir in Nordamerika sind davon überzeugt, dass Konsequenz etwas Gutes ist.*

GR: Mein Verhalten ähnelt ein wenig dem von Picabia[4], finden Sie nicht?

JS: *Nun ja, es gibt eine ganze Reihe von Künstlern, die hin- und hergesprungen sind, über die ganze ästhetische Landkarte, um, wie man bei uns sagt, „sich zu finden". Bei Ihnen scheint es aber ein bewusstes Hin und Her, es scheint zum Werk dazuzugehören.*

BF: *Wenn Sie zum Beispiel ein fotorealistisches und ein abstraktes Werk nebeneinander ausstellen, ist es dann wichtig für Sie, dass die beiden gleichzeitig zu sehen sind?*

GR: Das spielt keine Rolle, das ist nur Zufall.

BF: *Sie zeigen Engagement für die Kunst, aber nicht für einen bestimmten Stil...*

GR: Nein, nicht für einen Stil.

BF: *...die Stilwandel sind also nur ein weiteres Mittel, Inhalt zu schaffen.*

GR: Ja.

JS: *Natürlich macht das jeder Kunststudent so – er bezieht sich auf die Kunst der jüngsten Vergangenheit, die ihn geprägt hat, und macht von da an weiter. Vieles an Ihrer Arbeit hat Parallelen bei unseren hiesigen Künstlern, aber gibt es etwas, das spezifisch Gerhard Richter ist?*

GR: Nein.

JS: *Vielleicht liegt es nur an dem einen Wolkenbild in der National Gallery of Canada[5], aber der Fotorealismus scheint doch eine Art Ankerpunkt für Ihre Unternehmungen. Oder sehe ich das falsch?*

GR: Nein, falsch wäre das nicht. Ich bezeichne meine Arbeiten oft als Bilder, was ein wenig ungewöhnlich ist, glaube ich?

JS: *Es gab eine Zeit, da hätte man dieses Wort in einem Diskurs über Malerei nicht benutzt.*

GR: Ja, aber ich nehme es, weil ich keine Malerei mache. Für mich ist das ein Bild, keine Malerei. Ein Bild will nichts aussagen, es ist einfach nur ein Bild. Dieses hier zeigt eine Landschaft, und die grauen sind Bilder vom Nichts. Sie sind ganz anders als die von Bob Ryman, denn der will etwas zeigen: Er will zeigen, wie sie gemalt sind, wie er die Möglichkeiten des Materials erforscht.

BF: *Und deshalb malen Sie nach Schnappschüssen oder nach älteren eigenen Arbeiten?*

JS: *Eines der großen farbigen Gemälde bei SperoneWestwaterFischer in New York zeigt eine sehr überzeugende illusionistische Raumtiefe, fast wie eine nebelverhangene Landschaft. Wie haben Sie das gemacht?*

GR: Ehrlich gesagt habe ich als Vorlage dafür eins meiner kleineren Abstrakten Bilder genommen.

BF: *Eine Großaufnahme von einer kleinformatigen Studie?*

GR: Ja, eine Aufnahme vom größten Teil einer Studie; davon könnte ich drei oder mehr Bilder malen.

BF: *Es wären also sozusagen Stillleben?*

GR: Ja, eine Art Stillleben.

BF: *Warum nehmen Sie ein Gemälde als Vorlage für ein Stillleben und nicht Flaschen oder was man sonst nimmt? Steckt da die Überzeugung dahinter, dass alles Inhalt für ein Kunstwerk sein kann?*

GR: Das ist ein Grund; aber wenn ich ein Stillleben wollte, würde ich eine Fotografie machen. Ich glaube nicht, dass die Wirkung erhöht wird, wenn es gemalt ist. Ich denke nicht immer so, aber meistens.

BF: *Sie arbeiten also immer von Anfang an mit etwas, das bereits eine Übersetzung der Realität ist, und übersetzen sie ein weiteresmal.*

GR: Ja.

BF: *Und in der Neuübersetzung, kommt es Ihnen da realer vor als in der Übersetzung?*

GR: Es wird realer, weil ich nichts über die echte Realität weiß. Das einzige, worauf es für uns ankommt, ist die Übersetzung.

JS: *Es ist interessant, Ihr Werk mit der etwa zeitgleichen Fotokopiearbeit von Ian Burn zu vergleichen – ein leeres Blatt Papier, das er kopiert, dieses dann wieder kopiert und so weiter, bis er am Ende bei einem grauen Bild anlangt. Das ist natürlich eine keimfreie nordamerikanische Fassung dieser Tautologie, und das Schwergewicht liegt auf der Methode – das Ergebnis ist nicht allzu sehenswert. Ihre eigene Tautologie, Ihre Experimente mit Gemälden über Gemälde, führen in dieser Auflösung zu neuen Anfängen, zu etwas, das voller Potential für ein spürbares Ergebnis ist. Es gibt eine Unterströmung von Humor und Ironie in Ihrem Werk, aber trotzdem ist es immer geradeheraus und positiv. Das heißt nicht nur, dass alle erdenklichen Arten von Kunst zur Verfügung stehen, sondern auch dass alles möglich ist, alles ist eine potentielle Aussage.*

GR: Ja, ja. Das haben Sie wunderbar ausgedrückt.

BF: *Er stellt keine Fragen, er gibt Antworten. Haben die Arbeiten von Francis Bacon Sie interessiert? Haben Sie sie zur Kenntnis genommen?*

GR: Ein wenig, nicht sehr.

JS: *Die Stimmung, die Intentionen sind anders, aber es gibt doch ein paar Gemeinsamkeiten zwischen seinen Arbeiten und Ihren frühen verwischten Portraits...*

GR: Ja, aber bei mir ist die Verzerrung eher Missgeschick als Absicht.

JS: *Nur dass die Ästhetik vieler Künstler ein solches „Missgeschick" nicht zugelassen hätte. Aber war seine Exzentrik ein Anreiz oder eine Hilfe bei Ihrer eigenen Arbeit, oder gab es damals andere gegenständliche Maler, die Sie interessierten?*

GR: Nein, ich kann mich nur erinnern, dass ich das Gegenteil von allem sein wollte. Ich wollte nichts zu tun haben mit Bacon und Zero und diesen ganzen Sachen.

BF: *Viele Ihrer Bilder wirken wie eine Parodie auf den deutschen Expressionismus. Ist das Absicht?*

GR: Das habe ich mir noch nie überlegt. Nein, ich glaube nicht.

JS: *In Ihren jüngeren Gemälden finden sich Anspielungen auf den Abstrakten Expressionismus von Hans Hofmann. Aber Abstrakter Expressionismus bedeutete tiefe Versenkung in das Ich – man gießt seine Seele aus. Stattdessen nehmen Sie ein schon existierendes Bild, machen ein Foto davon, verwischen und verzerren es. Es ist ein anderes Verfahren, auch wenn das Ergebnis ähnlich aussieht.*

GR: Es ist ein anderer Weg zum selben Ergebnis... intellektueller, finde ich... das was ich mache.

BF: *In gewissem Sinne sind Ihre Gemälde ja geradezu Fälschungen – sie wirken tief empfunden, und gleichzeitig distanzieren Sie sich mit Ihren indirekten Methoden von dieser Empfindung.*

GR: Oft versuche ich ohne Regeln zu malen, jenseits der Konventionen. Dass die amerikanischen Maler so sehr in einen Kontext eingebunden sind, hat mich immer überrascht und beeindruckt. Ich glaube, das ist der Hauptunterschied.

BF: *Sie hätten zum Beispiel eine Verwandtschaft in Andy Warhols Siebdruck-Portraits finden können?*

GR: Ja, auf alle Fälle, er hat mich sehr interessiert.

BF: *Das subjektive Element würde also sozusagen unterdrückt oder umgangen? Obwohl diese Arbeiten, wie Jeff schon gesagt hat, aussehen wie subjektiv empfunden, sind sie in Wirklichkeit kühl, bewusst und analytisch.*

GR: Ja, ich denke schon.

BF: *Glauben Sie, dass diese Dualität oder Ironie dem Betrachter bewusst ist?*

GR: Vielleicht nicht. Fehlinterpretation ist tatsächlich eine Gefahr. Deshalb will ich mich jetzt wieder mit den Abstrakten Bildern beschäftigen und sehen, ob ich sie eindeutiger machen kann, vielleicht indem ich die großformatigen und die Studien dazu gemeinsam zeige. Ich hoffe, dass ich das im September in einer Ausstellung im holländischen Eindhoven[6] ausprobieren kann.

JS: *Es ist interessant, wenn man Roy Lichtensteins Karriere mit Ihrer vergleicht.*

GR: O ja.

JS: *Auch er nimmt vorhandene Kunstwerke als Material für seine eigenen, aber verwandelt jeden Stil in seine Rasterpunkt-Technik. In Ihren fotorealistischen Hofmanns oder Kopien von minimalistischen oder reduktivistischen Werken arbeiten Sie mit einer größeren Bandbreite von Techniken.*

GR: Ja, aber für meine Begriffe ist auch Lichtenstein ironisch.

JS: *Bei ihm spielen Formen und Farben eine Rolle. Würden Sie sagen, dass ein Hauptunterschied in der Taktilität der Oberfläche liegt, der Aufmerksamkeit, die Sie dem Farbauftrag widmen?*

GR: Ja, das würde ich sagen.

BF: *Finden Sie, dass Ihre Malerei die Kunststile, denen sie ähnelt, in Frage stellt? Ist es eine Art Kunstkritik?*

GR: Da kann ich nicht ja sagen... Kunstkritik. Ich glaube nicht.

JS: *Ich habe eher den Eindruck, dass Ihre Arbeiten die Grenzen der Kunst erweitern; eher das als eine Kritik daran.*

GR: In Venedig gibt es eine internationale Ausstellung mit einem vorgegebenen Thema: Realität und Abstraktion[7], in zwei getrennten Pavillons. Ich habe zwei identische großformatige, monochrom graue Bilder geschickt, und sie haben eins in den realistischen Pavillon gesteckt und eins in den abstrakten... *(alle lachen)* das hat mir gefallen.

BF: *Gibt es eine Formel, nach der die grauen Gemälde entstehen?*

GR: Nein, nichts dergleichen, ich bemühe mich nur einfach, dass sie alle gleich aussehen.

JS: *Ihr Werk ist voller Humor und Ironie, das steht fest, aber was steckt bei den einzelnen Objekten sonst noch für eine Absicht dahinter?*

GR: Es irgendwie richtig hinbekommen... ich weiß auch nicht.

JS: *Die Abstrakten Bilder würden also nach den Maßstäben anderer abstrakt-expressionistischer Malerei beurteilt?*

GR: Nein, die haben nichts damit zu tun. Eher etwas in der Art von Carl Andre, würde ich sagen.

BF: *Sie teilen also nicht das Interesse an der Form. Wie können Sie da sagen, wann ein abstraktes Gemälde fertig ist?*

GR: Wenn es fertig aussieht.

BF: *Wenn es aussieht wie ein abstrakt-expressionistisches Gemälde?*

GR: Niemals. Es ist fertig, wenn mir nichts mehr dazu einfällt, wenn ich nichts mehr daran zu machen habe und es nicht vollständig misslungen ist.

JS: *Bei einem abstrakten Gemälde fällt es vergleichsweise schwer, es für fertig zu erklären, anders als bei einem realistischen – man könnte ja immer einen Klecks hier oder dort hinzufügen oder wieder entfernen. Ich bin überrascht, dass bei der Ausführung so viele subjektive Entscheidungen gefällt werden. Ist es tatsächlich so intuitiv?*

GR: Ja.

BF: *Eine Zeitlang war der Einfluss der amerikanischen Kunst in Europa beträchtlich; haben Sie das Gefühl, dass dieser Einfluss abnimmt?*

GR: Ja. Die Zeit der Erwiderungen auf die amerikanische Kunst ist vorbei. Die jungen europäischen Künstler werden immer wichtiger. In der Ausstellung, die vor kurzem in Chicago zu sehen war[8], sah man das nicht, weil die Künstler schon zu bekannt waren.

BF: *Haben Sie den Eindruck, dass europäische Künstler, sogar Sie selbst, politischer sind, dass es politische Unterströmungen in ihrem Werk gibt?*

GR: Ja, in der Vergangenheit schon, aber heute kaum noch.

JS: *Es scheint, in Europa herrscht außerordentliches Interesse an Künstlern wie Judd, Morris, Flavin, Serra und Andre.*

GR: Ja.

JS: *...Nun, in Nordamerika wäre es nicht leicht, heute noch jemanden für diese Sachen zu interessieren. Die Aufmerksamkeit, wenn auch in vielen einzelnen Strömen, hat sich Künstlern zugewandt, die andere Dinge verfolgen. Aus unserer Sicht sieht es aus, als wäre für die Europäer der Minimalismus immer noch der letzte Schrei.*

GR: Ja, das stimmt. Das liegt am System. Museen haben ein Budget und kaufen Jahr für Jahr neue Stücke. Sie suchen aktuelle Kunst, aber sie haben keine Möglichkeit, sie zu sehen.

BF: *Zwei öffentliche Galerien in Kanada besitzen jetzt Arbeiten von Ihnen, die National Gallery[9] und die Winnipeg Art Gallery[10], und Sie haben Ihre erste Einzelausstellung in New York gehabt[11]. War es wichtig für Sie, dass die Kritik Sie hier wahrnimmt?*

GR: Ja, die Ausstellung war der erste Schritt dazu. Kein allzu erfolgreicher, aber ich werde es weiter versuchen. Das einzige, was ich nicht schlecht fand, war, dass die meisten Leute die Bilder nicht verstanden; manche mochten sie, andere nicht, aber verstanden haben sie sie nicht. Das war besser als bei der Ausstellung in Chicago, wo ich die Farbtafeln und die *Grauen Bilder* gezeigt habe, und die Leute sagten: „Genau solche monochromen Bilder haben wir auch."

BF: *Wer sammelt Ihre Bilder?*

GR: Privatsammler und Museen, etwa zur Hälfte. Mittlerweile vielleicht mehr Museen.

BF: *Was würden Sie sagen, in welche Richtung entwickelt sich Ihr Werk?*

GR: Ich habe vor, weiter nach Fotografien zu arbeiten, von den kleinen Abstrakten Bildern bis zu großformatigen Farbabstraktionen.

BF: *Sind Ausstellungen geplant?*

GR: Nichts Definitives für Nordamerika. Eine in London[12], glaube ich...

Anmerkung des Künstlers, August 1979

Im Sommer 1978 fotografierte ich die Bildoberfläche einer Ölskizze auf Leinwand (78 × 52 cm, 1978 – die Arbeit war zuvor schon in meiner Ausstellung *Pictures* in der Anna Leonowen's Gallery des Nova Scotia College of Art and Design gezeigt worden). Die Fotos wurden von mehreren Seiten her aufgenommen, aus verschiedenen Winkeln und Entfernungen und bei unterschiedlichen Lichtverhältnissen.

Die fotografischen Ergebnisse sind zweifach organisiert worden: Zum einen als aufeinanderfolgende Serie, die hier in Buchform vorliegt. Zum anderen in einer Version, die bildhaft in Rasterform präsentiert wird (*128 Details eines Bildes*, 1978, 127 × 400 cm, auf Karton aufgezogene und gerahmte Fotografien, Sammlung Kaiser Wilhelm Museum, Krefeld).

Gerhard Richter, August 1979

Brief an Benjamin H. D. Buchloh vom 30.8.1979

Lieber Benjamin,

es ist verrückt und ich weiß gar nicht wie es kommt, dass ich den Pamphlet-Entwurf und den Text nicht längst vom Tisch habe. Sicher liegt es an der langen Zeit die dazwischen liegt, – letzten Sommer, im Schwung der Arbeit daran, hätten wir das so nebenbei gemacht, aber jetzt fällt es mir schwer, mich da wieder einzufinden.

Wie Du siehst, habe ich einen oder zwei andere Vorschläge für den Umschlag, da mir der, den wir in N.Y. besprachen nun doch zu müde vorkommt, vor allem auch im Hinblick auf ein „Pamphlet". Aber auch die beiliegenden sind mir nicht frisch und frech genug, nur – mir fällt kein besserer ein (und die Zeit drängt). Ich will aber sagen, wenn Dir der Entwurf gefällt, nimmst Du ihn, wenn Du ihn verändern oder ganz anders haben willst, bin ich auch einverstanden.

Zu den states and facts (wiederum gar nicht einfach) – z. B. so schlicht: „die 128 Fotos machte ich von einer 78 × 52 großen Oelskizze[I] aus dem Jahr 1978". Oder: „Im Sommer 78 fotografierte ich von verschiedenen Seiten, aus verschiedenen Blickwinkeln, mit verschiedener Entfernung und in verschiedener Beleuchtung die Oberfläche einer Oelskizze (78 × 52 cm, 1978). Von den dabei entstandenen 128 Fotos bestehen 2 Fassungen, einmal die hier vorliegende die Fotos hintereinander in Buchform zeigende und zum anderen eine die Fotos neben- und übereinander in Bildform zeigende (*128 Fotos von einem Bild, II*, 1978, 127 × 400 cm, Fotos auf Karton hinter Glas, Kaiser Wilhelm Museum, Krefeld)." Oder etwas komplizierter:

„Für die Ausstellung 17 *PICTURES*,[2] die im Sommer 78 in Anna Leonowens Gallery in Halifax kleinformatige abstrakte Skizzen, Landschaften und graumonochrome Bilder zeigte, bevorzugte ich anstelle von painting den Begriff picture. Dadurch sollte die durch die Verschiedenartigkeit der Sujets ohnehin demonstrierte Distanzierung von Malerei betont werden, von Malerei die ich zwar als Methode anwende, aber als Ziel nicht anstrebe.

Die oben genannten Oelskizzen (als Versuche einer Malerei ohne Plan, ohne Stil, Ideologie, Konstruktion oder Expression, dabei nicht blind oder automatisch oder vom Zufall bestimmt) setzte ich in den letzten 2 Jahren um (in) großformatige „Bilder",[3] die die Wirklichkeit der Malerei der Skizzen durch ihren Anschein ersetzen. Bei den hier gezeigten 128 Fotos ist die Methode eine ähnliche, jedoch mit dem Unterschied, dass das Foto entschiedener eine Suche des Anscheins ist, als es je ein Bild sein kann. Denn das gemalte Bild, auch wenn es gänzlich illusionistisch ist, behält immer eine Realität als handgemachtes und traditionell als Gemälde definiertes Bild (= Malerei). Dagegen verliert das Foto die eigene Wirklichkeit um so mehr, je genauer es die andere zeigt und so gesehen ist die einzige „Wirklichkeit" des Fotos die eigene Unwirklichkeit, ist das Nicht-da-sein des Fotos seine eigentliche Qualität."

Du siehst, es fällt mir schwer, und wenn ich eine Zeile schreiben sollte, wäre es doch die: „Vorlage für die 128 Photos ist die *Oelskizze* (Nr. 432/5), 1978, 52 × 78 cm." Andererseits wäre mir natürlich ein „Text" viel lieber, nur müsste der von Dir sein. Aber auch hier: ich muss es Dir überlassen, Du machst das auf jeden Fall richtig und besser als ich, es ist Deine Serie, in die Du meinen Beitrag aufnimmst. –

Ansonsten alles bestens, dieses aufregende Leben, hoffentlich komme ich bald mal wieder voll zum Arbeiten. – Die Sache mit der Retrospektive macht Fortschritte, wahrscheinlich ist sie schon im Juni nächsten Jahres in Köln (und wenn es mir gelingt zur gleichen Zeit eine Serie taufrischer Bilder in Düsseldorf). So bald wie möglich schicke ich Dir genaueres Material über die Ausstellung, welche Bilder etc., und weil Ruhrberg und Gohr einverstanden sind, dass Du schreiben würdest, frage ich dich jetzt, ob Du es tun willst! Und worüber, in welcher Form etc. – Dass mir sehr viel daran liegt, weißt Du.

Der Katalog soll eine Art Werkkatalog werden, also alles zeigen von Nr. 1 bis zum letzen Tag, und vielleicht ein paar frühere Beispiele.

Vorab aber nur so wenig, denn wie gesagt, ich will Dir bald konkreteres schicken. –

In Düsseldorf wurde es etwas mobiler, Konrad eröffnete die Saison mit (1 Raum) Gerhard Merz, zeigte aber daneben Arbeiten von Schütte, Isa, Martini, Gieseler, Tannert, Wawrin, Ruthenbeck, Becher, Richter und 3 Bilder von Lueg. Das war nicht so schlecht. Mike Asher war wohl auch noch eine Stunde in Düsseldorf und Konrad, bei aller Verklemmtheit Asher gegenüber, will doch sehr gern mit ihm was machen, das sagte er mir ausdrücklich.

Benjamin, bis demnächst und beste Grüße
Dein Gerhard R.

Brief an Birgit Pelzer, 25. März 1980

Liebe Birgit Pelzer,

hier in Eile die wenigen ungenauen Notizen. Ich hätte gern mehr dazu überlegt, aber ich finde jetzt nicht die Ruhe dazu.

Die *Ausschnitte*[1] von 70/71 sind sehr kleine Ausschnitte, ca. 1–2 qcm von Paletten oder aus Bildern, die in der Vergrößerung als Malerei zum gegenstandslosen Anschein unbestimmter „Schönheit“ werden. Im Gegensatz zur modernen Comic-Eleganz der Lichtenstein brush-strokes zeigen die *Ausschnitte* deutlich reproduktiv nichts als die Illusion einer im 19. Jhdt. oder ähnl. zu suchender Malerei, die es aber nie gab, oder so leer nie gab. Bei allen Vorbehalten gefällt mir an diesen Ausschnitt-Bildern, dass sie so radikal Nicht-Malerei sind wie es nur Reproduktion sein könnte, sofern diese nicht ein tatsächliches Bild erinnerte. (die Vorbehalte: sie sind so gefällig dekorativ und interessant, dass ihre eigentliche Leistung und ihre Antihaltung übersehen wird).

Die *Striche*[2] widersprechen der Malerei (sowohl als Entwurf als auch als Bild) denn ein Pinselstrich von 1m oder von 20m ist eher ein Durchstrich oder Ausstrich von Malerei als ein Element der Malerei (Element der Malerei ist der übliche kleine Strich im Zusammenhang mit den vielen anderen Strichen. So gesehen ist auch der mit einem Stift gezogene Strich kein Strich sondern eine Linie und der mit dem Pinsel glatt gezogene ein Streifen). Mein Strich ist ein Strich und trotzdem Malerei. Und die Malerei ist als Methode keine Malerei, sie sieht nur von weitem so aus (ähnlich der Reproduktion oder dem Kino).

Inwieweit das extreme Format Bildhaftigkeit verhindert und stattdessen Ablauf, also fast Zeit oder Bewegung vermittelt, wird sich zeigen bei der Ausstellung.

Ich hoffe, dass wir Gelegenheit haben, weiter darüber zu reden – und ich wünsche Ihnen eine sehr schöne Amerika-Zeit.

Bis bald und herzliche Grüße –
(Gerhard Richter)

Beschreibung der Konzeption für die Gestaltung des U-Bahnhofes ‚König-Heinrich-Platz' 1980

(zusammen mit Isa Genzken[1])

Bei der Gesamtgestaltung gehen wir vom Silbergrau einer Edelstahlverkleidung für Wände, Säulen und alle sonstigen Einrichtungen aus. Dazu ergänzend und belebend sollen Verkleidungen in Emaille und Spiegelglas verwendet werden. Dabei sollen alle Verkleidungen als solche erkennbar bleiben, d.h. dass der Rohbau überall als dunkel gestrichener Beton sparsam zu sehen ist, damit sich die gestalteten Flächen deutlicher davon abheben. Damit können wir den Hotel- oder Boutiquestil mancher Bahnhöfe vermeiden und bei aller Schönheit, die wir hier anstreben, den Bahnhofscharakter erhalten. Bei der künstlerischen Gestaltung haben wir weniger die für die Kunst-am-Bau-Dekorationen üblichen Stellen bevorzugt, sondern das Hauptgewicht auf die Bahnsteigebene gelegt.

So sind für uns die Wände jeweils gegenüber den Bahnsteigen für eine künstlerische Darstellung am geeignetsten, weil der Betrachter dort in einer natürlichen Warteposition steht (wobei es außerdem von Vorteil ist, dass der Betrachter die gestalteten Flächen nicht berühren kann) und weil andererseits Kunst dort nicht erwartet wird und somit überraschender wirksam werden kann. In diesem Sinne bejahen wir es auch, dass die Kunst sich hier auf den ersten Blick als Design mit all seinen ästhetischen Qualitäten zeigt, und danach und darüber hinaus als Kunst wirksam werden kann.

(Wir streben hier also eher eine funktionale Kunst an, die ihre Wirkung und Aussage vermittelt, möglichst bevor der Betrachter sie überhaupt als Kunst ansieht. Also das Gegenteil von dem üblichen Erscheinungsbild, das dem Publikum sofort signalisiert, dass es sich um Kunst handelt, egal, ob dies eine Aussage hat oder nicht).

In der *Ebene-3* haben wir auf der Gesamtlänge von 116 m die Darstellung von 4 verschiedenen Kurven vorgeschlagen. Es handelt sich dabei um Segmente von Kreisen zwischen rund 3000 und 5000 m Durchmesser, oder anders ausgedrückt um Kurven, die in einem bestimmten Maßstab der Krümmung verschiedener Planeten entsprechen, so z. B. entspricht die eine Kurve der Krümmung des Merkur im Maßstab 1 : 1000, eine andere Kurve die der Venus im Maßstab 1 : 40000.

Damit ist auch die Grundthematik der künstlerischen Gesamtgestaltung angeschlagen, die in Richtung Modernität und Utopie geht. Auf der einen Wand sind auf Emaille-Paneelen 2 Kurven dargestellt, die als Segmente weißer Scheiben gegeneinanderstehen und so einen roten Zwischenraum lassen, der als enorm gestreckte nicht-symmetrische Hyperbel die primär auffällige Bildform ergibt. Die gegenüberliegende Wand zeigt 2 ähnliche Kurven, die in Form von 2 verschiedenfarbigen leuchtenden Linien dargestellt werden. Für die Ausführung sind Leuchtstoffröhren vorgesehen, die hinter Glasscheiben zwischen hellgrauen Emaille-Paneelen montiert sind. Obwohl auch hier die Hyperbelform deutlich sichtbar ist, zeigen sich aber vorrangig die Segmente der 2 imaginären Kreise.

Anzumerken ist noch, dass die 2 Seiten der *Ebene-3* bei gleicher Thematik eine ganz verschiedene Gestaltung aufweisen (das ist im Allgemeinen nicht üblich), und dass hier der Länge des Raumes nicht entgegengearbeitet wird, sondern dass diese Länge als Qualität gezeigt wird; weil man die extrem gestreckte Hyperbel als Ganzes zu erfassen sucht, erfährt man auch den Raum als Ganzes.

In der *Ebene-2* haben wir über beide Wände eine Gestaltung mit 6 verschiedenfarbigen Flächen und 6 Spiegeln vorgeschlagen, die sich gegenseitig bedingen und als Einheit zu verstehen sind. Zwischen den in Emaille ausgeführten Farbfeldern von 3 × 19 m Größe ist jeweils eine gleichgroße Spiegelfläche angebracht, die verschiedene Funktionen hat: Zum einen spiegelt sich die gegenüberliegende Farbe, die damit verdoppelt wird und gleichzeitig zum Bestandteil der anderen Bildseite wird, – zum anderen bietet sich bei bestimmten Blickwinkeln ein Unendlichkeitseffekt, der der Gesamtthematik entspricht, – zum dritten hat der Spiegel hier eine soziale Komponente, die Leute sehen nicht nur Bahnhof und nicht nur Kunst und Design, sondern sie sehen sich in Verbindung mit Umgebung und sich in Verbindung mit anderen. Das mag etwas die übliche Isolation und die mögliche Aggression mildern, es trägt dazu bei, sich sozial zu erfahren und zu verhalten. Zum vierten schaffen die Spiegel eine angenehme Erweiterung des Raumes, eine Wirkung, die man als erste wahrnimmt.

In den *Zwischengeschossen* über den Treppen befinden sich 4 Flächen, die frontal zur Verkehrsrichtung stehen, und die uns für großflächige, rückseitig beleuchtete Werbe-Dias sehr geeignet erscheinen. Diese schlagen wir nicht nur aus wirtschaftlichen Erwägungen vor, sondern weil Werbung zum Bild eines Bahnhofes gehört und eine ästhetische Bereicherung darstellt.

Für die *östliche Schalterhalle* schlagen wir eine „Lichtzeitung“ vor, um der Bewegung und Lebendigkeit eines Bahnhofes mit anderen Mitteln zu entsprechen. Die laufende Zeile, die ständig bestimmte Informationen liefert, ist hier an dieser Stelle in seiner ästhetischen Qualität zu sehen und erst in zweiter Linie als Informationsmöglichkeit, auch wenn es in der Praxis umgekehrt funktioniert. Die Texte sollten vorrangig Kulturnachrichten der Stadt zum Inhalt haben;

aber eine zeitweise Vermietung der Einrichtung an Firmen und andere Interessenten wäre zusätzlich und auch aus finanziellen Gründen empfehlenswert, ohne dass damit die technische Schönheit der gestalteten Anlage geschmälert würde.

Für die *westliche Schalterhalle* haben wir ein 23 × 2,5 m großes, in Emaille ausgeführtes Wandbild vorgesehen. Es handelt sich dabei um eine freie ungegenständliche Darstellung, vorläufig ohne Titel, die einen Science-Fiction-Charakter hat und somit wieder das Grundthema der Gesamtgestaltung aufnimmt. – Das Bild scheint vom Standort und vom Anschein her am ehesten der Kunst-am-Bau-Konvention zu entsprechen, – es soll aber durch den entschiedenen Design-Charakter in den üblichen Paneelmaßen vor Verwechslungen mit einem falsch platzierten Museumsbild geschützt sein und soll durch eine heitere leuchtende Farbigkeit und auch nicht ohne jede Ironie als schönes Bild den Bahnhof bereichern.

Gerhard Richter / Isa Genzken (1980)

Notizen 1981

Die großen *Striche*[1] sind erstmal nur noch Reproduktionen der Striche, das heißt, Verwirklichung ihres Anscheins. Aber auch der Anschein wird in Frage gestellt, weil er zum einen eben nicht ‚täuschend ähnlich' gemalt ist, und zum anderen kein wirklich glaubhafter Anschein sein kann, einfach weil es solche großen Striche nicht geben kann. Die Bilder zeigen aber einen Strich, obwohl sie diesen weder real aufweisen noch realistisch darstellen, noch illusionistisch im Sinne einer Trompe-l'œil-Malerei erscheinen lassen.

Ich möchte eine Inhaltlichkeit ohne Sentimentalität, aber so menschlich wie möglich.

Die Komposition von verschiedenen Formen, Farben, Strukturen, Proportionen, Klangbildern usw. zeigt sich als ein der Musik vergleichbares, abstraktes

System, ist also ein künstliches Gefüge und in sich so logisch wie jedes natürliche, nur eben nicht gegenständlich. Dieses System lebt zwar von den Ähnlichkeiten mit natürlichen Erscheinungen, würde aber sofort zerstört, wenn darin ein Gegenstand erkennbar dargestellt wäre. Nicht, dass dieser dann zuviel erzählen würde, sondern seine Eindeutigkeit würde die inhaltliche Aussage beschränken und alles ihn Umgebende zur Staffage degradieren.

Wenn die ‚Abstrakten Bilder' meine Realität zeigen, dann zeigen die Landschaften oder Stilleben meine Sehnsucht. Das ist natürlich grob vereinfachend, einseitig gesagt – aber obwohl diese Bilder vom Traum nach klassischer Ordnung und heiler Welt, also durchaus nostalgisch motiviert sind, bekommt das Unzeitgemäße darin eine subversive und aktuelle Qualität.

Malerei ist die Schaffung einer Analogie zum Unanschaulichen und Unverständlichen, das auf diese Weise Gestalt annehmen und verfügbar werden soll. Deshalb sind gute Bilder auch unverständlich. Unverständlichkeit zu schaffen schließt gänzlich aus, irgendeinen Quatsch zu machen, denn irgendein Quatsch ist immer verständlich. ‚Nicht verständlich' ist einmal ‚nicht verbrauchbar', also wesentlich, zum anderen meint es Analogie zu dem, was grundsätzlich über unser Verständnis hinausgeht, auf das wir mit unserem Verständnis schließen können.

Spiegel:

Gläser von 1966, Graue Bilder, Farbtafeln

Bild an sich, Ausschnitthaftigkeit, Fotoähnlichkeit, Readymade-Charakter (Möbelhaus Berges[2])

Polemisch: Degradierung aller anderen Bilder; Provozierung des Betrachters, der sich selbst anstelle eines Bildes sieht.

Text für Katalog *documenta 7* 1982

Wenn wir einen Vorgang beschreiben, eine Rechnung aufstellen oder einen Baum fotografieren, schaffen wir Modelle; ohne sie wüssten wir nichts von Wirklichkeit und wären Tiere. Abstrakte Bilder sind fiktive Modelle, weil sie eine Wirklichkeit veranschaulichen, die wir weder sehen noch beschreiben können, auf deren Existenz wir aber schließen können. Diese bezeichnen wir mit Negativbegriffen: das Nicht-Bekannte, Un-Begreifliche, Un-Endliche, und sie schilderten wir seit Jahrtausenden in Ersatzbildern mit Himmel, Hölle, Göttern und Teufel. –

Mit der abstrakten Malerei schufen wir uns eine bessere Möglichkeit, das Unanschauliche, Unverständliche anzugehen, weil sie in direktester Anschaulichkeit, also mit allen Mitteln der Kunst ‚nichts' schildert. Gewohnt, etwas Reales auf Bildern zu erkennen, weigern wir uns mit Recht, nur Farbe (in aller Mannigfaltigkeit) als das Veranschaulichte anzusehen, und lassen uns statt dessen darauf ein, das Unanschauliche zu sehen, das, was vordem nie gesehen wurde und was nicht sichtbar ist. Das ist kein kunstvolles Spiel, sondern Notwendigkeit; weil alles Unbekannte uns ängstigt und gleichzeitig hoffnungsvoll stimmt, nehmen wir die Bilder als Möglichkeit, das Unerklärliche vielleicht etwas erklärlicher, auf jeden Fall aber umgänglicher zu machen. – Natürlich haben auch gegenständliche Bilder diese transzendentale Seite; weil jeder Gegenstand als Teil einer im Letzten, Ersten, Grundsätzlichen unverständlichen Welt diese auch verkörpert, zeigt er im Bilde dargestellt um so eindringlicher alle Rätselhaftigkeit, je weniger ‚Funktion' die Darstellung hat. Daher kommt die immer stärker werdende Faszination z. B. so vieler alter schöner Bildnisse. – So sind Bilder um so besser, je schöner, klüger, irrsinniger und extremer, je anschaulicher und unverständlicher sie im Gleichnis diese unbegreifliche Wirklichkeit schildern.

Die Kunst ist die höchste Form von Hoffnung.

Interview mit Amine Haase 1982

Herr Richter, auf der documenta in Kassel sind großformatige Bilder[1] *von Ihnen ausgestellt, bei denen die fast aggressive Leuchtkraft der Farben den Betrachter ganz in Anspruch nimmt. Auch der Entstehungsprozess unterscheidet sich vom Malvorgang der in Farbe und Komposition „ruhigeren" früheren Bildern?*

Das Neue an diesen Abstrakten Bildern ist, dass sie nicht von einem Foto abgemalt sind oder nach der Dia-Projektion einer Skizze entstanden, sondern frei auf der Leinwand entworfen sind. 1976 habe ich damit angefangen – in den ersten Jahren allerdings in kleinen Formaten – in direkter Form auf der Leinwand zu arbeiten. Und ich brauchte ziemlich lange, um die Freiheit oder die Erfahrung zu haben, große Formate so direkt, also ohne Vorlage, zu bewältigen. Damit mir das gelang, musste ich eine neue Einstellung zur Malerei bekommen zum Beispiel lernen zu akzeptieren, was mir vorher als Willkür erschienen wäre. Das heißt, vor 1976 musste ich mich doch oft mit einer Art theoretischer Legitimation auseinandersetzen, die mir das Malen erschwerte. Obwohl diese auch ebensooft Motor war, neue Formen zu versuchen oder Dinge verschiedenartig anzugehen.

Kennzeichnend für Ihre Arbeit ist, dass Sie immer auch Kommentar zur Malerei ist. Zum Beispiel waren die Grauen Bilder Reflexionen über Möglichkeiten der Malerei, und das sind doch Ihre neuen Abstrakten Bilder auch. Auch wenn sie anders aussehen – entstehen sie nicht aus derselben Frage?

Ich nehme doch an, dass jeder, der malt, sich die Frage stellt, was überhaupt mit der Malerei zu machen ist, wozu sie taugt, eben weil ja Malerei nicht nur eine Sache von Lust und Laune ist. Aber deshalb sind meine Bilder eigentlich zu keinem Zeitpunkt eine Malerei über Malerei gewesen, und natürlich ebensowenig eine Art Forschung, wie es fälschlicherweise in der Begründung des Bode-Preises heißt. Denn das wäre langweiliger Selbstzweck oder Kunst-Wissenschaft oder was weiß ich, nur nicht Malerei. Also, egal was ich je malte, immer war es der Versuch, etwas mitzuteilen – bewusst oder unbewusst – über mich, über die Welt ringsum. Es ist immer der Versuch, sich „ein Bild zu machen", wie es so schön heißt.

Derzeit ist auf der documenta, auf der Biennale in Venedig und an vielerlei anderen Orten eine regelrechte Bilderflut zu beobachten. Von den meisten der jüngeren Produkte wird behauptet, dass sie das Lebensgefühl ihrer Hersteller spiegeln: Der „Zeitgeist" hat sich geändert. Haben Sie 1976, als Sie mit den Grauen Bildern Schluss machten, vielleicht schon solch einen Umschwung gespürt?

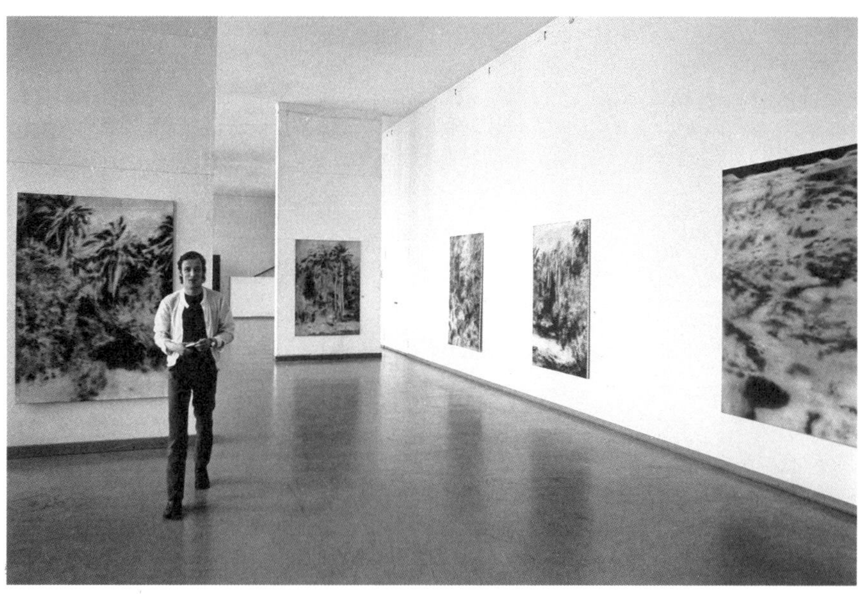

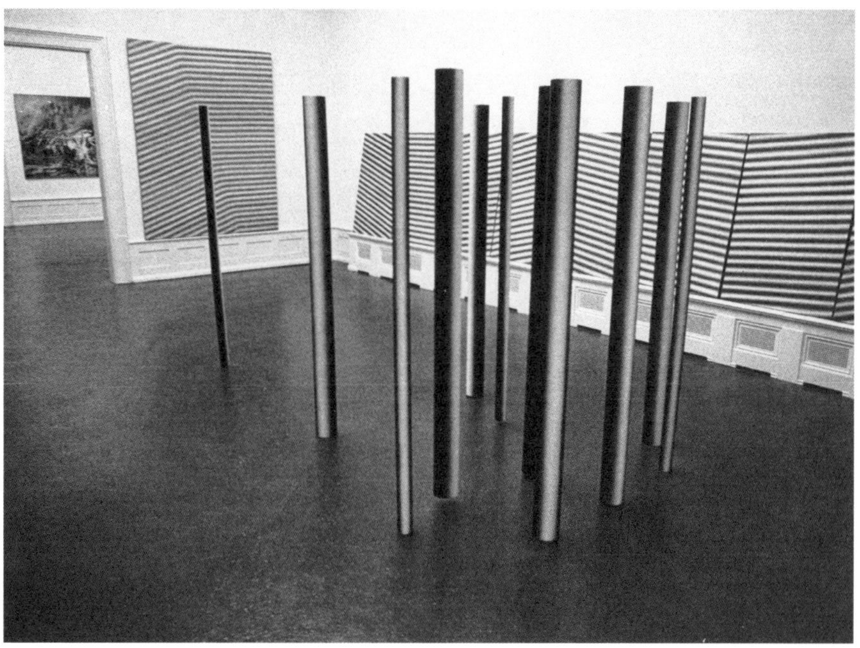

Kunstmuseum Luzern, 1969
Staatliche Kunsthalle Baden-Baden, 1968

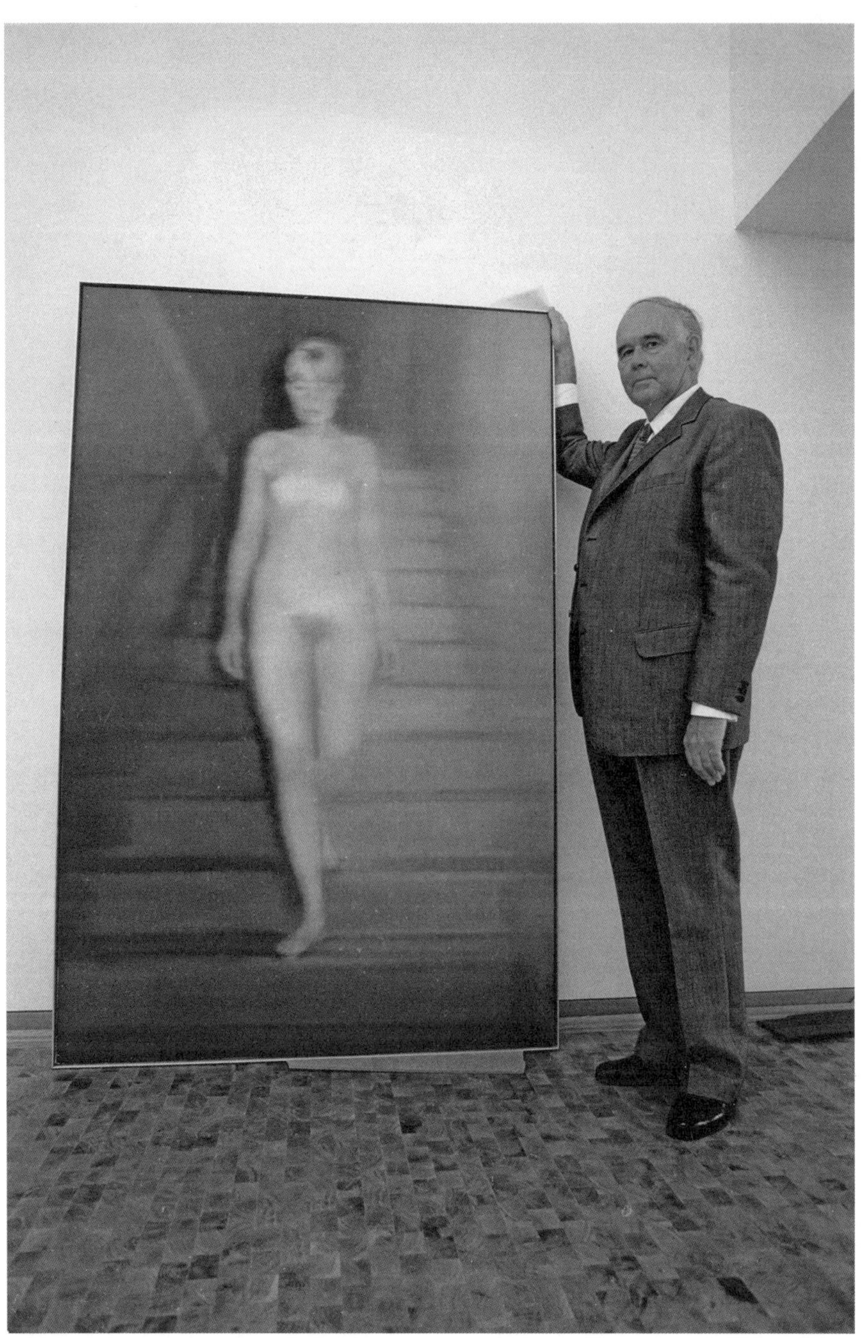

Peter Ludwig, 1986

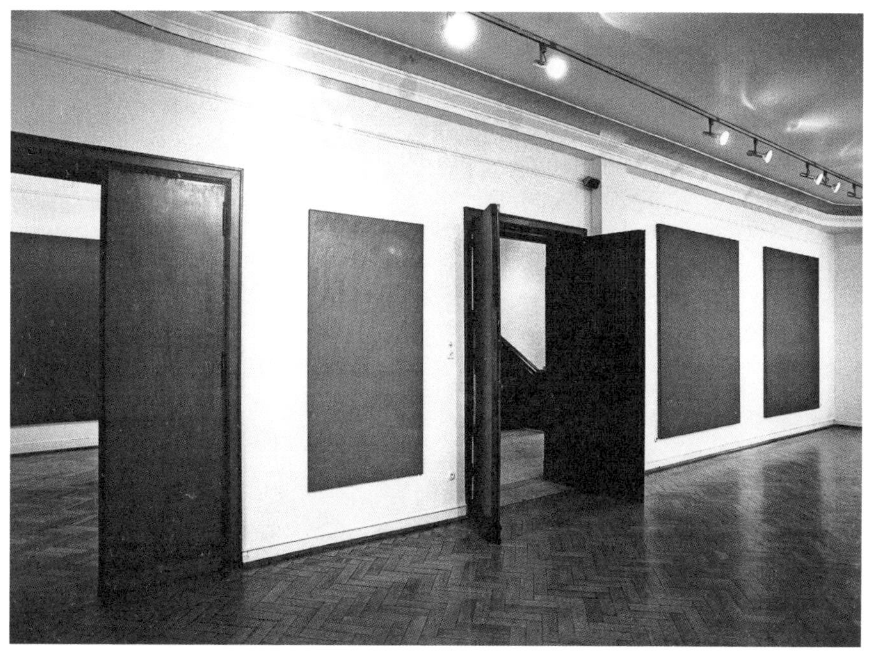

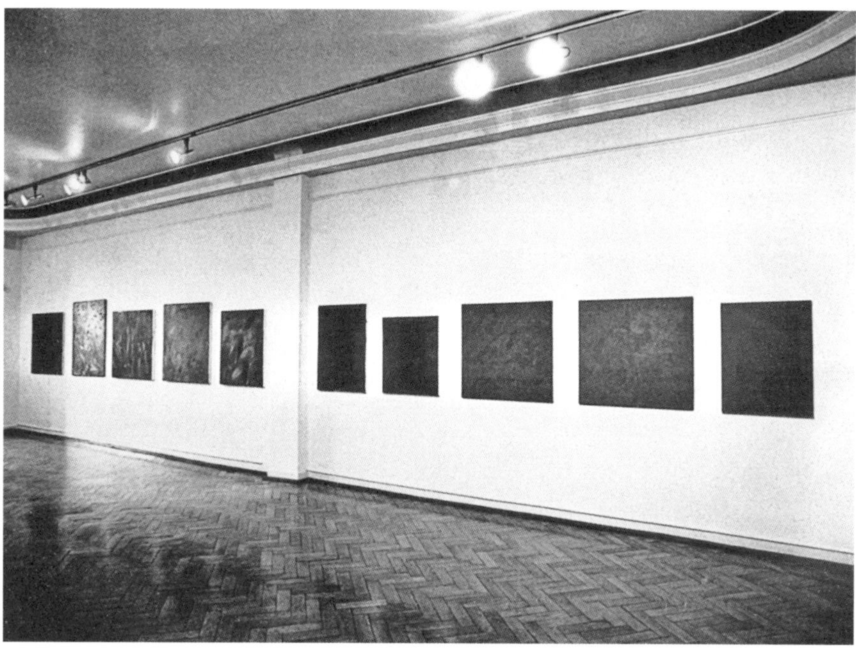

Städtisches Museum Mönchengladbach 1974/1975

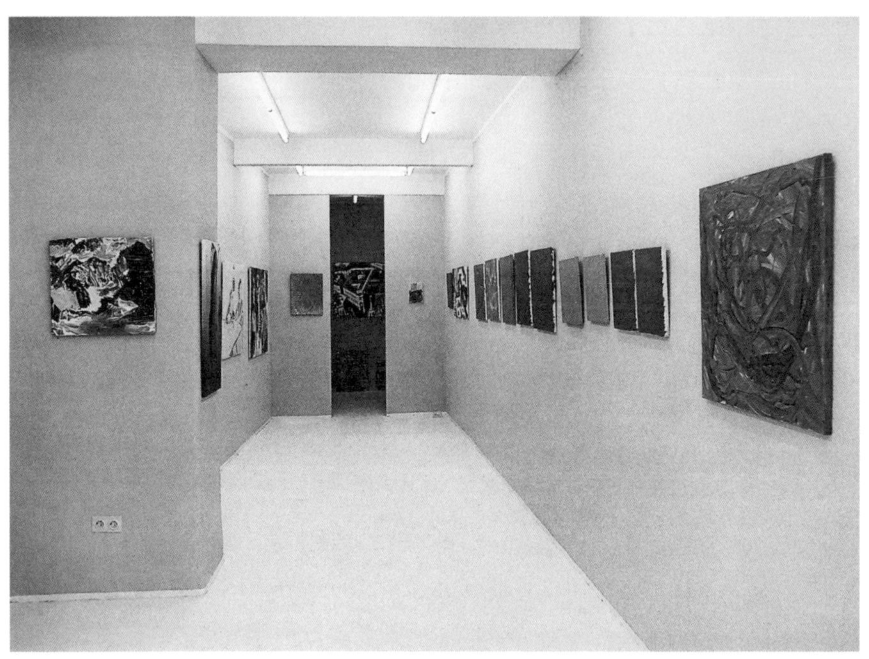

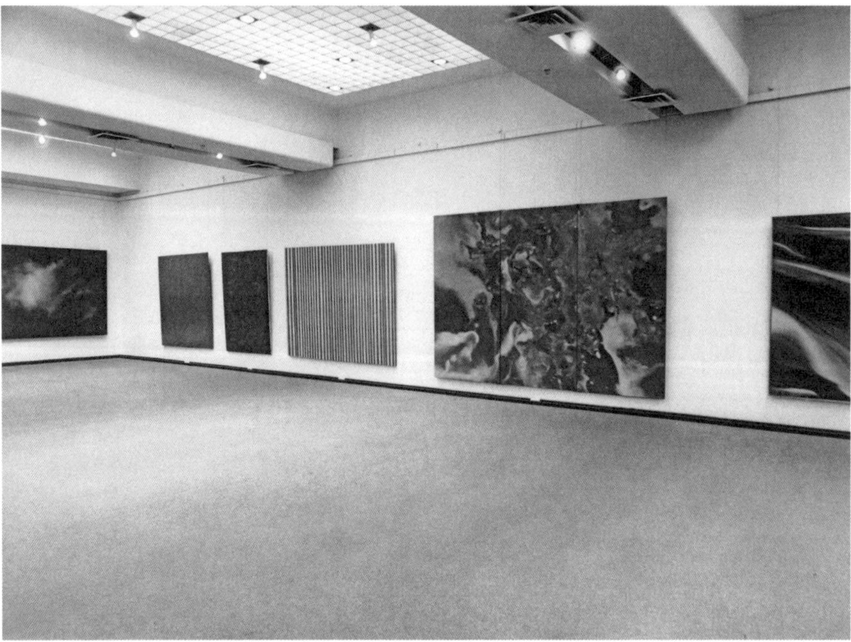

Galerie Konrad Fischer, Düsseldorf 1970
Kunstverein für die Rheinlande und Westfalen, Düsseldorf 1971

Ich habe mein Umdenken damals als ganz private, persönliche Situation angesehen, und ich war damals eher überrascht zu sehen, dass dieses Umdenken derart allgemeine Züge bekam, also beinahe zur Zeiterscheinung wurde: dieser Ausbruch aus dem Kontext-Denken, das die Malerei fast unmöglich machte oder zu einer eher reaktionären Sache. Ich selbst hatte zwar nie eine dogmatische Einstellung in meiner Arbeit, trotzdem empfand ich die allgemeine Ideologie manchmal als so zwingend, dass ich fast schon mit schlechtem Gewissen malte. Aber vielleicht war das mein persönliches Problem, und es war auch kein andauerndes. Auf jeden Fall war dieser Aufbruch für mich sehr wichtig, auch wenn es damals ein geradezu gewalttätiger Entschluss war, mir selbst diese auf ein Konzept ausgerichtete Kunst-Grundlage zu entziehen. Denn die monochrom grauen Bilder waren – bei aller Vollkommenheit – für mich ein Endpunkt.

Diese Gewalttat bedeutet doch aber nicht, dass Sie ihre bis dahin gemachten Erfahrungen mit Malerei über Bord geworfen hätten. Sie waren der Malerei – wenn auch streckenweise vielleicht über eine Form der Negation – mehr und mehr auf die Spur gekommen. Und Sie haben nun die Erkenntnisse miteinbezogen. Da unterscheiden Ihre Bilder sich von denen einer Generation, die Erfahrungen entweder als Ballast oder als Spielmaterial zu beliebiger Verwendung ansieht…

Das ist ganz sicher so. 30 Jahre malen eine gänzlich andere Geschichte – das schafft eine ganz andere Auffassung und andere Aufgaben, andere Freiheiten, andere Strategien. Ich bin kein „Junger Wilder" und die Attitüde, auf alles zu pfeifen und Stärke durch Roheit und Gewalt zu ersetzen, ist mir fremd. Aber ärgerlich finde ich, wenn auch die offensichtlichste Dummheit auf der „wilden" Welle mit hochgespült wird, wenn also nur noch die Dreistigkeit solcher Party-Maler genügt, um akzeptiert zu werden. Aber das war in orientierungslosen Zeiten immer so, da beeindruckten Gewalt und Lederjacken-Brutalität.

Nun war es ja die erklärte Absicht von Rudi Fuchs, mit der von ihm organisierten documenta 7 die Todfeindschaft die (nach Adorno) zwischen jedem einzelnen Kunstwerk herrscht, abzuschaffen. Aber werden die Abgründe, die sich zwischen Bild und Bild auftun können, in dieser Ausstellung nicht erst recht erkennbar, zumindest was die Malerei betrifft?.

Vielleicht ist das sogar ein guter Nebeneffekt, die Unversöhnlichkeit zwischen Kunstwerk und Kunstwerk zu zeigen. Aber eins wird bei den „wilden" Bildern selbst in Kassel noch sichtbar: dass sie etwas aufgebrochen haben, das total versteinert war. Mit einem dreisten Handstreich haben sie Dogmen, die international unerschütterlich erschienen, zerstört. Das finde ich schon sehr gut. Und so gesehen bedaure ich den Domestizierungsprozess der Wilden, der jetzt einsetzt, und der so viel Harmlosigkeit zutage fördert.

Kunst, die sich nur noch im Kopf abspielt und nicht mehr sichtbar ist, kann natürlich auf Versteinerung, ja kollektiven Selbstmord der Kunst hinauslaufen. Um das zu verhindern, musste wohl etwas passieren. Aber dass so viele „junge" Maler aus dieser Zeit der – zugegeben optisch kargen – Erkenntnissuche sowenig gelernt haben, ist unbefriedigend.

Das mag sein. Aber wir sollten da nicht so ungeduldig sein. Schließlich zeigt die *documenta* nicht die 100 besten Kunstwerke der Weltgeschichte sondern versucht, einen Überblick über das aktuelle Kunstgeschehen zu geben. Und da ist es eigentlich normal, dass solche Ausstellungen streckenweise wie eine Art Schlagerfestival wirken, mit Klamauk und Dekorationen, die früher oder später vergessen sind. Und dass diese *documenta* 7 verhältnismäßig wenig Unsinn zeigt, macht sie eben überdurchschnittlich gut.

Wenn man aktuelle Kunst zeigt, ist zwangsläufig viel Schlechtes dabei, das ist gar nicht zu vermeiden, und es ist sogar eine wichtige Unternehmung, die den Prozess in Gang hält: Schließlich fördern auch die ärmlichsten Bilder die Kunst. Und die können wir nicht wichtig genug nehmen – wenn man bedenkt, dass Gewaltverbrecher nie was mit Kunst zu tun haben, und die Welt ist voll davon. Ich will damit die simple Tatsache ansprechen, dass Kunst das Gegenteil von Krieg ist, also dass wir Kunst brauchen, und dass ich sie deshalb als unsere höchste Form der Hoffnung bezeichne.

Notizen 1982

14.6.82 Das beste, was der Kunst blühen konnte, war ihre Trennung von der Regierung.

Seit Duchamp werden ausschließlich Readymades hergestellt, auch wenn sie selbstgemalt sind.

25.11.82 Die ganze Kunstszene ist ein riesiges Theater der Armseligkeit, der Lüge, des Betrugs, der Verkommenheit, Elend, Dummheit, Unsinn, Frechheit. Es lohnt kein Wort darüber.

Notizen 1983

26.1.83 Minimal[1], darin sah ich den Versuch, ein neues Alphabet für die künftige Kunst zu entwickeln. Und obwohl es nicht so aussieht, als würde es derart benutzt, hoffe ich immer noch in dieser Richtung. Aber vielleicht ist das auch eine ganz falsche Sicht.

27.1.83 Überlieferte, sogenannte alte Kunstwerke sind nicht alt, sondern aktuell. Sie werden, solange wir sie im weitesten Sinne ‚haben', nie überholt sein, und wir stellen ihnen weder etwas Gleichrangiges zur Seite, noch werden wir ihre Qualität erreichen oder überragen. Ihre permanente Gegenwart macht das Andere erforderlich, das wir heute herstellen, das weder besser noch schlechter ist, sondern deshalb anders sein muss, weil wir gestern den Isenheimer Altar gemalt haben.

Das heißt nicht, dass es unnütz wäre, etwas dem Überlieferten Ähnliches herzustellen. Aber je genauer wir das Überlieferte, also uns, kennen, je verantwortungsvoller wir damit umgehen, desto besser wird das sein, was wir ähnlich, und das, was wir anders machen.

Deshalb ist es richtig, dass die Akademien keine traditionelle Ausbildung mehr bieten und in diesem Sinne nur noch Autodidakten hervorbringen. Denn die Ausbildung in traditionellen Fertigkeiten wäre gegen die Tradition der Akademien, fortwährend Gegenwart sein zu können.

Kunst hatte immer im wesentlichen mit Not, Verzweiflung und Ohnmacht zu tun (ich denke an die Kreuzigungsgeschichten vom Mittelalter bis zu Grünewald, aber auch an Renaissance-Bildnisse, an Mondrian und Rembrandt oder Donatello und Pollock), und diesen Inhalt vernachlässigen wir oft, indem wir die formale, ästhetische Seite zu isoliert wichtig nehmen. Dann sehen wir in der Form nicht mehr den Inhalt, sondern die Form als das den Inhalt Fassende und (wie übergestülpte Schönheit und Kunstfertigkeit) Zusätzliche, was sich lohnt zu untersuchen. Dabei hat der Inhalt keine Form (wie ein Kleid, das man wechseln kann), sondern ist Form (die nicht wechselbar ist).

Not, Verzweiflung, Ohnmacht können nicht unästhetisch dargestellt werden, denn ihre Ursache ist die Verletzung der Schönheit (Vollkommenheit).

Das Schwarze Quadrat hat nicht weniger mit Not zu tun als ein Bild von Penck; aber mehr mit Hoffnung.

18.3.83 Matisse, viele Bilder der Frühzeit (1900–1910) zeigen hohe Begabung, danach kommt weniger Gutes in Ausnahmen: Die großartigen Rückenakte, hier und da ein Bild; aber die Mehrzahl der Bilder ist belanglos bis ärgerlich und zeigt einen Maler, der privatisiert, der es aufgegeben hat zu wollen, der malt, was ihm Spaß macht, und dieses persönliche Vergnügen ist ohne jedes allgemeine Interesse, eine naive, blöde, leichtfertige Pinselei, die sein uninteressantes Ambiente, sein Leben und Fühlen und Genießen illustriert. Warum die Leute in Massen hinströmen, lange Stunden im kalten Regen auf den Einlass warten, ist mir schleierhaft.

13.5.83 Die resignierende Einsicht, dass wir nichts machen können, dass Utopie sinnlos, wenn nicht verbrecherisch ist, hatte ich immer. Mit dieser ‚Struktur' entstanden die Fotobilder, die Farbfelder, die Grauen Bilder. Bei alldem behielt ich im Hinterkopf den Glauben, dass sich Utopie, Sinn, Zukunft, Hoffnung einstellen mögen, sozusagen unter der Hand, als etwas, das einem unterläuft, weil die Natur, also wir, unendlich besser, klüger, reicher ist als das, was wir mit unserem kurzen, begrenzten, engen Verstand uns ausdenken können.

Möglicherweise haben alle diese im Grunde erbärmlichen, dilettantischen, nichtssagenden Bilder der Verweigerung, Resignation und Banalität, die wir heute schätzen, genau diese Qualität, diese Wahrheit. (Man kann es auch anders sehen, dass nämlich die Kunst heute tatsächlich die erbärmlichste, wertloseste ist, die man sich denken kann, vergleichbar mit der aus irgendwelchen dunklen Zwischenzeiten, die in der Kunstgeschichte keinerlei Erwähnung finden, dass wir also heute gar keine Kunst haben, sondern eine Pause, die wir mit enormer Produktivität füllen.) So oder so, ich bin dabei.

2.6.83 Zeiten, die große Kunst hervorbrachten, sind Ausnahmezeiten, winzige Abschnitte in der Menschheitsgeschichte; das Normale ist die Abwesenheit von Kunst. Nichts spricht dafür, dass wir heute nicht wieder in ein solches Tief rutschen, am allerwenigsten das reiche, überaus interessante Ausstellungswesen, der wachsende Kulturbetrieb, das blühende Kunstgeschäft, diese ganze große Unterhaltung.

Die Musik ist uns da einen kleinen Schritt voraus; auf dem E-Sektor nur noch ein kläglicher Schwachsinn (workshop Neue Musik), auf dem U-Sektor: alles in Ordnung.

Aber die Kunstfeindlichkeit, nicht nur die der totalitären Staaten, nicht nur die der Politiker (die sich ganz besonders niederträchtig bei den Kunstinteressierten zeigt), sondern die Kunstfeindlichkeit, die sich wesentlich zeigt bei denen, die sie berufsmäßig verwalten, vermitteln, fördern, die eigentliche Kunstfeindlichkeit der Museen, Ausstellungsinstitute, Galerien etc. etc. etc. – ich komme auf die Idee, dass sie uns eingeboren ist, als Opposition, dass sie also gar einen Sinn haben kann.

8.6.83 Die schauerlichste Seite des künstlerischen Elends zeigen die sogenannten Kunsthochschulen, die mit dem klangvollen Namen ‚Akademie' die gesamte Öffentlichkeit aufs Kreuz legen. Mit diesem Namen werden Regierungen, Ministerien, Bürgermeister und Stadträte, werden Kritiker und Zeitungsleser, Eltern und Erzieher betrogen und belogen, und unter diesem Namen werden Studienbewerber verführt und Studierende verbogen und verbildet, dass sie sich nur in Ausnahmefällen davon erholen können.

Wir haben mehr als ein Dutzend solcher ‚Hochschulen' in der Bundesrepublik, an denen die schlechtesten aller Künstler als Parasiten hausen und ihr Beisammensein zu einem System von Unzucht und Langweiligkeit aufblasen. Diese sogenannten Künstler, die sich nicht das Salz in der Suppe verdienen könnten, werden dort zu Professoren ernannt, also mit Prestige, Geld und Ateliers ausgestattet; sie können dort nicht nur ihren Schwachsinn kultivieren und verbreiten und die Studenten damit besudeln, sie sind auch in der Lage, alles daran zu setzen, dass jeder Student und jeder neu zu berufende Kollege unter ihrem Tiefstniveau bleibt, damit sie selbst ungefährdet in ihrem trüben Mief bestehen bleiben können.

(Und geradezu klassisch läuft dieser Mechanismus ab: Je aufwendiger solche ‚Professoren' ihr reales Unvermögen, ihre offensichtliche Wirkungslosigkeit vertuschen und verdrängen müssen, desto skrupelloser versuchen sie, Macht auszuüben, wo sie nur können – bei den Studenten in der direkten Form der Bevormundung, bei den Kollegen in der indirekten, der Intrige.)

Dass so ein System eine Wurzel des kulturellen Elends der Gesellschaft ist, steht genauso außer Zweifel wie die Notwendigkeit, diese Akademien radikal abzuspecken.

11.6.83 Teppichhändler und Zuhälter, nichts anderes sind die Ausstellungsmacher; nicht eigentlich schlimm also und nur in Ausnahmefällen Politikern ähnlich. Politiker sind grundsätzlich ekelerregend: impotent und unfähig – nichts gelernt, nicht imstande, irgend etwas herzustellen, weder ein Brot noch einen Tisch noch ein Bild, und diese Unfähigkeit, irgendeinen Wert zu schaffen, diese totale Minderwertigkeit, macht sie eifersüchtig, rachsüchtig, anmaßend und lebensgefährlich, und wenn sie dann noch von einer Ideologie erfüllt sind, wird ihre Unmenschlichkeit absolut.

3.11.83 Kultur- beziehungsweise Kunstfeindlichkeit ist nichts Neues, sondern ist und war immer Bestandteil aller Gesellschaften. Wenn in Polen der Schriftstellerverband verboten wird und Künstler wie in allen Diktaturen verfolgt werden, dann zeigt sich nur die brutalere und direktere Seite der Feindseligkeit, die Kunst auszulösen imstande ist.

Unser freiheitlich-demokratisches System praktiziert andere Weisen der Kunstfeindlichkeit. Es sind nicht die Politiker oder der Staat, die verbieten, sondern im Gegenteil behindern sie Kunst durch gigantische Förderungsmaßnahmen, mit einem unvergleichlichen Aufwand an offizieller Kunstverwaltung in den Museen und Kunsthallen, Kunstvereinen und organisierten Großausstellungen, Festivals und Kongressen und mit der unübersehbaren Flut von Publikationen, ganz zu schweigen von der schon kriminellen Theaterförderung. Mit allen diesen und unzähligen anderen Maßnahmen wird die Kunst verbogen, behindert, verschüttet und erschlagen, durch Unmengen und Unsummen ersetzt. Und indem ganze Heerscharen von derart herangebildeten Künstlern für dieses Verwaltungs- und Unterhaltungssystem produzieren, leisten sie am Ende den entscheidendsten Beitrag zur Kunstverhinderung und Kunstvernichtung.

Kunst ist irgendwo anders.

Notizen 1984

15.4.84 Alle Behauptungen über Künftiges, über das, was wir nicht wissen, alle Annahmen, Ideologien, Spekulationen, Konstruktionen, alle Glaubensakte, alle propagierten Gewissheiten sind nichts als Aberglaube und beweisen nur, dass wir Phantasie, also Vorstellungsvermögen, besitzen. Wir sollten dieses Vermögen nicht benutzen, um uns zu betrügen (wir sollten es benutzen, um uns noch erbarmungsloser zu betrügen).

16.4.84 Meine Bilder sind gegenstandslos; wie Gegenstände sind sie selbst Gegenstände. Somit sind sie inhaltslos, bedeutungs- und sinnlos wie Gegenstände oder Bäume, Tiere, Menschen oder Tage, die da sind ohne Grund und Zweck und Ziel. Um diese Qualität geht es. (Trotzdem gibt es gute und schlechte Bilder.)

23.4.84 Ich habe mich darauf eingelassen zu denken und zu handeln ohne die Hilfe einer Ideologie; ich habe nichts, was mir hilft, keine Idee, der ich diene und dafür gesagt bekomme, was zu tun sei, kein Reglement, das das Wie bestimmt, keinen Glauben, der mir die Richtung zeigt, kein Bild der Zukunft, keine Konstruktion, die übergeordneten Sinn gibt.

Ich erkenne nur das an, was ist, und halte dementsprechend jede Beschreibung und Verbildlichung von dem, was wir nicht wissen, für unsinnig. Ideologien verführen und beuten immer die Unwissenheit aus, legitimieren den Krieg.

15.6.84 Unbildung, Direktheit, Unmittelbarkeit, Spontaneität, Authentizität (!): reduzierte Kunst ist das, Kunst, die alle Künstlichkeit vermeidet, die uns nichts mehr vormachen will, die alle Kunstfertigkeit, Komplexität der Bezüge als störend ausmerzt. Brutal, dumm und dreist wie eine Peep-Show (= eindeutig reduziertes Ballett), also radikal, also genau das, was wir brauchen, was uns befreit von kulturellen Zwängen, was uns so richtig glücklich machen wird.

6.9.84 New York. Je mehr mich die Stadt fasziniert, desto mehr unterdrücke ich die Wut, die Antipathie, die ich in ungeheurem Maße gegen diese Stadt habe, deren Großartigkeit, Modernität, Schönheit und vor allem deren alles andere in den Schatten stellende, unvergleichliche Lebendigkeit mir versagt ist, die ich nur voller Neid und wütender, ohnmächtiger, hasserfüllter Eifersucht bewundern darf (als ‚Kölner', ‚Düsseldorfer', ‚Dresdner'); diese Stadt der Bevorzugten und Auserwählten, der Mächtigen und Bestimmenden, die unerbittlich erhöht und zerstört, Superstars und Penner produziert, die so gnadenlos ist und dabei so schön, liebreizend, traumhaft, romantisch, paradiesisch. Die Stadt, die so tödlich fasziniert, die nicht nur Palermo umgebracht hat. Diese Stadt, dieses Monstrum, deren alte hohe Häuser so vertraut und heimisch wirken, soviel Geborgenheit vermitteln.

Ich beneide die New Yorker, denke mit Unbehagen an Deutschland, an den sozialen Mief, an diese Wohlfahrts-Spießigkeit, diese alles erstickende, erdrückende Hässlichkeit.

Ich werde umbuchen, schon morgen, vorzeitig zurückfliegen.

21.9.84 Sicher sind Piloty, Makart und wie die Salonkünstler alle heißen, in ihrer Zeit viel einflussreicher, entscheidender gewesen als Manet, Mondrian und dergleichen, d.h. sie sind sogar wichtiger gewesen für die Gesellschaft, und zwar nicht nur in dem negativen Sinn, dass sie das reaktionär Bestehende unterstützten; sie unterstützten ja auch eine soziale Ordnung, die zwar nicht mehr haltbar war, aber immerhin grundsätzlich sozial funktionierte, nämlich genauso wie jede gesellschaftliche Ordnung schon Jahrtausende funktionierte, also so notwendig wie mehr oder weniger ungerecht, asozial oder verbrecherisch war und ist und sein wird. Es gibt da gar keinen Ausweg, aber doch die Utopie, die mehr oder weniger verschwommene, unkonkrete Hoffnung. Aber ich wollte etwas anderes sagen, nämlich, dass diese Salonkünstler, die wir heute kaum mehr kennen, so unwichtig, blödsinnig, aufgebläht und albern, wie sie sind, dass also genau diese Salonkünstler das geistige Leben ihrer Zeit ausmachten. Ich kann das selbst kaum glauben, muss es aber annehmen, nicht nur, weil die Wichtigkeit dieser sogenannten Künstler in den alten Zeitschriften nachprüfbar ist, sondern weil wir heute das gleiche erleben: was unsere Zeit ausmacht und tatsächlich lebendig erhält, ist genau dieser Salonmüll, den wir brauchen, in ungeheuerlichen Massen produzieren, den wir diskutieren, kommentieren, in Ausstellungen, Texten, Filmen dokumentieren, der das geistige Leben unserer Zeit ist, ‚Zeitgeist' ist. Und wie zum Beweis, dass es nur so und nicht anders geht, scheint mir so eine Ausnahme-Zeiterscheinung zu sein, die wir als elitäre Bewegung mit Minimal- und Konzeptkunst kurzfristig hatten.

Sie endete rasch, danach kam die Bestrafung: tonnenweise, quadratkilometerweise Müllmalerei, Müllskulptur, gierig aufgenommen von einer gefräßigen Gesellschaft. Kunst im eigentlichen Sinne existiert trotzdem, ist kaum oder jedenfalls nicht mit Sicherheit erkennbar, hat immer existiert, wirkt weiterhin als die höchste Sehnsucht nach Wahrheit und Glück und Leben, oder wie man das auch immer nennen mag; sie ist tatsächlich unsere vollkommenste Form unserer Menschlichkeit.

19.10.84 Glenn Gould, Goldbergvariationen[1]. Seit einem, seit zwei Jahren höre ich fast nichts anderes. Was mich zu ärgern anfängt, ist die Vollkommenheit. Diese völlig absurde, langweilige, bösartige Vollkommenheit. Kein Wunder, dass er früh gestorben ist. Ich sollte Radio hören.

Interview mit Bruno Corà 1984

Erdbeben sind für uns alle, auch für mich, erschreckend und faszinierend zugleich, ich meine, man kann der Versuchung nicht widerstehen, einmal eins erleben zu wollen. Als Lissabon von einem Erdbeben erschüttert wurde, protestierte Voltaire öffentlich im Namen der Vernunft! Im übertragenen Sinn war Voltaires Protest durchaus vernünftig, denn die Faszination, die ein Erdbeben auf jeden von uns ausübt, entspricht unmittelbar den unbewussten Kräften, die in uns am Werk sind. Diese Kräfte von infernalischer, mörderischer Gewalt, die Mord und Krieg heraufbeschwören können, sind nur durch die Vernunft in Schach zu halten.

Glauben Sie, dass man mit einem Bild ein bestimmtes Ereignis beschwören oder darstellen kann, oder bleiben Sie dabei, dass ein Bild immer nur sich selbst zum Thema hat?

Man kann es betrachten, wie man will: bestimmte Ereignisse lassen sich mit Bildern darstellen.

Ich glaube, die Erdbeben-Thematik entspricht einer gewissen Konstante in Ihrem Leben wie in Ihrer Arbeit, dem beständigen Wandel in der Sprache Ihrer Malerei und Ihrer Vorliebe für Bewegung. Vorausgesetzt, das stimmt: könnten Sie mir dann sagen, worauf die Variablen Ihrer Arbeit basieren, wenn man diese Konstanten im Auge behält?

Was Sie über meine Arbeit sagen, stimmt, und ich akzeptiere es. Doch ich fürchte, die Antwort auf Ihre Frage liegt in der Frage selbst. Für mich ist vollkommen klar, dass eine Konstante eigentlich eine kontinuierliche Variable ist. Und die Summe dieser Variablen ergibt die Konstanz meiner Arbeit.

Wie lassen sich die Malerei einerseits und das abnorme Drama des Erdbebens andererseits in Einklang bringen, ohne gleichzeitig vom Lust-Prinzip abzuweichen?

Das bringt uns auf unsere anfänglichen Überlegungen zurück. Das Lustprinzip steht im Verhältnis zur Doppeldeutigkeit und Ambivalenz der Auswirkungen eines Erdbebens, zu etwas, das ich als Teil meiner selbst begreife, weil die Kräfte meines Unterbewusstseins gewissermaßen seismischen Vorgängen entsprechen.

Gab es einen bestimmten Anlass für den Titel des Bildes, das Sie für diese Gelegenheit gemalt haben?

Ich habe es nach der Band von Glenn Branca *Static*[1] benannt. Als ich die Gruppe Static zum ersten Mal in einem Konzert in Düsseldorf hörte, empfand ich einen Widerspruch zwischen dem Namen der Gruppe und der lauten, chaotischen Musik, die sie machten. Damals bekam das Bild diesen Titel.

Interview mit Wolfgang Pehnt 1984

So ein Bild[1] wird in verschiedenen Schichten gemalt, die zeitlich voneinander getrennt sind; wobei die erste Schicht meist den Hintergrund des Bildes darstellt, der, ohne ein Foto zu benutzen, doch eine fotoähnliche, illusionistische Wirkung hat. Und diese glatte, ineinander verschwimmende Fläche ist dann erstmal wie ein fertiges Bild, das ich nach einiger Zeit verstehe oder mir satt gesehen habe und in einem nächsten Malgang zum Teil zerstöre, zum Teil ergänze, und das immer so weiter mit zeitlichen Abständen, bis es nichts mehr daran zu tun gibt, das Bild also fertig ist; das ist dann ein Etwas, das ich in gleicher Weise verstehe, wie es mir dann als Unverständliches und Selbständiges gegenübersteht. Ein Versuch, über meinen Schatten zu springen.

[...] Das Ganze sieht dann sehr spontan aus. Dazwischen liegen aber meistens schon lange Zeiträume, die eine Stimmung zerstören. Es ist eher eine sehr geplante Spontaneität.

Nun treffen diese Bilder, die Sie in dieser Art und Weise seit fünf, sechs Jahren malen, auf eine bestimmte Zeitstimmung. Das Stichwort, das da natürlich oft fällt, sind die Neuen Wilden. Sie sind ganz gewiss keiner, dazu ist Ihre Malerei viel zu kultiviert und auch viel zu komplex. Aber sie gehört doch in eine Situation, in der das Tafelbild, das autonome Bild höher eingeschätzt wird.

Ja, das stimmt. Das hatte mich später selbst überrascht. Ich habe es ja nicht gemerkt, dass zur gleichen Zeit solche Dinge in den Ateliers getan werden, mit denen meine Bilder dann gewisse Ähnlichkeiten haben. Als ich 1976 damit begann, dachte ich, das ist mein persönliches Problem, dass ich das tue.

Nun ist das ja nicht nur eine Beziehung zur Gegenwart oder zu dem, was andere Ihrer Kollegen in dieser Zeit, in diesen Jahren tun, sondern man kann darin auch einen Blick zurück sehen. Sie haben ja zweimal studiert. Einmal in der DDR 1952–1957[2] Dann haben Sie ein zweites Mal, als Sie hier in die BRD gekommen sind, in Düsseldorf studiert, bei Karl Otto Götz. Das war einer der führenden abstrakten Expressionisten damals. Ist Ihre heutige Arbeit für Sie eine Erinnerung an das, was damals wichtig war?

Das ist schwer zu sagen. Ein direkter Einfluss von Götz ist es nicht. Obwohl es wieder kein Zufall ist, dass ich bei Götz gelandet bin damals. Dieses informelle Moment, das ist durchgehend in allen Bildern, die ich gemacht habe, egal ob das eine Landschaft ist oder eine Familie, nach einem Foto abgemalt, oder die

Farbtafel oder ein graues Bild. So ist es jetzt eine Fortsetzung dieses Anliegens mit anderen Mitteln.

Wenn man den Unterschied zwischen Ihrer heutigen und Ihrer früheren Arbeit ermessen will, muss man den Blick auf das lenken, was Sie in den sechziger und siebziger Jahren gemacht haben. Das war immer eine Kunst, bei der das Bild sich nicht in dem erschöpfte, was zu sehen war, sondern es war zugleich eine Reflexion auf andere Medien als die Malerei. Sie haben sehr viel mit dem Foto gearbeitet. Wenn Sie beispielsweise ein Portrait gemalt haben, dann war es nicht das Portrait eines Modells, sondern es war das Portrait eines Fotos des Modells.

Ja, weil die Malerei damals so in Frage gestellt war, um nicht zu sagen, verrufen war. Ich konnte gar kein ungebrochenes Verhältnis zur Malerei haben. Das lag auch in der Zeit. Wer malte, war sowieso nicht auf dem richtigen Dampfer.

Gemalt haben Sie ja nun immer.

Ja, trotzdem, manchmal mit schlechtem Gewissen. So war das Malen der Versuch, die Möglichkeit zu erproben, was Malerei überhaupt noch kann und darf, und der Trotz, trotzdem zu malen, obwohl es scheinbar nichts bringt.

[...] So zu tun, als wäre es möglich, als könnte man so Natur noch malen. Es war ja eher ein Versuch, auch die Malerei als so heil anzusehen, wie sie mal gewesen war. Möglicherweise. Denn vielleicht sieht man das heute ganz falsch, vielleicht war sie nie so heil und selbstgewiss.

Ist das heute nun eine Malerei ohne solche Widerhaken, ohne Hintergedanken?

Das weiß ich nicht. Erstmal doch, es ist eine ohne diese Widerhaken und Hintergedanken. Ich habe momentan keinen Grund anzunehmen, dass da irgendwas faul sein könnte, etwas Unnützes, was wir nicht mehr gebrauchen können. Ich habe eigentlich entdeckt, dass das eine große Bereicherung ist. Diese Qualität steht für Lebensqualität, als professionelle Kunst, Malerei. Für mich gibt es keinen Grund zu denken, das hat sich erledigt, oder wir haben andere Sorgen, andere Schönheiten. Diese Malerei ist dabei, sich eine Zukunft zu holen, zu erarbeiten, anzudeuten. Eine Zukunft, die anderswo noch nicht da ist, sozusagen vorweggefeiert – im Bild. Wenn das ginge, ja. Das wäre schön.

Nun sieht man jetzt im nachhinein auch die Bilder der sechziger und siebziger Jahre von diesen neuen, sehr farbstarken ‚schönen' Bildern her anders. Mir geht es jedenfalls so. Für mich stand bei Ihren früheren Bildern dieser kritische Aspekt, dieser reflexive Aspekt im Vordergrund, und jetzt erkennt man, dass sie damals auch Anlässe zur Malerei und zu sehr guter Malerei waren.

Sie meinen, dass dieses kritische Bewusstsein und dieses gewisse Unglück, das die Malerei in Frage stellt, Motivation sein konnten, überhaupt zu malen oder trotzdem zu malen? Das auf jeden Fall.

„Ich verfolge keine Absicht, ich habe kein Anliegen, ich weiß nicht, was ich will, ich bin inkonsequent, gleichgültig, passiv, ich mag das Unbestimmte, Uferlose und die fortwährende Unsicherheit." Den Text haben Sie sicherlich erkannt. Er ist von Ihnen, wenn es auch sehr lange her ist, dass Sie ihn geschrieben haben. Würden Sie das heute auch noch so sagen?

Ich würde es heute nicht sagen. Ich finde es gut, dass ich es damals gesagt habe. Ich habe mir dadurch auch einen Freiraum geschaffen, mich sozusagen geschützt vor Festlegung, um mir die Freiheit zu erhalten zu tun, was ich will – zu versuchen, was ich will, und nicht ein Malkünstler zu werden, der auf eine Masche festgelegt wird. Obwohl man mit so einer Masche erfolgreich sein kann, weil man leichter wiedererkannt wird. Aber es geht auch so. Inzwischen ist das zum Erkennungszeichen geworden, dass es bei mir etwas durcheinandergeht.

Dieser schnelle Wechsel ist aber zugleich doch auch ein Zeichen der Modernität, der permanente Stilbruch als Prinzip. Es gibt immer die Leute wie Braque, die in den letzten zwanzig, dreißig Jahren ihres Lebens gepflegte Stilleben malen. Es gab aber auch immer die Picassos, die alle zwei Jahre etwas Neues machten.

Oft auch wieder zurückgegriffen auf etwas, was sie schon einmal getan hatten, wie Picasso. Ich hatte mich damals gewundert, als ich hierher kam, für mich war Picasso eine Art Halbgott, als ich noch in der DDR wohnte, und hier war er ohne jeden Einfluss. Künstlerische Konsequenz wurde viel höher geschätzt, dass einer immer dasselbe macht und sein Anliegen derart propagiert. Ich wollte auch nicht so schnell ein Anliegen nennen, was nicht wirklich wert ist, ein Anliegen genannt werden zu können.

Es gab ja andererseits Versuche, Sie auch mit einem Etikett zu versehen. ‚Kapitalistischer Realismus' war so ein Stichwort, das man Ihnen aufgeklebt hat. Die Formulierung stammt sogar von Ihnen selber.

Ja, da haben wir uns sehr gewundert, das war für uns ein Witz. Wir haben ein Happening[3] gemacht, der Konrad Lueg und ich, und haben das Wort nur für dieses Happening gebraucht, um einen attraktiven Namen zu haben, und dann ist das gleich verwendet worden. Da kann man sich nicht wehren, und das ist auch nicht schlimm.

Es lag vielleicht auch deshalb nahe, weil diese Auseinandersetzungen mit den Medien wie Foto, wie Werbung in Ihrer Malerei zugleich so etwas wie Kritik an den Verpackungsverhältnissen enthalten, in denen wir leben.

Mit Kritik an Verpackungsverhältnissen oder an der Konsumwelt hatte ich eigentlich wenig zu tun. Ich wollte gerade, wenn ich so banale Alltagsfotos für Bilder verwendete, die Qualität, d.h. die Botschaft dieser Fotos herausstellen und zeigen, was man sonst im kleinen Foto grundsätzlich übersieht. Die sieht man nicht als Kunst an; aber wenn man sie in die Kunst transportiert, kriegen sie eine Würde und werden beachtet. Das war der Trick oder das Anliegen dabei, diese Fotos zu verwenden.

Herr Richter, Sie haben gesagt, manche Künstler legen Wert darauf, dass sie ihr Signet, die Handschrift, die sie einmal entwickelt haben, so lange wie möglich beibehalten, und Sie tun das nicht. Ich habe trotzdem das Gefühl, dass die vorherrschende Entwicklung im schnellen Wechsel von Stil und Ausdrucksweisen liegt, gegenwärtig auf jeden Fall. Warum dieser schnelle Wechsel? Liegt irgend etwas in unserer Zeit, das ihn nötig macht, oder ist es die schnelle Abnutzung von Bildmaterial?

Ich habe im Moment keine Erklärung, woran das liegen kann. Zur Zeit ist es ja auch ein bisschen happig, wie es zugeht. Professionalität wird eigentlich nicht geschätzt, nicht gebraucht, weil die Gesellschaft nicht in der Lage ist, Anforderungen an den Künstler zu stellen und Kriterien zu entwickeln, die aus diesen Anforderungen entspringen. Es gab in den siebziger Jahren Intellektuelle, die riskierten zu sagen, was gut und richtig ist und was ganz anders sein muss. In gewisser Weise werden wir von der Gesellschaft im Stich gelassen, so wie man es in den Akademien, überall bei jeder Ausstellung, bei jeder Kritik, in Kunstzeitschriften liest und sieht, wie Kunst aufgenommen wird. Sie wird kritiklos aufgenommen unter dem Motto: Nun macht mal, es ist ja alles ganz interessant. Das war nicht immer so, das muss wahrscheinlich jetzt so sein, damit Kunst nicht behindert wird, für eine Zeitlang. Ich glaube sicher, dass Kriterien sich entwickeln werden, wenn wir wieder wissen, was wir brauchen, was für uns richtig ist.

Bei diesem schwierigen Geschäft, Kunst zu machen, gerade in dieser Situation, in der es, wie Sie sagen, nicht feste Kriterien gibt, nach denen gemessen wird, gibt es da Dinge, die Ihnen Rückendeckung geben, in anderen Künsten etwa? In Literatur, Musik oder Film?

Vorwiegend in der Musik. Es ist schwer, den Einfluss zu benennen oder zu erklären, welche Beziehung ich dazu habe und wie sie mir nützt. Aber abgesehen davon: Rückendeckung ist für mich die Gewissheit, dass Malerei kein absonderliches Hobby, sondern eine allgemeine, zum Menschen gehörende Qualität ist und somit unterscheidbare, bestimmte Qualitäten hat. Wenn zum Beispiel hier einige Leute eine Reihe Bilder betrachten und die Mehrzahl hat die gleiche Meinung über das beste und schlechteste aus dieser Reihe, dann ist das für mich eine große Bestätigung, dass wir alle das als Eigenschaft besitzen, Qualität zu erkennen und Malerei zu verstehen. Und das bestätigt mir auch die Gewissheit, dass trotz allen möglichen Irrtümern die Malerei grundsätzlich in der Lage ist, unsere beste, menschlichste, humanste Qualität sichtbar werden zu lassen.

Notizen 1985

20.2.85 Ich habe zwar die ständige Verzweiflung über mein Unvermögen, die Unmöglichkeit, etwas vollbringen zu können, ein gültiges, richtiges Bild zu malen, vor allem zu wissen, wie so ein Bild auszusehen hätte; aber ich habe gleichzeitig immer die Hoffnung, dass genau das gelingen könnte, dass sich das aus diesem Weitermachen einmal ergibt, und diese Hoffnung wird ja auch oft genährt, indem stellenweise, ansatzweise, tatsächlich etwas entsteht, was an das Ersehnte erinnert oder es ahnen lässt, wenngleich ich ja oft genug nur genarrt wurde, also dass das, was ich momenthaft darin sah, verschwand und nichts übrigließ als das Übliche.

Ich habe kein Motiv, nur Motivation. Ich glaube, dass die Motivation das Eigentliche, Naturgemäße ist, dass das Motiv altmodisch, ja reaktionär ist (dumm wie die Frage nach dem Sinn des Lebens).

22.2.85 Die ‚formale Auffassung', ‚Komposition', ‚Linienführung', ‚Licht- und Schattenverteilung', ‚farbliche Ausgewogenheit oder Divergenz' – solche Begriffe wollen erklären, dass es bei einem Kunstwerk nicht um den Inhalt, nicht um die Darstellung eines Gegenstandes geht, sondern darum, dass das Dargestellte nur der Realisierung dieser Formalien dient, dass diese also das Wichtige und Eigentliche sind. So schrieb einer über den *Rückenakt* von Hausmann[1], dass hier das „Design" die Aussage wäre, also „das Auf- und Abschwellen der Linien, das Gegeneinander der Volumina und Flächen, der Kontrast von schattigen und belichteten Partien", und bezeichnete den Akt selbst, seine erotische und existentielle Aussagefähigkeit als das Banale und Irdische, das durch die Kunst vergeistigt und überwunden wird. Zum Glück verhält es sich genau umgekehrt: die Linienführung und all die Formalien sind so langweilig, wie es nur irgendeine Linienführung überhaupt sein kann, und wirklich interessant ist nur die nackte Frau, ihre teils vertraute, teils verfremdete Körperlichkeit, die auf Grund ihrer raffinierten Vieldeutigkeit fasziniert.

(Ein vergleichbarer Unsinn wird über Baselitz geschrieben: seine Figuren würden durch die 180-Grad-Drehung ihre Gegenständlichkeit verlieren und zu ‚reiner Malerei' werden. Das Gegenteil ist wahr: Die Gegenständlichkeit wird betont und erhält eine neue inhaltliche Qualität.) Reine Malerei ist sowieso Schwachsinn, und eine Linie ist nur dann interessant, wenn sie interessante Assoziationen auslöst.

28.2.85 Etwas entstehen lassen, anstatt kreieren; also keine Behauptungen, Konstruktionen, Erstellungen, Erfindungen, Ideologien – um so an das Eigentliche, Reichere, Lebendigere heranzukommen, an das, was über meinem Verstand ist.

Mit 20: Tolstois Krieg und Frieden. Egal, wie richtig meine Erinnerung ist, das einzige, was ich behielt, was mich damals traf, die Art Kutusows, nicht einzugreifen, nichts zu planen, sondern zu beobachten, wie die Dinge laufen, um im richtigen Moment die sich von selbst ergebende Bewegung zu forcieren. Die Passivität war die Genialität dieses Generals. (Die Fotobilder: das nehmen, was ist, weil die eigenen Erfahrungen alles nur schlechter machen. Die Farbtafeln: die Hoffnung, dass sich damit ein Bild ergibt, das mehr ist, als ich je erfinden könnte. Dabei stets die Ablehnung von Zufallsmalerei, von Blind- oder Drogenmalerei.) Die Abstrakten Bilder nun immer deutlicher eine Methode, das ‚Motiv' nicht zu haben und zu planen, sondern es zu entwickeln, entstehen zu lassen. (Vor circa sechs Jahren die endlosen Serien von Lack-Studien[2], die ich alle vernichtet habe: Lack ineinanderlaufen lassen, Beobachten der ungeheuer vielen, reichen Bilder, die dabei entstehen – die Enttäuschung über die Art von Naturalismus, der ganz unbrauchbar, kunstgewerblich, kitschig war.) Jetzt die ständige Einbeziehung des Zufalls (wiederum nie Automatismus), der meine Konstruktionen und Erfindungen zerstört, neue Situationen schafft (Polke, wie immer, stelle ich freudig fest, tut Vergleichbares). – Den Zufall nützen ist, wie die Natur abmalen – aber welchen Zufall von den unzähligen möglichen?

25.3.85 Die Kiefer-Ausstellung[3]. Diese sogenannten Bilder. Natürlich ist das keine Malerei, und indem ihnen dieses Wesentliche fehlt, mögen sie erstmal die schockierende Faszination des Makabren haben, aber spätestens danach teilen die ‚Bilder' mit, was sie statt dessen haben: formloser, amorpher Schmutz als gefrorene, breiige Kruste, ekelerregender Dreck, illusionistisch einen Naturalismus erzeugend, der grafisch wirkungsvoll bestenfalls die Qualität von effektvoller Theatermalerei hat. Das Ganze kann mit Pathos und zweifelsfreier Selbstsicherheit vorgetragen werden, weil es inhaltlich, literarisch motiviert ist, ein Klumpen Dreck steht für dieses, ein anderer für jenes wild aus der Geschichtskiste gegriffene Bröckchen, sich den Umstand zunutze machen, dass alles, solange eine Definition vermieden wird, zur Assoziation taugt – ich habe ja nur Angst, dass ich genauso schlecht male.

18.5.85 So, wie ich male, kann man eigentlich nicht malen, denn es fehlt die wesentliche Voraussetzung: die Gewissheit, was zu malen ist, also das ‚Thema'. Ob ich Raffael nenne oder Newman oder schlichtere wie Rothko oder Lichtenstein oder alle anderen bis hin zum letzten Provinzkünstler – alle haben ein Thema, das sie verfolgen, ein ‚Bild', das sie immer wieder anstreben.

Wenn ich ein Abstraktes Bild (bei den anderen ist die Problematik nicht unähnlich) male, weiß ich weder vorher, wie es aussehen soll, noch während des Malens, wohin ich will, was dafür zu tun wäre. Deshalb ist das Malen ein quasi blindes, verzweifeltes Bemühen, wie das eines mittellosen, in völlig unverständlicher Umgebung Ausgesetzten – wie das von einem, der ein bestimmtes Sortiment von Werkzeugen, Materialien und Fähigkeiten besitzt und den dringenden Wunsch hat, etwas Sinnvolles, Brauchbares zu bauen, das aber weder ein Haus noch ein Stuhl noch sonst irgend etwas Benennbares sein darf, der also drauflos haut in der vagen Hoffnung, dass sein richtiges, fachgerechtes Tun letztlich etwas Richtiges, Sinnvolles zustande kommen lässt.

Ich bin also blind wie die Natur, die agiert, wie es ihr möglich ist, entsprechend den Bedingungen, die sie hindern oder fördern. Es ist wahr, dass – so gesehen – alles auf meinen Bildern möglich ist; jede beliebig hinzugefügte Form ändert zwar das Bild, aber macht es nicht falscher. Wieso verbringe ich dann aber oft Wochen, um irgend etwas hinzuzufügen, wenn alles geht? Was also mache ich, das ich will, welches Bild von was?

30.5.85 Keine Ideologie. Keine Religion, kein Glaube, kein Sinn, keine Phantasie, keine Erfindung, keine Kreativität, keine Hoffnung – sondern Malerei wie die Natur, als Werden, Entstehen, Da-Sein, So-Sein, ziellos, genau so richtig, logisch, vollkommen und unverständlich (so wie Mozart, Schönberg, Velazquez, Bach, Raffael, etc.). Wir können die Ursachen für ein Naturgebilde bis zu einem gewissen Grad erkennen; die gleichen Ursachen ließen mich entstehen und im Verlauf meine Bilder, deren unmittelbare Ursache mein Befinden ist, mein Glück, mein Schmerz, in allen möglichen Formen und Intensitäten, bis es diese Ursache nicht mehr gibt.

28.8.85 Der Abstrakte Expressionismus staunte über die Bildhaftigkeit seiner Hervorbringungen, über die Wunderwelt, die sich auftut, wenn man drauflosmalt. Und in der Entwicklung bis hin zum Tachismus, zum Informel zeigte sich diese unverwüstliche Bildhaftigkeit, also Aussagefähigkeit, selbst oder gerade in den radikal mechanischen Methoden der Bildherstellung– es war, als stellten sich die Bilder selbst her, und je weniger absichtsvoll die Maler Inhalte und Vorstellungen zu verwirklichen versuchten, desto besser wurden die Bilder. Aber das Problem ist ja nicht, so richtig und so absichtslos wie die Natur irgendwelche Hervorbringungen zu produzieren, sondern ganz bestimmte Bilder mit ganz bestimmten Aussagen (wenn man von dieser Forderung absehen könnte, wäre das Malen das Einfachste der Welt, denn naturgemäß richtig ist jeder Klecks). Trotzdem muss ich mit dem ‚Klecks' beginnen und nicht mit dem neuen Inhalt, für den dann die geeignete Darstellungsform zu finden wäre. Mit allen mir möglichen Mitteln, vor allem mit denen der Vermeidung, muss ich die Erscheinung von dem zu erzwingen versuchen, das ich mir nicht vorstellen kann, das also weiter geht, besser und richtiger als die bestehende Meinung und Absicht, als bestehendes Bild von etwas.

13.11.85 „Ich habe nichts zu sagen, und das sage ich", egal, wie und in welchem Zusammenhang Cage das jemals gemeint hat – genausooft, wie ich darunter leide, genausooft bin ich davon überzeugt, dass ich damit das Richtige, das einzig Natürliche tue. Und die sogenannten Anderen sind entweder falsch, indem sie behaupten, oder genauso richtig, indem ich deren Arbeiten mit Behauptungen verwechselte. Die Bilder sagen also überall, trotz aller Ideologie, nichts und sind immer nur Bemühungen, an die Wahrheit (?) heranzukommen. Ich müsste das eigentlich genauer formulieren. Wenn ich sogar mit Freude feststelle, das einzig Natürliche zu tun, dann –

Ich weiß nichts, ich kann nichts, ich verstehe nichts, ich weiß nichts. Nichts. Und dieses Elend macht mich nicht einmal besonders unglücklich.

Ingenieur müsste man sein, Brückenbauer, Physiker oder Gärtner.

27.12.85 Die leere Leinwand zeigt nichts, erschreckend und herausfordernd, weil das Etwas, das an die Stelle des Nichts treten soll, sich nicht aus dem Nichts entwickeln lässt, obwohl letzteres eine so fundamentale Existenz hat, dass man glauben will, genau davon ausgehen zu müssen.

Das Nichts ist nicht vorstellbar; dieser furchtbare Tatbestand lässt sich etwas besser vergegenwärtigen mit der Unmöglichkeit einer Vorstellung vom Davor, Danach und Daneben des Universums. Indem wir diese Vorstellung unbedingt wollen, sie aber nur als eine wissen, die wir nie haben können, ist sie für uns eine Unmöglichkeit, die wir existentiell als absolute Grenze erfahren.

So, ohne Vorstellung, stehen wir vor der leeren Leinwand und können wie immer nur mit Ignoranz und Wahnsinn entgegnen und das daraufsetzen, was uns möglich ist, das im Grunde Ersatz ist, das aber, so glauben wir, das Unmögliche berühren kann.

(Der Vorzug meiner Grauen Bilder ist, dass sie alle übrigen Setzungen, gegenständliche oder abstrakte, als Ersetzungen und als beliebige zu entlarven scheinen. Aber naturgemäß sind sie die gleichen Setzungen.)

Die Abstrakten Bilder sind nicht weniger beliebig als alle gegenständlichen Darstellungen (die auf einem x-beliebigen Motiv beruhen, das Bild werden soll), sie unterscheiden sich nur insofern, als ihr ‚Motiv' erst während des Malens entwickelt wird. Sie setzen also voraus, dass ich nicht weiß, was ich darstellen will, wie ich beginnen sollte, und dass ich nur sehr unklare und stets falsche Vorstellungen von dem zu verbildlichenden Motiv habe – dass ich also, nur von Ignoranz und Leichtsinn motiviert, anzufangen in der Lage bin. (Das ‚nur' steht für Leben!)

(Es ist schwierig, den Tod mit dem Nichts gleichzusetzen, weil es uns so selbstverständlich und einfach ist, dieses ‚Aus' zu erkennen und bis in jedes Detail zu analysieren. Aber die Ungeheuerlichkeit des Nichts, das wir für das nicht Denkbare oder für das Davor, Danach, Daneben [oder Wozu] des Universums als Begriff verwenden, meint genauso den Tod, eben weil die übliche Vorstellung, dass wir alle sterben und dass das Leben doch ganz realistisch vorstellbar weitergeht, eine tröstlich verkürzte und also mögliche ist. Tatsächlich ist das Tod genannte Nichts uns so nahe, dass es uns deshalb weniger möglich ist, eine Vorstellung davon zu wollen. Dieses unausweichliche Nichts ist so absolut Teil von uns, dass wir nicht in der Lage sind, keine banalen sachlichen oder gläubigen Vorstellungen zu entwickeln, um uns zu schützen.)

Interview mit Dorothea Dietrich 1985

Die Persönlichkeit des Künstlers schlägt sich im Pinselstrich deutlich nieder. Ihre Bilder sind Kompositionen aus vielen verschiedenen Arten von Pinselstrichen, die auf den ersten Blick sehr spontan wirken. Bei näherem Hinsehen stellt man jedoch fest, dass Sie Ihre Zeichen sorgfältig planen und ganz präzise setzen. Ihre Bilder sind keineswegs persönlich, sondern äußerst unpersönlich. Wie wichtig ist es für Sie, das Persönliche, das Individuelle in Ihrer Arbeit zu zeigen?

Natürlich ist das wichtig für mich. Aber ich möchte um jeden Preis verhindern, dass dieser persönliche Ausdruck allzu direkt ausfällt. Das macht jeder, und es ist sehr leicht. Solcherlei Authentizität findet man in vielen Bildern, aber auf die Dauer wird das ziemlich langweilig. Ich vergleiche meine Art des Kunstmachens gern mit dem Komponieren von Musik. Da wird der persönliche Ausdruck ganz der Struktur untergeordnet und nicht einfach hinausgeschrieen. Deshalb brauche ich für meine Bilder auch so lange. Ich unterbreche den Malprozess und kehre nach längerer Pause zu dem Bild zurück, damit es auf keinen Fall in einer einzigen Stimmung entsteht, sondern genauer Kontrolle unterliegt.

Sie suchen nach einem allgemeingültigen Ausdruck?

Ja, und nach ganz widersprüchlichen Ausdrucksformen. Ich möchte ein sehr heterogenes Bild; aber bei aller Widersprüchlichkeit muss es doch aus einem Guss sein. Die Widersprüche sollen vorhanden sein und doch zusammengehen, miteinander funktionieren.

Die Gegensätze gehen also gewissermaßen in die Struktur des Bildes ein, so dass zum Beispiel eine harte Linie mit einer weichen kombiniert wird? Manchmal verwenden Sie Klebeband und andere mechanische oder halbmechanische Mittel, um gerade Linien zu erhalten; oder Sie schaffen mit einem Schwamm fleckig wirkende Partien – der Widerspruch des Geplanten; selbst das Spontane ist geplant. In Ihren Bildern gibt es wirklich nichts Spontanes.

Ja, ja – obwohl es doch auch eine Menge Spontaneität gibt. Das merke ich immer dann, wenn das Bild ein bestimmtes Stadium erreicht hat und ich mir den nächsten Schritt überlege. Oft mache ich dann ein Foto von dem Bild oder lege eine Folie darüber, um zu sehen, was ich tun könnte. Aber das funktioniert nie. Trotzdem muss ich das durchspielen, um keinen Unsinn zu machen.

Arbeiten Sie neben Ihren großen Bildern auch an kleinen Entwürfen? Oder findet das Spiel mit den verschiedenen Möglichkeiten vor allem im Kopf statt?

Meistens geschieht es durch Sehen, indem ich jeden Tag zu dem Bild zurückkehre und es ansehe, bis ich plötzlich weiß, was es braucht. Die Entwürfe sind auch wichtig; es ist ein Reifungsprozess. Deshalb dauert es so lang, bis eine Serie fertig ist, ein halbes Jahr.

Was verstehen Sie unter einer Serie?

Einer Serie? Ich beginne mit einem leeren Atelier bzw. leeren Leinwänden, ungefähr acht Stück, nicht alle im selben Format. Manchmal große, manchmal kleine, manchmal auch ganz kleine und dann wieder alle Formate durcheinander. Jedenfalls muss am Anfang alles weiß sein. Dann verändert es sich. Manche sind früher fertig als die anderen und werden weggestellt; andere, neue kommen hinzu.

Wann ist eine Serie fertig? Und worin besteht die Beziehung der einzelnen Arbeiten zueinander?

Als Bilder sollten sie alle unabhängig voneinander sein; dennoch verbindet sie die Thematik, die mich in dem halben Jahr beschäftigt hat.

Sie malen abstrakte Bilder, aber auch eher realistische Landschaften...

...Landschaften oder Stillleben male ich zwischen den abstrakten Arbeiten. Sie machen etwa ein Zehntel meiner Produktion aus. Einerseits sind sie nützlich, weil ich gern nach der Natur arbeite – obwohl ich natürlich ein Foto benutze –, weil ich glaube, dass jedes Detail aus der Natur eine Logik hat, die ich auch in der Abstraktion sehen möchte. Andererseits ist das Malen nach der Natur oder das Stilllebenmalen eine Ablenkung und schafft einen Ausgleich. Ich könnte auch sagen, die Landschaften sind eine Art Sehnsucht, Sehnsucht nach einem unbeschädigten, schlichten Leben. Ein bisschen nostalgisch. Die abstrakten Arbeiten sind meine Gegenwart, meine Wirklichkeit, meine Probleme, meine Schwierigkeiten und Widersprüche. Sie sind für mich sehr aktuell.

Nostalgisch, weil sie gegenständlich sind? Oder aufgrund der Art ihrer Ausführung?

Aufgrund ihrer Ausführung. Sie haben so eine konventionelle Schönheit, eine klassische Schönheit, die ich auch sehr liebe.

Wählen Sie die Fotos für die Landschaftsbilder nach dem Zufallsprinzip aus, oder sind das Aufnahmen von bestimmten Orten?

Das sind bestimmte Orte, die ich hier und da entdecke, wenn ich unterwegs bin, um Fotos zu machen. Ich gehe ausdrücklich hinaus, um Fotos zu machen.

Sind diese Bilder also persönlicher als die abstrakten?

Nein, die vollkommen abstrakten sind die persönlicheren, weil sie nicht über

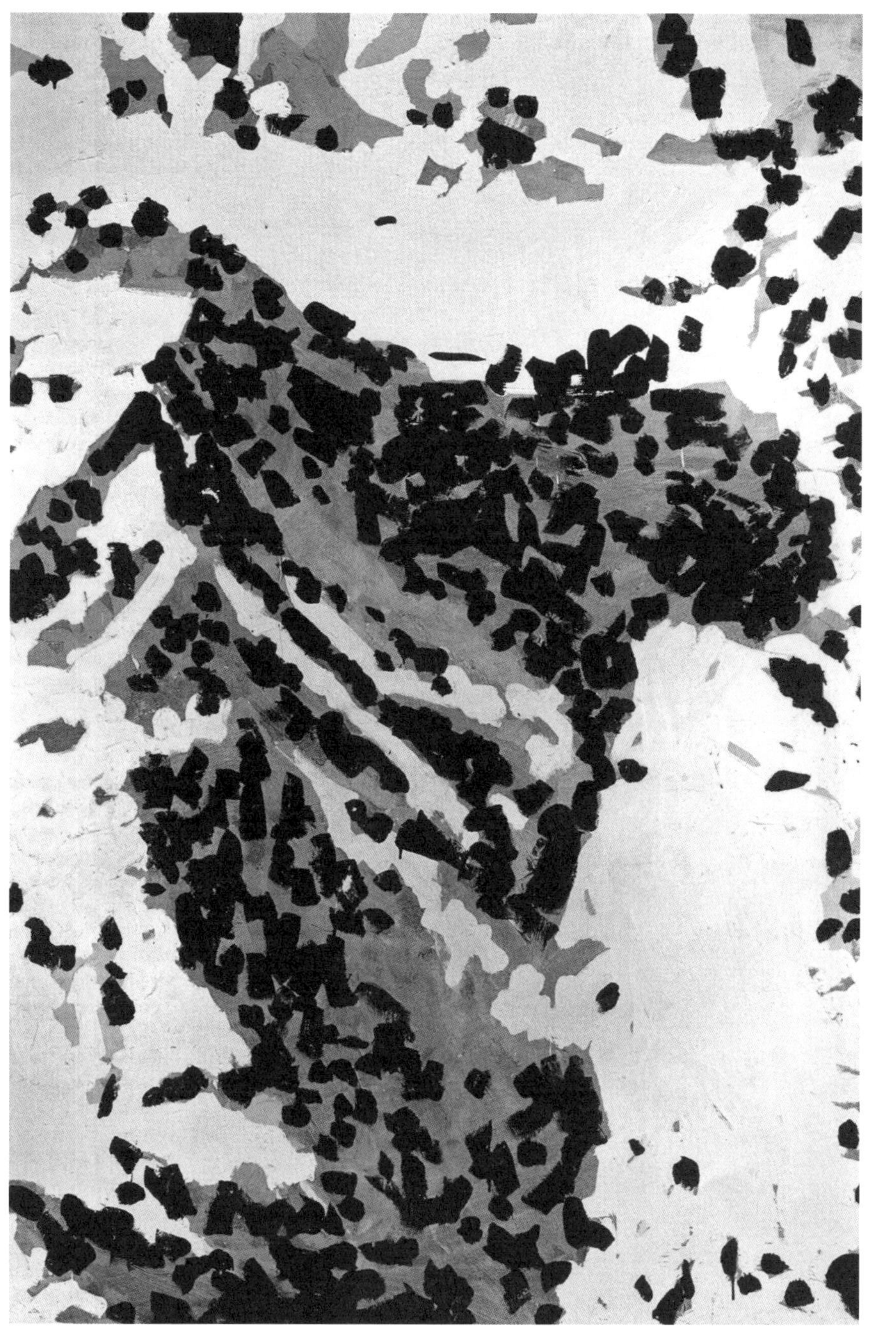

Gebirge, 1968 (Ausschnitt)

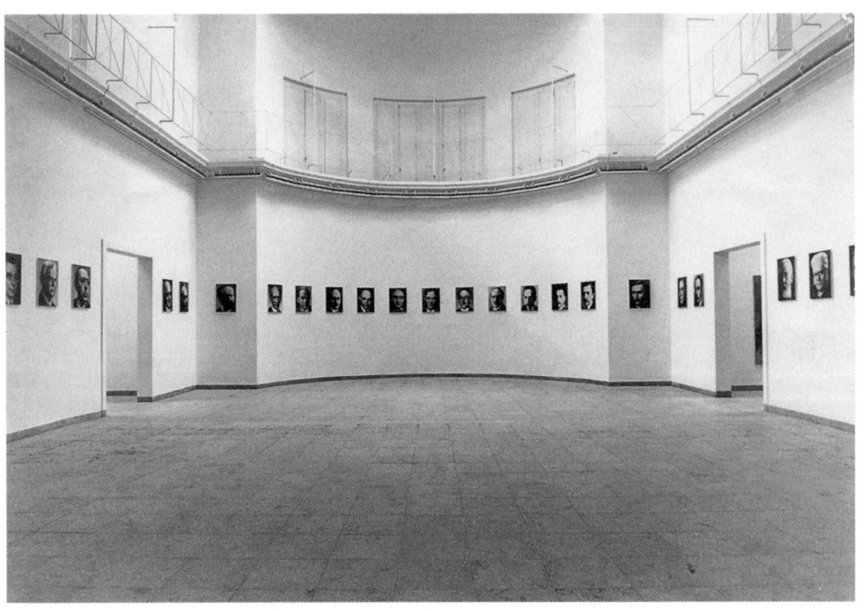

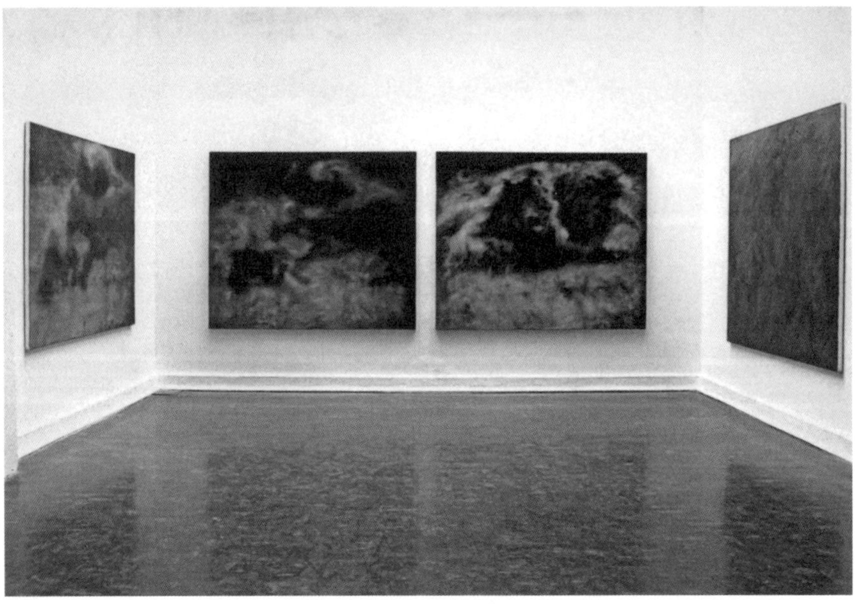

Biennale Venedig, 1972
Tourist, 1975

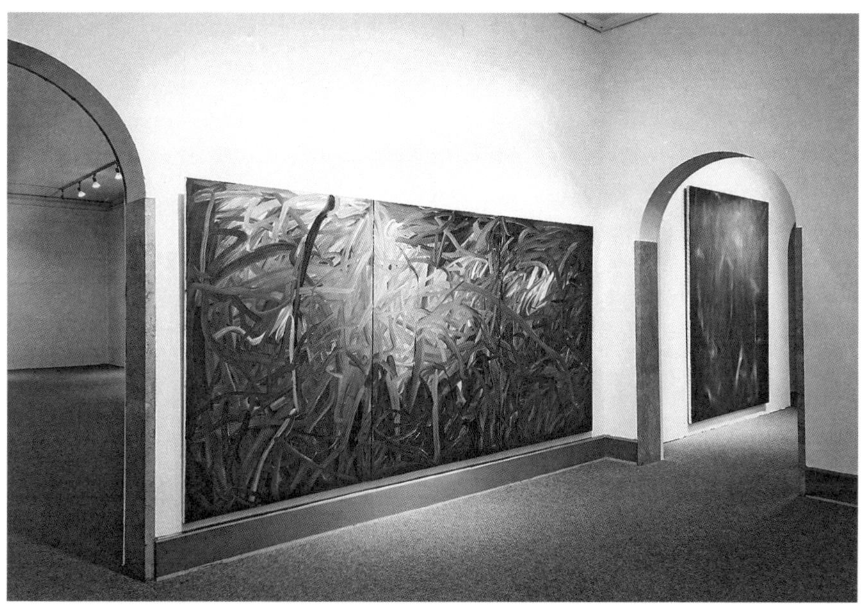

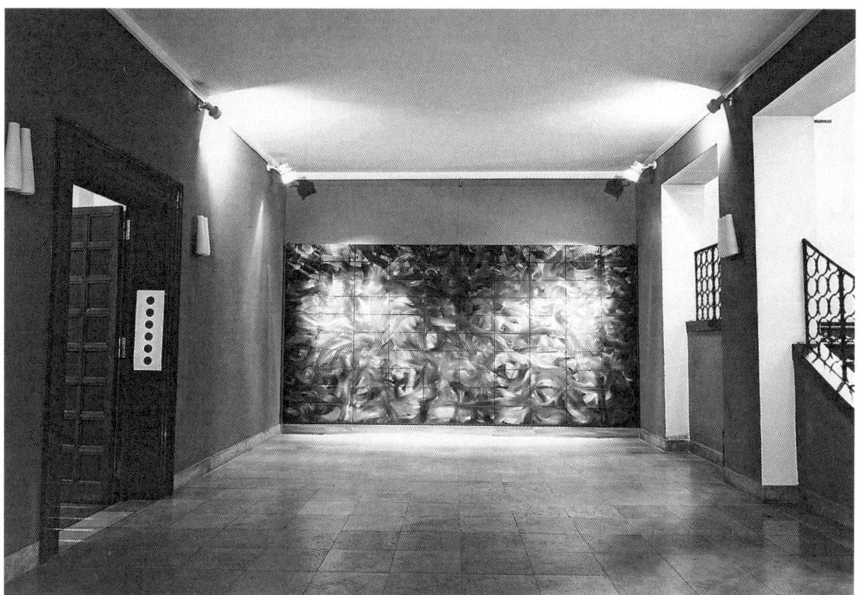

Städtische Galerie im Lenbachhaus, München 1973

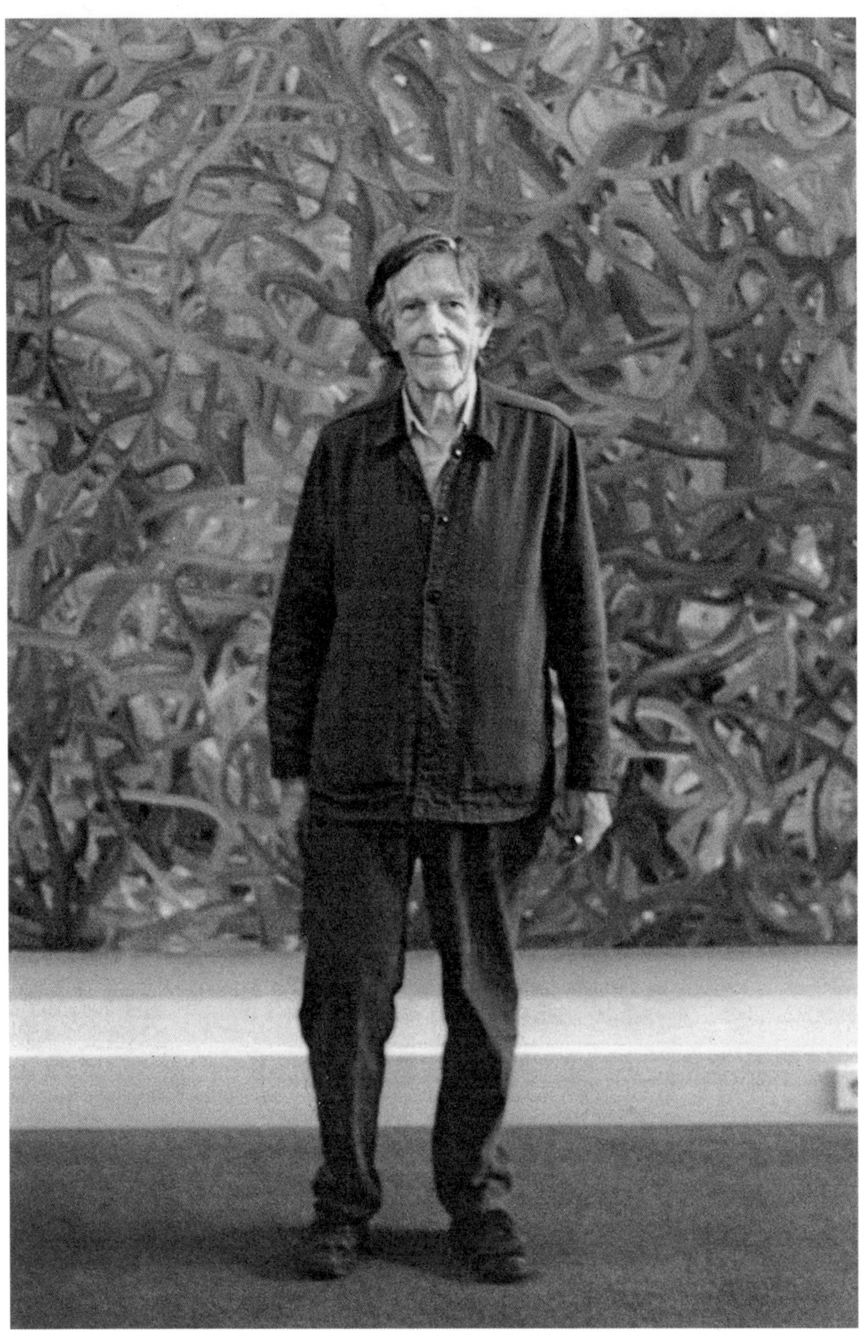

John Cage vor *Vermalung*

diese klassische Haltung verfügen. Die Landschaften, oder auch die Kerzen-Bilder beispielsweise, sind fast wie Zitate. Natürlich sind sie nicht wirklich Zitate, und es ist auch nicht nur Nostalgie, aber die Abstraktion ist realer, das andere mehr ein Traum. Das klingt ganz schön kitschig.

Aber Sie verwenden für beides Fotos?

Nicht für die abstrakten Arbeiten. Nein, nie.

Haben Sie das nicht doch eine Zeitlang getan?

Ja, das stimmt. Und zwar, als ich ein paar ganz kleine abstrakte Arbeiten nach Fotos malte[1] und mich nicht recht getraut habe, sie als richtige Bilder zu betrachten. Für mich waren sie etwas rein Subjektives. Deshalb habe ich sie kopiert, um etwas Objektives daraus zu machen. Erst später war ich bereit, sie zu zeigen, und dann begann ich auch, die großen direkt auf die Leinwand zu malen. Es hat eine Weile gedauert, bis ich in der Lage war, auf die Hilfe von Fotos zu verzichten.

Wann haben Sie damit aufgehört, Fotos zu verwenden?

Das letzte Bild war *Faust*. Ich weiß nicht genau, wann das war, ich glaube 1980. Soviel ich weiß die letzte abstrakte Arbeit, für die ich ein Foto benutzte.

Haben die Fotos Ihnen geholfen, genauer zu sehen? Ich habe immer den Eindruck, dass es in Ihren Bildern um das Sehen geht bzw. um Verständnis durch Sehen. Sie wollen uns die Details und Schichten zeigen, die man normalerweise nicht wahrnimmt. Ein Foto kann diese Art des Sehens vorführen.

Vor allem wenn man es vergrößert. Aber es ging mir nicht so sehr um das Sehen und die Details. Das war nur ein Teil der Methode, ein Mittel zum Zweck. Die Bilder sollten immer etwas sagen. Das haben sie mit der Foto-Malerei und den Landschaften gemeinsam.

Was sagen sie denn?

Das ist schwer zu beantworten. Ich lehne es ab, ein Bild um des Bildes willen, um der reinen Malerei willen zu malen. Meine Bilder sollen immer etwas sagen. Deshalb bezeichne ich meine Arbeit auch lieber als Bilder denn als Malerei.

Aber Ihre Botschaft ist immer zwischen Konkretem und Abstraktem angesiedelt.

Ja, ja.

Inwieweit nehmen Sie darauf Einfluss? Wie wichtig ist diese Art der Unentschiedenheit?

Ich nehme soviel Einfluss wie möglich.

Um beide Pole...

...zusammenzubringen? Ja.

Wenn das Foto Dinge sichtbar machen kann, warum muss man es dann noch in Malerei übertragen? Stehen Sie als Maler in Konkurrenz zur Kamera?

Nein, das war bei den Super-Realisten so. Sie haben diesen Konkurrenzkampf aufgenommen und anscheinend auch gewonnen, denn sie waren noch perfekter als die Kamera. Außerdem halten Fotos sich nicht so lange, gemalte Bilder aber schon. Doch Malerei ist etwas ganz anderes. Ich weiß nicht, wie ich den Unterschied zwischen den beiden erklären soll. Beide zeigen jedenfalls Bilder.

Das eine entsteht von Hand, das andere mit der Maschine, weshalb es objektiver ist.

Und mit der Hand kann man es nicht so gut machen wie mit der Maschine, während man es gleichzeitig sogar besser machen kann als mit der Maschine. Aber welches von beiden das bessere ist, das kann ich nicht so einfach beantworten.

Aber Sie sind Maler und nicht Fotograf.

Ja, das ist ein wichtiger Punkt. Die Ausführung macht Vergnügen. Man tut es gern, so wie Musik spielen zum Beispiel.

So dass man eine Fähigkeit entwickeln kann, die es so in der Fotografie vielleicht gar nicht gibt? Ein Foto ist unpersönlicher.

Ja, theoretischer. Es hat weniger mit dem Machen zu tun.

In den 60er Jahren haben Sie Fotos gesammelt und in einem Buch zusammengefasst, dem Sie den Namen Atlas *gaben. Sammeln Sie auch heute noch Fotos?*

Das Buch war mehr oder weniger ein Abschluss.[2]

Viele Ihrer Kritiker haben auf die Banalität der Fotos hingewiesen, die Sie als Vorlagen für Ihre Bilder verwenden, Schnappschüsse und Familienfotos beispielsweise oder Sex-Fotos. Mir scheint, dass den Fotos durch das Sammeln individuelle Aufmerksamkeit zuteil wird und sie damit in einen neuen Kontext gestellt werden, der sie aus der Gewöhnlichkeit herauslöst.

Ja, ich habe das sogenannte Banale verwendet, um zu zeigen, dass das Banale das eigentlich Wichtige und Menschliche ist. Die Menschen, deren Bilder wir in der Zeitung sehen, sind nicht banal; sie sind nur deshalb banal, weil sie nicht berühmt sind.

Aber in Ihrem Atlas *haben Sie auch Bilder aus Konzentrationslagern.*

Ja, die habe ich nie für meine Malerei verwenden können. Das war zu schwierig. Es war unmöglich.

Und gleich daneben gibt es Sex-Fotos und Aufnahmen von Ihren Freunden, von Blinky Palermo zum Beispiel, sowie Selbstportraits und Stadtansichten. Aus einer gewissen Distanz betrachtet, scheinen alle diese unterschiedlichen Bilder eine gemeinsame Struktur zu haben. War es die gemeinsame Struktur, die Sie hervorheben wollten, oder ging es Ihnen um eine Entwertung des einzelnen Fotos durch die Zusammenstellung in Gruppen?

Ich wollte sie verobjektivieren, so dass das Spezifische an ihnen, das Subjektive und Besondere, verschwindet und das Bild einen allgemeineren, objektiveren Charakter bekommt.

Als ich Jackie Kennedy in *Frau mit Regenschirm* gemalt habe, habe ich sie so dargestellt, dass man sie nicht erkennen kann – und wenn man sie doch erkennt, ist es auch nicht so schlimm, weil der Titel ja zumindest darauf schließen lässt, dass es nicht um Jackie geht.

Warum vermeiden Sie in Ihrer Malerei den persönlichen Ausdruck?

Ich habe dem immer misstraut bzw. ich habe mich nicht getraut. Aber es interessiert mich auch nicht besonders, und ich glaube, es wäre auch für andere nicht sonderlich interessant. Wie ich mich fühle und was ich denke, ist ziemlich belanglos. Deshalb bin ich immer versucht, zu verallgemeinern, oder ich versuche, den Dingen etwas Allgemeingültiges zu geben. Vielleicht war es auch arrogant, die eigenen hohen Maßstäbe auf alle anderen zu übertragen. Eine seltsame Mischung.

In Ihren früheren Bildern und Zeichnungen haben Sie oft die Konturen verwischt. War das Ausdruck Ihrer Schwierigkeit, eine konkrete Aussage zu machen?

Ja, auch. Es war auch ein Versuch, den persönlichen Anstrich loszuwerden. Ich wollte es so anonym wie ein Foto machen. Aber es war vielleicht auch der Wunsch nach Perfektion, dem Unerreichbaren, was dann ja auch wieder einen Verlust an Unmittelbarkeit bedeutet. Doch irgendwas fehlt. Deshalb habe ich diese Methode aufgegeben.

Was fehlt?

Die Direktheit. Man fühlt sich nicht unmittelbar bewegt. Zu viel Distanz ist ein Vorteil und ein Nachteil. Es gibt aber noch einen anderen Unterschied zwischen den zwei Darstellungsformen. Gegenstände haben ein zu großes Gewicht, sie geben dem Bild eine bestimmte Richtung. Farbe und Struktur können nicht für sich selbst stehen. Weil abstrakte Malerei nichts darstellt – da ist kein Mensch oder Tisch oder sonstwas –, geht es nur darum, dass die Beziehung zwischen Farbe und Struktur stimmt, wie bei der musikalischen Komposition, wie bei Schönberg und Mozart.

Haben Sie Angst, Ihre persönlichen Gefühle öffentlich vorzuführen?

Ja, aber das lässt sich nicht vermeiden. Alle Bilder zeigen irgendwie auch die persönlichen Gefühle.

Sicher, aber ein abstraktes Bild schafft doch bestimmt Barrieren…

…ja, abstrakte Bilder sind gewissermaßen zurückgenommen.

Sie schaffen Distanz und bedienen sich halbmechanischer Hilfsmittel beim Malen. Drucktechniken scheinen Sie hingegen nicht besonders zu interessieren.

Eine Zeitlang habe ich auch damit gearbeitet, vor zehn Jahren etwa.

Sie haben aber nicht viel davon gezeigt.

Nein, nicht viel. In Deutschland gibt es solche Arbeiten, etwa 50 oder 60 Editionen. Es waren immer dieselben Themen, die ich gemalt habe, nach Fotos natürlich.

Welche Techniken haben Sie verwendet?

Meistens Siebdruck und Offsetdruck, vor allem Offset, das billigste Verfahren, alles, womit man in riesigen Mengen produzieren konnte.

Haben Sie die fotografischen Vorlagen für Ihre Drucke Zeitschriften entnommen?

Ja, immer.

Warum haben Sie damit aufgehört?

Die letzten Arbeiten waren 1974 die Farbfelder. Danach konnte ich das nicht mehr. Jetzt würde ich gern meine abstrakten Arbeiten mit drucktechnischen Mitteln ausprobieren, aber auf konventionellere Art.

In anderen Techniken?

Radierung usw. Das interessiert mich sehr.

Radierung ist ein ganz präzise planbarer Prozess, der sich besonders gut für Manipulationen eignet. Wenn ich bedenke, wie sehr Sie sich für Schichtungen interessieren, finde ich es wirklich erstaunlich, dass Sie bisher noch nicht mit den konventionellen Drucktechniken experimentiert haben.

Ich denke, das war vor allem eine Frage der Zeit. Ich war zu beschäftigt mit dem Malen; aber jetzt hoffe ich mehr mit Drucktechniken experimentieren zu können.

Haben Sie jemals Radierungen gemacht?

Nein, nie. Ich habe noch nie eine Radiernadel in der Hand gehalten.

Experimentieren Sie gern?

Ja und nein – ich habe seit Jahren ausschließlich mit Ölfarbe gearbeitet. Das ist so ein dankbares Mittel. Man kann alles damit machen, übermalen, wegwischen, abkratzen, dünn oder flüssig auftragen. Es gibt so viele Möglichkeiten, und deshalb hat es mich nie sonderlich interessiert, andere Medien auszuprobieren.

Sie haben auch Ihre Zeichnungen selten gezeigt. Woran liegt das? Waren sie Ihnen zu persönlich?

Ja, da ist etwas dran. Und ich habe auch nur ganz wenige Zeichnungen gewagt. Erst dieses, nein letztes Jahr habe ich mich an Aquarelle herangetraut. Davor habe ich das nur ganz selten gemacht, und dann, 1984, plötzlich sehr viele. Fred Jahn hat ein Buch damit herausgebracht[3], und das hat mich ermutigt, etwas Persönliches, etwas Kleines zu machen. Früher habe ich solche Dinge als zu künstlerisch verachtet, zu typisch, als das, was der typische Künstler eben macht – schöne Zeichnungen.

Sie haben Angst vor der Schönheit? Sie denken, Schönheit ist zu nahe an der Ästhetik?

Ja, ja, Schönheit hat so einen merkwürdigen Beigeschmack.

Ihre Zeichnungen also auch?

Noch schlimmer.

In der Ölmalerei haben Sie also die absolute Kontrolle, die Sie suchen?

Ja, und die Bilder sind größer, haben mehr Wirkung. Und ich brauche den Eindruck, den ein Ölbild macht. Das können die kleinen Arbeiten nicht. Ich muss das sofort sehen.

Aber da scheint noch mehr zu sein. Ihre Farbfelder und Ihre großen Bilder schaffen ein ganzes Umfeld. In Ihrem Atlas habe ich Zeichnungen von ganzen Räumen gefunden, Architekturzeichnungen.

Oh ja, das ist so ein Traum von mir – dass die Bilder zum Umfeld werden, selbst Architektur werden, das wäre noch viel wirkungsvoller.

Dass Malerei so konkret wie möglich wäre? Eine Präsenz zu erreichen, wie man sie in der Architektur findet? Ein Gebäude steht einfach da und ist unausweichlich.

Deshalb hasse ich manchmal die Architekten so sehr. Ein Gebäude zu errichten ist so ein brutaler, aggressiver Akt. Malerei ist nie so... Man braucht nicht hinzusehen. Glücklicherweise kann man Bilder nicht in Gebäude verwandeln.

Sind Sie an technischen Fragen interessiert? Sie führen uns ja mit großer Sorgfalt alle malerischen Techniken vor...

Oh, das ist mir noch nicht aufgefallen, aber es stimmt...

Selbst ein kleines Bild enthält viele verschiedene Malmethoden. Manchmal tragen Sie die Farbe ganz flach auf, dann wieder reliefartig...

Ich glaube, das rührt von der Musik her. Es ist, als spielte man auf nur einem Instrument. Wenn man eine Note auf der Geige spielt, klingt sie ganz anders als auf der Trompete, usw.

Es wäre zu langweilig, nur auf einem einzigen Instrument zu spielen.

Spielen Sie selbst ein Instrument?

Nein, aber ich höre gern Musik, alles von klassisch bis modern, von Mozart und Schönberg bis Glenn Branca[4].

Hören Sie beim Malen Musik?

Ganz selten. Ich fürchte, ich würde anfangen, die Bilder zu lieben. Sie werden ganz prima, bloß stimmen sie leider nicht. Man wird zu unkritisch.

Gibt es eine Verbindung zwischen Ihrer Kunst und der russischen Kunst der 20er Jahre? Eine Ihrer Zeichnungen trägt den Titel Tatlin, *und in anderem Zusammenhang haben Sie Malewitsch erwähnt.*

Nein, das sind wichtige Künstler, aber ich kann mich beim besten Willen nicht daran erinnern, eine Zeichnung *Tatlin* genannt zu haben. Und Malewitsch habe ich nur erwähnt, um zu sagen, dass gemalte Bilder immer illusionistisch sind. Wenn Sie in Malewitschs *Schwarzem Quadrat* nichts sehen, ist das Bild bloß ein blöder schwarzer Fleck. Da gibt es schon eher Verbindungen zum Informel oder vielleicht zur Romantik. In diesen Bildern ist keine Hierarchie, und deshalb enthalten sie eher einen philosophischen Aspekt. Es gibt keine Ordnung, alles ist aufgelöst, revolutionär, anarchistisch, der Beginn der Anarchie.

Sehen Sie in Ihren Bildern Anarchie?

Notwendigerweise, ja.

Weil es in Ihrer Malerei keine Hierarchien gibt?

Weil ich keine Hierarchien habe, bzw. weil wir keine haben.

Das sind allerdings zwei verschiedene Dinge. Das kann Revolution und Anarchie sein, es kann aber auch ein Reflex des zeitgenössischen Lebens sein.

Genau. Und das ist sehr positiv, wir bringen so oder so Ordnung hervor. Ich denke, meine Bilder sind sehr komponiert, aber informell, weil sie keine Hierarchien haben.

Welche Rolle spielt die Ironie?

In der Malerei mag ich sie nicht, weil es bessere Mittel gibt, um Distanz, Übertragung oder indirekte Äußerungen zu erzielen, wie zum Beispiel Kunst anstelle von Ironie.

Doch wenn Sie soviel Wert auf Details legen, scheinen Sie wohl nicht völlig auf Distanz zu gehen.

Nein, das geht nicht, so kann man nicht leben. Ich habe es versucht. Meine Bilder wurden immer unpersönlicher und allgemeiner, bis nichts mehr übrigblieb als monochromes Grau oder Farben nebeneinander, irgendeine Farbe eben. Damals hielt ich mich völlig aus meinen Bildern heraus. Aber dabei fühlte ich mich auch nicht besonders wohl. So kann man nicht leben, und deshalb entschied ich mich, das genaue Gegenteil zu malen. Ganz bewusst, quasi als Erlösung nach all dem Grau, habe ich die Entscheidung getroffen, zu überleben, polychrom zu malen, kompliziert und kitschig.

Und jetzt geht es Ihnen gut?

Besser.

Sie werden jetzt auch immer berühmter...

...ja, das ist ziemlich komisch...

...wird Ihnen das Malen dadurch erschwert?

Im Moment ja. Ich bin es nicht gewohnt, gefragt zu sein, Anrufe und Angebote zu bekommen. Plötzlich habe ich den Antrieb zum Malen verloren. Aber das ist schon in Ordnung. Man kann sich seine Freiheit schon bewahren.

Haben Sie das Gefühl, dass Sie für den Markt arbeiten?

Ich möchte dieses Gefühl um jeden Preis vermeiden. Deshalb male ich nicht für Ausstellungen, sondern wähle aus dem Material aus, das ich habe.

Ist nicht auch das Gefühl irritierend, für ein anderes Publikum zu malen? Für ein Publikum, das Fragen stellt...

...und Erwartungen hat. Das ist eine bedrückende Verantwortung. Es ist wie eine Norm; jetzt musst du gute Bilder abliefern – vorausgesetzt sie sind gut – sie werden für gut gehalten, und jetzt wollen sie mehr davon.

Nehmen wir einmal an, Sie sind die Art, wie Sie zur Zeit malen, leid, doch der Markt verlangt sie noch.

Ich bin bisher damit ganz gut zurechtgekommen. Ich habe mit der Foto-Malerei aufgehört, bevor es sein musste und habe etwas ganz anderes angefangen. Mit diesen verwischten Familien-Bildnissen wäre ich sicher auch viel berühmter geworden, wenn ich sie weitergemacht hätte. Aber ich habe es nicht eilig.

Überhaupt frage ich mich, wie es in Deutschland mit der zeitgenössischen Malerei weitergeht. In den vergangenen beiden Jahren haben ein paar deutsche Maler auf dem amerikanischen Markt unglaublichen Erfolg gehabt. Aber der amerikanische Markt wird sehr von der Mode bestimmt und lässt Künstler auch schnell wieder fallen. Haben Sie davor Angst?

Ein bisschen, aber nicht allzu sehr. Ich glaube außerdem, dass es so nicht weitergehen wird, dass der Markt sich wieder beruhigt. Aber ich bin auch nicht mehr dreißig, und deshalb ist es nicht so schlimm.

Sie fühlen sich einigermaßen sicher?

Ja, und außerdem habe ich einen Job. Ich unterrichte an der Düsseldorfer Akademie. Ich fühle mich ziemlich sicher.

Haben Sie jemals bei Beuys studiert?

Ich habe zuerst in Dresden studiert. Als ich nach Düsseldorf kam, hatte Beuys gerade begonnen, dort zu unterrichten, aber ich habe nie bei ihm studiert. Merkwürdigerweise haben wir immer relativ viel Distanz zueinander gehabt. Manchmal treffen wir uns zufällig, aber wir haben nicht viel miteinander zu tun.

Aber Sie haben sich auch für Fluxus interessiert, nicht wahr?

Ja, Fluxus hat mich sehr beeindruckt. Es war so absurd und destruktiv. Es hat mich dazu angeregt, regelrechten Unsinn auszuprobieren, Fotos in Öl abzumalen beispielsweise.

Können Sie mir etwas über Ihr Manifest des Kapitalistischen Realismus[6] *erzählen?*

Das war ein Stück, das ich 1963 mit Konrad Lueg in der Möbelabteilung eines Warenhauses gemacht habe. In einigen Zeitungen war es als Ausstellungs-

Eröffnung angekündigt, aber die Leute, die kamen, wussten nicht, dass es eine Art Happening sein sollte. Ich bin jedenfalls nicht ganz einverstanden damit, dass es so berühmt geworden ist. Es war einfach ein großer Spaß, und der Begriff „Kapitalistischer Realismus" traf den Nagel auf den Kopf. Aber es war nichts Großartiges.

Denken Sie also, dass der Künstler eine gesellschaftliche Funktion hat, oder ist er Ihrer Meinung nach völlig ungebunden?

So ungebunden wie ein Wissenschaftler und ebenso gesellschaftlich. Die Rolle des Künstlers besteht nicht darin, der Gesellschaft etwas beizubringen.

Sie zeigen uns, wie man etwas sehen kann. Ist das nicht auch eine Form des Lehrens?

Wie jedes andere, oder sagen wir, wie jedes humanistische Lehren. Das macht auch ein Psychologe; er zeigt uns, was er gefunden hat. Das ist durchaus gesellschaftlich.

Aber Sie definieren den Künstler nicht wie Beuys als politisches Wesen?

Nein. Ich verstehe ohnehin nicht ganz, wie er das meint. Beuys ist eine Kategorie für sich, mit nichts zu vergleichen.

Kann Kunst denn politisch sein?

Manchmal. Zu gewissen Zeiten hat es politische Künstler gegeben. Beuys ist einer von ihnen. Oft sind politische Künstler sehr langweilig, aber auch manchmal sehr gut, wie John Heartfield oder Käthe Kollwitz. Häufig sind politische Künstler aber auch einfach zu engstirnig, zu uninteressant.

Ich nehme an, davon haben Sie in Ostdeutschland eine ganze Reihe gesehen.

Ja, Sozialistischer Realismus ist absolut idiotisch, er bringt überhaupt nichts, ist sinnlos, die pure Illustration. Und die Leute haben nichts davon. In dieser Kunst ist nichts neu und lebendig. Das ist hier in Amerika so gut, die Leute sind dynamischer als in Deutschland.

Wenn Sie in Ihren Bildern Ansichten von Details oder Fragmenten zeigen, sind diese Details dann nach dem Zufallsprinzip ausgewählt?

Nein, letztendlich sind es keine Readymade-Details. Ich fange irgendwo an, und sie ergeben sich dann bei der Arbeit.

Welche Rolle spielen dann die Ränder und der Rahmen in Ihrer Arbeit?

Da hört das Bild auf. Das ist der Rahmen, in dem man arbeitet. In der Musik ist das die Zeit, eine Stunde oder fünf, oder ein Zweiminutenstück. Alles braucht ein Maß, sowie die offene Tür einen Rahmen hat, wie Musil sagt, weil sie sonst grenzenlos wäre.

Und Ihre Malerei auf Glas, und die Spiegel? 1981 haben Sie Rechtecke aus Spiegelglas gerahmt.

Sie sind wie der Türrahmen.

Was wir in diesem Rahmen sehen, ist jedoch unbestimmt, es wandelt sich je nach Platzierung des Stücks. Sagen Sie mit diesen Arbeiten nicht, dass, was wir sehen, unbestimmbar ist?[7]

Notizen 1986

18.2.86 Meine Landschaften sind ja nicht nur schön oder nostalgisch, romantisch oder klassisch anmutend wie verlorene Paradiese, sondern vor allem ‚verlogen' (wenn ich auch nicht immer die Mittel fand, gerade das zu zeigen), und mit ‚verlogen' meine ich die Verklärung, mit der wir die Natur ansehen, die Natur, die in all ihren Formen stets gegen uns ist, weil sie nicht Sinn, noch Gnade, noch Mitgefühl kennt, weil sie nichts kennt, absolut geistlos, das totale Gegenteil von uns ist, absolut unmenschlich ist.

Jede Schönheit, die wir in der Landschaft sehen, jede bezaubernde Farbigkeit, Friedlichkeit oder Gewalt einer Stimmung, sanfte Linienführung, großartige Räumlichkeit und was weiß ich, ist unsere Projektion, die wir auch abschalten können, um im selben Moment nur noch die erschreckende Grässlichkeit und Hässlichkeit zu sehen.

Die Natur ist so unmenschlich, dass sie nicht einmal verbrecherisch ist. Sie ist das, was wir wesentlich überwinden, ablehnen müssen – denn bei aller übermächtigen Entsetzlichkeit, Grausamkeit, Erbärmlichkeit, die uns zu eigen ist, sind wir doch noch in der Lage, einen Funken Hoffnung zu produzieren, der mit uns entstanden ist, den wir auch Liebe nennen können (die nichts mit dem bewusstlosen, animalischen Säugetier-Pflegeverhalten zu tun hat) – die Natur hat nichts davon, ihre Blödheit ist absolut.

21.2.86 Beuys. Dieses Phänomen, das uns vor 25 Jahren überraschte, bald danach aufschreckte, Bewunderung, Neid, Verstörung, Wut auslöste; dieser absolute Einzelgänger, der all die Konventionen brach, die uns bei aller Aufsässigkeit der Rahmen waren, in dem wir ‚es treiben' konnten, relativ geschützt (vor allem im Vergleich mit dem Gesellschaftssystem, was die meisten von uns kannten – DDR). Im Lauf der Jahre gewöhnten wir uns an ihn, sein Wirken schockierte nicht mehr, kritische Distanz stellte sich ein, zuletzt war er ein guter, ehrbarer Künstler, gewissermaßen relativiert.

Sein Tod nun verlebendigte die einzigartige Qualität schlagartig, all die frühen (kindlichen) Fragen erheben sich erneut. Sein Tod hat eine aktivistische Qualität, die etwas in mir berührt, was mein Rationalismus längst verdrängt hat, etwas Mystisches, Übermenschliches. Ich habe Angst davor. Ich möchte eher die normale, nicht allzu bewusste Bequemlichkeit.

(Wie soll ich hoffen, dass seine Werke [was ist das?] nur gut sind und bleiben, wenn ich zutiefst wünsche, dass sie eine Grenze überschreiten, die ich selbst brechen möchte? – Ich bin ein populärer Künstler, ein Maler im Rahmen seines Fachs, ich möchte das erfolgreich bleiben; mit aller Unzufriedenheit und verzweifelten Sehnsucht; mit aller Angst vor dem Tod und vor der ‚Grenzüberschreitung'.)

25.2.86 Idee als Ausgang für ein Bild, das ist Illustration. Umgekehrt führt das ideenlose Agieren und Reagieren zu Form, die benannt und erklärt werden kann und somit Idee verursacht („Am Anfang war die Tat").

Noch anders gesagt: nicht die Lehre von Marx schuf Veränderungen, sondern die neuentstandenen Fakten verursachten deren Interpretation und damit Ideologie. Der Ideologie gemäßes Handeln schafft ohnehin nur unlebendiges Zeug und wird leicht zum Verbrechen.

17.3.86 Das Verbrechen, das die Welt erfüllt, ist so absolut, dass wir vor Verzweiflung den Verstand verlieren könnten. (Nicht nur in den Folter-Systemen, in KZs, auch in den zivilisierten Ländern besteht es fortwährend und nur quantitativ anders – täglich wird misshandelt, vergewaltigt, geschlagen, gedemütigt, gequält und gemordet – grausam, unmenschlich, unbegreiflich.) Unser Entsetzen, das sich dann einstellt, wenn wir die Wahrnehmung des Schrecklichen zulassen oder zulassen müssen (lebensnotwendig schützen wir uns mit Ignoranz und Wegsehen) – dieses Entsetzen wird nicht nur von der Angst, dass es uns treffen könnte, genährt, sondern auch von der Gewissheit, dass die mörderische Grausamkeit ebenso in jedem von uns wirkt und bereitsteht.

Ich wollte eigentlich notieren, dass ich die einzige oder eine große Hoffnung in der Kunst sehe, dass wir sie also entschieden genug fördern müssen. – Ich wurde unterbrochen, als ich bei der Feststellung, dass in jedem diese Grausamkeit bereitsteht, etwas wie Hoffnung spürte, so als würde gerade von dieser Tatsache her eine Besserung möglich sein, ein Ansatz, etwas tun zu können.

18.3.86 Formalismus bezeichnet etwas Negatives, ausgedachtes Zeug, Farb- und Formspielereien, leere Ästhetik.

Wenn ich sage, ich gehe von der Form. aus, und ich möchte, dass sich der Inhalt aus der Form entwickelt (und nicht umgekehrt für eine literarische Idee eine Form gefunden wird), dann entspricht das meiner Überzeugung, dass die Form, also der Zusammenhang von Formelementen, also die Struktur des Erscheinungsbildes von Materie (= Form), dass das einen Inhalt erzeugt und dass ich die Entstehung des Erscheinungsbildes steuern kann, um damit diesen oder jenen Inhalt zu erhalten.

Ich muss nur im Sinne der Gesetzlichkeiten, Bedingungen der Form handeln, um eine richtige Materialisation zu erzeugen.

Zum einen werde ich bei diesem Bemühen von der Musik unterstützt (Schönberg und jede andere reine Musik entwickelt sich aus ihren Eigengesetzlichkeiten und nicht aus dem Bemühen, für eine bestimmte Aussage eine Form zu finden), und zum anderen finde ich die wesentliche Bestätigung in der Natur, die materielle Veränderungen hervorbringt ohne inhaltliche Absicht (oder Ursache), sondern aus den eigenen Bedingungen heraus diese oder jene Gestalt annimmt; je komplizierter sie das tut, desto brauchbarer sind ihre ‚Inhalte', sind ihre Eigenschaften, ihre Fähigkeiten. Die Frage nach dem Inhalt ist also Quatsch, d. h. es gibt überhaupt nur Form. Es gibt nur ‚etwas', es gibt nur, was es gibt.

21.3.86 ‚Mitteilungen', also Inhalt: (fast) immer, wenn Maler etwas ‚mitteilen', illustrieren, veranschaulichen sie ihre Dummheit, ihre Mitteilungen sind stets peinlich, langweilig, verlogen, gepfuscht, elend und aggressiv (Paradebeispiel: Kucki, Kia und Klemente[1]) – die einzige Ausnahme ist Beuys, und auch er ist am besten, eindringlichsten, wenn die ‚Mitteilung' nicht direkt ablesbar ist, z. B. im *Blitzschlag*, der alles andere als die Abbildung eines Blitzes ist (ein ganz großes Werk). – Aber ansonsten ist diese Mitteilungskunst in dreifacher Hinsicht dumm: die an den Haaren herbeigezogenen Geschehnisse sind schon an sich von unsäglich hilfloser Blödheit, hinzu kommt folgerichtig die schamlose Dummheit der ‚malerischen Darstellung' dieser Begebenheiten, samt ihrer dummdreisten Betitelung, und zum dritten wird die unüberbietbare Dummheit dadurch absolut, dass sie die Erkenntnis, die Ahnung verhindert, dass Malerei, wenn sie in der Lage sein sollte, irgendeinen Beitrag, wenigstens den allerkleinsten, zu leisten, das genaue Gegenteil von solchem Mitteilungskunsthandwerk sein muss. Und diese dreifache schreiende Dummheit wird tatsächlich noch überboten von denen, die sie fördern.

28.3.86 Grundsätzlich bin ich Materialist. Geist, Seele, Wollen, Fühlen, Ahnen etc. haben materielle Ursachen (mechanische, chemische, elektronische etc.) und verlöschen mit ihrer physischen Grundlage wie die Leistungen eines Computers, wenn er zerstört, ausgeschaltet wird.

Kunst basiert auf diesen materiellen Bedingungen. Sie ist eine besondere Weise unseres täglichen Umgangs mit Erscheinung, in der wir uns und alles uns Umgebende erkennen. Kunst ist also die Lust an der Herstellung von Erscheinungen, die mit denen der Wirklichkeit vergleichbar sind, weil sie mit ihnen mehr oder weniger Ähnlichkeit haben. Damit ist die Kunst eine Möglichkeit, alles anders zu denken, die Erscheinung als grundsätzlich unzugänglich zu erkennen; damit ist sie ein Instrument, eine Methode, das uns Verschlossene, Unzugängliche (banale Zukunft genauso wie das grundsätzlich Unerkennbare, Metaphysische) anzugehen; damit hat die Kunst bildende und therapeutische, tröstende und aufklärende, forschende und spekulierende Funktion; damit ist sie nicht nur existentielle Lust, sondern Utopie.

21.4.86 Diese plausible Theorie, dass meine abstrakten Bilder ihr Motiv während der Arbeit entwickeln, was einerseits zeitgemäß ist, weil es kein zentrales Bild (Weltbild) mehr gibt, also wir uns, ausgesetzt auf einer Art Müllhalde, ohne Mitte, ohne Sinn, alles selbst erarbeiten müssen, mit diesem fortschrittlichen Zustand einer bisher ungekannten Freiheit klarkommen müssen, und was andererseits einem generellen Prinzip der Natur entspricht, die auch nicht einen Organismus nach einer Idee entwickelt, sondern im Rahmen ihrer Gegebenheiten und mit Hilfe des Zufalls Gebilde und veränderte Gebilde entstehen lässt – diese Theorie ist so unnütz wie lächerlich, wenn ich schlechte Bilder male.

25.4.86 „Wenn sich Kunst dem Fortschritt entzieht und [...] Ideen ebenso entsagt wie [...] Theorien, kann sie jenes Maß an Unbefangenheit und Naivität und Geistesgegenwart zurückgewinnen, das sie braucht wie der Fisch das Wasser, um selbstverständlich zu werden“ (schrieb Heinz Friedrich). Auf den ersten Blick erfülle ich zwar diese Anforderungen dieses mir widerlichen Satzes (nie war ich ‚modern‘, nie ‚radikal‘, nie mit einem Kunstbegriff zu erfassen), aber der Satz stimmt hinten und vorn nicht. Entweder hat es nie in der Geschichte der Menschheit (und darüber hinaus) Fortschritt gegeben, was zu behaupten unsinnig wäre, oder den Fortschritt gibt es auch jetzt nicht, trotz der scheinbaren und tatsächlichen Rückschrittlichkeit der heutigen Kunst, die sich postmodern oder trivial oder rotzig dumm gebärdet. Vor allem kränkt mich die schlaffe Resignation solcher Leute, die letztlich doch nur einen Verlust einer Mitte bejammern und zu bequem sind, auf die scheinbaren Annehmlichkeiten einer verrotteten dümmlichen Ersatzkunst zu verzichten. Kunst heute, das ist das Party-Gesabber, das die Stelle der existentiellen Feier eingenommen hat, das ist die neue Unbefangenheit und Naivität, die wir haben. (Ich muss mir angewöhnen, nie mehr so was zu lesen, nie mehr eine moderne Ausstellung anzusehen, vor allem alle diese Einladungen unbesehen wegzuwerfen.)

12.10.86 Was soll ich malen, wie soll ich malen?

Das Was ist das Schwierigste, denn es ist das Eigentliche. Das Wie ist vergleichsweise leicht. Mit dem Wie beginnen ist leichtsinnig, aber legitim. Das Wie anwenden, also die Bedingungen der Technik, des Materials wie die der physischen Möglichkeiten – im Hinblick auf die Absicht nutzen. Die Absicht: nichts erfinden, keine Idee, keine Komposition, keinen Gegenstand, keine Form – und alles erhalten: Komposition, Gegenstand, Form, Idee, Bild. Bereits in meiner Jugend, wo ich mit einer gewissen Naivität ‚Themen' hatte (Landschaften, Selbstportraits), spürte ich sehr bald dieses Problem, kein Sujet zu haben. Natürlich griff ich Motive auf und stellte sie dar, aber meistens mit dem Gefühl, dass das nicht die eigentlichen, sondern aufgesetzte, abgegriffene, künstliche seien. Die Frage, was soll ich malen, zeigte mir meine Ohnmacht, und oft beneidete ich (beneide bis heute) die mittelmäßigsten Maler um ihr ‚Anliegen', das sie mit Ausdauer mittelmäßig darstellen (im Grunde verachte ich sie dafür).

1962 fand ich den ersten Ausweg; indem ich Fotos abmalte, war ich enthoben, mir das Sujet zu wählen, zu konstruieren. Zwar musste ich die Fotos auswählen, aber das konnte ich in einer Weise tun, die das Bekenntnis zum Sujet vermied, also mit Motiven, die wenig Image hatten oder unzeitgemäß waren. Also das Aufgreifen der Fotos, das Abmalen ohne Veränderung, ohne Übersetzung in eine moderne Form (wie Warhol u. a.) war ja schon grundsätzlich sujetvermeidend. Dieses Prinzip hielt ich bis auf wenige Ausnahmen (Türen, Fenster, Schatten, die ich alle nicht mag) bis heute durch. Graue Bilder, Farbtafeln, Vermalungen, kleine Abstrakte (so voller geplanter Willkür, dass sie also genauso aussagelos waren), ‚weiche' Abstrakte, die das Nicht-Sujet von den kleinen Abstrakten übernahmen und durch Unschärfe und Vergrößerung eine Variante des Nicht-Zeigens waren. Bei den großen Abstrakten ist es genauso; und dazu im Widerspruch stehend stets die Absicht, die Hoffnung, ein Sujet quasi geschenkt zu erhalten, eines, das ich nicht erfunden habe und das dafür allgemeiner, besser, weniger verbrauchbar, allgemeingültiger sein müsste. Natürlich ist das nicht die Wahrheit, da ich ununterbrochen komponiere und vor allem auslösche, also vermeide und mich nur auf ein sehr kleines Repertoire beschränke, d. h. ganz absichtsvoll mich verhalte; dann der Bezug zur Musik, diese immer wieder probierten Ansätze, eine musikalisch verstandene Struktur und differenzierte Instrumentierung zu schaffen. Diese vielen Misserfolge, ich muss mich wundern, dass die Bilder ab und zu überhaupt etwas Ansehnliches aufweisen, denn im Grunde sind sie alle klägliche Beweise des Unvermögens und des Scheiterns (bei dem Versuch, dieses Unvermögen zu überwinden). Aber es ist auch nicht wahr, dass ich nichts Bestimmtes wolle – es ist wie bei meinen Landschaften: ich sehe unzählige Landschaften, fotografiere kaum eine von 100.000, male kaum eine von 100 fotografierten. Ich suche also etwas ganz Bestimmtes; ich kann daraus schließen, dass ich weiß, was ich will.

25.10.86 Diese anhaltenden Schwierigkeiten. Eine ständige, seit Jahrzehnten, eigentlich von Anfang an bestehende Arbeitskrise. Die personifizierte Krise. (Vielleicht verwechsle ich hier was, vielleicht ist das die ganz normale Arbeit.)

Interview mit Benjamin H. D. Buchloh 1986

Kanntest Du die Geschichte der Avantgarde im 20. Jahrhundert, als Du 1961 nach Westdeutschland kamst? Was wusstest Du vom Dadaismus und vom Konstruktivismus – insbesondere von Duchamp, Picabia, Man Ray, Malewitsch? War all das unmittelbar nach Deiner Ankunft eine große Entdeckung, oder war das ein allmählicher, im einzelnen nicht kontrollierbarer Absorbierungs- und Lernprozess?

Eher das letztere: ein unkontrollierter und allmählicher Lernprozess. Ich kannte ja nichts; nicht Picabia, nicht Man Ray oder Duchamp. Ich kannte nur Künstler wie Picasso und Guttuso, Diego Rivera und natürlich die Klassiker bis zu den Impressionisten, denn alles danach war in der DDR als bürgerliche Dekadenz diffamiert. Und derart naiv besuchte ich 1958 die *documenta* in Kassel und war ungeheuer beeindruckt von Pollock und Fontana.

Erinnerst Du, was Dich an Fontana und Pollock besonders beschäftigt hat?

Die Unverschämtheit! Von der war ich sehr fasziniert und sehr betroffen. Ich könnte fast sagen, dass diese Bilder der eigentliche Grund waren, die DDR zu verlassen. Ich merkte, dass irgend etwas mit meiner Denkweise nicht stimmte.

Kannst Du ‚Unverschämtheit' qualifizieren? Das hat ja etwas Moralisches an sich, das meinst Du ja sicherlich nicht.

Doch, das meine ich damit schon, denn da lebte ich in so einem Kreis, der ein moralisches Anliegen für sich in Anspruch nahm, der überbrücken wollte, einen Mittelweg suchte zwischen Kapitalismus und Sozialismus, einen sogenannten dritten Weg. Und so kompromisslerisch war auch dann unsere Denkweise und das, was wir in der Kunst suchten. Das war also gar nicht radikal, um das treffendere Wort für unverschämt zu nennen, und das war nicht wahrhaftig, sondern voller falscher Rücksichten.

Rücksichten gegen wen oder was?

Zum Beispiel auf traditionelle künstlerische Werte. Vor allem merkte ich, dass diese ‚Schnitte' und dieses ‚Gekleckse' nicht ein formaler Gag waren, sondern bittere Wahrheit und Befreiung, dass also da ein ganz anderer und neuer Inhalt zur Sprache kam.

Die Gründe hast Du dann immer existentiell vermittelt gesehen, nie als formale Notwendigkeit oder als nächste Schritte in der langen Entwicklung, die vorbereitet war in den ersten Jahrzehnten des 20. Jahrhunderts oder als Überlegungen zu bildnerischen Problemen? Das ist eine Denkweise, die Dir vollkommen fremd war?

Und fremd geblieben ist.

Deshalb fragte ich nach Deiner Vertrautheit mit der ersten Generation der Avantgardekünstler um 1915–1925. Du sagtest: praktisch nicht existent; was auf viele Künstler Deiner Generation zutrifft. Das lag an der allgemeinen Verdrängung, am Weltkrieg, aber auch an vielen anderen Problemen. Das gleiche trifft ja auch auf amerikanische Künstler zu, die weder Faschismus noch Weltkrieg direkt im eigenen Land erlebt hatten. Die haben Dadaismus und Konstruktivismus genauso missverstanden oder verdrängt wie die Europäer. Und wenn Du sagst, Fontana und Pollock waren die ersten, die Dich so berührt haben, dass sie fast Deine Emigration aus der DDR mit eingeleitet haben, wer war in diesem Lernprozess der nächste? War das Rauschenberg oder Johns, oder war es Yves Klein und Manzoni?

Das ging natürlich langsam; und vorläufig interessierte ich mich mehr für Übergangsfiguren, die mir weniger radikal schienen: Giacometti, Dubuffet und Fautrier zum Beispiel.

Fautrier – kannst Du rekonstruieren, was Dich an ihm interessiert hat?

Die pastose Malweise, das malerisch Schmuddelige, das Amorphe und Materielle.

Also könnte man sagen, Dich interessierte der antikünstlerische Impuls in der Malerei, das gilt ja auch für Fontana und Pollock.

Ja, und das, was nichts mit der Vergangenheit zu tun haben wollte.

Und Tàpies?

Er kam mir immer zu dekorativ vor.

Also zu wenig existentielles Gewicht?

Fast gar keins, wie sich vor allem heute zeigt.

Das ist ein gewisser Widerspruch. Vorhin sagtest Du, Pollock und Fontana waren wirklich wichtig, weil sie ein Krisenbewusstsein vermittelten und ein existentielles Gewicht mit sich trugen. Ich hatte versucht, das aufs Formale zu reduzieren. Das war Dir unakzeptabel, das heißt, dass Du offensichtlich von Anfang an auf eine bestimmte Synthese aus warst in dem, was malerische Praxis bedeuten kann und wie sie bedeuten kann, die sich von Konventionen, wie sie damals gegeben waren, absetzte. Also alles, was formal sehr viel radikaler war, nicht literarisch war, nicht erzählerisch, nicht symbolisch war, schien Dir eigentlich wichtiger zu sein.

Ja, weil mir das mehr sagte.

Wie stand es mit den Malern der ‚New York School', also Anfang der 60er Jahre? Hast Du Barnett Newman und de Kooning zur gleichen Zeit gesehen wie Jackson Pollock?

Ich kannte sie kaum. Erst später habe ich sie durch Palermo etwas kennengelernt. Vielleicht Ende der 60er Jahre. Da sah ich unter anderem Bilder von Morris Louis, die sehr geschätzt wurden.

Von Dir auch?

Nein, ich fand es etwas beeindruckend, dass einer die Farbe so runterlaufen lässt, geschätzt habe ich das nicht.

Und Kenneth Noland?

Da kam ebensowenig rüber. Es war mehr der Ruhm dieser Leute, der mich erstaunte.

Hast Du Dich gefragt, wie es kommt, dass Dich amerikanische Maler mehr beschäftigten als europäische Malerei, geschweige denn deutsche Malerei?

Nein, das war für mich eine Selbstverständlichkeit, dass in Deutschland nichts los war. Mit so einer Vergangenheit.

Und was war mit der Vergangenheit vor der Nazizeit, wieso war das nicht diskutabel?

Die kannte ich nicht.

Machtest Du den Versuch, deutsche Avantgarde-Geschichte aufzuarbeiten?

Nein, oder nur sehr oberflächlich.

Siehst Du das heute als Problem, erstaunt Dich das jetzt, dass man damals nicht oder wenig von Schwitters gesprochen hat? Es gibt doch deutsche Künstler, große deutsche Künstler in der Avantgarde.

Die lernte ich eher über den Umweg Rauschenberg kennen, so auch Schwitters.

All diese Erwerbungen der 50er und 60er Jahre, durch die in der Bundesrepublik, dieser durch Krieg und Faschismus provinzialisierten Kunstlandschaft, der Modernismus rekonstruiert worden ist, das ist ja doch eine sehr artifizielle Rekonstruktion; wie wir gerade selber festgestellt haben. Die wichtigste deutsche Avantgarde fiel aus diesem Rekonstruktionssystem heraus: Schwitters, Hannah Höch, John Heartfield, der ganze deutsche Dadaismus war vergessen. Was rekonstruiert wurde, lief über die Vermittlung von Pariser Malerei und amerikanischer Malerei. Darauf basiert ja dann auch das deutsche Informel mit seiner ganzen Misere, und so sind bei uns die Fundamente der Modernität neu festgelegt worden. Das ist doch die Situation, die Du vorgefunden hast.

Die meine Basis ist.

Du siehst den Amerikaner Rauschenberg erst, dann entdeckst Du den deutschen Schwitters im Amerikaner. Das ist ein interessantes Paradox.

Ja, aber ich finde das nicht so schlimm. Ich sehe auch nicht in Schwitters den Erfinder und in Rauschenberg den Ausbeuter.

Das ist nicht die Frage. Die Frage ist, ob das etwas zu bedeuten hat. Hast Du Twombly in den frühen 60er Jahren auch gesehen; und war das interessant für Dich?

Ja, doch.

So sehr wie Rauschenberg?

Fast.

Und das Äquivalent im europäischen Zusammenhang zu Rauschenberg „Nouveau Réalisme" und „Décollage" – von Yves Klein einmal ganz abgesehen – hat keine vergleichbare Bedeutung gehabt, also die Décollage-Leute hast Du nicht gekannt?

Doch, die habe ich gekannt. Ich fand sie auch interessant, nur etwas zu altmodisch.

In welcher Weise altmodisch? Altmodisch wie Schwitters?

Vielleicht. Die Technik erschien mir so altmodisch.

Wieso das, es scheint doch radikaler zu sein als Malerei, wenn jemand hingeht und riesige Plakatfetzen von der Straße nimmt und als seine Arbeit erklärt.

Vielleicht war es Eifersucht, denn ich hatte nie so was erfunden, und ‚Erfindung' war ja damals sehr aktuell.

Und wie war Deine Beziehung zu Manzoni in der Zeit?

Schlecht, ich mochte ihn nicht. Am wenigsten seine Künstlerscheiße. Das ist mir so lustig wie ‚Berliner Luft', die man auch in Dosen kaufen kann.

Oder war Dir das auf einmal zu radikal? Du hast doch vorher die Unverschämtheit bei Pollock und Fontana hoch geschätzt. Das schien Dir doch gerade ein Punkt zu sein, der Dich zur Ausreise bewegt hat. Manzoni ging zu weit?

Der ging nicht weit genug. Er kam nur bis zum Witz, er kommentierte nur. Und er malte nicht.

Duchamp und Fluxus
Warhol und Pop Art

Und wie war Deine Kenntnis von Duchamp zu der Zeit?

Die entwickelte sich sehr langsam, eigentlich via Beuys. Ich sah 1963 die Duchamp-Ausstellung in Krefeld[I], die mich an Beuys erinnerte, und fing von da aus an, mich für Duchamp wirklich zu interessieren.

Harten schreibt, dass es bei Deinen Gläsern von 1968 keinen Duchamp-Bezug gibt, dass Du ihn also damals gar nicht gekannt hast. Das fällt mir schwer zu glauben.

Das ist ja auch wirklich schwierig zu sagen. Ich weiß zwar, dass ich das *Große Glas* damals nicht kannte; aber es kann ja sein, dass ich die Kenntnis davon so sicher verdrängt hatte, dass ich also ganz ohne Befangenheit meine vier Glasscheiben machen konnte. Und zurückblickend kann ich auch sagen, dass meine *Gläser* genau wie der *Akt auf der Treppe* etwas von einer Anti-Duchamp-Haltung haben, weil sie so schlicht und bewusst unkompliziert sind.

Wann hast Du die erste Pop Art gesehen? Bist Du zu der Amsterdamer Pop-Art-Ausstellung gefahren, oder hast Du Pop Art bei Ileana Sonnabend[2] in Paris gesehen?

Die erste Pop Art zeigte mir Konrad Fischer als Abbildung. Das war ein Herd, von Lichtenstein gemalt. Und dann etwas von Warhol, nicht ganz so extrem ‚unkünstlerisch' wie Lichtenstein, wie ich damals fand.

Das war 1963/64?

'63 oder '62. Und dann sind wir zu Ileana Sonnabend gefahren, um uns mit unserer Mappe als die „German Pop Artists" vorzustellen, und sahen bei dieser Gelegenheit die ersten Originale von Lichtenstein.

Lichtenstein war dann plötzlich wichtiger für Dich als Rauschenberg?

Ja, das hat erst später nachgelassen, als er etwas leer und dekorativ wurde. Wichtig waren mir damals Lichtenstein, Warhol und Oldenburg.

Kannst Du das genauer beschreiben, wieso die so wichtig waren? War die Vereinzelung des Gegenstandes im Gegensatz zu der komplizierten Beziehung bei Rauschenberg ein Argument?

Rauschenberg war zu artifiziell und zu interessant, er zeigt nicht diese verblüffende Vereinfachung.

Statt einer komplizierten Komposition, wie man sie bei Rauschenberg noch hat, die prak-

tisch dem Collage-Prinzip anhaftet, ist ja bei Lichtenstein und Warhol ein Gegenstand als vereinzelter Gegenstand wie ein Ready-Made präsentiert.

Ja.

Wie steht es mit der Technik; hat diese perfektionistische Technik von Lichtenstein Dich angezogen?

Ja, sehr, weil sie antimalerisch war. Gegen ‚peinture' gerichtet.

Hast Du die Bezüge zu Duchamp damals als eine Wiederentdeckung bei Lichtenstein und Warhol gesehen?

Du meinst den Ready-Made-Charakter? Sicherlich. Aber Duchamp hat auch einen sehr schönen Akt, *die Treppe herabgehend* gemalt.

Den Du in Krefeld gesehen hast?

Nein, viel später in Paris. Aber ich kannte den Akt von Reproduktionen. Ein sehr schönes Bild und ganz traditionell.

Von der Technik her, aber vom Gegenstand her ja nicht.

Auch vom Gegenstand her, ein Akt eben, trotz der futuristisch-kubistischen Auffassung.

Es ist für mich doch einigermaßen rätselhaft, wenn Du sagst: Lichtenstein und Warhol ja, aber nicht Johns. Der Unterschied muss dann also wirklich durch die Malweise bestimmt worden sein. Das heißt, dass bei Warhol und Lichtenstein selbst die Malweise, die Ausführung kritisiert wird. Hat Dich bei Johns das komplizierte Verfahren oder das Kunstvolle gestört?

Ja, denn Johns hielt an einer Kultur des Malens fest, die auch was mit Cézanne zu tun hat, und das lehnte ich ab. Deshalb malte ich ja auch Fotos ab, nur um nichts mit dieser Peinture-Kunst zu tun zu haben, die ja jede zeitgemäße Aussage verhindert...

Aber wenn Warhol dazu übergeht, die Bilder praktisch anonym im Siebdruck herstellen zu lassen, dann muss Dir das doch als Affront vorgekommen sein. Das war doch die Bedrohung Deiner eigenen Existenz, wenn plötzlich jemand demonstriert, dass das Malen durch Technik abgelöst wird. Das bedrohte doch den Sinn aller malerischen Techniken, auch wenn sie noch so vereinfacht sind.

Vielleicht bewunderte ich das, was ich nicht kann, wozu ich nicht in der Lage bin. So ging es mir auch mit den Minimalisten, die auch etwas taten, wozu ich nicht in der Lage bin.

Hast Du je versucht, ein Foto als Foto zu belassen, also ihm Bildqualität nur durch Vergrößerung, Unschärfe und sonstige Manipulationen zu verschaffen?

Selten, und es funktionierte nur bei Fotos von bereits gemalten Bildern.

Die theoretischen Implikationen, die Warhol dann unterstellt wurden, seine radikale Öffnung des Kunstbegriffs, seine anti-ästhetische Position, wie sie seit Duchamp nicht existiert hatte, waren ja auch als Qualität im Fluxus-Kontext gegeben. Das muss Dich doch damals sehr angezogen haben?

Das hat mich sehr angezogen, das war wirklich existentiell für mich, vor allem Fluxus.

Das sind Widersprüche, die schwer zu verstehen sind. Dass Du auf der einen Seite von Fluxus und von Warhol angezogen warst, aber auf der anderen Seite sagst: Ich konnte das nicht, ich wollte und konnte nur malen. Dass Du dann aber auch Deine Malerei auf der einen Seite diesem anti-ästhetischen Impuls angleichst, gleichzeitig aber auch eine malerische Position beibehältst: Das scheint mir fast eine der ganz typischen Widersprüchlichkeiten zu sein, aus denen Deine Arbeit sich wesentlich entwickelt hat.

Ja, es ist merkwürdig, aber ich empfinde es gar nicht als so widersprüchlich, sondern eher, als würde ich das gleiche nur mit anderen Mitteln tun, die weniger spektakulär, weniger avanciert sind.

Also die Verneinung des künstlerischen Produktionsaktes, wie sie durch Duchamp eingeleitet und durch Warhol wiederbelebt worden ist, war Dir nie akzeptabel?

Nein, denn der künstlerische Produktionsakt kann gar nicht verneint werden. Er hat nur nichts mit dem Talent des ‚Handgemachten' zu tun, sondern nur mit der Fähigkeit zu sehen und zu entscheiden, *was* sichtbar werden soll. *Wie* das dann hergestellt wird, hat nichts mit Kunst oder künstlerischen Fälligkeiten zu tun.

Von Malewitsch zu Minimal

Wann hast Du denn die ersten großen abstrakten Maler wirklich kennengelernt? Mondrian und Malewitsch zum Beispiel?

Irgendwann im Westen, spät, ich weiß es nicht.

Aber sie waren genauso unzugänglich für Dich wie Schwitters? Das war Vergangenheit, sehr viel mehr Vergangenheit als ‚New York School' und Rauschenberg Vergangenheit war?

Ja, bis auf Mondrian, den ich vom ersten Moment an sehr liebte, viel mehr als Malewitsch und diese Gruppe.

Wenn Du also '66 angefangen hast, nicht-figurative Bilder, Farbtafeln zu malen, hing das auch mit einer sehr direkten Konfrontation mit der aufkommenden Minimalkunst zusammen? War das wiederum eine Konfliktsituation mit der amerikanischen Dominanz oder war das auch durch eigene Entwicklung, die hier im engeren lokalen Bereich in Düsseldorf begründet war? Durch die Begegnung mit Palermo vielleicht?

Das hing sicher auch mit Palermo und seinen Interessen und später auch mit der Minimalkunst zusammen; aber als ich 1966 die Farbtafeln gemalt habe,

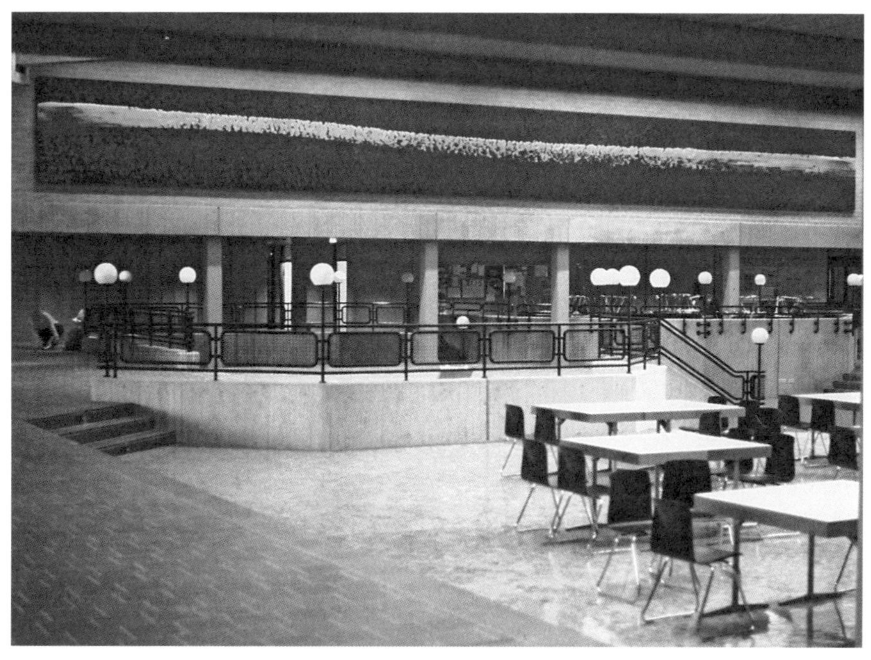

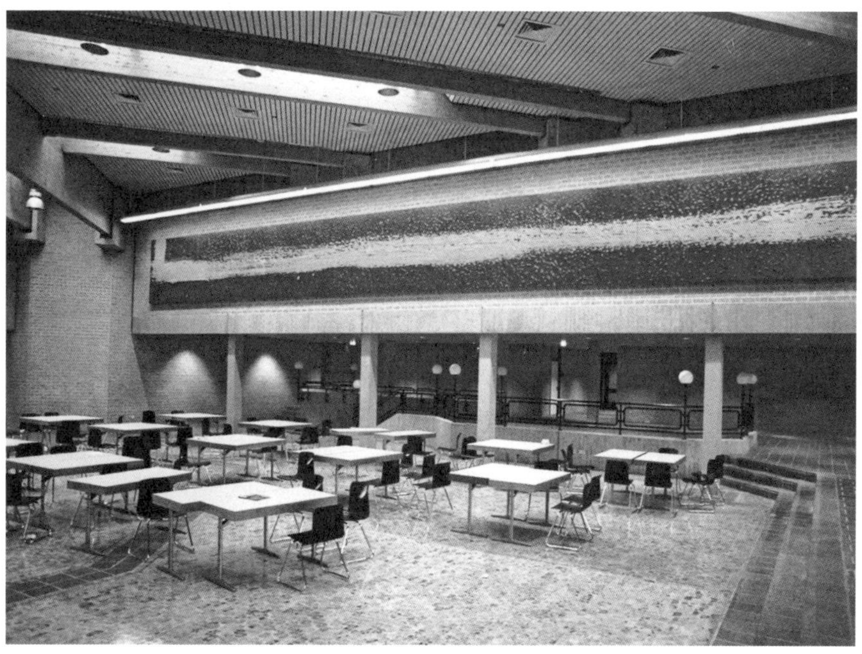

Strich (auf Rot), 1979
Strich (auf Blau), 1980, Bördeschule Soest

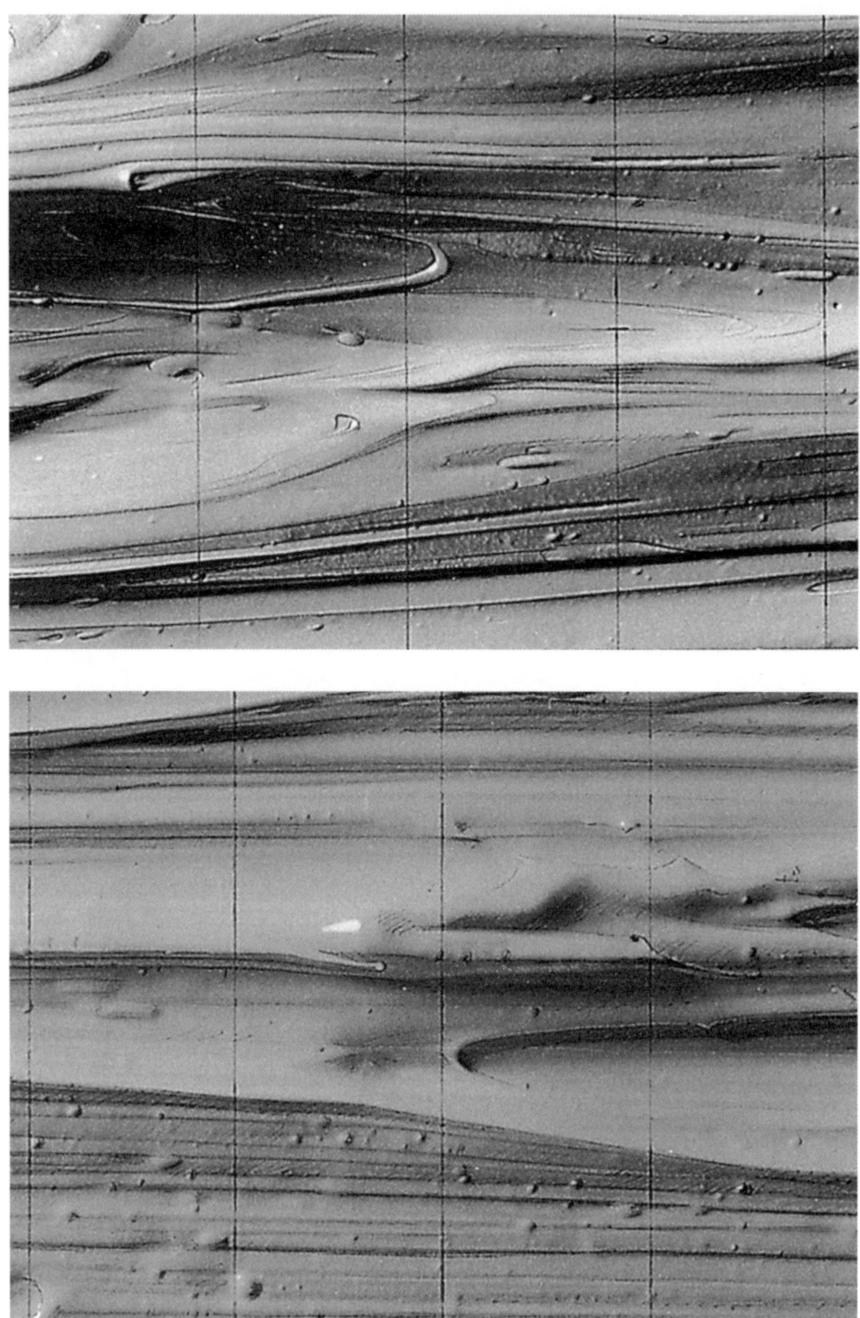

Fotos für *Blau und Gelb*, 1973

hatte das doch mehr mit Pop Art zu tun. Es waren ja abgemalte Farbmusterkarten, und der schöne Effekt dieser Farbmuster war, dass sie so gegen die Bemühungen der Neo-Konstruktivisten, Albers etc. gerichtet waren.

Kanntest Du damals Barnett Newman?

Nein. Aber den habe ich später richtig lieben gelernt.

Also, Deine Abstraktion war eher ein Angriff auf die europäische Abstraktionsgeschichte?

Angriff gegen die Falschheit und die Gläubigkeit, wie Abstraktion zelebriert wurde, mit verlogener Ehrfurcht – Andachtskunst, diese Quadrate, Kirchenkunstgewerbe.

Und die Abstraktion der Minimalkunst, die interessierte Dich?

Ja, die hat zwei, drei Farbtafeln grau gemacht.

Wie stand es mit Stella, wann hast Du den gesehen?

Früh, ohne interessiert zu sein.

Hast Du die ‚Schwarzen Bilder' gesehen?

In den 60er Jahren habe ich sie wohl gesehen.

Fandest Du die besser als Vasarély und Albers?

Ja, schon.

Kannst Du das rekonstruieren, warum es Dich relativ unbeteiligt gelassen hat?

Das war mir zu kunstgewerblich und dekorativ, so elegant wertvoll.

Und dass diese Bilder symmetrisch komponiert waren, hat Dich das nicht beeindruckt?

Teppiche sind auch symmetrisch.

Und Robert Ryman hast Du erst sehr viel später gesehen?

Vielleicht 1970 sah ich seine erste Ausstellung bei Konrad Fischer[3]. Das fand ich sehr gut.

Und warum war das besser oder anders?

Weil es erstmal *nichts* zeigte. Es entsprach mehr meiner Situation.

Welche Künstler waren die wichtigsten für Dich in den späten 60er Jahren?

Carl Andre, Sol LeWitt, Bob Ryman, Dan Flavin, Larry Weiner, Walter de Maria und andere.

Judd?

Nicht so sehr.

Und würdest Du sagen, dass Carl Andre Einfluss auf Deine Bilder hatte?

Ich habe ihn hoch geschätzt. Aber zu der Zeit malte ich auch romantische Landschaften.

Also die Serialität der grauen, monochromen Bilder hat mit der Minimalkunst nichts zu tun? Die Farbtafeln, die plötzlich ausdrücklich serielle Bilder sind, entweder als Einzelbild seriell strukturiert oder als Bildgruppe seriell aufgefasst werden.

Das Serielle hatte ja schon die Pop Art ins Spiel gebracht. Und bei den Farbtafeln, vor allem bei den späteren, könnte ich eher auf den Einfluss der konzeptionellen Kunst schließen, auf deren theoretische, didaktische Dimension. Aber im Grunde war es die schlichte Not, nicht zu wissen, wie ich Farben sinnvoll anordnen könnte – und das versuchte ich, so schön und eindeutig wie möglich herzustellen.

Ikonografie und Fotografie

Deine Malerei nach Fotos in den frühen 60er Jahren hat doch eine antikünstlerische Qualität, sie negiert das Handschriftliche, Kreative oder Originale. Also bis zu einer gewissen Grenze folgst Du doch Duchamp und Warhol. Und Deine Malerei negiert Inhaltlichkeit auch, indem sie die Beliebigkeit der Motive vorführt.

Also beliebig waren die Motive nie, dazu habe ich mir viel zuviel Mühe geben müssen, um überhaupt mal ein Foto zu finden, das ich benutzen konnte.

Also war die Auswahl in jedem Fall sehr kompliziert und deutlich motiviert? Dann ist meine Behauptung im Pariser Katalog[4]*, wo ich geschrieben habe, dass es im Grunde vollkommen beliebig sei, welches Foto Du gemalt hättest, sehr problematisch?*

Vielleicht war es gut, wenn es so aussah, als wäre alles zufällig und beliebig gewesen.

Welches waren denn die Kriterien der Auswahl von Fotos in Deiner Ikonografie?

Ganz bestimmt inhaltliche – die ich früher vielleicht verleugnet habe, indem ich behauptete, mit Inhalt habe das gar nichts zu tun, weil es eben nur darum ginge, ein Foto abzumalen und Gleichgültigkeit zu demonstrieren.

Und jetzt versuchen Kritiker, Dir ja auch diese ikonografische Inhaltlichkeit zuzusprechen. Loock und Harten[5] *sprechen von der Todes-Serie: das Flugzeug steht für Tod, die Pyramide, der Unfall stehen für Tod. Es kommt mir etwas gewaltsam vor, eine Kontinuität des Todesmotivs in Deiner Malerei zu konstruieren.*

Und Du meinst, dass ich da Motive gesucht habe, die nur eben ein bisschen schockieren sollen, während sie mir in Wahrheit völlig gleichgültig sind?

Ich würde in der Weise zustimmen, dass keine Auswahl beliebig sein kann, dass sich in jeder Auswahl eine Art von Verhalten durchsetzt, so kompliziert und unbewusst es auch sein mag. Aber wenn man sich Deine Ikonografie in den 60er Jahren ansieht, halte ich es für sehr schwierig, eine kontinuierliche Todes-Thematik zu konstruieren. Die Lernschwestern, gut, aber dann gibt es eben auch die 48 Portraits. Es ist doch unsinnig, da eine Todes-Thematik zu konstruieren. Was haben die Chile-Bilder mit den Pyramiden zu tun? Oder was haben die

Städte-Bilder zu tun mit den Gebirgsbildern? Das sind alles ikonografische Elemente, die zwar verbunden werden können, aber nicht im Sinne einer traditionellen Ikonografie, wo man sagt: das ist die Todes-Thematik. Es scheint mir vollkommen absurd, in Deiner Malerei eine traditionelle Ikonografie konstruieren zu wollen.

Vielleicht ist es nur etwas übertrieben, da von Todes-Thematik zu sprechen. Aber dass die Bilder etwas mit Tod und mit Schmerz zu tun haben, denke ich schon.

Aber diese Inhaltlichkeit ist nicht die determinierende, treibende Kraft in der Auswahl.

Das weiß ich nicht, und ich kann auch meine damalige Motivation schwerlich rekonstruieren – ich weiß bloß, dass es inhaltliche Gründe gibt, warum ich mir ein Foto ausgesucht habe, warum ich dieses oder jenes Geschehnis darstellen wollte.

Im Angesicht der Tatsache, dass Inhaltlichkeit durch ikonische Abbildung nicht mehr vermittelt werden kann? Also auch das wieder eine Widerspruchssituation, wo Du, obwohl Du wusstest, dass zum Beispiel eine Todes-Thematik mit bloßer Abbildung nicht vermittelt werden kann, Du es trotzdem versucht hast – wohl wissend, dass es eigentlich unmöglich sei.

Erstmal ist das gar nicht unmöglich, denn ein Bild mit einem toten Hund zeigt einen toten Hund. Es wird nur schwierig, wenn man darüber hinaus vermitteln will, wenn der Inhalt zu kompliziert ist, um ihn mit einer schlichten Abbildung darzustellen. Das heißt aber nicht, dass Abbildung nichts bringen kann.

Waren Dir denn die Kriterien bewusst, nach denen Du ausgewählt hast? Wie bist Du denn vorgegangen in der Auswahl der Fotos?

Ich suchte Fotos, die meine Gegenwart zeigten, das, was mich betraf. Und ich nahm Schwarz-Weiß-Fotos, weil ich merkte, dass sie das eindringlicher zeigten als Farbfotos, direkter und unkünstlerischer und damit glaubhafter. Deshalb bevorzugte ich auch diese amateurhaften Familienbilder, diese banalen Gegenstände und Schnappschüsse.

Und die Alpenbilder, die Städtebilder?

Die entstanden, als ich keine Lust mehr hatte, diese figurativen Fotobilder weiter zu machen und etwas anderes wollte, nicht mehr diese eindeutige Aussage, diese ablesbare und begrenzte Erzählung. Also reizten mich diese toten Städte und Alpen, beidesmal Geröllhalden, nichtssagendes Zeug. Es war der Versuch, eine allgemeinere Inhaltlichkeit zu vermitteln.

Aber wenn es Dir um diese Inhaltlichkeit tatsächlich gegangen wäre, wie erklärst Du es, dass Du gleichzeitig nicht-figurative Bilder in Dein Werk einführst? Farbtafeln zum Beispiel oder andere abstrakte Bilder, die parallel zu den figurativen entstehen. Diese Gleichzeitigkeit hat ja die meisten Deiner Kritiker verwirrt, die Dich dann als den Maler sahen, der alle Tricks und Techniken kennt und alle ikonografischen Konventionen gleichzeitig entwertet und beherrscht. Das macht ja auch Deine Arbeit im gegenwärtigen Moment für viele Betrachter besonders attraktiv, weil Deine Malerei aussieht, als führe sie das gesamte Universum der Malerei des 20. Jahrhunderts in einer großen zynischen Retrospektive vor.

Das ist sicher ein Missverständnis. Ich sehe da weder Tricks noch Zynik noch Raffinesse. Im Gegenteil kommt es mir fast schon amateurhaft vor, wie ich alles so direkt angegangen bin, wie einfach ablesbar das alles ist, was ich da gedacht und versucht habe. Deshalb weiß ich auch nicht genau, was Du mit dem Widerspruch zwischen figurativer und abstrakter Malerei jetzt meinst.

Lass mich den Tisch als Beispiel nehmen, eines der ersten Bilder in Deinem Werk. Der Tisch hat beide Elemente schon in sich: völlig abstrakte, gestische, selbst-reflektierende Qualität auf der einen Seite und auf der anderen Seite die Abbildungsfunktion. Und das ist ja auch in der Tat so eines der großen Dilemmata im 20. Jahrhundert, dieser scheinbare Konflikt, dieser scheinbare Antagonismus zwischen der Abbildungsfunktion der Malerei und der Selbstreflexion der Malerei. In Deiner Malerei werden diese Positionen ja doch sehr eng geführt. Aber werden sie nicht zusammengebracht, um beide als unzureichend oder als bankrott darzustellen?

Bankrott nicht, als unzureichend immer.

Unzureichend in Hinsicht auf was? Auf die Ausdrucksfunktion?

Auf den Anspruch gegenüber der Malerei.

Kann man den Anspruch formulieren?

Dass sie mehr bewirken sollte.

Du würdest also den Zynismus des Einverständnisses mit der Wirkungslosigkeit der Malerei, der Dir ja so oft unterstellt worden ist, abstreiten?

Ja, denn ich weiß ja, dass die Malerei nicht wirkungslos ist – ich möchte ja nur, dass sie mehr bewirkt.

Also die Gleichzeitigkeit der gegenteiligen Strategien von Abbildungsfunktion und Selbstreflexion hat nichts mit einer gegenseitigen Aufhebung zu tun, sondern es sind Versuche, diesen Anspruch der Malerei mit verschiedenen Mitteln zu konkretisieren?

Ja, so ungefähr.

Also, Du siehst Dich Anfang der 60er Jahre nicht als den Erben einer historisch gespaltenen, aufgesplitterten Situation, in der keine Strategie mehr wirkliche Gültigkeit hat.

Und ich sehe mich als Erben einer ungeheuren, großen, reichen Kultur der Malerei, der Kunst überhaupt, die wir verloren haben, die uns aber verpflichtet. Und da ist es nicht leicht, nicht zu restaurieren oder, was genauso schlimm wäre, nicht zu resignieren, nicht zu verkommen.

Was Dich natürlich unmittelbar an die Grenze einer politischen Argumentation bringt, die Du vielleicht gar nicht schätzt. Aber wie würdest Du diesen Verlust begründen, wenn nicht politisch, sozialgeschichtlich oder historisch? So, wie Du es gerade ansprichst, klingt es ja fast so wie Adornos berühmter Satz, der sagt: „Nach Auschwitz ist keine Lyrik mehr möglich." Ist das ein Motiv, das für Dich zuträfe?

Nicht so. Lyrik gibt es auch nach Auschwitz.

Wenn Du sagst, man kann ja so nicht mehr malen...

...dann meinte ich erstmal eine bestimmte Qualität, die wir verloren haben.

Und wodurch?

Die Fotografie ist sicherlich ein äußerlicher Faktor, der das unterstützt hat, dass wir eine Art zu malen verlernt haben und auch eine bestimmte künstlerische Qualität nicht mehr herstellen können.

Man kann das auch ganz funktional ausdrücken und sagen: Unter anderem haben Bilder ihre Beschreibungs- und Abbildungsfunktion verloren, weil die Fotografie diese so perfekt ausgeführt hat. Somit ist dieser Auftrag einfach nicht mehr gegeben, und die hohe künstlerische Qualität alter Bilder, die Du erwähnst, ist ja materiell und historisch zum Teil in der Beschreibungs- und Abbildungsfunktion begründet.

Diese Qualität lässt sich aber nicht nur mit Abbildungsfunktion erklären – diese Vollkommenheit der Ausführung, der Komposition und was weiß ich, hätten wir auch ohne die Fotografie verloren. Die Literatur, die Musik stecken doch in dem gleichen Elend, die Leute jubeln über Mozart und Glenn Gould, weil die neuen Komponisten genau das nicht mehr bieten können, obwohl die Musik durch nichts der Fotografie Vergleichbares ersetzt worden ist.

Also, wenn es nicht die technologische Entwicklung der Reproduktionsmittel ist, die diesen Verlust ausgelöst hat, wenn es nicht die Erfahrung ungeahnter historischer Katastrophen ist – wie es im Auschwitz-Zitat von Adorno angesprochen wird –, wenn es nicht die Zerstörung der bürgerlichen Kultur ist, wenn es keine politischen Qualitäten sind – das hast Du ja alles abgelehnt, vorläufig jedenfalls, als Erklärungen...

Doch, das alles trägt natürlich dazu bei, aber das Grundsätzliche sehe ich am ehesten in dem Verlust der Mitte[6].

Im Sinne von Sedlmayr? Das ist doch wohl nicht Dein Ernst?

Ja, denn er hat damit etwas sehr Richtiges gesagt, er hat nur die falschen Schlüsse daraus gezogen, er wollte die verlorene Mitte wiederherstellen.

Und das mit dem Anspruch, diese Mitte mit Methoden und Mitteln wiederherzustellen, die das überhaupt nicht leisten können. Aber wie willst Du es denn beschreiben, wenn das für Dich so offensichtlich ist?

Ich will es gar nicht wiederherstellen.

Nein, aber Du musst es doch beschreiben können. Dann ist es eben doch ein gesellschaftlicher Prozess...

Ja, aber es sind ganz bestimmte, neue, reale Fakten, die unser Bewusstsein und die Gesellschaft verändert haben, die die Religion gekippt haben und damit auch die Funktion des Staates änderten. Es gibt doch nur noch ein paar notdürftige Konventionen, die die Sache noch regeln, praktikabel halten. Ansonsten ist doch nichts mehr da.

Ist die Malerei eine dieser Konventionen?

Nein. Die Kriterien der Malerei sind Konventionen und schädlich, weil sie ideologisch bestimmt sind. Sie verhindern Aufklärung. Deshalb halte ich so viel von Psychoanalyse, weil sie Vorurteile nimmt und uns mündig macht, selbständig, so dass wir ohne Instanzen, ohne Gott, ohne Ideologie richtiger und menschlicher handeln. Es ist also gut, das alles zu verlieren.

Und das würdest Du auch für die Malerei fordern?

Ja.

Also auf der einen Seite siehst Du den Prozess als irreversibel und schon gar nicht mit kulturellen Mitteln rekonstruierbar...

Dadurch würde er nur aufgehalten.

Und politische Mittel scheinen Dir zumindest problematisch oder fragwürdig oder nicht primär zugänglich zu sein.

Weil Politik mehr mit Glauben operiert als mit Aufklärung, ist da doch nichts zu erwarten.

Aber die Rolle der Kunst siehst Du dann doch als eine wichtigere, als nur falsches bürgerliches Kulturerbe zu liquidieren; das ist doch eine ihrer Funktionen, oder?

Zu liquidieren? Das auch.

Und gleichzeitig hat sie aber auch eine andere Funktion, das erzeugt den Widerspruch. Und was ist die andere Funktion, wenn es nicht eine politische Funktion ist?

Vor allem zerstört sie ja nicht nur, sondern stellt etwas her, ein anderes Bild.

Der Autonomie?

Ja.

Und wie soll das gemalte Bild denn heute noch ein Exempel dieser Autonomie darstellen?

Das Bild ist eine wichtige Möglichkeit unter anderen, von der man Gebrauch machen kann, im ungünstigsten Fall nur ein Angebot für die, die sich dafür interessieren.

Und ist die Beschränkung auf die Praxis der Malerei, die Du Dir ja selber auferlegt hast, in diesem Anspruch das bürgerliche Erbe zu liquidieren und gleichzeitig die neue Autonomie zu konstruieren, nicht ein Handicap, sollte man nicht annehmen, dass es andere, radikalere Mittel gibt, die den Liquidierungsprozess schneller vorantreiben und folgerichtig auch den Antizipationsprozess fruchtbarer produzieren?

Nein, da bin ich extrem konservativ. Das kommt mir so vor, als würde jemand sagen, die Sprache sei nicht mehr brauchbar, weil sie ein bürgerliches Erbe ist, oder dass wir Texte nicht mehr in Büchern abdrucken sollen, sondern auf Tassen oder Stuhlbeinen. Ich bin da so bürgerlich, dass ich auch weiterhin mit Messer und Gabel esse, wie ich mit Ölfarbe auf Leinwand male.

Also, alle Versuche mit ästhetischen Mitteln, die eine Seite dieser Dialektik schneller voranzutreiben, scheinen Dir unakzeptabel zu sein. Da würdest Du rückwirkend dann auch Duchamp kritisieren, der ja die Malerei genau aus diesem Grund verlassen hat?

Ich bin nicht sicher, ob das die Gründe waren. Aber daraus leitet sich doch niemals die Verpflichtung ab, die Malerei aufzugeben. Duchamp so zu verstehen und dafür jetzt in Politik und Kritik zu machen, ist doch ganz kläglich.

In welcher Weise kläglich? In ihrer Liquidierung der bürgerlichen Kultur oder in ihrem antizipatorischen Vermögen?

Weil das gar nichts ausrichtet, das ist weder künstlerisches noch politisches Handeln, das ist Dilettantismus.

Wenn wir das konkretisieren, würdest Du das als eine Bedingung Deiner gegenwärtigen Malerei sehen, sich in diesem Dilemma weiterhin zu befinden, in dem Du Dich von Anfang an gesehen hast, das heißt, auf der einen Seite die realen Bedingungen der Massenkultur, die Du durch das Foto zum Beispiel repräsentiert siehst, auszuspielen und diese den esoterischen und elitären Bedingungen der Hochkultur gegenüberzustellen, an der Du ja teilhast als Künstler. Und dass Du aus dieser Dialektik heraus arbeitest und Dich diesem Widerspruch unausgesetzt stellst und es praktisch keine Lösung gibt, die Du akzeptieren kannst. Ist das immer noch eine Bedingung, oder ist das eine Bedingung, die nur für die 60er Jahre gültig war?

Weder damals noch heute kann ich diese Bedingungen so sehen.

Das Cézanne-Zitat spricht doch aber genau das an. Wenn Du sagst: „Manche Fotos sind für mich besser als der beste Cézanne", das scheint doch genau diesen Widerspruch auszudrücken.

Ja, aber das heißt ja nicht, dass ich mit Malerei unmittelbar etwas verändern könnte, und es heißt schon gar nicht, dass ich das ohne Malerei könnte.

Warum hast Du den realen politischen Anspruch in Deiner eigenen Kunst so deutlich verneint?

Weil mir die Politik nicht liegt, weil die Kunst eine ganz andere Funktion hat, weil ich nur malen kann. Nenn es also konservativ.

Aber in der Beschränkung auf das Medium der Malerei selbst ist vielleicht nicht nur eine konservative Position gegeben, sondern vielleicht auch eine kritische Dimension, mit der Du zum Beispiel den Anspruch auf Unmittelbarkeit einer Arbeit wie der von Beuys in Frage stellst?

Natürlich möchte ich in der Beschränkung auf die Malerei eine kritische Haltung gegenüber vielem sehen, was mir missfällt und was nicht nur Malerei betrifft.

Also, Du bezweifelst nicht grundsätzlich die Gültigkeit des Anspruchs, mit Kunst auch eine politische Kritik zu verwirklichen?

Wahrscheinlich doch. Aber entscheidend ist, dass ich von meinen Möglichkeiten, von jenen Bedingungen ausgehen muss, die meine Grundlage, mein Potential sind.

Von denen Du behauptest, dass sie unveränderbar seien –

Weitgehend unveränderbar.

Monochrome Graue Bilder und Abstrakte Bilder

Die Grauen Bilder entstanden ja, als es überall schon monochrome Bilder gab. Ich habe sie trotzdem gemalt.

An wen hast Du denn da gedacht, als Du sagtest, dass es überall solche Bilder gab, Klein und Kelly?

Kelly nicht, aber Bob Ryman, Brice Marden, Alan Charlton, Yves Klein und viele andere.

Paraphrasieren als Strategie, das war Dir bewusst?

Nicht richtig, ich dachte, dass ich das darf, weil ich es aus einem anderen Grund tue, weil die Bilder etwas anderes sagen, also auch etwas anders aussehen. Ich hatte nicht einmal Sorge, dass es irgendwie eklektisch sein könnte.

Obwohl Du gar keine anderen Möglichkeiten hast, als Eklektiker zu sein, in unserer Geschichte.

Weiß ich nicht, glaube ich auch nicht.

Wie könnten Deine monochromen Bilder anders sein? Weil Du sie machst?

Ja, weil ich etwas anderes wollte, weil die Ähnlichkeit nur eine oberflächliche ist.

Weil Du es als eine Sprachtradition betrachtest und nicht als einen eigenen Anspruch?

Doch, es ist schon ein eigener Anspruch, den, einen anderen Inhalt damit zu transportieren.

Der Anspruch besteht immer noch – also auch die Abstrakten Bilder sollen einen Inhalt transportieren?

Ja.

Sie sind nicht Negation von Inhalt, nicht Faktizität der Malerei, keine ironische Paraphrase auf Gegenwartsexpressionismus?

Nein.

Keine Perversion der gestischen Abstraktion? Keine Ironie?

Nie! Was fragst Du da für Sachen? Wieso sollten meine Bilder inhaltslos sein, und welchen Inhalt hätten dann die Abstrakten Expressionisten im Gegensatz zu mir?

Sie sind mit einem anderen Anspruch gemalt. Zum Beispiel Rothko, dort wird durch Verdünnung und Gradierung der Farbe Raum-Illusion erzeugt, die nicht wie bei Dir gleichzeitig negiert wird, sondern tatsächlich Tiefe, Nebel, Schimmern, Transzendenz darstellt. Dann ist im Werk Rothkos die Farb-Kombination ein wichtiges Element, das heißt, zwei oder bestenfalls drei Farbtöne oder -werte werden gegeneinandergesetzt, in einer sehr genau kalkulierten, differenzierten Weise, damit sich aus dieser Kombination ein bestimmter chromatischer Klang ergibt, der dann auch eine psychisch emotionale Wirkung erzeugen soll.

Das ist doch bei mir nicht prinzipiell anders, nur wird hier mit anderen Mitteln eine andere Wirkung erzielt.

Nein, denn wenn die Fähigkeit der Farbe, diese emotionale, spirituelle Qualität zu erzeugen, an allen Stellen vorgeführt und zugleich negiert wird, nimmt sie sich doch immer wieder selbst zurück. Wenn sie so viele Kombinationen, so viele permutative Beziehungen erstellt, kann man nicht mehr vom Klang der chromatischen Ordnung sprechen und genausowenig von Komposition, weil es eben keine geordneten Relationen mehr gibt, weder im Farbsystem noch im Raumsystem.

Ich kann das so nicht sehen, dass es da keine Komposition und keine Beziehungen mehr gibt. Wenn ich eine Farbform neben die andere stelle, dann bezieht sie sich doch automatisch auf die andere.

Ja, aber es gibt verschieden strukturierte Formen und Gesetze von Beziehungen, bis hin zur Erkenntnis, dass auch die absolute Negation eine Komposition ist. Aber alles in Deinen Abstrakten Bildern zielt doch darauf ab, traditionelle, relationale Ordnungen aufzuheben, indem die unendliche Vielfalt struktural heterogener Elemente als Möglichkeit sichtbar gemacht wird.

Ja, aber trotzdem muss ich das ja irgendwie alles in den richtigen Zusammenhang bringen. Ein Zusammenhang, der immer schwieriger wird, je weiter ein Bild fortgeschritten ist – am Anfang ist alles noch leicht und unbestimmt, im Verlauf stellt sich doch ein Zusammenhang ein, der eine Stimmigkeit hat, die das Gegenteil von Beliebigkeit ist.

Ja, sicher, aber das ist eben doch eine andere Art von Wahrnehmung und damit auch eine andere Form, die dadurch erzielt wird, unter Umständen genau die entgegengesetzte.

Mag sein, ja. Entgegengesetzt ist auf jeden Fall meine Methode oder meine Erwartung, die mich sozusagen zum Malen treibt.

Und was erwartest Du?

Dass eben etwas entsteht, was ich nicht kenne, nicht planen konnte, was besser, klüger ist als ich, was auch dann allgemeiner ist. In einer mehr direkten Weise habe ich das ja auch schon mit den eintausend oder viertausend Farben versucht, in der Erwartung, dass sich da ein Bild einstellt.

Und was für ein Bild?

Eines, das unsere Situation richtiger darstellt, das mehr Wahrheit hat, etwas Künftiges hat, also auch wie ein Entwurf zu verstehen, und mehr als das, also nicht didaktisch, nicht logisch, sondern mehr frei und bei aller Kompliziertheit auch mühelos als Erscheinung.

Das haben Deine Bilder in den besten Fällen, sie erscheinen gar nicht bemüht, sondern mit Verve, Indifferenz und Virtuosität hergestellt. Aber wie ist es für Dich möglich – um auf das Inhaltliche nochmal zurückzukommen – zu sagen, dass eine gespachtelte Fläche auf dem Bild hier nicht bloßer Prozess oder bloße Materialität darstelle, wenn das Bild doch mit offensichtlicher Betonung der Herstellungsverfahren gemacht wurde? Wenn es Dir nicht um diese Qualitäten ginge, würdest Du ja nicht so spachteln und in dieser Weise der Farbe, der Komposition und der Struktur des Bildes jegliche Möglichkeit nehmen, Bedeutung zu erzeugen, die über die bloße Materialität des Bildes als Bild hinausgeht. Ich glaube, dass Du eine auf den Prozess bezogene Malerei als eine ihrer vielen Möglichkeiten einführst, aber nicht mehr wie Ryman darauf bestehst, dass das der einzige Aspekt sei, sondern einer unter anderen.

Warum sollte ich mir dann soviel Mühe geben, das so vielfältig zu machen?

Weil es Dir darum zu tun ist, alle Aspekte katalogartig zu deklamieren, weil es Dir wirklich um eine Rhetorik der Malerei geht und um die gleichzeitige Analyse dieser Rhetorik.

Wenn das nur eine Demonstration von Material wäre, wie die gelbe zerrissene Fläche da vor dem grünblauen Grund aufsteigt, wieso ist sie dann in der Lage, erzählerisch zu sein oder Stimmungen auszulösen?

Stimmung? Du meinst, das löst wirklich emotionale Erfahrung aus?

Ja, und auch ästhetisches Vergnügen.

Das ist etwas anderes, ästhetisches Vergnügen sehe ich auch, aber Stimmung überhaupt nicht.

Was ist dann Stimmung?

Stimmung hat eine explizit emotionale, spirituelle, psychologische Qualität.

Genau das ist da.

Zum Glück nur in den schwächsten Stellen.

Du glaubst doch nicht, dass die blöde Demonstration von Anstrich, von Rhetorik der Malerei und ihren Elementen, irgend etwas ausrichten könnte, etwas sagen, irgendeine Sehnsucht ausdrücken könnte.

Nach was?

Nach verlorenen Qualitäten, nach besserer Welt – nach dem Gegenteil von Elend und Aussichtslosigkeit.

Die Sehnsucht, Kultur als kontemplatives Spektakel inszenieren zu können und gleichzeitig Glaubwürdigkeit zu haben?

Ich kann auch Erlösung sagen. Oder Hoffnung – dass ich mit der Malerei doch etwas bewirken kann.

Das ist wieder so allgemein, „bewirken" in welcher Hinsicht? Erkenntnistheoretisch, emotional, psychologisch, politisch?

Alles auf einmal, was weiß ich.

Wenn Du also behauptest, dass Kunst diese Funktion haben kann – andere Künstler würden das ja strikt verneinen –, ist es ja um so paradoxer, dass Du gleichzeitig darauf bestehst, es eben nur mit den Mitteln der Malerei machen zu können. Oder anders gefragt: Glaubst Du, dass dieser Zwiespalt konkret in Deinen Bildern sichtbar wird?

Ja, möglicherweise.

Glaubst Du, dass das letztlich konservative Bilder sind, konservativ in dem Sinne, wie Broodthaers' Kunst konservativ erschien?

Von den Mitteln her, Öl auf Leinwand, noch konservativer. Aber Broodthaers habe ich zwar sehr geschätzt, weil ich ihn persönlich kannte, aber die Bilder selber habe ich eigentlich nie verstanden. – Konservativ, vom Anspruch her bin ich es sicher nicht, und ich weiß auch, dass Malerei per se auch nicht konservativ sein muss. Ich kann also so weitermachen, nur besser, wenn möglich.

Die Frage ist, wie weit kann man diese Schizophrenie spannen, wie weit kann man das tatsächlich am Leben erhalten, oder wann wird das zur leeren Pose: diesen Widerspruch immer wieder zu behaupten und immer wieder in diesem Widerspruch zu agieren, ohne aber zu versuchen, über diesen Widerspruch hinauszukommen?

Ich weiß gar nicht, von welchem Widerspruch Du da redest.

Es ist der Widerspruch, sehr wohl zu wissen, dass Du mit den Mitteln, mit denen Du arbeitest, nicht das erreichen kannst, was Du anstrebst, aber nicht bereit zu sein, Deine Mittel zu ändern.

Das ist doch kein Widerspruch, sondern ein ganz normaler Zustand. Wenn Du willst, das ganz normale Elend. Und das ließe sich doch nicht mit der Wahl anderer Mittel und Methoden ändern.

Weil alle Mittel gleichwertig sind?

Nein, aber ähnlich unzulänglich. Aber es geht doch um die Frage, was sind meine Mittel, und was kann ich damit ausrichten.

Aber Malerei hatte doch unter bestimmten historischen Umständen andere Funktionen und hatte eine Möglichkeit, in die Gegenwart einzuwirken.

Wenn ich an politische Malerei in unserer Zeit denke, dann ist mir Barnett Newman lieber, der hat einige großartige Bilder gemacht.

So sagt man. Aber großartig in welcher Weise?

Das kann ich jetzt nicht beschreiben, was mich da anrührt – ich glaube, dass sie zu den wichtigsten Bildern gehören.

Das ist vielleicht eine Mythologie, die aufs Neue untersucht werden müsste. Gerade weil es so schwer ist, das zu beschreiben, und weil Glaubensakte in der Konfrontation mit Bildern unzureichend sind.

Glaubensakte sind unvermeidlich, sie sind ein Teil von uns.

Fordern Deine Bilder zu Glaubensakten auf oder zu Analysen? Was wäre Dir wichtiger?

Beides wäre mir recht. Dich fordern sie zu Analysen auf, andere zu Glaubensakten.

Dir wäre es also vollkommen recht, wenn jemand vor Deinem Bild – wie Rothko es für sich gefordert hat – auf die Knie fällt und in Tränen ausbricht?

Leider ist es nicht möglich, dass die Malerei eine solche Wirkung hat. Die Musik hat es da besser.

Zufall und offene Form

Welche Rolle spielt der Zufall in Deiner Malerei?

Eine ganz wesentliche, und das eigentlich schon immer. Manchmal beunruhigte mich das sehr, und ich sah es als persönliches Manko, dass ich so auf den Zufall angewiesen bin.

Ist das ein anderer Zufall als bei Pollock? Ein anderer als beim surrealistischen Automatismus?

Sicherlich ein anderer, vor allem nie ein blinder, immer ein geplanter, aber immer ein überraschender. Und ich brauche ihn, um weiterzugehen, um meine Fehler auszumerzen, das, was ich falsch gedacht habe, zu zerstören, um etwas Anderes und Störendes einzubringen. Und oft bin ich verblüfft, wieviel besser der Zufall ist als ich.

Das heißt, das ist die Ebene, auf der Offenheit überhaupt noch real denkbar ist und Glaubwürdigkeit haben kann: der Zufall?

Vielleicht, weil er Objektivität einbringt, ist er gar kein Zufall mehr. Aber in der Weise, wie er zerstört und gleichzeitig konstruktiv ist, schafft er etwas, das ich natürlich gern selbst gemacht und ausgedacht hätte.

Du verstehst das aber nicht mehr als eine persönliche Bedingung, als Dein Versagen? Du siehst das schon als eine allgemeine Bedingung an?

Mittlerweile sehe ich es als eine allgemeine Bedingung, sehe es also ganz positiv. Jacques Monods *Zufall und Notwendigkeit*[7] und allerlei andere Fakten und Überlegungen, die darüber entwickelt worden sind, bestätigen mich ja auch.

Würde das gleiche Prinzip auch auf die Werkstruktur selbst zutreffen, die scheinbare Wiederholbarkeit, die scheinbare Willkür, Offenheit jedes einzelnen Bildes? Ist das eine Analogiestruktur zu der Struktur des Zufalls, dass das Werk und die einzelnen Werkgruppen selbst keine Geschlossenheit mehr haben, sondern vollkommen offen erscheinen?

Möglicherweise, und wenn wir absehen von einer Abgeschlossenheit, die ja jedes Bild haben muss, damit es nicht ein beliebiger Ausschnitt oder einfach unfertig ist – dann kann das Nicht-Geschlossene vielleicht eine Qualität sein, indem sie mehr mit unserer Wirklichkeit zu tun hat.

Dann könnte man sagen, dass die kompositorische Struktur in ihrer Offenheit die andere Dimension eines konkreten utopischen Moments ist, das noch reale Glaubwürdigkeit haben kann?

Das mag sein. Vor allem deswegen, weil viele Bilder heute so blöde wirken, weil sie eben behaupten, abgeschlossene Werke zu sein. Das ist der Betrug.

Ja, und diese offene Dimension sehe ich nur bei ganz wenigen Künstlern. Es ist die Radikalität, das Risiko einzugehen, dass das Werk insgesamt als unfertig, unendlich vervielfältigbar und in seiner inneren Struktur repetitiv erscheint.

Paradox ist nur, dass ich stets mit der Absicht beginne, ein geschlossenes Bild zu erhalten, mit einem richtigen, komponierten Motiv, und dass ich mit relativ viel Aufwand diese Absicht Stück für Stück zerstöre, fast gegen meinen Willen, bis das Bild fertig ist, es also nichts mehr davon hat, außer Offenheit.

Die Fiktion einer Offenheit, einer völligen Offenheit, wie auch der Zufall nicht real ist, sondern Fiktion des Zufalls.

Ich hoffe nur, dass ich jetzt nicht meine Naivität verloren habe, sondern immer noch den ganzen Aufwand betreibe, der ja eigentlich ganz überflüssig ist.

Wie ist es mit der Farbe, das heißt, lässt sich die Einbeziehung des Zufalls auch auf chromatische Beziehungen, auf das Farbschema übertragen? Wir haben bisher nur von der kompositorischen Ordnung gesprochen, aber ich würde sagen, dieses Prinzip bestimmt ja auch die Beziehung der Farben.

Nicht in dem Maße. Es kann passieren, dass ich die Farbe für ein bestimmtes Bild anmische und dann auf ein anderes Bild auftrage, was fast nie ein Fehler war. Aber das ist eher eine unbewusste Strategie, mit der ich mich überlisten kann.

Konsequent zufällig hast Du ja in den Farbpermutationsbildern gearbeitet. Dort war die Form festgelegt, und hier in den Abstrakten ist die Farbe weitgehend determiniert. Und im Gegensatz zu der systematischen Weise der Farbtafeln werden die Permutationen in den Abstrakten Bildern auf eine natürliche Weise hergestellt.

Ja, der Zufall ist ja auch was Natürliches und ist ein Element, das verändert.

Diese Freiheit der Farbe oder diese scheinbare Willkür der Farbe, wie sie sich in den Abstrakten Bildern findet, findet sich nie bei einem Neo-Expressionisten, wo die Farbe ja immer noch durch ästhetische Vorstellung, Darstellungsfunktionen, Klangkompositionen reglementiert wird.

Ja, das ist richtig.

Die Rhetorik des Malens

Wie steht es mit der Objektivierung des Malprozesses selbst? Wenn Du die großen Bilder jetzt nicht mehr mit dem Pinsel, sondern mit der Bürste malst, ist das nicht eine ähnliche Anonymisierung und Objektivierung des Malprozesses wie Permutation und ‚Zufall', die Farbbeziehungen und die kompositorische Ordnung objektivieren?

Überhaupt nicht.

Diese veränderten Instrumente der Herstellung implizieren keine andere kritische Infragestellung der malerischen Produktion?

Das verändert die Bilder nur in einer Hinsicht: sie werden lauter, sie können nicht so schnell übersehen werden.

Ich sprach über die Instrumente, das heißt, die Instrumente beeinflussen ja auch die Wahrnehmung des Bildes. Also die Tatsache, dass ein monochromes Bild gerollt war, hat ja einen entscheidenden Einfluss auf die Wahrnehmung des Bildes. So wie hier in den großen Bildern die Pinselstriche plötzlich die Qualität von Bürstenstrichen haben, erhalten sie schon eine andere Dimension, die ich als eine quasi mechanische oder anonyme Qualität beschreiben würde.

Nicht in dem Fall. Hier bleibt ein Pinsel ein Pinsel, ob der jetzt fünf Millimeter breit ist oder fünfzig Zentimeter.

Also, bei den zwei Gelben Strichen*, da gibt es keine neue Dimension durch die Tatsache, dass die überdimensional groß sind?*

Das ist wieder etwas anderes – diese beiden Striche tun ja nur so, als wären sie mit einem großen Pinsel gezogen. In Wirklichkeit sind sie mit vielen kleinen gemalt. Hier dagegen ist alles echt sozusagen.

Aber hier in den beiden großen Bildern entsteht doch nicht nur durch die Ausmaße eine neue Dimension, sondern auch dadurch, dass die Techniken und der Akt des Malens an die Grenzen des Möglichen geführt worden sind.

An die physische Grenze?

Ja, aber auch an die Grenze der Wahrnehmbarkeit des Aktes als malerischem Akt, und wo dann eine andere Dimension sich praktisch schon öffnet, die eben nicht mehr als subjektiv gesehen wird.

Sie sind so subjektiv, wie die kleinen es sind, sie sind nur spektakulär.

Spektakulär sind die Bilder ohne Frage, selbst im kleinen Format. Das habe ich ja versucht, im Text zu beschreiben, dass das System Deiner Abstrakten Bilder etwas von Zur-Schau-Stellen an sich hat, dass sie immer eine deklamatorische und eine gewisse rhetorische Qualität haben. Man hat immer das Gefühl, Du zeigst die verschiedenen Möglichkeiten als bloße Möglichkeiten, aber sie stehen einfach neben- oder gegeneinander, ohne eine andere Funktion auszuüben.

Also, als würde man eine Rede halten ohne Sinn?

Ja –

Mit Pathos eine Rede, auf die alle reinfallen, weil sie gut klingt, die alle Formalien einer Rede erfüllt und dabei nichts mitteilt?

Das ist eine Beschreibung, die nicht gut klingt, aber man könnte auch sagen, jemand hält eine pathetische Rede mit der Absicht, die Möglichkeiten der Sprache, des Pathos und der Rhetorik analytisch darzustellen. Das heißt, Du machst das Spektakel der Malerei in seiner Rhetorik sichtbar, ohne es zu praktizieren.

Was sollte das für einen Sinn haben. Das wäre doch das letzte, was ich möchte.

Du siehst die Abstrakten Bilder nicht – wie ich das anzudeuten versucht habe – als eine Art von Reflexion auf die Geschichte der Malerei, obwohl sie sich doch gerade dadurch unterscheiden von aller anderen abstrakten und gestischen Malerei, die wir kennen. Sie haben nicht nur die rhetorische Qualität, sondern auch eine Qualität von Besinnung auf das, was möglich war, und zwar in dem Moment, wo man es nicht mehr gebrauchen kann. Und ich könnte mir vorstellen, dass manche Betrachter denken, dass Du noch ernsthaft praktiziert, was einst möglich war.

Das würde eher für die Landschaften und einige Fotobilder zutreffen, die ich manchmal als Kuckuckseier bezeichnet habe, weil sie von den Leuten als etwas genommen werden, was sie gar nicht sind. Und das war auch ein Teil ihrer populären Qualität, die ich auch grundsätzlich bejahe, aber die hat sich doch gänzlich gewandelt, sie ist sozusagen echt jetzt.

Das würde ja eigentlich auch bedeuten, dass das parodistische Bilder sind. Aber das ist ja gerade das Erstaunliche, dass diese Bilder keine parodistische Qualität haben.

Sie haben einen normalen Ernst. Ich kann den nicht benennen, deshalb sehe ich sie immer als musikalisch. Und vieles im Bau, in der Struktur erinnert mich an Musik, das ist mir ganz selbstverständlich, aber unmöglich zu erklären.

Das ist ja eines der ältesten Klischees, um in der Hoffnungslosigkeit der abstrakten Malerei wieder Grund unter den Füßen zu finden.

Mag ja sein. Aber ich habe die Musik auch erwähnt, um gegen etwas zu argumentieren.

Gegen einen Katalog der rhetorischen Möglichkeiten der Malerei?

Ich sehe keinen Sinn, alte verlorene Möglichkeiten der Malerei vorzuführen. Mir geht es darum, etwas zu sagen, mir geht es um neue Möglichkeiten.

Aber die Reflexion auf die Rhetorik als einem bestimmten System der Sprache ist ja eine sehr wichtige Methode, zumal in der gegenwärtigen Literaturkritik. Das heißt, dass man plötzlich angefangen hat zu verstehen, dass es wirklich viel wichtiger ist zu sehen, welchen sprachlichen Konventionen und welchen rhetorischen Gesetzen Aussagen unterworfen waren, die man immer nur inhaltlich zu betrachten versucht hat.

Dann ist das also mein ganz privater Irrtum, wenn ich immer etwas anderes will als das, was ich dann letztlich produziert habe?

Das ist vielleicht kein Irrtum, sondern ein privates Dilemma, ein Auseinanderklaffen von Möglichkeit und Anspruch, das aber ein wichtiges Element in Deiner Arbeit ist. Wärest Du bloßer Rhetoriker, das heißt im Sinne von einer analytischen Untersuchung der Rhetorik der Malerei, wäre das ja wohl nicht so interessant, das ist eine Arbeit, die andere machen können. – Wenn Du Dich dagegen verwahrst, das als eine Rhetorik der Malerei zu sehen, wie würdest Du die Details der Bildelemente selber beschreiben? Also, wenn man sich ansieht, wie Flächigkeit, lineare und chromatische Elemente nebeneinandergesetzt werden in einer artifiziellen Aufzählung und mit dieser deklamatorischen Qualität, oder wie bestimmte Techniken des Farbauftrags geradezu katalogartig aufgeführt werden, manche durch Spachteln, manche durch Bürsten, durch Pinsel, manche verwischt, manche als direkte Spuren, manche als nebulöse Felder, das hat auch etwas Systematisches an sich, das ist genau, wie Du gerade sagtest, sehr wohl durchdacht und vorbereitet, auch in der Auflistung, in der Gegenüberstellung und in der Kombination.

Im ganzen und in jeder Einzelheit wirkt es emotional, löst es Stimmungen aus.

Das war ja eben schon schwer auszumachen, ob überhaupt, und wenn ja, welche – als ich sagte, die Bilder lösen ja merkwürdigerweise nie Assoziationen aus.

Die lösen Assoziationen aus, sie erinnern teilweise an natürliche Erfahrungen, sogar an Regen, wenn Du willst. Die Bilder können gar nicht anders, als so funktionieren – sie beziehen daher ihre Wirkung, dass sie pausenlos an Natur erinnern, also fast schon naturalistisch sind, sind sie sowieso.

Aber natürlich muss das dann definiert werden, nicht naturalistisch in bezug auf Natur?

Nur auf Natur, was anderes haben wir doch gar nicht.

Dass Dir Natur als einzige Analogie oder als Modell erscheint, das Dir als geordnet ohne hierarchische Struktur vor Augen steht, dass Du Dir keine utopische Konstruktion einer Gesellschaft vorstellen kannst, die diesem Naturideal entsprechen würde, das ist das romantische Element in Deinem Denken.

Das ist nicht das Romantische, das hat etwas mit Arbeitsteilung zu tun. Die einen entwerfen eben Gesellschaftsmodelle, die anderen Bilder, und jeder so gut wie möglich.

Das ist keine direkte Antwort auf meine Frage, warum für Dich Natur die einzige utopische Dimension herrschaftsfreier Erfahrungen sei, warum es Dir undenkbar ist, die Vorstellung einer herrschaftsfreien Existenz gesellschaftlich zu argumentieren oder zu diskutieren, warum Du nur auf die Metapher der Natur zurückgreifen kannst wie ein Romantiker.

Nein, wie ein Maler. Und ich argumentiere deshalb nicht ‚gesellschaftlich', weil ich ein Bild herstellen will und keine Ideologie. Und das Gute an einem Bild ist eben nie das Ideologische, sondern immer das Faktische.

Genau das sehe ich ja darin, dass Farbe wie ein Materialprozess behandelt wird, dass Farbe ein Objekt wird, das durch diese Instrumente vorgeführt und verändert wird und als solches in diesen verschiedenen Strukturen stehenbleibt und zeigt, wie es gemacht worden ist, welche Instrumente benutzt worden sind, dass es praktisch überhaupt keine Referenz nach außen gibt, die die Entstehung oder die Struktur der Farbe motiviert, das sind alles auf sich selbst bezogene Phänomene, diese Lesart scheint Dir viel zu eng zu sein?

Ja, denn dieser ganze Aufwand ist doch nicht für sich selbst da, sondern er ist doch nur gerechtfertigt, wenn er mit all diesen schönen Methoden und Strategien etwas herstellt.

Was?

Ein Bild, also ein Modell. Und wenn ich jetzt an Deine Interpretation von Mondrian denke, in der Bilder auch als Gesellschaftsmodelle verstanden werden können, kann ich meine Abstrakten auch als Gleichnisse, also als Bilder über eine Möglichkeit des gesellschaftlichen Zusammenlebens ansehen. So gesehen, versuche ich doch mit einem Bild nichts anderes, als das Unterschiedlichste und Widersprüchlichste in möglichster Freiheit lebendig und lebensfähig zusammenzubringen. Keine Paradiese.

Text für den Katalog *Beuys zu Ehren 1986*

1962 sah ich einen jungen Mann in der Düsseldorfer Akademie, mit Jeans, Weste und Hut; ich hielt ihn für einen Studenten und erfuhr, dass das der neue Professor sei, Beuys heiße und sehr interessante, irgendwie ganz andere Sachen mache.

Bald darauf sah ich in einem Kuhstall hinter Kleve[1] meine erste Beuys-Ausstellung; ich war verwundert, betroffen, beeindruckt, obwohl mir eine andere, eher ‚offiziellere' Kunst (Fontana, Pollock, Newman, Fautrier und all die anderen) viel mehr lag, auch weil diese für mich wie innerhalb einer schützenden Ordnung, einer unausgesprochenen Übereinkunft handelte. Mit Beuys dagegen war es immer anders; er verunsicherte mich, denn er hielt sich nicht an die Spielregeln. Er handelte nach anderen Kriterien, verwendete andere Strategien, er arbeitete für einen ‚erweiterten Kunstbegriff', der ihn weniger schützte als forderte; der mich forderte.

70 Künstler mit je einem Werk sind zu einer Hommage à Beuys eingeladen – sie wird, da ihr keine andere theoretisch-ästhetische Konzeption zugrunde liegt, ein uneinheitliches Bild ergeben und von daher gesehen eher einer schlechten Ausstellung gleichen.

Beuys war sehr kritisch, die übliche fachbegrenzte Kunstproduktion war ihm immer zu eng und zu wirkungslos, und die üblichen Sammelausstellungen waren ihm mehr Instrument als Gelegenheit der Einfügung. – Beuys scheint die Idee dieser Ausstellung begrüßt zu haben. Für mich ist sie ein weiterer geduldiger und ungeduldiger Versuch, die ohnmächtige Seite der Kunst zu überwinden, und ich nehme vor allem daran teil, weil ich Joseph Beuys hoch achte und damit alles, was sich mit diesem Namen verbindet: Menschlichkeit, Kunst, Intelligenz, Mut und Liebe.

Interview mit Christiane Vielhaber 1986

Man hat Sie anfänglich zum Pop-Künstler gestempelt, analog zur amerikanischen Pop-Kunst. Von Ihnen selbst stammt das Etikett, Sie seien ein Kapitalistischer Realist. Das entstand 1963 anlässlich einer Ausstellung in einem Düsseldorfer Möbelhaus[1]. Wie sind Sie damals darauf gekommen?

Ich kam aus Dresden, und da gab es den Sozialistischen Realismus – und dann kamen der Konrad Lueg und ich mehr aus Ironie darauf, da ich ja hier im Kapitalismus lebe. Realistisch sollte es schon sein, aber eine andere Form, die kapitalistische eben. Das ist nicht so ernst zu nehmen. Es war mehr ein Slogan für dieses einzige Happening, das wir in dem Möbelhaus gemacht haben.

Aber Realismus ist etwas, das Sie nach wie vor in Ihren Bildern darstellen?

Ja, aber Realismus ist ein weiter Begriff. Man kann ja auch zu der abstrakten Malerei sagen, dass sie eine Realität hat.

Welche wäre das?

Die Realität an sich!

Die Realität des Bildes?

Ja, die Realität der Bilder! Die haben natürlich auch eine Stimmung. Sie erzeugen etwas. Man guckt sie gerne an oder guckt sie nicht gerne an. Das ist eine Realität, wie wir mit diesen Bildern umgehen.

Bei Ihnen, Herr Richter, ist es ungeheuer wichtig, die Kunst auf einen Nenner zu bringen. Sie haben weder Motive, die immer wieder auftauchen, noch Formate oder Figuren. Was ist eigentlich Ihr Thema?

Na ja, ganz so ist es nicht. Es gibt doch Zeiten, wo ich ganz gut wiederzuerkennen bin, wie zum Beispiel in den sechziger Jahren bis in die Mitte der Siebziger mit den Fotobildern, die ja meistens grau waren und die aussahen wie verwackelte Schnappschüsse.

Wie kamen Sie auf die Idee, solche verwackelten Fotos zu malen?

Ich war Student, und da lehnt man sich an die kunstgeschichtlichen Vorbilder an, und die waren unbefriedigend. Dann entdeckte ich, dass in den Fotos, was mir in den Bildern gefehlt hat, nämlich, dass sie sehr viele Aussagen haben, sehr viele Inhalte. Die hätte ich gerne in die Bilder transportiert und für sie verwendet.

Fotos haben ja sehr viel mit Wirklichkeit zu tun. Sie benutzen den Ausdruck „Abmalen". Malen Sie denn diese Wirklichkeit ein zweites Mal ab?

Nein, ein erstes Mal! Ein zweites Mal würde ja sagen, sie wäre schon einmal abgemalt. Sie ist aber lediglich fotografiert, diese Wirklichkeit.

Und das Foto ist ein sehr normales, gebräuchliches modernes Hilfsmittel heutzutage, um sich das Zeichnen zu ersparen. Es ist sehr viel ökonomischer, ein Foto zu verwenden, weil wir das auch gar nicht mehr lernen in den Akademien, wie die alten Meister zu zeichnen und auch nicht die Fähigkeit dazu haben, das alles zu können. Das braucht ja ein unglaubliches Studium, Figuren aus dem Kopf zu zeichnen, Modelle und immer wieder Studien.

Sie trauen aber diesen Fotografien? Das ist für Sie abgebildete Wirklichkeit?

Ja, das ist sie auch! Ich hab' meistens Fotos verwendet, die möglichst oder eigentlich überhaupt nicht manipuliert waren. Sogenannte Kunstfotos wollte ich nicht verwenden und manipulierte Fotos schon gar nicht. Ganz normale Schnappschüsse also, die irgend etwas transportieren.

Und die haben Sie dann genommen und neben die Staffelei gehängt?

Ja, und dann abgemalt, möglichst naturgetreu und möglichst glatt, damit nicht meine persönliche Handschrift hereinkommt. Sie sollten vielmehr so anonym wirken wie auch die Fotos und dadurch mehr Wahrhaftigkeit haben. Wenn ich sehe, dass jemand etwas gemalt hat, dann war dieses künstlerische Moment für mich zu vordergründig. Mich interessiert ja bei dem Inhalt nicht: wie denkt der Maler darüber, sondern: was ist der Inhalt?

Welche Funktion haben denn der Inhalt oder die Darstellung der Gegenstände oder der ungegenständlichen Malerei auf Ihren Bildern?

Bei den gegenständlichen Bildern ist es Mitgefühl.

Auch mit den Dingen?

Mit den Dingen ist es schwer, Mitgefühl zu haben. Mit Menschen, ja.

Ein Stuhl z. B. sagt also nur etwas aus über den Alltag und über die Wirklichkeit?

Es ist unser Stuhl, den wir gebrauchen. Es ist eigentlich ein bisschen erbärmlich und sehr banal, aber er bringt doch eine Stimmung mit. Das kann ich schwer erklären.

Haben Sie überhaupt ein Anliegen mit Ihrer Kunst?

Ach, das habe ich sicher! Aber ich wüsste nicht, wie ich das benennen sollte. Also erstmal ist es der Wunsch und die Neigung, das machen zu können. Das ist das eine. Dazu kommen die Lust und der Spaß daran. Und dann, zweitens, unabhängig von dem Anliegen, ist es doch eine menschliche Fähigkeit, die wir haben, um das zu machen. Es gibt ja eine Art Arbeitsteilung. Der eine macht das und der andere das, und all diese Fähigkeiten gehören zu unserem Reichtum, zu unserem Menschsein. Es ist doch eine hoffnungsvolle Seite, eine solche Fähig-

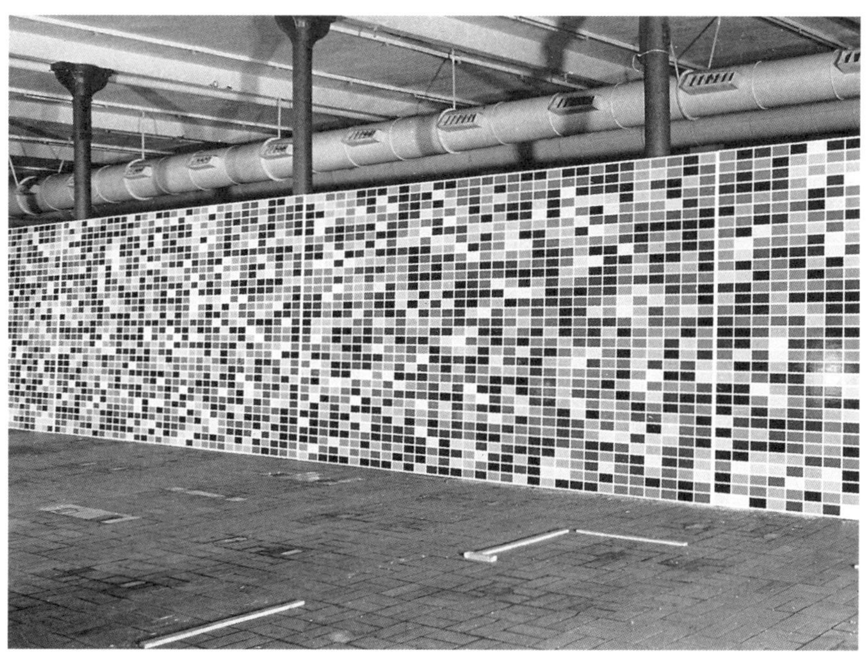

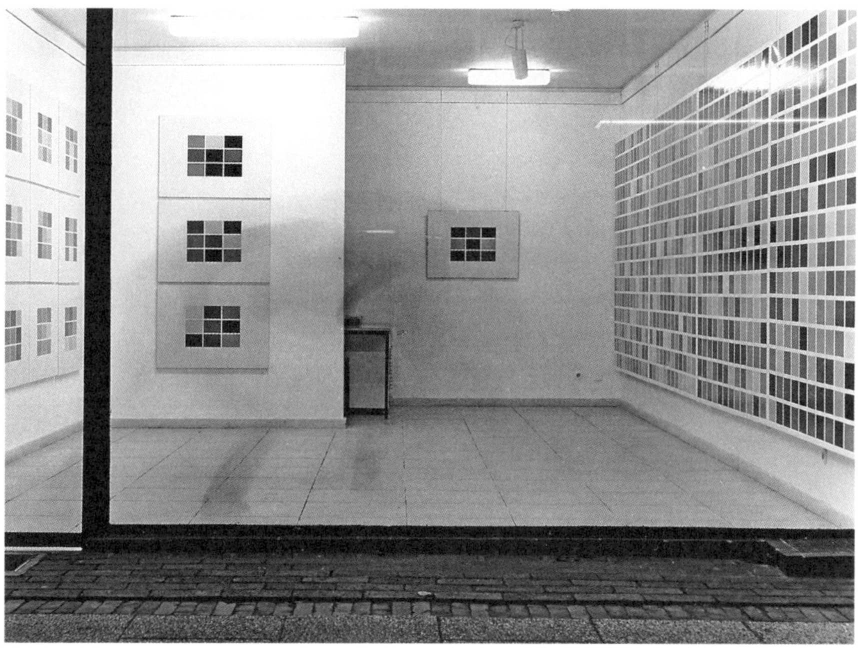

Atelieraufnahme, 1973
Kabinett für Aktuelle Kunst, Bremerhaven 1971

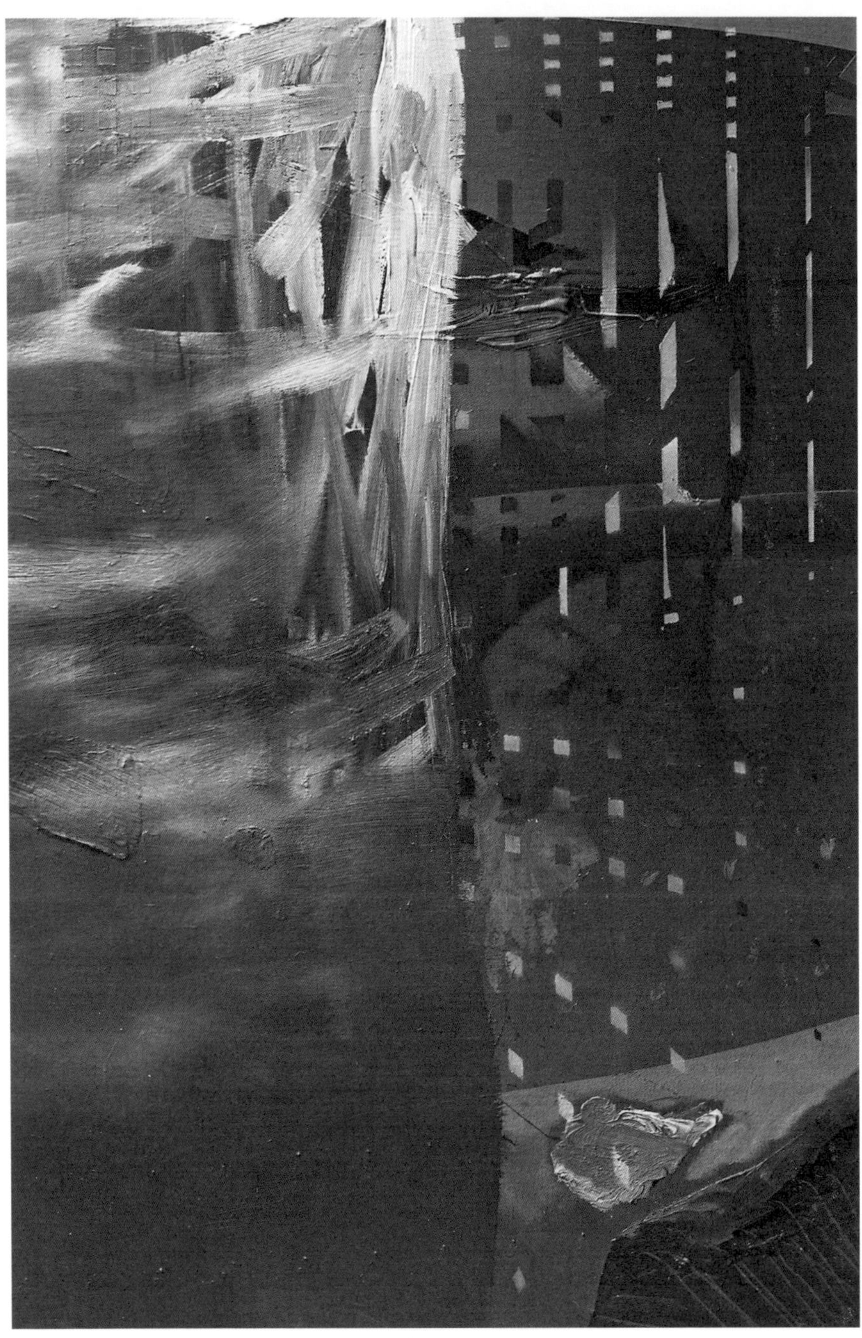

Abstraktes Bild, 1976 (Ausschnitt)

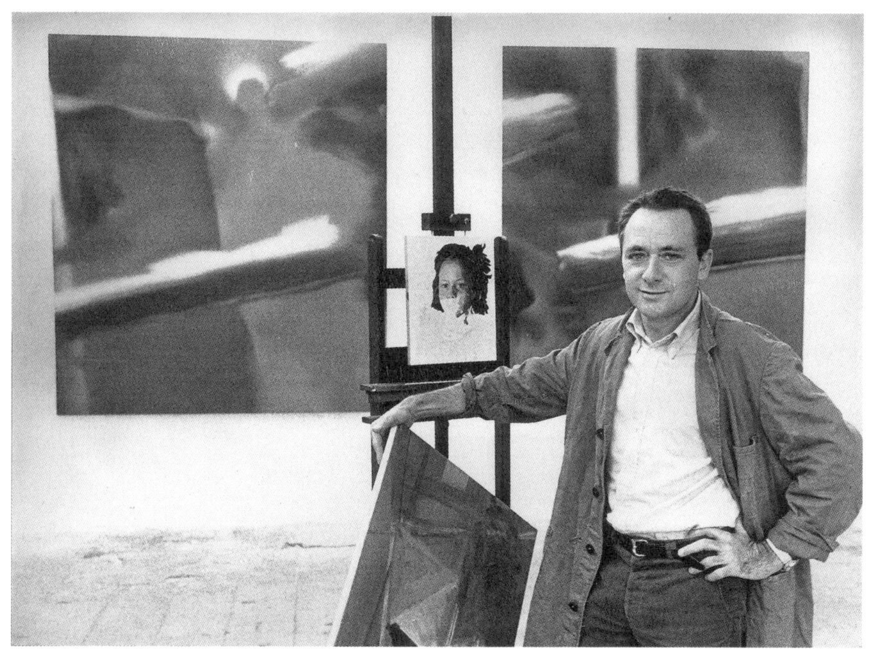

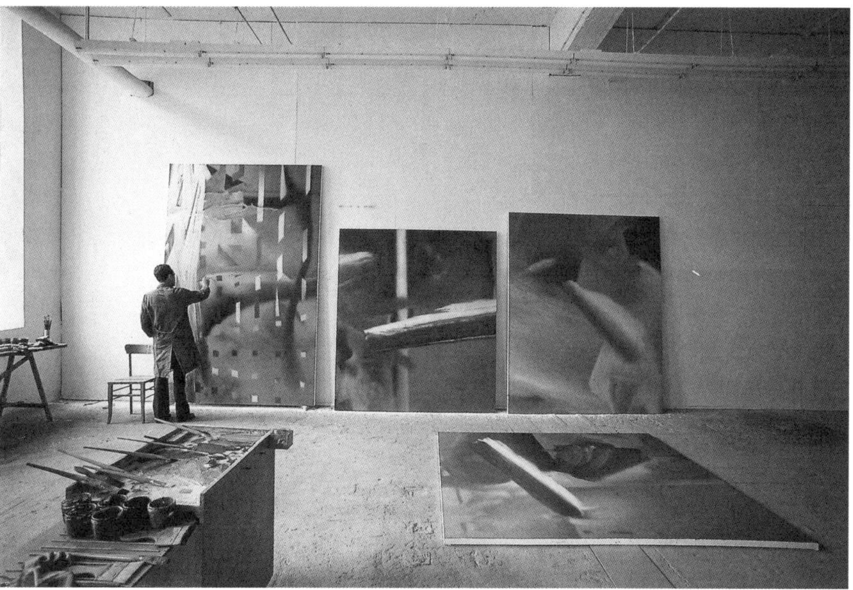

Atelieraufnahmen, 1977

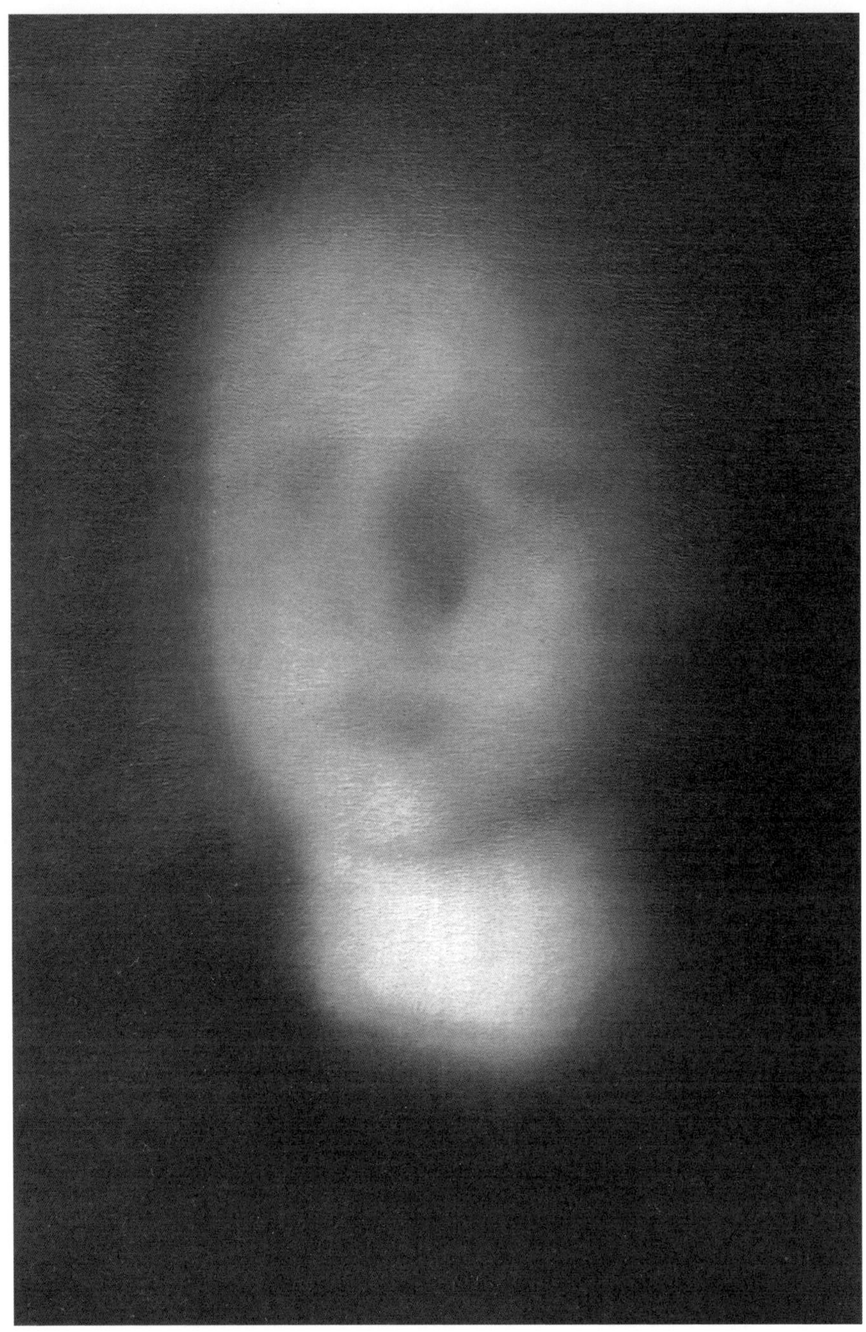

Betty, 1977

keit zu haben, und auch eine gute, humanistische. Sie steht im Gegensatz zu allen unangenehmen Seiten wie zum Beispiel Aggression und Bosheit, Krieg und Verbrechen.

Es steht ja alles, was wir tun, vor diesem schrecklichen Hintergrund. Ich lese und höre jeden Tag, dass wieder soundsoviele Menschen umgebracht werden, gefoltert werden.

Wenn man die Funktion der Kunst definieren würde, wäre Kunst dann für Sie ein Moment der Hoffnung?

Ein Moment der Hoffnung auf jeden Fall! Es bedeutet für mich auch die andere Seite, die Hoffnung erzeugt, weil wir eben diese Seite auch haben: Schönheit, Liebe, Wahrheit!! Es ist leider zu billig, einfach zu sagen: „Das ist ein schönes Bild“.

Da geben Sie mir ein Stichwort. Ich denke an ein Zitat aus einem fiktiven Gespräch mit Sigmar Polke, entstanden anlässlich einer Ausstellung in Hannover[2]. Da heißt es: „Es ist gut, dass Du so konventionell bist und Dir nichts daraus machst, auch schöne Bilder zu malen. Du hast mit Raffael und den Surrealisten soviel gemein wie mit den Millionen armer Teufel, die ihre Familien fotografieren.“

Ja, es kann ja auch viel Unsinn entstehen mit dem Wort „Schönheit“. Es gibt da so eine billige Schönheit. Wenn man sie hochhebt, dann wird es wirklich sehr unangenehm. Am peinlichsten haben es die Nazis gemacht. Ein schöner Körper und ein schöner Geist und dieser Kram. Das war eine besonders einseitige, ekelhafte Form von Schönheit, die nicht stimmt. Deswegen gibt es aber doch immer noch Schönheit! Es bleibt jedoch ein gefährliches Wort.

Sagen Sie einmal ein Beispiel für Ihren Begriff der „Schönheit“.

Das kann ein Bild von Mondrian sein, ein Musikstück von Schönberg oder Mozart, ein Bild von Leonardo, Barnett Newman oder auch Jackson Pollock. Das ist für mich schön. Aber ebenso die Natur. Ein Mensch kann auch schön sein. Schönheit heißt auch Unversehrtheit. Das ist ja auch ein Ideal, dass wir Menschen unversehrt sind und eben deswegen schön.

Was bedeutet auf Ihre Kunst übertragen, dieser Begriff „Unversehrtheit“?

Das ist ein Idealzustand. Die grauen Bilder zum Beispiel, eine grau angestrichene Fläche, ganz monochrom, sind erstmal, von der Motivation her, aus einem Grund entstanden, der eher sehr negativ war. Das hat viel zu tun mit Ausweglosigkeit, Depression und ähnlichen Dingen. Aber dann muss das am Ende doch umgekippt werden und muss zu einer Form kommen, wo diese Bilder dann eine Schönheit besitzen. Und in diesem Fall ist es keine heitere Schönheit, sondern eine ernste.

Eine sinnliche.

Eine sinnliche, empfindliche Präsenz. Aber nicht zuletzt auch eine gewisse Schönheit. Das hat Beuys auch! Wenn ihm vorgeworfen wurde, früher jedenfalls, heute vielleicht weniger, er mache ekelhafte Fett- und Filzschmierereien, so merkt man, wenn man die Arbeiten näher kennenlernt und sich damit umgibt: Es ist Schönheit!

Die Schönheit des Materials?

Und die Schönheit der Wahrheit.

Der Begriff „Wahrheit" taucht sehr häufig auf, wenn es um Ihre Kunst und Ihre Person geht. Was ist denn für Sie die Wirklichkeit und die Wahrheit auf Ihren Bildern?

Die Wahrheit... Wenn Sie eine ähnliche Struktur haben und ähnlich wahr organisiert sind wie die Natur. Wenn ich aus dem Fenster gucke, dann ist das für mich wahr, so wie es sich draußen zeigt in den verschiedenen Tönen, Farben und Proportionen. Das ist eine Wahrheit und hat eine Richtigkeit. Dieser Ausschnitt und überhaupt jeder beliebige Ausschnitt aus der Natur ist für mich ein ständiger Anspruch, und er ist ein Vorbild für meine Bilder.

Interview mit Anna Tilroe 1987

Auf welcher Grundlage wählen Sie Ihr Format?

Ich entscheide mich, je nachdem wie ich mich fühle, also willkürlich. Wenn ich längere Zeit nichts gemacht habe, fange ich immer klein an, auf Papier.

Schätzen Sie Ihre Arbeiten auf Papier genauso hoch ein wie die Gemälde?

Inzwischen ja, aber ich muss ehrlich gestehen, dass es lange gedauert hat. Erst seit 1976 erlaube ich mir derartige kleine Sachen. Bis dahin glaubte ich, alles, was ich mache, theoretisch legitimieren zu müssen. Diese Theorie stimmt nicht ganz, aber ich habe durchaus daran geglaubt. Zeichnen oder Malen auf Papier ist impulsiver, als auf Leinwand zu malen. Es kostet nicht so viel Anstrengung, man kann etwas, das einem nicht gefällt, einfach wieder wegwerfen, während große Leinwände viel mehr Mühe und Zeit erfordern. Ich war der Ansicht, die Direktheit der Papierarbeiten würde zu Willkür und Virtuosität führen. Das wollte ich auf keinen Fall.

Es muss eine richtige Befreiung gewesen sein, als Sie von dieser Auffassung lassen konnten.

Ja, das kann man wohl sagen. Ich habe jetzt viel Vergnügen beim Machen. Man kann es weniger kontrollieren, und das macht die Arbeit intimer, sie steht meinem Gefühl näher. Mich fasziniert auch, dass das Weiß des Papiers einen anderen Raum schafft als das der Leinwand. Ich war einmal versucht, auf der Leinwand denselben Effekt zu erzielen, indem ich den weißen Untergrund einfach stehen gelassen habe, aber es ist nicht gelungen. Die Leinwand hat eine andere Qualität, sie hat Präsenz, während das Papier nichts davon hat.

Ich bin Deutscher, ich muss in diesem zweigeteilten Land leben. Ich habe lange Zeit die Vorstellung gehabt, meine Bilder hätten einen internationalen Charakter. Bis ich sie zum ersten Mal in einer amerikanischen Galerie[1] hängen sah. Mit einem Mal sah ich, wie europäisch sie sind. Und auch, wie deutsch: Grünewald, die Expressionisten, um nur einige Beispiele zu nennen. Andere sagten das auch. Ich habe mich damals darüber gefreut. Baselitz hat mir einmal vorgeworfen, ich hätte mein Vaterland verraten. Das war in den sechziger Jahren. Ich malte damals Fotos nach, und für ihn war das amerikanisch. Ich denke, er meinte damit, dass es zu sehr nach Pop Art aussah.

Was bedeutet es für Sie, Deutscher zu sein?

Es ist nicht so, dass ich mich unablässig schämen würde, aber die Geschichte beschäftigt mich schon. Wie war das, waren wir das, was haben die Russen gemacht? Diese Diskussion ist hier Allgemeingut. Das finde ich phantastisch. Es gibt noch immer zu viele ältere Leute, die sagen, dass das alles nicht wahr sei.

Haben Sie klare Erinnerungen an den Krieg?

Nein; dafür war ich noch zu klein. Aber ich wollte gern Soldat werden. Ich war ein richtiger kleiner Nazi. Wenn die Soldaten durch das Dorf zogen, ging ich dorthin und wollte auch dazugehören. Logisch, bei der Erziehung.

Haben Sie sich das übel genommen?

Nein, Menschen können in jeder Weise erzogen werden, womöglich sogar von Affen oder Wölfen. Aber es hat mich allergisch gegen Ideologien gemacht. Und gegen diktatorische Galeristen.

Haben Sie in Ihrer Fluxus-Zeit[2] keine utopischen Gedanken gehegt oder Ideale gehabt?

Mich traf, was dort alles gemacht wurde, ich habe es bewundert, auch die politischen Bewegungen, aber ich war sehr skeptisch.

Und dennoch kommt das Wort „Hoffnung" auffallend oft in Ihrem Tagebuch vor.

Ich denke, dass Hoffen eine unserer wichtigsten Eigenschaften ist. Auch eine sehr einfache Eigenschaft, einfach ein Nebeneffekt des Bewusstseins. Wir sind die einzigen lebenden Wesen, die ein Bewusstsein haben. Bewusstsein bedeutet:

zu wissen, dass ich heute bin und dass ich morgen sein werde. Es ist ein simpler Mechanismus. Aber er wird oft missbraucht und pervertiert.

Mir scheint, bei Abstraktion ist das Problem noch schwerer. Abstraktion wird leicht zur Dekoration.

Aber denken Sie doch an die Bilder von Barnett Newman, die sind hoch ästhetisch und trotzdem gut. Sein Werk liebe ich am meisten, weil es das absolute Gegenteil meines eigenen Werks ist. Diese riesigen Flächen haben eine nahezu religiöse Reinheit.

Hat es Sie nicht gestört, dass Ihre monochromen grauen Gemälde von 1974 dem damals herrschenden Trend, der fundamentalen Malerei[3], zugerechnet wurden?

Ja und nein. Ich habe mich gefragt, ob das überhaupt machbar ist, monochrome Bilder zu malen, man geriet dabei so sehr in die Nähe von Minimal Art. Aber andererseits fand ich, dass ich das tun durfte, weil ich zu dem Zeitpunkt nur so und nicht anders malen konnte. Es kam direkt aus meinem Herzen.

Letztes Jahr fiel mir bei Ihrer Retrospektive in Düsseldorf[4] auf, dass Ihr Werk in all den Jahren oft genau dem Zeitgeist entsprochen hat.

Ist das so? Das könnte gut sein, ich lebe in der Gegenwart. Malen ist eine der Möglichkeiten, auf die Zeit zu reagieren.

Als sie, um ein Beispiel zu nennen, mit dem wilden Malen anfingen, schufen Sie abstrakte Werke, die in erster Linie auch wild gemalt aussahen.

Das stimmt. Aber ich habe damit 1976 begonnen. Damals gab es noch keine wilden Maler. Ich hatte eine enorme Abneigung gegen die Ideale der Minimal Art aufgebaut und konnte absolut keine grauen Bilder mehr malen. Ich bekam einen totalen Block, konnte sozusagen nur noch den Strick nehmen oder das absolute Gegenteil malen. Aus einer vergleichbaren Reaktion sind später auch die Jungen Wilden hervorgegangen, aber weiter haben wir keine Gemeinsamkeiten.

Ich habe verstanden, dass Ihnen die zeitgenössische Kunst nicht gefällt. Was stört Sie daran?

Dass sie zynisch wirkt, es aber nicht ist. Eher eine Art sich zu fügen, eine Art Hoffnungslosigkeit: *no future*. Die Geschichte wird abgelehnt und gegen die Illusion eingetauscht, dass man wieder bei Null anfangen könne.

Manchmal wirken Ihre abstrakten Bilder wie Landschaften. Suchen Sie in der Abstraktion erneut den Realismus?

Ich glaube, ich suche Genauigkeit. Mein Werk hat insoweit mit der Realität zu tun, dass ich möchte, dass es eine ähnliche Genauigkeit hat. Das schließt nachmalen aus. In der Natur stimmt immer alles: Die Struktur ist richtig, die Proportionen stimmen, die Farben passen zu den Formen. Wenn man das nachmalt, wird es falsch.

Unterdrücken Sie den Zufall?

Nein, was Sie hier sehen, ist fast alles Zufall. Der zufällige Moment ist sehr wichtig, aber er ist durchaus gesteuert, benutzt. Ich komponiere meine Bilder. Aber ich suche nie Gleichmäßigkeit. Ich habe lange Zeit das Unvereinbare zusammenbringen wollen, dafür eine Form gesucht, eine klare Form. Bis ich gemerkt habe, dass ich sie doch wieder kaputt mache. Jetzt akzeptiere ich es, dass mein neues Werk ein bisschen diffuser ist. Ich finde, es ist reicher, komplexer.

Ich muss das Bild immer zerstören, denn ich weiß nicht, wie ein Gemälde zu dem Zeitpunkt aussehen sollte. Es ist zum Beispiel unmöglich geworden, ein Portrait zu malen. Das geht erst wieder, sobald es neue Vorstellungen gibt, wie ein Mensch heute abgebildet werden kann. Diese Vorstellungen gibt es nicht.

Sie malen gleichzeitig abstrakte und realistische Bilder. Ist das kein großer Gegensatz?

Die Mittel, die man zur Organisation verwendet, sind dieselben: dieselbe Struktur, dieselben Kontraste, solche Dinge. Aber es gibt einen Unterschied in dem, was ich Klima nenne. Die Landschaften, zum Beispiel, sind ruhig, sentimental. Die abstrakten sind emotionaler, aggressiver. Diese Unterschiede suche ich im Klima.

Brief an Manfred Schlösser, Präsidialsekretär der Akademie der Künste Berlin, 16.4.1987

Betr. ‚Skulpturenboulevard'

Lieber Herr Schlösser,
haben Sie vielen Dank für Ihren Brief vom 14. April '87 mit der Stellungnahme der Akademie der Künste zum Streit in der o. g. Sache.

Die ‚Stellungnahme' halte ich doch für eine etwas zu unkritische Anbiederung an den modischen Trend fahrlässig inszenierter Kulturspektakel.

Es ist auch zu billig, wenn die Verteidiger des Skulpturenboulevards einen Avantgardebegriff konstruieren, der seine Berechtigung und seinen Wert allein auf der Ablehnung begründet, die ihm durch eine sogenannte bornierte oder sogar als faschistisch titulierte Kunstfeindlichkeit zuteil wird. Wenn mit dem alten Kurzschluss – „dass gut sein muss, was Banausen ablehnen“ – eine neue Arroganz der Kulturverwalter und Künstler genährt wird, dann besteht doch die Gefahr, dass die Forderung nach „Toleranz für alle Formen der Kunst“ jede Glaubwürdigkeit verliert.

Ich halte es also eher für bedenkenswert, ob nicht der Kurfürstendamm doch der falscheste Ort für diese Show ist – ob nicht zum Beispiel Metzels 13.4.1981 dort nur zur dummdreisten Dekoration wird, die den verzweifelten Ernst aller Demonstranten nur clever auszubeuten scheint, und ob zum Beispiel der Hinweis auf Vostells internationalen Ruhm wirklich reicht, um nicht nur als eine arrogante Einschüchterungsformel zu wirken.

Es geht mir nicht darum, Kunstwerke zu kritisieren, sondern darum, dass man schwerwiegende Fehler und Versäumnisse der Veranstalter nicht mit nachträglichen moralischen Appellen ausbügeln kann. Und wie zynisch und schlampig in dieser Sache von Anfang an gehandelt wurde, zeigt sehr deutlich die Rolle des Regierenden Bürgermeisters: seine öffentliche Distanzierung von dem Skulpturenprojekt ist nicht kläglicher als seine vorherige Befürwortung, beide Male zeigte er Fahrlässigkeit, Inkompetenz und Opportunismus.

Berlin hat bereits sehr viele großartige Ereignisse auf die Beine gestellt, die eine Reise wert waren, die plumpe militante Art aber, wie jetzt etwas durchgeboxt wurde, ist eher Ungeist als Zeitgeist. Deshalb ist es vielleicht auch etwas voreilig, wenn die Akademie der Stadt mit der Phrase von der „unsterblichen Blamage“ droht.

Dies mit herzlichen Grüßen
Gerhard Richter

Notizen 1988

3.1.88 Die Kunst ist die reine Verwirklichung der Religiosität, der Glaubensfähigkeit, Sehnsucht nach ‚Gott'.

Alle anderen Verwirklichungen dieser erheblichsten Eigenschaft des Menschen sind Missbrauch insofern, als sie diese Eigenschaften ausbeuten, also in den Dienst einer Ideologie stellen. Auch Kunst wird zur ‚angewandten Kunst', wenn sie ihre Zweckfreiheit aufgibt, wenn sie etwas mitteilen will; denn nur in absoluter Verweigerung jeder Aussage ist sie menschlich.

Die Fähigkeit zu glauben ist unsere erheblichste Eigenschaft, und sie wird nur durch die Kunst angemessen verwirklicht. Wenn wir dagegen unser Glaubensbedürfnis in einer Ideologie stillen, richten wir nur Unheil an.

7.1.88 Meine tiefeingewurzelte Abneigung gegenüber Behauptungen, Wahrheitsansprüchen, Ideologien, die ich früher oft mehr oder weniger geschickt äußerte (die sich in meinen Bildern, in der Arbeitsweise, in der Gesamthaltung so sehr zeigte, dass ich immerwährend diese Abneigung auch auf einen grundsätzlichen Mangel an konstruktiver Fähigkeit oder an Mut, Stärke, Gestaltungswillen, Potenz und Kreativität schob und darunter leiden musste) – diese Abneigung erfährt jetzt Bestätigung durch Leute wie den Physiker Dürr, den Evolutionsforscher Riedl und Konrad Lorenz, die die einzige Hoffnung für unser Überleben in dem ‚Umsichgreifen des humanen Selbstzweifels', in der Bewusstheit unserer Beschränktheit sehen. So hoffe ich, dass meine ‚Unfähigkeit', also meine die ‚Fähigkeit' ersetzende Skepsis, doch eine ganz wichtige ‚moderne' Strategie des Menschen sein kann. Und so kann ich mehr als zuvor die Lächerlichkeit (und Unmenschlichkeit) jeder Ideologie als gegeben ansehen (und, wenn möglich, propagieren).

13.1.88 Die Kunst ist elend, zynisch, dumm, hilflos, verwirrend – ein Spiegel unserer geistigen Armut, unserer Verlassenheit, Verlorenheit. Verloren haben wir die großen Ideen, die Utopien, jeden Glauben, alles Sinnstiftende. Glaubensunfähig, hoffnungslos in höchstem Maße irren wir auf einer giftigen Müllkippe, äußerst gefährdet; jedes dieser unverständlichen Scherbenstücke, Abfallstücke, Gerümpelstücke bedroht uns, schmerzt und verkrüppelt uns fortwährend, tötet uns, letztlich früher oder später unausweichlich. Schlimmer als Wahnsinn.

Tröstungen werden verkauft, Aberglauben in allen Schattierungen, kleine aufgebauschte Ideologien, die dümmsten Lügen.

2.3.88 Natürlich habe ich mich immer eher geweigert, die Misere der Kunst als gesellschaftlich bedingt zu sehen, als allgemeine Bedingung also, die ihren Charakter prägt und ihr die Aufgaben und Inhalte stellt. Immer habe ich die Unmöglichkeit, etwas Konstruktives, klassisch Richtiges zu schaffen, in meinem persönlichen Versagen gesehen; ich war derjenige, der zu unfähig ist, die ‚richtigen' Bilder zu malen. Es ist aber so, dass die Misere der Kunst und die der Gesellschaft jeden erfasst und allen das gleiche Elend und damit die gleiche Aufgabe aufzwingt.

Und es nützt nicht viel, wenn ich mich mit dieser Einsicht sozusagen freispreche, weil es vielleicht notwendig (und nicht nur einfältig und größenwahnsinnig) ist, dass ich annehme, es wäre meine persönliche Angelegenheit und mein persönliches Versagen. Denn wie sollte ich das Geringste leisten, wenn ich etwas nicht als meine Sache annehmen sollte, so als müsste ich allein alles ändern, was schlecht ist.

12.3.88 Die meisten Künstler sind doch alle mit außergewöhnlicher Dummheit geschlagen, und das macht sie noch verzweifelter, als es notwendig ist, und damit machen sie sich noch dümmer, als sie es eigentlich sind, und damit machen sie sich sogar künstlerisch impotent – denn indem sie (bewusst oder unbewusst) über ihren Unsinn erschrecken, verlieren sie jede Selbstachtung und können gar nichts mehr oder nur noch das unsäglich Dümmste produzieren.

20.11.88 Die Nazi-Verbrechen werden nur vordergründig verharmlost, wenn wir sie mit anderen Verbrechen vergleichen. Tatsächlich wäre es Verharmlosung, wenn man sie nur den Nazis zuschöbe und auf so billige Weise sich selbst von der Schuld freispräche.

Notizen November 1988 (für die Pressekonferenz Februar 1989 – Museum Haus Esters, Krefeld)

Anfang der 60er Jahre, von der DDR kommend, weigerte ich mich natürlicherweise, Verständnis für die Ziele und Methoden der RAF aufzubringen. Ich war zwar von der Energie, von dem kompromisslosen Willen und dem absoluten Mut der Terroristen beeindruckt, aber ich konnte dem Staat seine Härte nicht verdenken; Staaten sind so, und ich hatte andere, erbarmungslosere erlebt.

Der Tod der Terroristen und alle damit in Zusammenhang stehenden Geschehnisse davor und danach bezeichnen eine Ungeheuerlichkeit, die mich betraf und mich, auch wenn ich sie verdrängte, seitdem beschäftigte, wie etwas, was ich nicht erledigt hatte.

Ich halte es nicht für erheblich, welche Umstände und Zufälle mich Anfang dieses Jahres dazu brachten, das Thema wiederaufzugreifen, darüber zu lesen, mir Bildmaterial zu beschaffen und anzufangen, diese Bilder zu malen.

Es ist mir auch nicht möglich, die Bilder zu interpretieren, das heißt, sie sind in erster Linie zu emotional und sind, wenn möglich, ein Ausdruck einer sprachlosen Ergriffenheit, sie sind der nahezu hilflose Versuch, Gefühlen von Mitleid, Trauer und Entsetzen eine Form zu geben (als wäre die Wiederholung der Ereignisse im Bild eine Möglichkeit, die Ereignisse zu verstehen, mit ihnen leben zu können).

Die Bilder evozieren fachliche Probleme, die mich im Grunde aber nicht interessieren: zum Beispiel die seit Erfindung der Fotografie gefährdete oder überflüssig gewordene traditionelle Gegenständlichkeit der Malerei; mein Rückgriff auf eine Maltechnik, die ich in den 60er Jahren anwendete – der unmoderne Versuch einer inhaltsbetonten Malerei oder Historienmalerei.

Die Bilder lassen möglicherweise Fragen nach der politischen Aussage oder nach der geschichtlichen Wahrheit aufkommen. Beides interessiert mich hier nicht. Und obwohl wahrscheinlich nicht einmal meine Motivation für die Bilder von Belang ist, versuche ich, sie hier zu benennen, als eine quasi parallel zu den Bildern laufende verbale Artikulation meiner Betroffenheit und Meinung.

Wirklichkeit kann als gänzlich unakzeptabel angesehen werden. (Sie zeigt sich uns gegenwärtig und, soweit wir zurückblicken können, als eine fortlaufende Folge von Grausamkeiten. Sie schmerzt, misshandelt und tötet uns. Sie ist ungerecht, erbarmungslos, sinnlos und hoffnungslos. Wir sind ihr ausgeliefert, und wir sind sie.)

Die Erfahrung und die Erkenntnis der Schrecklichkeit verursachen den Willen zur Änderung und befähigen uns, veränderte Vorstellungen von einer besseren Realität zu schaffen und für deren Verwirklichung zu arbeiten. Unsere Fähigkeit zur Erkenntnis, das heißt zur Vorstellung, ist also zugleich unsere Fähigkeit zu glauben. Glaube ist erstmal nichts anderes als Erkenntnis und Vorstellung, er wird aber zugleich der Gegenpol zur Erkenntnis (indem er sich das Erkannte anders erträumt), und wird damit zum Mittel, die Erkenntnis der Schrecklichkeit zu überleben (diese Strategie nennen wir Hoffnung). Desweiteren ist er Erweiterung und Steigerung des Triebes zum Leben oder der Lebendigkeit. (Zynisch gesehen, ist die Glaubensfähigkeit nur die Fähigkeit zur Erzeugung von Rausch, Traum, Selbsttäuschung, um die Realität partiell zu vergessen, ist Aufputschmittel, um an der Verwirklichung der konzipierten Realität zu arbeiten; zynisch gesehen ist alles sinnlos.)

Die tödliche Realität, die unmenschliche Realität. Unsere Auflehnung. Ohnmacht. Scheitern. Tod. – Deshalb male ich diese Bilder.

(Wie anfangs gesagt: Meine Motivation ist für die Bilder nicht erheblich, sie sind unabhängig davon, denn sie sind selbst ein Stück Realität.)

7.12.88 Was habe ich gemalt. Dreimal den erschossenen Baader, zweimal die aufgehängte Ensslin, dreimal den Kopf der toten, abgeknüpften Meinhof, einmal den toten Meins[1].

Dreimal die Ensslin, indifferent (fast an Popstars erinnernd).

Dann ein großes, nichtssagendes Begräbnis – eine Zelle mit dominierendem Bücherregal – einen stummen, grauen Plattenspieler – ein Jugendbildnis der Meinhof, bürgerlich sentimental – zweimal die Verhaftung von Meins, der sich der geballten Staatsmacht ergeben muss. Alle Bilder sind dumpf, grau, meist sehr unscharf, diffus. Ihre Präsenz ist das Grauen und die schwer erträgliche Verweigerung einer Antwort, einer Erklärung und Meinung.

Ich bin nicht so sicher, ob die Bilder ‚fragen', eher provozieren sie Widerspruch wegen ihrer Hoffnungslosigkeit und Trostlosigkeit, wegen ihrer Unparteilichkeit.

(Seitdem ich denken kann, musste ich jede Verhaltensregel und jede Ansicht, soweit sie ideologisch motiviert waren, als falsch, hinderlich, lebensfeindlich oder verbrecherisch erkennen.)

Gespräch mit William Furlong, Jill Lloyd, Michael Archer und Peter Townsend 1988

WF: *Gerhard, können wir über die* London Paintings[1], *die Du hier in der Anthony d'Offay Gallery ausstellst, sprechen? Das erste, was mich verunsichert, sind die sehr prosaischen Titel, die die Bilder tragen, zum Beispiel* Salt Tower, Brick Tower *und* St. James. *Diese Gemälde könnte man als absolut ungegenständlich beschreiben, und ich weiß nicht, ob Du mit dem Begriff „abstrakt" glücklich bist, aber ich wollte Dich bitten, ob Du vielleicht damit anfangen kannst, uns etwas über das Zustandekommen der Bilder zu sagen und welche Beziehung zu den Titeln besteht.*

GR: Das sind einfach nur Namen, und ein Name bedeutet nicht so viel. Wenn ich meinem Kind einen Namen gebe, kann ich mein Kind als ein abstraktes Gemälde sehen, wenn ich ihm den Namen Andrew oder einen anderen geben würde.

JL: *Aber die religiösen Titel sich sehr provokativ. Wenn man einen religiösen Titel für ein Gemälde nimmt, dann lässt man die Leute in dem Glauben, sie handeln von religiösen Erfahrungen.*

GR: Die Bedeutung bezieht sich auf die Kirchen und nicht die Personen. Nein, das wissen die nicht, wenn sie die Titel sehen und lesen.

JL: *Woher stammen sie?*

GR: Von den Kirchen, Westminster Abbey, sie wissen das nicht.

JL: *Aber ich nehme an, sie würden das mit einem religiösen Bezug im Zusammenhang sehen.*

GR: Das könnte auch gut sein.

JL: *Weil die Gemälde etwas von einer religiösen Ausstrahlung haben, oder nicht?*

GR: Ich habe nichts gegen diese Bedeutung.

WF: *Könntest Du denn die Begriffe „abstrakt" und „figurativ" zur Beschreibung der zwei Schwerpunkte in Deinen Arbeiten ganz gut akzeptieren?*

GR: „Abstrakt" und „figurativ" sind sehr einfache Begriffe und möglicherweise falsch. „Abstrakt" ist von anderer Bedeutung, aber mir würde es nichts ausmachen, wenn wir die Begriffe „gegenständlich" und „ungegenständlich" benutzen würden.

WF: *Es ist gerade bei mir so, dass ich das Empfinden habe, dass diese Gemälde nicht wirklich abstrakt sind, nicht in dem Sinne, dass sie nichts wiedergeben, und es scheint so, als gäbe es etwas ganz Besonderes in Bezug auf ihre Oberfläche und die Art, wie die Farbe aufgetragen ist und wie der bildliche Ausdruck geschaffen wurde.*

JL: *Vielleicht kannst Du uns etwas über die Verwandtschaft zwischen den beiden verschiedenen Ausdrucksformen der Gemälde sagen. Betrachtest Du sie als gegensätzlich oder miteinander verbunden?*

GR: Beide sind irgendwie realistisch. Die Kunst macht die künstliche Realität sichtbar und auch die andere.

JL: *Du würdest die Naturgemälde dann als natürlich betrachten?*

GR: In Bezug auf die Natur mehr natürlich, ja, ja.

WF: *Aber es scheint noch etwas ganz Besonderes, Unnatürliches, wenn Du willst, in ihnen zu sein. Wenn man sie betrachtet, schaut man irgendwie durch einen Filter auf die Natur, und von ihnen geht ein sehr fremdartiges Gefühl auf mich über, gleichzeitig erscheinen sie aber auch sehr entfernt. Sie scheinen künstlich zu sein.*

GR: Ja, das ist wahr.

JL: *Die Gemälde unterscheiden sich wohl sehr von den abstrakten Bildern, die Du in den letzten paar Jahren gemacht hast?*

GR: Die neuen abstrakten Gemälde sind ziemlich anders. Ja, ja, ja. Die Bilder davor hatten mehr Struktur, mehr Komposition. Ich kann gar nicht mehr eine Komposition anlegen.

JL: *Sie sind viel bruchstückhafter.*

GR: Ja, ja, und zerstört.

JL: *Und Deine Stilarten haben sich in den letzten zehn Jahren ziemlich drastisch verändert, und zwar so, dass zu der Zeit sich vielleicht kein anderer Künstler so wie Du hätte verändern können.*

GR: Ja.

JL: *Spürst Du, dass bald wieder so etwas passieren könnte, und sind diese (Arbeiten) der Anfang von etwas Neuem oder sind sie das Ende einer teilweise abstrakten Phase?*

GR: Ja, ich habe das Gefühl, dass ich mit neuen Sachen anfangen müsste, aber ich weiß nicht, womit. Möglicherweise mache ich weiter. Ich weiß es wirklich nicht. Im Augenblick befinde ich mich in einem Zustand ohne jede (neue) Idee.

JL: *Aber Du scheinst gern in diesem Zustand zu malen – Du malst gern ohne Konzept. Als wir vorher darüber sprachen, schien es so, als möchtest Du keine vorgefassten Meinungen in das, was du tust, einbringen.*

GR: Ja, aber dann hatte ich den Einfall, keine Einfälle zu haben. Das ist etwas anderes, und nun habe ich wirklich keinen neuen Einfall, keine Vision für ein neues Gemälde.

JL: *Aber als Du sagtest, Du hattest den Einfall, keine Vorstellungen zu haben, dann ist das ein sehr bewusster Vorgang. Du musst vermeiden, neue Einfälle zu bekommen.*

GR: Ja.

JL: *In dem Augenblick, wo Du das nicht vermeidest, weißt Du wohl gerade nicht, was kommt.*

GR: Ja, ja.

WF: *Findest Du das beunruhigend, dass Dir im Augenblick jede Vorstellungskraft fehlt?*

GR: Ja, ja. Es ist nicht so angenehm, aber ich kenne diese Unterbrechungen aus der Vergangenheit, mal länger, mal kürzer.

WF: *Können wir mal einen Aspekt bei den Bildern herausstellen? Es ist nämlich äußerst interessant, wie Du sie wirklich gemacht hast, weil, auf besondere Art, ein charakteristisches (gemeinsames) Zeichen nicht da zu sein scheint, oder, wenn man will, die eigentliche Tätigkeit des Künstlers, die eine durchgehende Spur, die auf die Identität des Künstlers verweist, fehlt. Sie ist sicherlich weder bei dem großen, fotografischen Bildhauer vorhanden noch bei den abstrakten Bildern, was ich bemerkenswert finde. Ich frage mich, ob das von Dir mit voller Absicht geschehen ist, um nicht irgendeine Individualität für Dich selbst als (wieder erkennbares) Kennzeichen zu schaffen, so wie die Bilder entstanden sind.*

GR: Glaubst Du, sie sind anonym?

WF: *Sie sind nicht anonym, aber, wenn Du so willst, decken sie nicht die (typische) Handschrift des Künstlers auf.*

GR: Das kann ich nicht beurteilen. Ich habe das Gefühl, sie haben die Arme in die Seite gestemmt.

JL: *Du würdest sie zweifellos als Deine Bilder wiedererkennen, wenn das stimmt.*

GR: Meine Handschrift, auch wenn da kein Pinselstrich im Gemälde ist, ist sichtbar.

JL: *Ich nehme an, Du verbindest einen Pinselstrich mit Subjektivität, so ähnlich wie die Expressionisten, und es sieht so aus, als würdest Du diese Form der Subjektivität vermeiden, diesen Ausdruck Deiner selbst oder von Gefühlen.*

GR: Ich habe die Expressionisten nie gemocht. Weder die alten deutschen noch die modernen.

JL: *Aber in Dresden, in den Fünfzigern, als Du dort studiert hast, dann muss das gewesen sein, als die Expressionisten sehr populär wurden.*

GR: Ja, aber das ist nicht die Dresdner Schule. Die ist anders, realistischer, nicht expressiv.

JL: *Dix hat dort in den zwanziger Jahren gearbeitet.*

GR: Dix war auch kein typischer Dresdner, das waren unbekannte Maler. Wenn Du die Gemälde der Dresdner Schule siehst, dann hatte das nicht so viel mit Expressivität zu tun, und nichts mit Dix.

JL: *Und wie war das, als Du 1961 nach Westdeutschland kamst? Was hieltest Du von den abstrakten, expressionistischen Malern, wie zum Beispiel Götz, mit dem Du studiert hast?*

GR: Wir benutzten eine andere Bezeichnung für diese Maler: Tachisten, gegenstandslose Tachisten. Auch das war interessant, aber es ist vergangen, vorbei.

JL: *Hast Du Dich dann ganz bewusst nach einer Alternative umgesehen, auf eine sehr selbstbewusste Weise, im Gegensatz zu der expressiven, abstrakten Malerei?*

GR: Ja, wir haben es versucht.

JL: *Was hatte es mit der Kapitalistischer Realismus-Ausstellung im Möbelhaus[2] auf sich? Da ist irgend etwas Bemerkenswertes dran, und die Leute reden immer darüber.*

GR: Ich bin überrascht, dass diese Bezeichnung so ein Markenzeichen wird. Wir haben es nur aus Spaß für ein Happening benutzt, um bekannt zu werden.

JL: *Dachtet ihr, nun gut, im Osten gibt es den Sozialistischen Realismus, und wir versuchen's mal mit dem Kapitalistischen Realismus?*

GR: Ja, ja, das war beabsichtigt.

JL: *Aber vermutlich meintet ihr es mit dem Kapitalismus doch ironisch?*

GR: Ja, das ist eine falsche Bezeichnung. Wir haben hier keinen Kapitalistischen Realismus.

JL: *Habt ihr zu der Zeit nicht versucht, der westdeutschen Gesellschaft kritisch gegenüber zu sein?*

GR: Überhaupt nicht.

MA: *Du sagtest, es gibt keine Struktur, oder nur wenig Struktur in den abstrakten Gemälden. Aber ganz sicher hast Du bei den Bildern, die Du bis vor zehn Jahren gemacht hast, mit einem kleinen, sehr intensiv gemalten Bild angefangen, und dann einen Ausschnitt fotografisch vergrößert, um das Gemälde anzufertigen. Gibt es da irgendwelche Ähnlichkeiten mit den Bildern, die jetzt hier sind?*

GR: Nein, diese unterscheiden sich von denen damals völlig. Du meinst die Ausschnittvergrößerung (blow up). Ja, ja, da ist nichts (Gemeinsames). Als ich das (vorhin) erwähnte, dass in diesen Bildern weniger Struktur vorherrscht, da dachte ich an die Bilder von vor drei oder fünf Jahren. Sie beinhalteten eine Komposition und waren unterschiedlich aufgebaut.

WF: *Gibt es da jetzt ein besonders starkes, gewisses Gefühl – die Vorstellung, Bilder zu malen, die mit einer bestimmten Ansicht, einem bestimmten Gebäude in Verbindung gebracht werden, welche wiederum mit den Kirchen und den Türmen und so weiter assoziiert werden. Ist das etwas, was Deine Arbeit in eine neue Richtung gelenkt hat, oder –*

GR: Das glaube ich nicht, nein.

WF: *Ist dieses Bindeglied wichtig für Dich, dass es zumindest einen Hinweis im Titel auf einen ganz bestimmten Ort gibt?*

GR: In diesem Fall, was die London-Bilder betrifft, ja. Das ist eine Ausnahme, Bildtitel zu verwenden. Nur wenige Bilder sind betitelt, das ist sehr hilfreich, und ich kann sie wiedererkennen.

JL: *Haben die Bildtitel dieser Serien mit der Art der Veränderung zu tun, und zwar so, wie die Bilder aussehen, und die Veränderungen, die Du eingebracht hast, als du sie gemalt hast? Die Bilder sehen jetzt ganz anders aus, wenn man sie mit denen vom letzten Jahr vergleicht, und sie haben auch andersartige Titel erhalten.*

GR: Ja.

JL: *Und gibt es da eine Beziehung oder warst Du Dir möglicherweise dessen gar nicht bewusst, als Du sie betitelt hast?*

GR: Es hat mit anderen Dingen zu tun, für die ich mich zur damaligen Zeit interessierte, als ich sie gemacht habe, Kafka, den ich damals las, oder die Tatsache, dass ich nach London kommen werde, um diese Serien zu machen, und das hatte ich in meinem Gedächtnis, und dann traten die Titel damit in Verbindung, und die Titel sind farbig.

JL: *Hast Du das gemacht, um dem Bild eine zusätzliche Dimension zu geben, damit wir sie nicht nur als scheinbare Abstraktion betrachten?*

GR: Ja, ja, ich hoffe oder wünschte, ihnen eine zusätzliche Dimension zu geben. Ich habe eine ähnliche Erfahrung gemacht, als ich von einem Foto abmalte. Ich zerstörte die Bildoberfläche immer weiter, und (nur) der Titel war noch da, so kann man bei den Touristenbildern kaum noch die Touristen erkennen, auch nicht als Drama hinter dieser schrecklichen Angelegenheit, ein Mann wird von einem Löwen gefressen, aber man hat den Titel, und das ist interessant.

JL: *Manchmal benutzt Du Wortfetzen in den frühen Gemälden, und der vollständige Titel war nicht erkennbar.*

GR: Nicht so in den Touristenbildern. Die enthalten kein einziges Wort. Die tragen nur einen Titel. Vor langer Zeit habe ich Wortbruchstücke benutzt.

PT: *Es gibt einen Abschnitt in Deinem Katalog, eine Übersetzung eines Deiner Briefe, in dem Du Dich auf die Natur beziehst, die ohne Intelligenz sei, ohne Sympathie, aber auch un-*

menschlich. Meintest Du unmenschlich oder gegen den Menschen, weil unmenschlich ja ein sehr menschlicher Begriff ist.

GR: Im Deutschen unterscheiden wir dieses „human“ nicht (von anderen Formen). Ich glaube ich meine deshalb „gegen den Menschen“.

PT: *So wie in unmoralisch.*

GR: Ja.

MA: *Ich habe das gelesen und fand das ziemlich interessant. Heißt das, Du betrachtest uns nicht wirklich mit der Natur verbunden, nicht anders als nur physische Wesen?*

GR: Wir sind mit der Natur verbunden. Dies ist ein sehr polemischer Satz.

PT: *Das ist er. Er bedeutet, dass die einzigen Deuter der Natur wir selbst als menschliche Wesen sind, und in diesem Sinne scheinen Deine abstrakten Bilder die Landschaft in den Betrachter zurückzuschleudern, damit er oder sie in sich selbst hineinschaut und auf einen Widerhall aus dem Landschaftsbild achtet, das mit der Landschaft an sich nichts zu tun hat, nicht wahr?*

GR: Ja, ja.

MA: *Wie wichtig ist es denn in dieser Ausstellung, dass wir beide Darstellungsformen, die abstrakte und die gegenständliche, gemeinsam vorfinden?*

GR: Ich glaube, man versteht die Abstrakten und die Landschaftsbilder besser. Sie sind realistisch(er), wenn man beide (gleichzeitig) zeigt, aber es ist auch möglich, nur eine Gruppe zu zeigen.

JL: *Würdest Du jetzt die Fotolandschaften allein ausstellen?*

GR: Im Augenblick nicht, nein. Eher die Abstrakten. Ich bin mehr an den Abstrakten Bildern interessiert. Ich habe es nie versucht, nur früher mal, als ich nur Landschaftsbilder[3] hatte.

JL: *So hängen sie wirklich da, um ein neues Licht auf die Abstrakten Bilder zu werfen, und nicht, damit die Titel ihnen eine besondere Bedeutung geben?*

GR: Die Titel der abstrakten Gemälde?

JL: *Ja.*

GR: Ja, ja. Es hat mit dieser zuvor erwähnten Hoffnung zu tun, dass sie mehr bedeuten, wichtiger für uns sind. Ich verspüre ständig den Mangel an Bedeutung. Ich bin nur ein Maler.

JL: *Und Du willst sagen, dass wir diese Bedeutung schaffen müssen?*

GR: Ja, ich könnte mehr tun. Bilder sind in ihren Auswirkungen begrenzt.

JL: *In ihren Auswirkungen auf das Publikum oder in der ihnen innewohnenden Kraft, etwas auszudrücken.*

GR: Ja, mit unseren Problemen. Wir haben eine Menge Probleme auf der Welt, und die Bilder können viel ausrichten.

WF: *Da waren noch ein, zwei Sachen im Zusammenhang mit den fotografischen Bildern. Ich habe letztes Jahr die sehr umfangreiche Hängung der Portraits im Museum Ludwig gesehen, die ich für eine sehr beeindruckende Arbeit halte, und ich habe mich gefragt, was Du Dir bei dem fotografischen Darstellungsniveau gedacht hast, im Vergleich zu Deinem Gemälde, das ja irgendwie sehr bewusst dem fotografischen Prozess nacheifert oder dem sehr nahe steht. Wo liegt Deiner Ansicht nach das unterscheidende Merkmal? Was unterscheidet Deine Portraits im wesentlichen von den fotografischen Ebenbildern?*

GR: Von den fotografischen Portraits?

WF: *Ja.*

GR: Ich habe zwei Versionen. Gemalte Portraits nach Fotografien und dann Fotografien von den Gemälden. Manchmal ziehe ich die Fotovariante vor, das ist moderner, entspricht unserer Zeit.

WF: *Aber woran denkst Du, wenn Du diese sehr genauen, sehr präzisen Bilder malst, die einem Foto sehr nahe kommen?*

GR: Das ist die einzige Verfahrensweise, die ich verwenden kann. Das Beste, außer Farbe. Sie sind nicht farbig, und eine Menge Fotos, die ich damals hatte, waren nicht farbig.

JL: *Versuchst Du, sie so wirklich so wirklichkeitsgetreu wie möglich aussehen zu lassen?*

GR: So realistisch wie möglich, und manchmal konnte ich sie besser als die Fotos machen –

deutlicher. Einige von ihnen waren sehr klein. Ich habe das ein bisschen verbessert.

JL: *Aber manchmal liegt ein feiner Schleier über allem, der beabsichtigt aussieht, als wolltest Du nicht, dass es wie eine perfekte Täuschung aussieht.*

GR: Sie werden durch diesen Effekt wirklichkeitsgetreuer.

MA: *Wenn Du sagst, du wolltest, dass sie so wirklichkeitsgetreu wie nur möglich wirken, möchtest Du dann, dass sie so weit wie möglich einem Foto ähnlich sehen oder so weit wie möglich der Realität?*

GR: Ich kenne kein Bild, das besser als eine gute Fotografie war.

WF: *Aber das sind ganz bewusst Gemälde nach der Oberfläche des fotografischen Abzugs. Als Alternative hättest Du ja beispielsweise das eigentliche Portrait nach der (lebenden) Person malen können.*

GR: Dies ist eine Fertigkeit, die wir nicht gelernt haben. Wir sind nicht in der Lage, (richtig) zu malen. Nur sehr wenige Maler wie Lucian Freud können das, aber alle anderen sind dazu nicht imstande. Sie haben es nicht gelernt. Wir haben keine Schule die das lehrt.

WF: *Aber trifft denn das auch auf die Landschaftsmalerei zu?*

GR: Ja, ja.

WF: *Du würdest gar nicht wirklich überlegen, (nach draußen) in die Landschaft zu gehen und zu malen?*

GR: Das ist viel zu mühsam, mit all dem Krempel in die Gegend zu ziehen. *(Gelächter)*

PT: *Aber jetzt mal diese Gemälde von Dir, die auf Fotografien aufgebaut sind – wenn ich die ansehe, dann ist meine Reaktion darauf emotional, nicht auf die Landschaft (an sich), sondern auf die Art und Weise, wie ich auf so ein Landschafts-(bild) sehe.*

GR: Ja, ich glaube, ich habe verstanden. Das kommt vom Fotoapparat, ja?

PT: *Das ist ungefähr so, als hättest Du, während ich Deine Arbeit betrachte, eine Stimmung auf mich übertragen. Du zwingst mich dazu, so auf das Landschaftsbild zu reagieren, wie Du es (von mir) erwartest, dass ich auf eine (vorgefasste Vorstellung von) Landschaft, die in mir verinnerlicht ist, reagieren werde.*

GR: Das ist gut.

JL: *Ich halte die Landschaftsbilder für ziemlich irreführend, denn sie scheinen sehr romantisch und schön zu sein, aber irgendwie erscheinen sie auch auf besondere Weise gefühllos. Ich meine, es gibt so eine unbestimmte Ziellosigkeit in den Landschaften. Sie sind entweder zu weit entfernt oder sie sind zu nah oder irgend etwas stimmt nicht.*

GR: Ziellosigkeit.

JL: *Möchtest Du, dass wir die Landschaften als romantische Dinge betrachten, oder möchtest Du, dass wir uns ein bisschen desorientiert fühlen?*

GR: Beides trifft zu. Ich glaube, dass wir zumindest diese beiden Gefühle verspüren, wenn wir ein Landschaftsbild sehen. Wir fühlen uns nostalgisch, und Nostalgie bedeutet dieses zwiefache Gefühl.

JL: *Ich kann mich an die* documenta[4] *erinnern, da war ein sehr fotografisch (wirkendes) Gemälde ausgestellt, das eine Ecke vom Kölner Dom zeigte. Warum hast Du den Kölner Dom ausgewählt?*

GR: Es war ein sehr altes Foto, ich meine, nicht uralt, von 1984, und ich war in einer ganz besonderen Stimmung, diese Aufnahme zu machen.

JL: *Schaust Du Dir vorher eine Menge Fotos an, bevor Du entscheidest, nach welchen Du malen wirst?*

GR: Ich mache eine Menge Fotos. Es ist schwer, ein Motiv zu finden, von dem man ein Foto machen kann, und dann hat man viele Fotos, und es ist schwer, eins herauszufinden, nach dem man malen kann.

WF: *Worauf gründet sich die Entscheidung? Wie wählst Du das aus, nach dem Du malen willst?*

GR: Das weiß ich wirklich nicht.

JL: *Wenn Duchamp, zum Beispiel, auf seine Readymades gucken würde, dann würde er sagen, nun, ich habe sie einfach ausgesucht. Er pflegte das (wirklich) zu sagen: weil ich versucht habe, etwas ästhetisch Schönes zu vermeiden, ich versuche, bestimmte Dinge zu vermeiden. Ich weiß nicht ganz genau, was ich (eigentlich) will, aber ich weiß, was ich versuche zu vermeiden.*

GR: Ich versuche, viele Dinge zu vermeiden *(lacht)*, alle dummen Dinge versuche ich zu vermeiden.

MA: *Um noch einmal auf Bills Anmerkung zu den Portrait-Reihen zurückzukommen. Die sind alle nach berühmten Persönlichkeiten (gemacht). Ist das so eine sehr persönliche Auswahl – sind das alles Leute, die Du am liebsten magst?*

GR: Nein. Einige von denen kenne ich nicht, und ein paar von denen, die ich am liebsten mag, habe ich nicht gemalt. Die sind nicht in diesen Folgen.

MA: *Da gibt es ein Bild von Kiefer,* Hermannsschlacht, *und das scheint mir sehr nahe dran zu sein. Es sieht so aus, als hätte er Deine Bildserie angeschaut. Wieder dieses Monochrome, Grau, Schwarz und Weiß, und es enthält ganze Portrait-Folgen seiner persönlichen Helden.*

GR: Du sagtest, seine persönlichen Helden, und das hat mit mir nichts zu tun. Er hat eine Richtung und eine Ideologie angezeigt, aber ich nicht, ich gestalte das Gegenteil von einer Richtung, ich will zerstören.

WF: *Mike hat Kiefer erwähnt, und ich möchte gern wissen, ob Du irgendwelche Verbindungen, Artverwandtschaften zwischen Deiner Arbeit oder den Arbeiten anderer, zeitgenössischer, deutscher Maler verspürst. Ich möchte auch gern wissen, welche Ansichten Du so im Rückblick über Beuys hast, denn Du hast zur selben Zeit wie Beuys in Düsseldorf gelebt. Hast Du das Gefühl, dass Du irgendwelche Gemeinsamkeiten mit diesen Künstlern hast?*

GR: Ich sage was zu Beuys. Ich mochte ihn sehr, und manchmal liebte ich ihn, aber ich habe auch versucht, ihm aus dem Wege zu gehen und ihm nicht zu nahe zu kommen.

JL: *In Deinen Tagebuchnotizen hast Du, als Beuys starb, gesagt, Du glaubtest, jetzt gäbe es eine neue Aufgabe für Dich oder für deutsche Maler, jetzt, nachdem Beuys tot war, und irgend jemand, auf seine eigene Weise, müsse das fortsetzen, was er begonnen hatte.*

GR: Das tun wir jetzt gerade. Wir sind in Bewegung, das jetzt zu überdenken, aber im Augenblick habe ich keine neuen Einfälle.

PT: *Ich möchte Dich ganz gern zu deiner Haltung zu Friedrich und Corot befragen, sie werden in Deinem Katalog erwähnt, und offensichtlich gibt es Entsprechungen in der Stimmung oder Melancholie. Wie nah fühlst Du Dich ihnen?*

GR: Caspar David Friedrich liebe ich natürlich, und er ist von mir sehr verschieden. Er ist ein großer Maler und stark.

JL: Als ich mit Dir über Deine Bilder sprach, sprachst Du viel über Dein Interesse für Musik. Gibt es eine Inspiration durch die Musik und hörst Du Musik und fühlst Dich (dann) zum Malen inspiriert? Wie hängt das wirklich zusammen?

GR: Ich mag Musik, ich interessiere mich für Musik, aber nicht, wenn ich gerade male, weil mich das stören könnte, aber ich mag Musik.

WF: Gibt es irgendeinen besonderen Weg, wie Du sie in Deiner Arbeit einsetzen könntest?

GR: Nein, das wäre zu gefährlich.

Notizen 1989

14.3.89 ‚Bürgerlich', ehemals eine Auszeichnung, heute negativ besetzt, vielseitig gebraucht, immer ungenau polemisch, nichtssagend und unzutreffend. ‚Bürgerlich' – gleich ordentlich, gebildet, staatsbejahend im Gegensatz zu ausgeflippt, munter gekleidet, demonstrativ nonkonform (z.B. Thomas Mann zu Bertolt Brecht, Weizsäcker zu Joschka Fischer).

So wenig identisch Konformismus mit Sicherheit ist, indem er die aus Dummheit, Feigheit, Faulheit und Niedertracht resultierende Anpassung an die herrschenden Moden, an das herrschende Klima oder System bezeichnet, so ist der Nonkonformismus nicht unbedingt das Gegenteil davon, sondern resultiert sehr oft aus einem Mut, den die Dummheit und Blindheit entstehen lässt; die Lockerheit des nonkonformen Verhaltens entspringt oft der limitierten, behinderten Struktur des Dummdreisten.

21.7.89 Natur/Struktur. Mehr ist nicht zu sagen, darauf reduziere ich in den Bildern, wobei ‚Reduzieren' das falsche Wort ist, denn es handelt sich nicht um Vereinfachungen. Ich kann es nicht verbalisieren, woran ich da arbeite, was ich als grundsätzlich vielschichtig ansehe, als das Wichtigere, Wahrere.

Alles, was man sich so ausdenken kann, all diesen Schwachsinn, diese Dummheiten, die billigen Konstruktionen und Spekulationen, die verblüffenden Erfindungen, grellen, überraschenden Zusammenstellungen – was man ja auch millionenfach täglich sehen muss, dieses minderbemittelte Elend, das ganze dummdreiste Gebastel – das alles male ich mir vom Leibe, aus dem Kopf, wenn ich mit einem Bild beginne, das ist mein Untergrund, den erledige ich mit

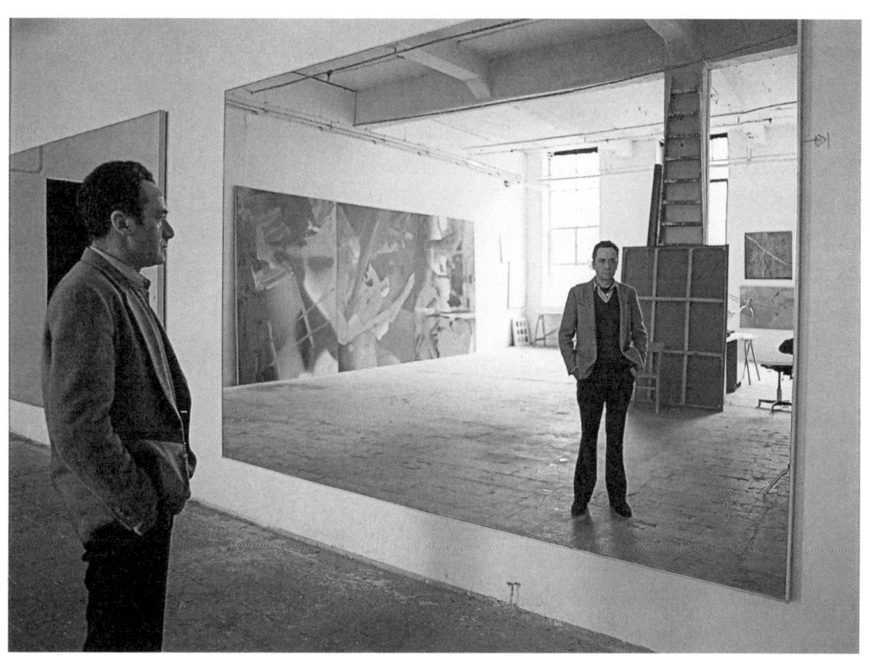

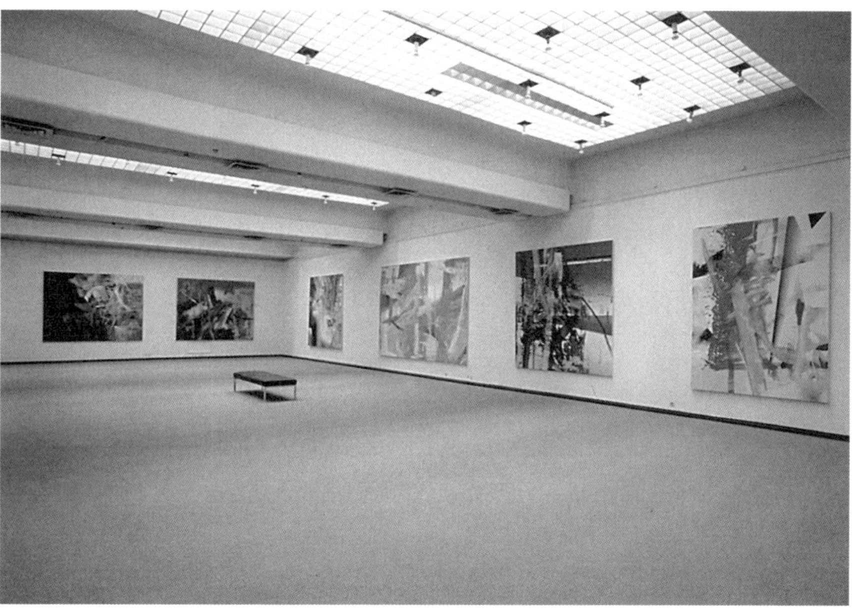

Atelieraufnahme, 1981
Städtische Kunsthalle Düsseldorf, 1986

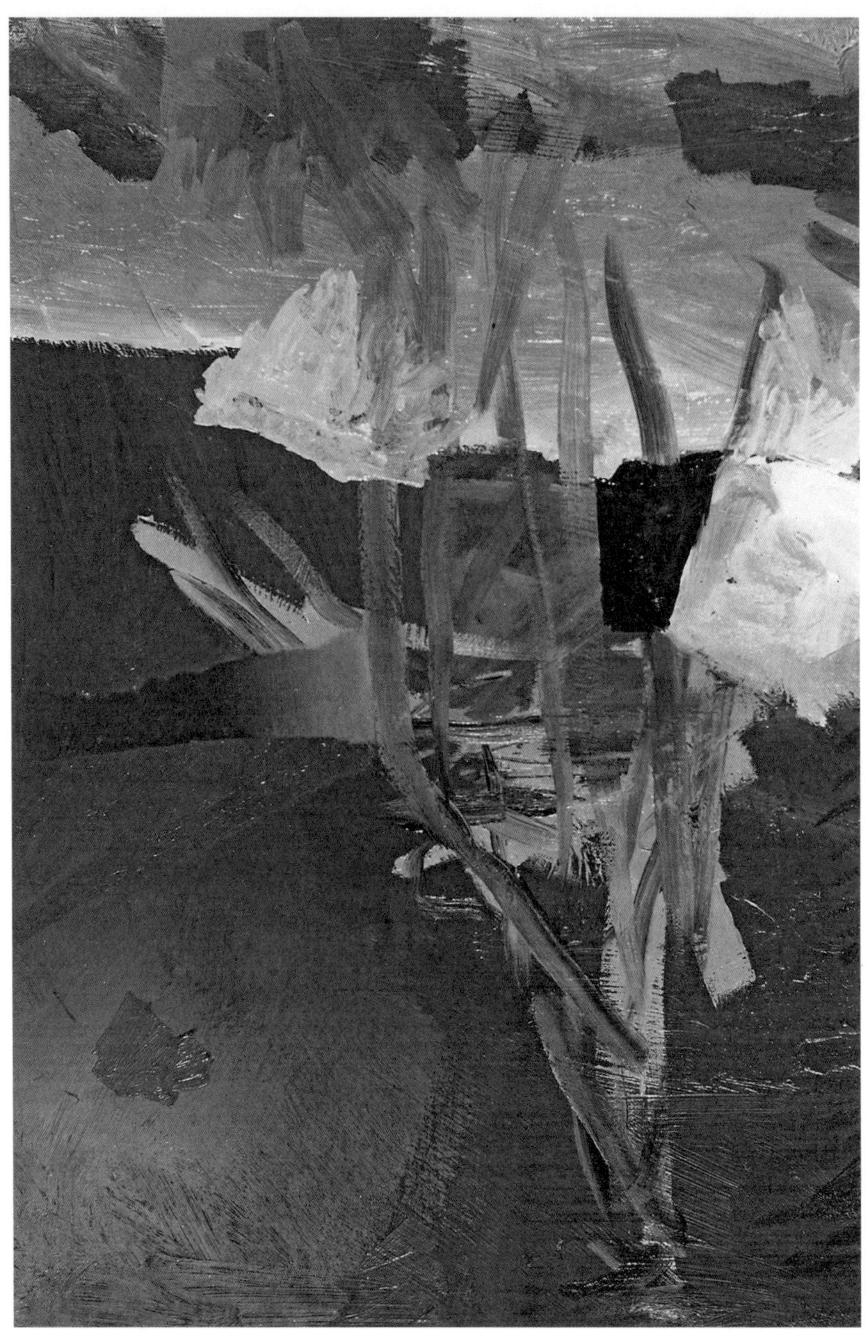

Abstraktes Bild, 1977

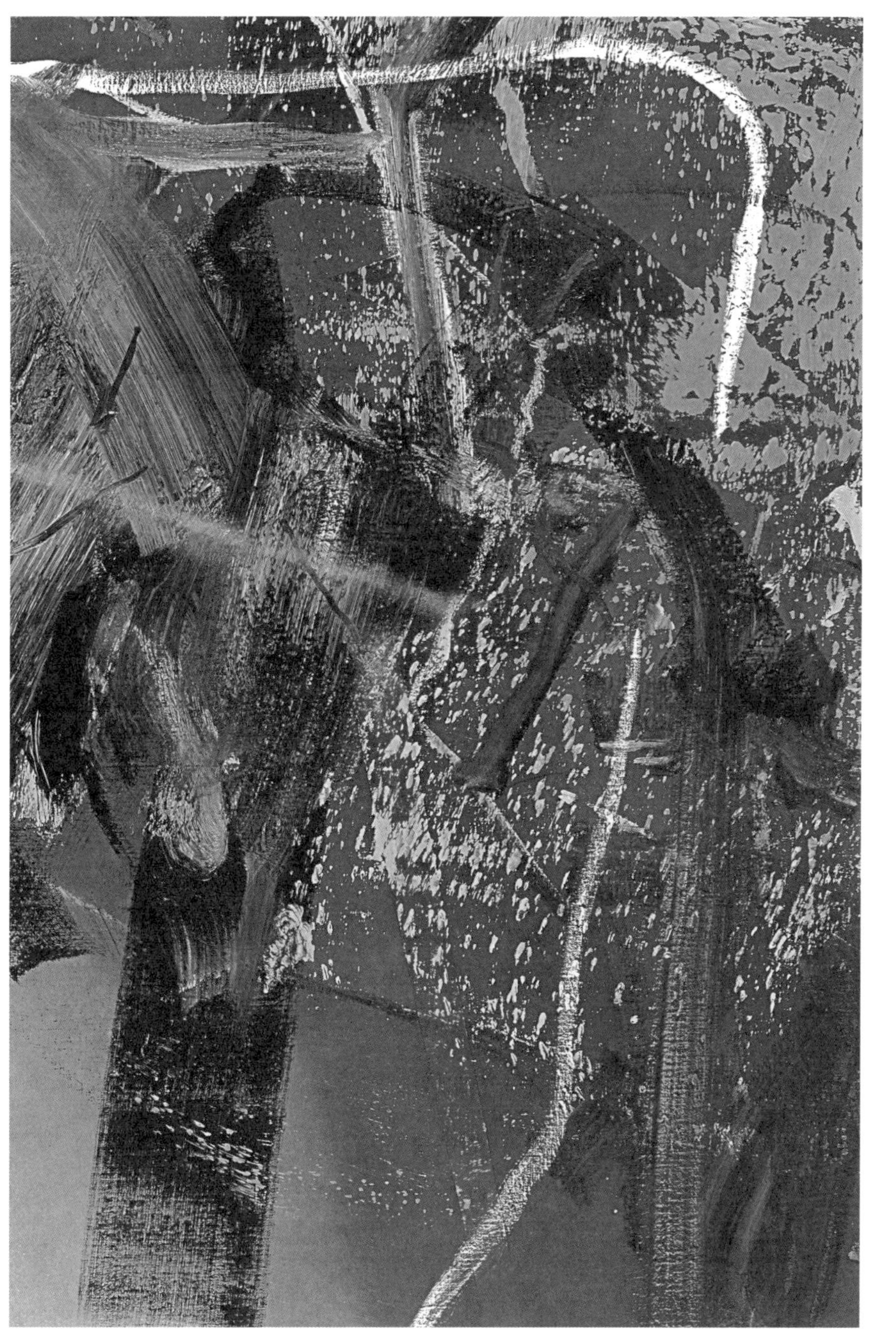

Wolken, 1982 (Ausschnitt)

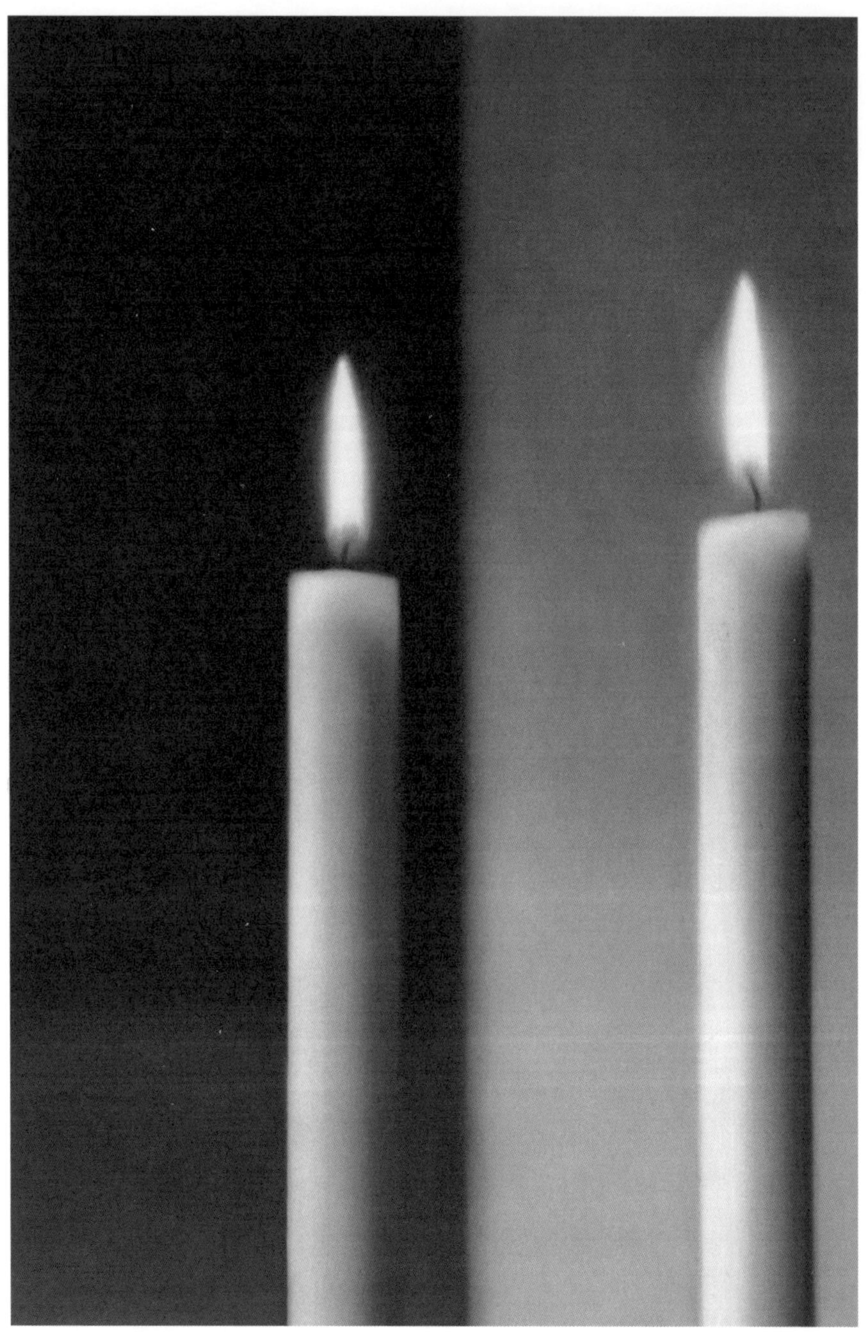

2 *Kerzen*, 1982 (Ausschnitt)

den ersten paar Schichten, die ich Schicht für Schicht zerstöre, bis all der leichtfertige Schwachsinn zerstört ist. Am Ende habe ich also ein Zerstörungswerk. Es versteht sich von selbst, dass ich nicht auf diese Umwege verzichten kann, dass ich also nicht mit dem Endzustand beginnen kann.

23.7.89 So ungeschickt, verzweifelt ungeschickt, ich mich auch anstelle, mein Wille, mein Streben, Bemühen, also das, was mich treibt, ist die Suche nach Aufklärung (Erkenntnis der ‚Wahrheit', der Zusammenhänge, nach Annäherung an einen Sinn – also alles pessimistische, nihilistische Verhalten und Behaupten hat doch nur den Zweck, Hoffnung zu erschaffen bzw. zu entdecken).

25.7.89 Meine Ideologie-Verurteilung: mir fehlen die Mittel, das zu untersuchen. Kein Zweifel, dass Ideologien schädlich sind, dass wir sie also sehr wichtig nehmen müssen: als Verhaltensweise und nicht inhaltlich (inhaltlich sind alle gleich falsch).

Ideologie als die Rationalisierung des Glaubens, der ‚Stoff', der die Gläubigkeit greifbar verbalisiert und kommunikationsfähig macht. Glaube, ich wiederhole mich, ist das Bewusstsein des Künftigen, ist also gleich Hoffnung, gleich Illusion, ist also absolut menschlich (wie die Tiere ohne dieses Bewusstsein auskommen, ist mir ganz unverständlich), denn ohne diese Vorstellung vom ‚Morgen' sind wir lebensunfähig.

1.10.89 Die politische Aktualität meiner *Oktober-Bilder* interessiert mich so gut wie gar nicht; sie ist in vielen Besprechungen das erste oder einzige, was bewegt, und je nach den akuten politischen Verhältnissen werden die Bilder so oder so rezipiert, das empfinde ich eher als störend.

Ich hatte einige unvollkommene Versuche gemacht, meine Motivation zu formulieren, die erstmal ‚rein menschlich' bestimmt war (Betroffenheit, Mitleid, Trauer) und parallel dazu die theoretische Komponente (Betrachtung der realen Verhältnisse und der Möglichkeiten, diese zu ändern, und die damit untrennbar verbundene Rolle, des Glaubens und der Ideologie, was meine Ideologiekritik ergab).

Ich wollte was anderes sagen: Die Bilder sind auch ein Abschied und dies in vielerlei Richtungen. Der Sache nach: diese bestimmten Personen sind tot; dann ganz allgemein: Tod ist Abschied schlechthin. Dann im ideologischen Sinn: Abschied von einer bestimmten Heilslehre und darüber hinaus Abschied von der Illusion, unakzeptable Lebensumstände in dieser konventionell kämpferischen

Form ändern zu können (diese Art revolutionären Denkens und Handelns ist vergeblich, passé).

Und dann hat die Arbeit natürlich auch für mich selbst einen einschneidenden Abschiedscharakter; sie beendet meine in den 60er Jahren begonnene Arbeit (Bilder nach Schwarz-weiß-Fotos) in der Form einer komprimierten Zusammenfassung, die kein Weitergehen mehr zulässt. Und damit ist das ein Abschied von meinem Denken und Fühlen in sehr grundsätzlicher Form. Dabei handelt es sich natürlich nicht um einen bewussten Akt, sondern um das quasi automatisch ablaufende Geschehen von Zusammenbruch und Umbildung, das ich stets nur nachträglich wahrnehmen kann.

Natürlich spielen da auch persönliche Umstände eine Rolle, die einerseits nicht getrennt vom allgemeinen oben genannten ‚Abschied' gesehen werden können, andererseits aber außer acht gelassen werden sollen, da sie allzu gern als psychologisierende Erklärungen benutzt werden und dementsprechend schief liegen. Der Umsturz, den ich meine, hat objektivere Ursachen im Weltgeschehen und Weltdenken, und ich habe ursächlich damit zu tun, nur indem ich für die objektiven Gegebenheiten empfänglich bin und sie, wenn möglich, mitformuliere.

3.11.89 Zufall als Thema und Methode

Methode, um etwas Objektives entstehen zu lassen, Thema, um ein Gleichnis (Bild) zu schaffen für unsere Überlebensstrategie:

1) Methode des Lebendigen, das die zugefallenen Bedingungen, Eigenschaften und Ereignisse nicht nur verarbeitet, sondern nur als ‚Verarbeitung' existiert, unstatisch, nichts anderes und nur auf diese Weise.

2) Ideologisch: Verneinung des Plans, der Meinung, der Weltanschauung, die die gesellschaftlichen Entwürfe schafft, und in der Folge die ‚großen Bilder'. Also das, was ich oft als mein Manko ansah, dass ich nicht in der Lage war, ein ‚Bild zu schaffen', ist nicht Unfähigkeit, sondern instinktives Bemühen um eine modernere Wahrheit, die wir bereits leben (Leben ist nicht das Gesagte, sondern das Sagen, nicht das Bild, sondern das Bilden).

4.11.89 Andy Warhol ist weniger ein Künstler als ein Symptom für eine kulturelle Situation, die es schuf und benutzte als Ersatz für einen Künstler. Sein Verdienst ist es, dass er keine ‚Kunst' machte, also all die Methoden und Themen, die andere Künstler traditionell verpflichten, nicht anfasste (dadurch ersparte er uns den vielen ‚künstlerischen' Unsinn, den wir auf anderen Bildern sehen). Und insofern seine Vermeidung des Unsinns eine aktive war, war er Künstler, insofern sie aber passiv und naiv war, war er kein Künstler, sowenig wie ein Geisteskranker, dessen ‚Werke' gesammelt und benutzt werden. Die Sachlage ist verzwickt. Wahrscheinlich ist es so, dass – obwohl einige seiner Werke zu den eindrucksvollsten der letzten dreißig Jahre gehören und obwohl sein Gesamtwerk für unsere Epoche von entscheidender und überragender Bedeutung ist – er trotzdem nur ein mittelmäßiger Künstler war. – Um ein vorschnelles Beispiel zu nennen: wir wissen nicht, wer die Pilotys und Makarts und Lenbachs unserer Zeit sind, wir wissen aber auch nicht, ob unsere Zeit überhaupt eine vergleichbare offizielle Salonkunst wie damals hat, die später einmal so anders beurteilt werden wird.

10.11.89 Die DDR-Ereignisse, die sogenannte demokratische Revolution von geschichtlichem Ausmaß. Bei aller Rührung, die ich dabei empfinde, bei aller kurz aufflammenden Hoffnung auf glückliche Zukunftsaussichten, auf ein wiedervereintes Deutschland, befällt mich Skepsis und Pessimismus, fast Trauer, ab und zu Wut. Wut auf die schamlos opportunistischen Politiker, auf die Intellektuellen, die Jahrzehnte in fanatischer Blindheit marxistisch agitierten und jetzt wie beleidigte Leberwürste besserwisserisch ihren Wahn der Anmaßung nicht aufgehen können. Trauer über die Rolle des Volkes, das grundsätzlich nur benutzt wird, das man dirigiert, ohne weiteres 40 Jahre zu Gefängnisinsassen macht und ohne weiteres weitere 140 Jahre dabei belassen könnte, das man jetzt anders benutzt und ihm dabei einredet, dass es diese demokratische Revolution gemacht, selbständig durchgeführt hätte. Wo man doch weiß, dass man sie eben jetzt mal durch die Mauer schickt, in den Westen lässt.

Die gleichen Typen, die Jahrzehnte verlogen erpresserisch und grausam ‚das Volk' drangsalierten, lassen sich feiern, weil sie etwas nachgeben. Und sie geben etwas nach oder drehen, wenden sich gänzlich nur aus einem Grund – um die Macht zu behalten. Gangster.

20.11.89 Illusion – besser Anschein, Schein ist mein Lebensthema (könnte Thema für Anfängerbegrüßungsrede an der Akademie sein). Alles, was ist, scheint und ist für uns sichtbar, weil wir den Schein, den es reflektiert, wahrnehmen, nichts anderes ist sichtbar.

Die Malerei beschäftigt sich wie keine andere Kunstart ausschließlich mit dem Schein (die Fotografie rechne ich selbstverständlich dazu).

Der Maler sieht den Schein der Dinge und wiederholt ihn, das heißt, ohne die

Dinge selbst herzustellen, stellt er nur ihren Schein her, und wenn das an keinen Gegenstand mehr erinnert, funktioniert dieser künstlich hergestellte Schein nur, weil er nach Ähnlichkeiten mit einem vertrauten, das heißt gegenstandsbezogenen Schein abgesucht wird.

Selbst wenn Erfahrung oder Übereinkunft dieses vergleichende Absuchen quasi verbieten: man vergleicht ein weiß angestrichenes Bild von Robert Ryman nicht mit einer weiß angestrichenen Mauer, sondern mit den intellektuellen Erfahrungen der Geschichte der Monochromie und anderen kunsttheoretischen Problemen – selbst dann funktioniert es fundamental noch immer in dieser Weise: wir vergleichen es doch mit Schnee, Mehl, Zahnpasta und wer weiß was noch.

15.12.89 1933 bis '89, das sind 56 Jahre ununterbrochener Diktatur für die Ostdeutschen. Darin eingeschlossen, und einer Diktatur entsprechend, waren die Katastrophen, die Verbrechen und die ständigen Entbehrungen, die mit einem ungeheuerlichen Aufwand an Lügen, Verleumdung, Entstellung und Selbstbetrug ausgeglichen wurden, ein Aufwand, der nur mit schärfsten Kontrollen unter äußerstem Zwang, also diktatorisch, geleistet werden konnte. Das hat eine sehr einfache und bekannte Logik: unsere Fähigkeit zu hoffen und zu glauben (was hier das gleiche ist), entwickelte in bestimmten Situationen eine Illusion oder Ideologie, die anfangs zu wirklichen Erfolgen beflügelt und die vom Moment ihrer Entstehung an partiell blind macht, blind gegen alles, was nicht dazu passt, gegenüber Ungereimtheiten und Verbrechen. Die Verdrängung setzt ein, und mit dem Entstehen der Entbehrungen und Leiden und Katastrophen wird die Illusion zum Dogma, das so lange vorherrscht, verbietet, kontrolliert und bestraft, bis aus den Menschen Patienten werden. DDR.

16.12.89 Sprache kann nur das aussprechen, was ihr mit Sprache möglich ist.

Sprache ist die einzige Sprache des Bewusstseins. „Was man nicht sagen kann, weiß man nicht."

Deshalb ist jede Theorie absolut begrenzt, nahezu unbrauchbar, aber immer gefährlich.

Interview mit Gregorio Magnani 1989

Warum haben Sie sich entschlossen, die Baader-Meinhof-Gruppe zu malen?

Es gab kein spezielles Ereignis, das zu dieser Entscheidung geführt hätte. Ich hatte ein paar Fotos gesammelt, und die Idee hatte ich schon lange im Kopf. Sie nahm in meinen Gedanken mehr und mehr Raum ein, bis der Punkt kam, an dem ich sagte: „Ich muss das malen.“ Ich komme aus Ostdeutschland und bin kein Marxist, und da hatte ich natürlich damals keinerlei Sympathie für ihre Überzeugungen, die Ideologie, für die diese Leute standen. Ich verstand sie nicht, aber trotzdem war ich beeindruckt. Wie alle war ich ergriffen. Es war ein wichtiger Augenblick für Deutschland.

Der Titel der Serie, 18. Oktober 1977, *weist auf das vielleicht Unglaubwürdigste an der ganzen Baader-Meinhof-Geschichte, die drei zeitgleichen Selbstmorde in getrennten Zellen eines Hochsicherheitsgefängnisses, hin. Man könnte sagen, der Titel ist die größte Annäherung an einen Kommentar zu den Bildern, die Sie sich gestatten. Es ist Ihnen wichtig, dass der Fall nicht abgeschlossen ist. Warum?*

Ich habe versucht, das Verfahren wiederaufzunehmen – noch einmal eine Totenfeier –, aber mit offenem Ende. Der ganze Fall, der ganze Komplex dieser Ereignisse war nicht erledigt. Manchmal hatte ich das Gefühl, dass wir die Geschichte vergessen hatten oder dabei waren, sie zu vergessen – dass wir das alles fortwerfen wie Müll. Natürlich kann ich keine Erklärung liefern, ich kann nicht sagen „So ist es damals gewesen“, und das ist auch nicht die Absicht. Vielleicht habe ich es nur für mich gemacht, damit ich die ganze Sache für mich abschließen kann. Es ist gut, wenn man so etwas in seine Arbeit übernimmt, dann kommt man auf eine Lösung, man schiebt die Dinge hin und her, man probiert, bis man eine neue Ordnung hat, und dann kann man es wieder verstecken.

Galt Ihr Interesse speziell dem Baader-Meinhof-Phänomen als einer Begebenheit der deutschen Geschichte, oder ging es eher um deren symbolischen, exemplarischen Wert?

Beides. Auch das Symbolische daran, der gescheiterte Versuch, den Lauf der Geschichte zu ändern. Baader-Meinhof war ein sehr eindrucksvolles Scheitern.

Es war einer der letzten Versuche revolutionärer Aktion.

Für mich ist Ideologie, der extreme ideologische Glaube, eine interessante Sache. Für meine Begriffe sollte es keine Überzeugungen geben, keine Utopien oder Ideologien. Wir brauchen keinen Glauben. Religion, Khomeini, Katholizismus, Marxismus: jeder Glaube ist falsch und gefährlich. Das kann gar nicht anders sein. Wir dürfen nicht denken, dass wir das Richtige tun, wir müssen pragmatisch sein. Wir brauchen keinen Glauben mehr. Vielleicht war er früher einmal notwendig, aber wir haben heute andere Möglichkeiten, oder zumindest sollten wir andere Möglichkeiten schaffen. Da rückfällig zu werden ist eine Katastrophe. Wenn man sich heute die Kriege ansieht, diese Leute, ich meine die Leute, die wirklich sterben, die kämpfen für nichts: für Ideen, für nichts.

Oft genug sind die Ideen nur Vorwand...

Für die Aggression, die in uns steckt. Ja, das ist unsere Natur. Wir morden gern.

Sie haben immer wieder gesagt: „Utopie ist Unsinn, ja kriminell", und doch haben Sie hier eine ausgesprochene Utopie gemalt.

Das ist das Dilemma. Ich weiß, dass etwas in uns eine Welt der Ideen aufbauen will. Ich bin mit Naziideologie großgeworden, und dann herrschte über Nacht der Marxismus. Jahrelang versicherte der Marxismus uns, dass das kapitalistische System bald zusammenbrechen werde, und es ist nie wahr geworden. Vielleicht kommt es noch, aber wir müssen einsehen, dass wir es nicht wissen und dass Wirtschaft zu komplex ist, als dass man sie durch Theorien erklären könnte. Trotzdem spürte ich, als ich sie lesen musste, die Kraft, die hinter den politischen und wirtschaftlichen Theorien des Marxismus steckt. Sie waren nicht einfach, aber sie machten alles so klar, man konnte tatsächlich die Zukunft als logische Entwicklung aus der Gegenwart sehen.

Aus Ihren Bildern spricht Mitleid für die Baader-Meinhof-Leute.

Es ist Trauer, aber ich hoffe, man sieht, dass es Trauer um Menschen ist, die so jung und so sinnlos gestorben sind, für nichts. Ich respektiere sie, auch ihre Wünsche und die Kraft ihrer Wünsche. Weil sie versucht haben, etwas gegen die Dummheit der Welt zu tun.

Meinen Sie, die Baader-Meinhof-Gruppe hat in Deutschland tatsächlich etwas verändert? Zumindest könnte sie den Respekt vor der politischen und wirtschaftlichen Macht in Frage gestellt haben.

Ich weiß es nicht. Man könnte genausogut sagen, dass Autorität heute mehr denn je respektiert wird. Als die Baader-Meinhof-Gruppe in den siebziger Jahren auf den Plan trat, war die politische Macht in Deutschland schwach, wie überall. Heute sind wir pragmatischer, wir mögen unsere Regierungen vielleicht nicht, aber wir sehen, dass sie notwendig sind. Wir sind das Gegenteil von Anarchisten, wir wollen Ordnung, damit wir in unserem eigenen Zuhause ein wenig anarchistisch sein können. Ich denke schon, dass dieses Trauma unsere Einstellungen verändert hat, aber ich glaube nicht, dass man die Auswirkungen an etwas Bestimmtem festmachen kann.

Nie zuvor haben Sie etwas so Emotionales gemalt...

Ich habe mich vor dieser Art von Thema immer gefürchtet. Es ist zu spektakulär; es ist zuviel Spektakel im Spiel.

Es ist verwirrend, dass es zu den inhaltlichen Veränderungen keine stilistische Veränderung gibt. Sind Sie der Meinung, dass man jedes Thema auf dieselbe Art malen kann?

Ich bin um zwanzig Jahre zurückgegangen, bis zu den Schwarzweißportraits. Ich hatte gehofft, dass ich diese Themen auf eine andere Weise malen kann, aber das funktionierte nicht; ich habe es versucht, aber es war unmöglich, also musste ich zum alten Stil zurück. Nein, es stimmt nicht, dass man alles malen kann. Ich habe Hunderte von Baader-Meinhof-Fotos, aber ich kann kein anderes Bild mehr davon malen. Ich habe alles davon verwendet was ich konnte. Aber für mich war diese Technik die einzig mögliche. Wenn ich etwas malen will, dann kann ich es nur so malen. Ich konnte mich also nur entscheiden, ob ich es gar nicht mache oder ob ich es nach der alten Technik mache. Und ich fand es wichtig, dass ich diese Bilder malte.

In den sechziger Jahren haben Sie Bilder nach Aufnahmen aus Konzentrationslagern gemalt, aber sie dann vernichtet. Das war Ihr einziger anderer Versuch, etwas zu zeigen, das anrührend und zugleich politisch war. Sie haben damals gesagt, das sei kein Thema, das man malen könne. Wieso war das bei Baader-Meinhof anders?

Ich denke immer noch, dass es für mich unmöglich wäre, Bilder nach Szenen aus Konzentrationslagern zu malen[1]. Ich habe es versucht, als ich jung war, und selbst da habe ich gleich wieder aufgegeben. Ich habe die Bilder nur in den Atlas aufgenommen, wo ich alle Themen sammle, die mich interessieren. Die Konzentrationslager waren entsetzlich, ohne jede Hoffnung, und das kann ich einfach nicht malen. Bei den Baader-Meinhof-Bildern ist das anders: Ich habe versucht, ein wenig von ihrer eigenen Hoffnung darin zum Ausdruck zu bringen.

Sie spielen auch auf eine morbide Faszination mit dem Tod an, eine Art sadistischen Voyeurismus.

Unmöglich, das zu vermeiden, auch wenn ich diese Tode als exemplarisch aufgefasst habe. Ich hoffe, es ist etwas anderes als ein Unfall auf der Autobahn, wo man langsamer fährt und gebannt hinsieht. Ich hoffe, dass es anders wirkt und dass die Leute spüren, dass es einen Sinn hat, sich diese Tode anzusehen, weil es etwas an ihnen gibt, das man begreifen sollte.

Ihre Bilder sind anders, aber Sie scheinen doch zu sagen, es gibt keinen Unterschied in der Art, wie Leute Dinge betrachten, egal aus welchem Grund.

Es gibt auch Gründe für die Faszination. Wenn wir hinsehen, begreifen wir, dass wir die Überlebenden sind, aber gleichzeitig sehen wir unser eigenes Ende vor uns, und irgendwie mögen wir das.

Aber Faszination und Komplizenschaft schaffen doch eine Schwierigkeit für Sie, wenn Sie ein Bild mit Moral malen wollen.

Ja, das ist ein Problem, und ein sehr altmodisches. Die Geschichte der Malerei ist voller Bilder vom Leiden, aber immer ist es exemplarisch, unser eigenes Schicksal.

Man könnte auch sagen, Sie lösen die Baader-Meinhof-Gruppe aus dem historischen Kontext und stecken sie ins Museum. Indem Sie Terrorismus zum legitimen Thema der Kunst machen, geben Sie ihn auch einer höheren Form von Voyeurismus preis.

Ich kenne dieses Argument, aber für mich ist es zwingend erforderlich, dass man die Baader-Meinhof-Gruppe zu einem Thema der Kunst macht. Kunst hat mit Leben zu tun. Es darf keine Szenen geben, die für die Kunst tabu sind, ganz egal welches Risiko man eingeht.

Die Schwierigkeit wäre, dass Sie mit Ihrem Werk keinen politischen oder ideologischen Anspruch erheben, wie das zum Beispiel Jacques-Louis David getan hat.

Das wäre beinahe das Gegenteil dessen woran mir liegt... David hat einen Helden gemalt, ich male ein Opfer. Nicht ein Opfer einer bestimmten Macht oder Ideologie, nur ein menschliches Opfer. Auch David hat Kunst aus seinem Thema gemacht, wunderbare Gemälde mit außerordentlichen Kompositionen. Vielleicht stehen meine Arbeiten eher auf halbem Wege zwischen Dokumentation und Kunst. Ich kann mir nicht vorstellen, dass es heute einen Maler geben könnte, der aus diesem Thema einfach Kunst macht.

Als meine Schüler an der Akademie hörten, was ich malte, sagten die meisten, das dürfe ich nicht, ich sei zu bürgerlich, zu sehr Teil des Establishments. Ich fand, das war eine ausgesprochen dumme Reaktion. Aber viele junge Künstler werden sagen, es sei unaufrichtig, Polit-Kitsch, und vielleicht kann man die Arbeiten tatsächlich so sehen.

Nur dass die Baader-Meinhof-Gruppe ja selbst eine bürgerliche Bewegung war und sich aus bürgerlichen Vorstellungen entwickelte.

Sicher, aber kennen Sie einen Revolutionär, der nicht bürgerlich war? Vielleicht war Spartakus der letzte.

Sehen Sie diese Serie als etwas Solitäres in Ihrem Werk, oder überdenken Sie ganz grundsätzlich Ihr Verhältnis zum „Inhalt"?

Ja, das steht schon ein wenig außerhalb meiner üblichen Arbeiten. Aber wenn ich jetzt die grauen monochromen Bilder sehe, dann geht mir auf, dass dies vielleicht – und mit Sicherheit nicht ganz bewusst – die einzige Möglichkeit gewesen wäre, wie ich Konzentrationslager hätte malen können. Es ist unmöglich, das Elend des Lebens zu malen, außer vielleicht in Grau, womit man es überdecken kann.

Das hört sich weit eher nach Ihrem Ansatz an; diese Serie, die ist schon eine Ausnahme.

Andererseits habe ich auch immer unmittelbar zeigen wollen, was ich denke oder fühle. Es wäre schwer, jetzt noch darüber hinauszugehen. Die Landschaftsbilder kommen mir jetzt irgendwie unverbindlich vor. Vielleicht wären sie gern genauso ernsthaft gewesen wie die neuen Arbeiten, aber die meisten Menschen sehen das nicht, sie finden sie einfach nur dekorativ.

Nach der Baader-Meinhof-Serie wirken auch Ihre anderen Bilder dramatischer, gerade die, die sich auch mit Tod beschäftigen, die Schädel, die Äpfel...

Bei den neuen Bildern geht es um echten Tod; die Schädel[2] waren nur Zitate.

Sie sagen, diese Bilder haben einen anderen Stellenwert als gewöhnliche Kunstwerke, auch als Ihre eigenen. Es gab keine Vernissage für die Ausstellung in Krefeld, kein Rampenlicht, sie sind nicht zu verkaufen[3], und nur bei einigen erlauben Sie die Reproduktion. Sie bestehen darauf, dass diese Serie nicht als Konsumgut gesehen wird. Das scheint mir eine utopische Geste.

Ich habe mich vor dem Thema gefürchtet, davor, dass die Zeitungen aus den Bildern ein großes Spektakel machen. Die Freunde und Verwandten dieser Menschen sind noch am Leben. Ich wollte niemanden von ihnen verletzen, und ich wollte auch keine Ausstellungseröffnung, wo Leute umherstehen und reden und Wein trinken. Leute kamen in mein Atelier, als ich an den Bildern arbeitete, und wollten eins kaufen, sie dachten, man kann es kaufen wie einen Plattenspieler, und da ging mir auf, dass ich etwas tun musste. Eine Galerie wäre einfach nicht der richtige Ort für diese Bilder gewesen, auch wenn ich weiß, dass ich damit im Grunde nicht viel verändere.

Was stellen Sie sich denn vor, wo dieser Zyklus seinen Platz finden wird?

In einem Museum, selbst wenn sie am Ende die meiste Zeit im Depot zubringen.

Einem deutschen Museum?

Ja, ich denke, das ist besser.

Stellungnahme zur Ausstellung *Bilderstreit*, 1.6.1989

Nachdem ich zwar Befürchtungen hinsichtlich meiner Teilnahme an der Ausstellung *Bilderstreit* hatte, mir aber von meinem Anwalt klarmachen ließ, dass Ausstellungsmacher berechtigt sind, aufzuhängen was immer sie wollen und kriegen können, verzichtete ich nicht nur auf meinen Einspruch, sondern gab selbst vier Bilder in die Ausstellung. Wie es sich zeigte, war das ein Irrtum. Ich erwartete zwar nicht, dass die Herren Gohr und Gachnang dem anspruchsvollen Thema gerecht werden könnten, und ich erwartete auch nicht viel mehr als eine kölsche, also Werner-orientierte Sicht[1], – aber dass die beiden eine derart unansehnliche, langweilige, also in jeder Hinsicht dilettantische Schau abzogen, das übertraf doch alle Befürchtungen.

Gespräch mit Jan Thorn-Prikker über den Zyklus 18. *Oktober* 1977 1989

Ich möchte Sie nach der Entstehung der Bilder fragen. Alle sind nach Foto-Vorlagen gemalt. Sind Sie zuerst auf die Fotos gestoßen, oder hatten Sie zuerst die Absicht, dieses Thema zu behandeln, und haben dann nach den Fotos gesucht?

So was fällt zusammen, das Thema und die Bilder, die es sichtbar machen. Einige Fotos lagen bei mir über Jahre wie etwas Unerledigtes. Schwer zu sagen, wie es dazu kam, dass ich mich Ende 1987 wieder dafür interessierte, mir also weitere Fotos besorgte und die Idee bekam, das zu malen.

Sie haben dann also breit gesucht, auch Fotos von Anschlägen, Fahndungsfotos, alles aus diesem Kontext?

Ja, alles, auch Fotos aus dem Privatleben der RAF-Mitglieder, die Aktionen, die polizeilichen Sachen, alles, was ich auftreiben konnte.

Ein ganz wesentlicher Teil Ihrer Arbeit lag also vor dem eigentlichen Malvorgang, bestand in Recherche und Planung der Bilder.

Dieser Teil ist sehr wichtig. Aber das ist eigentlich nichts Neues. Das haben früher die Maler ja auch gemacht. Die sind auch immer wieder in Landschaften gegangen und haben aus den Millionen Eindrücken den ganz bestimmten, definitiven Eindruck ausgewählt. Ich hatte ja auch eine Menge Fotos. Es wurde dann immer enger, immer klarer, was wirklich zu malen ist.

Welche Kriterien haben Sie bei der Auswahl geleitet?

So was geht quasi unbewusst vor sich. Das klingt zwar ganz altmodisch und ist überhaupt nicht mehr ‚in'. Heute werden ja Bilder nicht mehr gemalt, sondern ausgedacht. – Also, das Material, die ganzen Fotos liegen sehr lange und werden wieder und wieder angesehen, und dann fängt man irgendwo an, und die Auswahl wird immer kleiner, die Auswahl der Fotos, die malbar sein könnten.

Hatten Sie von Anfang an ein Vertrauen, dass das Thema ‚Terrorismus' malbar war?

Der Wunsch war da, dass das malbar sein möge, sein müsste. Aber es gab Themen, die das nicht waren. Als ich Mitte zwanzig war, habe ich KZ-Fotos gesehen, die mich sehr erschüttert haben. Mit Mitte dreißig habe ich die gesammelt, fotografiert und versucht, sie zu malen. Ich habe das aufgeben müssen. Dann habe ich die Fotos so merkwürdig, scheinbar zynisch, zusammengestellt in meinem *Bilderatlas*[1].

Als ich im Düsseldorfer Katalog von 1986 gesehen habe, was Sie gemacht haben, ist mir ganz anders geworden. Sie haben KZ-Fotos und Pornografie nebeneinandergestellt. Das erschien mir unerlaubt. Es hat mich schockiert – aber ich musste es auf eine schreckliche Weise verstehen. Für mich waren diese Fotos der KZ-Opfer die ersten Fotos, die ich als Jugendlicher von nackten Menschen gesehen habe. Das können Sie sich gar nicht vorstellen, was für eine schreckliche Verschränkung das für mich war. Ich besitze dieses Buch heute noch, aber ich kann es nicht mehr sehen. Ich will an diese Möglichkeit nicht mehr erinnert werden. Seitdem habe ich ein Gespür dafür, dass es Bilder gibt, die man einfach nicht machen darf. Für mich war das ein unfassbarer Zufall, dem Versuch einer solch ungeheuerlichen Kombination bei Ihnen zu begegnen. Hatten Sie nie das Gefühl, dass es ein Bilderverbot geben könnte?

Nein, das hatte ich nie. Schon deshalb, weil ich Fotos immer als Bilder angesehen habe. Aber das Risiko dabei war mir schon klar, es gibt ja genügend schlechte Beispiele, wo sich jemand an ein großes attraktives Thema hängt, und dann kommt irgendeine Albernheit heraus.

Tod, ein attraktives Thema?

Ja, die Leute warten doch bloß darauf, dass sie Leichen sehen. Sie sind ja begierig auf Sensationen.

Als ich Ihre Ausstellung in Krefeld sah[2]*, war mein erster Eindruck zwiespältig. Das geht zu weit, das darf man nicht malen. Mein zweiter Eindruck war noch entsetzter. Das ist ja ein Wunschbild, ein gemalter, kollektiver Hasstraum. Es gab ja damals diese weitverbreitete*

Sehnsucht, gerade diese Gefangenen tot zu sehen. Eine Sehnsucht, die sich bei Naziverbrechern übrigens nie öffentlich artikuliert hat. Ich bin sicher, viele Menschen wollten 1977 genau diese Bilder sehen, die Sie jetzt gemalt haben. Können Sie meinen Eindruck verstehen, dass Sie einen Hasstraum gemalt haben?

Ich weiß zumindest, dass der Traum besteht. Bloß, er ist komplizierter. Wenn man diese Leute als Verbrecher gehängt sehen wollte, ist das nur ein Teil; hinzu kommt etwas, was allen eine zusätzliche Angst macht, nämlich, dass sie selbst Terroristen sind. Und das ist ja verboten. Also dieser Terrorismus in uns allen, der macht uns Wut und Angst, den will ich nicht, will ihn genauso wenig wie den Polizisten in mir – wir haben ja nicht nur eine Seite, sondern sind immer beides: Staat und Terrorist.

Welche Bilder blieben ungemalt?

Eigentlich habe ich gerade die nicht-malbaren Bilder gemalt. Die Toten. Ich wollte ja anfangs mehr das ganze Problem, diese Wirklichkeit von damals, das Lebendige malen – also ich hatte eher an etwas Großes, Umfassendes bei dem Thema gedacht. Dann hat sich das aber ganz anders entwickelt, eben zum Tod hin. Und das ist eigentlich gar nicht so unmalbar, im Gegenteil, Tod und Leid waren ja immer ein Thema der Kunst. Es ist ja sowieso *das* Thema, das haben wir uns erst heute abgewöhnt, mit unserer netten Lebensweise.

Im gleichen Maße, wie es aus der Kunst verschwunden ist, ist es in die Massenmedien eingegangen. Fernsehen und Zeitschriften leben zu einem großen Teil von Mord und Verbrechen.

Ja, aber nur ganz oberflächlich. Dagegen vermitteln all die Medien wirklich kunstvoll und eindringlich ein Bild vom Glück und vom Komfort, und das wirkt wie eine Verpflichtung, das ist doch schon Erziehung – zu etwas ganz Falschem, Unwirklichem. Dieser Zwang zum Glück, der ist gefährlich.

Wenn ich sehe, wie frühere Zeiten sich darstellten, dann fehlt dort dieses verlogene Glück. Diese Bilder zeigen doch eher, wie schmerzvoll, leidvoll, wie gefährdet die Menschen sind. Das war realistischer, solche Vorbilder verbreiteten eben nicht die Illusion, dass es hier so schön sei. Das Schlimme an solchen Illusionen ist ja, dass sie die Menschen noch unglücklicher machen, die kommen sich ja ganz wertlos vor, abnorm, weil sie nicht so glücklich aussehen wie HB-Raucher oder was weiß ich.

Glück war eben früher eine jenseitige Kategorie.

Ja, aber vielleicht war das die kleinere Lüge als die, die das Glück hier und sofort verspricht, dieses Recht auf Glück, was der größte Unsinn ist.

Hätten Sie als Maler eine Chance gehabt, Bilder zu diesem Thema zu erfinden, oder gibt es eine Art ästhetischer Notwendigkeit, solche Bilder nach Foto-Vorlagen malen zu müssen?

Ich halte es einfach für undenkbar, solche Bilder zu erfinden. Das ist heute nicht mehr möglich. Früher haben Maler jahrelang trainiert, dass sie Akte einigermaßen erfinden konnten. Diese Fähigkeit gibt es heute nicht mehr, die ist weg.

Ich meinte etwas anderes, nicht den Verlust des technischen Vermögens, nicht das malerische Können. Ich frage, ob die Fotografie ästhetische Normen setzt, die zwingend verhindern, dass man so ein Thema frei malt?

Ich kenne so ein Bild, von einem norwegischen Maler, irgendwie altmeisterlich, verlogen wie Werner Tübke. – Also, das Foto ist von einer solch grundsätzlichen Unübertroffenheit, hat also die Malerei so verändert – da kann man schon gar nicht mehr drüber reden.

Was heißt unübertroffen? Für mich sind die Fotos unübertroffen in ihrer Unmenschlichkeit. Jedermann würde sofort wegblicken. Fotos halten einen unmöglichen Blick fest. Sie registrieren einfach. Schluss, Komma, Aus. Sie sind total unpersönlich. Um solche Bilder sehen zu können, braucht man eine Wand aus Glas vor den Augen, man braucht diesen Filter, den jedes Objektiv darstellt. In Wirklichkeit würde man diese Szene nicht aushalten.

Fotos sind doch fast Natur. Und wir bekommen sie sogar frei Haus, fast so ungestaltet wie die Wirklichkeit, nur kleiner. Wir wollen doch diese schrecklichen Bilder sehen, sie ersparen uns vielleicht sogar die öffentlichen Hinrichtungen, vielleicht sogar die Todesstrafe. Wir brauchen das doch, denken Sie doch nur an Unfälle auf der Autobahn, wie das fasziniert. Können Sie sich das erklären?

Weil wir überleben. Weil wir in dem Moment davongekommen sind. Weil wir als Zuschauer in einer privilegierten Rolle sind. Weil wir in dem Augenblick besonders stark erfahren, dass wir leben.

Das ist ein großer Vorteil. Aber wir sehen auch unser *eigenes* Ende dort, das scheint mir auch sehr wichtig. Und Fotos können das eben auch leisten, schon deswegen habe ich sie noch nie als unmenschlich empfinden können. Ich finde sie auch nicht schlechter als Bilder, sondern eben anders, sie haben eine andere Wirkung, direkter, anrührender, unmittelbarer.

Das finde ich jetzt verblüffend. Die Fotos versteinern mich. Die Gemälde empfinde ich als Überhöhung, die Trauer zulässt. Ich finde, dass die Fotos das nicht zulassen. Die sind blind in ihrer Verdoppelung.

Kann ich Ihnen ein Foto holen? Was ich hier ablesen kann – das Mitleid, das hier so direkt ausgelöst wird –, wie diese junge Frau hier liegt, all diese Details, die soviel erzählen, das hat doch ein Gemälde gar nicht so unmittelbar, das ist doch hier alles viel stärker.

Ich kann Benjamin Buchloh [im Katalog zur Ausstellung in Krefeld] nicht verstehen, wenn er schreibt, Sie würden den grausamen Blick der Polizeifotos kritisieren.

Nein, darum ging es mir doch gar nicht.

Sie teilen ihn bis ins Detail. Sie partizipieren in Ihrer Malerei von dessen Grauen. Und dennoch ist das Gemälde etwas ganz anderes als das Polizeifoto.

Es soll ja auch anders sein als das Foto. Vielleicht kann ich den Unterschied so benennen: hier bei diesem Beispiel würde ich sagen, das Foto löst Entsetzen aus und das Bild mit dem gleichen Motiv eher Trauer. Das würde auch meiner Absicht sehr nahekommen.

Hat der Tod dabei vielleicht eine Größe, die er im Alltag unserer Zeit nicht mehr selbstverständlich hat? Mir selbst fallen immer wieder Nachrichten auf, die ich unter der Rubrik „Der unwürdige Tod" sammle. Da wird dann von jemandem berichtet, der unter eine Kehrmaschine gefallen oder in eine Kühltruhe geraten ist. Oder Senkrechtbestattungen aus Platzmangel auf Berliner Friedhöfen usw. Ich frage mich dann oft, ob die Redakteure merken, wie sie mit solchen Nachrichten unser Verhalten zum Tod neu definieren. Solche Nachrichten sind für mich unsere Zeit. Versuchen Sie, an der Wahrheit dieser Grausamkeit Anteil zu haben?

Ganz im Gegenteil, ich will ja den vollen Ernst des Todes zeigen.

Warum dann diese Verwischungen?

Ich male die Bilder zuerst sehr genau vom Foto ab, manchmal realistischer als die Vorlagen. Das geht mit einiger Erfahrung. Das ist dann natürlich ein unerträgliches Bild in jeder Hinsicht.

Das erinnert mich an Verfahren der Psychoanalyse. Als würden Sie die Verdrängung zuerst zurücknehmen, um sie dann wieder herzustellen. Wenn Sie das Foto in einem viel größeren Format malen, steigert sich damit auch seine Schrecklichkeit?

Zum Teil ja, denn es ist wie eine Wiederherstellung des Geschehens, schon durch die Lebensgröße, in der es da entsteht, mit allen Einzelheiten.

Der Fotograf braucht nur den Bruchteil einer Sekunde – Sie müssen ja stundenlang all diese Details herstellen.

Aber es ist ja Arbeit; damit meine ich, dass ich nicht stumm zusehen muss, sondern etwas tun kann. Das macht alles erträglicher.

Wie treffen Sie die Entscheidung über die richtige Größe eines Bildes?

Ganz primitiv. Lebensgroß.

Die Bilder der lebenden Gudrun Ensslin sind überlebensgroß, zirka um ein Drittel größer als real.

Ich weiß nicht, warum ich sie überlebensgroß gemalt habe. Auch das Jugendbildnis von Ulrike Meinhof ist überlebensgroß. Vielleicht war es ein hilfloser Wunsch –

– dass das Leben größer ist als der Tod? – Was ist mit dem Format der Beerdigungsszene?

Die konnte ich nicht lebensgroß malen. Dann wäre das Bild achtzig Meter lang geworden. Das Bild ist zwar das größte Bild der Ausstellung, aber im Vergleich zum Ereignis ist es klein.

Ohnehin besteht der Zyklus aus eher kleinen Bildern.

Was mir jetzt sehr recht ist, diese gewisse Schlichtheit, die ich als angemessen empfinde. Als ich vor zwei Jahren damit anfing, mich mit diesem Thema zu beschäftigen, dachte ich, das ist ein Riesenthema, das werden auch Riesenbilder. Danach ist es zwar ein Zyklus geworden, aber er ist nicht überdimensioniert, eher bescheiden.

Die RAF ist ja bei Ihnen vor allem eine Frauenbewegung.

Das stimmt. Ich meine auch, dass Frauen da die wichtigere Rolle gespielt haben, sie haben mich auch viel mehr beeindruckt als die Männer.

Haben Sie sich nur als Maler mit dem Thema beschäftigt, oder brauchten Sie auch Wissen über die Personen, die Politik, die Ereignisse und den Kontext? Haben Sie Bücher zum Thema Terrorismus gelesen?

Ja, alles mögliche im Laufe der Zeit. Das Buch von Stefan Aust[3] war sehr wichtig für mich. Also das Wissen, das Kennen der Personen war sozusagen die Grundbedingung für die Bilder.

Das Jugendbildnis der Ulrike Meinhof ist mir besonders aufgefallen. Es zeigt als einziges Bild ein RAF-Mitglied außerhalb des Bannes dieser Politik. Das könnte ja jeder sein. Das ist rührend harmlos, geradezu sentimental. Ist das ein besonderes Bild?

Es hat schon eine bestimmte Funktion in diesem Zyklus, weil man es im Zusammenhang mit den anderen sieht. Aber die fünfzehn Bilder beziehen sich alle aufeinander.

Es gibt in Ihrem Werk immer auch einen antimalerischen Zug. Wenn mich Ihre Malerei diesmal an die unscharfen Bilder schlecht eingestellter Fernsehgeräte erinnert, stört Sie das?

Auf die Reproduktion trifft das sicher zu, auf die Bilder eigentlich nicht.

Wie lange arbeiten Sie an so einem Bild?

Das geht relativ schnell. Das heißt, das Auftragen der Farbe ist ein bisschen langwierig, eine Woche. Das Begräbnisbild hat länger gedauert, da waren so viele Details zu malen, aber ein Kopf, das ging in zwei Tagen. Die meiste Arbeit macht etwas anderes dabei – deshalb kann fast ein Jahr daraus werden.

Können Sie daneben noch etwas anderes malen? Brauchen Sie ein Gegengewicht, um die depressive Stimmung, die von solchen Bildern ausgeht, zu bremsen?

Es hat Unterbrechungen gegeben.

Aber Sie haben nicht gleichzeitig zum Beispiel an farbigen Abstraktionen gemalt?

Nein, das geht nicht. Eine Unterbrechung von einer Woche, so was geht. Ich habe meine Tochter einmal in dieser Zeit gemalt.

Hatte sie dann was mit dem Zyklus zu tun?

Nein, nichts. Es war mir nur interessant, dass das Portrait von Ulrike Meinhof so viel besser geworden war als dieses Bild.

War es für Sie von Anfang an klar, dass es ein grauer Zyklus werden würde?

Eigentlich ja.

Haben Sie je erwogen, auch die Opfer der Terroristen zu malen, zum Beispiel Hanns Martin Schleyer?

Nie.

Die Szene in der Victor-Statz-Straße mit dem Kinderwagen als Hindernis für das zu stoppende Auto. Die abgedeckten Leichen der Fahrer auf der Straße, den Mercedes?

Nein, nie. Dann könnte man ja nur noch so was malen. Das ist ja das normale Verbrechen, das normale Unglück, das täglich passiert. Was ich gewählt habe, ist doch ein exzeptionelles Unglück.

Was war das Exzeptionelle?

Erstmal der öffentliche Anspruch dieser Leute, eben das Nicht-Private, sondern die übergeordnete, also ideologische Motivation. Und dann die ungeheure Kraft, die erschreckende Macht, die eine *Idee* hat, die bis zum Tod geht; das ist für mich das Beeindruckendste und Unerklärlichste, dass wir Ideen produzieren, die doch fast immer nicht nur gänzlich falsch und unsinnig sind, sondern vor allem gefährlich. Religionskriege und was weiß ich, da geht es doch im Grunde um nichts, um reinen Quatsch – und das nehmen wir bitterernst, fanatisch, bis zum Tod. Also ich rede jetzt nicht von den faktischen Anliegen; dass Vietnamverbrechen bitterernst zu nehmen sind, das ist die ganz andere Seite.

Ist das Tragische dieser Personen, dass sie versucht haben, Täter zu sein? Dass die sich mit ihrer Ohnmacht nicht abfinden wollten, ist das nicht der überdeckte positive Kern dieser Menschen?

Ja, genau das ist die andere Seite, die ich natürlich sehe, bei aller Skepsis. Das wäre also das Moment von Hoffnung, was die Bilder auch haben sollten.

Hat Sie die Ideologie der RAF nie interessiert?

Nein, ich habe sie abgelehnt, als Ideologie, als Marxismus oder so. Mich interessiert etwas anderes, wie ich es eben versucht habe zu sagen, also das Warum einer Ideologie, die soviel bewirkt; warum wir Ideologien haben, ob das eine unausweichliche, notwendige Eigenschaft von uns ist – oder eine überflüssige, nur hinderliche, lebensgefährliche, ein Wahn –

Dann wären die RAF-Toten für Sie Opfer ihrer Ideologie?

Ja sicher. Aber eben nicht Opfer einer ganz bestimmten Ideologie von links oder rechts, sondern von ideologischem Verhalten allgemein. Das hat eher zu tun mit dem immerwährenden menschlichen Dilemma, ganz allgemein: revolutionieren und scheitern –

Avantgarde ist ja bezeichnenderweise gleichermaßen ein politischer und ein künstlerischer Begriff. Gibt es einen Bezug zwischen der Kunst und dem revolutionären Aufbegehren? Was interessiert einen etablierten bürgerlichen Künstler wie Sie an der RAF? Deren Taten sind es doch nicht?

Doch, die Taten. Weil da jemand mit größter Radikalität etwas ändern will, was man ja nicht nur gut verstehen kann, sondern was man auch als die andere Seite der Medaille ansehen kann: Kunst wird ja auch manchmal radikal genannt, nur – sie ist es nicht tatsächlich, sondern eben künstlich, völlig anders.

Ist Malerei ein Angriff auf die Wirklichkeit, der Versuch, etwas ganz Neues zu schaffen?

Sie ist allerlei – Gegenwelt, Entwurf oder Modell für etwas anderes, Berichterstattung; denn selbst wenn sie nur etwas wiederholt, kann es Sinn machen.

Wieder-holung, das ist doch im Grunde das Konzept dieser Bilder. Was kann man an der RAF mit Gewinn erinnern?

Es kann uns zu neuen Einsichten bringen. Und es kann auch der Versuch sein zu trösten, das heißt, einen Sinn zu geben. Es geht doch auch darum, dass wir so eine Geschichte nicht einfach vergessen können wie Müll, sondern versuchen müssen, anders damit umzugehen – angemessen.

Mir kommt es so vor, als wären Kunstwerke in der Lage, die Wirklichkeit kurzfristig außer Kraft zu setzen. Als bliebe durch sie wenigstens die Idee einer Veränderung lebendig.

Ja sicher. Mir wird nur manchmal Angst bei den vielen Ansprüchen an die Kunst. Die ist doch auch eine ganz natürliche Eigenschaft von uns, die man so gesehen gar nicht in Frage stellen kann. Also, man kann nicht sagen, weil es trotz Mozart KZs gegeben hat, ist sie nutzlos, genausowenig wie, dass nach Auschwitz keine Gedichte mehr möglich sind. Ich bin nur sicher, dass wir ohne Mozart und dergleichen gar nicht leben würden.

Ich habe ein paar von den Gemälden mit den Foto-Vorlagen verglichen. Da sind schon sehr wesentliche Änderungen. Bei dem Zellenbild zum Beispiel ist es am deutlichsten. Dieses Bild spricht ganz impulsiv zum Betrachter. Damals kann immer wieder das Argument, eine Zelle mit einem Plattenspieler, mit Büchern, nicht nur drei Büchern, sondern dreihundert, das sei komfortabel wie ein Leben im Hotel. Ich fand in Ihrem Bild die Wirklichkeit einer Zelle absolut nachvollziehbar getroffen. Die Hölle eines geschlossenen Raumes ohne Ausweg.

Dabei war ich anfangs sehr unsicher mit dem Bild, es schien mir zu vereinfacht. Alles, was einem so durch den Kopf geht und was mit Mühe gemalt war, war dann weggestrichen. Aber es hält sich.

Die Bilder sind gleichermaßen streng konzipiert und scheinbar dem Zufall überlassen. Das Motiv ist genau ausgewählt aus Hunderten anderen, aber die malerische Umsetzung geht scheinbar ganz eigene Wege –

– wie gegen meinen Willen, zumindest gegen das, was man sich so denkt.

Unterwerfen Sie sich einem Foto?

Es ist mein Ausgangspunkt.

Wollten Sie die Idee einer Zelle malen? Ich kann mir das nicht vorstellen.

Sicherlich beides. Also, diese bestimmte Zelle und natürlich auch das, was Zelle bedeutet. Aber so was muss irgendwie automatisch gehen.

Sie ahnen etwas, Sie sehen es, es stimmt oder es stimmt nicht? Aber Sie können es nicht formulieren.

Ich merke das bei abstrakten Bildern, wenn ich einmal einen besonders guten Text gelesen habe, der mir klargemacht hat, was ich da getan habe, und versuche, das wieder so zu machen, da kommt nur Unsinn raus. Wenn ich nach Überlegung arbeite, das geht einfach nicht. Die Logik, die ein Bild hat, lässt sich erst nachträglich verbalisieren, konstruieren lässt sich das nicht. Man sagt ja auch: nach-denken. Ich merke immer mehr, wie wichtig das Unbewusste ist, das beim Malen stattfinden muss – als würde etwas geheim arbeiten. Man kann fast daneben stehen und abwarten, bis was kommt. Inspiration nannte man das manchmal oder „Einfall vom Himmel“, es ist bloß viel nüchterner und komplizierter.

Sind diese Bilder in Ihrem Werk etwas Neues? Sie haben bisher nie so gesellschaftlich aufgeladene Vorlagen gewählt, immer neutrale.

Das stimmt, ich hatte immer eine Scheu vor sogenannten politischen Themen, vor dem Spektakulären.

Aber Ihr ganzer Zyklus lebt doch vom Spektakulären der Ereignisse.

Und es ist ja eigentlich das Natürlichste der Welt, dass man die besonderen Ereignisse aufgreift. Es wäre doch absurd, wenn gerade das tabu sein soll, was uns am meisten angeht. Dann würden wir ja nur noch Belanglosigkeiten produzieren.

Sie zeigen jetzt mit einer abfälligen Geste auf Ihre eigenen abstrakten Bilder.

Gehört es zu der neuen Qualität anderer Bilder, dass sie sich auf unmittelbare Zeitgeschichte einlassen? Das ist doch sehr riskant. Ich kann mir keinen Maler mehr vorstellen, der ein Thema wie Arbeitslosigkeit auch nur zu malen versuchte, immerhin eines der zentralen Probleme der Gesellschaft dieses Jahrzehnts. In den zwanziger Jahren wussten die Künstler noch, wie das geht. Heute weiß keiner mehr, wie man das malen könnte.

Ist ja auch sehr schwierig. Was sollte man zu Arbeitslosigkeit malen, wo das Thema doch soviel besser von anderen Medien behandelt wird.

Im Katalog Overholland 1987 *haben Sie Tagebuchnotizen veröffentlicht, die mir in der Kompromisslosigkeit ihrer Diktion gut gefallen. Die Bitterkeit der Formulierungen war wohltuend im Gegensatz zu soviel Feuilleton-Unverbindlichkeiten. Ein Zitat:* „25.11.82. *Die ganze Kunstszene ist ein riesiges Theater der Armseligkeit, der Lüge, des Betrugs, der Verkommenheit. Elend. Dummheit. Unsinn. Es lohnt kein Wort darüber.*" *Sind solche Äußerungen nicht riskant? Sie sind doch Teil dieses Betriebs.*

Deshalb habe ich sie ja nicht hier veröffentlicht, sondern in Holland, da liest es keiner.

Aber Veröffentlichung ist ja immer...

...mein Wunsch, unbedingt erkannt zu werden. Ich bin nur ein bisschen feige.

Ein bisschen feige und ein bisschen mutig.

Anders liegt es mir nicht.

Wollen Ihre Bilder provozieren?

Also, langweilen sollten sie nicht!

Diese Bilder führen den Betrachter scheinbar systematisch von sich weg, und gleichzeitig lassen sie ihn immer wieder mit all seinen Spekulationen auf ihren Ausschnitten auflaufen. Sie beantworten keine einzige der Fragen, die sie stellen. So etwas habe ich noch nie erlebt, dass sich ein Bild quasi systematisch selbst stört, den Betrachter von sich wegprügelt und zwingt zurückzukommen, um dann wieder alles von vorne zu beginnen. Manchmal hatte ich das Gefühl, vor unverschämten Vereinfachungen zu stehen. Schlussendlich erschien mir die Vereinfachung aber auch das Gelungene.

Das ist ja auch der Sinn dieser Arbeit: nicht einfach machen, aber zu einem Resultat kommen, zu einer Zusammenfassung. Erst mal nur für mich selbst.

Sehen Sie eine private Dimension?

Sicher. So ein Thema packt man ja nicht an, wenn man nichts damit zu tun hat – das ist schon Bedingung. Wichtig ist nur, dass die Bilder dann allgemein werden, sie sollten sich zeigen und nicht mich, das wäre schrecklich. Deshalb ist Form so wichtig – und das ist heutzutage schwierig.

Aber Sie versuchen es doch.

Ja, denn ohne Form hört die Verständigung auf, weil dann jeder irgendwann irgendwie vor sich hinlabert, was keiner mehr versteht und zu Recht keinen interessiert. Die Form, die wir heute haben im Kunstbetrieb, die also tatsächlich allgemeinverständlich ist, ist doch nur eine ganz äußerliche. Also die Vernissagen, der Handel, diese ganzen Gesellschaftsspiele, die sind die Form der Kunst geworden, die haben sie doch längst ersetzt, zumindest weitgehend ersetzt.

Ich habe das Gefühl, dass diese Bilder sich an eine geschichtliche Thematik von großer Brisanz anhängen, dass sie ein Ausdruck sind von Ihrem Wunsch, den Bildern ein gesellschaftliches Gewicht zu verleihen. Gleichzeitig erscheinen sie mir aber wie ein Schlag gegen die zeitgenössische Kunst, auch, vielleicht vor allem, gegen Ihre eigene Kunst. Ein Versuch zu sagen: „So nicht."

Ja. Mit aller Skepsis; denn ich bin ja Teil dieser Kunstgesellschaft.

Ich habe ein Zitat von Francis Bacon notiert: „Kunst, glaube ich, heißt festhalten. Ich halte sie für Berichterstattung. Und ich glaube, da in der abstrakten Kunst kein Bericht enthalten ist, gibt es darin nichts anderes als die Ästhetik des Malers und seine paar Empfindungen."

So ein Satz liegt mir sehr: „Ich halte sie für Berichterstattung."

Was ist mit dem anderen Satzteil?

Das glaube ich nicht so ganz. Ich denke, dass auch diese nichtssagenden kleinen Abstrakten, die hier hängen, dass auch die eine Form der Berichterstattung sind.

Sind sie nicht vielmehr bloße authentische Dokumente Ihres Befindens?

Authentisch zu sein nützt gar nichts. Authentisch ist jedes Bild, besonders die schlechtesten Bilder zeigen ganz authentisch, was mit dem Maler und der Malerei los ist. Das macht sie ja so uninteressant.

Als ich zur Vorbereitung dieses Gesprächs Ihren Werkkatalog angesehen habe, habe ich mich gefragt, ob es nicht für einen Maler auch etwas Verzweifeltes an sich hat, dass es so viele Bilder werden. Mir kommt es so vor, als wären es nur so viele Bilder geworden, weil Sie ein Bild, das Bild in den vielen suchen müssten.

Ich glaube nicht an das absolute Bild, es kann nur Annäherungen geben, immer und immer wieder Versuche und Ansätze. Das wollte ich ja auch in diesem Katalog[4] zeigen; nicht die besten Bilder, sondern alles, die ganze Arbeit der Annäherung, mit allen Irrtümern. In meinem *Bilderatlas* ist das noch extremer, da kann ich die Bilderflut nur noch durch Ordnung in den Griff kriegen, da gibt es überhaupt keine Einzelbilder mehr.

Wäre nicht zum Beispiel Jacques-Louis Davids Tod des Marat *(1793) doch mehr als eine Annäherung?*

Doch ja, das gibt es, solche Glücksfälle; es gibt schon einige solcher nahezu absoluten Bilder. Und man wird ja auch meist von dieser Hoffnung getragen...

Haben Sie David zitiert? Bei den drei Bildern Tote *musste ich an David denken, und zwar an den Raum über der Person. Der Ausdruck von Würde, den diese Bilder enthalten, kommt durch die Leere über den geschlossenen Augen. Ihr Bild erhält, wie schon Davids Bild, seine Erhöhung durch die dunkle Fläche über der Person.*

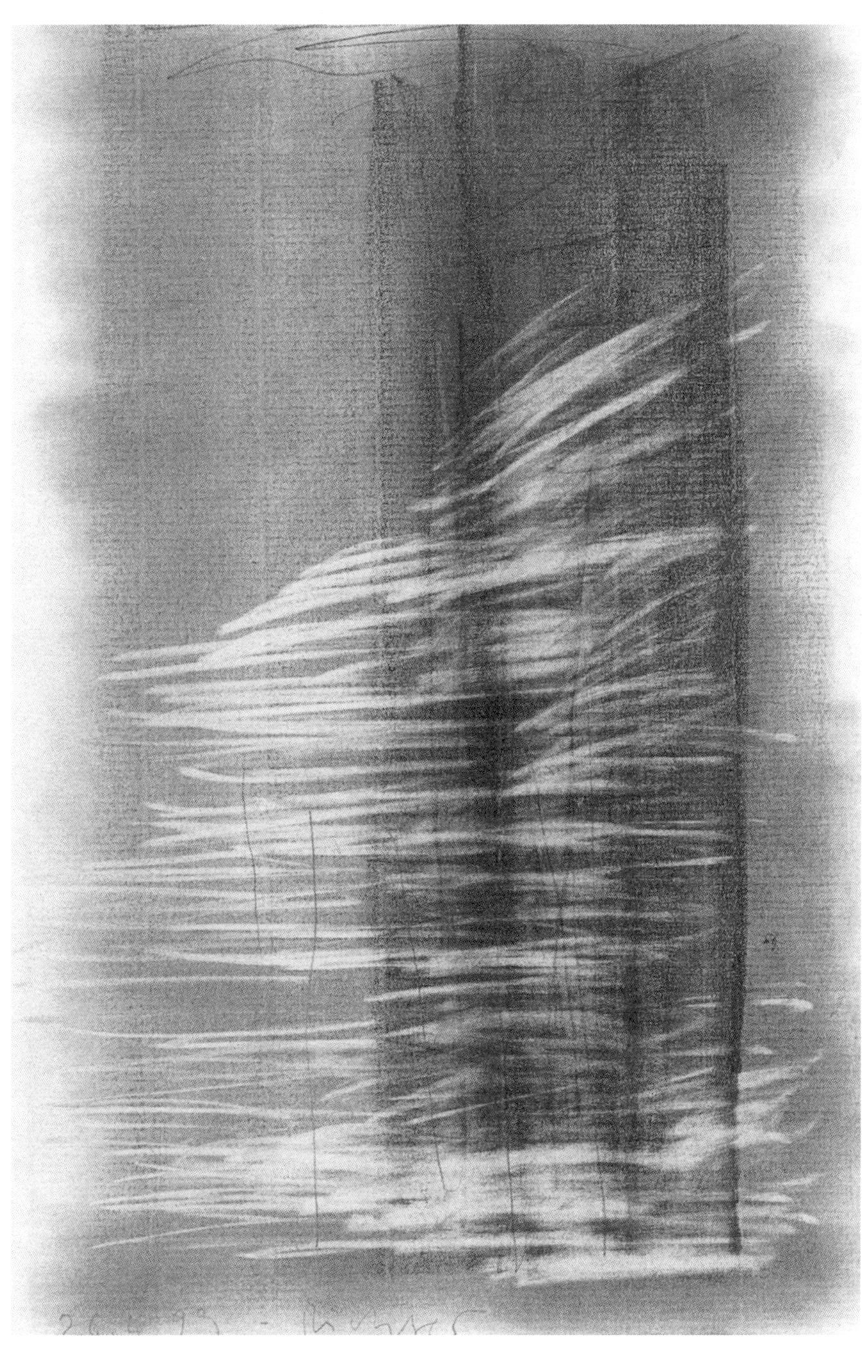

Zeichnung, 1999

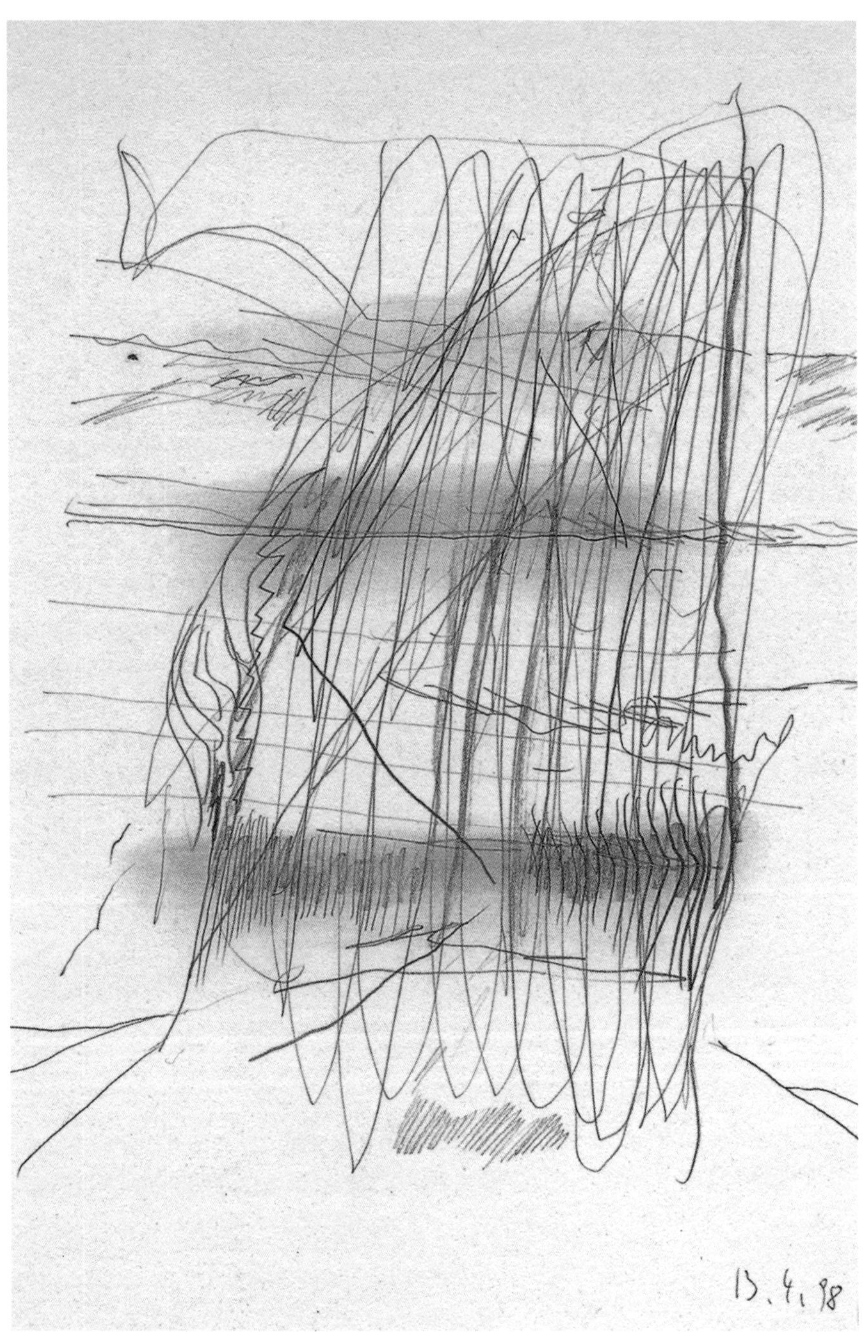

Zeichnung, 1998

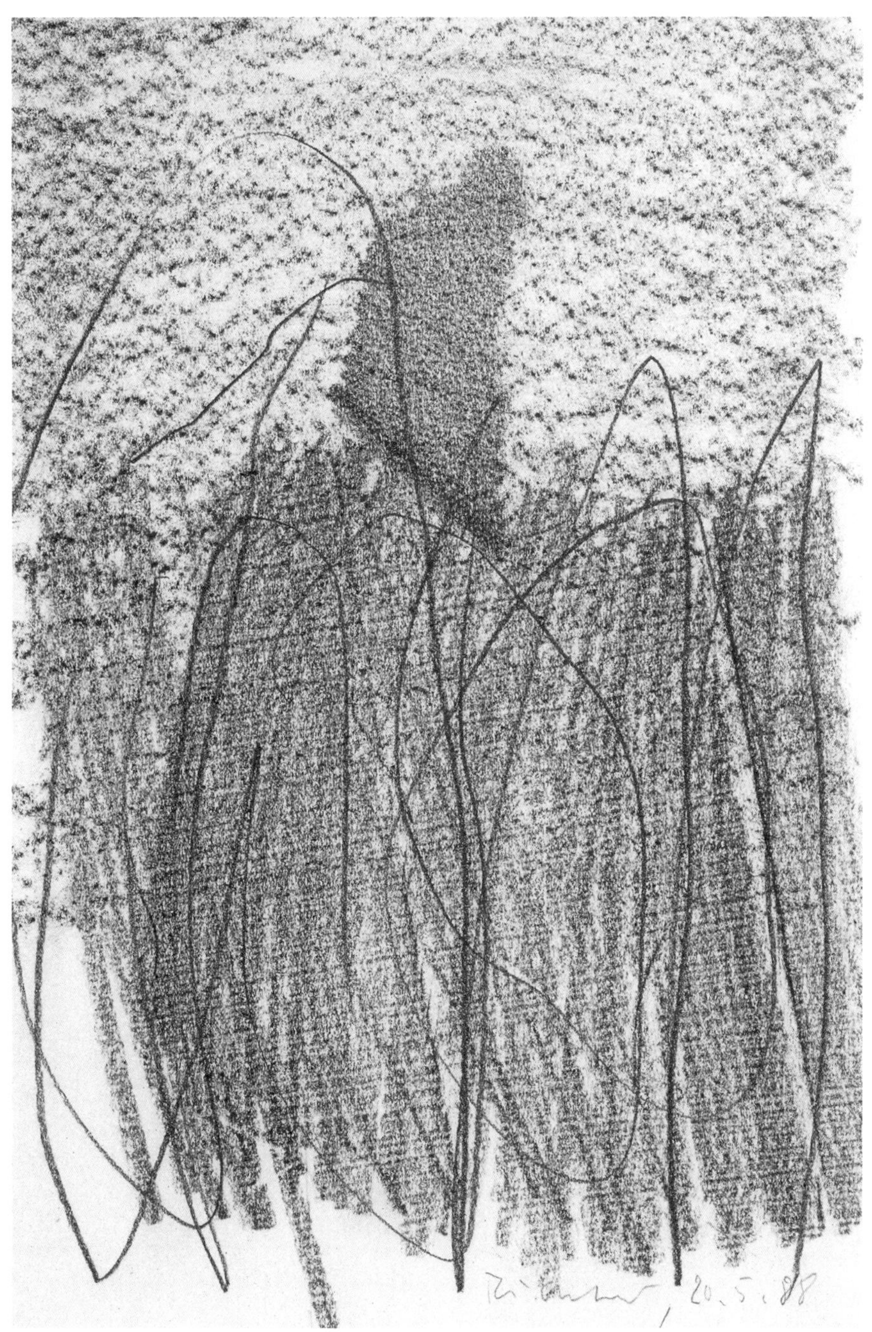

Zeichnung, 1988

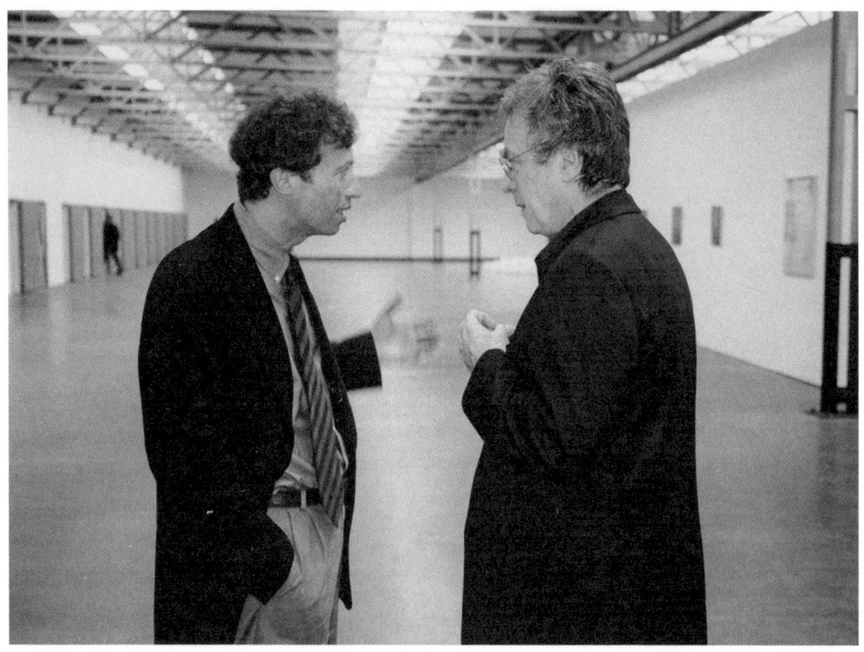

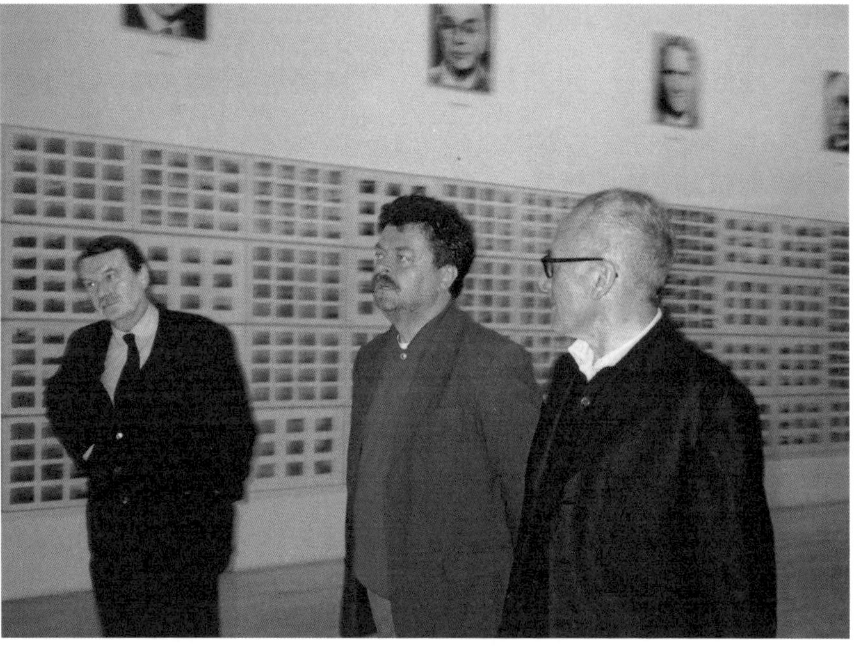

Dieter Schwarz, Benjamin Buchloh, De Pont Stichting Tilburg, 1999
Fred Jahn, Helmut Friedel und G.R., Kunstbau, Lenbachhaus
München, 1998

Man hat eh die halbe Kunstgeschichte im Kopf, und so was fließt sicher unwillkürlich mit ein, aber dass man von einem bestimmten Bild etwas übernimmt, das gibt's gar nicht.

Innerhalb des Zyklus wirken diese drei Bilder auf mich außergewöhnlich gelungen. Wie sehen Sie das, sind alle gleich gelungen?

Ich bin mir nicht sicher, vielleicht ist die erste Fassung des *Erschossenen* nicht so gut. Davor gab es eine, die mir misslungen war, die ich zerstören musste. – Das ist schwierig zu sagen, ich habe noch zu wenig Abstand.

Das erste ähnelt dem Polizeifoto mehr.

Vielleicht ist mir deshalb die zweite Version lieber, die ist stiller.

Sie haben auf meine Frage nach einem gelungenen Bild eines genannt, an dem Sie zweifeln. Gibt es auch eines, von dem Sie sagen, das ist es, so wollte ich es?

Die *Tote*, diese drei Bilder, da stimme ich Ihnen zu, da wüsste ich nichts Einschränkendes zu sagen. Der *Plattenspieler* gefällt mir. – Aber es kommt mir ein bisschen unfair vor, wenn ich so darüber rede – es geht nicht.

Ich habe gestern die Besucher Ihrer Ausstellung beobachtet. Sie waren permanent auf der Suche nach dem richtigen Standpunkt, gingen hin und her, versuchten es aus allen Blickwinkeln, mal nah, mal mit Distanz. Der Standpunkt muss gerade in diesem Fall, im doppelten Sinn, ein besonders schwieriges Problem sein.

Das ist gut. Das trifft ja auch die Sache, in jeder Hinsicht...

Was ist Ihr Standpunkt? Registrieren?

Auch das. Und Trauer, Mitleid und Trauer. Sicher auch Angst.

Trauer worüber?

Dass es so ist, wie es ist.

Hat die Person, die Sie übertragen, ein, Gewicht für Sie? Ist Ihnen klar, wen Sie malen?

Das lässt sich kaum umgehen. Nur, wie gesagt, die Arbeit, das Handwerk macht es erträglich. Schlimmer war es, als die Bilder hier hingen, in diesen Räumen. Diese Bilder immer um sich zu haben, das war unerträglich. – Sie sind jetzt raus.

Eist es Ihnen wichtig, dass die Bilder gesehen werden?

Unbedingt. Dazu sind sie da.

Worum ging es Ihnen bei diesen Bildern?

Um die Herstellung von Bildern. Darum, meinen Gedanken und Gefühlen ein Bild zu geben. Ich will damit sagen, dass meine Motivation und dass meine Ansichten dazu ganz unwichtig werden, letztlich auch ganz unkompetent; dafür gibt es ja ganz andere Berufe, die darüber dann reden.

Trotzdem reden wir, trotzdem sagen Sie etwas.

Sicher, ja, ich fühle mich auch nicht als Fachidiot, aber...

Die RAF ist ja wahrscheinlich auch zu sehen als der Versuch, mit dem Typus des Mitläufers zu brechen, der für die Vätergeneration so wichtig war. Faschismus funktioniert nur mit Mitläufern. Es kam mir so vor, als wollte die RAF behaupten: „Wir werden niemals mehr dulden, dass wir zu Komplizen von geschichtlichen Verbrechen gemacht werden." Das scheint mir der Ausgangspunkt zu sein. Informiert, wie wir sind, sind wir heute alle Komplizen. Keiner von uns wird mehr sagen: „Das haben wir nicht gewusst." Diese Standardausrede der 50er Jahre werden wir nicht mehr für uns beanspruchen können. Uns entschuldigt nichts mehr. Wir sind Zeitgenossen aller heutigen Verbrechen. Wir sind alle mitleidlose Mitläufer. Zu Ohnmacht erpresste Zuschauer von Verbrechen der Politik und der Ökonomie, die erst durch die geduldete Ohnmacht möglich werden.

Das interessiert mich aber eher in einer allgemeinen Weise. Zum Beispiel die Mitleidlosigkeit. Dass wir Mitleid also nur in einem ganz begrenzten Maße aufbringen können; zum größten Teil verweigern wir Mitleid doch, wo es nur geht. Das hat sicher einen Sinn, hat was mit Überlebensstrategie zu tun – aber wenn man sich klarmacht, in welchem Maße wir Mitleid verweigern, wie gelassen wir zusehen, dass Hunderttausende verhungern oder gefoltert oder erschlagen werden – da bleibt uns kein Bissen im Halse stecken. Das ist doch schon nicht mehr lebensnotwendige Mitleidlosigkeit, das ist doch fast schlimmer als Totschlag.

Und das kommt ja noch dazu, der Totschlag, täglich ununterbrochen, aber das können wir ja immer auf die anderen schieben – in Wirklichkeit sind wir es aber alle. Keine andere Gattung macht so was.

Nur der Mensch?

Der Mensch tötet wie kein Tier, also sich selbst, wie unter Zwang. Da kann man doch nicht mehr sich raushalten und sagen, das sind die anderen, das sind die Verbrecher, das nützt doch nichts, das ist doch nur billiger Selbstschutz. Dieses Denken ist doch gefährlich. Es ist ja auch lächerlich, diese Leute, die sich da ausnehmen und sich als friedlich bezeichnen, das ist doch genauso schlimm wie gleich zuzuschlagen. Ich rede jetzt nicht von der RAF, sondern ich meine uns.

Die RAF begann aus einem Widerstandsversuch gegen den Krieg in Vietnam. Das endete nur in neuen Verbrechen der RAF, aber es war zunächst ein gegen das Verbrechen des Krieges gerichteter Kampf. Nun hat sich ein geschichtlicher Wandel ereignet. Die letzten zehn Jahre sind doch nicht sosehr von Kriegen überschattet gewesen, sondern es war ein Jahrzehnt epochaler Produktionskatastrophen. Bhopal, Tschernobyl, Sandoz. Totenzahlen wie in Bhopal kannten frühere Zeiten nur von Schlachtfeldern. Die Lage ist doch immer schlimmer geworden. Normale Industrieproduktion tendiert heute schon zum Verbrechen an Mensch und Natur. Bei allem Anwachsen der Oppositionsbewegungen – die Ohnmacht ist immer schneller gewachsen.

An unserer Ohnmacht hat sich nicht viel geändert, oder anders gesagt, es sind ja nicht nur die Gefahren gewachsen, die Möglichkeiten, etwas dagegen zu tun, wachsen ja auch.

Hat Sie an der RAF interessiert, dass Menschen gesagt haben: „Bis hierhin und nicht weiter"?

Ja, natürlich. Aber das ist sozusagen unser täglich Brot, eigentlich. Aber das Elend dabei ist doch, wenn die, die etwas ändern wollen, nicht nur deshalb scheitern, weil sie daran gehindert werden, sondern wenn sie scheitern, weil ihre Mittel, und das heißt ja, weil ihre Ideen, falsch waren.

War Ihr Versuch, sich der Geschichte zuzuwenden, ein notwendiger Versuch?

Er war notwendig. Ich würde ihn sofort fortsetzen, wenn ich etwas fände, was geht. Was beides hat, die Malerei verändert und was darüber hinaus eine Wichtigkeit hätte. Vielleicht hat der Versuch ja Folgen.

Ist dieser Zyklus ein Versuch, Ihrer Malerei Gewicht zu verleihen?

Sicherlich. Das versucht jeder, immerfort. Warum uns das nie gelingt, weiß ich auch nicht.

Versuchen Sie mit solch einem Zyklus, dem Betrieb den Kunstkonsum schwerer zu machen?

Das geht überhaupt nicht. Der Bedarf ist so groß, dass doch nahezu alles verschlungen wird.

Sie können sich einen Museumsdirektor vorstellen, der diesen Zyklus ankauft?

Die haben doch kein Geld.

Sie würden also diese Bilder gar nicht verkaufen?

Nein, vorläufig ist das nicht denkbar. Aber wenn das Interesse anhält, würde ich sie gerne einem Museum als Dauerleihgabe geben.

Werden Sie auf der Unteilbarkeit des Zyklus bestehen?

Das bleibt in jedem Fall die Voraussetzung, auch wenn die Bilder ins Depot kommen. Kein Museum kann sich das wahrscheinlich leisten, immer fünfzehn Bilder eines Malers zu zeigen. Man muss erst einmal sehen, wie sich die Bilder bewähren. Deshalb werden sie ja auch ausgestellt, nach Krefeld in Frankfurt, dann in Rotterdam und noch irgendwo.

Möchten Sie auf die Haltung Einfluss haben, wie jemand mit diesen Bildern in der Öffentlichkeit umgeht?

Ich würde jedes Spektakel unbedingt verhindern.

Können Sie sich diese Bilder in Galerien vorstellen?

Nein, das wäre nicht der richtige Ort. Die kann man nur in Museen zeigen.

Didaktische Absichten liegen Ihnen fern?

Die Bilder sind nicht parteiisch, darin sind sie eindeutig. Sie lassen sich also schlecht benutzen. Trauer ist nicht an eine ‚Sache' gebunden. Genausowenig wie Mitleid.

Womit haben Sie Mitleid?

Mit dem Tod, den die Terroristen erleiden mussten. Wahrscheinlich haben sie sich umgebracht, was die Sache für mich fast noch schrecklicher macht. Mitleid auch mit dem Scheitern; dass eine Illusion, die Welt verändern zu können, gescheitert ist.

Es gibt eine ganz lakonische Ebene in Ihrer Haltung, die gar nicht zu diesem Pathos des Gefühls zu passen scheint. Gibt es in Ihnen den Wunsch nach einer Illusion?

Der ist uns sicher angeboren.

Der Wunsch, dass man nicht vor der Faktizität des ‚So und nicht anders ist es' kapitulieren soll. Sind Illusionen vielleicht genauso notwendig wie Verdrängungen?

Möglicherweise. Ich weiß es nicht – vielleicht ist mein Ideologiehass falsch, vielleicht verwechsle ich da was. Denn wenn ich sage, ich glaube, dass morgen schönes Wetter ist, hat das ja schon mit Glauben und Illusion zu tun. – Aber trotzdem, ich halte doch jede Art von Glauben, von der Astrologie bis zu jeder Hochreligion und bis zu allen großen Ideologien für überflüssig und lebensgefährlich. Wir brauchen so was nicht mehr, wir sollten andere Strategien entwickeln, gegen Elend und Unrecht, Krieg und Katastrophen.

Gibt es Hoffnung in Ihrer Kunst? Die abstrakten Bilder formulieren doch so etwas wie den Glauben an eine herstellbare Schönheit. Bei den Foto-Vermalungen ist es die Hoffnung, man könne ein Urteil über seine Zeit fällen oder seine Zeit in einem Bild bannen.

Oder wenigstens durch Berichterstattung zur Aufklärung beitragen zu sehen, wie es ist.

Eine Tagebuchnotiz von Ihnen lautet: „Kunst hat immer im wesentlichen mit Not, Verzweiflung und Ohnmacht zu tun, und diesen Sachverhalt vernachlässigen wir oft, indem wir die formale Seite ästhetisch zu isoliert nehmen." Dem hätte ich zugestimmt. Aber es ist doch eine völlig anachronistische Position; wenn ich mich umsehe in der Gegenwartskunst, stimmt diese Aussage doch nicht. Kunst ist doch gerade heute oft nur ein Gesellschaftsspiel. Eine Art Unterhaltung mit simuliertem Niveau, bei der es vor allem auf die elitäre Distanz zu den trivialen Vergnügungen ankommt.

Das stimmt alles.

Eine ganze Reihe Künstler lebt und arbeitet doch geradezu aus einer Anti-Haltung zu Ihrer Behauptung, sie handeln nach der Devise: „Jetzt ist Schluss mit dem Tiefsinn, jetzt sind wir mal richtig mit Genuss oberflächlich und kassieren auch noch dafür."

Walter Grasskamp hat über Ihre Malerei einmal geschrieben, das sei „visueller Sadismus", ich konnte die treffende Unverschämtheit der Formulierung sofort verstehen. Ich habe mich selbst vor Ihren farbigen Abstraktionen nie einfach entspannen können, wie etwa bei Bildern von Matisse. Es gab eine Art quälerischen Zug in der Schönheit.

Das kann sein, aber mit Sadismus hat das nichts zu tun.

Es beleidigt Sie nicht, wenn ich sage, ich habe diese abstrakten Bilder nie nur schön finden können?

Im Gegenteil.

Haben Sie jemals die Notwendigkeit empfunden, sich für das Malen dieses Zyklus rechtfertigen zu müssen?

Nicht während ich die Bilder malte. Das kam erst hinterher. Jetzt, hier zum Beispiel.

Hätten Sie diese Bilder auch vor zehn Jahren malen können?

Nein.

Muss man erfolgreich sein, um dieses Thema malen zu dürfen?

Ich glaube nicht.

Aber ein großer Maler?

Großer Maler – früher habe ich immer geglaubt, ich müsste so malen wie ‚die großen Meister', und konnte das dann natürlich gar nicht. Ich empfand das wie einen furchtbaren Mangel, dachte, ich sei im Grunde gar kein Maler, sondern eher ein Betrüger, der also nur so tut. Es dauerte lange, bis ich begriff, dass genau das, was ich tue, also das hilflose Versuchen, all diese Schwierigkeiten, das ist, was alle tun, dass das die ganz normale Arbeit ist, dass das das Malen ist.

Das ist für mich jetzt natürlich grotesk, dass einer der erfolgreichsten deutschen Maler sagt, er sei kein Maler.

Naja, inzwischen macht es mir nichts mehr aus, mich Maler zu nennen. Kein Risiko in dem Punkt.

War dieser Zyklus für Sie ein Risiko?

Sicher. Also nicht wegen irgendwelcher Einwände von links oder rechts. Aber grundsätzlich besteht ja das Risiko immer – am Ende schlechte Bilder zu haben.

Vielleicht ist es ja unverschämt, ab einem gewissen Grad an Erfolg gibt es kein Scheitern mehr. Als wäre das der Preis des Erfolges.

In bezug auf den Markt stimmt das; der würde mir zur Zeit jeden Quatsch abnehmen. Aber es geht ja auch um etwas anderes, deshalb gibt es ja, außer der eigenen Kritik, noch ein paar Leute, deren Urteil einem was bedeutet. Also, wenn die sagen: „Oh, das sieht ja böse aus – da ist die Luft raus – den kannst Du vergessen..."

Ist dieser Zyklus innerhalb Ihres Werkes ein Fortschritt?

Also, ich habe nicht das Gefühl, dass die Luft raus ist. Ich merke auch, dass diese Bilder einen neuen Maßstab setzen, Ansprüche an mich stellen. Ich kann mich jetzt täuschen. Das ist ja noch alles viel zu frisch. Aber dass es mir schwerfällt, jetzt weiterzumalen, das habe ich schon gemerkt.

Brief an Walter Grasskamp zum 18. *Oktober* 1977, 17.10.1989

Betr.: „Gerhard Richter: 18. *Oktober* 1977"
Jahresring 36

Sehr geehrter Herr Grasskamp,

Ihr o.g. Aufsatz veranlasst mich doch zu ein paar Anmerkungen:

Schon den ersten Absatz empfinde ich als plump tendenziös, denn ich kann Sie nicht für so dumm und blind halten, dass Sie „eine Reihe unterschiedlichster Malweisen" ausmachen können, „die sich jedem ordnenden Zugriff widersetzt", – dass Sie es ernsthaft als Argument gegen mich aufführen, dass allein schon „die Gemälde inzwischen bei über tausend Einzelstücken liegen", und dass „die Beliebigkeit der Motive" sich einer „Erinnerung" versperrt. Was soll solcher Unsinn?

Dann Ihr Arnulf Rainer-Ausflug[I]: anstatt sachlich zu begründen, warum Ihnen die Hiroshima-Serie missfällt, denunzieren Sie den Maler und unterstellen ihm unlautere Motivationen. Das ist so unfair wie die danach konstruierte „Parallele" zu meinem „raffinierten", „angesichts der Begnadigungsdiskussion geschickt terminierten Versuch", einer „drohenden Vorhersagbarkeit seiner künstlerischen Strategien" „vorzubeugen". Sie sollten wissen, dass es Anfang 1988 keine Begnadigungsdiskussion gab, und selbst wenn es so etwas gegeben hätte, ließe sich daraus kein Vorwurf ableiten. Was Sie sich also da aus den Fingern saugen, ist genauso unhaltbar, wie Ihre angemaßte prophetische Gabe, künftige Strategien voraussehen zu können.

Ich könnte das gut als hilflosen Quatsch abtun, aber das Schmerzliche daran ist doch, dass Sie Ihr Denken in strategischen Kategorien, dass Sie Ihre rein taktisch-politische Gesinnung mir unterstellen und damit jeden Versuch, Ihnen meine tatsächliche Motivation nahe zu bringen, vereiteln. Auf dieser Schiene kommen Sie natürlich auch zu der Feststellung, dass der mich interessierende Tod der RAF-Mitglieder als „Ausdruck eines politischen und daher recht abstrakten Scheiterns" anzusehen ist. Da ist doch wohl bei Ihnen etwas „recht abstrakt", vor allem, wenn ich danach Ihr Problem mit der „erborgten Radikalität" sehe: ich muss Ihnen sagen, dass ich nie Radikalität angestrebt habe (das habe ich auch mehrmals öffentlich gesagt), denn ich habe tatsächlich andere Sorgen. So ist auch für mich die Frage, ob das da nun Historienmalerei ist oder nicht, eine der unwichtigsten dieser Welt.

Aber nicht ganz so unwichtig nehme ich Ihre falsche Aussage, dass sich in die Bilder „hineinlesen lässt, was man will": denn selbst wenn Sie die Bilder nur als Katalog-Reproduktionen gesehen hätten, wäre Ihnen doch eine riesige Liste darüber denkbar, was alles nicht in den Bildern zu sehen ist.

Andererseits bemerken Sie dann aber doch, dass einiges fehlt, so z. B. Hanns Martin Schleyer, „die Fotos seines Verfalls in der Geiselhaft", „die gespenstigen Aufnahmen des Tatorts mit den Leichen seines Fahrers und der Leibwächter". Das klingt zwar sehr gut, ist aber eine ausgesprochen böswillige Verkennung des Themas meiner Arbeit, der Sie dann auch noch die Wirkung unterstellen, „als hätte der Staat" die Terroristen „in den Tod getrieben". Finden Sie das jetzt nicht selbst ein bisschen mies?

Und zum Schluss werden Sie „stutzig", Verdacht kommt bei Ihnen auf, weil die Personenfotos (zum Schutz der Angehörigen) nicht reproduziert werden dürfen und weil ich die Bilder nicht auf dem Kunstmarkt haben will.

Solche Verdächtigung kann ich nur als niederträchtig und zynisch ansehen, und im Vergleich dazu werden all Ihre sonstigen Entstellungen belanglos, – selbst der haarsträubende Unsinn, dass ich stets „Bilder von Bildern" und nie von Wirklichkeit male, ist eben nur unsägliche Kunsttheorie auf Primanerniveau.

Vielleicht bemerken Sie, dass ich mich hier, wenn auch nur kurz, mit Ihrem Aufsatz beschäftigt habe, – während Sie, anstatt die Bilder zu kritisieren, über Motivationen spekulieren und Strategien unterstellen, die Arbeit also denunzieren.

Mit freundlichen Grüßen
– Gerhard Richter –

Notizen 1990

12.2.90 Akzeptieren, dass ich nichts planen kann.
Jede Überlegung, die ich zum ‚Bau' eines Bildes anstelle, ist falsch, und wenn die Ausführung gelingt, dann nur deshalb, weil ich sie teilweise zerstöre oder weil sie trotzdem funktioniert; indem sie nicht stört und wie nicht geplant aussieht.
Das zu akzeptieren ist oft unerträglich und auch unmöglich, denn als denkender, planender Mensch demütigt es mich zu erfahren, dass ich da derart machtlos bin, lässt mich an meiner Kompetenz und an jeglicher konstruktiven Fähigkeit zweifeln. Der einzige Trost ist, dass ich mir sagen kann, dass ich die Bilder trotzdem gemacht habe, auch wenn sie wie in Eigengesetzlichkeiten gegen meinen Willen mit mir machen, was sie wollen, und irgendwie entstehen. Denn immerhin muss ich ja entscheiden, welches Aussehen sie dann letztlich haben dürfen (das Machen von Bildern besteht in einer Vielzahl von Ja- und Nein-Entscheidungen und einer Ja-Entscheidung am Ende). So gesehen kommt mir das Ganze wiederum doch sehr natürlich vor oder besser naturhaft, lebendig, auch im Vergleich zum gesellschaftlichen Bereich.

30.5.90 Die Erfindung des Readymade scheint mir die Erfindung der Realität zu sein, also die einschneidende Entdeckung, dass die Realität im Gegensatz zum Weltbild das einzig Erhebliche ist. Seitdem stellt Malerei nicht mehr die Realität dar, sondern ist sie selbst (die sich selber herstellt). Und irgendwann wird es wieder darum gehen, dieser Realität den Wert abzusprechen, um Bilder einer besseren Welt (wie gehabt) aufzustellen.

5.6.90 Was ist das für ein Beruf, wo man es sich leisten kann, müde oder nicht in Stimmung zu sein, keine Lust zu haben – wo man ganze Tage oder Wochen nicht ‚in Form' ist und also nichts tut?

2.8.90 Baselitz-Ausstellung[1]. Er führt vor das Malen als unbeirrtes Tun, als Weise ohne Kompromisse, Anfechtungen, Ideologie, Utopie, Traum – einfach sein (ohne Sinn zu atmen – Gleichnis für die Unverständlichkeit des Seins, das eben ‚nur' ist, egal, wie brutal auch immer – atmet, nichts sonst).

Die Bilder sind manchmal gut (ohnehin ziemlich unvergleichlich heutzutage) – selten albern: nur dann, wenn er diesen reinen Malakt kompromittiert durch sentimentale Anwandlungen („das Brückebild"[2]).

16.8.90 Seit der Rotterdamer Ausstellung (Oktober 1989) ist das Malen mühsamer geworden. Ende Dezember sagte ich die für dieses Jahr geplanten Ausstellungen bei D'Offay und Durand-Dessert ab, um ein ganzes Jahr ohne Verpflichtungen ‚etwas' entwickeln zu können. Seitdem entstanden kleinere und mittlere Bilder, wenige größere, im ganzen nichts Besonderes. Nebenbei die Arbeit für die Ausgestaltung der Hypo-Bank[3], auch nicht sehr aufregend. Eine Art von ziellosem Sich-treiben-lassen, zur Zeit etwa zwölf angefangene Bilder im Atelier: fast mutwillig falsch oder unsinnig angelegt, ohne Konzeption in der Art eines desorientierten Spielers, der sehr viel auf eine beliebige Karte setzt. Das Schlimme ist, dass diese willkürlich blödsinnig angelegten Bilder eine bestimmte Qualität beziehungsweise Realität haben, die eine entsprechende Fortführung verlangt, die aber kaum zu leisten ist. Erstmal zerstören.

4.9.90 Die ‚Diktatur des Proletariats' ist längst Wirklichkeit geworden, vor allem hier in den westlichen Demokratien, und hier in der erträglichsten Weise. Massengesellschaft ist der bessere Begriff, denn die Masse hat keinen Klassenfeind mehr, und die Diktatur verwandelte sich in die Sachzwänge. Die Masse schafft durch ihr Vorhandensein und Sosein eine quasi natürliche Gestaltung der Verhältnisse und Geschehnisse, die relativ planlos abläuft, oft chaotisch und potentiell katastrophisch. Die hierarchischen Systeme, inklusive Sozialismus, werden abgelöst von einer sich ständig selbst organisierenden ‚Lebendigkeit' (ohne Plan, ohne Ideologie, ohne all die nie funktionierenden Weltentwürfe und Weltbilder).

24.10.90 Nicht mehr zweckmäßig scheint es, dass wir dann weniger und weniger werden und enden, wenn wir soviel gelernt haben. Und immer wieder müssen die Nachgeborenen über Jahrzehnte sich mühen, diesen längst errichteten Standard an Erfahrung wiederzuerlangen. Ich weiß, dass das Quatsch ist.

Die vielgeschmähte ‚Kunstszene heute' ist dann ganz harmlos und freundlich, wenn wir sie nicht mit falschen Ansprüchen vergleichen; sie hat mit den traditionellen Werten, die wir hochhalten (oder die uns erheben), nichts zu tun, sie hat nahezu überhaupt nichts mit Kunst zu tun. Deshalb ist die ‚Kunstszene' weder niederträchtig, zynisch oder geistlos, sondern sie ist als zeitweilig blühende, geschäftig wuchernde Szene nur die Variation eines immerwährenden Gesellschaftsspiels, das den Bedürfnissen nach Kommunikation entspricht, wie Sport, Mode, Briefmarkensammeln oder Katzenzüchten. Kunst entsteht trotzdem, selten und immer unerwartet, nie machbar.

Brief an Werner Schmidt 1990

Köln, am 18. Juli 1990

Lieber Herr Dr. Schmidt!
Haben Sie vielen Dank für Ihren Brief mit der Anfrage nach ein paar Zeilen, der nachzukommen nicht so einfach ist.

Zu den Aspekten meines Weggangs könnte ich nur mit Allgemeinplätzen beitragen – dass zum Beispiel Kunst Freiheit braucht, um sich entwickeln zu können, dass es also in Diktaturen keine Kunst, das heißt nicht einmal schlechte gibt. Das zeigt sich natürlich nicht nur an der riesigen Menge belangloser Kunst, die im Westen entstehen darf, sondern hängt mit einer Spezifität von Kunst zusammen, die sie sicherlich mehr als Literatur und Musik von einem bestimmten Klima abhängig macht. Und so ist für die sogenannte moderne Kunst in ihrer erklärten Autonomie (also nicht mehr dienend und schildernd, sondern sich selbst als Wirklichkeit herstellend) jede Bevormundung tödlich.

Natürlich waren es nicht solche Überlegungen, die mich zum Gehen veranlassten, sondern es waren die gleichen simplen wie bei allen anderen ‚Republikflüchtlingen': raus aus dieser etablierten Verlogenheit und erstickenden Bevormundung. – Das ist sehr lange her für mich, und meine DDR-Bürgerschaft ist längst nicht mehr existent (wenn sie überhaupt je wirklich für mich war).

‚Ausgebürgert‘ – ich weiß also nicht, was ich dazu sagen soll.

Es kann sein, dass es keine gute Ausstellung wird; dass hier Werke zusammengetragen werden, die wenig miteinander zu tun haben und eine befremdliche Mixtur ergeben, die viel Missverständnis hervorrufen wird. – Aber vielleicht wird gerade diese Unzulänglichkeit und auch eine Bescheidenheit ein Vorteil der Ausstellung sein.

Der andere Vorteil ist ganz sicher der, dass sie überhaupt gemacht wird, dass also mit der langwierigen Arbeit des ‚Zusammenkommens‘ begonnen wird. Deshalb bejahe ich diese Ausstellung, egal (fast egal), was da gezeigt wird.

Ich wünsche Ihnen viel Glück dazu und bin
mit herzlichen Grüßen
Ihr Gerhard Richter

Leserbrief in der FAZ vom 24. Juli 1990

„Ausgesperrt“

Dass Peter Ludwigs „Geschenke“ mehr oder weniger zur Plage werden, stimmt ihn nicht nachdenklich, sondern macht ihn störrisch (siehe die AP-Meldung F.A.Z. vom 10. Juli). Es scheint, als ob im gleichen Tempo, wie sein Kunstverständnis abnimmt, seine machtgierige Selbstherrlichkeit zunimmt. Ludwigs sentimentale Äußerungen zur DDR-Kunst sind so blödsinnig, dass die in ihnen enthaltene kolonialistische Attitüde fast schon wieder aufgehoben wird. Vielleicht sollten wir mal für eine Weile diese Mischung von Arroganz und Spießertum ‚ausgesperrt‘ halten.
Gerhard Richter, Maler, Köln

Interview mit Sabine Schütz 1990

Vor gut einem Jahr erregten Sie großes Aufsehen mit Ihrem Bilderzyklus 18. Oktober 1977. *Diese Gruppe von fünfzehn in Ihrer früheren Methode der Schwarz-Weiß-Foto-Verwischungen gemalten Bilder setzte sich mit dem Tod der RAF-Terroristen im Stammheimer Gefängnis auseinander und löste eine kontroverse und emotionale Diskussion aus, die über die rein künstlerische Debatte weit hinausging. Haben Sie mit diesen Bildern ein direktes politisches Anliegen verfolgt?*

Kein direktes politisches Anliegen, vor allem nicht in dem Sinne politischer Malerei, die man ja stets als linkspolitische verstand, als Kunst, die ausschließlich die sogenannten bürgerlich-kapitalistischen Verhältnisse kritisierte – das war nicht mein Anliegen.

Aber das Thema ist doch nicht nur sehr brisant gewesen, sondern es war doch ein ausdrücklich linkspolitisches...

...das jetzt gänzlich als beerdigt angesehen werden kann...

...genau, und es ist ja bereits Geschichte. Man könnte ja fragen, warum Sie 1989 *mit diesen Bildern herausgekommen sind und nicht bereits vor zehn Jahren.*

Wahrscheinlich war dieser zeitliche Abstand notwendig. Aber ich kann es nicht genau erklären, welche Gründe mich bewegten, etwas dann oder dann zu machen; so etwas läuft ja auch nicht geplant ab, sondern doch eher unbewusst. Wichtig erscheint mir, dass die Bilder jetzt, mit dem Zusammenbruch des sozialistischen Systems, eine andere, allgemeinere Komponente erhalten, die sie vordem nicht so offensichtlich hatten. Andererseits scheue ich mich doch, über Anliegen oder Aussagen der Bilder zu reden, ich will sie nicht durch eine Interpretation einengen.

Aber sehen Sie jetzt die Terroristen nur als Opfer einer falschen Idee, die also zwangsläufig scheiterte?

Das auf jeden Fall. Trotzdem empfinde ich ja auch eine gewisse Sympathie für diese Leute und für ihren verzweifelten Willen zur Änderung. Ich kann ja sehr gut verstehen, wenn man diese Welt nicht akzeptabel findet. Außerdem waren sie auch Teil eines Korrektivs, das uns in Zukunft erst mal fehlen wird. Wir werden ein anderes finden, andere Ansätze zur Kritik, die nicht so sentimental oder abergläubisch sind, sondern realistischer und deshalb wirkungsvoller, hoffe ich.

Man hat diesen Zyklus als eine Wiederbelebung der von der modernen und zeitgenössischen Kunst weitgehend ignorierten Historienmalerei bezeichnet. Würden Sie dieser Einordnung zustimmen?

Sie interessiert mich nicht so sehr. Auch als ich während des Malens daran dachte, dass man die Bilder als Historienmalerei, also als etwas Reaktionäres, ansehen könnte, war mir das gleich. Es ist mehr ein Problem für Theoretiker.

In Ihren Tagebuchaufzeichnungen haben Sie einmal gesagt, dass man so wie Sie eigentlich nicht malen könne: ohne Thema. Wie war das bei diesem Zyklus? Gab es ein Thema?

Ja, das gab es hier. Aber mit dieser ‚schwarzen' Notiz waren eher die abstrakten Bilder gemeint und darüber hinaus die generelle Ohnmacht und Hilflosigkeit, die dann natürlich auch zum Thema werden kann. Aber andererseits hat man ja manchmal genügend Motivation, die all solche Fragen gegenstandslos macht – man malt dann eben.

Wenn Sie ein Bild anfangen, wissen Sie dann immer, was Sie malen wollen? Kann man sagen, dass Sie ein Konzeptkünstler sind?

Nein, das bin ich nicht, und ich weiß durchaus nicht immer, was ich malen soll bzw. wie das Bild schließlich aussehen soll. Auch bei dem Oktoberzyklus wusste ich nicht, was für Bilder dabei herauskommen werden. Ich hatte eine riesige Auswahl von Fotos und hatte auch ganz andere Vorstellungen: Alles sollte viel umfassender werden, viel mehr mit dem Leben der Dargestellten zu tun haben, und am Ende stand diese kleine Auswahl: neun Motive und sehr auf den Tod hin konzentriert, fast gegen meine Absicht also.

Gerade von einem Maler, der – und sei dies bereits 25 Jahre her – auch schon einmal Toilettenpapier gemalt hat, hätte man die Auseinandersetzung mit einem so inhaltsträchtigen Thema nicht unbedingt erwartet. Auch der Plattenspieler ist ja an und für sich ein banaler Gegenstand. Allerdings scheint sich das Verhältnis zum Bildgegenstand in dieser Zeit erheblich verändert zu haben?

Nicht erheblich, denn eine Klorolle ist nicht unbedingt ein lustiges Bild. Es ist auch nicht so, dass ich nun alt genug bin, um nur noch traurige Dinge zu malen. Aber das Plattenspielerbild ist natürlich ein sehr aufgeladenes Bild, da der Betrachter weiß, dass es der Plattenspieler von Andreas Baader ist, dass darin die Todeswaffe versteckt war und so weiter. Damit wird es zwar kein besseres Bild, aber es erhält erstmal mehr Aufmerksamkeit, weil man mehr Erzählung daran festmachen kann.

Hinter der Tatsache, dass es früher z. B. um eine Toilettenpapierrolle oder einen Wäscheständer ging und heute um einen Plattenspieler mit einer ganz konkreten politischen Bedeutung, steht doch ganz offenbar eine entscheidende Veränderung des Bewusstseins.

Natürlicherweise. Damals war ich jünger und Teil eines ganz anderen Zeitgeistes, und so gesehen könnten die Bilder sogar viel unterschiedlicher sein. Dagegen aber fällt mir jetzt eher die Ähnlichkeit auf – also, dass sich nicht soviel geändert hat. Es ist die gleiche scheinbare Indifferenz und Aussagelosigkeit. Klorolle, Wäschetrockner sind genau wie der Plattenspieler eine Art „Arme-Leute-Bilder“, wie viele andere der nichtssagenden, banalen Motive.

Dem Motiv kommt in den verschiedenen Bildern ein sehr unterschiedlicher Stellenwert zu. In 18. Oktober 1977 zum Beispiel ist das Motiv von einer ganz anderen Inhaltlichkeit als in den meisten früheren Arbeiten. Könnte man sagen, dass alle Ihre Werkgruppen über ein jeweils eigenes, individuelles Verhältnis zum Bildgegenstand und zur Wirklichkeit verfügen?

Das wird sicher so sein, nur haben alle die verschiedenen Bilder in den verschiedenen Zeiten eine feststehende Grundlage: eben mich, meine Einstellung, mein Anliegen – das sich zwar unterschiedlich äußert, aber nie wesentlich ändert. Die Unterschiedlichkeit ist eben eher eine äußerliche, und die Sprüche über meine Stillosigkeit und Meinungslosigkeit waren zum Teil Polemik gegen Zeitströmungen, die ich ablehnte. Oder sie waren Schutzbehauptungen, um mir das Klima zu verschaffen, in dem ich malen kann, was ich will.

Aber Sie haben doch auch vorgeführt, dass es egal sein kann, was man malt. Mit dem Wäschetrockner, dem Hirsch oder der Hausfrau haben Sie doch gezeigt, dass es egal ist.

Aber das kann man doch auch als thematisch zusammenhängend sehen, und dann ist es gar nicht so egal. Diese Themen: Wäschetrockner, Familie auf dem Sofa, Hirsch – die sind auch sehr selektiv.

Hat es denn nicht auch eine ironische Note gehabt?

Ich selbst denke das nie. Wenn ich zugelassen habe, dass behauptet wurde, es sei ironisch, dann, um meine Ruhe zu haben. Denn irgendwo habe ich natürlich schon an den Motiven gehangen. Ich fand den Wäschetrockner nicht ironisch; der hatte eher etwas Tragisches, denn er thematisierte das Leben in einer Sozialwohnung, ohne die Möglichkeit, die Wäsche rauszuhängen. Das war ja mein Wäschetrockner, den ich in einer Zeitung wiederentdeckte, quasi objektiviert. Oder die Familien, die kannte ich oft. Und wenn ich sie nicht kannte, hatten sie wenigstens Ähnlichkeit mit den Familien und Schicksalen, die ich kannte.

Hatte das denn nicht etwas mit Spießertum zu tun?

Sicherlich. Aber was heißt das schon? Ich kann mit dem Begriff nicht viel anfangen, er ist mir zu arrogant.

Was interessierte Sie denn zum Beispiel an dem Motiv des Hirschen? Immerhin kann man heute doch wohl kaum einen Hirsch malen, ohne die Assoziation ‚röhrend‘ – also Kitsch – zu haben.

Der Hirsch kann ja nichts dafür, wenn er schlecht gemalt wird, so als röhrender Hirsch über dem Sofa. Er ist ein schönes Tier wie jedes andere. Natürlich hat der Hirsch – speziell für uns Deutsche mit unserer ausgeprägten Beziehung zum Wald – auch Symbolcharakter. Ich selbst wollte Förster werden in meiner Jugend, und ich war damals ganz begeistert, als ich einen richtigen Hirsch entdecken und fotografieren konnte, im Wald. Später malte ich ihn, und das Bild war dann etwas weniger romantisch als mein Jugendfoto.

Auch das Schloss Neuschwanstein in seinem Zuckerbäckerstil erweckt doch zwangsläufig die Assoziation von Kitsch.

In Wirklichkeit ist dieses Schloss ja hässlich, schrecklich. Aber es hat eben auch diese andere, verführerische Seite, die des wunderschönen Märchens, des Traums von Erhabenheit, Seligkeit und Glück. Und das ist die eigentlich gefährliche Seite, deshalb ist es wirklich ein besonderes Beispiel von Kitsch.

In den Bomberbildern sehe ich eine kritische Stellungnahme zum Thema Krieg …

… ist es aber sicher nicht. Solche Bilder können gar nichts gegen Krieg ausrichten. Sie zeigen ja auch nur einen sehr kleinen Aspekt vom Thema Krieg – vielleicht nur meine kindlichen Gefühle von Angst und Faszination durch Krieg und solche Waffen.

Kann man denn von der ästhetischen Wirkung einer Waffe fasziniert sein? Geht es nicht immer auch um Schrecken, um Angst?

Es ist ein gemischtes Gefühl, und es bringt nichts, wenn man die Faszination unterdrückt.

Vor vielen Jahren haben Sie das Malen einmal als eine ‚moralische Handlung' bezeichnet. Was meinten Sie damit?

Das war damals schon ein ohnmächtiger Versuch auszudrücken, dass es nicht darum geht, schöne Bilder zu malen. Es war also die Behauptung einer Bedeutung der Kunst, ihrer enormen Wichtigkeit, die ich ihr zuerkannte; und dass Kunst heute in nie gekannten Mengen gemacht und verbraucht wird, zeigt doch auch schon ein ganz irrationales Verlangen nach Kunst, eine nahezu religiöse Sehnsucht. Und wenn Kunst in der Lage wäre, diese Sehnsucht gänzlich zu befriedigen, wäre das ein großer Vorteil. Es wäre so was wie ‚Glaube pur', der uns davor bewahrt, auf Irrglauben, Religionen und Ideologien zu fliegen.

Sie betonen immer wieder Ihre anti-ideologische Haltung. Was bedeutet denn für Sie Ideologie?

Ein aktuelles Beispiel ist die Ideologie des Sozialismus in der DDR. Gegen jede Vernunft glauben Leute an so etwas – machen sich und andere unglücklich. Das ist doch schon eine Art Geisteskrankheit, und wie es scheint, eine unheilbare. Viel wichtiger wäre doch, dass wir uns erkennen, sehen, wie wir sind, was wir können, warum wir morden, warum wir gut sind und vor allem, was machbar ist. Statt dessen ‚glauben' wir. Das ist doch ein Luxus, den wir uns gar nicht mehr leisten können auf diesem gefährdeten Globus.

Wissen nicht diejenigen, die den Durchblick haben und die Heilsvorstellungen verkünden, in Wirklichkeit genau, dass sie lügen?

Sicher nicht, denn Ideologie beherrscht die Gehirne so gründlich, dass gar keine Möglichkeit besteht, die Tatsachen objektiv zu sehen; und je mehr sich die Tatsachen gegen die Ideologie richten, um so unerbittlicher übt sie ihre Herrschaft aus. Nur im Verhalten, also ganz unbewusst und instinktiv, kann man ihr manchmal entkommen. Also. Wenn Honecker Kaschmir trägt, ist er eigentlich ganz natürlich, dann vergisst er seinen Glauben oder verdreht ihn ein bisschen.

Also möchten Sie den Glauben abschaffen?

Geht leider nicht. Wir brauchen ihn ja zum Überleben. Er motiviert uns, ohne ihn liefe nichts. Glauben ist ja eine unverzichtbare Eigenschaft von uns. Wenn ich sage: Ich glaube, dass morgen Dienstag ist, ist das schon ein Glaubensakt, denn dieser Dienstag existiert ja nur in unserer Vorstellung. Und wenn ich dann noch behaupte, dass morgen schönes Wetter sein wird, zeigt sich schon etwas die gefährliche Seite des Glaubens, denn dann nimmt man das ja als Gewissheit und richtet sich danach aus. Und wenn es dann tatsächlich kalt ist und regnet, sieht es schon schlechter aus.

Die Intellektuellen sind da viel gefährdeter als die ‚Normalen' oder die Künstler; sie sind klug, können sehr gut mit dem Wort umgehen, also hervorragend Theorien konstruieren, und sie können teilhaben an der überragenden Macht der Worte. Denn fast alles wird ja durch Worte veranlasst, verboten oder zugelassen, mit Worten erklärt, verklärt oder verfälscht. Wir sollten also skeptisch sein und nicht vergessen, dass es auch noch eine gewichtige andere Art der Erfahrung gibt. Was wir nicht-verbal – sehend, fühlend, hörend oder wie auch immer – erleben, verschafft uns doch eine Gewissheit oder ein Wissen, das zu richtigeren Handlungen und Entscheidungen führen kann, als es je eine Theorie kann.

Eine Theorie kann sich doch auch empirisch entwickeln.

Ja, sicher entwickelt sie sich aus der Erfahrung und wird von ihr korrigiert, bestätigt oder verworfen. Das Problem ist aber, dass eine Theorie in sich so logisch und sehr kompliziert und differenziert sein kann – fast so komplex wie das Leben –, dass man auf sie hereinfallen muss, weil sie so überzeugend ist oder so schön.

Es gibt einen Film über Ihre Arbeit[1]*, der heißt: „Meine Bilder sind klüger als ich." Wieso?*

Sie sollten unbedingt klüger sein als ich. Ich muss nicht mehr ganz mitkommen, sie müssen etwas sein, was ich nicht mehr so ganz verstehe. Solange ich sie theoretisch begreife, ist es ja langweilig.

Sie sind schon sehr früh als „inkonsequent" bezeichnet worden, weil Sie sowohl im Hinblick auf den Gegenstand als auch vor allem auf ‚Stil' immer wieder die Ebenen gewechselt haben. Sie selber haben sich als „unsicher" bezeichnet. Oder geht es auch darum, sich selbst und anderen zu beweisen, dass Sie alles können?

Nein, das ist nicht so. Nach einem Foto abzumalen, kann man lernen. Und so vieles, was an künstlerischen Äußerungen denkbar ist, habe ich nicht gemacht – ich bin sogar relativ beschränkt und auch ein bisschen einseitig: immer nur Ölmalerei.

Inkonsequenz ist ja nur eine Folge von Unsicherheit, unter der ich zwar leiden kann, aber die ich auch als unvermeidlich und als notwendig ansehe.

Also ist vielleicht die Unsicherheit das Generalthema?

Mag sein. Auf jeden Fall gehört sie zu mir, als Voraussetzung. Wir haben ja auch objektiv keinen Grund, uns hier sicher zu fühlen. Sicher sind doch nur die Dummen, oder die, die lügen.

Und die Bilder lügen nicht?

Nein, sie behaupten ja nichts – sie machen keine Aussage, sie können uns nichts weismachen. Die sind sowenig verlogen wie ein Baum, aber oft uninteressanter.

Stilwechsel, Stilbruch, Zitate und – vielleicht auch – Ironie, dies alles sind Phänomene, die man, seit dieser Begriff existiert, ‚postmodern' nennt. Setzen Sie sich damit auseinander? Halten Sie sich für einen postmodernen Wegbereiter?

Das glaube ich nicht, es hat mich nicht so interessiert. Aber in einer gewissen Weise könnte man mich schon so nennen; denn ich hatte nie das Bewusstsein, zur Avantgarde zu gehören, und das war mir auch nie ein Anliegen. Avantgarde, das war mir meist zu dogmatisch und zu aggressiv.

Sie haben 1976 angefangen, abstrakte Bilder zu malen, um etwas zu machen, dessen Erscheinung Sie sich vorher nicht vorstellen können. Sie haben damit also eine für Sie ganz neue Methode entwickelt. War das so etwas wie ein Experiment?

Ja. Das fing 1976 an mit kleinen abstrakten Bildern, die mir erlaubten, all das zu machen, was ich mir vorher verboten hatte: einfach willkürlich etwas hinzusetzen, um dann zu merken, dass es nie willkürlich sein kann. Dies geschah, um mir eine Tür zu öffnen. Wenn ich nicht weiß, was da entsteht, also kein festes Bild habe wie bei einem Foto, das ich abmale, dann spielen Willkür und Zufall eine wichtige Rolle.

Wie gelingt es Ihnen, den Zufall so zu lenken, dass ein ganz bestimmtes Bild mit einer ganz bestimmten Aussage entsteht, denn das ist doch Ihr erklärtes Anliegen?

Ich habe eben nicht ein ganz bestimmtes Bild vor Augen, sondern möchte am Ende ein Bild erhalten, das ich gar nicht geplant hatte. Also, diese Arbeitsmethode mit Willkür, Zufall, Einfall und Zerstörung lässt zwar einen bestimmten Bildtypus entstehen, aber nie ein vorherbestimmtes Bild. Das jeweilige Bild soll sich also aus einer malerischen oder visuellen Logik entwickeln, sich wie zwangsläufig ergeben. Und indem ich dieses Bildergebnis nicht plane, hoffe ich, eher eine Stimmigkeit und Objektivität verwirklichen zu können, die eben ein beliebiges Stück Natur (oder ein Readymade) immer hat. Sicherlich ist das auch eine Methode, um die unbewussten Leistungen einzusetzen, soweit wie möglich. – Ich möchte ja gern etwas Interessanteres erhalten als das, was ich mir ausdenken kann.

Jürgen Harten hat geschrieben, Ihre Bilder seien das „Malen der Malerei", quasi also ein gemalter Kommentar zur Malerei.

Nein, das stimmt so nicht. Wenn ich Bach höre, dann kann ich auch sagen: Das ist Musik über Musik, weil sie auf einer Tradition fußt, in sich so stimmig ist und jeder Ton sich nur auf den anderen bezieht. Das hieße ja am Ende, dass sie überhaupt nichts will und nichts sagt. Schachspiel. Für wen sollte das gut sein?

Für viele Künstler steht die malerische Aktion, der Prozess, im Vordergrund ihrer Arbeit...

Es geht doch immer nur ums Sehen. Die physische Aktion lässt sich nicht vermeiden, und bestimmt gibt es auch manchmal eine Notwendigkeit, mit dem ganzen Körper zu malen – aber im Dienst der Sache. Aber diese „Aktionisten" – man sieht ja, was dabei herauskommt.

In einem vor zwanzig Jahren erschienenen Katalog des Aachener Kunstvereins hat Klaus Honnef geschrieben, dass Ihnen „bonne peinture" am Herzen liegt. Welchen Stellenwert hat denn die Malerei in Ihren Bildern?

Ganz früher, an der Akademie, hätte ich gerne so gut gemalt wie die Maler, die ich damals schätzte: Manet, Cézanne oder Velázquez. Ich konnte es aber gar nicht. Und später merkte ich, dass es gut ist, dass ich das nicht kann, weil es eben um was anderes geht. – Darauf bezog sich sicher das mit der „bonne peinture". Ich weiß gar nicht mehr, was das ist, sicher so was Ähnliches wie reine Malerei.

Eine Malerei also, die nur von sich selbst und ihren eigenen Bedingungen handelt, um die geht es Ihnen also nicht?

Als Basis steht doch erstmal ein Anliegen: sich ein Bild machen von der Welt.

Und für dieses Bild ist Malerei immer nur ein Mittel (deshalb kann man ja auch nie von einem schlechten Bild sagen, dass es gut gemalt sei). Trotzdem ist die Malerei, sind die bildnerischen Mittel von elementarer Wichtigkeit. Das sieht man ja an manchen gutgemeinten Bildern mit hohen inhaltlichen Ansprüchen, die aber gänzlich ungenießbar bleiben. Diese Genießbarkeit hat nichts mit Luxus zu tun. Sie ist etwas ganz Existentielles.

Hat Genießbarkeit ganz konkret etwas mit Farben, mit Pinselführung, eben mit Technik zu tun?

Mehr mit Sehen, glaube ich. Das andere geht ja eh von der Hand, das ist kein Problem, malen kann man alles. Sehen, ob das, was man treibt, gut ist oder nicht, ist schwieriger. Aber es ist das einzig Wichtige. Das hat Duchamp auch vorgeführt, dass es nicht um die Handarbeit geht. Es geht nicht darum, dass man etwas kann, sondern darum, dass man sieht, was es ist. Das Sehen ist ja auch der entscheidende Akt, der letztlich den Produzenten und den Betrachter gleichstellt.

Vielen Ihrer Bilder wird ein anderes Medium – die Fotografie – zwischengeschaltet...

...es ist aber kein anderes, sondern ein wesentlich gleiches. Natürlich war für mich ganz früher ein Bild nur dann ein Bild, wenn es gemalt war. Später war ich sehr überrascht, dass ich das Foto als Bild sehen konnte – und in meiner Begeisterung oft als das bessere Bild. Es funktioniert ja auch auf die gleiche Weise: Es zeigt den Anschein von etwas, was es selbst nicht ist – und das auch noch viel schneller und genauer. Das hat ganz sicher meine Sehweise beeinflusst und auch meine Auffassung über Herstellung: dass es zum Beispiel ganz unerheblich ist, *wer* das Foto gemacht hat.

Besonders in den schwarz-weißen Fotovermalungen wird aber besonders betont, dass es sich um Fotos handelt, dass es eindeutig Bilder nach Fotografien sind.

Diese Fotoähnlichkeit wollte ich ja in die Bilder bringen. Schon wegen der Glaubwürdigkeit, die besonders Schwarz-Weiß-Fotos vermitteln. Sie haben was Dokumentarisches, man glaubt ihnen mehr als allen anderen Abbildungen.

Ist das nicht ein falscher Glaube?

Das kann natürlich sein. Die eigentlich richtige Wirklichkeit ist doch immer die, die wir sehen und direkt erfahren.

Kommentare zu einigen Bildern 1991

Tisch (1), 1962

Das Foto für *Tisch* kam, glaube ich, aus einer italienischen Designzeitschrift namens Domus. Ich malte es, war aber mit den Ergebnissen nicht zufrieden und überklebte Teile des Bildes mit Zeitungspapier. Man kann noch die Druckbuchstaben erkennen, wo die Zeitung an der frischen Farbe hing. Ich war unzufrieden, weil ich die Farbe zu dick aufgetragen hatte, und jetzt war ich noch unzufriedener, also übermalte ich es. Nun plötzlich gefiel es mir, und ich fand, dass ich es so lassen sollte, ich weiß nicht warum. Damals habe ich zahlreiche Bilder vernichtet oder übermalt. Dieses Bild wurde die Nummer 1 in meinem Werkkatalog; ich wollte nach meinen ostdeutschen Arbeiten einen neuen Anfang machen, auch nach den vielen im Westen entstandenen Arbeiten, darunter eine Reihe von Fotobildern. Ich wollte einen Trennungsstrich ziehen, wollte klarmachen, dass diese Bilder zu einer abgeschlossenen Periode gehörten, also setzte ich den *Tisch* ganz oben auf die Liste. Die Vorlagen für meine älteren Fotoarbeiten kamen nicht aus Zeitschriften wie Domus. Ein frühes Beispiel, *Erschießungskommando*[1], ist in einem meiner Kataloge abgebildet, ein teils übermalter SS-Mann. Das sind Aufnahmen, wie ich sie später verwendet habe, als ich Pornobilder mit Bildern aus Konzentrationslagern in Beziehung setzte. Ich kannte diese Aufnahmen seit langer Zeit – ich war vielleicht zwanzig, als ich sie kennenlernte. Unterhalb der Erschießungsszene sind am unteren Bildrand Reihen identisch gemalter Gesichter. Das war hochmodern damals, solche Bilder, der Einfluss der Pop Art. Man muss nicht groß nachdenken, um zu sagen, dass diese zwei Dinge, Liebe und Tod – sex and crime – zu den wichtigsten im Leben gehören.

XL 513 (20-1), 1964

Dieses Bild finde ich sehr brutal, eher eine Art Plakat. Mich reizte der Winkel, in dem das Flugzeug fliegt, die Geschwindigkeit; das war etwas, was man in der Kunst bis dahin nicht fand, höchstens bei Lichtenstein. Dieses Bild ist anders als meine anderen Bilder von Kampfflugzeugen. Das Bild *Stukas* (18–1) ist weitaus dekorativer; hier in diesem sehen wir einfach nur eine Zerstörungsmaschine.

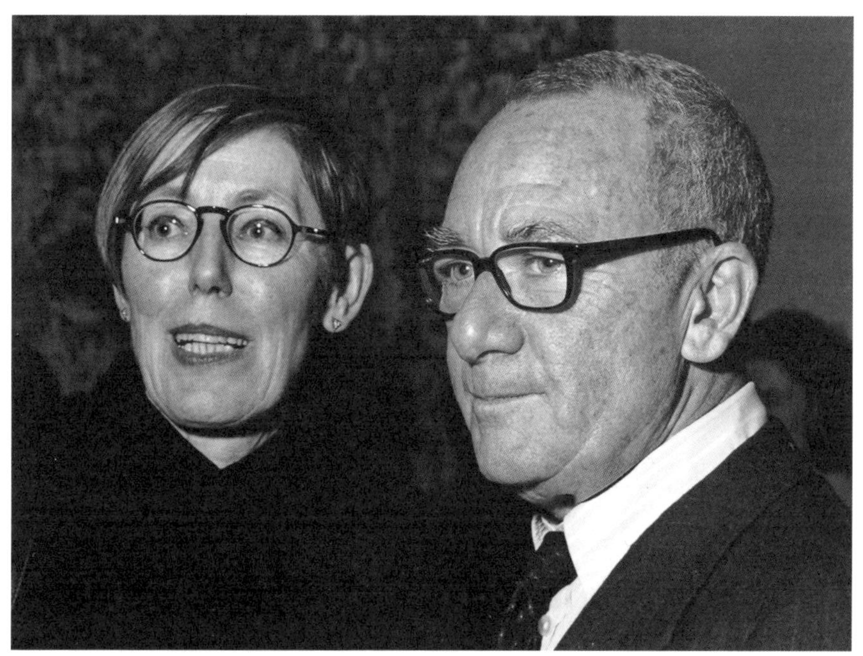

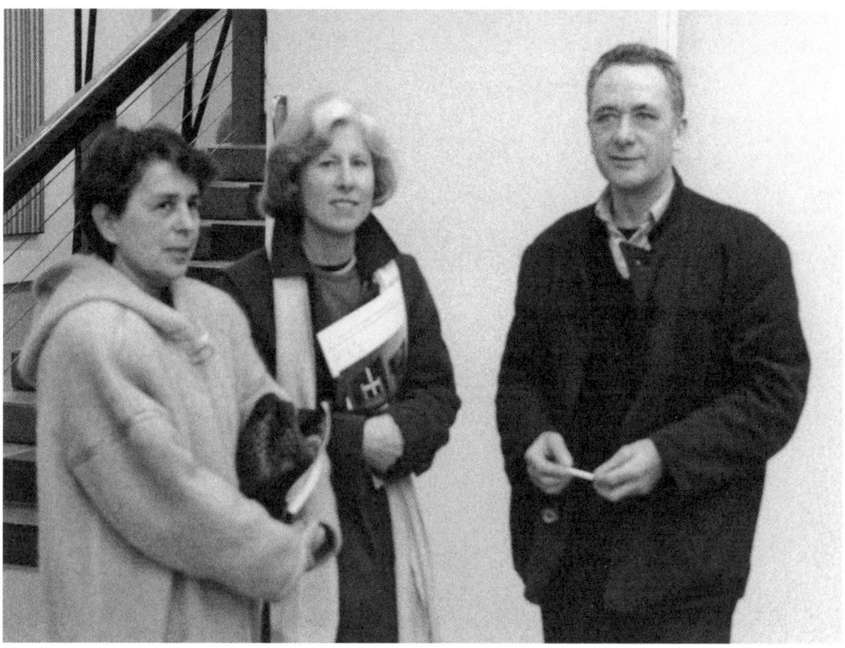

Birgit Pelzer mit G.R., 1999
Marian Goodman, Angela Westwater mit G.R., 1986

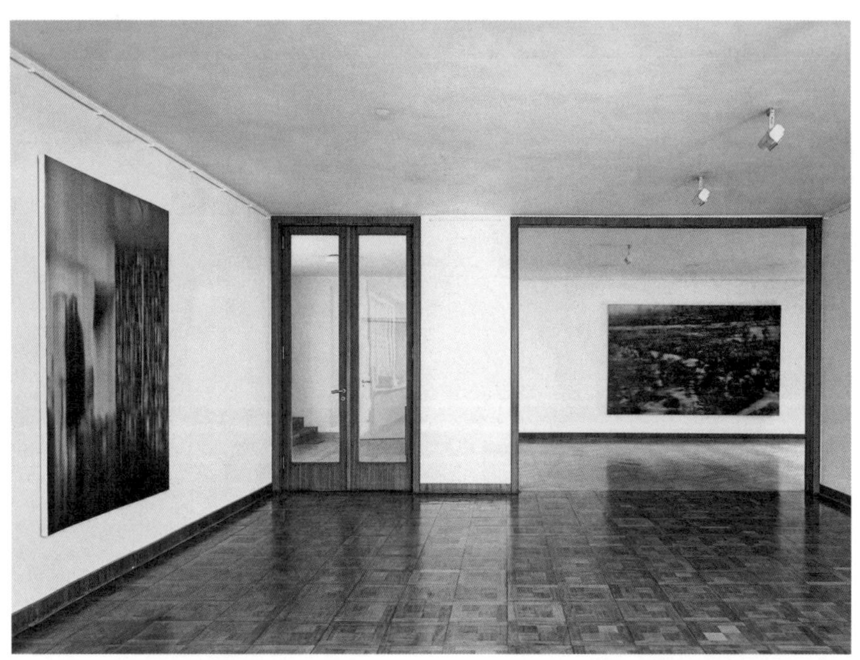

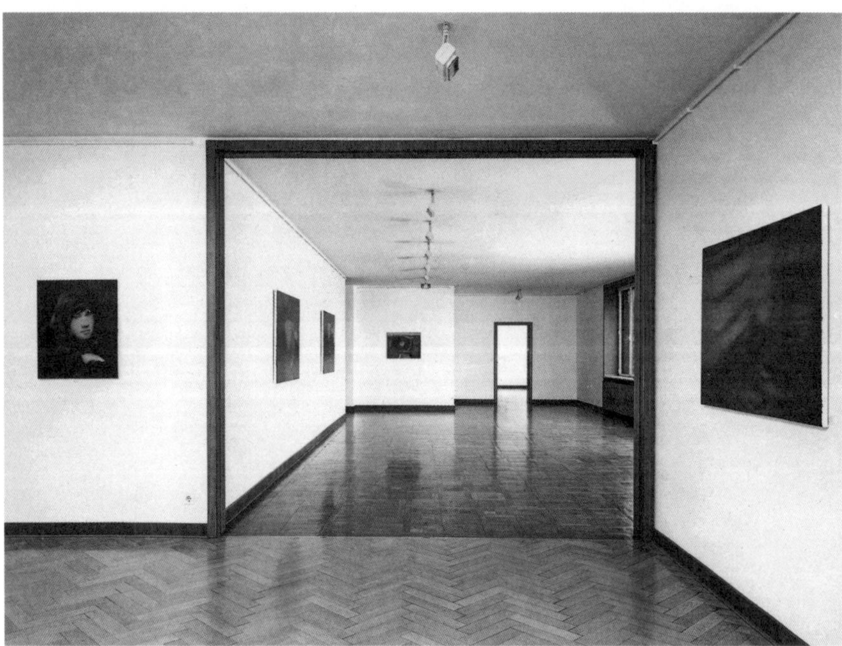

Museum Haus Lange, Krefeld 1989

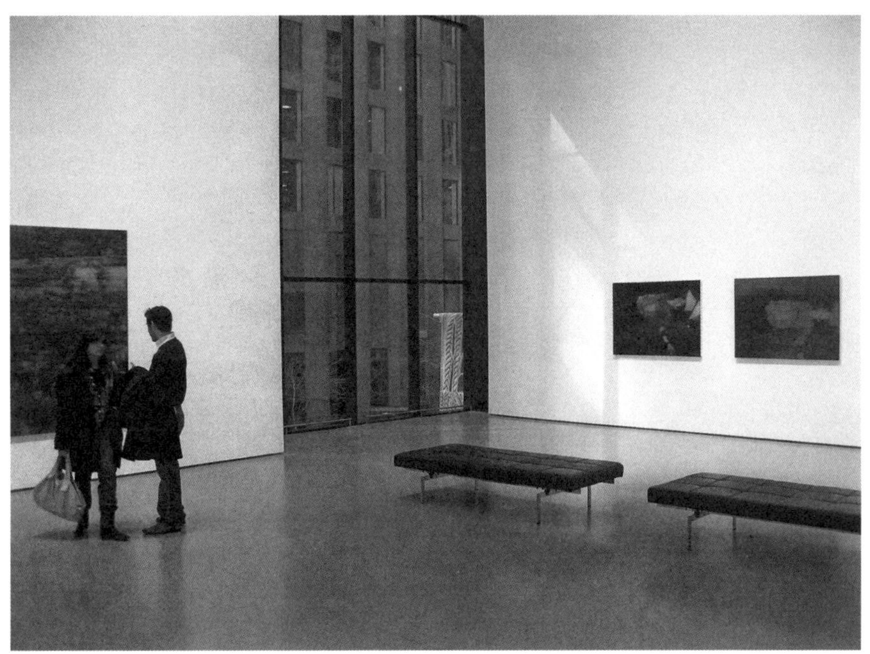

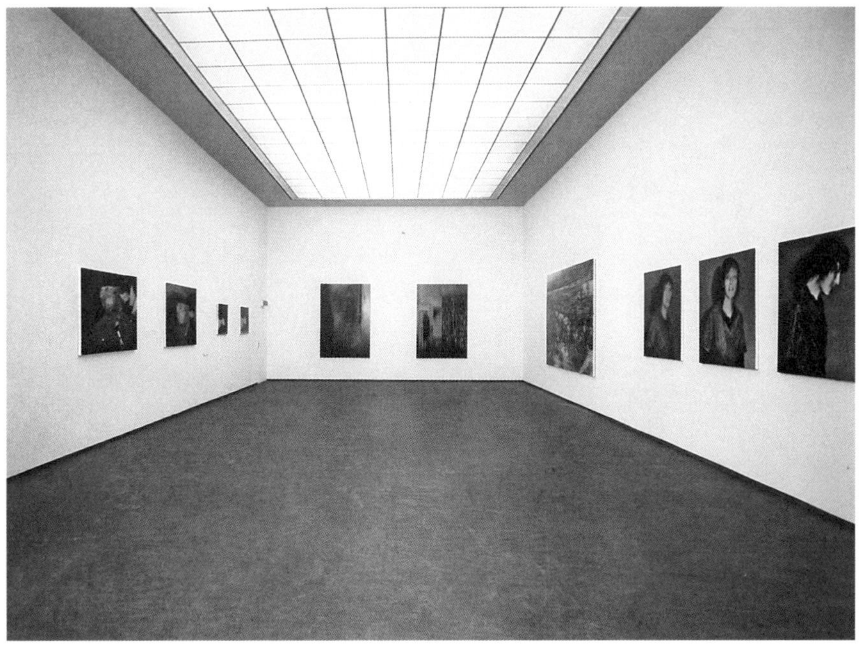

The Museum of Modern Art, New York 2007
Portikus, Frankfurt/M. 1989

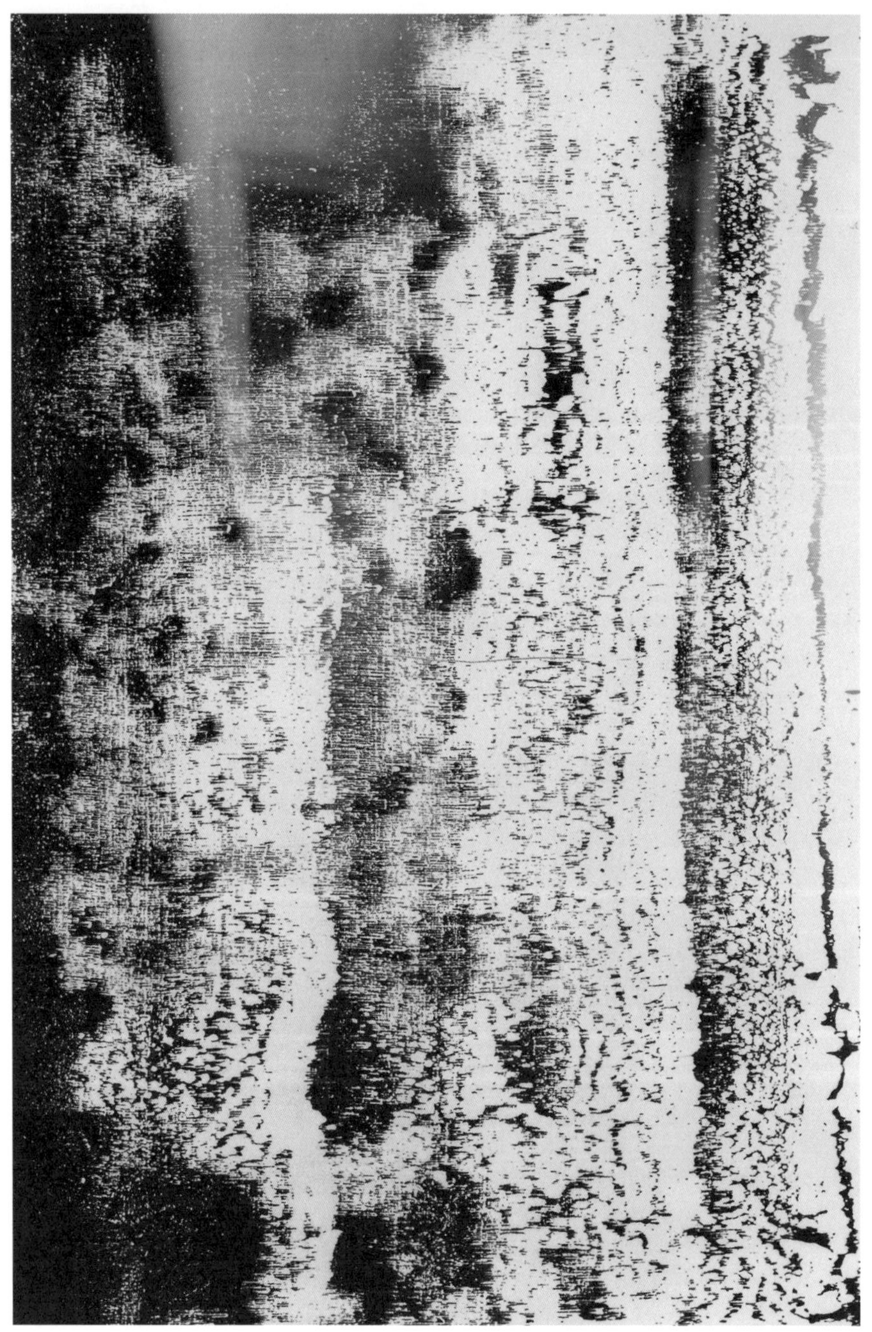

Decke, 1988

Die Randverzierungen bei dem Bild *Stukas* machen das Entsetzliche geradezu gemütlich.

Terese Andeszka (23), 1964

Ein Student[2] hat bei seinen Forschungen tatsächlich die Zeitungen und Zeitschriften ausfindig gemacht, aus denen diese Bilder stammen, und festgestellt, dass viele davon Illustrationen zu einer Sammlung von grausigen Geschichten sind, Mord und Selbstmord; das ist etwas ganz anderes als die Bilder selbst. Es gibt einen Kontrast zwischen der Botschaft des Textes und der, die die Illustration unter Verschluss hält.

Frau mit Schirm (29), 1964

Es war kein schlagartiger Bruch mit meinen früheren Arbeiten, als ich begann, in Farbe oder nach farbigen Fotografien zu malen. Farbe war nur eins unter mehreren Mitteln, mit denen ich mehr aus dem Bild herausholen oder mehr in es hineinlegen wollte. Ich habe das damals auch bei etlichen anderen Arbeiten versucht – Farbakzente bei Werken wie den roten *Schwimmerinnen*, der grünen *Diana* und bei *XL 513*. Hier arbeite ich mit einem breiten Rand. Bei Warhols Bildern hatte man immer das Gefühl, dass sich das Dargestellte diesseits und jenseits der Leinwand unendlich in beide Richtungen fortsetzte. Bei meinem schließt der breite gedruckte Rand es in dem Gemälde von der äußeren Realität ab. Ich habe mit Absicht einen anonymen, neutralen Titel genommen, denn die Leute sollten nicht einfach nur hinsehen und sofort Jackie Kennedy erkennen. Diese Reaktion wollte ich unbedingt vermeiden. Ein Titel wie *Frau mit Schirm* verrät nichts, erzählt keine Geschichte. Erst später machte es mir nicht mehr so viel aus, wenn jemand die Dargestellten erkannte. Bei meinem Portrait von Elizabeth II.[3] spielt es keine Rolle, dass sie zu erkennen ist, der Titel verrät es ja schon. Es geht um das Bild von ihr in der Regenbogenpresse. Bei *Frau mit Schirm* war ich sehr angerührt davon, wie Schicksal sich in einer Geste ausdrückt. Es war keinerlei ironische Absicht dabei, es sollte nicht lustig sein wie *Elizabeth II*. Und noch ein anderes Bild gab es, bei dem ich die Identität der Dargestellten verbergen wollte. Es war ein Bild von Brigitte Bardot, und ich musste eine Rechtfertigung dafür finden, dass ich es *Mutter und Tochter (B.)* nannte. Damals wollte ich, dass man auf keinen Fall erkannte, wer die beiden waren; heute ist mir das vollkommen egal. Es ging mir nicht um die Persönlichkeit der Leute, ich schlug einfach eine Zeitung oder Zeitschrift auf und sah eine Fotografie, die mich als Fotografie ansprach. Nur zu solchen Bildern bekam man einen Zugang. Man fand nur selten persönliche Bilder, in Illustrierten wie Quick oder Stern. Damals rümpften die Leute über die Illustrierten die Nase. Ich habe sie genommen, weil sie so wunderschöne Bilder brachten. Im Osten habe ich nicht mit Fotos gearbeitet; später trat ich auf der Stelle, und dann tauchten sie in Fluxus und Pop Art auf. Die Neue Sachlichkeit, das waren die ersten, die Realismus in dieser Form in ihre Arbeiten brachten. Danach fing ich zaghaft an, klebte Muscheln – oder eine Pistole – dazu, dann kamen die Fotos.

Verwaltungsgebäude (39), 1964

Das ist ein höchst banaler Gegenstand. Wenn man es heute ansieht, erinnert es irgendwie an die Gebäude, die in der DDR von der Partei errichtet wurden.

Große Sphinx von Gise (46), 1964

Diese Art von Bildern kennt jeder aus der Kunstgeschichte, aber damals war mir nicht klar, dass es sich um ein Grabmal handelt. Erst viel später hat man mich auf die enge Verbindung zum Tod aufmerksam gemacht. Wer das Bild heute ansieht, wird es zu Recht psychoanalytisch deuten; es verrät, wie sehr ich mich damals für diese Dinge interessiert habe.

Flämische Krone (77), 1965

Das sieht aus wie aus einem Bild von Frans Hals. In Wirklichkeit war es ein ganz billiger Kronleuchter, die Art, die es früher in Kaufhäusern gab. Ich habe ihn bei meinem Schwiegervater fotografiert und das Bild nach meiner eigenen Fotografie gemalt. Die meisten Vorlagen waren Zufallsfunde, aber ich habe auch immer selbst Fotos gemacht, und manche wurden Vorlagen.

Küchenstuhl (97), 1965

Das war ein Stuhl, den ich selbst besaß, und eine Aufnahme von mir. Ich war damals auf der Suche nach banalen Gegenständen. Der Stuhl hier, der Tisch, die Klopapierrolle. Die überwiegende Mehrzahl der Fotobilder entstand nach Aufnahmen, die ich anderswo fand, aber das Foto hierfür habe ich selbst gemacht. Ich habe immer Fotos gemacht und einige auch in den sechziger Jahren als Vorlagen für Bilder genommen; in den späten Sechzigern kamen dann weit häufiger meine eigenen zum Einsatz. Meistens fotografierte ich Dinge, nur ganz selten Leute. Die Portraits, die ich damals gemalt habe, basierten auf Passfotos, die ich mir geben ließ und dann in Gemälde verwandelte. Das erste Bild, das ich von einer Person malte, war *Ema (Akt auf einer Treppe)*. Die Bilder, mit denen ich arbeitete, kamen in der Regel aus Illustrierten, und das ist auch die einfache Erklärung dafür, warum die meisten Leinwände schwarzweiß waren.

Stadtbild M2 (170/2), 1968

Dies war ursprünglich Teil eines größeren Bildes, das ich in mehrere kleine zerschnitt. Es war der Versuch, ein neues Bild zu erhalten, als ich das größere misslungen fand. Ein Teilstück habe ich dann grau übermalt[4], in der Art der *Tourist-Bilder*[5] – die auch nach einer Fotovorlage gemalt und dann grau übermalt waren.

Stadtbild Paris (175), 1968

Wenn ich mir heute die Stadtbilder ansehe, kommen sie mir wie manche Aufnahmen vom kriegszerstörten Dresden[6] vor.

Gitterschlieren (194-5), 1968

Ein Exemplar aus einer Gruppe von größtenteils enttäuschenden Versuchen, ein Bild zustande zu bringen. Ich habe sie nicht vernichtet, weil sie irgendwie doch etwas hatten, eine Art Wahrheit, die ich in anderen Arbeiten weitergeführt habe. Neue Anläufe nehmen, neue Methoden ausprobieren, das ist etwas, was ich immer getan habe.

Stadtbild TR (217/1–3), 1969

Das stammt aus einer Architekturzeitschrift – die Art von Zeitschrift, aus der ich auch die Luftaufnahmen hatte –, nur dass es hier nicht nach einer zerstörten Stadt aussah, wie im *Stadtbild Paris*. Auch das war irgendwie minimalistisch. Hier passt das Modell nicht zusammen – es gibt eine Art Diskontinuität in dem Bild. Ich glaube, von den Gemälden nach Architekturmodellen sind nur die wenigsten gelungen, aber dieses hier schon. Von diesem Bild geht wirklich ein Gefühl der Präsenz aus. Ich habe die schwarze und weiße Farbe sehr dick aufgetragen und sie zu Grau vermischt. Es war ausgesprochen musikalisch, fast eine Art Fuge.

Sternbild (224/13–15), 1969

Wir haben über die übermalten grauen Bilder in der *Tourist*- und Stadtansicht-Serie gesprochen. In naturwissenschaftlichen Zeitschriften gibt es Illustrationen, die fast leer sind, nur mit vielleicht vier oder fünf Punkten darauf, und das hat mich schon immer fasziniert. In der Unterschrift heißt es dann, dass es die So-und-so-Galaxie in 80.000 Lichtjahren Entfernung ist, vermutlich von dieser oder jener Gestalt – und auf dem Bild sieht man überhaupt nichts. Das hatte ich im Sinn, als ich die Arbeit daran begann, die Diskrepanz zwischen dem beschreibenden Titel, der anscheinend nichts mit dem Bild zu tun hat und doch entscheidend für das Bild ist, und dem Bild selbst. Mit dieser Idee habe ich gespielt, sonst hätte ich die Arbeiten womöglich vernichtet. Mich beschäftigte auch der Gedanke, dass ein Maler ein Bild malen kann und ihm dann willkürlich einen faszinierenden Titel geben, so wie hier, und das Bild selber ist in Wirklichkeit überhaupt nicht interessant.

Seestück (Welle) (234), 1969

Hier hatte ich nicht die Art von Problem, die ich mit der gleichzeitig enstandenen Serie von kleineren Bildern hatte, die unbegrenzt wiederholbar, im Grunde unendlich schien. Schließlich wusste ich nicht mehr, welche davon gut waren und welche nicht. Fast alle *Seestücke* (von denen viele in den *Atlas* kamen) sind Motivcollagen. Meer und Wolken stammen aus verschiedenen Vorlagen und sind zu einem einzelnen Bild zusammengeklebt. Der Erfolg hing davon ab, dass man genau die richtigen Stimmungskombinationen fand. Es gab zum Beispiel auch Bilder, wo ich für beide Hälften dieselbe Aufnahme vom Meer verwendete. Ich hatte ein schlechtes Gewissen deswegen, aber dann kam George Maciunas vorbei und fand sie einfach großartig, und deshalb habe ich sie gelassen, auch wenn sie für meinen Geschmack sehr dekorativ waren.

Parkstück (311), 1971

Hier ist die Grundlage die Fotografie eines Parks in Düsseldorf, wo ich damals wohnte. Ich weiß noch, zu jener Zeit war es große Mode, besonders großformatige Bilder zu malen. Allein durch seine Größe hat ein solches Bild in einer Ausstellung eine enorme Präsenz. Es ging den Vermalungen voraus und war ein Vorwand, um meine Malerei ein wenig gestischer zu machen. Hier habe ich einfach etwa zwölf Farben in großen Mengen angerührt und dann damit gearbeitet, weil man auf diese Weise wesentlich schneller vorankommt. Es war eine Auftragsarbeit, und als ich fertig war, hatte ich noch eine Menge Farbe übrig und malte andere Bilder in den Farben, die zufällig noch da waren. Kurz danach entstand eine dreiteilige grüne Vermalung; das fand ich interessant, mit Farbe von anderen Bildern auf diese automatische Art zu malen.

Vermalung (Grau) (326/1–3), 1972

Ich brachte die Farbe als Kleckse in gleichmäßigen Abständen auf – Schwarz und Weiß ohne jede Systematik –, und dann verband ich sie mit dem Pinsel, bis kein unbedecktes Stück Leinwand mehr übrig war und alle Farbflecken vereint und zu einem Grau vermischt waren. Als das erreicht war, hörte ich einfach auf.

Grau (334-3), 1973

Die Farbe für die *Grauen Bilder* wurde vorher angemischt und dann mit verschiedenen Werkzeugen aufgetragen – manchmal mit einer Rolle, manchmal mit dem Pinsel. Aber nach dem Malen hatte ich bisweilen das Gefühl, dass das Grau nicht zufriedenstellend und noch eine weitere Farbschicht notwendig war.

Verkündigung nach Tizian (344-1), 1973

Das ist einer der seltenen Fälle, wo ich eine Folge von Bildern zum selben Thema gemalt habe. Ursprünglich wollte ich eine Kopie für mich persönlich, nach dem wunderschönen Tizian, den ich in Venedig gesehen hatte, aber ich bekam es nicht hin. Es wurde eine Bildserie daraus, denn die Kopie gelang auch nach mehreren Versuchen nicht, und ich tilgte diese Versuche durch Übermalung. Das ganze dauerte um die zwei Wochen. Das Thema der Verkündigung faszinierte mich; ich stellte mir das einfach wunderbar vor, wenn man etwas verkündigt bekam.

1024 Farben (350-4), 1973

Ich habe diese Folge von Farbtafeln in der Hoffnung auf eine Ausstellung gemalt, die sich damals nicht erfüllte. Die Größe der Leinwände, die Abstände im Raster, die Maße der einzelnen Abteilungen habe ich willkürlich festgelegt. Beim Malen hatte ich Hilfe von Studenten, die den größten Teil der Farben auftrugen. In den sechziger Jahren hatte ich schon kleinere Farbtafeln gemalt, aber ich fand sie nicht so gelungen wie diese spätere Serie; sie sind so stark und suggestiv, dass es nicht leicht ist, sie neben anderen Bildern zu zeigen. Ich habe auch eines mit über viertausend Farbfeldern gemalt, direkt aneinander angrenzend auf eine recht impressionistische Art, wobei aber jede Farbe vierfach vorkommt. Mit meinen Farbtafeln wollte ich ein Bild schaffen, das wirklich für sich allein stehen kann.

Abstraktes Bild (Juli) (526), 1983

Das Bild hat seinen Titel nicht danach, dass es im Juli entstand, sondern der Juli war der erste Monat, in dem es zu sehen war[7]. Irgendwie erinnerten Farbe und Form an Julistimmung, und deswegen bekam es den Namen. Es gibt weitere Bilder, die ich nach Monatsnamen benannt habe; eines hieß *Juni*, und vor kurzem die Diptychen *November*, *Dezember* und *Januar*. Der Grund für diese Namen ist meist persönlicher Natur.

Abstraktes Bild (576-3), 1985

Diese Bilder sind in mehreren Schritten entstanden. Zur gleichen Zeit malte ich auch eine Reihe extrem großformatiger Bilder für eine Privatsammlung in Düsseldorf[8], die ich in Segmente aufteilen musste. Hier habe ich versucht, konstruktive Elemente in der Malerei mit destruktiven Zügen zu verbinden – ein Ausgleich zwischen Komposition und Anti-Komposition, wenn man so will. In Bildern wie *Abstraktes Bild (Juli) (526)* zum Beispiel gibt es etwas Dekonstruktivistisches, seltsam Unausgeglichenes neben dem sorgfältig Komponierten.

Wald (731), 1990

Erst nach der Fertigstellung habe ich diese Folge von vier Bildern *Wald* genannt. Sie waren zuerst auf einer Ausstellung namens *Metropolis*[9] zu sehen, aber dahinter steckt keine ironische Absicht. Ich finde, diese vier Gemälde haben eine romantische Stimmung, und sie erinnerten mich an einen Wald. Das Blau vermittelt ein diffuses Licht, das hat mich auf den Titel gebracht. Die Farbe ist in zwei Bewegungen aufgetragen – in der Mitte sieht man die Trennungslinie.

Interview mit Jonas Storsve 1991

Der dänische Maler Per Kirkeby schrieb 1981 in bezug auf Georg Baselitz: „Das war das Ende der sechziger Jahre, und wer erinnert sich noch an den künstlerischen Zeitgeist, der die Malerei fast unmöglich machte. Die pure Verzweiflung ergriff uns, die wir die Finger nicht von der verpönten Malerei lassen konnten, das schlechte Gewissen, das zu allen möglichen ‚Ausreden' führte: nur sonntags malen, nur mit der linken Hand malen, die Bilder auf den Kopf stellen." Haben Sie damals in den sechziger Jahren das gleiche Problem gekannt, und wenn: Wie haben Sie es gelöst?

Ich habe einfach weitergemalt. Ich erinnere mich genau, dass diese Anti-Malerei-Stimmung bestand. Ende der sechziger Jahre begann die große Politisierung der Kunstszene, da war das Malen verpönt, weil es keine „gesellschaftliche Relevanz" hatte und also eine bürgerliche Angelegenheit war.

Ist es mit der Zeit einfacher geworden, Maler zu sein?

Es ist nicht einfacher geworden, denn man hat ja nichts davon, wenn die Gesellschaft jede Malerei akzeptiert, wenn Malerei derart massenhaft und kritiklos konsumiert wird wie in den letzten zehn Jahren; da fühlt man sich doch genauso verlassen. Es ist nicht einfacher geworden, es gibt nur mehr Geld.

1981 haben Sie in der Kunsthalle Düsseldorf[1] *mit einem anderen großen deutschen Maler, Georg Baselitz, zusammen ausgestellt. Wie kam diese Ausstellung zustande, und wie sehen Sie Ihre Arbeit in diesem Bezug?*

Ich glaube, meine Malerei ist fragiler, gefährdeter und komplizierter als die von Baselitz, die mir immer viel selbstbewusster oder selbstgewisser erscheint, die getan wird wie eine natürliche Arbeit, wo es nichts zu bezweifeln gibt. Diese Selbstverständlichkeit und Kraft seiner Bilder schätze ich jetzt sehr. Früher mochte ich ihn nicht so sehr, und er mochte mich nicht. Wir waren in zwei unterschiedlichen ‚Lagern', er bei Werner, ich war auf der anderen Seite, das ging auch etwas militant zu. Vielleicht hat man die Ausstellung als ein Experiment gesehen, um uns beide oder die Lager zusammenzubringen. Viel hat es nicht gebracht; heute wäre es vielleicht interessanter, aber auch das glaube ich nicht, denn was für einen Sinn soll es haben, Seurat und Manet oder Tizian und Velasquez zusammenzubringen?

Wessen Idee war das damals?

Jürgen Harten, Rudi Fuchs, Konrad Fischer, Michael Werner und viele andere wollten das. Es war ein bisschen wie ein Spektakel. Wir waren ja beide ein bisschen berühmt damals, und es war, als müsste man uns beide mal zusammen in den Ring schicken. Es hat aber kein Kampf stattgefunden, wir waren nebeneinander und haben uns nichts getan. Auch wenn die Ausstellung öffentlich nicht so viel Sinn gemacht hat und der forcierte Vergleich – wer ist der Bessere? – möglicherweise nichts gebracht hat. So habe ich mir die Bilder – seine und meine – doch etwas genauer und anders angesehen als ohne diese Ausstellung.

Waren Sie von Duchamp beeinflusst, als Sie die Gemälde Frau, eine Treppe herabgehend *(1965) und* Ema *(1966) malten und als Sie* Vier Glasscheiben *(1967) geschaffen haben?*

Ich kannte Duchamp, und es gab sicherlich eine Beeinflussung. Es war vielleicht auch eine unbewusste Antihaltung. Denn sein Bild Akt, *eine Treppe herabsteigend* hat mich eher ein bisschen geärgert. Ich schätzte es sehr, aber ich konnte nicht akzeptieren, dass damit eine bestimmte Art zu malen erledigt war. Also habe ich das Gegenteil gemacht und einen ‚konventionellen Akt' gemalt. Das lief aber, wie gesagt, sehr unbewusst, nicht strategisch. Und so war es mit den

Vier Glasscheiben auch. Ich denke, irgend etwas hat mir bei Duchamp nicht gepasst, diese Geheimnistuerei, und deswegen habe ich diese einfachen Gläser gemalt und so ein Problem von Glasscheiben ganz anders gezeigt.

Sie arbeiten jetzt wieder mit Glas. Hier im Atelier hängt ein Spiegelbild, und in der Ausstellung in London gab es auch einige neue Spiegelarbeiten. Hat diese Arbeit immer noch mit der gleichen Problematik zu tun oder hat sie sich mit der Zeit verändert?

Es geht wieder um Glas. Diesmal Glas, das nicht das dahinterliegende Bild zeigt, sondern das davorliegende wiederholt, also spiegelt. Und im Falle der farbigen Spiegel entstand hier eine Art Zwitter zwischen monochromem Bild und Spiegel, ein ‚weder-noch', das gefällt mir daran.

Haben Sie ein ähnliches Gefühl bei den frühen gegenständlichen Bildern?

Ja, vielleicht. Die haben auch diesen verwischten Aspekt, wo es darum geht, etwas zu zeigen – und gleichzeitig noch nicht zu zeigen, um vielleicht etwas Anderes, Drittes zu zeigen.

1979 haben Sie einen Zyklus über Tizians Verkündigung[3] *(Scuola Grande di San Rocco) gemalt. Warum haben Sie genau dieses Bild ausgewählt?*

Weil es mir einfach sehr gut gefallen hat. Ich sah es in Venedig und dachte: Das Bild möchte ich für mich haben. Ich wollte am Anfang nur eine Kopie machen, damit ich ein schönes Bild zu Hause habe und damit ein Stück dieser Zeit, dieser Möglichkeit von Schönheit und Erhabenheit. Ich weiß ja nicht, wie die Zeit gewesen ist, vielleicht war sie grauenhaft. Aber das Thema ist sehr schön von dieser Frau, der etwas verkündigt wird: eine schöne Wahrheit und wahrscheinlich gut gemalt. – Die Kopie misslang mir aber, und es entstanden so eher Bilder, die zeigten, dass das gar nicht mehr geht, nicht einmal als Kopie. Ich konnte alles nur noch auflösen und zeigen, dass es nicht mehr möglich ist.

Sie hatten ziemlich lange hauptsächlich abstrakt gemalt, als Sie 1988 den Zyklus 18. Oktober 1977 *malten. In Ihrer letzten Ausstellung in London[2] war noch ein zusätzliches gegenständliches Bild, das Portrait Ihrer Tochter, das während der gleichen Arbeitsphase gemalt wurde. Und 1987 haben Sie wieder Landschaften gemalt. Haben Sie schon eine Idee für einen neuen gegenständlichen Zyklus?*

Nein, leider nicht. Ich möchte sehr gerne figürliche Bilder malen, aber ich weiß nicht, wie.

Aber Landschaften malen Sie doch immer noch?

Auch nicht mehr. Mir gefällt kein Foto, ich fotografiere zwar immer noch, aber weniger. Vielleicht, weil ich mir vorstellen kann, wie es wird, und das mag ich nicht.

Könnte das eine ähnliche Situation sein wie damals, 1976, als Sie nur noch graue Bilder malten?

Ja, das könnte jetzt das Ende sein. (lacht)

Im Zyklus 18. Oktober 1977 *haben Sie nicht nur ein Thema der Historienmalerei, Sie haben auch das Format (das größte Bild ist mehr als 2 × 3 Meter groß) übernommen. Das Bild* Toter *scheint sogar eine Ähnlichkeit mit einem berühmten Historienbild aus dem 19. Jahrhundert,* Der tote Toreador *von Manet, zu haben.*

Das glaube ich nicht. Die meisten Historienbilder waren auch viel größer. Grundsätzlich interessiert mich die Historienmalerei nicht besonders, und ich weiß davon nicht viel. Und der Ausgangspunkt meiner Oktoberbilder waren Fotos.

Die Fotografie hat immer eine bedeutende Rolle innerhalb Ihrer Arbeit gespielt, teilweise als Motiv, aber auch als selbstverständliches Medium wie in älteren Foto-Editionen[4] oder wie in den neueren Selbstportraits von 1990. Welche Bedeutung hat die Fotografie innerhalb Ihrer Arbeit? Ist sie gleichberechtigt neben der Malerei?

Gleichberechtigung gibt es sowieso nie. Aber ich habe nie darüber nachgedacht, welche Bedeutung die Fotografie für mich hat. Die Malerei ist die Form des Bildes, könnte man mal sagen. Das Bild ist das Abbild, und die Malerei ist die Technik dazu, um es aufzusplittern. Jetzt gibt es die Malerei einerseits und die Fotografie, das ist das Bild an sich, andererseits. Die Fotografie hat fast keine Realität, ist fast nur Bild. Und die Malerei hat immer Realität, die Farbe kann man anfassen, sie hat Präsenz; sie ergibt aber immer ein Bild – egal, wie gut oder schlecht. Theorie, die nichts bringt. Ich habe kleine Fotos gemacht, die ich mit Farbe beschmierte. Da ist etwas von dieser Problematik zusammengekommen, und das ist ganz gut, besser als das, was ich darüber sagen könnte.

Die Fotografie spielt überhaupt eine sehr große Rolle in der Kunst von heute. Man hat fast das Gefühl, die Fotografie hätte die ehemalige Rolle der Malerei übernommen. Passt die Fotografie besser in unsere Zeit als die Malerei?

Über die Fotografie kann man ja fast nicht mehr reden, weil es so selbstverständlich ist, dass die Fotografie einen wichtigen Teil der Malerei, das Schildern, das Abbilden, weggenommen hat. Das hat die Malerei ganz erheblich verändert. Aber es liegt nicht nur an der Erfindung der Fotografie, dass sich die Malerei veränderte. Die Musik hat ja vergleichbare Schwierigkeiten, erfährt vergleichsweise enorme Veränderungen, die nicht nur auf eine technische Erfindung zurückzuführen sind. Das hat andere Ursachen. Aber für so ein kompliziertes Thema gibt es ja Spezialisten.

Gibt es denn überhaupt einen Ausweg für die Malerei?

Jaja, wir machen weiter, und die eigentliche Malerei kommt erst noch, vielleicht mit dem nächsten Jahrtausend. (lacht)

Sie unterrichten auch[5]. Ist es heute überhaupt möglich, so etwas wie Malerei zu unterrichten?

So gut wie unmöglich. Trotzdem gibt es bestimmte Gründe, ich meine jetzt nicht nur maltechnische, die das Studium an einer Akademie rechtfertigen; weil diese konventionellen Strukturen – eine Klasse, ein Atelier, die Schüler, der Lehrer, die Verwaltung und was noch alles dazugehört – ein soziales Gebilde ergeben, das eben auch gänzlich veränderte Inhalte und Arbeitsweisen ermöglicht. Die Akademie heute funktioniert also grundsätzlich richtig, auch wenn die Lehrer nicht viel sagen können und die Schüler im Vergleich zu früher ziemlich faul sind. Es wird ja eine ganz andere Arbeit geleistet – hoffe ich!

Viele Kritiker sprechen von einem ständigen Stilwechsel innerhalb Ihrer Arbeit, und Sie scheinen kein Erkennungsmerkmal zu haben. Ist es eine bewusste Taktik von Ihrer Seite, sämtlichen Versuchen zu entgehen, Sie in eine Kategorie einzuordnen, oder ist es eher ein unbewusstes Bedürfnis, sich auf verschiedene Art und Weise ausdrücken zu können?

Es ist eher ein unbewusstes Bedürfnis, das eben meiner Struktur entspricht und es mir unerträglich machen würde, immer dasselbe machen zu müssen. Dazu bin ich zu unruhig und auch zu unsicher. Und ich kann mir in dieser Zeit auch gar nicht vorstellen, sich so statisch und unbeirrt zu verhalten. Andererseits sehe ich aber auch eine grundsätzliche unveränderliche Haltung, ein gleichbleibendes Anliegen bei mir, das durch alle Arbeiten geht wie ein Stil. Deswegen kann man auch die Bilder ganz gut wiedererkennen, sie können äußerlich noch so verschieden sein, sie sind oft besser als der ‚Richter' wiederzuerkennen und zu identifizieren als Bilder von irgendeinem anderen Maler. Und deswegen ist es eigentlich falsch, wenn man bei mir vom häufigen Stilwechsel spricht. Man trägt ja auch verschiedene Anzüge zu verschiedenen Gelegenheiten, das hat mit Stil nichts zu tun.

Wie sind Sie zu den abstrakten Bildern gekommen? Ich meine jetzt die Bilder, die ohne fotografische Vorlagen gemalt sind?

Das lässt sich nicht so kurz sagen, so etwas entwickelt sich ja über lange Zeiträume – von Kindheit an. (lacht) Vielleicht, weil das ungegenständliche Malen so einfach geht: irgendwie Farben aufs Papier bringen. Ganz frei scheinbar. Das macht ja heute noch Lust. Als ich 18 war, reichte ich meine erste Bewerbungsmappe[6] bei der Dresdner Akademie ein – da waren nur wild beschmierte Bilder drin, und ich wurde natürlich nicht angenommen. Viel später betrieb ich es ernsthafter. Und die eigentlichen sogenannten Abstrakten Bilder mache ich erst seit 1976, als ich ganz bewusst Willkür zuließ und diese ziemlich bunten, heterogenen Bilder malte. Vielleicht griff ich damit auf meine jugendlichen Anfänge zurück. Auf jeden Fall fasziniert mich diese Art von Malerei heute noch, sie hat für mich so was Naturhaftes.

Sind diese Bilder immer noch willkürlich?

Nicht mehr so direkt. Es geht mir jetzt mehr darum, dass sich die Bilder wie von selbst entwickeln. Dabei gehe ich weniger willkürlich vor, sondern eher geplant in der Richtung, dass ich per Zufall etwas entstehen lasse, um es wieder zu korrigieren, und so fort. Die eigentliche Arbeit besteht dabei im Betrachten, was so entstand, und im Entscheiden, ob das dann akzeptabel ist. Vielleicht hat so ein Verfahren auch etwas mit ‚Readymade' zu tun, denn die Readymade-Objekte ließ man entstehen, egal von wem, und die eigentliche Arbeit ist das Beobachten und die Entscheidung, ob das brauchbar ist. Ich glaube, dass das auch sehr typisch für unsere Kunst heute ist. Egal, wie die Sachen erzeugt werden: gemalt, gebaut, installiert oder wie auch immer.

Sie sagten vorhin, dass Sie sich auch während der Dresdner Zeit mit Abstraktion befasst haben.

Das war damals eine verbotene Kunstrichtung, und ich hatte keine Idee, was das sein könnte. Es war ziemlich kindisch, was ich da machte.

Als Sie 1961 nach Düsseldorf kamen, war die westdeutsche Kunstszene von informeller Kunst und Zero beherrscht.

Ja, aber gleichzeitig gab es auch den ‚Nouveau Réalisme', und dann kamen Fluxus und Pop – und das war schon wichtiger für uns.

Wie haben Sie darauf reagiert? Haben Sie sich in einer oder mehreren von diesen Kunstrichtungen zu Hause gefühlt?

Für eine kurze Zeit fühlte ich mich schon als Pop-Künstler, aber wichtiger war, dass mich Pop und Fluxus entscheidend berührten, wie auch vordem der Tachismus. ‚Nouveau Réalisme' war mir nie so wichtig, und schon gar nicht Zero.

Ihre Arbeit wird jetzt in vielen verschiedenen Zusammenhängen gezeigt. In diesem Jahr sind Sie sowohl an der Londoner Pop-Art[7] *wie auch an der Berliner* Metropolis[8] *beteiligt.*

Das fand ich eigentlich immer ganz gut, dass ich in so verschiedenen Ausstellungen und Tendenzen gezeigt wurde.

Sie haben nichts dagegen, wenn Kritiker und Kunsthistoriker Ihre Arbeit auf verschiedene Art und Weise interpretieren?

Nein, ich weiß ja selber nicht genau, was das ist, was ich mache. Es ist nur natürlich, dass es zu verschiedenen Interpretationen kommt.

Viele sehen Ihre Arbeit als eine konzeptuelle Malerei.

Ich weiß nicht so recht, was ich darunter verstehen sollte. Dass man ab und zu reflektiert und bedenkt, was man macht und machen könnte, ist doch selbstverständlich. Und insofern wäre nur die Malerei von Idioten nicht konzeptuell. Aber ich bin vor allem Maler, also weder Konzeptkünstler noch Intellektueller.

Wie sehen Sie selbst Ihr Werk? Ist es in einzelne Werkgruppen aufgeteilt, oder sehen Sie das eher als verschiedene Aspekte derselben Sache?

Ich denke, es geht um verschiedene Aspekte einer Sache, und wenn man will, kann man das immer alles teilen und ordnen. Man kann viele Schubladen machen: für kleine Bilder, große Bilder, mittlere, gegenständliche, bunte Bilder, schwarzweiße Bilder.

Notizen 1992

1.6.92 Die sogenannten Verhältnisse lassen sich nicht mit Vernunft und Einsicht verändern; sie verändern sich in nicht vorhersehbarer Weise quasi selbständig.

So erzeugen zum Beispiel die Feststellung der Klimabeschädigung und die folgende Aussicht auf eine Klimakatastrophe zwar Angst, aber keine effektiven Aktivitäten zur Veränderung.

Die Angst ist im Gegenteil nur Zeichen für unsere Gewissheit, nichts ändern zu können; und nur zur Besänftigung der Angst reagieren wir mit Ersatzhandlungen wie mit Tropfen auf heiße Steine und handeln so nicht anders als unsere Vorfahren, die mit Gebeten und Opfergaben gegen die Natur angingen.

Diese geht weiter in ihrer ganz natürlichen Erbarmungslosigkeit. Sie schafft die fortwährenden Veränderungen, die wir stets fürchteten. Ihr sind wir ausgeliefert in Ohnmacht und Schmerz und können nichts anderes als lindern und trösten.

Die Linderung ist immer kindisch: ein paar grüne Ecken an den Parkplätzen – der Trost ist immer verlogen: falsche Versprechungen einer schönen Zukunft. Es scheint das zu sein, was uns ausmacht.

3.6.92 Das Bewusstsein ist die Fähigkeit zu wissen, dass wir und andere sind und waren und sein werden. Es ist also die Fähigkeit zur Vorstellung, und damit ist es das Glauben, das uns lebendig erhält. Ohne Vorstellungen vom Künftigen, von

Zielen und Aufgaben würden wir vegetieren und – da wir den Trieb der Tiere nicht haben – verenden. Das Glauben (die Ansicht, die Meinung, die Überzeugung, das Hoffen, der Plan etc. etc.) ist also unsere wichtigste Eigenschaft und Fähigkeit. Und als der Glaube kann es uns derart machtvoll und überzeugend beherrschen, dass wir ihn zum zerstörerischen Irrglauben ausbilden können. Deshalb ist es notwendig, dass wir dem Glauben ständig mit Skepsis und Analyse begegnen.

26.6.92 Es könnte darum gehen, dass wir das Töten als Teil unserer Natur ansehen, der Natur, die wir als nichtmenschliche, „blinde" der Naturkatastrophen, fleischfressenden Tiere und explodierenden Sterne als gegensätzlich zu uns betrachten wollen.

Dieser Natur entspräche auch unser Verhalten in zweifacher Weise: als aktives Töten in Kriegen und Lagern und als ziviles Morden, zum andern in der noch erschreckenderen passiven Weise der Billigung (wir sehen die Nachrichten beim Abendessen, wir genießen die Morde im Kino). Dieses Verhalten resultiert aus der uns selbstverständlichen Gegebenheit des Todes; in der gleichen Weise, wie wir wissen, dass wir leben, wissen wir, dass wir sterben; der Tod ist uns so natürlich wie das Leben. Der Trieb, uns am Leben zu erhalten, beschränkt unser Mitleid und unsere Hilfsbereitschaft; wir helfen und mitleiden nur unter Zwang und wenn es für uns vorteilhaft scheint.

Die Unterdrückung und Verdrängung dieser Gegebenheiten schafft gefährliche Illusionen, Heuchelei als Politik, verlogenes, falsches Agieren.

Die Bejahung jedoch wäre so unvorstellbar und so unmachbar, dass wir alle kommenden Katastrophen wissend und ohnmächtig in Kauf nehmen, das heißt einplanen.

2.9.92 Leicht ließe sich sagen, dass die wachsende Unübersichtlichkeit und Unerfassbarkeit der Welt den Rückfall in Barbarei und den Kulturniedergang aus Ohnmacht und Resignation verursachen und beschleunigen. Aber alles, was ich auch aufschnappe an Überlieferung, bestätigt meine Meinung, dass es nie anders war, dass die Welt stets unübersichtlich und unfassbar war, dass höchst selten Kultur und Kunst sich verwirklichen konnten. Der Normalzustand ist Mord und Totschlag, erbarmungsloses Chaos.

5.9.92 Nahezu täglich kommen dicke Kataloge von Ausstellungen und sogenannten Sammlungen, lesen wir von neuerbauten Museen, von gigantischen kulturellen Einrichtungen der verschiedensten Art; tatsächlich handelt es sich dabei um schwindelerregende Summen, die staatlich, städtisch und privat für Kunst und Kultur ausgegeben werden, und es wäre interessant, einmal die Gesamtsumme zu erfahren, die in der gesamten westlichen Welt in den letzten zehn Jahren dafür ausgegeben wurde. Egal, wie hoch sie genau sein mag, sie würde schlagend unsere natürliche Mitleidlosigkeit gegenüber dem Elend der Armen beweisen.

19.9.92 Keine Religion versprach das Paradies auf Erden; nur die Kommunisten waren so dumm, das zu tun. Damit sind sie nicht nur betrügerisch, sondern tatsächlich mörderisch. Denn indem sie den anderen alle Schuld zuweisen, machen sie sich zu den absoluten Guten und berauben sich so der Fähigkeit, Gutes überhaupt noch versuchen zu können.

(Und dem Glauben, die ganze Welt ändern zu können, muss auch jede kleine Verbesserung des Bestehenden eher wie Sabotage vorkommen.)
Blasiertes Gesindel.

Die eigene Bösartigkeit (von der Mitleidlosigkeit bis zum Mordwunsch) haben wir, wie unsere grundsätzliche Fehlbarkeit und Unzulänglichkeit, zu akzeptieren; nur so schaffen wir uns die Möglichkeit, unsere guten Seiten zu entwickeln und wirken zu lassen.

Die Verdrängung der Bosheit erzeugt Heuchelei, und die ist nicht nur „Verbeugung vor der Tugend“, sondern vielmehr die raffinierteste Weise, unsere Bosheit zu verwirklichen (also einige oder Hunderte oder Tausende oder Millionen krepieren zu lassen).

Heuchelei, als die uns angemessenste Mordwaffe, ermöglicht uns so auch leicht die arrogante Verurteilung der primitiven Tötungspraktiken früherer Zeiten, die tatsächlich ungleich harmloser waren.

22.9.92 Abkratzen. Seit ungefähr einem Jahr ist mir beim Malen nichts anderes mehr möglich als abkratzen, auftragen und wieder wegnehmen. Dabei bringe ich nicht eigentlich das zum Vorschein, was darunter war. Wenn es mir um Wiederfreilegung ginge, müsste ich mir überlegen, was freizulegen wäre (figurative Bilder oder Zeichen oder Muster), also Bilder, die direkt hergestellt werden könnten. Es wäre auch wie ein symbolischer Trick, die verlorenen, verschütteten Bilder wieder hervorzuholen oder ähnlich Bedeutendes.

Der Prozess des Auftragens, Zerstörens, Schichtens dient nur einer differenzierten Instrumentierung bei der Bilderzeugung.

23.9.92 Weil sie ihre Enttäuschung nicht zulassen, verwandelt sie sich bei den marxistischen Intellektuellen in Rachsucht. So machen sie aus ihrem ideologischen Bankrott den totalen der ganzen Welt, vorwiegend natürlich der kapitalistischen, die sie mit ihrem verzweifelten Hass verleumden und vergiften. Politische Korrektheit ist eine ihrer Methoden, mit der sie sogar die Zerstörung ihrer eigenen Werte in Kauf nehmen, um wirkungsvoller schädigen zu können.

25.9.92 Für den Depressiven sind alle Bilder nichtssagend geworden, sinnlos bemalte Rechtecke, egal, was sie darstellen: er sieht sie mit den Augen einer Kuh und schlimmer: sie verursachen ihm Ekel und Schmerz.

Die Kunstwelt scheint mehr und mehr von dieser Krankheit ergriffen zu werden, und man kann auf viele, für die Kunst sehr elende Jahrzehnte schließen (als Preis für die vorausgegangene Manie).

17.10.92 Heuchelei ist das Demonstrieren einer Anständigkeit, die selbst nicht geleistet werden kann. Darüber hinaus und ins Gemeingefährliche zielt aber die konstruierte Anständigkeit von Ideologien, die als Lügengebilde zwar erkennbar, als Mittel zur Terrorisierung aber unverzichtbar sind. Diese wird zur doppelten Heuchelei – glauben, was nicht wahr ist, und behaupten, was selbst nicht geglaubt wird – und bewirkt auch eine doppelte Schädigung; sie ist wie vorsätzliche Körperverletzung und Selbstverstümmelung in einem. – Diese Praktik muss einen noch zu entdeckenden Sinn haben.

17.10.92 Die übertriebene Humanität und Hilfsbereitschaft – dieses Mitleid mit jedem zum Tode verurteilten Mörder, mit jedem im Öl verendeten Fisch und jedem sterbenden Baum – das alles steht im Kontrast zu dem gegenwärtigen und in dieser Massenhaftigkeit noch nie dagewesenen Elend, das von Kriegen, Hunger und Krankheiten verursacht wird, es steht im Kontrast zu den vorauszusehenden Katastrophen einer überbevölkerten Erde, deren Bewohner in beispielloser Unordnung sich gegenseitig umbringen und verhungern werden – es steht im Kontrast zur unabwendbaren Entstehung eines dementsprechenden Bewusstseins der Menschenverachtung und weitestgehenden Lieb- und Erbarmungslosigkeit – es entsteht aus Angst vor all dem.

19.10.92 Es scheint so, als wären wir weniger grausam und erbarmungslos als vor einigen hundert Jahren, als das gegenseitige Abschlachten öffentlich praktiziert und akzeptiert wurde. Und tatsächlich sind wir sentimentaler geworden, wir weinen, wenn Tiere misshandelt werden, haben Mitleid mit Flüchtlingen, wollen Embryos schützen, Sintis lieben und allen Behinderten alles schön machen; wir können nicht mehr dabeistehen, wenn jemand stirbt, wir sehen aber zu, wie täglich Tausende verrecken, verhungern und ermordet werden, wir sehen und hören und lesen die ständig wachsenden Zahlen des millionenfachen Elends und Krepierens, wir speichern die Zahlen und rechnen sie hoch. Panik. (Aber die meiste Zeit schaffen wir es doch, uns was vorzumachen und ein Bäumchen zu pflanzen.)

18.11.92 Wir haben keine Möglichkeit, der ständig wachsenden Zahl von Arbeitslosen, Obdachlosen, Hungernden, Seuchenkranken, Verfolgten und Misshandelten Herr zu werden. Was wir tun, oft mit verzweifelter Hingabe, ist nicht mehr als minimalste Linderung. Wir müssten die Welt in ein Lager verwandeln, das dann kaum menschlicher funktionieren würde als Auschwitz. Also lassen wir der Natur ihren Lauf, was anderes haben wir noch nie machen können.

3.12.92 Die Marxisten frohlocken seit langem wieder: seit dem Zusammenbruch des Sozialismus wächst das Elend. Sie glauben immer noch an ein ‚System', das das Elend verursacht, sofern es rechts ist, und das alles in Ordnung brächte, wenn es ein linkes wäre.

8.12.92 Künstler – eher Titel als Berufsbezeichnung, löst das Wort noch immer ziemlich hohes Ansehen aus. Glanz und Elend verbindet man mit ihm, verwirklichte Freiheit und beispiellose Unabhängigkeit. Abgehoben und abenteuerlich mutet das Leben der Künstler an; sie sind ihrer Zeit voraus, ihre Werke zählen zu den höchsten Werten der Menschheit, ihr Mut und ihre Unbeirrbarkeit trotzen dem Unverständnis der Banausen und der Verfolgung durch Diktaturen. Die Künstler sind die wirklich Kreativen und Genialen, ihr Ruhm und der ihrer Werke basiert auf ihren begnadeten Fähigkeiten, auf der leidenschaftlichen Hingabe an ihre Arbeit, die sie mit Intuition und Intelligenz für die Gemeinschaft leisten. Sie sind immer fortschrittlich und gesellschaftskritisch, immer auf der Seite der Unterdrückten, und egal ob sie arm oder reich sind, sie sind immer privilegiert.

Man kann verstehen, dass jeder ein Künstler sein möchte und nicht die Schande eines einfachen Berufes tragen will. Aber irgendwann wird die Gesellschaft ihr Bild vom Künstler korrigieren, wenn sie merkt, wie einfach es geworden ist, Künstler zu sein und irgend etwas auf die Leinwand oder daneben zu setzen, das für alle unverständlich und deshalb unangreifbar ist, wie einfach es ist, sich wichtig zu machen und in Szene zu setzen, um tatsächlich alle Leute und sich selbst zu betrügen. Spätestens dann wird der Titel Künstler Übelkeit auslösen.

11.12.92 Was wir erleben und so als Leben bezeichnen ist vernünftig gesehen unsinnig, nutzlos, vergeblich, überflüssig – ein Irrsinn also, dem unsere Vernunft hinterherläuft und der ununterbrochen Interpretationen und Legitimationen nachliefert, die dementsprechend nichts als haltlose Versuche zur Wahrheitsverbiegung und Wahrheitsverhinderung sind.

14.12.92 Todesängste. Todesangst macht uns die Gewissheit des Sterbens und die Ungewissheit über die Art des Sterbens. Damit vergleichbar und mehr oder weniger zusammenhängend ängstigt uns die absehbare katastrophale Entwicklung der Welt; denn unser der Gegenwart entsprechendes und an der Vergangenheit orientiertes Denken kann das galoppierende Bevölkerungswachstum nur als Katastrophe ansehen. Wir können auch nicht tröstlich konstruieren, dass es die befangen machenden Umstände verunmöglichen, das Rettende und Künftige vorauszudenken, also das zu denken, was künftige Gegebenheiten und Notwendigkeiten denken lassen werden.

Denn meist zeigte es sich, dass Katastrophen, wenn sie überhaupt vorausgesehen wurden, keine Möglichkeit ihrer Abwendung boten, so dass alles Elend ohne Linderung erlitten werden musste. (Man muss also das ‚nichts wird so heiß gegessen wie es gekocht wird' zumeist durch das ‚es kommt immer alles schlimmer als man denkt' ersetzen.)

Ein unzureichender Trost ist es auch, dass die Vorstellungen des Todes, Leidens und Sterbens den Gesunden erschreckender treffen als den Leidenden oder Sterbenden, der das Leiden oft annimmt wie eine Aufgabe, die ihn so gänzlich erfüllt, wie es kaum je die professionelle des Gesunden kann.

Unzureichend ist dieser Trost auch deshalb, weil wir wissen, dass der Lebenswille unabwendbar erduldet wird, bis der Organismus zerstört ist (auch wenn eine Art körpereigener Opiate das Sterben erträglicher macht und wenn der Organismus oder sein Lebenswille gegen alle Vernunft Hoffnung bis zuletzt produziert).

Hoffnung ist die Verblendung der Vernunft. Sie wird von einem physisch und psychisch intakten Organismus als eine Art Wahn auslösende Droge entwickelt, um die realistische Sicht, die unseren Lebenswillen schwächen würde, zu verfälschen. Weil Tiere kein Bewusstsein haben, brauchen sie keine Hoffnung. Sie sind aber nicht grundsätzlich anders als wir, da sie der gleichen Lebensgier unterliegen, der sie wie uns zum Lebendigsein bis zum letzten Atemzug zwingt. Es ist also die Lebensgier oder die Lebendigkeit, die den Organismus benützt, bis er zerstört ist. So ist es also eine falsche Annahme, dass der Lebenswille eine Eigenschaft des Organismus ist; es sind auch nicht die Gene, die der Organismus erschafft, um von ihnen bestimmt zu werden bis hin zum Lebendigseinwollen, sondern umgekehrt: es ist das ‚Leben', das sich die physischen Organismen erschafft und sie benutzt bis zum Tod, um weiter als Leben zu wirken.

Eine erschreckende, weil gänzlich unerklärliche Vorstellung. Lebendigkeit, Leben als nicht sichtbares, nicht materielles Etwas; eine nicht erkennbare Ungeheuerlichkeit, die uns quasi missbraucht; und die katastrophale blinde Maßlosigkeit unserer Vermehrung, ebenso wie die erbarmungslose Verschwendung der Körper bis zur Vernichtung ganzer Arten, würden das nur bestätigen.

Leben also etwas vergleichbar Unerklärliches wie der Urknall und all die physikalischen und außerphysikalischen Vorgänge im Weltall, und sicherlich vom selben Stoff. Energie und Masse: die unbefriedigendste Bezeichnung.

(Wenn manchmal gesagt wurde, dass wir nur die Hüllen und willenlosen Werkzeuge für die Gene sind, ergibt sich ja schon die Fragenkette: wessen Werkzeuge sind dann die Gene und so fort bis zur letzten Ursache. Wie mir scheint, ist nie danach gefragt worden, was das für eine ‚Energie' ist, die einen Virus zum Lebendigsein und zur Vermehrung treibt und die sich ihn als ihren Träger herstellt. Den relativ treffenden Begriff Energie habe ich oben vielleicht deshalb nicht verwendet, weil er so selbstverständlich benutzt wird, dass sich die Frage, was das ist, nicht mehr stellt.)

30.12.92 Die Welt des Geistes und der Kunst, in der wir aufwachsen, ist uns die wichtigste, sie ist über alle die Jahrzehnte unser Zuhause und unsere Welt. Wir kennen die Namen dieser Künstler und Musiker und Dichter, Philosophen und Wissenschaftler, kennen ihre Werke und ihr Leben. Sie, nicht die Politiker und Herrscher, sind uns die Geschichte der Menschheit – von den anderen kennen wir kaum die Namen, und wenn sie überhaupt Erinnerungen auslösen, dann doch nur die schrecklichsten, denn nur mit Schrecklichkeiten ist es den Beherrschern möglich, überhaupt eine Spur zu hinterlassen.

Kein größerer Kontrast ist vorstellbar als der zwischen Kafka und Kaiser Wilhelm II.

Interview mit Doris von Drathen 1992

Ich bin ja viel unfähiger, als Sie denken.

Zu malen?

Zu reden. Ich habe das nie gelernt, das war nie meine Neigung, nie meine Fähigkeit.

Aber zu schreiben?

Das gibt es auch ganz selten, wenn ich allein bin und in spezieller Stimmung, dann geht's vielleicht manchmal. Aber reden ist schwierig.

Wir wollten uns ja auch nur über ganz ‚einfache' Dinge unterhalten, wie zum Beispiel über die Frage, ob die ästhetisch analytische Diskussion um Ihre Malerei die Bilder selbst und ihre Macht möglicherweise ausblendet. Für mich sind sie von jemandem gemalt, der an Bilder glaubt.

Mit dem Glauben, das hat ja viele Seiten. An Bilder glauben wie an Gott, oder an Bilder so praktisch glauben, heute, da Malerei eher out ist, glauben, dass Bilder noch Sinn machen. Und davon bin ich schon überzeugt. Wir machen ja immer Bilder, zum Beispiel mit der Mode – wir ziehen uns irgend etwas an, weil wir daran glauben, und liefern damit ein Bild von uns, das den anderen erzählt, wer und wie wir sind. Das ist in allen Bereichen so, dass wir ständig Bilder herstellen, die andere verstehen können oder sollen.

Also auch die gemalten –

Da muss heute sicher mehr geleistet werden als früher; denn auf solchen abstrakten Bildern hier ist ja nicht viel zu sehen. Da spielt der Glaube sicher eine größere Rolle. Und oft stellt sich dann heraus, dass man an was Falsches geglaubt hat.

Glauben Sie an Ihre Bilder?

Es gibt ein paar, die mir gefallen, aber da würde ich das große Wort nicht nehmen wollen: ich glaube daran.

Obwohl das wohl schon so sein müsste, warum sonst die ganze Mühe?

Sicher, ich muss schon glauben, dass ich etwas Brauchbares herstellen kann. Andererseits spielt die Lust am Machen sicher eine größere Rolle beim Malen. Wie wenn jemand Musik macht, da gibt's keinen Grund zu zweifeln.

Woran?

Dass das unsinnig wäre, oder nicht notwendig, passé.

Daran, dass das noch machbar ist, ein glaubwürdiges Bild?

Es gibt so viele glaubwürdige Bilder auf der Welt, und wir lieben sie; wir reisen

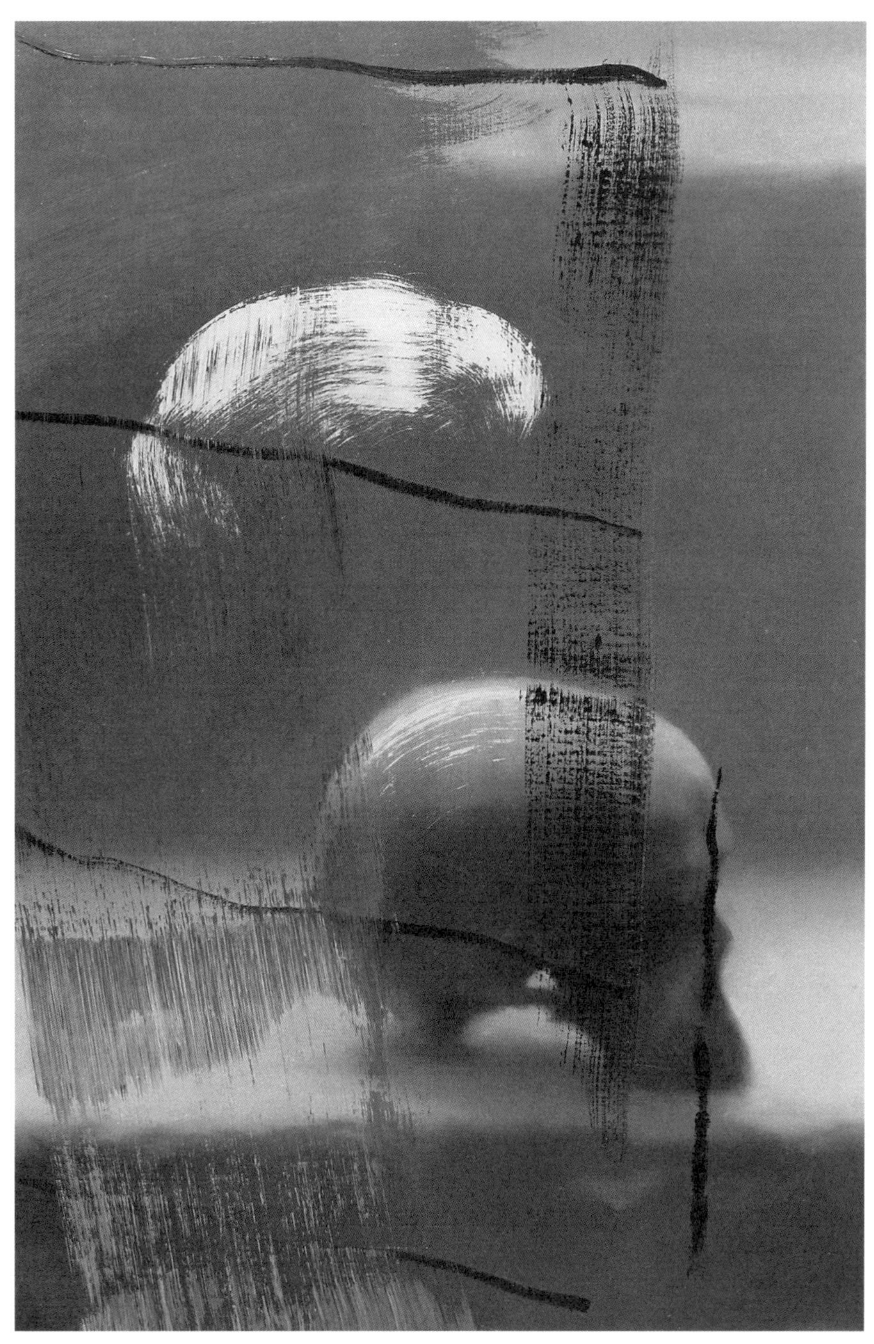

Schädel, 1983

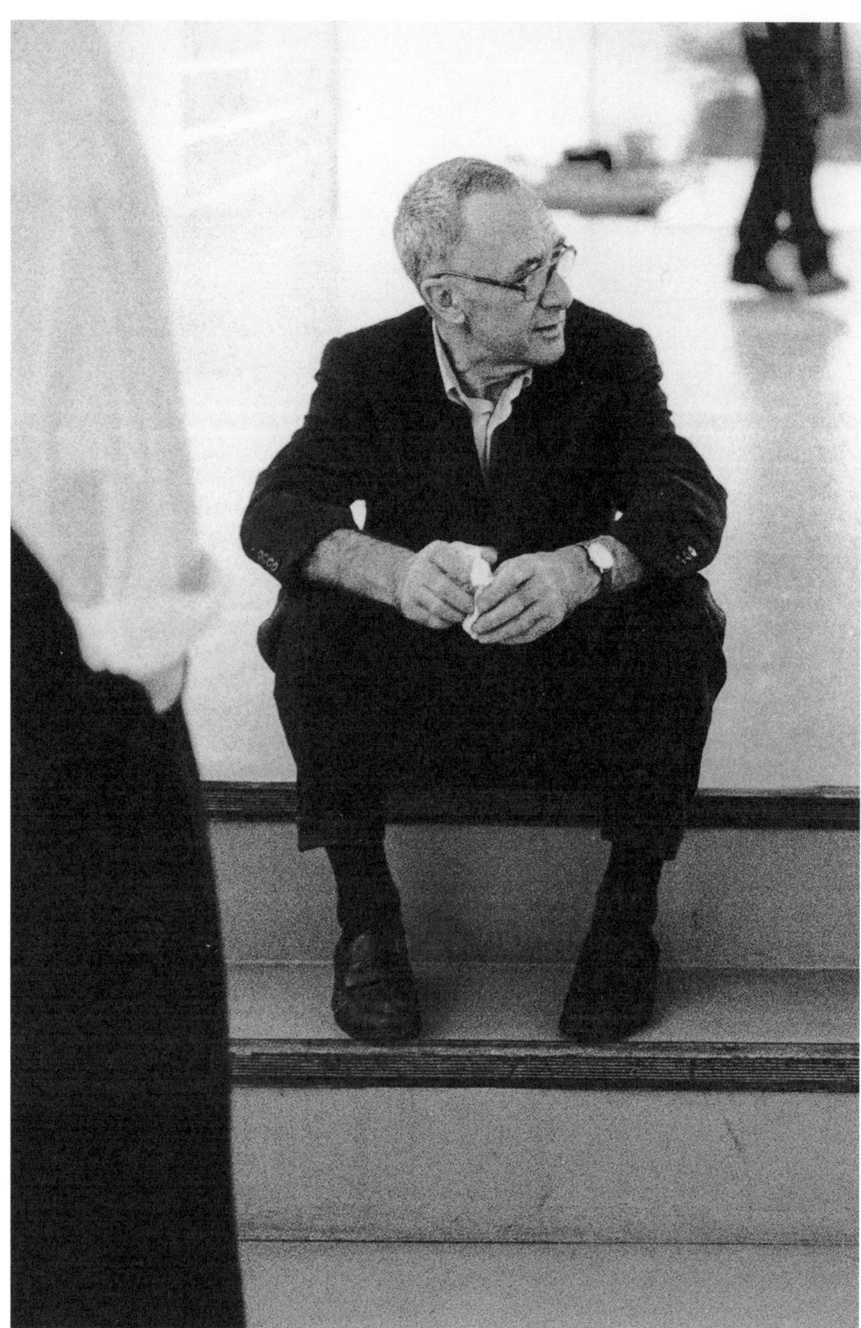

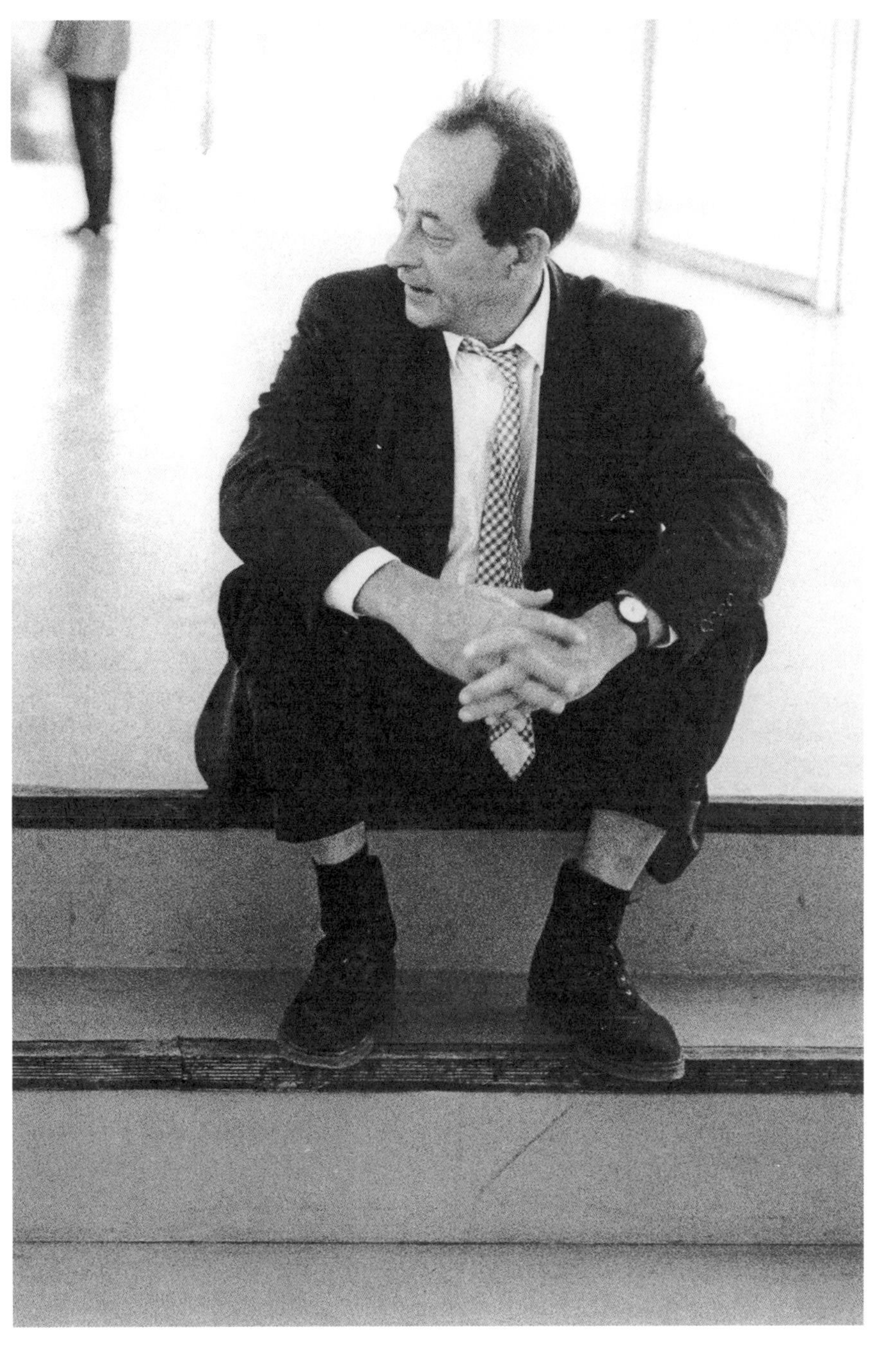

G.R. und Kasper König, Musée d'Art Moderne de la Ville de Paris, 1993

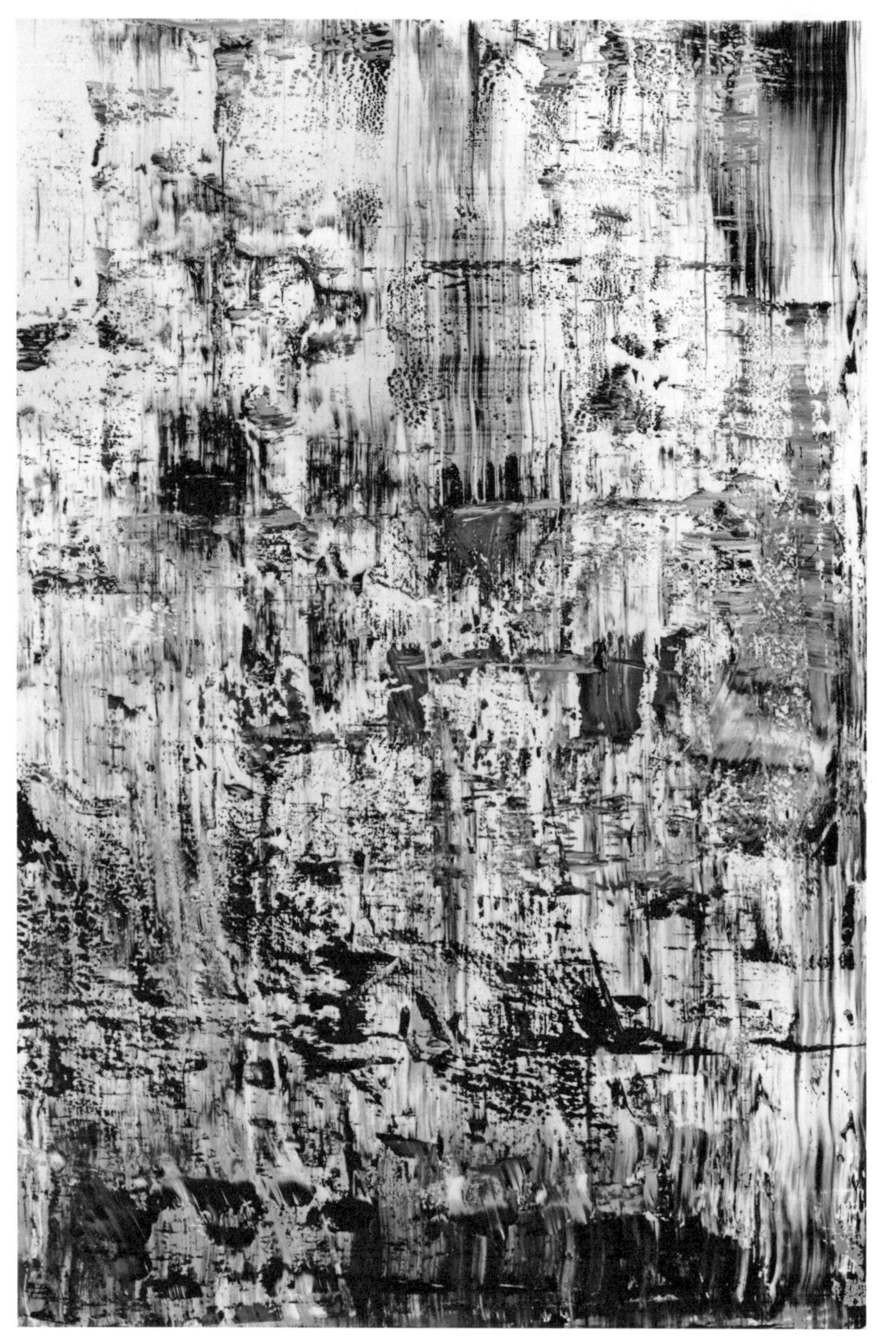

EIS (2), 1989

weit, um sie ansehen zu können. Wir brauchen sie. Und manche brauchen es eben, dass sie selber Bilder herstellen.

Wie verhält sich dieses Brauchen zu Ihrer früheren Behauptung, größtmögliche Indifferenz zu suchen?

Das ist mehr eine Schutzbehauptung gewesen, dass ich indifferent sei, dass mir alles egal ist usw. Damals hatte ich Angst, dass die Bilder dann zu sentimental wirken könnten. Inzwischen macht mir das nichts mehr aus zuzugeben, dass das, was mit mir zu tun hatte, dass ich also all die tragischen Typen, die Mörder und Selbstmörder, Gescheiterte, und so weiter nicht nur so zufällig abgemalt habe.

Wenn man Fotomalerei, Bilderatlas und die Abstraktion als zusammenhängendes Werk anschaut, könnte man vielleicht etwas Gemeinsames darin sehen, dass jemand versucht, ob und wie eine Erscheinung zu fassen ist.

Mag sein. Aber welche Erscheinung – wie die Wirklichkeit erscheint, oder was auf den Bildern erscheint?

Mir geht es mehr um das Begreifen einer Erscheinung in dem Sinne von Giacometti: auf mich wirkt das Wegtauchen Ihrer Bilder schon ähnlich wie dessen Versuch, noch ein Stück Realität zu erwischen; oder so wie Sartre diese heikle Grenze beschreibt zwischen den Registern von „es gibt“ und „es existiert“.

Das ist mir zu schwierig. Hier die Tasse, die gibt es, und sie erscheint, und das Foto da, das zeigt nur den Schein der Tasse.

Und das gemalte Bild?

Auch.

Ist das gemalte Bild näher an der Wirklichkeit oder am Schein?

Erst mal näher am Schein, aber es hat mehr Wirklichkeit als ein Foto, weil ein Bild selbst mehr Objektcharakter hat, weil es sichtbar mit der Hand gemalt ist, greifbar materiell hergestellt ist. Dadurch hat es eine eigene Wirklichkeit, die dann quasi die Wirklichkeit der Tasse ersetzt.

Kann gemalter Schein nun mehr aussagen über die Wirklichkeit?

Vielleicht, weil er irritierender ist; der ist ja im Vergleich zur Wirklichkeit immer mehr oder weniger anders; das irritiert, man fragt dann mehr.

Also mehr Annäherung?

Doch, an unsere Beziehung, die wir zur Wirklichkeit haben. Die Tasse allein ist ja langweilig.

Genau. Nehmen wir den Golfkrieg.

Der ist zu schwierig.

Aber über diese Problematik reden wir doch eigentlich. Was halten Sie von den Theorien solcher Philosophen wie Baudrillard oder Virilio, die den Verlust eines Realitätsbezugs, das

Verschwinden der Realität, virtuos beobachten, gar eine Ästhetik des Verschwindens entwickeln; was halten Sie von solchen Aufsätzen wie etwa Baudrillards Essay[1], *der wohl auch auf deutsch erschienen ist: „La Guerre du Golfe n'a pas eu lieu"?*

Davon halte ich gar nichts. Denn im Vergleich zu früher hat sich nicht viel geändert, die kannten Kriege auch vom Hörensagen, es wurde ihnen auf verschiedene Weise erzählt; das ist genauso wie Fernsehen und Zeitung heute. Aber vielleicht reichen uns manchmal solche fernen Kriege nicht mehr, und wir würden gern selbst wieder mal einen richtigen mitmachen. Ein auch von Mordlust.

Ich dachte vor allen Dingen, dass die Theorien zur ästhetischen Frage des Realitätsverlusts vielleicht völlig vorbeilaufen an der „Aufgabe", sich ein Bild von der Realität zu machen, ob es nicht viel interessanter wäre zu fragen, wie in einer überfluteten Medienwelt denn noch ein Bewusstsein zu erhalten wäre, das wach genug ist, Realität überhaupt zu erarbeiten und darauf zu reagieren.

Also einen ganz kleinen Krieg hier?

Mal ohne Quatsch – meinen Sie nicht, es gäbe vielleicht so etwas wie eine Verpflichtung, Realität zu erfassen und entsprechend zu handeln?

Aber das ist doch eine Realität, dass wir den Krieg vom Hörensagen oder vor dem Fernseher erleben. Und dann haben wir noch andere weniger passive Realitäten, zum Beispiel die, die ich hier und jetzt habe. Und diese ferne, also mittelbare Realität ist ja für mich auch wie ein Beispiel oder eine Illustration meines Verhaltens oder meiner Befindlichkeit. Wenn da draußen sich die Leute abschlachten, dann ist mir das doch nicht so fremd.

Weil das hier im Atelier für Sie auch ein Abschlachten ist?

So ungefähr.

Nun mag ich kaum noch fragen, welche Bedeutung denn Malerei heute noch haben kann für eine solche Aufgabe, die Realität zu erfassen.

Es ist schwer zu sagen, ob früher die Malerei – das nimmt man ja manchmal an – mehr Wirkung und mehr Wirklichkeit hatte, dass sie eben besser verstanden wurde, populärer war, oder in den Kirchen immer zu sehen war, für alle. Aber die Malerei hat ja heute auch Wirklichkeit und Wirkung. Sie wird gezeigt und gekauft und besprochen, und das alles mit ziemlich viel Aufwand. Und so lange die Kunst diesen Aufwand rechtfertigt, also interessant genug ist, ist ja erstmal alles in Ordnung.

Es könnte doch sein, durch Bilder würde so etwas wie ein Sprung in der Wahrnehmung oder im Bewusstsein ausgelöst, jemand würde plötzlich anders gucken, auf das „Gesichtete" mit mehr Zweifel oder mehr Engagement reagieren. Es könnte doch sein, Indifferenz würde aufgebrochen durch Bilder.

Das halte ich für möglich. Aber mir fällt dazu nichts ein.

Sie hätten solche Wünsche nicht?

Doch – es bringt nur nichts, wenn man sich solche hehren Aufgaben stellt. Wir wissen ja, wie solche Bilder aussehen, die gut gemeint sind.

Kasper König hat einmal figurative Bilder – den Zyklus 18. Oktober 1977 – und abstrakte Bilder hintereinander gezeigt[2]*, um zu sagen, das ist das gleiche Thema.*

Das war eine gute Tat von ihm. Trotzdem ist das schwierig, denn figurative Bilder sind immer attraktiver als abstrakte. Sobald Personen oder Gegenstände zu sehen sind, weckt das mehr Interesse bei den Leuten.

In der Zeit der Grauen Bilder, der Fenster, erscheint eine Doppeltafel, die heißt Durchgang. *Ich hatte dabei die Vorstellung von Etwas-Opfern, also im fröhlichen „heidnischen" Sinn, etwas herzugeben und dafür etwas zu bekommen. Ist es Ihnen so gegangen, als würden Sie etwas hinter sich lassen, als würden Sie etwas abschütteln, wegstreifen, um zu etwas anderem zu kommen?*

Sicherlich. Und dazu muss man etwas aufgeben, oder zerstören, oder wegkratzen, wie bei diesem kleinen Abstrakten hier.

Bleiben wir gleich beim Schaben. Ist dieses Abziehen von Farbe etwas Aggressives?

Ja, doch.

Das hat schon etwas zu tun mit Verletzung.

Ja, mit Verletzung und damit, das, was gemacht worden ist, wieder auszulöschen, wieder wegzunehmen, wegzukratzen. Und dann das angenehme Gefühl, dass man dafür etwas anderes erhalten kann.

Das ist vielleicht grundsätzlich der Gedanke des Aufgebens.

Dass man was Besseres dafür erhält.

In den ganz neuen Bildern ist das Schaben noch viel radikaler; und es geht hart heran, bis auf den Grund der Leinwand, der bloßgelegt ist.

Ja.

Hat das auch etwas mit Lust zu tun, kann ja sein, dass nur das Tun erstmal zufrieden macht.

Erst mal ja, aber danach sieht man, was geworden ist, und ist gar nicht mehr zufrieden. Also wieder von neuem ansetzen und wieder, bis es dann mal stimmt – dann sieht es ziemlich einfach aus, irgendwie gelungen, so als wäre es ganz leicht herstellbar und leicht wiederholbar. Aber leider muss immer wieder dieser ganze umständliche Weg gegangen werden, der immer wieder aus dem Versuch besteht, ein Bild zu malen, zu scheitern, weiterzumalen und so weiter.

Wie verhält es sich in den Bildern mit dem Licht? In den frühen abstrakten Bildern, so scheint es, ist das Licht zentral gesetzt, so wie in der Frührenaissance das Gesù Bambino; da-

gegen bei den Serien Wald oder der roten Serie ist das Licht diffus, so wie Licht unter einer Wasseroberfläche. Wie setzen Sie Licht, genauso intuitiv wie alles andere?

Auf jeden Fall; ich habe mir nie Gedanken darüber gemacht. Irgendwie fange ich eh mit sehr hellen Farben an, die dann eben immer mehr verdeckt werden, oder auch wieder vorgeholt werden, oder auch gesetzt werden. Aber Licht ist schon der richtige Ausdruck, denn diese Helligkeiten haben ja auch eine illusionistische Seite.

Sie haben mal zwei Adler für Marcel Broodthaers gemacht – was war das für ein Kontakt, haben Sie auch mit dessen Ideen zu tun gehabt?

Das war ein unglaublich sympathischer und faszinierender Mann; wir haben uns immer freundlich gegrüßt, und hin und wieder zusammen gegessen – aber was der macht, verstehe ich bis heute noch nicht. Ich mag es und sehe es gern.

Und die Adler für das Département des Aigles*?*

Er hatte mich gefragt, ob wir tauschen. So kam das.

Aber zu seinen Ideen hatten Sie nie eine Affinität.

Ich habe mich nie damit beschäftigt.

Die Adler haben so eine lexikonartige Unverbindlichkeit wie die 48 Portraits.

Die stammen auch aus dem Lexikon. Ein Lexikon hatte früher etwas Tröstliches für mich.

Tröstlich im Sinne von eingegrenzt, kontrollierbar?

Ja, neutralisiert und dadurch schmerzlos.

Und warum sagen Sie „früher", brauchen Sie solcherart Trost heute nicht mehr?

Er nutzt sich leider ab.

Beim Durchsehen Ihres Atlas hatte ich immer das Gefühl, kurz davor zu sein, nun doch zu begreifen, nach welchem System Sie auswählen; aber dann werden alle Kriterien wieder weggewischt durch neue Bilder, die auftauchen.

Das kann ich gar nicht so nachvollziehen – ich dachte eher, dass da doch eine durchgehende Sichtweise herrscht, wie ein grundsätzliches Anliegen, das einfach besteht, ob ich will oder nicht.

Können Sie denn überhaupt eine solche Sichtweise auf Ihre Arbeiten teilen, in der Art, wie das hier in der Monografie versucht ist, also die Bilder zu sehen als eine existentielle Gratwanderung?

Ich wüsste nicht, wie ich es beschreiben sollte.

Würde denn eine solche Sichtweise völlig neben der Sache laufen?

Nein. Aber wie sollte ich so etwas sagen.

Ich kann doch nicht sagen, ich mache hier eine Gratwanderung; ich bin wieder hart an der Grenze, noch einen Tag weiter, und ich bringe mich um.

Welchen Grund gibt es dafür, noch immer weiter zu malen?

Geld.

Davon müssten Sie doch inzwischen genug haben. Das glauben Sie also wohl nicht im Ernst.

Nein – aber was sollte ich sonst machen, die Malerei in Frage stellen?

Das ist es doch gerade. Warum wird Malerei gebraucht; dass sie gebraucht wird, zeigt sich ja.

Darauf kann man sich nicht verlassen; das ist wie eine Mode oder was weiß ich. Die Leute glauben eine Zeit wie blind an Malerei, und dann erwachen sie wie aus einem großen Traum und stellen fest, dass sie nur Unsinn gekauft haben.

Aber zurück zum Bilder-Brauchen. Können die uns retten? Macht uns die Malerei zu besseren Menschen?

Im Prinzip, ja. Ja.

Ist vielleicht die Malerei stärker als andere Medien geeignet, auf Sedlmayrs Sehnsucht, die Mitte wiederzufinden, eine Antwort zu geben?

Diese Mitte haben wir doch längst verloren, und es wäre auch ganz unsinnig, sie wieder herstellen zu wollen.

Aber Malerei ist möglich, und notwendig? Notwendig vielleicht, um in der Bilderflut der Massenmedien Bilder zu haben, die – ohne ins 19. Jahrhundert zurückzufallen – eben unter Einbeziehung der neuen Erfahrungen virtueller Welten Distanz schaffen können; die, wie Warburg sagt, einen „Denkraum der Besonnenheit“ öffnen, die möglicherweise den Menschen seine Autonomie spüren lassen können?

Mit solchen Begriffen wie Distanz und Autonomie habe ich hier so meine Schwierigkeiten, und ich scheue mich auch, das zu benennen, was Malerei uns gibt. Ich weiß nur, dass sie nützlich und wichtig ist, wie Musik und Kunst überhaupt, dass Malerei also etwas ganz und gar Lebensnotwendiges ist.

Interview mit Hans Ulrich Obrist 1993

Du warst Dir unsicher wegen dieser Notizen von '62.

Ja, da klingt alles so etwas altklug und gestelzt.

Es beginnt mit „Das erste, was zu Malerei überhaupt treibt, ist Mitteilungsbedürfnis."

Das ist sicherlich nicht falsch, aber so was wie eine Binsenweisheit.

Im selben Text erfolgt eine Abgrenzung zum Begriff ‚L'art pour l'art'. Du gehst noch von einer Inhaltlichkeit als Gegenbegriff aus, zwar nicht aufoktroyiert, aber auch nicht die Hintertürenidee von heute.

Das war so ein Begriff der 50er Jahre im Osten, eine Art Schimpfwort für die bürgerlich dekadente Kunst. Irgendwie hatte ich das doch verinnerlicht, dass es nicht um ‚L'art pour l'art' gehen kann, sondern um Mitteilung: das habe ich später in anderer Form auch gesagt.

Durch Wiederholungen in den Texten kommen gewisse Grundstrukturen Deines Denkens zum Tragen, zum Beispiel die Abneigung gegen Ideologien.

Die kriegt man wahrscheinlich bei der Geburt schon mit. Mit 16 oder 17, da stand es für mich fest, dass es keinen Gott gibt – was für mich, der christlich aufgewachsen war, erstmal eine beängstigende Erfahrung war. Und gleichzeitig war da die grundlegende Abneigung gegen jede Form von Glauben und damit gegen jede Ideologie vollständig ausgebildet.

Das zieht sich durch alle Texte, gewissermaßen als ‚Fil rouge'.

Und auf der anderen Seite das Wissen, dass wir das Glauben brauchen, was ich dann manchmal als Manie bezeichne, als Illusion, um zu existieren, um etwas zu tun, als Antrieb. Und daneben diese vulgär-materialistische Ansicht, dass wir uns nicht grundsätzlich vom Tier unterscheiden, dass es Freiheit und freie Willensentscheidungen nicht gibt – das kommt zwar nicht in den Texten direkt vor, aber das sind so Überzeugungen, die ganz früh festgelegt wurden.

Das klingt fatalistisch.

Das mag sein, aber das Wichtige daran ist für mich, dass diese Art von Fatalismus oder Negativismus und Pessimismus eine sehr brauchbare Lebensstrategie ist, die sich, weil man sich weniger vormacht, ins Positive verkehren kann.

Hoffnungslos oder unentrinnbar?

Beides ist gut, damit es uns besser geht, damit wir Hoffnung erzeugen.

Der Begriff der Hoffnung, also ein weiterer ‚Fil rouge'?

Die habe ich ja immer. Und je weniger wir uns vormachen, je pessimistischer und fatalistischer wir etwas sehen, ohne uns vorzumachen, dass wir einen freien Willen hätten, dass es möglich sei, einen Bleistift von links nach rechts zu legen aus freier Entscheidung, desto mehr wird es uns gelingen, nicht falschem Glauben zu erliegen.

Die Presse-Einladung zur Demonstration für den Kapitalistischen Realismus[1] *macht klar, dass es um ein einmaliges Ereignis, eine Aktion ging.*

Und nicht um die Erfindung einer Stilrichtung.

Eher eine Parodie auf jeden -Ismus.

Vielleicht.

Weshalb war Polke nicht dabei?

Das war eher Zufall – vielleicht hatten wir gerade Krach, und dass diese Demonstration so wichtig würde, war ja gar nicht beabsichtigt. Wir wollten nur eine kleine Ausstellung machen.

Im Verlauf der Gespräche und Texte taucht immer wieder der Readymade-Begriff auf, vor allem bei Buchloh, aber auch in neueren Notizen und Gesprächen, wo Du von den abstrakten Bildern als Readymades sprichst – also bis zu Duchamps Aussage, dass der Readymade-Begriff sich ausdehnt, bis er das ganze Universum umfasst.

An diese übergreifende Bedeutung des Readymade glaube ich auch, denn wenn man das nur in der Kunst praktiziert, kann es leicht illustrativ und billig ausgehen: Der *Sockel der Welt*[2] war so ein Beispiel.

Gab es neben der Demonstration für den Kapitalistischen Realismus *vergleichbare Projekte, die nicht realisiert wurden?*

Jede Menge. In Paris auf dem Dach von Lafayette wollten wir die fotografierten Alpen zeigen, als Kulisse ausgeschnitten, auf dass Paris die Alpen hat. Und es gibt schöne Gegenden im Neandertal, da wollten wir die Leute mit dem Bus hinfahren und verkünden: hier ist unsere Kunst. Später haben das andere gemacht.

Einerseits gab es diesen allgegenwärtigen Bezug zur Pop-Art: bereits existierende und verfügbare Bilder wurden aus einem anderen Kontext geholt und über diese Aneignung neu zusammengesetzt. In der Demonstration *kommt aber gleichzeitig ein Bezug zum Happening und zur Aktion dazu.*

Das ist das, was uns damals am meisten fasziniert hat; zum Beispiel waren wir mal sehr besessen von der Idee, eine Ausstellung mit Lichtenstein-Bildern zu machen, die wir selber herstellen wollten. Aber das war uns dann doch zuviel Arbeit.

Angesichts einer Skepsis gegenüber dem Autoren- und Geniebegriff wurde in den letzten Jahren vermehrt dazu angesetzt, den modernistischen Anspruch auf Originalität des einen Autors durch eine Praxis der unautorisierten Aneignung zu dekonstruieren.

Eine schrecklich resignative Haltung; vor allem wenn man ein Leben darauf aufbaut. Wenn man das einmal macht, ganz demonstrativ, kann ich das verstehen.

Gab es damals in Deiner Pop-Art-Rezeption auch schon Distanz, oder war es einfach als Annahme oder Übernahme einer Bewegung interessant?

Die Distanz bezog sich vor allem auf Gut und Schlecht, und die Idee oder das Programm fand ich ohnehin nur eine sehr kurze Zeit interessant. Und da hat sich auch nichts geändert. Ich fand immer schon einige schlecht und andere nicht ganz so gut und am besten eben Warhol, Lichtenstein und Oldenburg, auf Anhieb sozusagen, und das ist auch so geblieben.

Die Gratwanderung der Auflösung von Kunst in einem Lebenszusammenhang der banalen Dinge brachte die Demonstration für den Kapitalistischen Realismus *in die Nähe der Kaprovschen Falle beziehungsweise List, also an einen Punkt, wo sich die Kunst im sozialen beziehungsweise politischen Kontext auflöst, wo die Annäherung nur noch Verschwinden oder Konkurrenz sein kann. Zur kontextuellen Annäherung: die Aktion fand in einem Möbelgeschäft statt, wobei sich am dortigen Display nichts verändert hat. Die Annäherung also als Annäherung an einen bereits existierenden Kontext. Um ein Spiel mit der Auflösung von Kunst im Lebenszusammenhang ging es trotzdem nie.*

Um ein bisschen Spiel mit dem Feuer sicherlich, um zu probieren, wie weit man gehen könnte mit der Destruktion von Kunst. Aber grundsätzlich hatte ich nie den Wunsch, die Malerei, die Kunst sich in irgend etwas auflösen zu lassen. Diese Form von Radikalität erschien mir unsinnig, obwohl Radikalität damals allgemein als das Wichtigste angesehen wurde.

Als Kriterium für Qualität?

Nein, Kunst war ja die wichtigste Qualität. Deshalb habe ich mich dann auch in dem Text Polke/Richter/Hannover[3] darüber lustig gemacht und gesagt, dass ich konventionell bin, schöne Bilder und Raffael liebe.

Warst Du Dir dieser unterschiedlichen Positionen damals bewusst?

Ja doch, und manchmal hatte ich auch ein etwas schlechtes Gewissen, dass ich vielleicht nicht radikal genug bin.

Auch nicht bei der Demonstration für den Kapitalistischen Realismus?

Wenn man so etwas macht, ist man ja leicht high und macht es einfach. Aber wenn man dann wieder selbst etwas herstellt oder darüber nachdenkt, dass andere wahnsinnig radikal sind – Pollocks Drippings oder Carl Andres Platten, Arman mit den Behältern, das galt als radikal. Und ich habe mich nie so empfunden, ich habe ja immer gemalt.

Trotz des stetigen Dialogs und Informationsaustausches mit Polke und Fischer ist es nie zur

Formalisierung der Gruppenbildungsmechanismen gekommen, wie bei „Art and Language" zum Beispiel.

Ganz bewusst nicht. Es waren die seltenen Momente, wo wir mal was zusammen machten und eine Art Notgemeinschaft bildeten, ansonsten waren wir doch eher Konkurrenten.

Es gibt diesen der Zeitung entnommenen Text[4] *auf einem Plakat der Galerie Friedrich + Dahlem.*

Das war so ein Readymade, nicht?

Dein einziges mir bekanntes Text-Readymade nebst den Mischformen aus Perry Rhodan im Katalog der Galerie h[5] *und Deiner verweigerten Selbstdarstellung*[6] *im Buch von Herzogenrath.*

Es war für mich das gleiche wie ein gefundenes Foto. Aber diesen kleinen Text hat, glaube ich, keiner kapiert, weil er auf dem Plakat verschwand. Später habe ich oft solche Texte oder Textmontagen versucht.

Wie entstand die Perry-Rhodan-Textcollage?

Wir hatten das Zeug gelesen, und es passte in dieses utopisch naive Zeitalter der 60er Jahre mit den Vorstellungen von anderen Planeten. Dieses Unkünstlerische, diese populäre Qualität, die ging so zusammen mit Fotos, Magazinen, Illustrierten, das war die Pop-Seite. Das ist heute alles nicht mehr denkbar.

Zu den absurden Texten gehört auch das von Polke verfasste fiktive Gespräch Richter/Twaites[7]*. Da taucht der Begriff des Pop-Malers auf. War das ironisch gemeint, oder habt ihr euch damals als die deutschen Vertreter der Pop-Art definiert?*

Eigentlich war das eher ironisch gemeint, zu einer Zeit, als wir uns davon abzusetzen versuchten. Nur ganz am Anfang waren wir einmal so naiv und gingen mit Konrad Fischer in die Galerien, zu Sonnabend und Iris Clert und sagten: „We are the German Pop Artists".

Das Verwenden von prä-existierenden Bildern und vorliegenden Texten war aber doch vom Einfluss der Pop-Art ausgegangen, die verfügbare, populäre Bilder aus ihrem Kontext befreite und sie so anders sah, als Bilder in neuen Kombinationen.

Ja, sicher, aber vielleicht kann man das alles auch als die übliche, uralte Praxis ansehen, etwas zu übernehmen, in einen anderen Kontext stellen und so weiter. Nichts Neues also.

In den Texten und Gesprächen taucht öfter der Begriff des Informel auf; Du lehnst diesen Begriff nicht kategorisch ab, sondern grenzt die informelle Malerei vom Realismus ab. Gleichzeitig ist Deine Arbeit aus einer Art von Gegenreaktion zu den damals herrschenden stilistischen-manieristischen Spielen der informell-tachistischen Schule zu verstehen, die aus dem Automatismus entstanden sind, dieser Begriff des Informel, der das Ausschlachten dieser Möglichkeit umschreibt. Was bedeutet Dir der Begriff „Informel" heute?

All diese Beispiele, Tachisten und Action-Painting-Artisten, Informelle und so weiter, sind für mich nur ein Teil einer informellen Bewegung, die eben vieles andere betrifft. Beuys hat für mich auch das Informel, aber es fing an mit Duchamp und dem Zufall, mit Mondrian oder mit den Impressionisten. Das Informelle ist das Gegenteil der konstruktiven Qualität der Klassik, also der Zeit der Könige, der klar gestalteten Hierarchien.

Du siehst Dich also in diesem Zusammenhang weiterhin als informeller Künstler?

Ja, grundsätzlich. Das informelle Zeitalter hat ja gerade erst begonnen.

Und diese Landschaft hier?

Die ist auch informell, bei all dem Bau, der ja eher nostalgisch wirkt.

Obwohl eine Leitvorstellung, ein Leitmotiv fehlt, ist der Zufall nicht unkontrolliert. In Deinen Bildern trifft ja niemals der Zufall das Entscheidende, er ist es allenfalls, der die Fragen stellt.

Es ist das Gefundene, was man dann akzeptiert oder verändert oder auch zerstört, immer kontrolliert; und dabei spielt es keine Rolle, wie geplant und bewusst der Zufall produziert wird.

In denselben Notizen sprichst Du von der kultischen Funktion, die die Fotografie übernimmt, die jeder für sich selber herstellt. Hinter banalen Vorlagen zeigt sich plötzlich eine unerwartete Bildqualität des Bleibend-Allgemeinen. Ging es Dir um eine mögliche Legitimation illegitimer Bilder, um die Legitimation einer „illegitimen Kunst" (Bourdieu)?

Diese Fotos, Andachtsbilder, die die Leute zu Hause hinhängen oder -stellen, sind ja gerade die legitimen Bilder, die wir dann manchmal für die Kunst benutzen und womit wir vielleicht etwas Illegitimes machen.

In denselben Notizen sagst Du auch, dass man das Foto als Bild sehen kann, außerhalb der Kategorien von High and Low, von ritueller Fotografie und Kunst. Da liegt ja auch ein ganz großer Unterschied zu Polke, dass Du seit jeher für die Arbeit die Manipulation der Dunkelkammer ablehnst.

Das ist mehr eine technisch formale Seite, die ist nicht so erheblich. Ich bin halt nicht gern in der Dunkelkammer. Aber nochmal zur Legitimation: Vielleicht ist es auch illegitim, die Knips-Form in die Nähe von Readymade zu bringen. Denn Readymade-Charakter haben sie ja nur deshalb, weil sie im Vergleich zu den mühsam handgemalten Bildern so einfach hergestellt werden können, das heißt eben nur wie ein Readymade ausgewählt werden müssen. Diese ganze Differenzierung steht auf schwachen Beinen – denn vielleicht können wir mal feststellen, dass es gar keine Readymades gibt. Es gibt nur Bilder, die für viele oder für sehr wenige Wert haben, die sehr lange oder nur ein paar Sekunden interessant sind, für die sehr wenig oder sehr viel bezahlt wird.

Also sind die Knipser Künstler...

Ja, und wenn ich dann den Onkel Rudi, das Foto dieses kleinen Offiziers, nochmals abmale, dann ist das sogar eine Verwässerung der eigentlichen Kunst, die diese zwei oder drei privaten Leute, die den Rudi hinter Glas stehen oder hängen hatten, geleistet haben. Es ist nur insofern keine Verwässerung, wenn ich der Sache durch das Abmalen mehr Allgemeinheit verschaffen kann.

Dass es durch diese Verschiebung exemplarisch wird.

Ja, und die Verwischung war die einzige Möglichkeit, das schnell hinzukriegen. Die Fotorealisten haben das später pingelig genau gemalt; da bin ich erstens zu ungeduldig, und zweitens kommt da etwas dazwischen, was eigentlich die Wahrnehmung stört: einerseits die übergroßen Formate und damit die Achtung vor der Leistung, dass das ein Jahr dauert, das Staunen über das Resultat und der ‚Es-sieht-ja-aus-wie-ein-Foto'-Effekt. Das alles wollte ich mit der Billigkeit der Herstellung vermeiden. Dass man sieht: ein Foto ist gemeint, aber nicht mühsam kopiert und wiederholt. Das hat damals auch funktioniert, die Bilder hatten die wesentliche Fotoähnlichkeit, ohne wie Kopien von Fotos zu wirken.

Du sprichst an einer anderen Stelle von der Fotografie als Zeichnung oder im Sinne von Vermeer als Camera obscura. Insofern also als Vorstufe der Bilderherstellung. Dies ist die Umkehrung des fotografischen Primats, aus dessen ausgrenzendem Antrieb der Modernismus sich entfaltete, das Foto wird bei Dir plötzlich ganz selbstverständlich für das Bild verwendet.

In der traditionellen malerischen Praxis ist das ja die Vorstufe. Früher sind die Maler ins Freie gegangen und haben gezeichnet. Wir knipsen. Das wendet sich auch gegen die Wichtignahme des Fotos im Sinne von ‚Second-hand-world', was für mich ganz unwichtig ist. Viele Kritiker sahen die Thematik darin, dass wir heute nur noch in einer vermittelten Welt leben und dass meine Kunst dies zeigt und auch kritisiert. Das war ja nie meine Absicht.

Die Kamera ortet einen Ausschnitt. Es gibt nicht mehr das eine absolute Bild. Das herausgegriffene Bild dringt vor und weicht gleichzeitig zurück.

Manchmal wurde gesagt, dass meine Bilder wie Ausschnitte wirken. Obwohl das stimmen mag, kann ich es nicht verstehen, sicher weil es mir zu selbstverständlich ist. Aber vielleicht war damit eine gewisse Unabgeschlossenheit gemeint, eine Offenheit, Bilder, die zwar an vier Seiten beschnitten sind, aber immer nur Ausschnitte zeigen können.

Und jeweils eine von vielen Möglichkeiten.

Es gibt natürlich Ausnahmen, wo es nicht mehr eine von vielen Möglichkeiten ist, so wie *Portrait Betty* oder der Ema-Akt.

Auch das Ausgebrannte Haus.

Das Haus vielleicht auch. Die gehen so in Richtung Meisterwerk, und wenn sie keine Meisterwerke sind, dann eben, weil ich weiß, es geht sowieso nicht, es ist ja nur wie das Zitat eines Meisterwerkes, vielleicht. Aber prinzipiell ist ja eh alles Ausschnitt.

Bei Betty *und* Ema *schleicht sich der Meisterwerkstatus quasi ein – ich habe noch an die* Domecke *gedacht.*

Es kann aber auch ein Graues Bild sein. Im Museum hat es schon was wie ein Meisterwerk, wie es da so hängt.

Und die anderen abstrakten Bilder?

Bilder wie *Janus* und *Juno* könnte ich zum Beispiel dazuzählen. Vielleicht aber auch nur, weil sie so schöne Titel haben. Es gibt da einige.

SDI, OZU. *Das Meisterwerk ist der Anekdote entgegengesetzt. Auch dem Ausschnitt, der Sequenz. Einerseits sprichst Du ja von der Unmöglichkeit des absoluten Bildes, andererseits führst Du den Begriff des Meisterwerks wieder ein.*

Vielleicht strebt man das ja jedesmal an, das Meisterwerk, was es dann eben doch nicht wird. Es scheint so außerhalb der Zeit zu sein, dass man es nicht einmal anstreben kann.

Bei Grimm heißt es: „ein vorzügliches, kunstvollendetes Bild." Alexander Dorner erzählt in Überwindung der Kunst *von einer Umfrage in Kaufhäusern nach den Kriterien für die beliebtesten Bilder. Das Resultat ist verblüffend. Zum Kauf von Farbreproduktionen und Postern verleiten: 1. das Kriterium der Bildtiefe – ein Begriff der Zentralperspektive; 2. das Kriterium des Narrativen.*

Van Goghs Sonnenblumen haben allerdings nicht sehr viel von diesen Eigenschaften. Da scheint die Story dieses Mannes wichtiger als alles andere zu sein. Und die Meisterwerk-Diskussion relativiert sich ja auch dadurch, dass vielleicht die Bilder, die wir heute als Meisterwerke betrachten, zu ihrer Zeit ganz normale Gebrauchskunst waren.

Die Aura der Mona Lisa hat sich noch zu Lebzeiten Leonardos verbreitet. Wir kennen ja dieses Vorgefühl der Dauer.

Damals hatte aber auch der Begriff „Meister" einen anderen Sinn, der viel mehr mit Handwerk zu tun hatte.

In London hatte das Betty*-Portrait*[8] *plötzlich etwas Bleibend-Allgemeines, fast etwas Absolutes, und zwar seltsamerweise auch in der breiteren Rezeption als Plakat in der U-Bahn. Das Meisterwerk impliziert immer diese Bewegung. Du nimmst es gleichzeitig wieder zurück, es ist eins und zugleich keins.*

Es wird ja etwas gebrochen durch den historisierenden oder nostalgischen Effekt.

Die Diskussion über Werke und Künstlerpositionen, die Dir wichtig sind, kulminiert im Gespräch mit Buchloh in einer Art von Rekonstruktion Deiner Rezeption der Kunstgeschichte. In einem viel früheren Gespräch erwähnst Du vor allem Barnett Newman als historische Position und Gilbert & George als Zeitgenossen.

Barnett Newman war immer wichtig, der kam gleich nach Mondrian und Pollock. Barnett Newman war schon eher eine Sehnsucht, weil der diese großen, klaren erhabenen Flächen machte, zu denen ich nie in der Lage gewesen wäre: er war so das ganze Gegenteil von mir.

Lag der Bezug zu Gilbert & George in einem damaligen gemeinsamen Interesse und Wunsch zur Normalität, die Idee des Verschwindens in einem ganz banalen Leben?

Ich mochte sie vor allem als Außenseiter; damals waren ja Minimal, Land- und Concept-Art bestimmend. Das habe ich zwar sehr geschätzt, hatte damit aber nicht viel zu tun. Bei Gilbert & George mochte ich auch diese sehr nostalgische Seite. Sie waren die ersten, die meine Landschaften mochten. Ich glaube, dass mir ihre selbstverständliche Unabhängigkeit am meisten imponierte.

Dass Bilder nicht in der dogmatisch-modernistischen Zwangsjacke verharren?

In der ideologischen. Vielleicht habe ich eine Art Immunität gegenüber Ideologien und Moden, denn sämtliche Bewegungen sind immer an mir vorbeigegangen, die Frömmigkeit im Elternhaus, die Nazizeit, der Sozialismus, die Rockbewegung und all die vielen anderen Moden, die den Zeitgeist ausmachten, im Denken, Verhalten, in der Kleidung, im Haarschnitt und so weiter... das schien mir alles eher beängstigend als anziehend.

Überraschend ist, dass Du nie Magritte erwähnst.

Der ist mir zu populär, zu hübsch. Wunderbare Kalenderkunst, Oberlehrerkunst. „Das ist keine Pfeife", das ist für mich keine wichtige Mitteilung.

Wichtig scheint mir sein immer wiederkehrender Zweifel am Namen der Dinge.

Vielleicht klammerte es sich aus, weil ich mich ohnehin als gefährdet sah, eine etwas zu populäre Malerei zu machen. Ich merke bei Ausstellungen: ich komme ganz gut an, die Pförtner und Putzfrauen, die finden alles prima, sogar die abstrakten Bilder. Eigentlich ist es ja der Idealzustand, wenn man etwas macht, das allen gefällt.

Die modernistische Verweigerung einer ‚Kunst für Alle' entstand ja aus einem Ressentiment, weil die Malerei angesichts der Fotografie den Verlust all ihrer darstellenden Funktionen zu beklagen hatte. Dein selbstverständlicher Umgang mit dem fotografischen Bild kehrt den Spieß wieder um, ohne die alte Einheit von Subjekt und Objekt zu restaurieren und sich auf die direkte Erfahrung vor dem Gegenstand zurückzubegeben. Die Konstruktion des Bildes erscheint jetzt im zerbrochenen Spiegel.

Das Bild des Künstlers als des Verkannten, das ist mir furchtbar, mir sind die Hoch-Zeiten viel lieber, wie in der Renaissance oder in Ägypten, wo die Kunst Teil der gesellschaftlichen Ordnung war und in der Gegenwart gebraucht wurde. Der leidende, verkannte van Gogh ist nicht mein Ideal.

Und seine Bilder?

Die von Courbet sind mir lieber.

Wie wichtig war Beuys für Dich?

Eher als Phänomen und als Person. Als ich zum ersten Mal die Werke sah, war das für mich nicht so interessant, es war mir zu sonderlich. Ich bin immer mehr für das Offizielle, das Klassische, Allgemeine.

Neben Manet und Ingres ist Beuys der einzige andere Künstler, der in Deinem Atelier hängt.

Weil er mich ja immer noch als Person so fasziniert wie kein anderer, diese besondere persönliche Ausstrahlung ist mir vorher und nachher nie wieder begegnet. Alle sind sie normaler: Lichtenstein und Warhol sind für mich überschaubar, sie hatten nie diese Gefährlichkeit, wie Beuys sie hatte.

Im Zusammenhang mit den abstrakten Bildern der achtziger Jahre bringst Du den Zufallsbegriff wieder ins Spiel. Cage hat Zufallsoperationen von Methoden der Unbestimmtheit gemacht. Ich sehe den Zufall bei Dir jedoch nie im Sinne seiner Definition von Zufallsoperationen, es ist ja weniger ein serielles Spiel mit bekannten Elementen, die gewürfelt werden, wie es in der Konzeptkunst üblich war.

Bis auf die Farbtafeln; die waren seriell, und die gegebenen Farben hatte ich gemischt und dann per Zufall plaziert. Es war für mich interessant, den Zufall an eine ganz starre Ordnung zu binden.

Das heißt, ihm eine Form zu geben.

Mich hatte mal ein Architekt gefragt, was denn an den Farbtafeln gut, was daran Kunst sein soll. Ich versuchte ihm zu erklären, dass es mir sehr viel Arbeit gemacht hatte, die richtigen Proportionen zu entwickeln und eine Ansehnlichkeit herzustellen.

Also eine Form zu finden.

Ja, denn es gäbe auch andere Möglichkeiten, diese Idee zu realisieren. Ich könnte diese Kekse hier farbig bemalen und ins Zimmer werfen, dann hätte ich auch 1024 Farben in einer zufälligen Form. Oder bei den Grauen Bildern, wenn da die Ursache das war: dass mir nichts mehr einfällt und dass alles keinen Sinn macht, hätte ich ja auch die Farbe auf die Straße kippen können, oder gar nichts tun.

Die späteren abstrakten Bilder evozieren auch den Begriff des Bildes als Modell. Ist das in einem Mondrianschen Sinne zu verstehen?

Das kam in dem Gespräch mit Buchloh vor, dass die Mondrian-Bilder als

Gesellschaftsmodelle einer unhierarchisch gleichberechtigten Welt verstanden werden können. Vielleicht war das der Auslöser, meine abstrakten Bilder auch als Modelle zu sehen, allerdings nicht für eine gleichberechtigte Welt, sondern für eine verschiedenartige, sich ständig ändernde. Aber zum Glück werden die Bilder von Mondrian ja nicht als gesellschaftliche Modelle gelesen. Die haben vor allem eine andere Qualität. Es wäre ja furchtbar, wenn das *N. Y.-Boogie-Woogie*-Bild ein gesellschaftliches Modell wäre: dann gäbe es die Gelben, Roten und Blauen, und alle gingen nur geradeaus.

Barthes sagte: „Modern sein heißt zu wissen, was nicht mehr möglich ist."

Nicht mehr möglich ist alles, was bereits gesagt wurde, und alles, was man sich so ausdenken kann an Dummheiten und blöden Formulierungen, pseudoklugen Botschaften und verlogenen Anliegen. Wenn man all das vermeiden will, wird es schwierig, aber dann geht es.

Diese Vermeidung hast Du mal als Flucht bezeichnet, und in den früheren Bildern bezog sich das mehr auf die Auswahl der Motive.

So wie bei Beuys der Hase, der war doch auch immer auf der Flucht. Wie soll ich das sagen, alles Falsche flüchten ist schon ein guter Ausgangspunkt.

Mir scheint, dass sich dieser Fluchtgedanke immer in der Gegenwart ereignet, es ist eine Fluchtidee, die sich den Gegebenheiten stellt, keine nostalgische Flucht ins Vergangene und auch keine utopische Flucht in die Zukunft.

Das will ich hoffen. Obwohl das mehr Unsicherheit schafft; denn all die utopischen oder nostalgischen Flüchtlinge haben ja immer den Vorteil, dass sie wissen, wohin sie flüchten sollen.

Unsicherheit also als Gegenpol zum kontrollierten Werkplan?

Im Grunde ja, denn obwohl das Ganze ziemlich professionell wirkt, ist es das nicht, weil es nicht geplant und beherrscht wird, sondern eher geschieht.

Whistlers „Art happens"[9].

Oder Burens „Es malt".

Im Atlas *gibt es Skizzen und Entwürfe für Räume, die von einem Bestreben zeugen, einen Ort für die Bilder zu finden, eine Art von Ortsspezifität zu erzeugen.*

So was geht aber nur in Skizzen, denn eine Ausführung wäre unerträglich, pathetisch und bombastisch. Aber es war mal sehr schön, solche Andachtsräume zu entwerfen, für Bilder mit einer unglaublichen totalistischen Wirkung.

Utopische Räume also?

Und megalomanische.

Der Palermo-Raum[10]*, der jetzt im Lenbachhaus in München ist, schafft ortsunabhängig einen Zustand der Permanenz.*

Der ist dann ja ganz bescheiden.

Welche Arbeiten von Dir existieren im öffentlichen Raum? Die U-Bahn-Station in Duisburg, die Hypo-Bank in Düsseldorf?

Dann in einer Versicherungsgesellschaft zwei Großformate *Victoria*. Die zwei gelben Striche in einer Schule. Das ist fast schon alles. Dann bei BMW, etwas unglücklich plaziert, drei große Bilder, rot, gelb, blau, jeweils auf Leinwand, drei Meter hoch und sechs Meter lang – als Vergrößerung.

Auftragsbilder –

Ja, manchmal habe ich gerne Auftragsbilder gemacht, um etwas zu entdecken, worauf ich freiwillig nicht gekommen wäre. So gesehen hat Siemens mit dem Auftrag eines Stadtbildes[11] alle folgenden Stadtbilder verursacht. Außerdem ist es ganz angenehm, wenn Bilder mal einen sicheren Platz finden.

Grundsätzlich hast Du ja immer die Haltung eingenommen, den Weg der Bilder gerade nicht zu kontrollieren, nicht zu bestimmen, wo und wie sie gehängt werden, also keine Stützung durch Ruhmeshalle oder Privatmuseum, sondern die Bilder entlassen.

Bedingungslos entlassen. Denn sie brauchen keine Vorsorge: wenn sie gut sind, werden sie immer den entsprechenden Platz finden, und wenn sie schlecht sind, landen sie im Keller, und das ist auch gut.

Haacke zum Beispiel sucht diese totale Kontrolle. Er beabsichtigte damit, die Stellung des Künstlers zu stärken.

Stell Dir mal vor, Giacometti hätte irgend etwas in diese Richtung bestimmt! Ich bin froh, dass er es nicht getan hat, dass seine Skulpturen mal so oder so gezeigt werden, mal in Dänemark, mal in Stuttgart. Jedesmal sehen sie anders aus, immer bleiben sie gleich. Es gibt ja schreckliche Beispiele von Künstlern, die sich solche Monumente der Unvergänglichkeit geschaffen haben. Auf Capri zum Beispiel ein gewisser Herr Tiefenbach. Peinlich.

Positive Beispiele sind das Segantini-Museum, die „Rothko Chapel", der „Earth Room".

Und das „Lightning Field". Und natürlich all die schönen Kirchen, da hat es wundervoll funktioniert.

In der Symbiose mit dem Ort haben die Bilder die Zeit überdauert.

Davon sind wir zur Zeit weit weg. Kounellis sprach in einem seltsamen Gespräch[12] mit Beuys, Kiefer und Cucchi von der zu bauenden Kathedrale. Simulierte Präsenz, das wird ja manchmal kunstpolitisch gemacht, wenn Galerien und Kuratoren etwas durchboxen wollen und solche künstlichen Monumente voller Pseudo-Meisterwerke erstellen.

Die „Neue Museologie der achtziger Jahre" entstand aus dem Beaubourg-Effekt, der auch politisch ausstrahlte. Vereinzelte Werke einer breit gestreuten Sammlung erfüllen mehr die

Illustration der Schautafeln, das Display wird für die Massen konzipiert, nur der letzte konsequente Schnitt wird nicht gemacht, nämlich die Originale durch Kopien zu ersetzen...

Schade.

Angesichts dieser Mischung aus Beschleunigung und Kulturlosigkeit scheint es mir wichtiger denn je, dass es eben Orte gibt, wo man Werke besuchen kann, so wie ich Deine Baader-Meinhof-Arbeit von Zeit zu Zeit in Frankfurt besuche.

Obwohl das nun gerade kein ideales Museum ist. Aber ich weiß, was Du meinst.

Als ich Deinen Raum in Kassel[13] sah, habe ich mich zuerst gefragt, ob das Holz von Dir gewählt wurde, ob etwas aufgegriffen wird, was die Pavillonarchitektur schon impliziert. Das Holz könnte Teil eines Fertigbausatzes sein und stößt diesen aus dem Inneren heraus nahe an den Abgrund des biederen Interieurs. Gleichzeitig kommt dadurch der Bruch mit dem Habitus des „White Cube" sehr stark zur Geltung.

Paul Robbrecht hat diese Holzverkleidung vorgeschlagen. Die Obligation der weißen Wände gibt es ja erst seit sechzig, achtzig Jahren.

So eine „Petersburger Hängung" kenne ich bei Dir sonst nur aus dem Atelier.

Das geht auch nur in kleinen Räumen, also eher privat. Wenn ich es auf einer Extrawand in großen Ausstellungen versucht habe, hat es nie funktioniert.

Überrascht hat mich in Kassel das Blumenbild. Ist es nach der Japanreise[14] entstanden?

Ja. Vielleicht hatte die Reise doch einen gewissen Einfluss, auch auf diese senkrecht gekratzten Streifenbilder.

Das Blumenbild ist bisher Einzelbild geblieben, trotzdem habe ich an einen Zyklus gedacht; dass es ein Ausgangspunkt sein könnte.

Ich habe auch versucht, wieder Fotos von Blumen zu machen, aber kein einziges ist geeignet, und der Versuch, Blumen zu malen, scheiterte auch. Leider. Eigentlich müsste ich es wissen, dass es mir fast nie gelang, ein Foto für ein Bild zu machen. Ein Foto macht man für ein Foto, und wenn man Glück hat, entdeckt man es später für ein Bild. Es scheint mehr ein glücklicher Zufall zu sein, dass man mal ein Foto schießt, das eine solche bestimmte Qualität hat, die es wert ist, abgemalt zu werden. Mit dem *Dom-Bild* verhielt es sich auch so. Das Foto machte ich 1984, ich war nicht in bester Stimmung damals. Und als ich es drei Jahre später gemalt hatte, versuchte ich, mehr solcher *Domecken* zu fotografieren – es kam aber nicht ein brauchbares Foto zustande. Eine besondere Befindlichkeit ist also etwas sehr Wichtiges.

...die aus der jeweiligen Zeit...

...einen für irgend etwas empfänglich macht. Wenn ich jetzt zum Dom ginge, dann wüsste ich gar nicht, was ich da fotografieren sollte. Der Grund fehlt, und den kann ich nicht erzwingen. Ich bin auch mal extra nach Grönland gefahren[15], weil C.D. Friedrich dieses schöne Bild der gescheiterten Hoffnung gemalt hatte... Ich habe dort Hunderte von Fotos[16] gemacht, und es ist fast kein Bild daraus entstanden, es ging nicht.

Die Motivsuche hat bei Dir also selten zum Bild geführt?

Motivsuche ist nur etwas für Professionelle. Wenn ich mich dagegen quasi absichtslos draußen irgendwo hinsetze und kein Motiv suche, dann kann sich plötzlich das erschließen, was ich gar nicht gesucht habe. Das ist gut.

Gerade bei Blumenbildern taucht die Frage der Erfahrungsrealität von Natur auf, die nicht mehr eine direkte Erfahrung von Natur ist.

Weil die Blumen abgeschnitten sind und in die Vase kommen...

...oder weil es über das Foto läuft.

Das halte ich für weniger wichtig, denn direkt abgemalte Blumen wären nicht weniger künstlich, künstlich ist ja alles. Der Blumenstrauß, das Foto – alles künstlich. Das ist nichts Neues.

Oder in nochmaliger Umkehrung: die wiederkehrende Natur des Demiurgen: der Maler geht in die Natur und sieht diese als ein von ihm geschaffenes Bild.

Ein schöner Einfall, der ganz und gar stimmt, nicht nur für Maler, sondern für jeden. Wir machen uns die Natur, weil wir sie immer so sehen, wie sie uns kulturell entspricht. Wenn wir Berge schön finden, die ja nichts anderes als blöde, hinderliche Steinhaufen sind, oder dieses dumme Kraut da draußen, das wir als schönen Strauch sehen, der sich sanft im Winde wiegt. Das sind doch nur unsere Projektionen, die weit über praktische Nutzwerte hinausgehen. *Wann hast Du das erste Mal Spiegel verwendet?*

Ich denke 1981 für die Kunsthalle Düsseldorf[17]. Vorher hatte ich für Kasper Königs Westkunst einen Spiegelraum konzipiert, der nicht ausgeführt wurde. Da gibt es nur noch die Entwürfe, vier Spiegel für einen Raum.

Die Kugeln wurden auch zu Spiegeln deklariert.

Mit der Kugel ist es seltsam, weil ich früher sagte, dass eine Kugel die lächerlichste Skulptur sei, die ich mir vorstellen könnte.

Wenn man sie selbst macht.

Vielleicht auch als Objekt, weil eben eine Kugel diese idiotische Vollkommenheit hat. Ich weiß auch nicht, warum mir das jetzt gefällt.

Als Du 1966 die vierteilige transparente Glasarbeit gemacht hast, wurde in der Kunst wie in der Architektur sehr oft Glas verwendet.

In der Kunst auch?

Glas wurde im Kontext der Minimal- und Konzeptkunst eingesetzt; bei Morris als verspie-

gelte Kuben, wo Ausstellungsraum und Betrachter Teil der Arbeit wurden, und natürlich bei Dan Graham. Graham zeigt im „Corporate-Arcadia"-Text die starke Präsenz von Glas in der Architektur jener Zeit. Man sieht in Gebäuden aus der Mitte der sechziger Jahre die Leute in den unteren Etagen arbeiten, transparente Architektur.

Das war auch ein soziales Anliegen bei ihm. Was mich an meinen Spiegeln reizte, war, dass sie nichts Manipuliertes haben sollten. Ein Stück gekaufter Spiegel. Einfach hingehängt, ohne Zutat, damit sie unmittelbar und direkt wirken. Auch mit dem Risiko, dass es langweilig ist, bloße Demonstration. Die Spiegel und noch mehr die Gläser waren sicher auch gegen Duchamp, gegen sein großes Glas gerichtet.

Der Duchamp-Bumerang kommt immer wieder. Im Zusammenhang mit der Komplexität des Großen Glases nimmst Du eine Gegenposition ein, gleichzeitig kommt der Readymade-Gedanke dazu.

Mag sein. Aber mir ging es mehr darum, gegen diese Pseudokomplexität zu sein. Dieses Geheimnisvolle mit Staub und kleinen Linien und noch allerlei Zeug darauf. Ich mag das produzierte Geheimnis nicht.

Bei den vier Gläsern reduzierte sich der künstlerische Akt aufs Minimalste.

Wiederum musste ich mir Mühe geben, die passende Proportion zu finden, das richtige Gestell zu schaffen. Es ist also kein Readymade, genausowenig wie das Glas von Duchamp.

Weil soviel Arbeit aufgewendet wurde.

Genau. Ich war einmal nahe dran, ein Readymade zu kaufen, das war eine ungefähr anderthalb Meter hohe Clown-Puppe mit einem Motor, die sich aufrichtete und dann in sich zusammenfiel. Sie kostete damals über 600 Mark, und das war mir dann doch zu teuer. Manchmal bedauere ich, dass ich den Clown nicht gekauft habe.

Du hättest ihn einfach so ausgestellt, als nichtkorrigiertes Readymade?

Genau so. Es gibt seltene Fälle, wo man bedauert, etwas nicht gemacht zu haben, und das gehört dazu, sonst hätte ich es längst vergessen.

In Deinem Atelier hängt ein kleiner Spiegel so, dass man immer wieder Ausschnitte der gerade entstandenen Bilder darin sehen kann.

In dem Fall ist es ganz gut, dass er nicht in Kopfhöhe hängt, sondern ein bisschen höher, dadurch sieht man mehr den Spiegel und nicht das normale Spiegelbild, also sich selbst.

In den letzten zwei Jahren sind die grauen und farbigen Spiegel entstanden, die Du bei Anthony d'Offay[18] *unter dem Titel Mirrors ausgestellt hast.*

Das sind Glasscheiben, die rückseitig eine Farbschicht haben. Dadurch stehen sie etwas dazwischen, also weder richtiger Spiegel noch monochromes Bild. Das gefällt mir daran.

Ich sehe den Spiegel als Metapher für Dein gesamtes Werk. Das Wort „reflektieren" holt mit seiner doppelten Bedeutungsebene den Betrachter ins Bild, damit ist dieser in zwei Zuständen zugleich. Eine List der Reflexion.

Angenehm ist, dass der Bildraum noch variabler und zufälliger als beim Foto ist.

Noch offener?

Ja, das einzige Bild, das immer anders aussieht. Und vielleicht auch ein Hinweis darauf, dass jedes Bild ein Spiegel ist.

Also das modernistische Attribut des Flachen ironisierend.

Eher die Ansicht, dass jedes Bild Raum und Bedeutung hat und Anschein und Illusion ist, auch wenn es noch so radikal ist, bis zur angestrebten Fläche, also bei den Grauen Bildern: auch diese Flächen sind wieder illusionistisch geworden.

Auch die Kugel ist durch die Spiegelung des Bildraums zugleich Empfänger und Sender des Anscheins. Das einstmalige Weltenattribut der Kaiser erscheint wie aus dem Bild gerollt. Auch als Absage an naive Formen der Neo-Synthetik. Du hast ja in letzter Zeit oft Bilder wieder zugemalt oder die Farbe abgekratzt.

Wie beim Boule-Spielen. Abschießen, neue Situationen schaffen.

Gespräch mit Henri-François Debailleux 1993

Wie kam es zu dem Wechsel zwischen figurativer und abstrakter Malerei?

Dafür gab es keinen speziellen Auslöser. Ich habe zuerst „Figuren" gemalt, bis ich eines Tages plötzlich angefangen habe, abstrakt zu malen. Dann habe ich beides gemacht. Es geschah aber nicht mit Vorsatz, sondern einfach nur aus Lust. Am liebsten würde ich noch mehr figurativ malen, aber gegenständliche Bilder sind schwieriger. Um diese Schwierigkeit zu überwinden, mache ich also eine Pause und male abstrakt. Das gefällt mir übrigens sehr, denn so gelingen mir schöne Bilder *(Lachen)*. Und mich bekräftigt dabei die Tatsache, dass Musik, soweit sie nicht erklärt oder gesungen wird, ebenfalls abstrakt ist.

Ist dieser Stilwechsel ein Spiel?

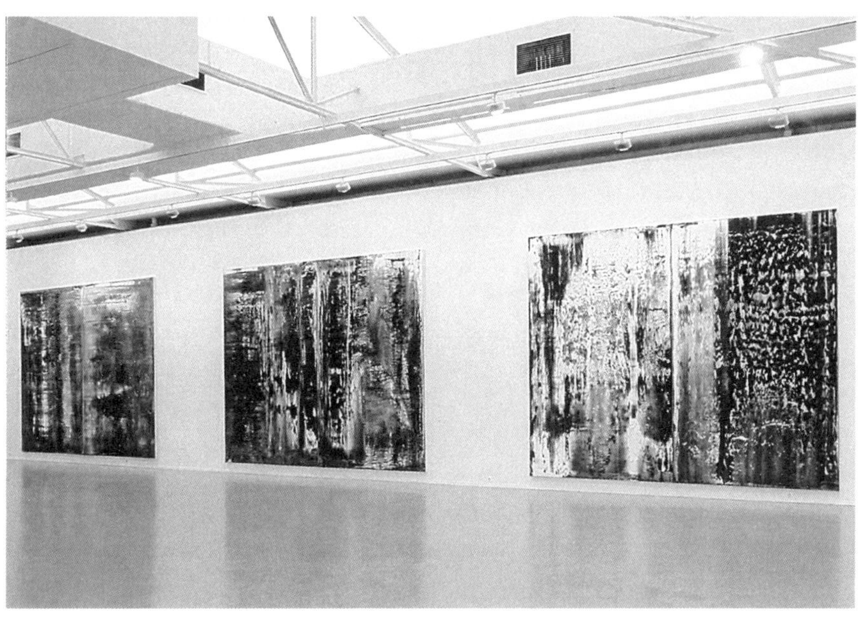

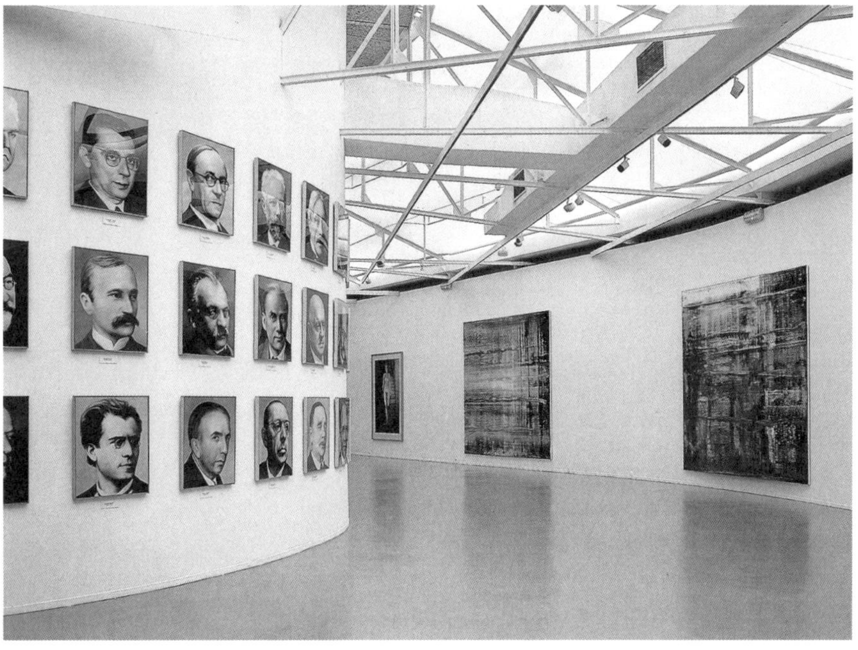

Musée d'Art Moderne de la Ville de Paris, 1993

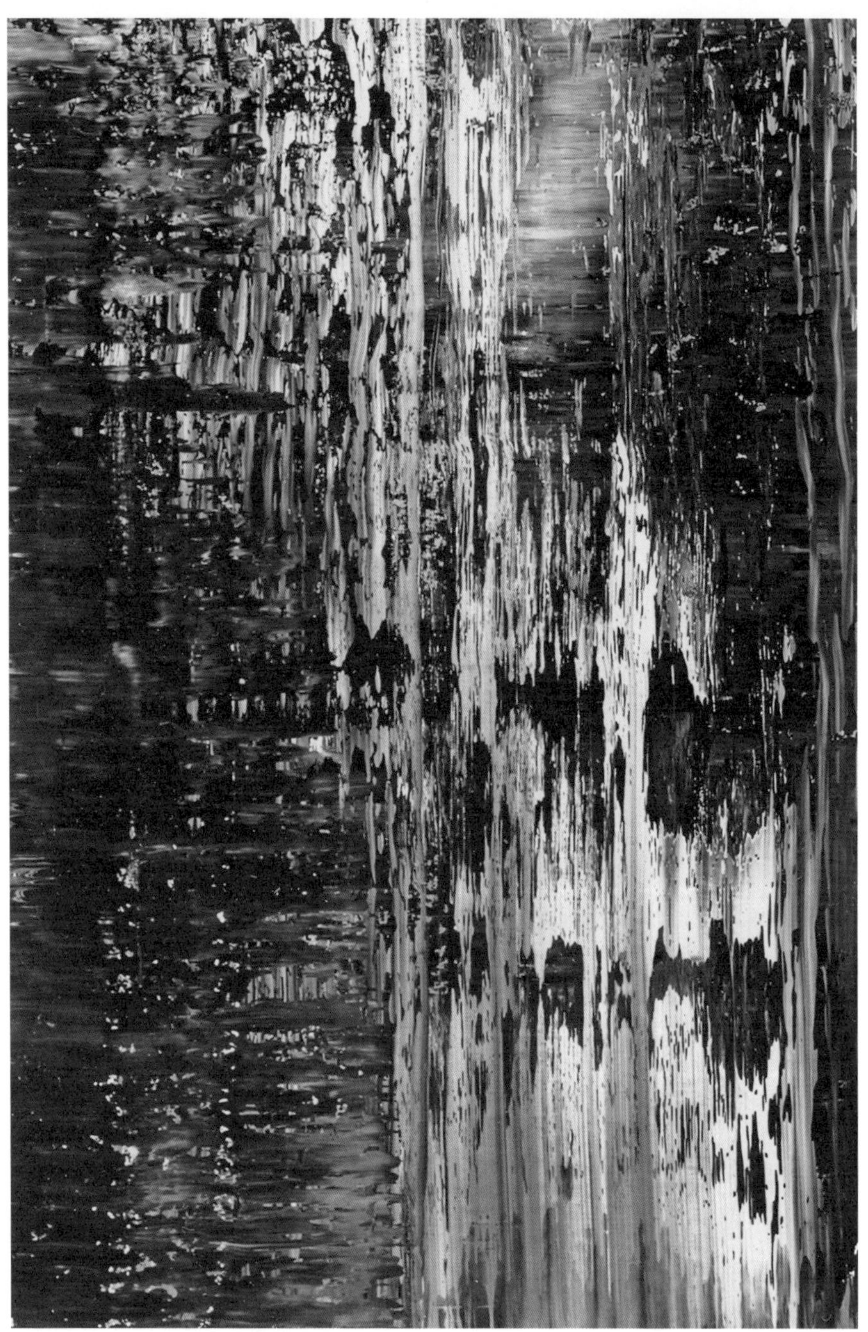

Dezember 1989 (Ausschnitt)

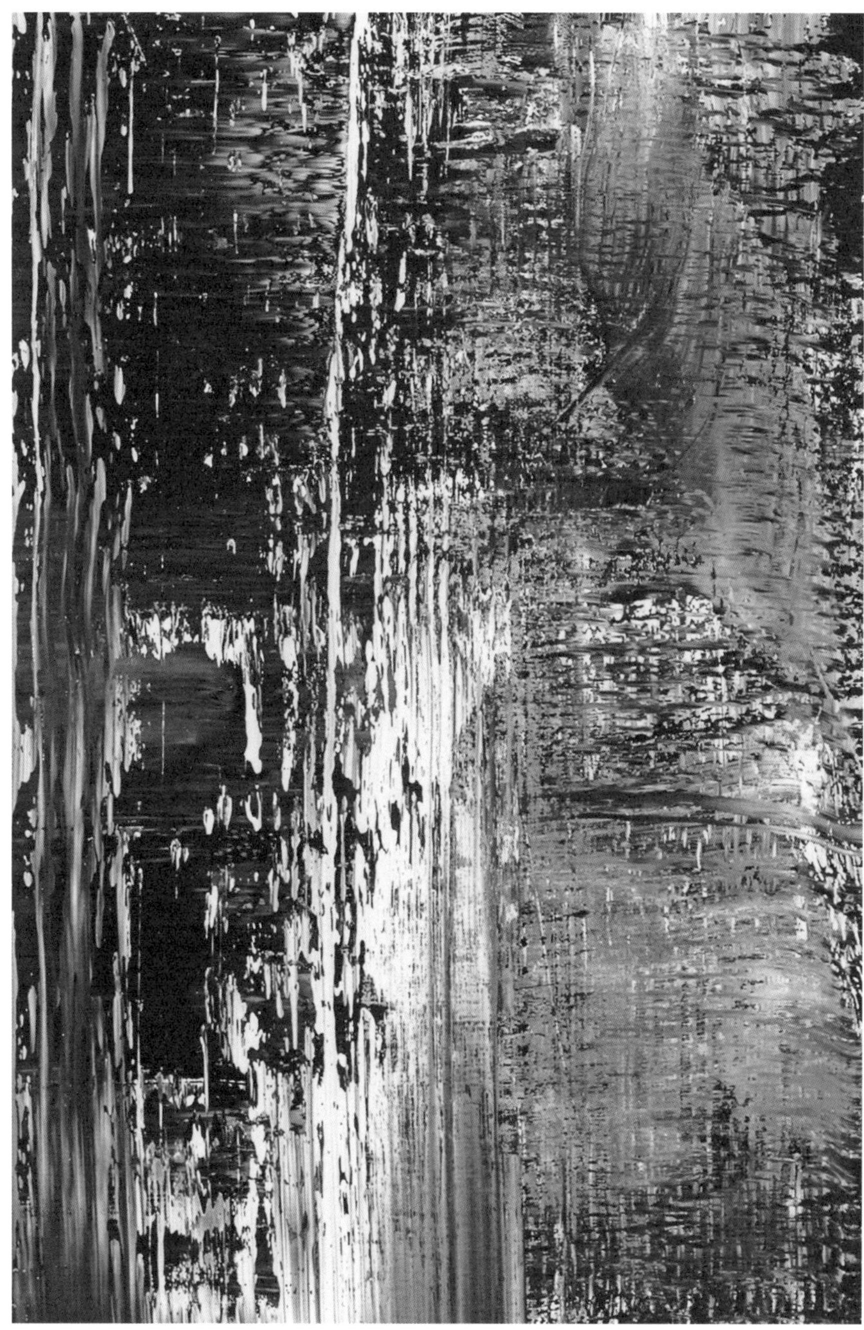

Dezember 1989 (Ausschnitt)

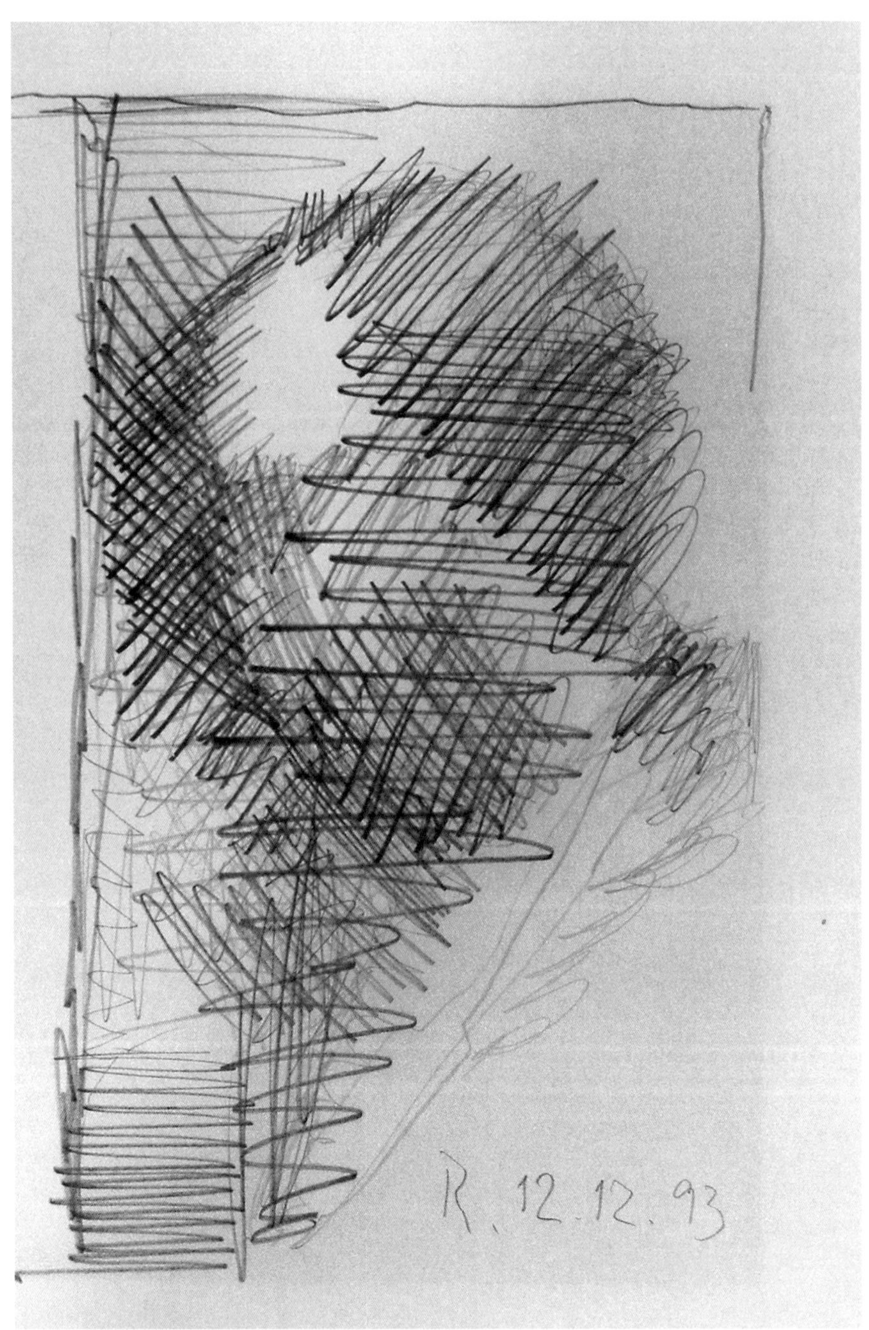

Zeichnung, 1993

Es ist nie ein Spiel. Es ist vielmehr eine Notwendigkeit. Es gibt immer einen Grund dafür, dass ich mich zu einem bestimmten Zeitpunkt für die eine oder die andere Richtung entscheide und der ganz einfach meiner jeweiligen Verfassung entspricht, meiner Fröhlichkeit oder meinem Pessimismus, so wie bei den Werken, die ich letztes Jahr in Kassel gezeigt[I] habe (*documenta* 9, 1992). Es hat auch mit meinem Wunsch zu tun, alles auszuprobieren.

Worin liegt Ihres Erachtens nach die Schwierigkeit der figurativen Malerei?

Wenn ich abstrakt male, dann gelingt mir das mit einer quasi professionellen Geste. Bei den figurativen Bildern ist das unmöglich. Der Zufall wird hier nicht zugelassen. Es bedarf zudem bestimmter Bedingungen und eines bestimmten Blickwinkels, die man erst einmal finden muss, weil die Fotografie beide immer schon negiert hat. Außerdem versuche ich, wenn ich figurativ male, das Motiv so gut wie möglich auf die Leinwand zu übertragen. Das ist nicht einfach, aber notwendig, weil die Dinge, die uns umgeben, meistens wahr, richtig oder sogar schön sind. Gemalt verlieren diese Dinge jedoch ihre Wahrheit. Deshalb muss man sie soweit „treiben", bis sie ansehnlich werden und man die Lust verspürt, sie zu betrachten. Dafür müssen sie so richtig sein wie ein Gesang.

Sie haben sich mit allen möglichen Sujets auseinandergesetzt: Stillleben, Landschaften, Portraits usw. Warum?

Weil sie uns umgeben. Wir brauchen sie alle. Meine Arbeit hat mit dem Versuch zu tun, etwas zu machen, was heutzutage verstanden werden kann oder zumindest zum Verständnis verhelfen kann, mit anderen Worten, das zu machen, was ich verstehe und was alle verstehen. Es ist eigentlich nichts anderes als das natürliche Bedürfnis nach Kommunikation, vergleichbar etwa mit anderen Tätigkeiten wie Lesen, Schreiben usw. Außerdem hasse ich es, mich zu wiederholen. Es macht mir keinen Spaß. Wenn ich etwas einmal verstanden habe, muss ich mich mit etwas Neuem beschäftigen.

Verfolgt die Ausstellung eine analytische Absicht?

Eine solche Ausstellung, die 30 Jahre künstlerischen Schaffens umfasst, komprimiert zwangsläufig meine Arbeit, ähnlich wie man Kaffee extrahiert. Sie vermittelt ein falsches Bild, aber so soll es auch sein. Ein falsches Bild insofern als man denken könnte, die verschiedenen Sujets seien bloße Übungen oder gar „Malerei über Malerei", wie ich oft gelesen habe. Tatsächlich handelt es sich um wirkliche Leidenschaft. Deshalb fällt es mir schwer zu verstehen, wie man so über meine Arbeiten sprechen kann.

Heißt das, dass es in Ihren Bildern keine versteckte Bedeutungsebene gibt, wie so oft gesagt wurde?

Ich weiß nicht, was das heißt, eine versteckte Bedeutungsebene. Wenn ich eine Kerze und einen Schädel male, ist es vor allem Malerei. Es ist sogar ausschließlich Malerei. Es wurde auch behauptet, meine Malerei sei intellektuell. Ich glaube nicht, dass ich völlig dumm bin und ich mag keine dummen Maler, aber ich halte mich deshalb noch lange nicht für einen Intellektuellen. Man hat auch von einer konzeptuellen Malerei gesprochen. Aber jeder braucht doch ein Konzept!

Warum erzeugen Ihre Bilder diesen Eindruck von Distanz?

Ich glaube nicht, dass man von Distanz sprechen kann. Zumindest sehe ich keine. Es geht mir eher darum, durch eine Formgebung etwas zu erproben. Ich kann verstehen, dass man mich für distanziert hält, und doch bin ich ganz das Gegenteil von Künstlern wie Robert Ryman oder Carl Andre, die wirklich in sich zurückgezogen sind. Ich finde diese Bilder, in denen man meine Gefühle sehr genau lesen kann, vielmehr... exhibitionistisch!

Ihre Gemälde weisen immer eine perfekte Technik auf...

Im Gegensatz zu der Zeit, als man die Technik lernen und so früh wie möglich üben musste, beherrscht sie heute keiner mehr. Malen ist so einfach geworden – jeder kann es tun! –, dass es oft zu einem gewissen Unsinn führt. Vor einem solchen Hintergrund fällt es natürlich auf, wenn jemand die Technik beherrscht. Für mich war das immer selbstverständlich und nie ein Problem. Ich stehe ja noch ganz in der Tradition der Malerei. Viel wichtiger ist für mich der Versuch, ja der Wunsch, zu zeigen, was ich will und dies mit so viel Genauigkeit wie möglich. In diesem Sinne brauche ich die Technik. Für mich ist die Perfektion so wichtig wie das Bild selbst.

Gespräch mit Stefan Weirich 1993

Als Sie damals den Zyklus gemalt haben, da haben Sie sich acht Monate lang mit Details der Terroristen beschäftigt, mit Fotos aus der Zelle. Was ging in Ihnen vor?

Es war hart. Aber es war ja mit Arbeit verbunden. Ich musste nicht tatenlos auf Tote starren, sondern konnte etwas tun. Indem ich male, bin ich ja beschäftigt. Wenn Sie so wollen, fast wie ein Totengräber.

Warum haben Sie damals eigentlich die Abbildung und die Reproduktion einiger Bilder des Zyklus verboten?

Das war noch eine sehr hysterische Zeit, und ich konnte zu Recht befürchten, dass die Presse sich auf so was stürzen wird. Es wäre einfach sehr grausam gewesen gegenüber den Angehörigen und Freunden dieser Toten.

Fotografie kann ja etwas ganz Gemeines sein. Denken sie doch nur an das Bild von Bad Kleinen.

Die Wirklichkeit ist immer grausamer!

Ist Fotografie wirklich eine verharmlosende Darstellung der Realität?

Ja, sicher. So wie jede andere Abbildung auch. Aber da Wirklichkeit vergeht und eben nur als Abbild festgehalten werden kann, sind Abbilder dann doch nicht mehr so harmlos.

Mir ist aufgefallen, dass mich Ihre Bilder sehr neugierig machen – etwa so wie Fotos. Mit dem Anschauen von Fotos befriedigt man eine Begierde.

Ja, Sie haben Recht. Man will sich immer informieren, und deswegen braucht man täglich ein bestimmtes Quantum an Bildern, die uns unsere Wirklichkeit und all ihre Möglichkeiten vor Augen halten. Wenn Sie sagen, dass Sie die Bilder neugierig machen, meinen Sie damit, dass ein Foto Sie weniger neugierig macht als ein gemaltes Foto?

Das kommt aufs Foto an. Ein Titelblatt, auf dem ein blutrünstiges Bild zu sehen ist, lehne ich innerlich ab.

Aber Sie gucken hin!

Ja, das stimmt. Aber ich drehe es zu Hause um und gucke nicht mehr hin.

Ja, das stört Sie. Aber bei den gemalten Fotos sind so viele Details weggelassen oder unscharf gehalten, dass alles etwas erträglicher wird und dass vielleicht auch etwas mehr Neugierde erzeugt wird.

Sie werden in der Bonner Kunst und Ausstellungshalle eine Werkschau[1] zeigen, die bereits in Paris[2] zu sehen ist. Wie kam es zu der Zusammenarbeit mit Bonn? Das war doch kein Zufall?

Nein, das ist eine lange Geschichte. Die Pariser waren die ersten, die die Ausstellung wollten, das ist schon viele Jahre her, und ich hatte keine Lust. Dann kam Madrid[3] dazu, und ich hatte noch weniger Lust, weil ich weiß, das macht sehr viel Arbeit, eine solche Ausstellung selbst zu organisieren. Irgendwann kamen die Bonner und sagten, wir möchten eine Ausstellung mit Ihnen machen. Da merkte ich, dass die einen Apparat haben, der sehr hilfreich ist, wo alles in guten Händen liegt. Die haben ein bisschen Geld, so dass man einen Kurator einstellen kann. Das war sehr angenehm.

Wie sind Sie konkret an der Konzeption der Ausstellung beteiligt?

Wir haben das zu dritt konzipiert, der Benjamin Buchloh, Kaspar König und ich. Dann gibt es da viele Gespräche, bis die Konzeption steht, die sich unterscheiden sollte von früheren Retrospektiven in Düsseldorf, wo mehr das Widersprüchliche gezeigt wurde der verschiedenen Bildthemen. Die amerikanische Retrospektive hatte das ganz geordnet in die drei Arten von Bildern, die konstruktiven, die figurativen und die abstrakten Bilder. Es macht Spaß, immer wieder einen neuen Blick zu erzeugen, einen neuen Sinn zu entdecken.

Haben Sie in Bonn die richtigen Räume gefunden?

Das wird sich rausstellen, das weiß ich nicht. Das hier ist – im Gegensatz zu Paris – ein pathetischer, pompöser Raum mit viel mehr Platz für die Bilder. Pomp. Ich hoffe, dass es gut wird.

Sie stellen in Ihren Werken die scheinbare Gültigkeit der Realität immer in Frage. Damit schaffen Sie eine neue Realität. Das ist doch ein Widerspruch.

Weil ein Bild eine Realität ist das dann verweist auf die Realität draußen, der man sich unsicher ist.

Kämpfen Sie schon mal innerlich mit der Themenauswahl?

Nein, ich glaube, man geht so selektiv vor, dass man nur die Dinge sucht, die malbar sind. Die anderen beschäftigen einen nicht in der Beziehung zur Malerei. Ich kann jetzt nichts über unsere Weltprobleme malen. Überbevölkerung, Hunger, Kriege. Nein, das kann ich nicht, wenigstens nicht direkt.

Wäre Hoyerswerda, Mölln oder Solingen für Sie ein Thema?

Nein, das wäre mir einfach zu aktuell. Das ist mehr was für andere Medien, die das dann sehr richtig dokumentieren und darüber berichten.

Wie gehen Sie mit Kritik um? Wie reagieren Sie, wenn jemand sagt: Das, was der Richter macht, ist ja das Letzte?

Dann sage ich: Der ist doof! Aber, so einfach sagt ja keiner, „Der Richter ist das Letzte", die machen das ja anders. Nun, es gibt halt ärgerliche Kritiken und andere wenige, die sind angenehm, die treffen irgendwas, und manchmal treffen sie irgendwas, was ich gar nicht wusste, darin kann man noch was lernen, das ist gut.

Was ist für Sie in der direkten Umgebung ganz wichtig?

Das geheizte Atelier, Freunde, ein nettes Zuhause. So ungefähr das, was alle Leute möchten.

Der Stern hat über Sie geschrieben: „Richter ist einer der bedeutendsten, produktivsten und teuersten Maler der Welt". Wie finden Sie das?

Das stimmt nicht! Es ist süß und so unqualifiziert, wie der Stern oft schreibt.

Aber im Augenblick würden Sammler selbst für die Lappen, auf denen Sie ihre Pinsel abstreichen, horrende Summen zahlen.

Das ist noch nie vorgekommen, dass ein Sammler einen Lappen von mir gekauft hat.

Messen Sie den Erfolg an den Besucherzahlen?

Nein, es entsteht jedesmal eine Stimmung. Sicher, Besucher tragen auch dazu bei, aber es sind eigentlich wenige Leute, die angerührt werden. Es ist wie in einem Konzert, wo man das spürt. Beim Konzert ist es doch mehr die Masse der Besucher. Es sind für mich immer ein paar Leute, die das mitkriegen, und dann kriegen es auch alle anderen mit.

Ein Musiker hat die Reaktion des Publikums unmittelbar vor Augen.

In der Ausstellung ist das auch so. Man kriegt es einfach mit, ob es gelungen ist oder nicht. Es wird weniger gegähnt und weniger geplaudert...

Sie werden also auch öfter in der Kunst- und Ausstellungshalle anzutreffen sein?

Bis zur Eröffnung, ja.

Woran arbeiten Sie gerade?

Ich hoffe, dass ich unbewusst schon was bearbeite, was mit meinen nächsten Bildern zu tun hat. Aber zur Zeit habe ich nur diese Ersatzbeschäftigung – Ausstellungen, Kataloge und was da so anfällt. Keine Muße, um Bilder zu malen.

Das muss für Sie fürchterlich sein.

Da haben Sie Recht.

Suchen Sie konkret nach einem neuen Ziel?

Nein, die Ziele ergeben sich ja von allein. Aber ganz unkonkret: wieder mal malen, und möglichst bald.

Gespräch mit Amine Haase 1993

Herr Richter, stimmt es, dass Sie ein Konzeptkünstler sind, der die Malerei benutzt, um seine Thesen zu belegen – wie Pontus Hulten und Kasper König gerade behauptet haben?

Nein. Ich bin wie ein Schreiner, der darüber nachdenkt, was für Möbel heute gebaut werden. Der ist ja auch kein Konzeptualist.

Und wie steht es mit der Malerei?

Ich male einfach gerne.

Aber gleich zu Beginn der Bonner Ausstellung hängen Spiegel – keine Bilder.

Schon, aber Spiegel sind ja auch bildhafte Objekte, oder wie man das nennen soll.

In keinem Fall sind es gemalte Objekte. Mögen Sie die Verwirrung, die durch verschwommene Definitionen – Malerei, Bild, Objekt, Konzept – entsteht?

Konzeptkunst war modern, und ist es wohl mal wieder...

In Paris wurden Sie von einigen Kritikern als Vater der Postmoderne gefeiert. Wie finden Sie das, nachdem Sie ja schon Pop-Künstler, Minimalist und Pate der Wilden Malerei waren?

Das ist mir alles recht. Ich hab' meine eigenen Probleme.

Und das wären?

Malen.

Tatsächlich inszenieren Sie in Bonn sehr viel mehr als in Paris das, was Sie Malerei nennen. Warum?

In Paris war weniger Platz, da konnte ich nichts „inszenieren". Die Räume in Bonn sind viel großzügiger. Also, ich arrangier das so „aus dem Bauch". Es gibt ja keine feste Bilderfolge, die bei jeder Ausstellungsstation eingehalten werden müsste.

Aber ergibt sich nicht aus Ihrer eigenen Vorstellung von Bildern, die immerhin einen Zeitraum von dreißig Jahren umfassen, eine Art Deutungs-Struktur?

Ja schon, aber in Bonn ist die Architektur doch sehr bestimmend – wie im Endeffekt jede Architektur, egal ob sie barackenhaft ist oder so pathetisch wie hier.

Was liegt Ihnen denn mehr, ein vergleichsweise nüchterner Bau wie das städtische Museum in Paris oder der Bonner jetzt?

Anfangs scheint es so, als wäre es in Bonn schwerer, Bilder zu sehen; man sieht mehr die Inszenierung. Aber man kann schon auch jedes einzelne Bild sehen – unter total anderen Bedingungen als in Paris.

A propos Inszenierung: Warum hängen Sie neben die drei sehr großen, dunklen Bilder November, Dezember *und* Januar *(1989) eine* Kerze *(1983)?*

Es passt so gut.

Advent in Bonn?

Ja, Advent in Bonn. Aber ich zeig Kerzen auch im Hochsommer.

Wären wir also wieder bei der Malerei?

Auf jeden Fall.

Interview mit Stefan Weirich über den Zyklus 18. *Oktober 1977*, 1993

Als Sie den Zyklus zusammenstellten, haben Sie sich acht Monate lang mit dem Tod befasst. Sie haben sich bis in Details mit den Terroristen beschäftigt, mit Fotos aus ihren Zellen. Was ging in Ihnen vor?

Es war hart. Aber es war ja mit Arbeit verbunden. Ich musste nicht tatenlos auf Tote starren, sondern konnte auch etwas tun dabei. Indem ich die Toten male, bin ich ja beschäftigt. Wie ein Totengräber, wenn Sie so wollen – der hat was zu tun und dadurch wird es fast normale Arbeit. Es ist schon schwieriger, sich den ganzen Tag in den Räumen aufzuhalten, wo die Bilder alle hängen – also mit diesen Bildern zu leben. Aber solange man malt, ist das keine besondere Belastung.

Sie haben sich außerdem mit Gegenständen beschäftigt, die von den Terroristen medial übriggeblieben sind. Mit Fotos aus der Presse.

Ich hatte nur Bücher und jede Menge Fotos. Sehr viele Fotos und natürlich keine Überbleibsel von denen. Auch der Plattenspieler lag mir als Fotografie vor, die ich gesammelt hatte. Natürlich hatte ich viel mehr Fotos, als ich hinterher verwendete.

Das waren Pressefotos.

Ja, die waren aus dem Stern, Spiegel und aus Büchern. Wissen Sie, ich hatte eigentlich vor, es viel breiter zu machen, und wunderte mich dann selbst, dass ich es reduziert habe auf die Toten, auf den letzten Moment. Ich wollte das Thema eigentlich viel breiter anlegen. Mehr aus dem Leben, aus der aktiven Zeit dieser Leute malen, aber das hat gar nicht geklappt, und das versuchte ich dann gar nicht zu malen.

Warum haben Sie damals eigentlich die Abbildung und die Reproduktion einiger Bilder des Zyklus verboten?

Das war noch eine sehr hysterische Zeit, und ich konnte zu Recht befürchten, dass die Presse sich auf so etwas stürzen wird, weil das ja sensationell ist, wenn einer so was malt. Es wäre einfach sehr grausam gewesen gegenüber den Angehörigen und Freunden dieser Toten, wenn das jetzt wieder durch die Presse gegangen wäre. Die Wiederholung dessen wollte ich unbedingt vermeiden.

Fotografie kann etwas ganz Gemeines sein. Denken Sie doch nur an das Bild von Bad Kleinen.

Die Wirklichkeit ist immer noch grausamer. Durch die Kleinheit des Fotos wird es ja schon fast niederträchtig, brauchbar oder akzeptierbar, eben verharmlost. Ich meine, es gibt wirklich schreckliche Fotos, aber die Wirklichkeit ist nun mal schlimmer.

Ist die Fotografie wirklich eine verharmlosende Darstellung der Wirklichkeit?

Ja, sicher. So wie jede andere Abbildung auch. Aber da Wirklichkeit vergeht und eben nur als Abbild festgehalten werden kann, sind Abbilder dann doch nicht mehr so harmlos.

Mir ist aufgefallen, dass mich Ihre Bilder sehr neugierig machen – etwa so wie Fotos, und mit dem Anschauen von Fotos befriedigt man eine Begierde.

Ja, Sie haben recht. Man will sich immer informieren, und deswegen braucht man täglich ein bestimmtes Quantum an Bildern, die uns unsere Wirklichkeit und all ihre Möglichkeiten vor Augen halten. Wenn Sie sagen, dass Sie meine Bilder neugierig machen, meinen Sie damit, dass ein Foto Sie weniger neugierig macht als ein gemaltes Foto?

Interview mit Susanne Ehrenfried 1995

Sind die 48 Portraits direkt in Zusammenhang mit der Architektur des Biennale-Pavillons entstanden, und spielen die räumlichen Begebenheiten für Ihre Arbeiten eine zentrale Rolle?

Oder hätten Sie diese Arbeit auch unter anderen Gegebenheiten (ohne irgendeinen Zusammenhang) gemalt?

Der Plan, die 48 *Portraits* zu malen, ist sehr alt. Ich hatte die Idee schon lange, aber traute mich nicht, sie auszuführen. Als ich die Einladung nach Venedig bekam, war mir sofort klar, dass die räumlichen Bedingungen für diese Arbeit ideal sind. Ohne diesen Anlass hätte ich sie wahrscheinlich nie gemalt. Da die Arbeit solch einen großen Umfang hat, benötigt sie bestimmte räumliche Gegebenheiten. Es sollten um die 50 Portraits werden. Ich habe mich dann für 48 entschlossen, weil das eine 4er-Reihe ergibt. Die Farbtafeln basieren auch auf der Zahl 4.

Welche der späteren Hängungen entspricht Ihren Vorstellungen am ehesten und warum?

Die Präsentation im Deutschen Pavillon war schon die idealste. Aber ich bin auch mit der Form der Präsentation z. B. in Luzern zufrieden. Die Hängung in einer Reihe kommt meinen Vorstellungen am nächsten. Im Museum Ludwig ist die Arbeit grauenhaft gehängt, wie eine Schokoladentafel.

Würden Sie die 48 Portraits *heute noch genauso malen? Was würden Sie anders machen? Würden Frauen in den Zyklus aufgenommen werden? Und halten Sie die Kritik von Benjamin Buchloh*[1] *für gerechtfertigt?*

Buchlohs Äußerung ist ein absolut zeitgemäßer Vorwurf. Damals, als ich die 48 *Portraits* malte, konnte er noch nicht erhoben werden. Damals hat man noch nicht so gedacht. Heute würde ich die 48 *Portraits* nicht mehr malen, weder so noch anders. Früher habe ich die Pseudoneutralität der Lexika bevorzugt, die Anonymität und Gleichmachung. Dass nur Männer in die Reihe aufgenommen wurden, entsprach dieser Vorstellung der Homogenität. Wären Frauen in dieser Reihe aufgenommen worden, hätten die formalen Prinzipien nicht mehr gestimmt. Außerdem hat es sicherlich mit der Identität und der Suche nach einem Vaterbild zu tun. Ich bin ja nicht auf der Suche nach einem Mutterbild *(lacht)*.

Hat der Begriff des Portraits bei der Entstehung Ihrer Portraits *eine bedeutende Rolle gespielt? Haben Sie sich dabei mit dem traditionellen Portraitbegriff auseinandergesetzt, oder sind derartige Überlegungen bei den Motiven zweitrangig?*

Mit solchen Begriffen kenne ich mich leider nicht aus. Da dürfen Sie mich nicht fragen. Aber natürlich spielen Portraits eine große Rolle. Ich wünsche mir immer, gute Portraits zu malen, aber das geht heute nicht mehr. Es kommt mir vielmehr darauf an, schöne Bilder zu malen.

Warum wurde Betty[2] *mit diesem zeitlichen Abstand zur Erstellung der Fotografie gemalt?*

Eigentlich mache ich das immer so. Es entsteht ein Foto, das ich lange liegen lasse und dann irgendwann einmal male.

Was halten Sie im Großen und Ganzen von der einschlägigen kunstwissenschaftlichen Auseinandersetzung mit Ihrer Malerei? Haben Sie das Gefühl, dass Sie richtig verstanden werden?

Das interessiert mich alles nicht. Ich weiß gar nicht, was alles geschrieben wird. Ich weiß nur, dass meine Äußerungen oft nicht so gemeint oder nicht richtig waren. Zitate blockieren oftmals, und das ist ein Nachteil.

Warum malen Sie keine Schwarzweißbilder mehr?

Das wäre doch altmodisch. Malerei ist bunt. Dass ich früher in Schwarzweiß gemalt habe, gehörte zu meinem allgemeinen Verweigerungsakt. Außerdem ist es authentischer. Die Zeitungen und Magazine waren ja voll von schwarzweißen Bildern.

Warum malen Sie keine Fremden mehr?

Früher bevorzugte ich den Zufall viel mehr, und heute ist mir die persönliche Beziehung wichtiger.

Und doch unterscheiden sie sich formal nicht wesentlich voneinander?

Das stimmt. Die Portraits sollen künstlich sein. Die Form ist das Entscheidende.

Sind die Frauenportraits[3] *auch im Zusammenhang mit der Romantik-Ausstellung entstanden?*

Nein, ich hatte sie schon viel früher gemalt. Sie wurden dann nur für diesen Zusammenhang ausgewählt. Butin kannte die Portraits und gab die Anregung. Die 48 Portraits sind eigentlich die einzige Arbeit, die so entstanden ist.

Haben Sie jemals Auftragsportraits gemalt?

Ja, in den sechziger Jahren. Zum Beispiel die Portraits von Wachenfeld, Dwinger, Wasmuth, Schniewind und Schmela sind als Auftragsarbeiten entstanden. Irgendwie war diese Form typisch für die Zeit der sechziger Jahre. Und das kam mir sehr gelegen, da ich dadurch meinen persönlichen Kunstgeschmack umgehen konnte und die Bilder eher durch Zufall entstanden sind. Allmählich habe ich dann allerdings die Lust daran verloren. Heute kommt keiner mehr mit einem solchen Wunsch auf mich zu, weil jeder weiß: Richter malt keine Auftragsportraits mehr.

Interview mit Hans Ulrich Obrist 1995

Am Anfang...

Wir fangen einfach an.

Der Blow Up und das Spiel mit dem Maßstab sind ein „roter Faden" in Deiner Arbeit. Ich denke zum Beispiel an die Skizzen im Atlas, wo Bilder zu großen utopischen Räumen werden sollten oder an die Mikrostudien auf Papier in den siebziger Jahren, die wenig später die ersten großformatigen abstrakten Bilder ausgelöst haben.

Stimmt, das gab es häufiger.

Wie kam es zum Blow Up Deines Kerzenbildes in Dresden?[1]

Ich weiß gar nicht mehr, wer in Dresden auf die Idee kam, für die Abdeckung dieser großen Fassade ein Bild von mir zu wollen. Ich glaube, es war Dr. Schmidt vom Museum[2], und er war es auch, der ein Kerzenmotiv vorschlug. Ich collagierte dann verschiedene Kerzenbilder in das Foto der Fassade, und so kam es zu dem Motiv der zwei Kerzen, das am geeignetsten schien. Anfangs sollte das ja nur einen hübschen Anblick ergeben, aber später entdeckte man auch eine politisch nutzbare Aussage des Kerzenbildes.

Wie hat sich das Bild politisch aufgeladen?

Das kam durch die bevorstehenden Feierlichkeiten zum 13. Februar, als vor 50 Jahren Dresden zerstört wurde. Und Kerzen waren für die DDR immer schon ein wichtiges Symbol, als stille Demonstration gegen das Regime, das war schon sehr beeindruckend. Es bleibt natürlich ein seltsames Gefühl, zu sehen, dass aus so einem kleinen Kerzenbild plötzlich etwas ganz anderes wird, etwas, das ich ja nie beabsichtigt hatte. Denn als ich es malte, hatte es weder diese eindeutige Aussage, noch sollte es irgend etwas von einem Straßenbild haben. Es ist mir sozusagen entlaufen und etwas geworden, für das ich ja gar nicht mehr kompetent bin. Mit dem Wiener Bild ist es ja ähnlich.

Das mit dem Entlaufen der Bilder ist...

...wie mit den Kindern, die später was machen, was man gar nicht mehr versteht.

Es gibt diese „Zweibeinertheorie". Die Werke sind in hochspezialisierten diskursiven Zusammenhängen präsent und haben gleichzeitig eine populäre Dimension.

Das war mir bisher eben nicht bewusst, dass ein Bild in den verschiedensten Erscheinungsformen auftritt, für die ich überhaupt nicht oder nur selten zuständig bin. Das machen dann andere, und weil die anderen es zu einem anderen Zweck machen, wird es dann auch ein anderes Bild. Die Postkarte einer Kerze ist zum Grüßeschreiben da und das Großbild zum Dranvorbeifahren. Beides habe ich nicht gemacht und nicht beabsichtigt. Ein schöner Nebeneffekt, zur Popularisierung.

Die Erscheinungsform desselben Bildes verändert sich durch die Auswahl der Details, durch die Vergrößerung sowie durch die Übertragung mittels CALSI (Computer Aided Large Scale Imagery) Die Übersetzung ist in Deinen Bildern permanent vorhanden; die Übersetzung vom Foto zum Bild, das wiederum reproduziert wird. Das Format des Großbildes (50 mal 10 Meter) erinnert an die Propagandabilder der russischen Revolution, zum Beispiel von Altman oder an Dufys „Fée Electrique"[3] oder an Dein monumentales Strichbild[4].

Nur dass es sich bei Raoul Dufy nicht um eine Reproduktion handelt, sondern er hat es ja direkt und selbst auf die Wand gemalt. Und meine zwei großen

Striche waren nicht die Vergrößerung von Bildern, sondern die Vergrößerung von Entwürfen, die ich nur zu diesem Zweck gemacht hatte. Das Bild für die Wiener Kunsthalle dagegen ist eine Reproduktion, noch dazu die eines Details aus einem Bild. Es wird also ein ganz neues Bild und zwar auch deshalb, weil seine Urheberschaft eine ganz andere ist. Ich hatte ja nicht die Idee, sondern andere hatten sie, und die Motivwahl wurde dann eher kollektiv vorgenommen, also nicht von mir allein. Das ist also eine ganz andere Arbeitsweise, eher wie von einer Werbeagentur, wo ich mal für ein Projekt lang mitarbeite. Das ist ganz spannend und sehr zeitgemäß. Vielleicht lassen sich auch mal Ausstellungen viel besser und publikumswirksamer mit Reproduktionen statt mit Originalen inszenieren.

Bruce Sterling gibt seit einigen Jahren seine Bücher ins Internet und macht sie so allen verfügbar. Erstaunlicherweise sind dadurch die Verkaufszahlen für Hardcover und Paperback also für Atome, in keinster Weise zurückgegangen. Sondern in die Höhe geschnellt. In der virtuellen und digitalen Welt gibt es ein großes Bedürfnis für das Buch als haptisches Objekt: Gleiches gilt auch für Ausstellungen, die Originale werden nicht redundant, aber die Verbreitung ist eine viel größere.

Das ist gut, man sollte ja auch nur das wollen: so weitgehend wie möglich präsent sein. Sich verbreiten. Sonst tun es andere.

Gibt es da Limits? Das Fernsehen?

Nur deshalb, weil die mit Bildern nichts anfangen können. Die wollen nur Schauspieler, der Künstler in der Talkshow, der sich dann gänzlich lächerlich macht.

Und ein Standbild im Fernsehen?

Das wäre wunderbar, ab und zu ein stilles Bild auf der Mattscheibe, ohne Kommentar, ohne Musik, vielleicht wäre das für die Zuschauer eine Erlösung.

Robert Bresson[5] sagte, dass in jedem Medium andere Regeln gelten. Vielleicht ist es ja in diesem Zusammenhang interessant, über Dein Filmexperiment in Japan[6] zu sprechen.

Wo ich mich vergriffen habe, also ziemlich leichtsinnig mich in einem anderen Medium versucht habe. Das ging ganz daneben. Film ist nichts für mich.

Das führt uns wieder zu Deinen anfänglichen Vorbehalten mit dem Großbild.

Ich dachte anfangs, etwas ganz Besonderes machen zu müssen, also nicht das was ich kann, sondern etwas ganz anderes, etwas Spektakuläres, Schreiendes oder Witziges. Da fallen einem dann jede Menge alberner Ideen ein, die einen am Ende nur noch deprimieren. Deshalb war Deine Idee, das *River*-Bild zu benutzen sehr heilsam. Und dass nur ein Detail vergrößert wird, finde ich sehr schön, passt ja auch zu dem geplanten kleinen Buch[7], das nur Details zeigen soll.

Das Halifaxbuch[8] *versammelte verschiedene Ansichten eines Bildes. Das jetzt entstehende Buch wird im Gegenteil dazu frontal abgebildete Details eines Bildes umfassen. Bezüglich des Großbildes dachtest Du ja anfänglich an den Blow Up einer Fotosequenz.*

Ja, aber wie gesagt: an ganz besondere Fotos, die ich ja gar nicht kann. Jetzt könnte ich mir auch meine Fotos für ein Großbild vorstellen. Das nächste Mal.

Interview mit Hubertus Butin 1995

Herr Richter, seit 1991 hängt der 18. Oktober 1977 als Dauerleihgabe im Frankfurter Museum für moderne Kunst. Er ist dort nicht nur einer der Höhepunkte der Sammlung, sondern auch von fundamentaler Bedeutung für die von Jean-Christophe Ammann konzipierte Struktur des Hauses. Von daher ist der Verlust für das Museum sicherlich doppelt schmerzlich. Ammann hat sich sehr für einen dauerhaften Verbleib der Bilder in Frankfurt engagiert. Warum haben Sie den Gemäldezyklus nicht an ihn verkauft?

Es gab kein konkretes Kaufangebot aus Frankfurt, und es konnte meines Wissens auch keines geben, da das Frankfurter Museum für moderne Kunst kein Geld hat. Natürlich wusste ich, dass Jean-Christophe Ammann die Bilder für das Museum behalten wollte; das machte er mir und anderen von Anfang an sehr deutlich, während ich ihm nie was Verbindliches sagen konnte. Denn bei aller Liebe wusste ich immer, dass das Frankfurter Museum nicht unbedingt der letzte Ort für die Bilder sein muss, und so wurde es für mich der optimale Platz für eine Leihgabe über 10 Jahre.

Also benutzen Sie Frankfurt als „Wartestation"?

Nicht am Anfang, denn da war ich noch so unsicher mit dem Zyklus, so dass ich ungeheuer froh über das Angebot von Ammann war.

Bis wann werden die Bilder noch in Frankfurt zu sehen sein, und wie kam es zu dem Ankauf durch das New Yorker Museum of Modern Art?

Der Zyklus bleibt bis zum 31.12.2000 in Frankfurt und geht dann nach Amerika. Robert Storr und Kirk Varnedoe vom New Yorker MoMA haben die Bilder bei der Ausstellungstournee in den USA gesehen und waren wohl so angetan, dass sie sich dann an meine New Yorker Galeristin gewandt haben und schließlich an mich.

Das Museum of Modern Art ist keine städtische oder staatliche Institution, sondern eine private Stiftung, die einem Board of Trustees untersteht. Dieses Kuratorium von Treuhändern führt den Musentempel wie eine große Firma, wobei sowohl die laufenden Kosten wie auch die Geldmittel für Neuerwerbungen hauptsächlich durch Fundraising, also durch das Eintreiben von Spenden, aufgebracht werden. Es ist jedoch gängige Praxis im MoMA, dass immer wieder Werke aus dem eigenen Sammlungsbestand veräußert werden, wenn für den beabsichtigten Ankauf eines verlockenden Bildes die gesammelten Spenden nicht ausreichen – eine Praxis, die in Deutschland glücklicherweise undenkbar ist. Was würden Sie also dazu sagen, wenn Sie in einigen Jahren den Zyklus auf einer New Yorker Auktion antreffen würden?

Da können Sie mich auch fragen, wie ich mich fühlte, wenn das MoMA von einem Erdbeben zerstört würde. Sie meinen aber sicher, ob der Ankauf mit Bedingungen verknüpft ist – und das ist er nicht. Ich habe noch nie einen Verkauf mit Bedingungen verbunden, d. h. jeder Erwerber ist frei, sein Bild zu verkaufen oder in den Keller zu stellen, oder was weiß ich. Also auch dem MoMA steht das frei, und ich finde das ganz natürlich, denn nichts bleibt, wie es ist. Die Bewertungen ändern sich früher oder später, und bis auf ganz wenige bedauerliche Ausnahmen findet doch jedes Bild mit der Zeit den Platz, den es verdient.

Innerhalb der letzten fünf Jahre wurde der Zyklus u. a. in Boston, Saint Louis, Los Angeles, New York und San Francisco präsentiert. Die amerikanische Öffentlichkeit zeigte sich außerordentlich beeindruckt, überhäufte das Werk meist mit höchstem Lob und bescheinigte Ihnen eine große moralische Ernsthaftigkeit. Von diesem generellen Zuspruch abgesehen hat das MoMA Ihnen gegenüber jetzt sein spezifisches Interesse am 18. Oktober 1977 näher begründet?

Robert Storr hat mir geschrieben, warum er den Zyklus gern für das Museum hätte, warum er die Bilder so gut findet usw. Da müsste ich jetzt seinen Brief suchen.

Kirk Varnedoe, Chief Curator of Painting and Sculpture am MoMA, ließ diesbezüglich verlautbaren: Richters „Bilder führen in der Tat höchstwahrscheinlich für viele zeitgenössische Betachter eine Epoche gewaltsamen sozialen Kampfes wieder vor Augen und dienen als ein aktuelles Reizthema und Streitpunkt für einige der bewegendsten und kontroversesten politischen Argumente der zweiten Hälfte des 20. Jahrhunderts". Varnedoe denkt dabei wohl u. a. an die breite politische Diskussion, die nach der ersten Präsentation der Bilder in Deutschland entbrannte und die in allen Medien zu einer erneuten Aneignung der verdrängten Historie führte. Wie schätzen Sie das spezielle Interesse der Amerikaner an der deutschen RAF-Thematik ein und generell die Wirksamkeit politischer Kunst im konservativen Amerika?

Vielleicht sehen die Amerikaner auf Grund ihrer Distanz zur RAF eher das Allgemeine des Themas, das fast jedes moderne oder auch unmoderne Land betrifft: die generelle Gefahr von Ideologiegläubigkeit, von Fanatismus und Wahnsinn. Das ist doch für jedes Land aktuell, also auch für die USA, die Sie hier so leichthin als konservativ bezeichnen. – Ich kann aber auch noch einen direkten Bezug sehen zwischen Amerika und RAF, und zwar nicht nur den Vietnamkrieg, gegen den 1968 Baader und Ensslin protestierten, indem sie mehrere Brandsätze in zwei Frankfurter Kaufhäusern legten; einen Bezug sehe ich auch in der amerikanischen Prägung der Haltung und des Lebensgefühls der sogenannten 68er. Selbst deren Antiamerikanismus war ja nicht nur Reaktion auf den amerikanischen Einfluss, sondern war zum Großteil Import aus Amerika.

Hilton Kramer hat im New York Observer eine kräftige Breitseite auf das MoMA abgefeuert. Er ist Chefredakteur des New Criterion, des kulturellen Kampfblatts der amerikanischen Neokonservativen. Schon vor dreißig Jahren hatte er gegen Andy Warhol agitiert, denn „die radikalen Bewegungen der sechziger Jahre" würden „die Ideen einer unabhängigen hohen Kultur" zerstören. Auch über so bedeutende Künstler wie Robert Ryman, Cy Twombly, Jackson Pollock und Marcel Duchamp schüttete Kramer immer wieder seine polemische Verachtung aus. Jetzt wirft er dem MoMA vor, dass es für den Ankauf der Oktober-Bilder „so gedankenlos Geld verschleudert und sein Prestige vergeudet" habe. Er beschuldigt Sie, dass Sie mit dem Zyklus „die Erhebung der Baader-Meinhof-Bande zu politischen Heiligen und Märtyrern" praktiziert hätten, und stellt Sie indirekt als einen Sympathisanten dar. Der Newsweek-Autor David Gordon fordert sogar, die Bilder durch Portraits der RAF-Opfer zu ergänzen. Obwohl bei näherer Betrachtung des Werkes keineswegs von einer Transzendierung oder Glorifizierung der Terroristen die Rede sein kann und Sie wiederholt öffentlich klargestellt haben, dass Sie trotz dem Gefühl der Trauer keine Sympathie für die Täter empfinden, war ein solcher Angriff von konservativer Seite zu erwarten. Unterlag 1989 nicht auch die Dresdner Bank einem unglücklichen Missverständnis, als sie die bildnerische Abwesenheit der Opfer beklagte?

Das kann man ja verstehen, dass die Dresdner Bank auf Grund der Ermordung ihres Vorstandsvorsitzenden Jürgen Ponto zuerst Schwierigkeiten mit den Bildern hatte und dem Frankfurter Museum für moderne Kunst ihre Unterstützung entzog. Und was die paar amerikanischen Pressestimmen betrifft, die diese MoMA-Erwerbung attackieren, die kann man doch sehr gelassen hinnehmen, denn es ist ja offensichtlich, dass sie nichts Wesentliches anrichten. Außerdem wäre es doch ganz unnormal, ja entsetzlich, wenn dort einstimmiges Lob ausgebrochen wäre. So wie es läuft, ist es schon sehr gut.

Kurz nach Kramers und Gordons Artikeln setzte sich der Künstler Richard Serra in der New York Times emphatisch für Ihre Arbeit ein. Er betont die Einzigartigkeit des Werkes innerhalb der zeitgenössischen Kunst und vergleicht dessen Wirkung mit Bildern Goyas und des späten

Rembrandt. Unabhängig davon, ob ein solcher Vergleich angemessen ist oder nicht, er steht exemplarisch für die hohe Wertschätzung, die Ihnen von wichtigen amerikanischen Künstlern entgegengebracht wird. Ab September wird der Zyklus in einer Retrospektive in Jerusalem[1] *gezeigt. Bereits 1989 hatte die auflagenstärkste israelische Tageszeitung aus Tel Aviv einen großen Bericht über die Oktober-Bilder abgedruckt. Glauben Sie, dass auch bei der Ausstellung in Jerusalem dem Zyklus wieder ein besonderes Interesse entgegengebracht wird, und erwarten Sie eine spezifisch jüdische Sichtweise?*

Ich kenne die Situation in Israel zuwenig. Aber die Kuratoren des Museums in Jerusalem wollten den Oktober-Zyklus unbedingt in der Ausstellung haben und betonten, dass es ganz wichtig sei, ihn in ihrem Land auszustellen. Und das sicher nicht nur, weil die Bilder ein wichtiges Thema deutscher Geschichte ansprechen, sondern vor allem, weil das Thema von Terror und Tod ihnen ja nicht gerade fremd ist, was durch die laufenden Auseinandersetzungen mit den Palästinensern wieder ganz offensichtlich ist.

1993 hatte die Berliner taz geschrieben, dass der Zyklus sich „mit der Intensität einer Ideologie auseinandersetzt, die in ihrer alogischen Konsequenz in den Tod führen musste". Denn das Credo der RAF war die blinde und einsame Verabsolutierung der Vorstellung vom altruistischen Selbstopfer und von der Opferung anderer um der revolutionären Idee willen. Sie selbst hatten 1989 in einem Interview betont, dass es Ihnen mit Ihrem Zyklus um eine exemplarische Kritik an ideologischem Denken und seinen Folgen gehe. Dementsprechend äußerte Jean-Christophe Ammann, der Direktor des Frankfurter Museums für moderne Kunst: „Es ist ein Werk, das ein Mahnmal gegen die Ideologien in Deutschland in diesem Jahrhundert schlechthin darstellt (...) Es ist also ein Werk über Deutschland selber." Deswegen reagierte Ammann wohl so entsetzt auf den Verkauf: „Hätte er mich vorher gefragt, hätte ich gesagt: Lass die Bilder um Gottes willen in Deutschland." Die FAZ wirft Ihnen vor, dass Sie „eines der ungelösten Traumata der Nachkriegszeit gleichsam durch Export unschädlich gemacht" hätten. Auch wenn man bedenkt, dass das amerikanische Publikum überwiegend sehr sensibel auf den Zyklus reagiert hat und im Gegensatz zur deutschen Kritik auch sofort Ihr Anliegen begriffen hat, glauben Sie nicht trotzdem, dass die Gegenwart der Bilder für unser Selbstverständnis und für unsere Auseinandersetzung mit der eigenen Geschichte viel wichtiger ist als für den Amerikaner?

„Durch Export unschädlich gemacht", das ist schon ein ziemlicher Blödsinn. Diese Bilder sind für Deutschland schon deshalb nicht wichtiger als für Amerika, weil sie ziemlich ungeeignet sind für die vielzitierte Aufarbeitung von Geschichte. Für diese Aufarbeitung gibt es andere Orte, zum Beispiel in Bonn das Haus der Geschichte; dort kann man die Manifeste und Utensilien der RAF ausstellen, und diese Ausstellungsstücke wären dann in Amerika ganz fehl am

Platz. Da wird also etwas durcheinandergebracht: das eine kann geschichtliches Anschauungsmaterial sein, das andere sind die Bilder mit der bereits erwähnten allgemein gehaltenen Thematik. Und die Bilder sind auch deshalb so ins Allgemeine verundeutlicht und vermalt, weil ich ganz und gar nicht wollte, dass man da Gudrun oder Ulrike erkennt. – Kein Anschauungsunterricht in deutscher Geschichte.

Nun wurde durch den Verkauf der Oktober-Bilder wiederum in Deutschland das öffentliche Augenmerk auf diese Arbeit gelenkt und ein Bedürfnis nach derselben geweckt, gerade indem Sie sie der deutschen Öffentlichkeit entziehen. Ist dies letztlich auch Ausdruck Ihrer Enttäuschung über das mangelnde Interesse – Jean-Christophe Ammann ausgenommen – der deutschen Museumsdirektoren?

Ich werde die Bilder nicht nach New York geben, weil ich über mangelndes deutsches Interesse enttäuscht bin, sondern weil mich das MoMA gefragt hat und weil ich es für das beste Museum der Welt halte.

Streng genommen ist der künftige Abzug der Bilder nach New York keine Niederlage für die deutschen Museen, denn eine solche würde nur dann vorliegen, wenn dieser eine Auseinandersetzung vorausgegangen wäre. Trotz der großen Anteilnahme der Öffentlichkeit hat aber außer dem Frankfurter MMK kein Museum hierzulande den Mut gehabt, sich um den Zyklus zu bemühen. Nicht eine Niederlage, sondern eine internationale kulturpolitische Blamage ersten Ranges ist demnach der deutschen Museumslandschaft zu attestieren. Mit leeren Kassen kann das offensichtliche Desinteresse nachträglich auch nicht begründet werden, wenn man bedenkt, dass in letzter Zeit die Staatsgalerie Stuttgart für ein Beckmann-Bild 6,9 Millionen DM aufgebracht hat und das Berliner Brücke-Museum einen Kirchner für 5 Millionen DM erworben hat, während gerade die Neue Nationalgalerie einen Dix für 7,7 Millionen DM ankaufen will. Hätte der 18. Oktober 1977 mit seiner großen gesellschaftlichen und historischen Relevanz nicht in ein Haus wie z. B. die Berliner Nationalgalerie gehört?

Ich kann das so nicht sagen; ich kann vor allem nicht sagen, dass die Bilder in ein bestimmtes Museum „gehören“, egal ob das jetzt Berlin oder New York wäre. Ich finde die Berliner Nationalgalerie hervorragend, aber vielleicht passen die Oktober-Bilder gar nicht so gut in die bestehende Sammlung. Vielleicht würden dort diese Bilder wieder einseitig historisch gesehen und so eine falsche Aufmerksamkeit erhalten. Übrigens gab es außer Frankfurt auch noch das Diözesan-Museum in Köln, das den Zyklus haben wollte. Mich hatte das anfangs sehr gereizt, weil mir da eine Alternative zum populistischen Ludwig-Museum vorschwebte, aber dann schien mir die bestimmte Inhaltlichkeit der Diözesan-Sammlung doch etwas zu prägend für meine Bilder. New York ist schon richtig.

In den letzten Jahren haben Sie immer wieder Motive von Ölbildern in fotografischer oder druckgrafischer Form künstlerisch weiterverarbeitet. Ich denke zum Beispiel an Kerze I *und* II, Besetztes Haus, Betty *oder* Ema (Akt auf einer Treppe). *Ist es für Sie vorstellbar, von dem Zyklus eine großformatige Fotoversion anzufertigen, so dass die Bilder dann zumindest in dieser Form der deutschen Öffentlichkeit erhalten bleiben könnten?*

Ich glaube nicht, dass „die deutsche Öffentlichkeit" solche Fotos möchte. Aber eine Fotofassung der Bilder ist nicht undenkbar. Von den 48 *Portraits* von 1971/72 gibt es ja auch zwei Versionen[2]. Dann hätte das MoMA eben eine gemalte und eine fotografische Fassung der Oktober-Bilder. Es muss aber nicht sein.

Interview mit Stefan Koldehoff 1995

Um den Verkauf der 15 großen Stammheim-Bilder *hat es hier wie in New York großen Wirbel gegeben. Hängt es damit zusammen, dass diese Bilder als Auseinandersetzung mit einem sehr deutschen Thema gesehen werden?*

Gerade das ist mir unverständlich: dass das Thema der Bilder als so ausschließlich deutsch angesehen wird. Die, die sich jetzt über diesen „Export" aufregen, verwechseln da doch etwas. Sie projizieren einen dokumentarischen Wert in die Bilder, den sie gar nicht haben. Die Bilder sind doch extra so allgemein gemalt, dass man gerade nicht die „Ulrike Meinhof" sieht, nicht den „Andreas Baader" und keine Details zur RAF-Geschichte. Es sind Bilder, deren Aussage sich nur im Kunstkontext entfalten kann. Das heißt: Es sind keine Dokumente und keine Anschauungsstücke, wie man sie beispielsweise im Haus der Geschichte in Bonn zeigen kann. Das Allgemeingültige an den Bildern zeigte sich ja immer dann deutlich, wenn sie im Ausland ausgestellt wurden. Egal, ob in London, Amerika oder – wie zur Zeit – in Israel: Sie werden als die Bilder gesehen, die sie sind, und mit der Aussage, die jedes Land betrifft. Und was Frankfurt anbelangt: Jean-Christophe Ammann hat mir immer deutlich zu verstehen gegeben, dass er die Bilder für sein Museum haben möchte. Und ich habe ihm nie eine Zusage gegeben, denn für mich wurde Frankfurt immer weniger zum endgültigen Ort für diesen Zyklus.

Man könnte annehmen, dass diese Bilder in Amerika mit noch mehr Argwohn aufgenommen werden?

Die Kritiken dort hoben sich sehr wohltuend von den deutschen ab. Hier war man so von dem Thema betroffen, dass man die Bilder fast nur noch politisch sehen konnte – oder gar wie eine Art „Familienangelegenheit". Deshalb gab es ja auch so unsinnige Vorwürfe wie den, es stehe einem bürgerlichen Maler nicht zu, solch ein Thema zu malen, oder es sei zu undeutlich gemalt, ich hätte also keinen Standpunkt bezogen. Im Ausland hat man sich die Sicht auf die Bilder eben nicht mit Erwartungen und Vorurteilen verstellt.

Und deshalb haben Sie die Bilder nach Amerika verkauft?

Die Adresse war sicher ausschlaggebend. Ein so gutes Museum wie das MoMA haben wir in Europa nicht. Nicht einmal die Londoner Tate Gallery hat diese Qualität.

Waren die Bilder in Frankfurt deplatziert?

Gerade weil es offensichtliche Bezüge zwischen Frankfurt und der RAF gab, ist das Frankfurter Museum nicht unbedingt der richtige Ort für die Bilder. Sie bekommen dort eher diese illustrative, lokal-dokumentarische Seite, die ihnen nicht gut tut.

In Frankfurt soll es einen interessierten Privatsammler gegeben haben, der die Bilder in Deutschland hätte halten können...

Diesen Sammler kenne ich nicht. Es gab keine Nachfrage und kein Angebot. Mir war es aber auch recht, dass ich nicht gefragt worden bin, sonst hätte ich ja mein Gewissen prüfen müssen: Sollte ich nicht doch...

Dass der Leihvertrag mit Frankfurt Ende 1999 abläuft, war allgemein bekannt. Das MoMA ist daraufhin mit seinem Kaufwunsch an Sie herangetreten. Die Gemälde hätten auch gut in die Berliner Nationalgalerie gepasst...

Das stimmt. Aber ich halte es für möglich, dass sie dort in der Sammlung ein Gewicht erhalten hätten, das wiederum über die Maße politisch motiviert wäre. Ein Museum wie die Nationalgalerie hat eine bestimmte Struktur, seine Sammlung einen bestimmten Inhalt, da hätten die Bilder ein Gewicht erhalten, das vielleicht ein bisschen störend gewesen wäre.

Andere Museen haben sich nicht gemeldet?

Nur das Diözesanmuseum in Köln hat mich gefragt. Die wollen ein neues Museum bauen und haben eine Sammlung vom Mittelalter bis zur Gegenwart. Das hat mich anfangs sehr gereizt – schon als Gegengewicht und Alternative zum Ludwig-Museum, das ja ein bisschen sehr populistisch ist. Am Ende war mir aber der religiöse Kontext inhaltlich zu sehr in einer bestimmten Richtung vorgeprägt.

In New Yorker Zeitungen wird jetzt heftig darüber debattiert, wie die Bilder gehängt wer-

den sollen. Im Zeitalter der Political Correctness gibt es sogar den Vorschlag, neben ihre Bilder Gemäldefotos von Opfern der RAF zu hängen.

Dieser komische Vorschlag stand in *Newsweek*. Aber das sind ja nur Stimmen, die zahlenmäßig viel geringer sind als jene anderen, die den Zyklus sehr positiv sehen. Ich finde es ganz normal, dass auch Blödsinn geredet wird, das gehört zur Auseinandersetzung.

Hätten Sie Einwände gegen einen dokumentarischen Zusatz?

In Los Angeles gab es ein kleines Kabinett mit Dokumentationstafeln zum Thema der Bilder, erklärender Text, Fotos – das war gut gemacht. Der einzige Nachteil ist, dass die Leute dann mehr Zeit mit Lesen verbringen als bei den Bildern.

Sie haben sich für eine Ausstellung in London jetzt erneut mit dem Thema auseinandergesetzt und 23 Seiten aus dem Buch Der Prozess gegen die Rote Armee Fraktion *von Pieter H. Bakker Schut übermalt.*[1] *Wie kam es dazu?*

Das weiß ich nicht. Das Buch lag bei mir rum, die Situation war so ähnlich wie damals:

Es war unerledigt. Ich wusste nicht, was ich mit dem Buch machen sollte. Und dann fing ich an, Seiten zu übermalen, so wie ich manchmal Fotos übermale. Vielleicht wollte ich das Thema für mich endlich ganz beenden. Ein, zwei Jahre später zeigte ich die übermalten Seiten einem Freund, der fand sie sehr gut und riet mir, dass diese 23 Seiten als eine Arbeit zusammenbleiben müssten.

Interview mit Mark Rosenthal 1998

Wann haben Sie zum ersten Mal Rothkos Werke gesehen?

Es war irgendwann Anfang oder Mitte der sechziger Jahre. Die Gemälde waren kein Schock, aber sie hatten eine ganz besondere Eindrücklichkeit. Sie waren so ernsthaft, nicht wild wie die von Warhol. U.a. besonders beeindruckt haben mich Rothkos Auffassung von Malerei und der Aufgabe des Malers.

Was verstanden Sie unter dieser Auffassung?

Ich glaube, es war das Art Institute of Chicago, das Mitte der fünfziger Jahre eine klassische Sicht der Rothko-Werke populär gemacht hat, denn dort hieß es, dass man die Bilder nicht einfach nur ansähe sondern geradezu in sie hineinginge.

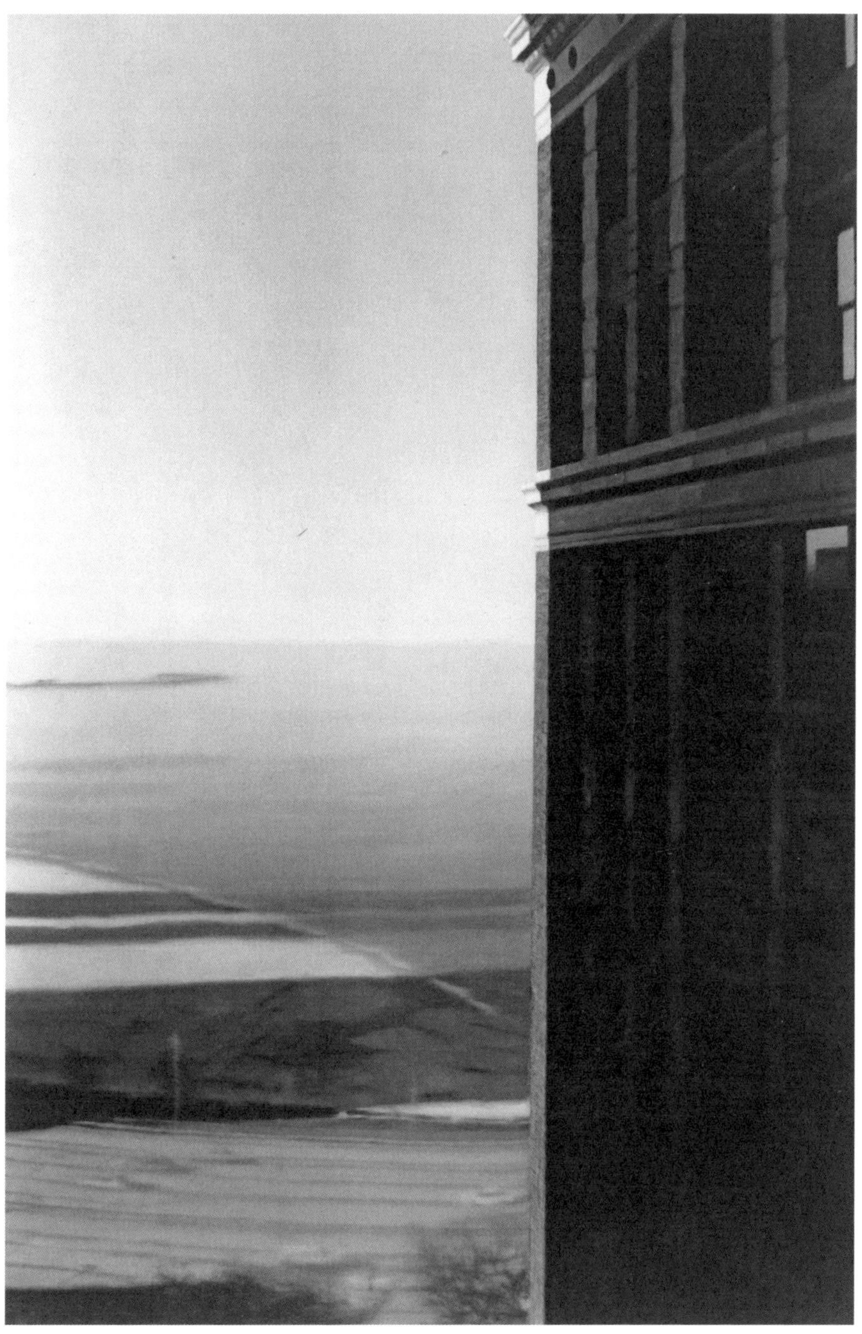

Chicago, 1992

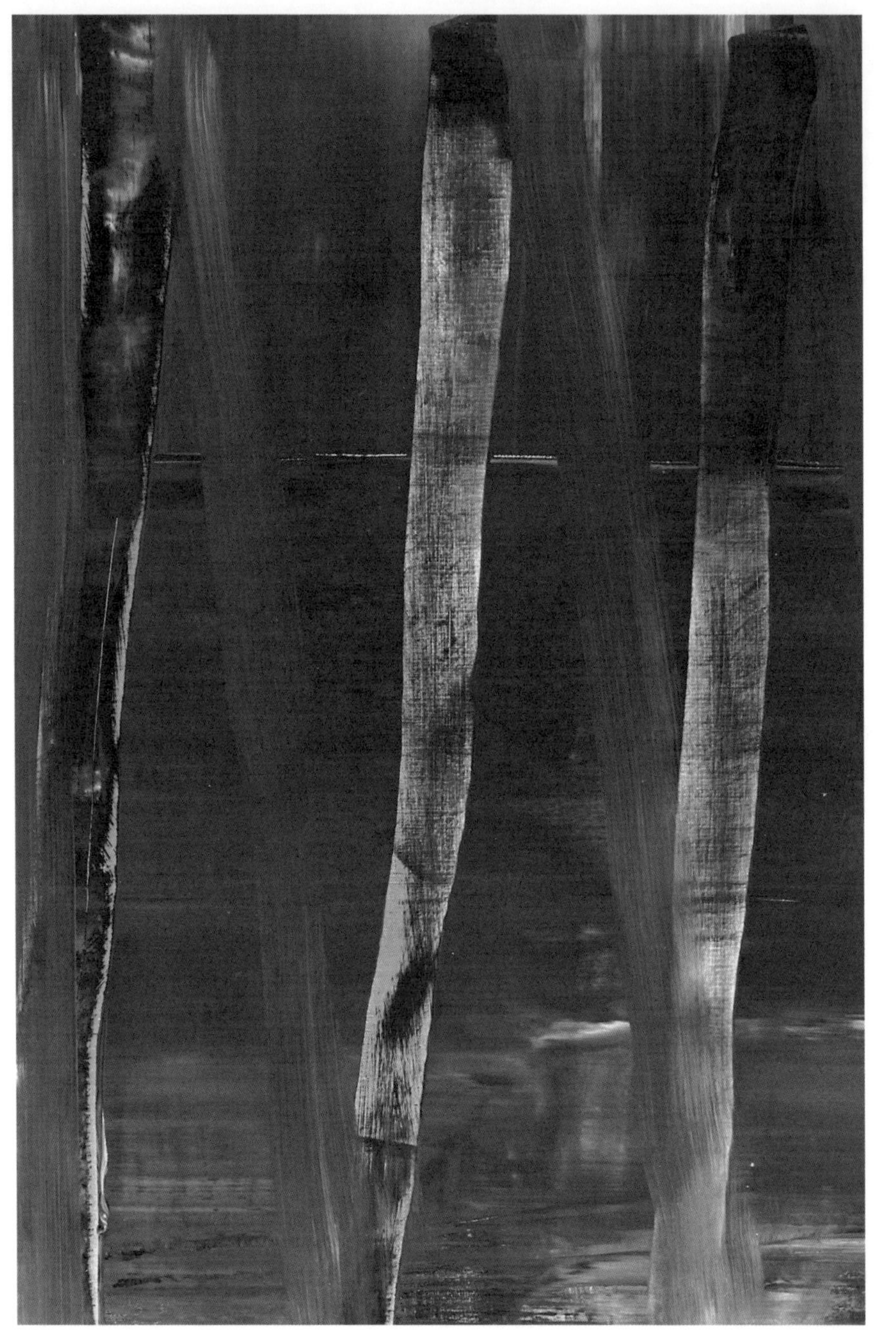

Abstraktes Bild, 1992 (Ausschnitt)

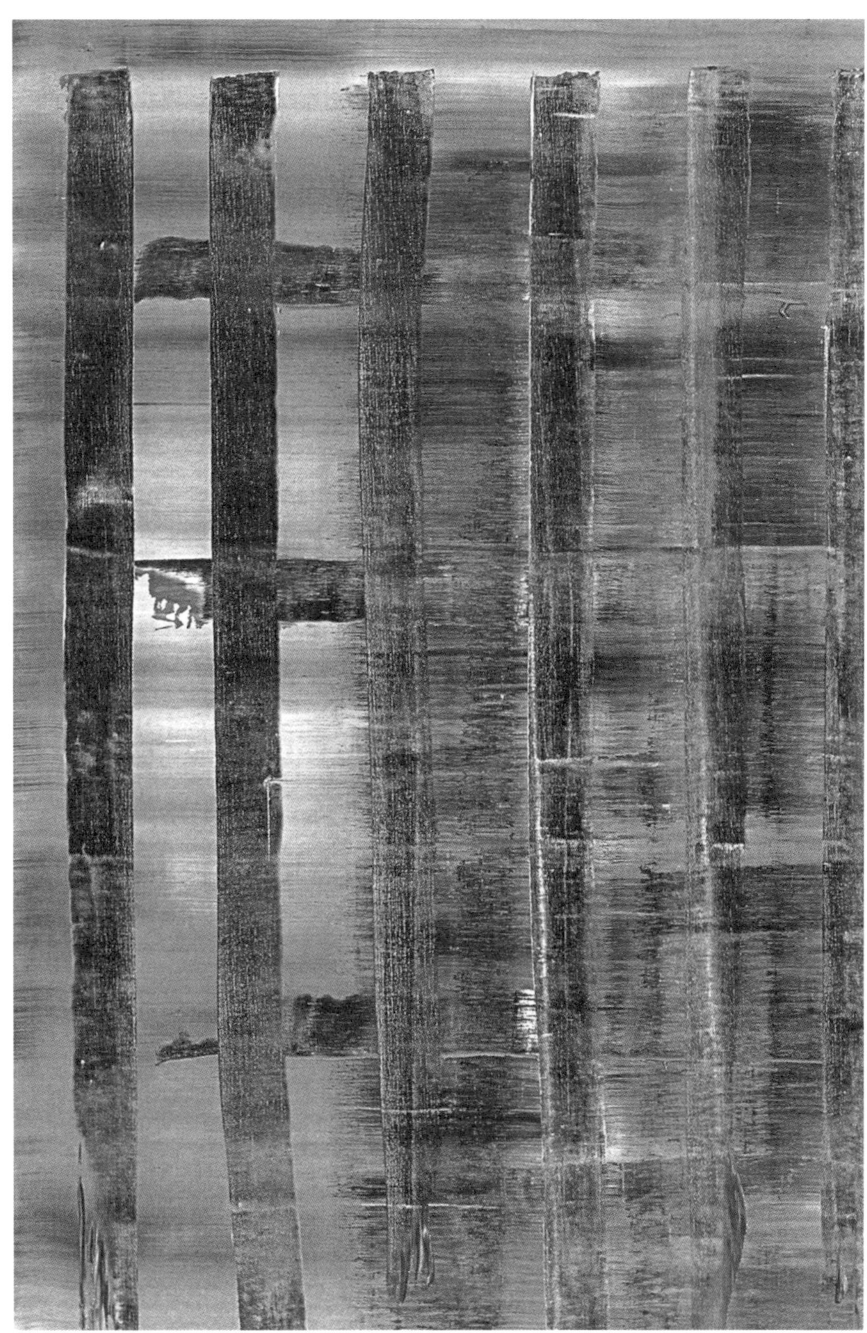

Abstraktes Bild, 1992

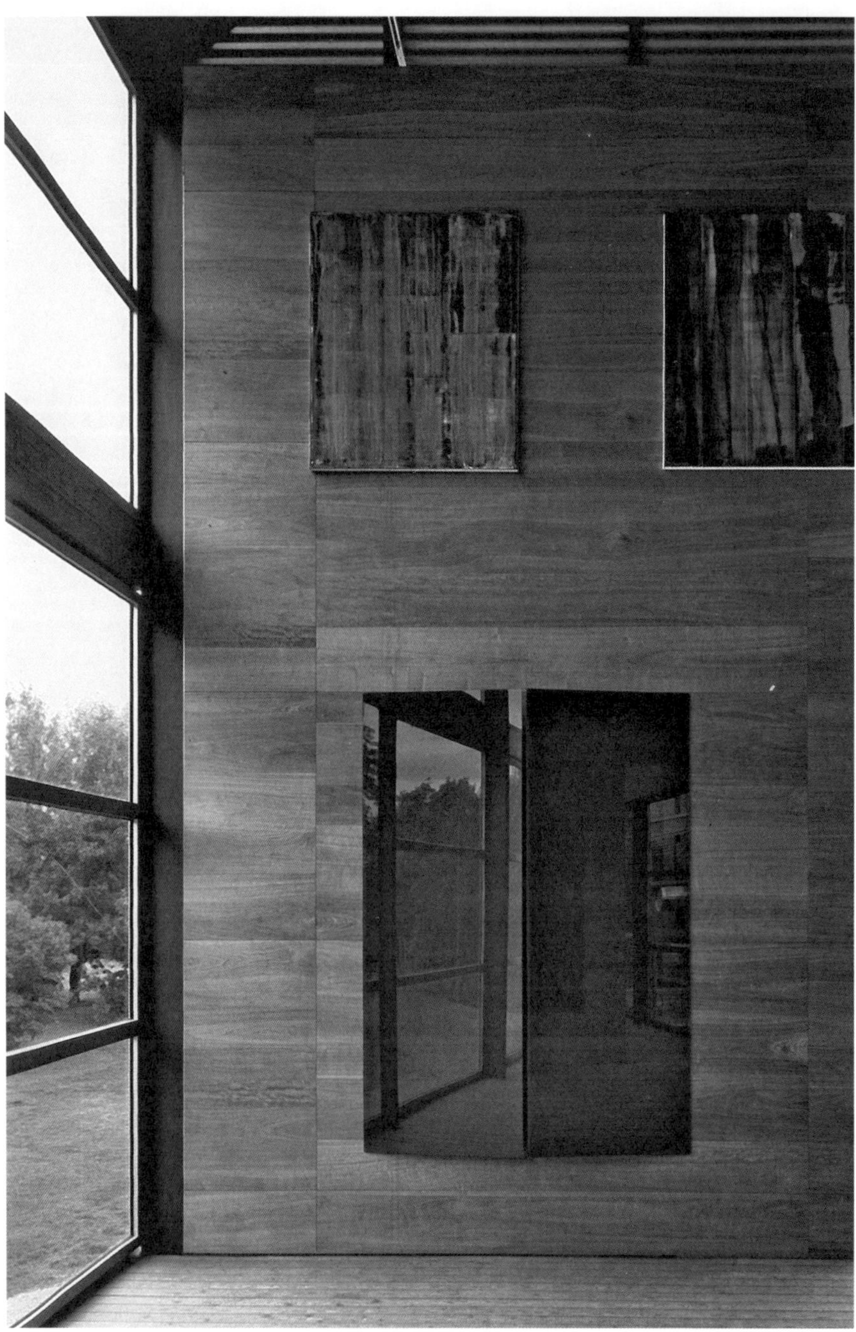

Documenta IX, Kassel 1992

Wann begegneten Sie seinem Werk das nächste Mal?

Das geschah irgendwann Ende der sechziger Jahre, als ich die Tate Gallery in London aufsuchte, um die große Serie dort anzusehen. Ich kam mit großen Erwartungen, aber die Erfahrungen waren etwas merkwürdig, wie wenn man eine Kirche besucht. Es ging mehr um Mysterium als um Malerei, dachte ich. Ich war zwar nicht enttäuscht, aber ich konnte mich auch nicht mit Rothkos Werken identifizieren.

Gab es viele Bilder von Rothko in Europa zu sehen?

Nein, und ich habe auch noch nie eine Retrospektive gesehen, leider.

Während der siebziger Jahre, als Sie selber mit mehr Konsequenz abstrakt malten, was haben Sie da von Rothko gehalten?

Zu jener Zeit hatte ich wirklich gemischte Gefühle gegenüber seinem Werk. Es war gleichzeitig zu heilig und zu dekorativ. Obwohl die Gemälde offensichtlich eine transzendentale Tendenz hatten, wurden sie für dekorative Zwecke benutzt und wirkten viel zu schön in den Wohnungen der Sammler.

Hatten Sie das Gefühl, Sie verstanden Rothkos Anliegen?

Das Werk hatte eine Präsenz, die eine transzendentale Annäherung nahe legte. Natürlich ziehe ich das dem Zynismus vor, jedoch hatte ich zu jener Zeit das Gefühl, dass es eigentlich zu einfach war, ernsthaft und religiös zu wirken, indem man einfach nur dunkle Bilder malt. Aus Rothkos Werken schien so eine Art Phantasie zu strömen, die wagnerianisch war oder eine Geschichte erzählte, und das störte mich.

Dieser Zwiespalt zwischen dem Vergeistigten und dem Dekorativen scheint die abstrakten Bilder und ihre Maler zu verfolgen. Wie haben Sie selber dieses Dilemma gelöst, theoretisch und praktisch, und inwiefern unterscheidet sich Ihr Ansatz von dem Rothkos?

Rothkos riesige, stille Gemälde mit ihren schwebenden Rechtecken, in denen jede Spur eines Zufalls entfernt war, haben etwas außerordentlich Meditatives, das magisch und mysteriös erscheint. Diese Tiefe hat etwas Religiöses. Ich selber misstraue dieser Botschaft. Das bedeutet, dass ich jede Ähnlichkeit mit Rothkos Kunst zu vermeiden versuche.

Ich verstehe also richtig, dass Sie Ihr Werk nie an das von Rothko angelehnt haben, dass seine Haltung zur Kunst mithin eher traditionell oder altmodisch war?

Ich kann mich nur mit dieser Ernsthaftigkeit identifizieren, die absolut bewundert werden muss. Zu jener Zeit, Mitte der siebziger Jahre, fand ich Barnett Newman mit seinen nichthierarchischen Strukturen, seiner beziehungsfreien color-field-Malerei viel interessanter, weil seine Bilder weniger hübsch waren.

Musste man auf Schönheit also verzichten?

Nein, nein, ganz und gar nicht. Wir brauchen Schönheit in all ihren Erscheinungen.

Haben Sie je Rothkos metaphysischen Standpunkt geteilt?

Selbstverständlich. Ich nehme diese Eigenschaft generell auch für mein Werk in Anspruch und will die Welt anrühren. Aber mein Interesse verläuft bloß parallel von Rothkos Intentionen; ich bin nicht davon beeinflusst. Seine metaphysischen Bestrebungen sind in jeder großen Kunst zu finden. Im übrigen basiert das Geheimnisvolle und Unverständliche von Rothkos Gemälden auf der Eigentümlichkeit der Strukturen, der transzendentalen Effekte und der Meditation des Betrachters. Die ästhetischen Erfahrungen bei meinen Gemälden sind nicht metaphysisch im Sinne von religiös. Nur die Struktur meiner Werke ist so kompliziert und schwierig, dass sie ebenfalls unverständlich sind. Wenn Sie möchten, könnte man das metaphysisch nennen.

Glauben Sie, dass sich metaphysische Bestrebungen in ihren Einzelheiten von einer Generation zur nächsten verändern?

Ja, aber die Erforschung oder Erklärung einer solchen Entwicklung ist sehr schwierig.

Stimmen Sie der allgemeinen Sicht von Rothko als einem Romantiker zu?

Oh nein! Für mich bedeutet Romantik so etwas wie Philipp Otto Runge, das heißt, ein Künstler, der eine gequälte Sicht seiner selbst darstellt. Vielleicht ist Rothko im weitesten Sinn des Wortes ein Romantiker, wie Robert Rosenblum[1] in seinem Buch *Modern Painting and the Northern Romantic Tradition: From Friedrich to Rothko* feststellte.

Rothko hat sein Werk oft mit Musik verglichen. Sie haben das scheinbar auch gemacht.

Ich weiß, dass er für Musik eine enorme Sensibilität besaß. So weit ich weiß, war er ein großer Verehrer Mozarts. Ich ziehe Bach vor. Manchmal höre ich beim Malen Musik. Seit dem 19. Jahrhundert hatte jedenfalls die Musik großen Einfluss auf die bildnerische Kreativität, egal wie. Rothkos oder mein eigenes Verhältnis zu Musik ist nichts Außergewöhnliches in Bezug auf abstrakte Malerei.

Hat sich Ihr Verhältnis zu Rothko in den vergangenen Jahren geändert?

Nun, ich bin heute weniger deutlich gegen das „Heilige“ in seinem Werk, gegen die spirituelle Erfahrung. Es ist ein Teil von uns, und wir brauchen diese Eigenschaft.

Gibt es irgendetwas an Ihnen selber, das Ihre neuerliche Einschätzung von Rothko bewirkt hat?

Ich schätze, dass ich heute weniger aggressiv und militant bin.

Vielleicht waren dafür die siebziger Jahre eher die geeignete Zeit?

Ja, und ich bin auch älter geworden.

Was ist für Sie Rothkos Vermächtnis?

Er war ein Mensch, der eine spezielle Kunst für uns geschaffen hat, und niemand wird je wieder solche Gemälde erschaffen. Ich glaube, Rothko wird noch in Jahrhunderten wichtig sein.

Interview mit Dieter Schwarz 1999

Die Aquarelle sind ein besonderes Kapitel in Ihrer Arbeit, weil sie so sporadisch auftreten, ähnlich wie die Zeichnungen.

Vielleicht ist da alles sporadisch, die Zeichnungen, die Bilder...

In der Dresdner Zeit entstanden offenbar, wie das Selbstbildnis[1] *zeigt, die ersten Aquarelle.*

Das war vor der Akademie, als ich siebzehn war. Damals habe ich viel aquarelliert, aber dann, an der Akademie, wurden Zeichnen und Ölmalerei unterrichtet, das war das Selbstverständliche, nicht das Aquarellieren. Ich kann mich auch nicht erinnern, dass irgend jemand aquarelliert hätte.

Galt das Aquarell als minderwertig?

Es gehört nicht zum klassischen Studiengang. Man zeichnete mit Kohle und Bleistift, danach malt man in Öl: kleinere Ölskizzen, größere Ölstudien, schließlich die Ölbilder.

Und für Aquarelle gab es keine Vorbilder?

Ich kann mich jedenfalls an keine Aquarelle erinnern – bis auf diejenigen von Emil Nolde, der war ja unübersehbar, aber er war nie ein Vorbild. Auch in den Museen gab es doch nur Ölbilder, bestenfalls mal Zeichnungen zu sehen, aber keine Aquarelle.

So sind die beiden Blätter von 1964, Bildnis Heiner Friedrich *und* Intérieur[2] *die ersten und für lange Zeit einzigen Aquarelle, die Sie nach der Übersiedlung in den Westen ausgeführt haben.*

So sieht es aus; aber diese zwei Blätter konnte ich gar nicht ernst nehmen. Zwei Übungen nach der Natur und eher ironisch aufzufassen, so dass ich sie Heiner Friedrich zum Spaß schicken wollte. Aber dann behielt ich sie doch lieber selbst.

Diese Aquarelle wurden nicht nach Fotos gemalt?

Vermutlich doch nach Fotos, denn ich habe ja im Büro von Heiner Friedrich nicht aquarelliert. Das andere war zu Hause im Wohnzimmer, auch nach einem Foto.

Waren die beiden Blätter Einzelgänger, oder gab es noch weitere in dieser Art?

Nein, das waren Einzelgänger. Mehr zu aquarellieren, wäre zu sehr wie ein Hobby gewesen, Zeitverschwendung.

Die beiden Aquarelle sind dann in den Atlas eingegangen, und in den siebziger Jahren wurden sie wieder daraus entfernt. Was hatten sie im Atlas für eine Stellung – diejenige von Kuriositäten?

Ich habe am Anfang versucht, alles darin unterzubringen, was zwischen Kunst und Müll lag, was mir irgendwie wichtig erschien und zu schade war, um es wegzuwerfen. Nach einer Weile im *Atlas* haben manche Blätter dann doch einen anderen Wert erhalten, das heißt, es schien mir, dass sie auch allein bestehen könnten, nicht nur im Schutz des *Atlas*.

Das war die Zeit nach der Ausstellung des Atlas *in Utrecht*[3] *von 1972, als der* Atlas *verändert wurde, indem einige Tafeln herausgenommen wurden. Erst 1977 gab es wieder Aquarelle und zwar gleich mehrere. Das eine Blatt fällt besonders auf, da es offenbar nach dem abstrakten Bild* Fallschirm *(431-10) gemalt wurde.*

Vielleicht war es wieder ein Versuch, meine abstrakte Malerei auf einen seriösen Stand zu bringen, also nicht mehr haltlos und unsystematisch rummalen, sondern etwas bewusster, Herr der Lage sein.

Weshalb wäre dieses Aquarell seriöser gewesen?

Das wäre vielleicht der Versuch gewesen, abstrakte Malerei zu konstruieren, anstatt sich immer nur halb blind durchs Dickicht zu wühlen. Und indem ich hier ein Bild abmalte, hoffte ich, eine Gesetzmäßigkeit zu entdecken, also den abstrakten Bildern auf die Schliche zu kommen.

In diesem Aquarell wirkt alles wie simultan geschehend und auf derselben Ebene liegend, als geplant, in die Fläche eingebunden, homogen, was im abstrakten Bild als eine Abfolge von Ereignissen eintritt. Hat sich dieses Vorgehen als nützlich erwiesen?

Nein, vielleicht nur, um es als erledigt ansehen zu können. Ich merkte, dass mir das gar nicht liegt und dass das auch objektiv nichts bringt, von der Malerei eine solche Vernünftigkeit zu verlangen.

Dieser Versuch ist verwandt mit den Zeichnungen nach abstrakten Bildern, von denen es nur ein paar wenige gibt. Umgekehrt gibt es in den Jahren 1977–1978 auch Aquarelle, die als Vorlagen für abstrakte Bilder verwendet wurden, beispielsweise das Aquarell vom Dezember 1977,[4] *das auch zeichnerische Elemente enthält, oder die beiden Blätter vom Mai 1978*[5]*. War das ein Verfahren, das mehr versprach?*

Für eine Weile schien mir das so. Es gibt ja eine ganze Reihe von Bildern, die nach „abstrakten" Bildern gemalt sind, nach Aquarellen, nach Ölbildern und nach Ausschnitten aus der Palette.

Einige der abstrakten Bilder waren nach realen Farbresten auf der Palette gemalt?

Ja, meist nach einem stark vergrößerten Ausschnitt von Farbresten, die sich da mehr oder weniger zufällig bilden.

Die Aufzählung der Vorbilder – Palettausschnitte[6]*, Ölbilder, Aquarelle – vermittelt den Eindruck, als bewege sich das Aquarell zwischen Komposition und Materialakkumulation, und als sei es nur der Blick darauf, die Wahl eines Aspekts, was es als Motiv für ein wirkliches Bild brauchbar werden lässt.*

Ja, ich glaube, das trifft es.

Das Aquarell zeichnet sich dadurch aus, dass es eine Art Raum darstellt, es ist sogar pseudoperspektivisch unterlegt. Darin unterscheidet es sich klar von den übrigen Aquarellen.

Ja, aber sonst habe ich solche bühnenartigen Elemente und gitterförmigen Raumandeutungen eher vermieden. Mir lag ja mehr an einem sehr unbestimmten Raum.

Ende 1977, Anfang 1978 entstand die erste Folge von Aquarellen. Gab es einen äußeren Grund dafür, dass Sie sich nun intensiver dieser Technik zuwandten?

Es war das Geeignetste und die Entschuldigung für zwei Wochen Urlaub in Davos. Kleine Aquarelle, das geht gut im Hotelzimmer.

Die ersten Aquarelle stehen so auf dem Papier, dass ein weißer Rand um das Bild herum erhalten bleibt...

Wahrscheinlich ist das obligatorisch für Zeichnungen und Aquarelle, die sind ja immer auf Weiß platziert.

Manchmal stehen sogar zwei kleine Aquarelle auf einem Blatt, als ob es Miniaturbilder wären. Waren das imaginäre Gemälde, Vorlagen oder Studien für künftige Bilder?

Ja, so ungefähr, also Versuche, irgendwie Bilder zu entwickeln, herzustellen, ohne etwas abzumalen. Dazu musste ich das Blatt auch nicht bis zum Rand füllen.

Die Formate sind meist klein, die Hälfte eines Schreibbogens. Oft ist darauf in wenigen breiten Pinselzügen ein Grund angelegt, und darüber kommt eine zweite Ebene: ein kreuzweises Durchstreichen des Grundes, wie eine Negation des primären Malgestus, ohne gleich einen neuen Gestus zu etablieren.

Das scheint mir für alle abstrakten Arbeiten typisch zu sein; und meist ergibt das dann eine Art Landschaft mit all den Gegenständen, die darin agieren.

Stellen sich für Sie immer landschaftliche Assoziationen ein?

Ich habe das sicher nicht so beabsichtigt, aber mir fällt es auf; und ich denke, man kann es gar nicht anders sehen. Bilder funktionieren eben genau so wie die wirklichen da draußen. Ich könnte mich natürlich auch an Stillleben orientieren oder Portraits, aber das Landschaftliche liegt mir mehr.

Dies würde bedeuten, dass Sie die Wirklichkeit in den Kategorien der malerischen Gattungen betrachten. Reichen diese denn aus zur Deutung oder Erklärung des Gesehenen?

Also umgekehrt würde ich sagen: die Malerei in den Kategorien der Wirklichkeit. Und ob das ausreicht? Mir scheint es die wichtigste Deutung oder besser Beobachtung zu sein, dass das Sehen so funktioniert.

Zu diesem Zeitpunkt gab es keine klassischen Aquarelle, die Sie als Vorbilder betrachteten?

Das kann ich nicht sagen, nein.

Tatsächlich hatte das Aquarell in der Nachkriegskunst keinen wichtigen Platz eingenommen, es war eher in die Domäne der Freizeitkünstler abgerutscht, ein wenig verpönt. Nach den bedeutenden Leistungen auf diesem Gebiet aus den Jahrzehnten vor dem Zweiten Weltkrieg, also von Macke, Nolde, Kandinsky, Klee, folgen kaum mehr Arbeiten dieser Art, weder im deutschen Informel noch im amerikanischen abstrakten Expressionismus. Es gibt selbstverständlich Ausnahmen wie Wols in Europa und Sam Francis in den USA. Haben Ihnen deren Arbeiten etwas bedeutet?

Wols war mir schon wichtig, aber nicht wegen seiner Aquarelle, und Sam Francis interessierte mich nie. – Aber es freut mich zu hören, dass mein Desinteresse dem Aquarell gegenüber so zeitgemäß war.

Stellten die Aquarelle der klassischen Moderne, also diejenigen von Kandinsky und Klee, die eine kompositorisch, farblich oder narrativ definierte geschlossene Form bilden, Modelle dar, die für Sie in Betracht kamen?

Ich glaube nicht, dass ich eines davon gekannt habe. Kandinsky hat mich auch nie sehr beeindruckt und Klee nur zeitweilig.

Ihre ersten Aquarelle verstoßen gegen die Forderungen der Technik, indem sie auf billigen Schreibpapieren ausgeführt sind, manchmal sogar auf linierten oder karierten Papieren, auf denen die Farbe nicht so perfekt steht, wie man dies von den italienischen Aquarellpapieren gewohnt ist.

Billiges Papier war damals doch eine Möglichkeit, diese gewisse Aquarell-Ästhetik, das kunstgewerblich Kostbare zu vermeiden. Heute kann man das nicht mehr so verbissen sehen, und man weiß ja nun auch, dass es nicht am billigen Papier liegt, ob etwas gut oder schlecht ist. Ich wollte ja keine schönen Aquarelle machen, sondern irgendetwas versuchen.

Sie haben die Blätter auch einige Zeit zurückgehalten, denn sie wurden erst 1984 in der Galerie Borgmann in Köln erstmals ausgestellt.

Tatsächlich bin ich nur durch den Galeristen Fred Jahn dazu gekommen, die Bedenken gegenüber meinen Papierarbeiten zu überwinden und sie auszustellen. Natürlich kam hinzu, dass ich die Aquarelle nach zehn Jahren in einem anderen Licht sehen konnte, und im Zusammenhang mit den seither gemalten Bildern waren sie mir zumindest verständlicher geworden.

Diese erste Gruppe brach im Januar 1978 ab, und es dauerte sechs Jahre bis es wieder zu neuen Aquarellen kam, das heißt, die erste Serie war ziemlich singulär und ohne direkte Nachwirkungen. Oder haben Sie Aquarelle gemalt, die Sie danach zerstört haben und von denen wir nichts mehr wissen?

Das glaube ich nicht. Ich hebe so etwas schon eine Weile auf, nein, da war nichts. Es gab keinen Anlass mehr, keinen Reiz, Aquarelle zu malen.

1985 zeigte Marianne Stockebrand im Westfälischen Kunstverein in Münster[7] Aquarelle von Joseph Beuys, Nicola de Maria, Richard Tuttle und Ihnen, 1987 im Londoner Goethe-Institut[8] in etwas veränderter Zusammenstellung mit Palermo und Sigmar Polke; im weiteren Umfeld könnte man auch an die Arbeiten von Georg Baselitz, Gotthard Graubner, unter den jüngeren Künstlern an Thomas Schütte denken. Diese Ausstellungen machten auf das Aquarell als ein Phänomen aufmerksam, das offenbar für die verschiedenen Künstler wieder ein mögliches Ausdrucksmittel wurde. Dennoch scheint mir, dass die Art und Weise, wie diese Künstler an das Medium herangingen, äußerst unterschiedlich war, so dass man nicht von einem ästhetischen Paradigma sprechen kann, das ihnen gemeinsam war.

Beuys war mir immer etwas suspekt. Seine Arbeiten hatten eine extrem verführerische ästhetische Qualität, etwas ganz Delikates, dem ich stets misstraute. Also lieber Palermo und Polke.

Bei Polke hat die Verwendung des Aquarells meist illustrativen Charakter als Teil der Zeichnungen, es ist erzählerisch und steht in figürlichen Zusammenhängen, ganz anders als bei Ihnen, wo nichts Literarisches zu finden ist. Bei Palermo ist das wieder anders.

Den konnte ich schon sehr schätzen, Aquarelle von ihm habe ich mir sogar ins Zimmer gehängt; ich hatte zweimal Aquarelle mit ihm getauscht.

Dennoch hatte das Aquarell bei Palermo eine andere Funktion, man könnte sogar sagen, dass die fragile Erscheinung dieses Mediums für seine Arbeit überhaupt von grundlegender Bedeutung ist; es geht zusammen mit der Zeichnung, aber auch mit Objekten, und umgekehrt übernehmen Palermos Bilder und Objekte die transparente, fragmentarische Erscheinung der Aquarelle. Das gilt auch für seine konstruktiven Arbeiten, die nicht die Gesetzmäßigkeit und formale Konsequenz zeigen, wie sie von der klassischen Avantgarde formuliert wurden und selbst der amerikanischen abstrakten Malerei der Nachkriegszeit Selbstverständlichkeit und innere Festigkeit verliehen. Palermo nähert sich konstruktiven Verfahren und sucht zugleich Distanz zu ihnen, das Konstruktive wird umgebogen in eine enigmatische Bildsprache.

Seine konstruktiven Bilder sind mir im Gedächtnis geblieben, weil die mir besonders liegen, weil ich das nicht kann. Ich fand es immer sehr gut, wie er das machte und dass er das machte – es hat mich erstaunt. Da war eine ästhetische Qualität, die ich liebte und die ich nicht herstellen konnte; wo ich also froh war, dass es so was in der Welt gab. Im Vergleich dazu kamen mir meine Sachen etwas destruktiv vor, also ohne diese schöne Klarheit.

Zugleich wirken Ihre ersten Aquarelle viel selbstverständlich bildhafter und geschlossener als diejenigen von Palermo, wo das Prozesshafte im Vordergrund steht.

Ja? Also ich würde sie für viel konfuser halten und natürlich illusionistischer als die von Palermo.

Was bewog Sie 1984, erneut mit Aquarellen anzufangen und eine Serie von über 75 Blättern zu malen?

Das war vielleicht eine Wieder- oder Erstentdeckung des Aquarells und seiner Möglichkeiten für mich, vielleicht ließe sich das auch aus privaten Gründen erklären, und der spezielle Zeitgeist, der so was ermöglicht, spielt da eine große Rolle.

Ich dachte, dass Ihre Arbeit nicht so sehr auf den Zeitgeist reagiert.

Leider fällt mir kein anderes Wort dafür ein, aber mit Zeitgeist meine ich was ganz Umfassendes und Elementares, dem man sich gar nicht entziehen kann. Und die Auswirkungen sind qualitativ sehr unterschiedlich, also vom Schlabberlook bis zum Kubismus von der dümmsten Anpassung bis zur schärfsten Gegenposition. Darin könnte man so aufgehoben sein wie die Christen bei Gott.

So antworteten Ihre Bilder notwendigerweise darauf.

Ja, und da konnte ich auch Aquarelle machen, die eine ähnliche Freiheit hatten. Eigentlich müssten sie sich grundsätzlich von denjenigen von 1978 unterscheiden; das war schon eine Wende.

Das wird in der Erscheinung der Arbeiten deutlich, denn alles, was ab 1984 kommt, ist in anderer Weise ausgearbeitet, wohl auch in mehreren Anläufen hergestellt. Bei den Aquarellen der siebziger Jahre hat man den Eindruck, dass sie in einem Zug gemalt wurden. Die späteren Aquarelle unterscheiden sich davon, da sie kompakter und bis zum Rand gemalt sind; sie sind eher fertige kleine Bilder.

Ab 1984 habe ich immer Aquarellblöcke verwendet, wie sich das gehört. Es lagen jeweils etwa acht bis zwölf Blöcke nebeneinander, und diese konnten genau wie die Bilder als Serie angelegt werden; sie schritten während einiger Tage verschiedenartig fort, und dann waren alle, mehr oder weniger, zusammen fertig.

Die erste Schicht der Aquarelle wird in breiten, meist roten, blauen und gelben Flächen angelegt, darüber kommen dann Spuren von Fettkreide...

...oder die Kreide ist zuallererst da, so dass die Farbe von dem fetten Grund deutlich wegperlt. Deshalb waren die Aquarelle so fragil, die Farbe hielt nicht gut und bröckelte teilweise ab.

Es widerspricht ebenfalls den Regeln der Wasserfarbenmalerei, dass die Farbe nicht in feinen Lasuren auf den weißen Papiergrund aufgetragen wird, sondern fast deckend, in Tropfen und Farblachen.

Ich habe es in Kauf nehmen müssen, dass die eingetrockneten Farbpfützen später weg springen können. Wenn man das Blatt mit der Kante hart aufsetzt, kann es schon mal rieseln, oder manchmal muss man die losen Farbteilchen wegkratzen.

Glaubten Sie denn, dass Sie mit den Aquarellen dasselbe wie in den parallel dazu gemalten Bildern erreichen könnten?

Es war ja dieselbe Problematik, nur mit anderen Mitteln. Also formal, von der Technik her, wäre ich eher versucht gewesen, das Umgekehrte zu wünschen, das heißt, diese Aquarell-Leichtigkeit auf dem großen Leinwandformat zu erzielen.

Welchen Anteil hat das Format am Versuch, etwas zu zeigen, was nicht schon vorhanden ist, etwas zu schaffen, was nicht schon einer gewissen Begrifflichkeit oder Kompositionsweise unterworfen ist? Darin müssten Aquarelle und Ölbilder doch miteinander vergleichbar sein?

Ja, sehr ähnlich... Aber sie sind doch schon verschieden: wie ein Gedicht und ein Roman vom gleichen Autor.

Es gibt also eine andere Qualität, eine andere Ordnung?

Weil das Aquarell lässiger ist.

Aus dieser Lässigkeit können Dinge hervorgehen, die der Ölmalerei versagt sind?

Ja. Es geht technisch nicht, so zu arbeiten, denn da müsste alles zehnmal größer sein, also der Pinsel 2 Meter, der Maler 17 Meter usw. Das war mit ein Grund, die Aquarelle abzumalen, weil man das auf der Leinwand eben nicht unmittelbar schafft.

Der Arbeitsvorgang – das Schütten, Tropfen, Auftragen von Farbe – besitzt also eine eigene Gültigkeit, weil das Ergebnis der Vorstellung, die man sich zu Beginn gemacht hat, nicht entspricht.

Ja, aber das ist ja bei den Bildern auch so, nur langsamer, aufwendiger und dadurch weniger spontan.

Die Aquarelle entstanden jeweils nur während kürzerer Perioden – 1984, dann 1985 und 1987 nur wenige, 1988, 1990, 1991 und 1992 größere Serien, danach nichts mehr bis zu der bisher letzten Gruppe von 1997 – und nicht in der kontinuierlichen Weise, wie Sie Bilder malen.

Das Bildermalen ist eben das Offizielle, die tägliche Arbeit, der Beruf; und bei den Aquarellen kann ich mir eher leisten, der Laune nachzugeben, den Stimmungen.

Die Aquarelle tragen meist ein Datum, das den Titel ersetzt, aber nicht unbedingt mit dem Entstehungsdatum übereinstimmt.

Also die Jahreszahl stimmt immer, der Monat wohl auch, nur der Tag kann ein anderer sein. Aber das fällt nur im Moment des Niederschreibens auf.

In den Arbeiten von 1984 sieht die Datierung überzeugend aus, weil mehrere Blätter dasselbe Datum tragen, später dagegen laufen die Daten kontinuierlich über zwei bis drei Monate, und kein Tag ist ausgelassen; das ist wohl keine echte Chronologie?

Nein, das ist fast ausgeschlossen. Da habe ich das auch ganz konsequent aufgelistet: fortlaufende Daten für die verschiedenen Papierarbeiten, so dass keines zweimal vorkommt und alles glaubhaft aussieht.

1985 fand die Ausstellung 75 Aquarelle *in der Staatsgalerie Stuttgart*[9] *statt, zwei Jahre später folgte die ausschließlich Arbeiten auf Papier gewidmete Ausstellung im Museum Overholland*[10] *in Amsterdam; danach gab es keine solchen Ausstellungen mehr. In Amsterdam waren nicht nur Zeichnungen und Aquarelle, sondern auch Arbeiten in Öl auf Papier zu sehen, solche Arbeiten nahmen sogar einen viel größeren Raum ein. Die Ölmalereien auf Papier glichen den Bildern noch mehr als die Aquarelle, es sind eigentlich Gemälde auf Papier. Was führte Sie dazu, diese Technik zu wählen?*

Leichtsinn, Nachlassen der Selbstkritik. Öl auf Papier: das hatte ich früher gehasst, schon der Name ist schrecklich. Es hatte immer etwas Liederliches und Kunstgewerbliches an sich. Die Leichfertigkeit störte mich daran.

Diese ersten Öl auf Papier-Arbeiten waren aber in ihrer Auffassung nicht grundsätzlich verschieden vom Malen auf Leinwand.

Für mich ist das schon ein fast wesentlicher Unterschied; und wenn ich da an solche Ausstellungen denke mit den *works on paper* hinter Glas, mit Passepartouts und kostbaren Rahmen – die besondere Gefälligkeit schafft man doch mit Bildern nicht so schnell.

Und dennoch gibt es inzwischen ein ansehnliches Œuvre von Arbeiten auf Papier von Ihnen, besonders auch von solchen in Öl auf Papier.

Vielleicht hatte ich gehofft, es besser zu machen. Aber sicherlich war ich nur der Lust erlegen, der Lust bei der Herstellung dieser Papierbilder und bei der Ausstellung.

Unter den Aquarellen gibt es kaum gegenständliche, die nach Fotografien oder anderen Vorlagen gemalt sind.

Weil es mit den abstrakten spannender ist und schneller geht; es hat einen ähnlichen Effekt wie meine frühere Begeisterung für das Entwickeln von Fotos in der Dunkelkammer.

Da entsteht etwas wie von allein, was man nur beobachten muss, um im richtigen Moment einzugreifen, in dem Fall, zu stoppen. Hier geht es also mehr um das Entscheiden als um das Machen können.

Wo beginnt die Auswahl, das Entscheiden?

Am Anfang ist man ja ganz frei, das ist fast egal, was da drauf kommt, und so entsteht eine Art Bild, das meist sehr dumm aussieht und solange korrigiert werden muss, bis es besser aussieht. Dabei hilft das Vergleichen sehr, das heißt, es ist für mich leichter, zehn Aquarelle zu malen als eines, denn so kann ich besser sehen, was an dem einen besser oder schlechter ist als an dem anderen Bild. Das ist übrigens eine sehr schöne Sache, zu sehen, dass man zu einer Wertung kommen kann, dass man sehen kann, was besser und was schlechter ist.

Wo liegt der Punkt, wo Sie den Schlussstrich ziehen, denn das Hinzufügen immer neuer Schichten könnte potentiell einfach weitergehen.

Schon technisch kann das nicht weitergehen, denn das Papier erträgt das nicht. Aber wir können es auch nicht ertragen, weiterzumachen, wenn eine Sache endlich stimmig ist, wenn also jeder Zusatz nur noch stören würde.

Ich glaubte immer, dass Sie die Malerei deswegen als Gegenpol zu den Zeichnungen und Aquarellen betrachteten, weil Sie dort systematischer arbeiten könnten.

Sicherlich. Und das Malen mit dem ganzen Aufwand ist ja schon ein richtiger gestandener Beruf, grundsolide, einerseits. Die andere Seite ist natürlich irre, unberechenbar und gar nicht professionell. Ich bin zum Beispiel nicht in der Lage, ein Bild herzustellen, das so ähnlich ist wie das Bild X, das ich vor einem Jahr gemalt habe. Das ist ja doch auch beunruhigend.

Das bedeutet, dass es für Ihre Arbeit kein abstraktes Prinzip gibt, keine Theorie, nichts, was hinter den Bildern steht, sondern dass sie nur entstehen können, wenn sie eben gemalt werden, aus einer Konzentration, die auf etwas gerichtet ist, was man nicht kennt.

Ja, das ist auch das Spannende daran.

Das Aquarell spielt in der Geschichte eine Rolle als die weniger aufwendige Fassung des teuren Ölgemäldes, als das leichter verkäufliche Bild in der englischen Aquarellmalerei des 18. und 19. Jahrhunderts sind die Blätter in der Art von Gemälden zu äußerster darstellerischer Vollendung getrieben und werden auf Grund ihrer Attraktivität sogar zu einer eigentlichen Konkurrenz für die Ölmalerei. Man denkt an die Aquarelle der deutschen Romantik, die oft wirklich bildhaft ausgeführt sind. Ihre Apfel-Aquarelle von 1987[11] *deuten diese Möglichkeit mindestens an.*

Ich male gern Landschaften, doch dafür ist Öl eine so unübertreffliche Technik, das könnte man in Wasserfarben nie, dieses dünne Zeug wäre schrecklich, oder es würde so eine virtuose Aquarelltechnik. Außerdem: man kann da auch nicht unscharf malen.

Weil in Aquarell jeder Pinselstrich unmittelbar sichtbar bleibt, wirkt es eher virtuos, selbst wenn es nicht darauf konzipiert ist. Der Ölmalerei wird man diesen Vorwurf der zu vordergründigen Virtuosität nicht unbedingt machen wollen.

Mag sein, aber ich habe auch nichts gegen Virtuosität; sie macht ja nicht nur Spaß, sondern für viele schöne Sachen ist sie einfach Voraussetzung.

Durch das nachträgliche Verwischen wird die Feinmalerei in Öl nach der Fotovorlage wieder ausgelöscht und ist nur noch zu erahnen. Auch wird durch die Beschäftigung mit der Darstellung eines Motivs die selbst bezogene Virtuosität zurückgenommen. Das ist in der Aquarellmalerei nicht in dieser Weise möglich, denn die Technik tritt für sich mehr in den Vordergrund. Obwohl Sie auch Mittel einsetzen, um dagegen zu arbeiten, etwa durch die Überzeichnung mit Bleistift, das Ziehen von Linien, die die illusionistische Wirkung der Farbflächen stören.

Aber es hat dennoch viel Ähnlichkeit mit den Bildern. Auch die Absicht, etwas einfach entstehen zu lassen, statt zu setzen. Baselitz setzt doch seine Gegenstände, Polke setzt sie – das ist schon eine andere Vorgehensweise.

Da gibt es etwa Konstanten wie die Primärfarben, die meist dominant sind, aber auch bestimmte Erscheinungsweisen der Farben, die Art und Weise wie sie auf das Blatt gebracht sind und die Linienführung, die eine Handschrift suggerieren. Daran ließe sich das Gewollte oder Gewünschte erkennen.

Mit der Beschränkung auf Primärfarben vermeide ich erst einmal einen bestimmten Ton mischen zu müssen, denn der wäre dann weniger neutral, vielleicht aber extravagant oder geschmackvoll oder wie immer. Also ist es schon besser, mit Rot, Blau und Gelb anzufangen, die Mischungen entstehen sowieso von selbst.

Zu Beginn des Jahres 1987 gibt es eine ganze Gruppe von gegenständlichen Aquarellen: Äpfel, Isa *und* Betty, *der* Tisch in der Küche[12].

Die Fotografie des Tisches hatte mir gefallen, und es hätte mich gereizt, ihn zu malen. Aber dann kam mir das zu plakativ vor, ein Ölbild mit so einem blendenden Kreis in der Mitte. Auf dem Aquarell dagegen ging das. *Betty* und *Isa* habe ich nach Urlaubsfotos aquarelliert. Ich war überrascht, als ich diese Arbeiten wiedersah und dachte, wie gekonnt dieses Gesicht mit ein paar Pinselstrichen gemacht ist. Doch eigentlich ist mir das suspekt: diese Tour, wie Künstler es eben so machen, schnell und lässig vereinfachend.

Die Aussage, dass etwas zu künstlerisch sei, haben Sie oft gemacht. Sie ist nicht so leicht zu verstehen, denn auch die Malerei hat mit einer künstlerischen Ausrucksweise zu tun, es ist ja schließlich ein künstlerisches Werk und nicht eine rein fanatische oder mechanische Wiedergabe.

... die ich mir manchmal wünschte.

Was wäre der Grundbegriff zu „künstlerisch"?

Etwas Strenges, Verbittertes wie Caspar David Friedrich. Der hat sich keine Allüren geleistet und war nur noch unangenehm.

Es wäre also eines der Ziele der Malerei und selbst der Aquarelle, so etwas zu erreichen?

Dieser Ernst wäre doch besser als der unsägliche Bluff, mit dem die Leute sich betrügen.

Und die Aquarelle besitzen diesen Ernst?

Nein, eben leider nicht oft, und hier gibt es ja auch Beispiele dafür. Manchmal lässt eben die Strenge etwas nach. Den *Apfel* wollte ich schon oft wegwerfen, weil ich ihn nicht gut fand. Zu sehr Langeweile-Malerei, mit reizvollem Wassertropfen. Und der andere ist ja auch nicht besser, mit der groben Schräge und der verrutschten Lasur. In den Ölbildern mit Äpfeln ist das alles genauer und mit einer Flasche kombiniert, aber das bewegt sich auch schon an der Grenze zum Grafik-Design.

Und doch sucht Ihre Arbeit stets eine Distanz zum so genannt Künstlerischen.

Vielleicht ist das nur ein Trick von mir, der gar nichts bringt. Oder eine Art Größenwahn.

Deutlicher sichtbar wird der Unterschied zu dem selbstgefällig Künstlerischen in den Farbmustertafeln und den grauen Bildern, aber auch in der Systematisierung der Malarbeit: indem Ihre Bilder beispielsweise durchnummeriert sind. Das bedeutet, die Abfolge der Bilder zu betonen, die Frage nach Gleichwertigkeit und Differenzierung der Bilder zu stellen, statt die Virtuosität des einzelnen Werks zu feiern. In den Aquarellen ist dies schwieriger zu erkennen, außer dort, wo sie sich außerhalb der Ordnung dieser Gattung stellen, wie Ulrich Loock geschrieben hat[13]*, und das Unmögliche tun, Unfassbares zeigen; daraus entsteht etwas, was man nicht so gern mit einem Begriff wie Schönheit bezeichnen möchte, um es nicht gleich wieder in das Spektrum des Möglichen, Erfassten einzureihen.*

Das gefällt mir!

Zwischen den Aquarellen der achtziger und der neunziger Jahre beobachten wir wiederum eine Veränderung: die Blätter von 1984 erscheinen viel deutlicher zusammengesetzt aus uneinheitlichen Einzelheiten als die späteren, in denen das Rinnen und Verlaufen der Farben dominiert.

Aber es ist auch da nichts zu sehen, was ich nicht selbst gemacht hätte, auch das Entstehenlassen ist ja gewollt und wird überwacht, und wenn was anders als geplant wird, ist das auch gewollt. Manchmal geht es halt daneben, dann entstehen da so Landschaften wie vom letzten Kitscher.

Die letzten Aquarelle von 1997 wurden aus größeren Boden ausgeschnitten, um die guten Stellen zu bewahren. Sie machen den Eindruck eines Nachspiels oder vielleicht sogar eines Schlusspunktes. Hat sich die Gattung damit für Sie erledigt?

Vielleicht der ganze Beruf. Wer weiß.

Während die Aquarelle von 1984–1985 den damals gemalten Bildern ähnlich sind, indem verschiedene Schichten von Malerei – flächige und lineare Elemente – vorerst unvermittelt übereinander gelegt werden, ist dies in den Aquarellen zu Beginn der neunziger Jahre nicht mehr der Fall: die Malweise der Bilder wird strenger, sie nähern sich zeitweilig der Monochromie, die Oberflächen werden zugemalt, und dann wird die Farbe streifenweise bis auf den Grund abgekratzt. Die Aquarelle dagegen werden landschaftlicher, verspielter; Bilder und Aquarelle nehmen verschiedene Wege.

Sicher der Niedergang. Was ich aber ganz schön finde, ist, dass diese Aquarelle so viel erzählen; fast wie im Märchen kann man Figuren erkennen, kämpfende Schlangen, rote Riesen, Felsen und Wolken...

Tritt das Assoziieren solcher Figuren erst im Nachhinein auf, oder ist das schon während der Arbeit wichtig?

Es tritt danach auf, und ich ärgere mich fast nie darüber. Beim Malen dagegen versuche ich, jede entstehende Ähnlichkeit mit Gegenständlichem zu zerstören. Aber die Ähnlichkeit, die wie von selbst entstanden ist und sich später erst zeigt, ist mir sehr recht.

Könnte man die Aquarelle nicht in einen Spätsurrealismus abgleiten, etwa in die Nachfolge von Max Ernst?

Ich hoffe nicht. Aber da war ja auch die Absicht eine ganz andere, da wurde doch die Technik der Frottage angewendet, um diese phantastischen Pflanzen herzustellen.

Es geht also nur, wenn es unabsichtlich geschieht, scheinbar willkürlich?

Ja, weil das, was unabsichtlich entsteht und was dann auch noch alle bewussten Kontrollen passiert hat, ohne aufzufallen, doch schon eine bessere Qualität haben könnte.

Gespräch mit Paolo Vagheggi 1999

Aber warum die Fotografie in Malerei umwandeln?

Die Malerei ist für mich Tradition, aber sie war für mich keine Akademie. Ich spürte das Bedürfnis zu malen, das Malen gefiel mir ungeheuerlich. Es war für mich etwas ganz Gewöhnliches, wie es für einige Leute normal ist, ein Instrument zu spielen oder Musik zu hören. Deswegen suchte ich nach einem modernen Sujet, aus meiner Epoche und aus meiner Generation. Das war eben die Fotografie, deswegen habe ich sie als Medium für die Malerei gewählt.

Obwohl Sie behaupten nicht malen zu können…

Ich scherze damit, aber auch nicht so ganz. Meine Generation hat, wenn man sie mit den Künstlern der Vergangenheit vergleicht, nie malen gelernt. Niemand beherrscht ihre Technik, ihre Geschicklichkeit. Sie hatten wirklich studiert und sie übten andauernd. Heutzutage kann sich keiner mit Michelangelo vergleichen, nicht einmal mit Goethe, der zwar ein Autodidakt war, aber trotzdem ziemlich gut war. Die Studenten der Akademie weigern sich heutzutage, das Zeichnen zu studieren, sie beherrschen die Technik des Zeichnens nicht. Sie bevorzugen die Technologie.

Wird das das Ende und später die Rückkehr der Malerei bedeuten?

Es wird nicht notwendig sein, zur Malerei zurück zu kehren. Ich glaube, es wird sie immer weiter geben. Ich kann nicht sagen wie, aber sie wird nicht verschwinden. Es gibt einen grundsätzlichen Unterschied zwischen einem Bild, das mit den Händen geschafft worden ist und das man anfassen kann, und einem Bild auf dem Bildschirm eines Computer.

Sie haben die Jugend erwähnt. Was denken Sie über die neue Generation, über die Künstler, die jünger als 35 Jahre sind?

Ich bin kein Experte. Sicher besuche ich Ausstellungen, ich bekomme Kataloge und lese Zeitschriften. Ich habe interessante, aufregende Dinge gesehen, aber ich sehe auch viel zu viel Entertainment, Show, und ich weiß nicht, wie viel davon in 50 Jahren noch übrig bleiben wird. Für mich ist es, als ob ich in Disneyland wäre oder eine Kirmes betrachten würde. Ich persönlich bin an der Qualität interessiert, mich interessiert viel mehr eine Ausstellung wie die, die Chardin gewidmet worden war. Seine Malerei hat eine besondere Qualität: die Unveränderbarkeit der Kunst. Es ist die gleiche Qualität, die ich bei Mozart oder Bach sehe, höre. Das sollten die junge Künstler verstehen.

Wie wichtig ist für Sie der Realismus, oder ist die Abstraktion wichtiger?

Ich liebe die figurative Malerei, sie interessiert mich sehr. Ich habe nicht viele figurative Bilder gemalt, weil mir die Themen fehlen. Die Abstraktion ist für mich das Alltägliche: Sie ist normal so wie das Laufen oder das Atmen.

Ist aber der Realismus nicht gestorben?

Der Realismus ist nicht gestorben. Er ist sogar sehr interessant für die Menschen, die sich mit der figurativen Malerei identifizieren können, sie können sehr leicht ihre eigenen Probleme wiedererkennen.

Ihre Werke sind mit denen von Caspar David Friedrich verglichen worden. Gibt es bestimmte Künstler oder Epochen, mit denen Sie sich verbunden fühlen, oder die Sie inspiriert haben?

Ich habe Chardin bereits erwähnt. Ich könnte Raffael, Leonardo, Friedrich, Manet hinzufügen. Es ist viel einfacher, sich von der Vergangenheit, von den Meistern der Antike inspirieren zu lassen, als von der Moderne. Ich kann Pollock oder Fontana, die zwei sehr interessante Künstler sind, schätzen, durch sie kommt aber keine Inspiration. Die Epoche der Romantik finde ich unglaublich interessant. Meine Landschaftsbilder weisen einige Verbindungen zur Romantik auf: Manchmal spüre ich einen echten Wunsch, eine Anziehungskraft zu dieser Epoche, einige von meinen Bildern sind eine Hommage an Caspar David Friedrich.

Ein Bild von Ihnen ist bei einer Versteigerung für sechs Milliarden ital. Lire (ca. 3.100.000 Euro) verkauft worden. Beeinflusst der Markt die Arbeit des Künstlers?

Ich bestimme solche Preise nicht, sie werden von den Auktionshäusern erschaffen. Wenn ich arbeite, versuche ich nicht daran zu denken, denn ich möchte nicht von Geld beeinflusst werden. Aber ohne Geld zu leben wäre nicht einfach. Auch weil es Zeiten gibt, in denen ich nichts schaffe. Ich habe ein Jahr lang nichts gemalt, ich arbeite erst seit kurzer Zeit wieder.

Was malen Sie gerade?

Seit einem Monat arbeite ich an einer Landschaft[1], an einigen abstrakten Bildern...

Interview mit Stefan Koldehoff 1999

Die wichtigsten internationalen Kunstexperten halten Sie für den bedeutendsten lebenden Maler. Sie selbst sagen aber von sich, Sie seien immer noch auf der Suche nach einem guten Bild. Überschätzen die Experten Sie also?

Natürlich können die sich irren. Aber andererseits haben sie den besseren Überblick. Ich stehe mir ja viel zu nahe, als dass ich mich so positiv einschätzen könnte – meine Kollegen schätze ich natürlich auch nicht positiver ein. So toll ist das doch alles nicht.

Können Sie so etwas wie Zufriedenheit empfinden, wenn Sie Ihren eigenen Werkkatalog durchblättern oder durch ihre eigene Ausstellung gehen?

Ja schon, solche Momente gibt es natürlich, in denen sich so etwas wie Respekt oder Erstaunen einstellt – wenn ich z. B. eine ganze Ausstellung von mir sehe wie gerade in Prato.[1] Aber da geht es ja auch um Bilder, die längst gemalt und raus sind. Bei Bildern, die noch im Entstehen sind, vergeht einem dagegen sehr schnell jeder Gedanke an Zufriedenheit. Man erhofft ja immer aufs Neue, etwas ganz Tolles zu machen, und dann wird es wieder nur ein Bild unter Bildern.

Interessiert es Sie überhaupt noch, wie Ihre Werke aufgenommen werden, nachdem Sie das Atelier verlassen haben?

Ja, sehr. Ich brauche doch die Bestätigung, dass die Ansichten, die ich mit den Bildern in die Welt setze, verstanden werden. Und ich bin gespannt darauf, wie sie verstanden werden – ob man sie ablehnt oder nicht.

Wessen Reaktionen sind Ihnen wichtig? Wem trauen Sie überhaupt ein kompetentes Urteil über Ihre Kunst zu?

Das wird diffuser. Früher waren das wenige Menschen, die ich gut genug kannte und deren Urteil für mich Gewicht hatte. Als ich mit Blinky Palermo befreundet war, war mir ganz wichtig, was er gut fand. Ähnlich war das auch mit Sigmar Polke und Konrad Fischer. Das lebte sehr von diesen kurzen Bemerkungen: „Das hat was“ – das war das beste Urteil, das man überhaupt bekommen konnte. „Das hat was, das ist nicht schlecht“, oder man sagte „Das ist nix, das kannst Du vergessen.“ Solche Kürzel konnten natürlich nur wirksam sein, weil ihnen ein ziemliches Fundament an gemeinsamen verbindlichen Kriterien zu Grunde lag. Das war ja auch der Grund dafür, dass alles leere Gelabere über Kunst ausgeschlossen bleiben konnte. Heute sieht das etwas anders aus. Heute gibt es ja auch die Möglichkeit, von Kriterien ganz abzusehen und nur zu sagen: „Ich mach das eben so.“ Da erübrigt sich vieles.

Wann ist für Sie ein Künstler bedeutend?

Es gibt so viele Gründe dafür, jemanden bedeutend zu finden, wir erleben das gerade mit Grass. Ich kann seine Bücher nicht lesen – bis auf die *Blechtrommel*, und das ist lange her. Aber wenn Grass auftritt, dann ist er ein so bedeutender Mann, dass die Qualität seiner Bücher nicht mehr so wichtig ist. Der Beuys hat ja auch ein ausgeprägtes Charisma. Und dann gibt es die andere, die eher sachbezogene Bedeutung, wie ich sie zum Beispiel bei Thomas Bernhard finde und liebe, weil mich seine Werke so berühren.

Kannten Sie ihn persönlich?

Ich habe ihn nie kennen gelernt und hatte auch nie den Wunsch, ihn zu treffen. Was hätten wir auch reden sollen? Er war sicher ein komischer Typ, ich bin auch ein komischer Typ. Manchmal ist es wirklich besser, man liebt die Werke anstatt ihre Urheber.

Was nehmen Sie überhaupt an Kunst wahr?

Zuletzt habe ich in Karlsruhe die Chardin-Ausstellung gesehen. Da gibt es in der Malerei diese Qualität, die ich meine, die so beglücken kann. Ein paar kleine Äpfelchen, und die „haben das".

Sehen Sie sich zeitgenössische Kunst an?

Das kann man gar nicht vermeiden, man sieht sie automatisch, auf Reisen oder publiziert in den Magazinen und den vielen Katalogen.

Sie haben sich immer bemüht, nicht auf bestimmte Bildaussagen festgelegt zu werden. Welches Verhältnis haben Sie zu denen, die Ihre Werke trotzdem interpretieren?

Ohne Interpretationen gäbe es uns doch gar nicht, das ist doch alles voneinander abhängig. Ärgerlich ist es nur, wenn die Berichte besonders dumm oder schlecht sind oder besonders witzig tun, was gerade in Mode zu sein scheint. Sich über etwas lustig zu machen, es herunterzuputzen, um das Leben leichter zu machen, das ist ein übler Irrtum.

Sie haben vor einigen Jahren damit begonnen, Ihre gesammelten Bildvorlagen, den sogenannten Atlas *auszustellen. Damit breiten Sie alle Bild-Ideen aus, die Sie jemals hatten oder haben könnten. Das ist ein exhibitionistischer Akt.*

Das mag sein, ja. Aber der Anlass war eher mein Wunsch nach Ordnung und Übersicht. Die vielen Schachteln voller Fotos und Skizzen bedrücken ja nur als etwas ganz Unerledigtes. Da ist es schon besser, die brauchbaren Sachen ordentlich herzurichten und den Rest wegzuwerfen. So entstand dieser *Atlas*, den ich dann paarmal ausgestellt habe.

Inzwischen ist er ziemlich oft zu sehen.

Den stellen jetzt andere aus. Der *Atlas* gehört ja schon längst nicht mehr mir, sondern dem Lenbachhaus in München. Ab und zu sehe ich ihn irgendwo wieder und finde es dann interessant, dass er jedesmal etwas anders aussieht.

Sie haben sich oft dagegen verwahrt, dass Ihre Bilder die Wirklichkeit zeigten. Mit dem Atlas *fordern Sie aber doch Vergleiche zwischen der Wirklichkeit und Ihren Gemälden heraus.*

Aber die Bilder sollen ja zum Vergleich anregen, sie sind doch mehr oder weniger ungenaue, falsche oder halbwahre Abbilder der Wirklichkeit.

Müssen die gemalten Bilder auch irgendwann weg?

Unbedingt. Zuerst mal raus aus dem Atelier in einen zweiten Raum, wo sie richtig wie in einer Galerie hängen. Das ist wie eine zweite Kontrollstation, wo sich unter etwas anderen Bedingungen zeigen soll, welche Bilder sich halten und welche wieder zurück ins Atelier müssen.

Treffen Sie diese Entscheidung allein?

Leider ja. Aber ab und zu gibt es schon noch Glücksfälle, dass jemand kommt und etwas sehen kann und dann etwas mehr sagen kann als nur: „Sehr schön."

Stehen Sie unter Erfolgsdruck?

Ja, auch das kommt vor. Ein ekelhafter Zustand und ein ganz unproduktiver. Damit meine ich nicht den Erfolgsdruck, der von einer Sache ausgeht, sondern diese diffuse Erwartung, etwas Großes und Neues produzieren zu sollen. Das ist tödlich, da muss man sofort alles fallenlassen.

Die Bundestags-Vizepräsidentin Antje Vollmer hat Ihnen „Scharlatanerie" vorgeworfen, weil sie Ihr Bild für den Reichstag[2] nicht angemessen fand. Hat Sie das getroffen?

Ich habe mich gewundert, denn das Urteil kam zu schnell – das Bild war ja noch nicht einmal da. Frau Vollmer hatte nur einen DIN-A4-Entwurf gesehen. Um daraus das fertige Bild voraussagen zu können, müsste Sie schon übernatürliche Gaben besitzen. Scharlatanerie war sicher nicht mein Problem, wohl aber die Möglichkeit, dass das Ganze nicht so funktionierte, wie ich es mir ausgedacht hatte. Dass es ein Irrtum hätte sein können, ein sehr aufwändiger. Solche Zweifel bestehen ja während der ganzen Arbeitszeit, und danach wohl auch noch eine Weile.

Haben Sie nach der Hängung noch mal nachgesehen, ob das Bild dort funktioniert.

Doch, ja. Es sieht gut aus. Was soll ich sagen? Ich wollte diese drei Farben so schön wie möglich darstellen – oder herstellen: für den Raum und für den Zweck. Sichtbar und quasi greifbar als dünne Scheibe vor der Wand schwebend, groß und gleichzeitig fragil, und natürlich spiegelnd. Man sollte sie dort nur ab und zu auch mal putzen.

Die Debatte über dieses Bild zeigt aber doch, dass die Kunst nicht so bedeutungslos geworden sein kann, wie Sie eingangs beklagt haben.

Diese eine kleine Debatte hält die schwindelnde Bedeutung der Kunst nicht auf.

Es ist ja auch nicht so schlimm, wenn etwas Bedeutung verliert, weil es sich eben überlebt hat – das ist ja erst mal ganz normal. Aber wenn dann die entstandene Leerstelle von Unterhaltung und Klamauk besetzt wird – das kann schon beängstigend sein.

Die neuen Werke, die in Ihrem Atelier hängen, sind bis auf eine Landschaft überwiegend abstrakte Bilder. Wie entscheiden Sie, was Sie malen? Wachen Sie morgens auf und spüren: Heute habe ich Lust auf abstrakt?

Das vielleicht auch, ja. Das abstrakte Malen hat so etwas Selbstverständliches wie Atmen oder Laufen. Das könnte ich theoretisch jeden Tag machen. Die anderen Bilder, die gegenständlichen, sind die Ausnahmen. Ich muss das Glück haben, dass mir ein Foto so gefällt, dass ich denke: Das kann ein Bild werden. Das gibt es aber immer seltener, leider.

Woran liegt das?

Das weiß ich auch nicht. Vielleicht fotografiere ich weniger, vielleicht gelingen mir weniger Fotos.

Ein Bild nach einem Foto[3] *hängt dort drüben. Warum war das ein gelungenes Foto?*

Es erzählt wohl vieles. In dem Fall von einem Sommernachmittag, extrem heiß, still, gute Gerüche, Glücksgefühle, Kinder.

Und durch die Kontraste von hell und dunkel war es ein sehr reiches Bild. Die Dunkelheit, die von der linken Seite kommt, hat etwas Bedrohliches, das das ganz Schöne gefährdet. Das gab so eine seltsame Mischung, die aber erst auf den zweiten oder dritten Blick zu erkennen ist. Auf den ersten Blick bleibt es ein ganz normales Sommertagsfoto. Ein Jahr hatte ich es hier liegen, und immer wieder reizte mich etwas daran, denn „es hatte was". Dann habe ich es gemalt. Und vielleicht ist die Geschichte, die ich gerade davon erzählt habe, besser als das Bild. So kann es auch gehen.

Die Geschichte erfährt aber niemand, der nur das Bild sieht.

Ich hoffe doch! So wie es Menschen gibt, die musikalisch sind, gibt es ja auch welche, die sich für Bilder interessieren. Die kriegen das schon mit. Deshalb lieben die ja manchmal so fanatisch Bilder.

Darf man in Ihren abstrakten Bildern etwas zu erkennen versuchen?

Die Bilder leben doch von dem Wunsch, etwas darin erkennen zu wollen. Sie zeigen an jeder Stelle Ähnlichkeiten mit realen Erscheinungen, die sich dann aber nicht richtig einlösen lassen. Das ist wie in der Musik: Da werden Stimmungen erzeugt, weil die Töne Ähnlichkeit mit realen Lauten haben – mit

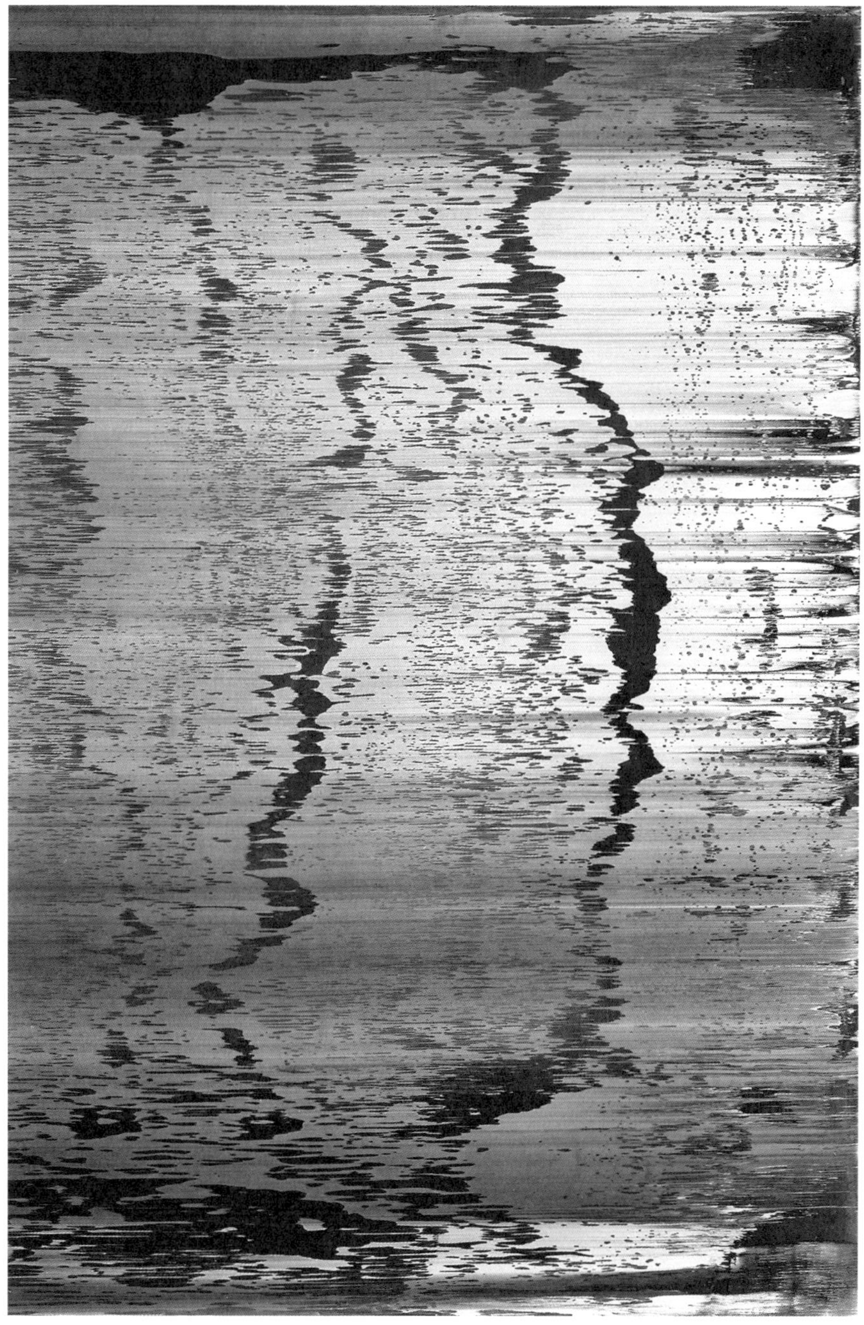

Kine, 1995

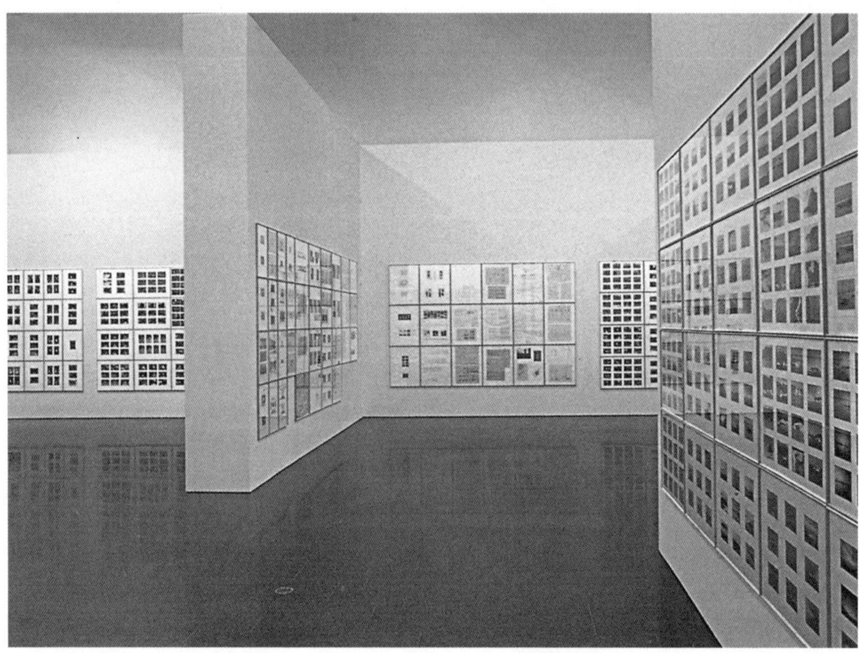

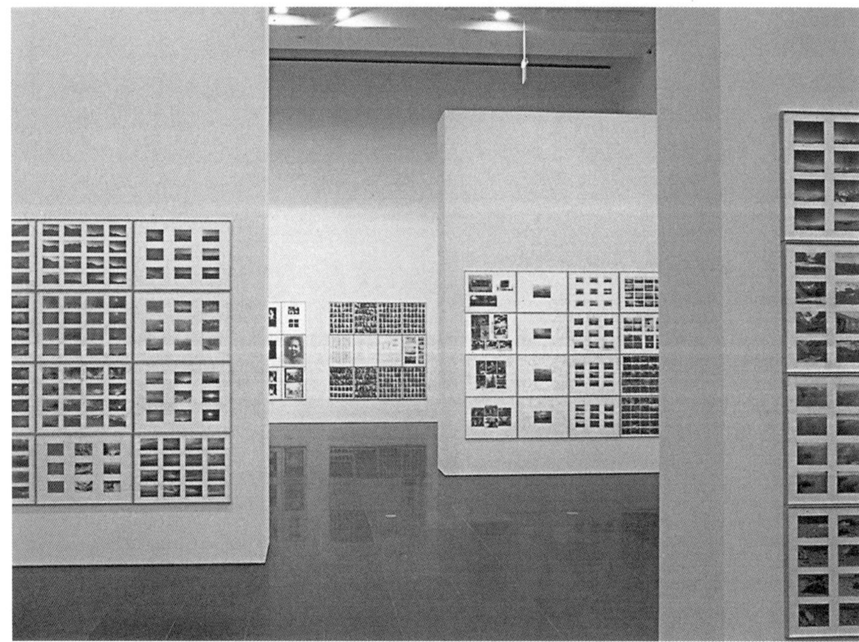

Museu d'Art Contemporani, Barcelona 1999

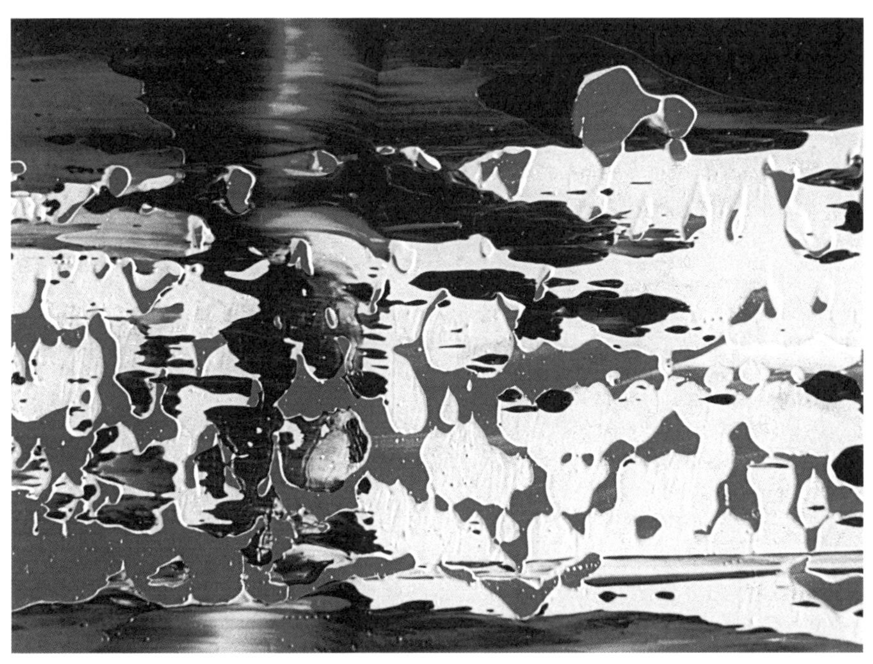

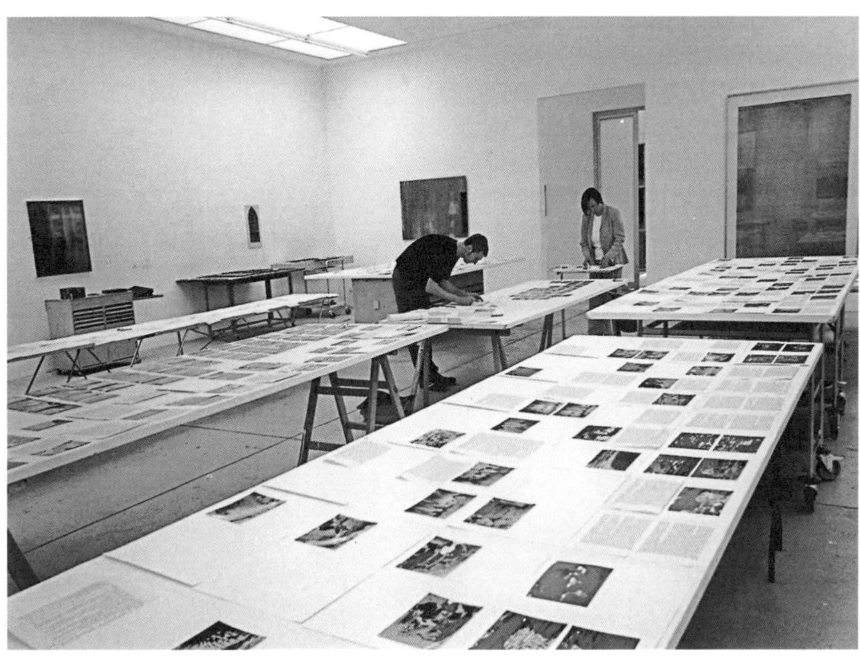

Foto aus *War Cut*, 2004
Montage von *War Cut*, 2004

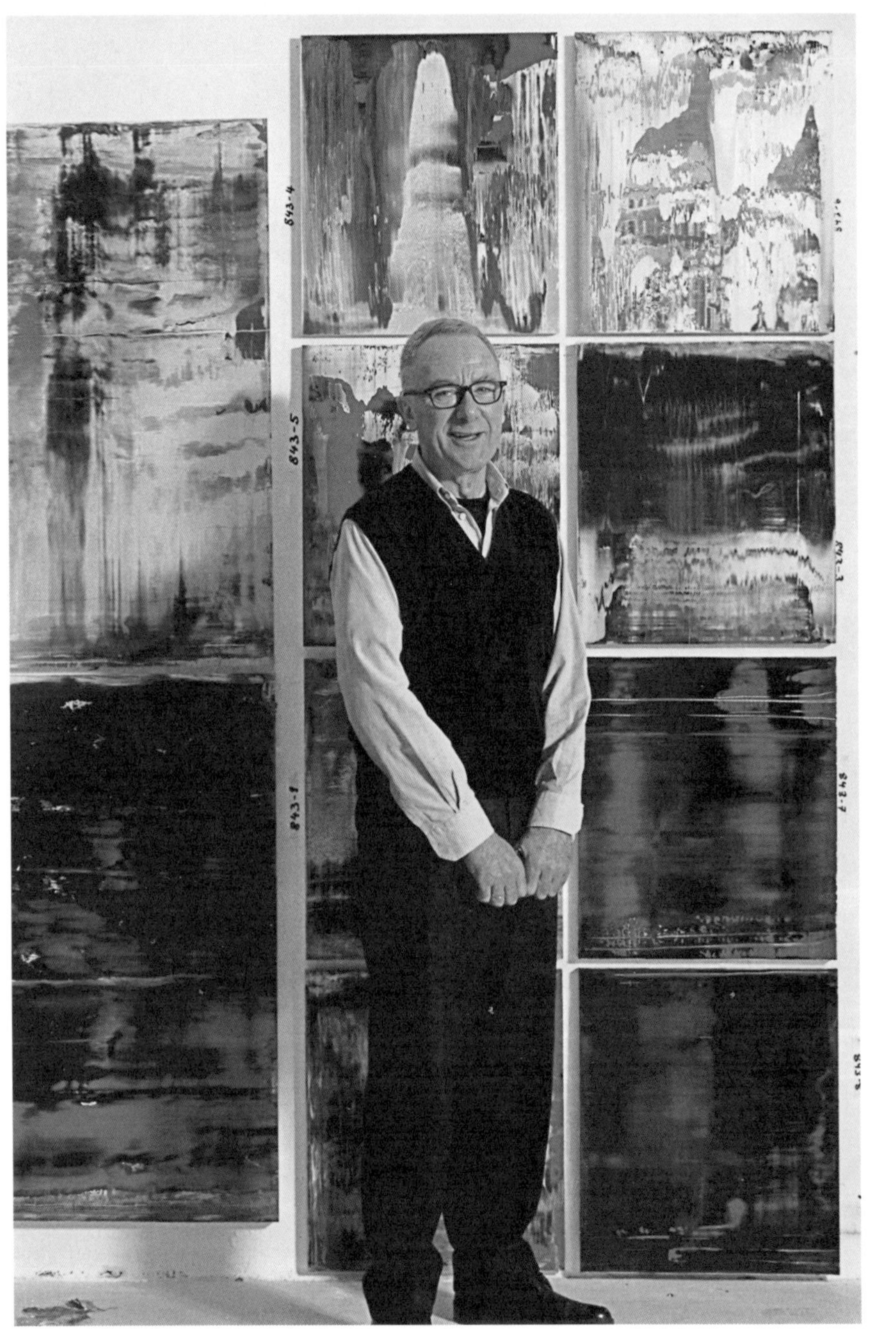

G.R. im Atelier vor *Venetian Paintings*, 1998

klagenden, freudigen, schrillen oder zarten. Das wird eigentlich viel zu selten gesehen, dass Bilder von dieser seltsamen Mechanik leben. Sie bieten Ähnlichkeiten an, die wir zuordnen wollen. Sie erinnern immer an irgendetwas, sonst wären es gar keine Bilder.

Wie weit können Sie, wenn Sie mit den Spachteln und Rakeln über die Leinwand fahren, das Ergebnis steuern?

Das ist eine gute Technik, um die Überlegung auszuschalten. Bewusst kann ich nicht berechnen, was kommt. Aber unbewusst ahne ich es doch. Das ist ein schöner Zwischenzustand.

Andere Werkgruppen scheinen abgeschlossen zu sein: Die Vermalungen, die grauen Bilder, die Farbfelder. Ist das so, oder könnten von Ihnen irgendwann auch wieder solche Bilder kommen?

Bei den Vermalungen kann ich nichts mehr rausholen. Bei den Farbfeldern ist es nicht ausgeschlossen, dass ich irgendwann einen Sinn darin sehe, wieder Kästchen auszufüllen. Ich habe aber auch bei den abstrakten Bildern manchmal das Gefühl, die seien ausgereizt. Und dann wundert man sich, dass doch ein paar entstehen, die noch einmal anders aussehen.

In Winterthur wurden gerade zum ersten Mal ausführlich Ihre Zeichnungen gezeigt, dazu ist ein Werkkatalog[4] *erschienen. Ich hatte Richter-Zeichnungen vorher selten gesehen.*

Ich auch. Weil ich die Zeichnungen im Gegensatz zu den Bildern und Grafiken nicht katalogisiert, nicht nachgehalten, nicht ausgestellt habe. Ab und zu wurden welche verkauft. Ich verstand mich aber nicht als Zeichner. Erst durch die Ausstellung ist mir das wichtiger geworden, und ich habe gesehen, dass doch ganz interessant ist, was ich gemacht habe.

Sind für die Zukunft neue Ausstellungen geplant?

In zwei Jahren wird eine große Retrospektive im Museum of Modern Art stattfinden. Die sind jetzt schon dabei, alle wichtigen Werke zusammenzusuchen.

Und wann werden die neuen Bilder zu sehen sein?

Vielleicht in einem Jahr. Es hat keine Eile.

Bedeutet Ihnen der Jahrtausendwechsel etwas?

Ich fand es immer albern, diesem Wechsel so viel Bedeutung zu geben. Aber inzwischen weiß ich, dass er diese Bedeutung tatsächlich hat, dass wir also ganz automatisch ins Betrachten und Wünschen kommen.

Und was wünschen Sie sich?

Also nach diesem Jahrhundert der großen Sprüche und schlimmen Illusionen hoffe ich auf eine Zeit, in der die großen Sprüche nichts mehr gelten, sondern nur das, was man wirklich und greifbar getan hat.

Gespräch mit Birgit Grimm 2000

Sind Sie mit der Präsentation im Residenzschloss zufrieden?

Ja, sehr.

Nehmen Sie Einfluss darauf, wie Ihre Arbeiten in Ausstellungen hängen sollen?

Früher schon, und auch jetzt noch, wenn ich neue Bilder zeige. Aber in diesem konkreten Falle habe ich mich in die Ausstellungsgestaltung nicht eingemischt. Diese Arbeiten hier gehören nicht mehr mir, sondern verschiedenen Sammlern. Ich freue mich, meine Bilder wiederzusehen. Aber das war ein anderer Typ, der sie gemalt hat. Es ist, als würde mein Bruder ausstellen.

Ihre abstrakten Aquarelle bestehen aus mehreren Farbschichten. Es heißt, sie malen Aquarelle nicht einzeln, sondern mehrere im Block.

Ja, es liegen dann mehrere nebeneinander in einem Raum, und ich arbeite über Wochen daran, immer wieder.

Ist das vom Ergebnis her noch ein klassisches Aquarell?

Ach, wissen Sie, die haben früher auch ganz schön ökonomisch gearbeitet. Bei gegenständlichen Bildern ist das anders, da weiß ich von vornherein, was ich wie malen will. Beim abstrakten Arbeiten schaukelt sich das hoch, das ist irgendwie orientierungslos.

Wenn man so berühmt ist wie Sie, orientiert man sich da noch an anderen?

Man wird einsam, weil man niemanden mehr hat, den man fragen kann. Denn wenn ich irgendwelche Leute frage, sagen sie alle: Oh, wunderschön! Aber das nützt mir nichts.

Viele Ihrer Bilder sind doch tatsächlich schön.

Ich wollte immer schöne Bilder malen. Es gab eine Zeit, da war das verpönt. Heute ist Schönheit wie Gesundheit, alle wollen gesund sein.

Steckt in der Schönheit Ihrer Malerei eine Botschaft?

Keine Botschaft, aber die Hoffnung, dass das Leben schön sein kann.

Als Ihre Zwei Kerzen im Februar 1995 zum 50. Jahrestag des Bombenangriffs auf Dresden im Riesenformat am Ausstellungsgebäude auf der Brühlschen Terrasse hingen, war das ein bewegender Anblick, den viele als klares Bekenntnis gegen Krieg und Gewalt verstanden.

So was ist ein glücklicher Zufall. Als ich die Kerzen malte, habe ich ja nicht an den 13. Februar gedacht, aber dabei schon Gefühle gehabt, die etwas zu tun hatten mit Andacht, Gedenken, Stille und Tod.

Es gibt eine ziemlich schräge Rockgruppe, Sonic Youth, die die Zwei Kerzen auf dem Cover einer CD hatte. Hören Sie deren Musik?

Ja, damals, als die Musiker mich nach dem Bild fragten, aber jetzt nicht mehr.

Hat Sie die Leitung des Hygiene Museums um Erlaubnis gebeten, als vor sechs Jahren bei der Renovierung Teile Ihres Wandbildes von 1956 wieder freigelegt wurden?

Ja. Doch ich habe geantwortet: Um Gottes Willen, das ist Geldverschwendung. Gebt lieber Geld aus für etwas, das künstlerisch wertvoll ist. Das ist nur eine Studentenarbeit[1].

Ihre Ausstellung im Dresdner Schloss zeigt Aquarelle und Zeichnungen von 1964 bis 1999. Warum lassen Sie frühere Werke nicht gelten?

Weil ich mich bis dahin als Student gefühlt habe, als einer, der künstlerisch noch nicht genau wusste, was er will.

Haben Sie noch andere Erinnerungen an Dresden?

Ja, natürlich, das waren für mich wichtige Jahre. Dresden als Trümmerwüste, darin zu leben, das war prägend. Ich weiß nicht, ob die heutigen Wohlstandskinder so etwas verstehen können.

Als junger Mann absolvierten Sie in Zittau eine Fotografenlehre[2] *und arbeiteten als Theatermaler*[3]. *Waren Sie mal wieder dort?*

Nein, nie. Zittau würde ich gerne mal besuchen. Ist das in Polen?

Warum sind Sie 1961 in den Westen gegangen?

Weil der Sozialismus Menschen bevormundete und Künstlern vorschreiben wollte, was sie zu tun hätten.

Welche Bedingungen braucht Kunst, damit sie sich entwickeln kann?

Es kann nicht der Job des Staates sein, sich um Künstler zu kümmern. Er soll für soziale Aufgaben aufkommen, aber nicht für das Entstehen von Kunst.

Bleibt also nur privates Engagement?

Ja, das des Künstlers im Atelier. Manche Sponsoren machen sich so breit, dass ich nicht mal zur Eröffnung der eigenen Ausstellung kommen mag. Ein weiteres Problem: Kultur und Kunst sind mittlerweile so öffentlich, dass die Gefahr besteht, dass sie beliebig werden und nicht mehr wirklich wichtig sind. Das wenige Gute wird durch Masse zugeschüttet. Aber vielleicht ist die Malerei ja auch bedeutungslos geworden neben den neuen Medien.

Viele schauen sich immer noch lieber Originale im Museum an als Bildchen im Internet.

Die Frage ist, ob die Leute den Unterschied bemerken. Sie lernen nichts anderes mehr kennen und können nicht verstehen, warum das Original schöner sein soll.

Es wird seit Jahren darüber orakelt, dass die Möglichkeiten der Malerei ausgeschöpft sind, es nur noch Wiederholungen gibt.

Solange man Lust dazu hat, und nicht nur Kinder haben Lust zu malen, kann die Malerei nicht sterben. Sie ist elementar. Wiederholungen sind nur dann langweilig, wenn ein Künstler immer schon langweilige Bilder gemalt hat. Gute Kunst kann man gar nicht oft genug machen.

Interview mit Bruno Corà 2000

Du arbeitest seit fast 40 Jahren. Welche Veränderungen gibt es seit den Anfängen Deiner Arbeit bis heute?

Als ich zu arbeiten begann, war die Gesellschaft eine ganz andere als die heutige, damals hatten revolutionäre Haltungen noch einen Sinn. Für einen jungen Mann war es damals normal, gegen den Vater, die Kunstgeschichte und all dies zu revoltieren. Ich habe das Gefühl, dass im Laufe der Jahre diese revolutionären Haltungen immer größer geworden sind, aber ihre Bedeutung verloren haben. So sind wir heute daran gewöhnt zu zerstören: Diese Gewohnheit ist aber gerade deswegen ineffizient, weil heutzutage alles bereits tot ist.

Denkst Du, dass es heute schwierig ist, das Lebensgefühl zu erfassen? Denkst Du, dass wir in einer Zeit leben, in der alles grob ist und in der es keinen Raum mehr für die Empfindsamkeit gibt?

Ja, die Leute versuchen Verantwortung zu meiden, es gibt keine Werte und keine Prinzipien mehr. Wir versuchen jegliche Fragen nach dem Guten und dem Bösen zu vermeiden, aber jeder Versuch benötigt das Wissen über den Unterschied zwischen Gut und Böse. Dies ist aus der Mode gekommen. Wir sind *politically correct*, aber es ist nur eine Illusion.

Jahrelang haben die Kunsthistoriker, die Kunstkritiker, die Kunstjournalisten und viele andere Deine Arbeit mit dem Problem der Fotografie in unserem Jahrhundert identifiziert: „Gerhard Richter benutzt die Fotografie als Modell für seine Malerei, etc." Heute aber gibt die Technologie dem Künstler die Möglichkeit, den Computer zu benutzen. Ist der Einsatz dieser Technik für Dich eher eine Modeerscheinung oder eine notwendige Konsequenz unserer Zeit?

Ich denke, dass es sich eher um eine Notwendigkeit handelt. Die Fotografie hat unsere Denkweise verändert, es ist eine große Sache gewesen. Aber jetzt ist sie nicht mehr so interessant.

Ich habe das gefragt, weil die Verwendung der Fotografie für eine gewisse Zeit als ein avantgardistisches Mittel galt: Es gab Maler, die wie Du die Fotografie benutzt haben, und es galt als skandalös. Jetzt verwenden einige Künstler den Computer.

Ja, aber es ist kein Skandal mehr, es ist sogar etwas ziemlich Normales.

Es ist Konformismus.

Sicherlich.

In Wirklichkeit hast Du damals die Fotografie benutzt, wie andere Künstler die Natur benutzt haben, als Modell. Aber welche ist die wahre Motivation Deiner Bilder? Die Beständigkeit des Wertes des Unterbewusstseins, die Schlichtheit des Lebens, die Neugier gegenüber der Banalität, welche ist die tiefste Motivation?

Es ist das Geheimnis des Lebens. Was das betrifft, verstehe ich das Leben nicht. Ich habe keine große Veränderung durchgemacht. Ich habe die gleichen Interessen wie jeder andere Maler vor mir. Mich interessiert das was ich sehe, nicht die Fotografien. Die Fotos sind ein Mittel, sie helfen mir, weil wir heute nicht malen lernen, und so war es auch zu meiner Zeit: Es war damals nicht *en vogue*, man durfte nichts lehren. Mich interessiert nur das, was ich sehe, das Portrait der Welt, der Menschen, eine Landschaft und so weiter.

Wenn Du entscheidest ein Bild zu malen, oder Du eine Idee hast, weißt Du dann schon, ob es ein realistisches oder ein abstraktes Werk wird? Gibt es einen Moment, in dem Du entscheidest, ob Du realistisch nach der Natur oder einer Fotografie malst oder es ein abstraktes Bild wird? Also kurz gesagt, ob Deine Idee mehr oder weniger subjektiv bzw. objektiv geprägt sein wird?

Es ergibt immer Subjektivität.

Ich nenne ein Bildbeispiel: Krieg ist abstrakt, Ema ist es nicht. Entscheidest Du auf Grund des Themas oder auf Grund einer starken Emotion?

Wozu ich mich entscheide, wächst im Kopf und durch den Körper.

Braucht es lange oder nur einen Augenblick? Handelt es sich um eine Idee, die Du entwickeln musst?

Es ist die gleiche Erfahrung, die man beim Schreiben macht, man hat eine Idee, aber dann braucht es Zeit, um sie zu entwickeln.

Kommt es vor, dass Du morgens aufstehst und eine Zeitung aufschlägst...

Das hat mit der Kunst nichts zu tun, es ist sehr selten, dass ich eine Idee aus der Zeitung nehme.

Lässt Du Dich denn von alltäglichen Dingen gar nicht inspirieren?

Ich bin ständig in der Erwartung, dass mich etwas anzieht. Es kann aus der Zeitung oder aus meinen eigenen Fotos kommen. Man wartet immer auf etwas.

Heißt das, dass Du die Zeit mit Warten verbringst?

Ja, neulich musste ich für eine Idee viel Zeit mit Warten verbringen. Ich habe ein Jahr lang gewartet und ich habe nichts gemalt, ein Jahr lang, es war hart.

Ich erinnere mich an die Zeit, als Du die Grauen Bilder gemalt hattest. Ich hatte Schwierigkeit sie mir zu erschließen, und als ich Dich fragte, warum Du sie gemalt hättest, hast Du geantwortet, weil Du keine Idee hattest.

Ja, zu jener Zeit hatte ich keine Idee.

Genau so wie jetzt?

Ja, ich habe keine Idee, was ich malen könnte.

Aber können wir diese Aussage eins zu eins nehmen? Wie kann es sein, dass Du keine Idee hast? Vielleicht hast Du welche, aber Du denkst, dass sie nichts Besonderes sind. Die Idee der Krise ist immer eine Idee?

Ja.

Wartest Du auf etwas anderes?

Nein, ich hätte gerne Ideen, aber sie kommen sehr selten, von Zeit zu Zeit. Ich habe alles getan, was könnte ich denn noch tun?

Ich kann mich daran erinnern, dass während Du die Grauen Bilder gemalt hast, Du gleichzeitig auch an den Farbtafeln gearbeitet hast.

Es handelt sich um das gleiche Problem, keine Ideen.

Das ist interessant, weil es in beiden Werken Farbe gibt und sie trotzdem vollkommen unterschiedlich sind.

Ja, das stimmt.

Sie sind wie „tabulae rasae".

Mir gefällt der Spruch von John Cage sehr gut: „Ich habe nichts zu sagen und ich sage es."

Viele schreiben, dass Du es vorziehst keine Meinungen zu haben und gleichgültig zu sein. Ich glaube das nicht, wie ist Deine Antwort?

Das habe ich vor 30 Jahren gesagt: Ich habe keine Meinung, ich bin gleichgültig. Ich sagte das, um mich zu schützen.

War das ein Weg, um frei zu bleiben?

Ja, ich hatte Angst etwas Falsches zu sagen. Wie Du weißt, ist in unserem Jahrhundert so viel gesagt worden, vom Volk, von den Intellektuellen, das war der Grund.

Ja, das verstehe ich. Manchmal denken die Menschen, dass die Realität Dich kalt lässt, weil – egal was Du malst – alles auf der gleichen distanzierten Ebene ist: Stillleben, Portrait, Landschaften, ein fliegendes Flugzeug, eine Kuh, das Foto von acht ermordeten Mädchen und so weiter. Ist das aber wahr?

Das überrascht mich aber sehr, wie können Sie denn denken, ich sei kalt? Ich bin doch so sentimental! Ein Maler wie Mangold wird nicht als kalt bezeichnet, und ich sollte es sein? Es ist wahnsinnig, jetzt schäme ich mich darüber, so frei zu sein beim Zeigen meiner Arbeit.

Auf Grund dieser immer gleich bleibenden Distanz hat man das Gefühl, dass Du gleichgültig gegenüber der Wahl der Gegenstände Deiner Malerei bist. In Wirklichkeit triffst Du eine Wahl: Kerze *war eine Wahl.*

Und gleichzeitig keine.

Und wenn man es richtig betrachtet, trifft man in Deinen Gemälden auf eine Auswahl, es gibt Malzyklen, deswegen bist Du nicht gleichgültig. Als Du die Serie mit dem Titel 18. Oktober 1977 *gemalt hast, hatten wir in Italien bereits Probleme mit den Roten Brigaden und der Ermordung von Aldo Moro: Die Ereignisse waren andere und doch vergleichbar mit denen der Baader-Meinhof-Gruppe. Weder damals noch später hat jemand in Italien diese Probleme mit der gleichen Intensität und Eindringlichkeit in seiner Malerei dargestellt. Aus diesem Grund bringen Dich einige Kunsthistoriker in Verbindung zur Historienmalerei: Welche Unterschiede gibt es zwischen dem* Tod von Marat *von David und dem* Tod von Andreas Baader *von Richter?*

Es gibt einen großen Unterschied: Das Gemälde von Marat ist wunderschön, es ist ein großes Bild, das mir sehr gut gefällt. Aber es war erfunden ... und ist sehr künstlich ... er konnte malen, er war nicht so wie ich. Ich habe das Malen nicht gelernt, es war nicht Teil meiner Kultur.

Viele denken aber, dass Du doch malen kannst.

Sie irren sich.

Nein, ich denke nicht, dass sie sich irren. Einige halten Dich für den Vermeer unserer Zeit. Deine Kunst ist so wirkungsvoll, dass Du nichts von David lernen brauchst. Die Unterschiede zwischen Dir und David basieren auf der Geschichte, der Kultur und auf den Gefühlen: Um genauer zu sein, David war in die Revolution involviert, er war einer der letzten Männer der Konvention. Du aber hast Dich nie politisch engagiert. Ich glaube, dass die Tragödie der Ereignisse um Baader-Meinhof ein religiöses Gefühl für den menschlichen Tod geweckt hat, welches ähnlich ist mit dem Gefühl Davids vor dem Tod von Marat. Mit diesem Bild im Kopf hat dann auch David den menschlichen Tod gemalt. Obwohl Du die Darstellung des Todes ausgewählt hast, glaube ich, dass Du an diesem Bild mit einer anderen Idee im Kopf gearbeitet hast. Welche war diese Idee?

Ich war gerührt, es ist schwierig zu erklären. Ich kann es Dir weder mit einem Satz noch mit einem Wort erklären. Das ist das Problem.

Mir scheint, dass es reicht gerührt zu sein.

Ich weiß nicht, warum ich gerührt war.

Brief an René Block, 17.8.2000

Lieber René,

mein „Erfahrungsbericht“ wird vielleicht nicht so ausfallen können, wie man üblicherweise erwartet. Egal wie, – so war es:

Arnold Bode habe ich möglicherweise mal gesehen, sicherlich nur von weitem; ich hatte keine Ahnung von seiner Bedeutung und er war naturgemäß nicht an mir interessiert.

Die Idee zum Bild hatte Heiner Friedrich, der sich damit Aufmerksamkeit für sich und seine Künstler ertrotzen wollte. Er besorgte irgendwie das Foto und erklärte mir wie wichtig es ist, das Bild zu malen. Ich war nur halb überzeugt davon, und so ist das Bild nicht nur halb ausgemalt, sondern auch nur halb gut.

Egal wie, ich mochte das Bild nie und Herr Bode, dem es geschenkt werden sollte, mochte es wohl auch nie. Damit hatte er wohl recht, denn er hatte nicht nur die Notwendigkeit einer *documenta* sehen können, sondern er hatte auch Sinn für Qualität.

So war das, und ich grüße Dich herzlich.

Dein Gerhard R.

Interview mit Astrid Kasper 2000

In Ihrem Zyklus S. mit Kind *lässt sich ein breites Spektrum an Oberflächenbehandlungen*[1] *beobachten. Was hat Sie dazu bewogen, gerade in dieser Werkgruppe mit unterschiedlichen Oberflächenstrukturen zu experimentieren? Das Thema „Mutter und Kind" bewirkt eine starke emotionale Nähe und Einbeziehung des Betrachters, die durch Ihre malerischen Eingriffe jedoch wieder zerstört werden. Lebt gerade* S. mit Kind *aus dieser Spannung von Anziehung und Abstoßung?*

Wenn Sie mich fragen, was mich dazu bewogen hat, das so verschiedenartig im Zyklus *S. mit Kind* zu machen, fängt es gleich an mit dem Problem, dass ich das gar nicht bedenke, weil das Malen wie ein Ersatz für Denken ist – eine andere Art zu denken. Wenn ich beim Malen ein Motiv verzerre oder zerstöre, ist das keine geplante und bedachte Handlung, sondern es ist ganz anders begründet: Ich sehe, dass das Motiv, wie ich es gemalt habe, irgendwie unansehnlich wirkt, unerträglich aussieht. Dann versuche ich eben, meinem Gefühl zu entsprechen, das ansehnlich zu machen. Und das heißt, derart lange zu malen, zu ändern oder zu zerstören, bis es mir besser gefällt. Und warum das so ist, darüber gebe ich mir keine Rechenschaft. Das ist wieder der Job von Ihnen... *(lacht)*

Aber wenn Sie sich im nachhinein den Zyklus S. mit Kind *betrachten, können Sie sich vorstellen, dass vor allem das emotionale Thema von Mutter und Kind Sie dazu veranlasst hat, teilweise aggressiv gegen das Motiv vorzugehen?*

Also am Thema liegt es sicher nicht, wenn ich aggressiv vorgegangen bin – wenn das überhaupt aggressiv zu nennen ist, denn eine liebevoll brave Abmalerei kann ja so dumm aussehen, dass man sie als wirklich aggressiv empfindet. Das war hier bei dem Blumenbild[2] genauso, die gelben Lilien hatte ich mit aller Sorgfalt detailgetreu abgemalt, und das sah derart unerträglich aus, dass ich all die Feinheiten wegwischte, solange bis das Bild akzeptabel aussah. Die Lilien sind dadurch besser, vieldeutiger, also schöner geworden.

Wenn Sie ein Bild fertiggemalt haben und am Schluss das Motiv wieder zerstören, stelle ich mir das gar nicht einfach vor. Wahrscheinlich kostet Sie das eine Menge Überwindung...

Ja, das stimmt, man hat viel Arbeit reingesteckt. Das sagt man sich, die hätte ich mir sparen können, wenn ich gleich etwas flotter gemalt hätte.

Um nochmals auf S. mit Kind *zurückzukommen: Meinen Sie, es könnte mit dem intimen Motiv zusammenhängen, dass Sie sehr heftig mit Ihren Oberflächenbehandlungen darauf reagieren?*

Das könnte sein, aber auf jeden Fall nicht aus Schamgefühl, dass ich da nicht zu privat werden darf. Da habe ich eigentlich nie Hemmungen gehabt.

Aber vielleicht weil es zu idyllisch, zu harmonisch wirkt...

Das ist eigentlich mit allen realistischen Motiven so bis auf ein paar Ausnahmen, die weniger verwischt sind. Aber das liegt vielleicht auch an der Zeit. Vielleicht könnte ich die heute gar nicht mehr so direkt malen. Deswegen war es für mich besonders verwunderlich, dass die Feministin Nabakowski[3] derart auf *S. mit Kind* herumgehackt hat. Sie kam ja richtig in Wut.

Ich habe mich jedenfalls gefragt, warum Sie gegen die wunderschönen Landschaften nicht so aggressiv vorgehen wie gegen das idyllische Mutter-Kind-Motiv.

Es gibt ja ein Bild aus der *S. mit Kind*-Serie,[4] das ich weniger verwischt oder verkratzt habe, aber das hat eine andere Berechnung, das ist mehr ein Versuch, das Motiv mit sehr viel Schmelz und Süße, nahe am Salonkitsch, darzustellen.

Ja, Sie variieren Ihre Oberflächenstrukturen in unterschiedlichen Abstufungen im Zyklus...

Genau und das wird dann von den anderen Bildern mitgetragen und hält sich innerhalb der Serie die Waage. Das ist wie bei einem Musikstück: Es sind acht kleine Sätze – liebliche, herbe, wie es halt so kommt.

Somit könnte man folgern, dass sich die Oberflächenstrukturen von den Anfängen bis heute kontinuierlich verstärkt haben und nun prominenter in Ihren Fotobildern sind.

Hierbei denke ich beispielsweise auch an Ihre Blumenstilleben der neunziger Jahre, in denen Sie mit starken Oberflächenbehandlungen in das Motiv eingreifen.

Ja, das könnte sein. Aber was da genau ist und warum das so ist, das weiß ich nicht. Darüber habe ich mir nie Gedanken gemacht. Ich merke nur, es geht nicht, ich kann nicht etwas einfach so abmalen, und es dabei belassen.

Durch die vielschichtige Oberflächengestaltung in Ihren Gemälden fühle ich mich als Betrachter in meiner gewohnten Wahrnehmung irritiert und verunsichert: In den gegenständlichen Werken wird das Motiv durch die malerische Verwischung unscharf und entzieht sich dem klaren Erkennen. Die komplexen, dichten Bildoberflächen der ungegenständlichen Arbeiten wiederum übersteigen meine Aufnahme- und Wahrnehmungsfähigkeiten. Somit stoße ich bei der Betrachtung Ihrer Bilder an meine Wahrnehmungs- und Erkenntnisgrenzen. Wollen Sie mit Ihrer Malerei den Betrachter dazu anregen, über seine eigene Wahrnehmung und Erkenntnis der Wirklichkeit nachzudenken?

In Ihrer Frage beschreiben Sie eigentlich ganz genau – fast ganz genau, was ich will. Fast sage ich jetzt mal, weil ich nicht so detailliert und spezifiziert weiß, was ich erreichen will. Aber was ich auf jeden Fall erzielen möchte, das haben Sie mir auch sofort gegeben – und zwar Aufmerksamkeit. Und das will ich. Diese meine ich jedoch nicht spezifisch. Die Mittel, mit denen ich das mache, sind breiter gestreut. In Ihrem Fall, Sie als Astrid Kasper, geben die Aufmerksamkeit durch die Anregung der Wahrnehmung und Erkenntnis. Andere wollen etwas ganz Anderes oder haben ganz andere Gründe, weswegen sie aufmerksam werden. Ich habe also nicht genau das beabsichtigt, was Sie jetzt gefunden haben.

Sie versuchen also, durch unterschiedliche Mittel eine breite Aufmerksamkeit mit Ihrer Malerei zu erzielen.

Genau, egal ob durch ein schönes Landschaftsmotiv oder die Störung etc.

Wenn ich aber meine Aufmerksamkeit nun auf den Aspekt der Wahrnehmung richte, dann stellt sich mir die Frage, ob Sie durch Ihre Malerei versuchen, die menschlichen Wahrnehmungs- und Erkenntnisgrenzen zu erweitern und aufzubrechen.

Das wäre toll. Ich habe zwar viele große Wünsche an die Malerei, aber meine Motivation ist sicher einfacher gestrickt. Spaß an der Arbeit und dann die Anerkennung, das Geld inklusive.

In vielen Aussagen in der Publikation Text sprechen Sie von der Malerei als Modell für die Unbegreiflichkeit der Wirklichkeit, und welche Funktion nimmt dabei die Malerei ein? Möchten Sie verdeutlichen, dass unser Verhältnis zur Wirklichkeit stets mit Unsicherheit, Unbegreiflichkeit, Widersprüchlichkeit und Komplexität zu tun hat?

Nein, das sind alles Nebeneffekte. Ich will doch nur ein Bild malen, was ein bisschen ankommt. *(lacht)*

Während der intensiven Beschäftigung mit Ihrem Werk hatte ich beständig das Gefühl, dass Sie mit Ihren verschiedenen malerischen Ansätzen und Versuchen immer auf der Suche sind – nach etwas Allgemeingültigem, Zeitlosem, Objektivem, Wahrhaftigem. Lässt sich Ihr kontinuierliches kreatives Streben als die beharrliche Suche eines Malers nach dem „absoluten" Bild bezeichnen?

Das Absolute – mit diesem Wort kann ich wenig anfangen. Das Wort „absolut" ist mir zu absolut halt. Ich kenne gar nichts Absolutes. Eine Annäherung, daran wäre mir gelegen. Wenn ich versuche, mich einer Sache anzunähern, an etwas Besseres, an etwas, das meinen Verstand übersteigt, an etwas Transzendentes.

Wie Sie in mehreren Äußerungen der achtziger Jahre betont haben, beziehen Sie in den ungegenständlichen Gemälden den Zufall in die Bildproduktion mit ein. Und auch die Verwischungen in den gegenständlichen Bildern lassen sich nur bedingt kontrollieren. Somit bringen Sie nicht kontrollierbare Momente in die Malerei, mit denen Sie sich selbst überlisten wollen.

Das ist immer gut, sich zu überlisten, also was Besseres zu machen als das, was man sich so ausdenken kann.

Gerade in Gemälden wie der Lesenden oder Betty ist auffällig, dass Sie einen Status von Allgemeingültigkeit anstreben. Ich sehe darin große Meisterwerke wie die von Vermeer.

Der Bezug zu diesen Kunstwerken (etwa zu den Gemälden Vermeers), diese Liebe ist mir selbstverständlich und im Fleisch und Blut, die ist jenseits von bewusst und unbewusst. Sie ist einfach ein Teil von mir, deswegen beziehen die sich alle auf solche Bilder. Und ich wünschte, ich könnte so schön malen wie Vermeer. Aber es geht nicht. *(lacht)*

Ihr Streben nach Allgemeingültigkeit, nach etwas Objektivem, nach Detaillosigkeit und Zeitlosigkeit in den Gemälden und auch die Verwischung: Das rückt alle die Werke ein Stück weit an das „absolute" Bild heran.

Die Verwischung macht die Bilder ein bisschen vollkommener. Wenn sie nicht verwischt sind, sind so viele Details nicht gelungen, und das Ganze stimmt auch nicht. Dann kann die Verwischung helfen, das Bild unangreifbarer zu machen, entrückter, verschleierter – so einfach geht das. *(lacht)*

Sie haben demnach kein „absolutes" Bild vor Augen, wenn Sie ein neues Gemälde anfangen... (Nein, gar nicht), *aber es geht Ihnen schon darum, etwas Allgemeingültiges anzustreben.*

Genau. So gut, wie es geht, etwas zu machen, herzustellen mit einer Stimmigkeit, die der einer Pflanze, also eines beliebigen Naturstückes, vergleichbar ist.

In zahlreichen Aussagen der sechziger und frühen siebziger Jahre haben Sie die Verwendung von Fotovorlagen für Ihre gegenständliche Malerei vor allem damit erklärt, dass Sie Ihnen eine Art künstlerischen „Freiraum" gaben, Sie von Ihrer malerischen Vorbildung und Konventionen befreiten. Wie würden Sie heute die Verwendung von Fotovorlagen für Ihre gegenständlichen Gemälde begründen? Hat sich die Funktion des Fotos für Sie damals und gegenwärtig geändert?

Ich denke mein Interesse am Foto ist mehr als früher von der Tradition bestimmt, also von der Faszination, die die alten Meister für mich haben wie alle großen Gemälde der Kunstgeschichte bis heute. Das ist die konservative Seite, die ich zwar immer hatte, aber die mir über die Jahre immer wichtiger geworden ist. Deshalb gibt es auch nicht mehr diese flotten Sprüche wie: Jedes beliebige Foto ist besser als der beste Cézanne.

Wie verknüpft sich die Funktion der Fotovorlagen damals und heute mit der Motivauswahl? Wie suchen Sie heute ein Foto aus?

Das weiß ich nicht. Das hat sich sicher geändert mit den Interessen – heute sind mehr Kinder dabei als früher, früher waren es mehr kriminelle Fälle. Keine Ahnung... *(lacht)*

Beim Durchblättern des Atlas lässt sich erkennen, dass Sie in den letzten Jahren weniger Fotografien tatsächlich in Malerei umsetzen. Sind Sie in Ihrem Auswahlprozess strenger geworden?

Vielleicht auch, aber es hängt insgesamt davon ab, dass ich viel mehr fotografiert habe in all den Jahren, so dass ich gar nicht mehr daran denken konnte, es zu malen. Da war der *Atlas* auch eine Möglichkeit, die Fotos wie in einem Tagebuch zu sammeln, abzulegen, zu erledigen.

Sie begeben sich also nie auf die Suche nach einem Foto für ein Bild...

Na ja, eigentlich tue ich gerade das fast immer. Egal, was ich da betrachte, sobald der Rahmen des Suchers erscheint, geht es in Richtung Bild.

Bei den Blumenstillleben und der Lesenden erschienen mir die Motive wie inszeniert...

Die Blumen werden eigentlich immer inszeniert, indem ich sie auf einen Tisch stelle in eine Vase, fängt die Inszenierung an, geht bis zur Beleuchtung, und was weiß ich.

Und bei Personen wie der *Lesenden* ist das ganz ähnlich.

Ihre Gemälde wie Ema, die Lesende, die Kl. Badende *und Ihre Landschaften erinnern an bekannte Bilder der Maler Duchamp, Vermeer, Ingres und Friedrich. Wie erklären Sie sich die wiederholten Assoziationen mit diesen Künstlern? Sie haben nicht die* Briefleserin *von Vermeer im Kopf und stellen das Motiv nach?*

Nein, das nie. Aber natürlich ist mir Vermeers *Briefleserin* im Kopf oder besser im Bauch, und das bestimmt dann auch mein Sehen.

Das heißt, Sie beziehen sich in den gegenständlichen Werken nicht bewusst auf bestimmte künstlerische Vorbilder?

Nein, nie.

Aber wir sind moderne Medienmenschen, die ein ungeheures Bilderwissen in unserem Kopf haben, das wir gar nicht ausblenden können...

Genau, aber das muss uns ja nicht immer bewusst sein. Im Gegenteil, der unbewusste Besitz kann doch viel wirksamer sein. Ich weiß noch, wie enttäuscht ich war, als mir gesagt wurde, mein *Akt auf der Treppe* hat was mit Duchamp zu tun. Ich fand das ganz unsinnig und brauchte einige Zeit, um das akzeptieren zu können.

Meinen Sie, dieser Einfluss der uns umgebenden Bilderwelt ist stark?

Ja, sicher. Und deshalb sollten wir so was wie ein imaginäres Museum im Kopf haben, damit wir uns die Orientierung erleichtern, Urteile, auch Vorurteile, bilden können, werten, nicht verwahrlosen.

Sie halten es also für eine unabdingbare Voraussetzung, dass man sich als Maler mit der künstlerischen Tradition auseinandersetzt?

Das macht unser Leben erst reich. Wie wir lesen und schreiben lernen und Bücher kennen und Musik, so kennen wir auch Bilder. Und wenn wir uns nicht an den Besten orientieren, können wir auch nicht gut sein.

Somit arbeiten Sie stets im Bewusstsein der malerischen Tradition…

Sicher. Denn die zu vergessen, zu ignorieren, mag ja von Zeit zu Zeit nützlich sein und Spaß machen, aber auf die Dauer ist uns dies gar nicht möglich.

Dennoch setzen Sie sich nicht gezielt mit bestimmten Werken Vermeers oder anderer Künstler in Ihren Bildern auseinander?

Es gibt Künstler, die machen das ganz geplant, wie eine Werbeagentur im Brainstorming machen die eine strategische Untersuchung über Vermeer oder Manet (diese Bar von Jeff Wall[5]). Das ist sicher sehr interessant, aber es liegt mir nicht.

Warum greifen Sie aber gerade Vermeer und Friedrich in Ihren Werken auf? Haben Sie sich mit ihnen intensiver beschäftigt als mit anderen Malern?

Sie haben mir immer gefallen. *(lacht)* Und viele andere natürlich auch. Ich glaube nicht, dass es mir möglich ist, das zu formulieren, was das für eine Qualität ist, die mich da fasziniert, die in den verschiedensten Arbeiten sich zeigt und auch ganz unabhängig von der Zeit ist – also, die, die ich bei Blinky Palermo und bei Vermeer und bei Chardin und bei den unterschiedlichsten Künstlern sehe und liebe. Das ist auch eine Qualität, die sich auf andere Bereiche erstreckt, die etwas Stabilisierendes hat wie eine Richtschnur.

Es ist folglich eine bestimmte Stimmung und Ästhetik, die Sie bei einigen Künstlern in besonderer Weise anspricht…

Ja, und das ändert sich eigentlich wenig. Manchmal kommt etwas Neues hinzu: Bei der letzten Ausstellung in Amsterdam entdeckte ich beispielsweise Saenredam[6] – ein Bild, das ich vorher noch nicht kannte. Es hängt jetzt hier als Postkarte – absolute Spitze. *(lacht)* Ich habe immer Postkarten von Bildern bei mir hängen, die mich faszinieren. Das wechselt dann. Jetzt ist es Saenredam, neben dem Sol LeWitt da und Paul Robbrecht.

In einer Ausstellung in der Ifa-Galerie[7] in Stuttgart hing Ihre Grafik Übersicht. Sie macht deutlich, dass Sie sich der westlichen Kulturgeschichte bewusst sind und diese künstlerische Tradition nicht nur aufführen und anerkennen, sondern sich selbst explizit in sie hineinstellen.

Wenn ich meine Zeitgenossen, die ich schätze, Serra und Ryman und all die anderen, wenn ich die aufliste, kann ich ja nicht so tun, als wäre ich mir nicht genauso wichtig und mich weglassen – ich bin ja auch nicht schlechter als die. *(lacht)*

Die malerische Tradition ist Ihnen also wichtig und inspiriert Sie...

Ja, unbedingt. Das tragen wir weiter. Das ist unsere Aufgabe.

Was ist Ihre Antriebskraft zum Malen? Sie sind jetzt vierzig Jahre intensiv und unermüdlich am Arbeiten (Naja, ich esse ja auch vierzig Jahre, *lacht) Was treibt Sie voran?*

Das ist eben die Tätigkeit, die am zuverlässigsten beglückt. Andere gehen gerne in den Garten oder machen sonst was. Das ist schon ein wahnsinniges Privileg, dass man etwas so lange machen kann.

In Ihrem Werk lässt sich fortwährend etwas Neues und Spannendes entdecken. Dagegen gibt es viele Künstler, denen irgendwann die Puste ausgeht. Verraten Sie das Geheimnis Ihres Erfolges?

Ich habe irgendwie jeden Tag das Gefühl, dass mir die Puste ausgeht und mir nichts mehr einfällt. Und es geht eben trotzdem weiter. Ich sah letztens im Fernsehen Merce Cunningham, den Tänzer. Der ist nahe achtzig und tanzt noch und hat Schüler. Das war sehr beeindruckend.

Das hat bestimmt viel mit Leidenschaft und Begeisterung zu tun...

Oder mit Verzweiflung, was soll ich sagen.

Ihr Werk, Ihre Person und Ihre Aussagen sind von Widersprüchen geprägt. Arbeiten Sie damit bewusst, um Ihr Werk und Ihre Person in gewisser Weise rätselhaft, geheimnisvoll und interessant zu halten?

Nein, das nehme ich mir nicht vor. Ich träume immer von einem ganz einfachen Leben, wo ich zufrieden bin, still und glücklich. Das ist wahr. *(lacht)*

Sie wollen sich also nicht in Ihre „Karten gucken lassen"?

Nein, ich lasse mir gerne in die Karten gucken. Aber ich verstehe es ja selber nicht, warum das so ist. Ich weiß es nicht.

Das macht auch ein Stück weit die Faszination Ihres Werkes aus, dass man Sie da nicht fassen kann.

Ja, das kann sein.

Zum Schluss: Haben Sie einen idealen Betrachter?

Nein, einen interessierten Betrachter.

Ich danke Ihnen für das interessante und anregende Gespräch.

Interview mit dem SPIEGEL 2001

Herr Richter, Ihre rhombenförmigen roten Gemälde waren für einen kirchlichen Raum gedacht. Warum ist dieser Plan gescheitert?

1997 hat mich der Architekt Renzo Piano gefragt, ob ich für das von ihm entworfene Pilgerzentrum zu Ehren des selig gesprochenen Paters Pio nahe der italienischen Adriaküste etwas malen könnte. Ich fand die Architektur interessant und auch die Idee überhaupt eine neue Kirche zu bauen. Ich bin ja ein Sympathisant des Katholizismus – ohne ihm anzugehören.

Was wurde von Ihnen erwartet?

Die Bilder sollten figürlich sein, sie sollten mit dem Leben des Padre Pio zu tun haben, mit dem Franziskanerorden und mit der Stigmatisation des Titelheiligen. Da hab ich gleich gesagt: ich glaube nicht, dass mir das gelingt. Ich konnte also keinen Auftrag annehmen, sondern nur etwas versuchen und das Ergebnis anbieten.

Wer befand darüber?

Eine Kommission, in der Piano, Franziskanermönche und Vertreter des Vatikan saßen. Sie hat mir mit Bedauern abgesagt. Ich verstehe das.

Was qualifiziert die Bilder für ein Pilgerzentrum?

Irgendwie wirken sie sakral auf mich. Aber ich wollte sie nicht durch einen Titel aufladen. Wie bei all meinen Abstraktionen habe ich mit vagen Vorstellungen angefangen und dann die Flächen immer wieder übermalt.

Darf man bei den roten Rhomben an Wundmale, Stigmata, denken?

Vielleicht kommt das unbewusst herein, es auszusprechen wäre mir zu heikel. Ich kann keine blutenden Wunden malen.

Die Bilder sind dann vom Kunstmuseum in Houston (Texas) angekauft worden, das sie nun zur Biennale ausleiht. Was bleibt von der sakralen Aura?

Im Augenblick wohl nur das absurde Zeitungsschlagwort „Vom Vatikan abgelehnt".

Gespräch mit Tim Griffin 2001

Gibt es irgendwelche Aspekte in Ihrer Arbeit über die Jahre, die das amerikanische Publikum nicht erkannt oder verstanden hat?

Vom amerikanischen Publikum bekomme ich für mein Werk mehr Anerkennung als von jedem anderen. Da kann ich mir nicht vorstellen, dass sie etwas daran nicht gesehen oder nicht verstanden haben.

Gibt es etwas, wofür das amerikanische Publikum besonders aufnahmefähig ist (überraschenderweise oder nicht)?

Mich beeindruckt, dass die Leute hier Eindeutiges, Unmittelbares, Direktes bevorzugen, und was sie dazu zu sagen haben, sagen sie genauso direkt und ohne alle Hemmungen. Das ist gut.

Gibt es neueste Entwicklungen in den Medien, die Ihr Werk beeinflußt haben? Wie?

Diese neuesten Entwicklungen haben eine dermaßene Präsenz, dass die Kunst im Vergleich weniger wichtig geworden ist, deshalb bin ich jetzt isolierter als früher und male nicht mehr so viel.

Meinen Sie, dass solche Entwicklungen die Art und Weise, wie die Leute Ihre Bilder sehen (buchstäblich oder analytisch) verändert haben?

Natürlich haben die modernen Medien die Art verändert, wie die Leute Bilder sehen. Für mich ist die größte Veränderung, dass man klarer zwischen Kunst und Unterhaltung und Pädagogischem und so weiter unterscheidet. Wenn heute jemand Schuhe präsentieren will oder was weiß ich, muss er das nicht mehr als Kunstwerk hinstellen. Das ist gut so – wir haben eine Menge interessanter Ausstellungen, und in einigen wenigen davon gibt es auch Kunst.

Ihre letzte Ausstellung in New York ist nun fünf Jahre her[1]*. Was sind für Sie die wichtigsten Veränderungen in Ihrer Arbeit, ob in der Technik oder im Bildgegenstand?*

Ich könnte natürlich Unterschiede oder Veränderungen feststellen – andere Formen, Titel, Stimmungen und so weiter –, aber große, wichtige Umschwünge sehe ich nicht.

Gibt es Verbindungen zwischen den gegenständlichen Werken, erzählerisch oder anderweitig?

Die größte Verbindung, das Gemeinsame an beiden Arten – den gegenständlichen und den abstrakten Bildern –, ist, dass sie dieselben Absichten verfolgen: ein Bild zu schaffen, eine visuelle Beschreibung, etwas darzustellen, etwas Gestalt zu geben, wie in einem Foto. Ein gegenständliches Gemälde zeigt Dinge, die man als Baum, Haus, Wolken usw. erkennen kann, bei einem abstrakten

Gemälde erkennt man nur Ähnlichkeiten, eine Wesensverwandtschaft zu Baum, Haus, Wolken usw., aber man kann nicht identifizieren, was man sieht.

Sehen Sie sich selber in Beziehung zur Geschichte der Abstraktion?

Ich weiß nicht viel über die Geschichte der Abstraktion.

Ihr Werk ist als Albumcover hier erschienen – allen voran Sonic Youth's „Daydream Nation" (was eine ganze Generation von amerikanischen Post-Punk-Künstlern in der Schule durch deren CD-Sammlung mit ihrem Werk konfrontiert hat, weit über Ihre zahlreichen Ausstellungen hinaus). Wie kam dieser Gebrauch Ihrer Bilder zustande? Spiegelt dies Ihren Musikgeschmack wider? Was hören Sie im Atelier?

Es hat mir geschmeichelt, als Sonic Youth mein Bild als Cover nahm, aber eigentlich war es eher etwas Persönliches, und ist zwanzig Jahre her. Heute höre ich immer noch Bach, Cage, ein paar jüngere Komponisten.

Gibt es eine ethische Basis für Ihren Wunsch, Ihre eigenen politischen Tendenzen/Ansichten fernzuhalten von der Auslegung Ihrer Arbeiten? Sehen Sie sich selbst als Formalist, der Bilder der Wahrnehmung produziert?

Ich behalte meine politischen Ansichten ja nicht für mich, ich halte sie nicht zurück – aber die einzigen, die ich habe, sind die, die man in den Bildern sehen kann. Und in einem Punkt bin ich mir absolut sicher: Ich habe nichts mit dem Formalismus zu tun.

Sie schrieben 1992 „Die Welt des Geistes und der Kunst, in der wir aufwachsen, ist uns die wichtigste", welche Welt des Geistes wollen Sie selber anbieten?

An dieser Welt des Geistes und der Kunst Anteil zu haben, ist das nicht unsere Chance zu überleben?

Welche zeitgenössische Kunst finden Sie besonders interessant? Oder mit welcher Kunst von anderen Künstlern leben Sie zuhause oder im Atelier?

Ich habe so gut wie überhaupt keine Bilder anderer Künstler. Aber Gegenwartskunst sehe ich jeden Tag, in Katalogen, Zeitschriften, ich sehe mir gern Ausstellungen an – das gehört zur Arbeit, manchmal ist es langweilig, manchmal ein Vergnügen.

Interview mit Robert Storr 2002

Wie bist Du ans Malen gekommen?

Als Kind, mit 15 oder 16, habe ich Aquarelle gemalt, Landschaften und Selbstportraits. Ich erinnere mich noch, dass ein Bild von einer Gruppe von Tänzern dabei war. Das war recht schön.

Warum ist Dir das besonders im Gedächtnis geblieben?

Weil ich damals ein so negativer Mensch war. Wir waren in ein neues Dorf gezogen, und von Anfang an war ich dort der Außenseiter. Ich sprach den Dialekt nicht und so weiter. Es war ein Besuch in einem Club, ich sah den anderen beim Tanzen zu, und ich war eifersüchtig und ärgerlich und verbittert. Und in dem Aquarell kommt die ganze Wut eines Sechzehnjährigen zum Ausdruck. Genauso bei den Gedichten, die ich damals schrieb – sehr romantisch, aber bitter und nihilistisch, wie Nietzsche und Hermann Hesse.

Hat Deine Familie Dich bei Deiner Kunst unterstützt, oder war es nur ein Hobby – eine Privatsache?

Ein Hobby. Vielleicht hat meine Mutter sich etwas davon versprochen. Sie war ein wenig verrückt, womöglich hat sie sich gedacht, ihr Junge wird ein großer Maler.

Sie hat Dich ermutigt?

Sie hat mich nicht entmutigt.

Das ist eine Menge.

Das ist eine Menge. Da hast Du recht.

Und wann fiel die Entscheidung, daraus einen Beruf zu machen?

Mit 17. Ich musste mir ja eine Arbeit suchen, und so wurde ich Plakatmaler. Ich beschriftete Transparente, „Der Sozialismus lebt". Merkwürdiger Satz.

In Deinem Fall hast Du also auch vom Sozialismus gelebt.

Das ist gut! Und dann habe ich im Theater gearbeitet, Kulissen gemalt. Das war das Stadttheater in Zittau, eine Kleinstadt ungefähr hundert Kilometer von Dresden, da habe ich in einem Wohnheim für Lehrlinge gewohnt.

Und das waren also die Erfahrungen – Deine Gedichte und Aquarelle und die Arbeit als Kulissenmaler –, die dann zu der Entscheidung führten, auf die Akademie zu gehen?

Ja. Von ungefähr 16 an hatte ich das Gefühl, dass das das Richtige für mich ist.

Und wie hast Du Dir damals Deine Zukunft als Künstler vorgestellt?

Ich hatte überhaupt keine Vorstellung. Ich wollte einfach nur malen, Bilder machen.

Hast Du Dich eher als Maler für die Öffentlichkeit gesehen, oder waren es Bilder für private Sammler?

Als Maler wie alle anderen, wie Lovis Corinth und Raffael und so weiter. Als berühmten Maler. *(lacht)*

Gab es da nicht einen Auftrag für ein Wandgemälde, gleich nach dem Abschluss an der Akademie?

Als ich mit der Akademie fertig war, ja, da habe ich ein großes Wandbild[1] gemalt, über Glück und Gesundheit im sozialistischen Paradies.

Aber das hast Du Dir nicht als Zukunft vorgestellt, solche großformatigen Werke für die Öffentlichkeit?

Einen kurzen Augenblick lang vielleicht; vielleicht habe ich ein Leben gesehen, in dem ich gewaltige Bilder für öffentliche Gebäude male.

Ich weiß von Ilja Kabakow und Erik Bulatow und anderen Malern aus der ehemaligen Sowjetunion, dass man im Ostblock eine offizielle künstlerische Arbeit haben konnte, als Buchgestalter zum Beispiel, und nach Feierabend war man ein ganz anderer Künstler. Hast Du Dir vielleicht diese Art von Doppelleben vorgestellt, oder wolltest Du einfach nur Bilder malen?

Eigentlich habe ich mir nie vorstellen können, dass das einmal meine Arbeit wird, als Wandmaler mit Staatsaufträgen; das war für mich keine echte Arbeit. Ich hatte große Angst, dass sie mich in eine Firma stecken würden. Wie es vielen geschah.

Welche Rollenmodelle gab es, wenn man selbständiger Künstler sein wollte? Wen konnte man sich als Vorbild nehmen, als Beweis, dass es möglich war?

Niemanden.

Man musste es also neu erfinden.

Ja. Sicher, es gab eine Untergrundszene, aber die gefiel mir nicht. Es gab auch selbständige Künstler. Aber es war kein guter Maler darunter. Manche dieser unabhängigen Künstler waren so stolz auf ihre Unabhängigkeit, sie machten einen Kult aus ihrem Status. Das ist mir immer unangenehm, dieser Pathos, diese Wichtigtuerei.

Welche Art von Kunst gab es damals in der DDR zu sehen?

Wir haben uns die Gruppenausstellungen immer sehr aufmerksam angesehen. Mindestens zweimal im Jahr gab es große Ausstellungen der Künstlerverbände. In den Museen gab es die Klassiker. Ich glaube, die Gemäldegalerie in Dresden[2] war noch geschlossen; erst viel später kamen die Russen mit ihrem „Geschenk" – sie gaben alles zurück, was sie im Krieg mitgenommen hatten. Aber es gab andere kleine Museen, in Pillnitz zum Beispiel, ein wenig außerhalb

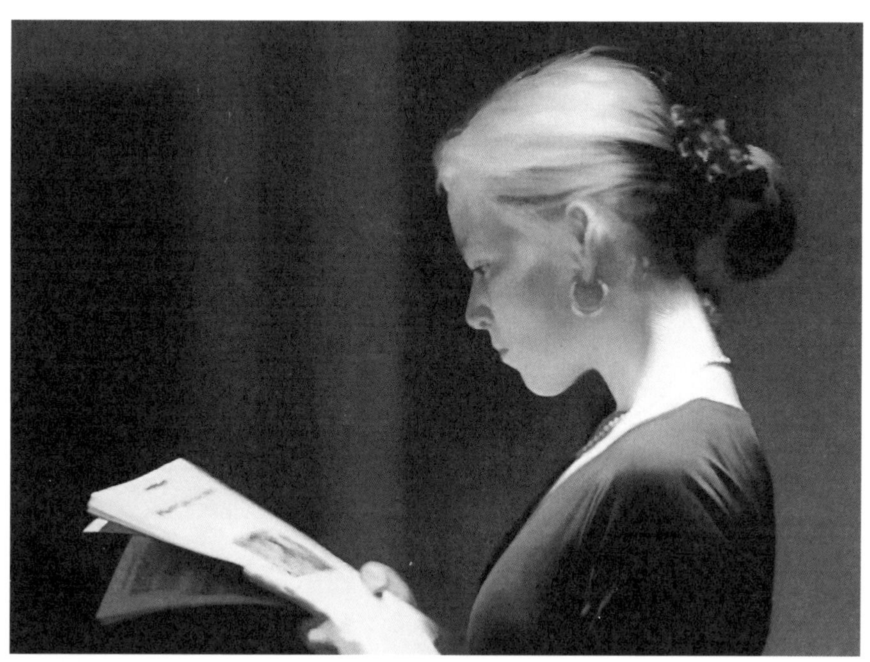

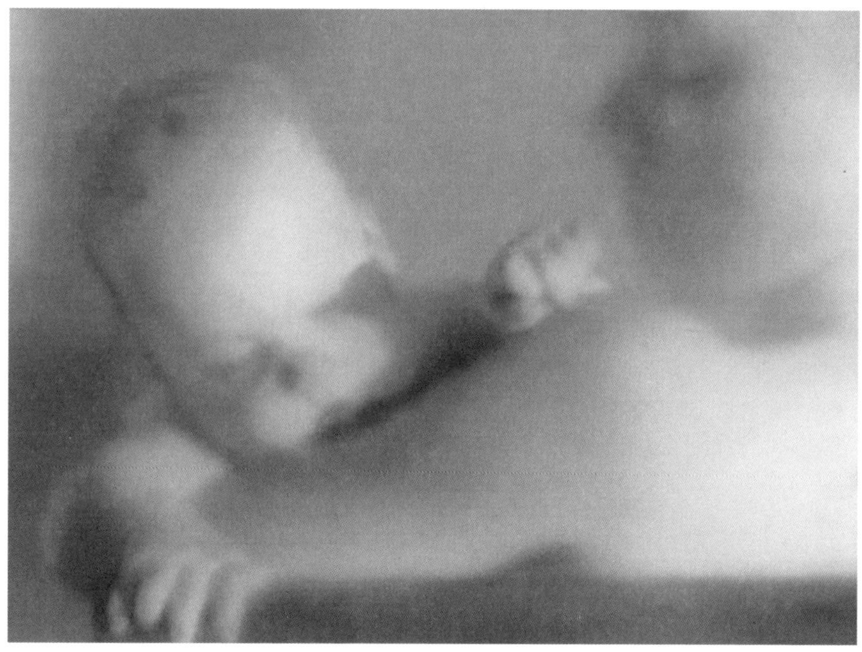

Lesende, 1994
S. mit Kind, 1995

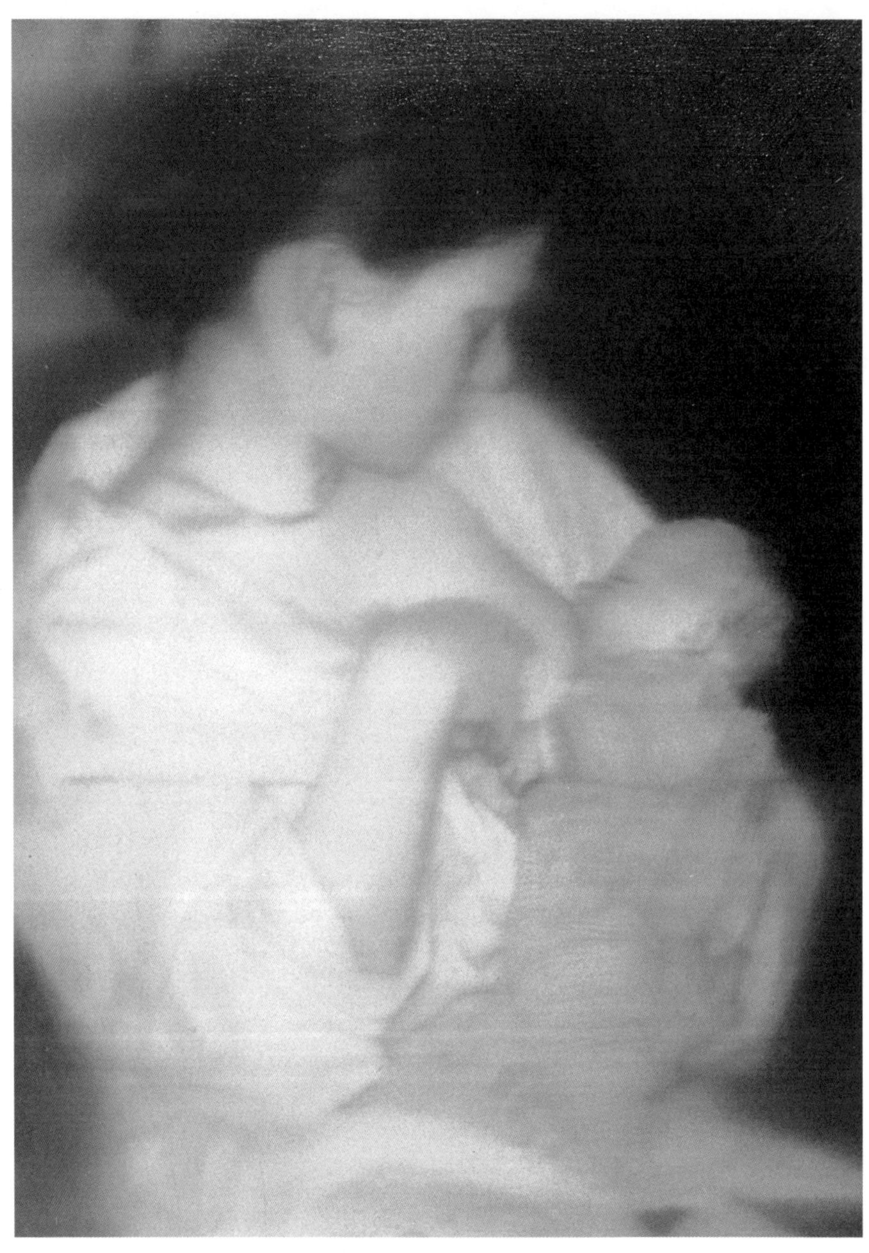

S. mit Kind, 1995

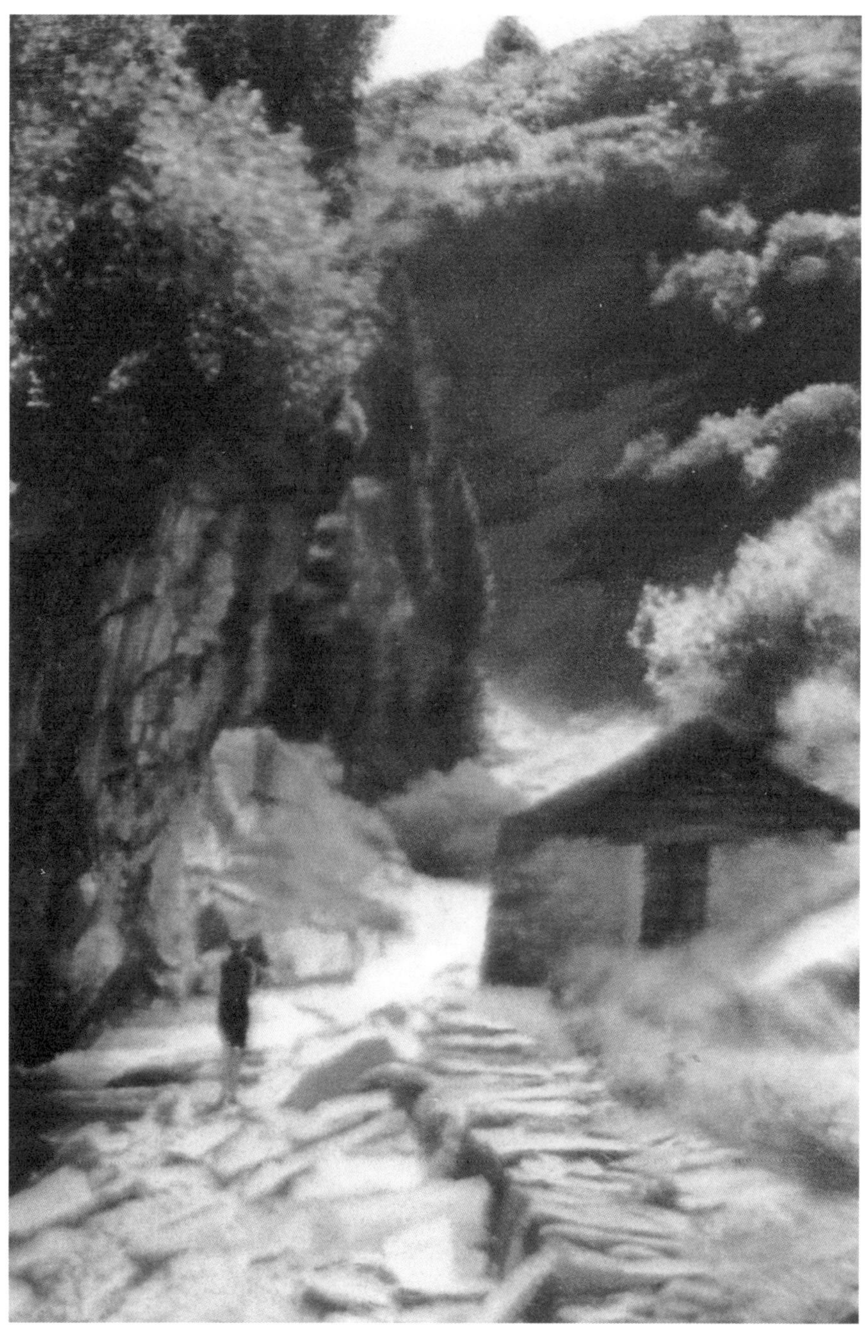

Schlucht, 1996

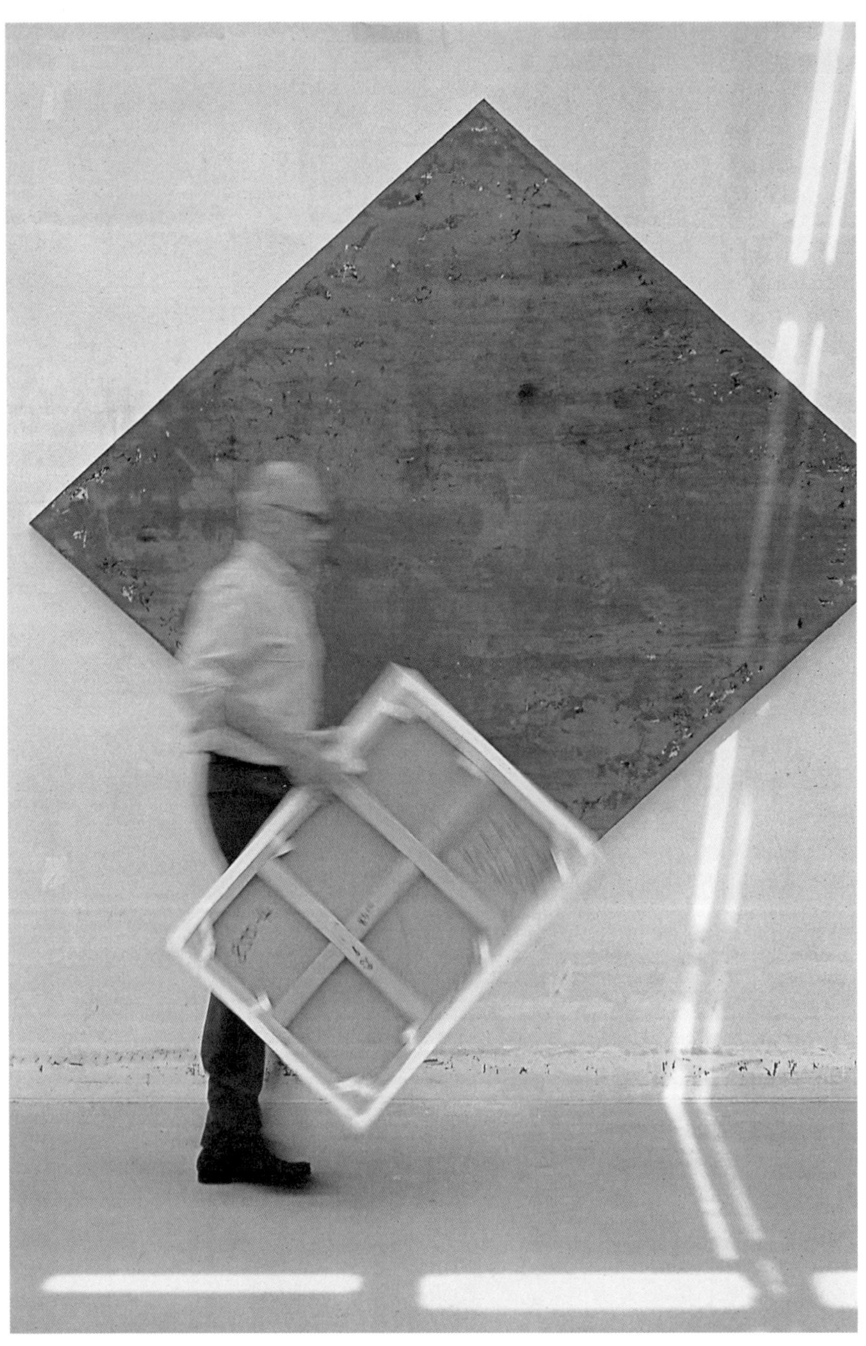

G.R. im Atelier vor *Rhombus*, 1998

von Dresden, in einem Schloss an der Elbe. Damals gab es dort ein Museum[3], mit Caspar David Friedrich und anderen sehenswerten Malern aus dem 18. und 19. Jahrhundert, mit Rokokobildern und Pastellen.

Du hast gesagt, es hörte mehr oder weniger mit Adolph Menzel und den Impressionisten auf?

Ja. Die russischen Maler, Leute wie Ilja Repin und Alexander Gerasimow, die gab es nicht oder nur selten im Original zu sehen; wir kannten sie nur von Reproduktionen. Natürlich fuhren wir jedes Jahr zweimal nach Berlin und besuchten das Museum in Dahlem[4]. Das war eine große Sache, wenn man nach Berlin fuhr, man ging ins Kino, in die Theater und ins Museum. Damals war es verboten, nach Westberlin zu fahren, aber es war nicht schwer. Die Mauer gab es noch nicht.

Und was konntest Du an moderner Kunst sehen?

Einmal bin ich in Westberlin durch Zufall in eine Galerie geraten, aber ich kann mich nicht mehr erinnern, was es da gab. *(lacht)*

Interessierte Gegenwartskunst Dich nicht, oder war sie nur einfach nicht gut?

Sie war zu anders. Vollkommen fremd. In einer der Galerien, Galerie Gerd Rosen, gab es moderne Malerei, die war ausgesprochen dekorativ.

Arbeiten aus den Zwanzigern oder Dreißigern, oder waren sie aus der Nachkriegszeit?

Nachkrieg. Abstraktes, neueren Datums. Die Namen weiß ich nicht; einer war Bernhard Heiliger. Von Ernst Wilhelm Nay habe ich erst später gehört. Wir waren ganz von den Franzosen geprägt, den Impressionisten, Matisse, Picasso und Léger.

Mochtest Du Léger?

Ja. Aber letzte Woche habe ich ein Bild von ihm gesehen, da habe ich mich gefragt, warum ich Léger so sehr mochte. Da hatte ich zum ersten Mal das Gefühl, dass es ein wirklich dummes Bild war. *(lacht)*

Was hattest Du sonst noch an Quellen? Gab es Picassos in Dresden? In Ausstellungen vielleicht?

Nein, nie. Aber wir hatten Bücher und Kataloge, Zeitungen. Ich hatte eine Tante, die mir jeden Monat eine westdeutsche Fotozeitschrift schickte, *Magnum*. Das war sehr gut.

Hast Du Bilder daraus für Deine Arbeiten verwendet?

Nein, aber sie waren schön anzusehen, so modern.

Gab es andere Informationsquellen? Gab es Life, Look, Paris Match*?*

Wenn man keine Tante hatte, bekam man sie nicht.

Und wie sahen die Bilder aus, die Du damals gemalt hast?

Die Aufgaben für die Schule waren so realistisch wie nur möglich, in der Art von Künstlern aus dem 19. Jahrhundert wie Menzel oder Wilhelm Leibl, aber nicht so detailreich wie Ferdinand Waldmüller. Zu Hause war es dann umso schöner, wir haben versucht, alles neu zu machen, ganz entspannt.

Aber das war nach wie vor gegenständliche Malerei?

Ja, immer.

Hast Du nach Zeichnungen oder Modellen gemalt, oder warst Du draußen in der Landschaft?

Ich habe immer nach der Natur gemalt, nie nach Reproduktionen.

Nicht mal ein kleines bisschen mit Fotografien geschummelt?

Nur ein einziges Mal, in meinem vorletzten Jahr, ein Bild von Badenden.

Und hat es jemand gemerkt?

Ich habe es niemandem gezeigt.

Wenn Ihr – Du und Konrad Lueg und Sigmar Polke – euch als deutsche Künstler verstandet, in was für einer Situation wart ihr da? Was gab es an Widerständen? Wie war das, wenn man ein junger Künstler in Deutschland war, 1962 oder 1963?

Alle waren voller Optimismus. Wir dachten: „Das machen wir jetzt einfach." Es war nicht schlimm, dass die anderen, zuerst die Franzosen, dann die Amerikaner, ihre Arbeiten so gut und so teuer verkauften. Wir waren jung, und die älteren deutschen Künstler, Leute wie Nay oder Georg Meistermann, waren nicht allzu berühmt und nicht allzu beliebt. Ihre Bilder kosteten weniger, und das fanden wir ganz richtig so, schließlich war es blödes Zeug.

Gerade in den späten sechziger und frühen siebziger Jahren war die Mode, dass man nicht mehr malen dürfe, in Deutschland noch größer als selbst in den Vereinigten Staaten. Wie hast Du diese Zeit überstanden, in der so viele gesagt haben, die Malerei sei tot?

Ich habe es nicht geglaubt. Aber in gewissem Sinne überraschte es mich nicht, ich wusste, dass die Kultur am Ende war und dass da auch Malerei nicht mehr viel ausrichten konnte. Und als Deutschem war mir die Idee, dass ich nichts wert bin, vertraut. Die Malerei war nichts wert, ich war nichts wert, und da gab es noch etliche andere Dinge, die auch nichts wert waren. Aber trotzdem habe ich es nicht geglaubt. Ich habe an die Malerei geglaubt.

In der Akademie warst Du von Leuten umgeben, die hauptsächlich mit Installationen oder Performance arbeiteten, oder? Konzeptkunst jeglicher Art?

Nicht so viele. Blinky Palermo, Polke und Lueg waren da. Die meisten, die Performance machten, waren dumm. Es gab nur ein paar wenige Ausnahmen – wie Joseph Beuys. Bei allen anderen war es nur Mode. Das war also kein Problem.

Wie standest Du zu Beuys, zu seinen Vorstellungen von Kunst als gesellschaftlichem Mechanismus?

Ich habe ihm immer misstraut.

Seiner Kunstauffassung, oder ihm als Person?

Das Gesellschaftliche war reiner Unsinn. Und das meiste an der Kunst war aufgesetzt, Scharlatanerie beinahe. Aber für uns war er damals ein sehr interessanter Mann. Er beschäftigte uns, er war der einzige, den wir als Rivalen ernst nehmen mussten. Er war wirklich eine Herausforderung.

Und wie bist Du dieser Herausforderung begegnet?

Wir haben ihn beobachtet, so wie wir uns später gegenseitig beobachtet haben.

Du hast gesagt, Irrsinn zieht Dich an. War Beuys' Ansatz eine Art Irrsinn?

Ja, ich fand ihn immer gefährlich. Zu gefährlich, er hatte eine gefährliche Art, andere zu faszinieren. Verblüffend war das. Und dann die Ansprüche, die er erhob, die Fälschungen, die schlechte Arbeit, der Betrug... deswegen habe ich ihn dann gemieden. Wenn ich ihn zum Beispiel auf einer Party sah und er war auf einer Seite des Raums, dann war ich auf der anderen.

Hatte das auch mit seinem Versuch zu tun, eine Kunst-Ideologie zu schaffen? War das verantwortlich dafür?

Ja, ich denke schon.

Und wie bist Du, Palermo und Polke mit der dominanten Persönlichkeit von Beuys zurechtgekommen?

Polke hatte eine gute Strategie. Er hat Witze darüber gemacht. Macht er bis heute. Aber für Palermo war es nicht so einfach, der war ein bisschen schüchtern; er konnte sich nicht verteidigen. Manchmal hatte Beuys leichtes Spiel mit ihm. Er sagte: „Palermo, komm her!“ Und das machte mich furchtbar wütend. Aber Palermo hatte einen wunderbaren Glauben an die Malerei. Das war ein Paradies für ihn, die einzige ideale Welt.

Hattet ihr das gemeinsam? War die Malerei für Dich auch eine ideale Welt?

Ja, aber bei mir ist es praktischer, für mich ist es kein so großer Kontrast zum Rest des Lebens. Er hatte so ein aufregendes Leben, mit Drogen und allem, und da waren die Bilder etwas vollkommen anderes. Bei mir ist das anders, ich bin ausgeglichener. Ich bin brav und meine Bilder sind auch brav. *(lacht)* Der Boden ist sauber, das Bild ist sauber, weißt Du. Damals wollten wir aus der Kunst eine Art stummen Protest machen. Dazu hatte nur die moderne Kunst die Kraft. Gilbert & George hatten etwas Klassisches oder Neoklassisches gemacht, und Palermo und ich wollten das irgendwie ernsthafter machen. Daran ist auch die Freundschaft mit Polke zerbrochen.

An einem bestimmten Vorfall?

Nein, es ergab sich einfach. Das ist lustig – letzten Monat habe ich ihn in Baden-Baden wiedergetroffen. Viele, viele Jahre hatten wir uns nicht mehr gesehen. Er sagte Hallo, und wir redeten über Malerei.

Was war vorgefallen zwischen Dir und Polke?

Wir waren die besten Freunde und hatten dieselben Ideen; wir arbeiteten zusammen und stellten zusammen aus und so weiter. Dann gingen wir unsere getrennten Wege.

Aber warum? Einfach nur weil ihr euch auseinanderentwickelt habt, oder gab es einen echten Streit?

Oh nein, kein Streit. Es hat sich einfach so ergeben. Er nahm Drogen, ich nicht. Das ist alles. Und wenn man Drogen nimmt, hat man die merkwürdigsten Freunde. Er war immer wild und zynisch und … glücklich. *(lacht)*

Und Du wolltest etwas machen, das das Gegenteil davon war? Etwas …

Ernsthaftes. Klassisches.

Verstehst Du Dich als Modernisten?

Nein.

Hast Du Dich je als Modernisten verstanden?

Nein, niemals. Ich meine, ich bin hier, ich lebe heute. Sicher. Aber ich hatte nie das Gefühl, dass ich ein moderner Künstler bin.

Siehst Du Dich denn als Opposition zur modernen Kunst – oder Moderne, sollte ich sagen, nicht zur modernen Kunst. Fordert Dich das irgendwie heraus?

Das ist schwierig zu sagen, denn die guten modernen Künstler, Leute wie Carl Andre, Bob Ryman, die mag ich sehr. Aber mir hat sich die moderne Kunst immer nur in Maschen und Moden gezeigt, und da kann ich kein moderner Künstler sein. *(lacht)* Es hat immer mächtige Bewegungen gegeben, Gruppen, die heute keiner mehr kennt.

Ein faszinierender Aspekt Deines Werks ist der Kontrast zwischen der Feinheit mancher Bilder – der verwischten Figuren, der Stillleben und Landschaften – und den abstrakten Gemälden, die unglaublich taktil sind und wo alles auf der Oberfläche geschieht. Wie erklärt sich, technisch gesprochen, die Veränderung? Wie verstehst Du die Malerei?

Das ist eine sehr schwierige Frage, aber sie sind wirklich unterschiedlich, die Gegenständlichen und die Abstrakten.

Wie unterscheidet sich Deine Einstellung zum Akt des Malens in den beiden Fällen?

Ich habe nie versucht, diese Frage zu beantworten. Das ist mir zu schwierig.

Du hast erzählt, dass eins Deiner abstrakten Gemälde in Wirklichkeit als Bild vom Kölner Dom begann, und jetzt ist nur noch ein kleines Stück davon im Untergrund zu sehen. Wenn man nicht danach Ausschau hielte, würde man es nicht sehen. Was ist geschehen zwischen ursprünglichem Abbild und schließlicher Abstraktion?

Da habe ich die abstrakte Malerei missbraucht, um ein schlechtes Bild zu überdecken. Das ist nicht so schlimm wie es sich anhört, denn genau wie im Leben macht man eine Tugend aus einer Schwäche. Aber in Wirklichkeit sind es zwei grundverschiedene Arten zu malen.

In Text. Schriften und Interviews *sagst Du – ich nehme an, eher über die abstrakten Bilder als über die gegenständlichen –, dass jeder Schritt des Malens ein Klischee ausstreichen soll, etwas Konventionelles.*

Stimmt, so habe ich es beschrieben.

Wieviel weißt Du von einem abstrakten Bild, wenn Du mit der Arbeit beginnst? Welche Entscheidungen fällst Du am Anfang über Farben und Format?

Ich muss ein Bild vor meinem inneren Auge haben, wenn ich anfange. Umsetzen kann ich dieses Bild nie, aber es ist ein guter Anfang.

Und nimmst Du Dir dann wirklich dieses Bild vor und zerstörst es, oder kümmerst Du Dich gar nicht mehr darum, wenn Du erst angefangen hast, und lässt Dich dann einfach vom Malen selbst leiten?

Ich kann das, was ich im Kopf habe, nicht immer umsetzen – genauer gesagt so gut wie nie –, und das abstrakte Bild gibt nie ganz wieder, was ich mir vorgestellt hatte, aber es kommt ein Punkt, da kann ich es gut sein lassen.

Gibt es in dieser Hinsicht einen Unterschied zwischen Deinen abstrakten und Deinen gegenständlichen Werken? Bei den gegenständlichen hast Du ja vollständige Kontrolle über das Bild, wenn Du das willst.

Ein Bild abzuschließen, zu sagen „Das ist fertig, das ist gut", ist in beiden Fällen das Gleiche, es ist immer dieselbe Entscheidung, egal ob gegenständlich oder abstrakt. Dieselben Kriterien.

Und wie sehen diese Kriterien aus? Kannst Du sie beschreiben?

In beiden Fällen hat es mit der Oberfläche zu tun, die ausgelöscht oder noch weiter ausgelöscht wird. Vorher war sie vielfältiger, unruhiger. Hässlicher, aber vielleicht klarer.

Ja, das würde mit Sicherheit auf die neueren Arbeiten zutreffen, die mit ausgesprochen vielgestaltigen, detailreichen Oberflächen anfangen und ...

Genau.

Man könnte fast sagen, wenn das Bild an einem bestimmten Punkt anlangt, vermalst Du es.

Ja.

Misstraust Du der Virtuosität?

Ja, sehr. Leute sagen immer, ich sei virtuos, meine Bilder seien virtuos, aber ich finde das nicht. Das ist nicht wahr!

Inwiefern bist Du kein Virtuose?

Ich wäre nicht in der Lage, eine Skizze von Dir zu machen, wie Du hier sitzt – nicht dass mir das etwas ausmacht. Dazu habe ich eben nicht das Talent.

Aber Du kannst alles Mögliche andere mit Farbe anstellen.

Ja, wenn man ein Foto hat, ist das einfach.

Aber Du sagst, Du traust der Virtuosität nicht. Wie wichtig ist es, dass Du es Dir bei der Entstehung eines Bildes selbst nicht leicht machst? Ist es wichtig, dass man die praktische Seite irgendwie schwierig macht?

Nein, das ist einfach nur Handwerk. Das ist nicht das, weswegen ich misstrauisch bin. Ich hasse es, wenn Leute etwas wollen und es dann nicht können. Es versteht sich von selbst, dass man sein Metier beherrschen muss. Ich spreche nicht von göttlicher Inspiration, ich spreche von handwerklichen Fähigkeiten, die man durch harte Arbeit erwirbt.

Du findest, jemand, der Maler werden will, sollte das Handwerk erlernen, und Arbeiten, die aus dem Ungeschick eine Tugend machen, sind nicht Dein Fall.

Für mich ist Ungeschick kein Zeichen von Qualität.

Dann würdest Du auch Künstlern misstrauen, die das Ungeschick stilisieren und das Linkische als Beleg ihrer Ernsthaftigkeit ansehen würden? Du findest, Künstler sollten nicht nur bewandert in ihrem Metier sein, sondern dazu ernsthaft arbeiten, es sich vielleicht sogar ein wenig schwer machen?

Warum sollte man es sich noch schwerer machen?

Na, Du tust das doch auch, auf Deine Weise.

Ich habe keine andere Wahl. Es wird einfach schwer. Ich hätte es gern leichter. Hätten wir das nicht alle?

Was ist das Schwierigste daran, wenn man ein Bild malt?

Die Schwierigkeiten kommen immer am Ende. Der Anfang ist leicht. Vielleicht hast Du ja sogar recht damit, dass man es sich schwerer macht.

Aber wo liegt die Schwierigkeit? Eher in dem, was die Hand ausführt, oder eher in der Konzeption?

In der Konzeption. Man muss sehen, was falsch ist, und das ist schwer. Es richtig zu machen ist nicht schwer, aber zu sehen, was man tun und was man besser nicht tun sollte, das ist das Schwierige.

Es ist wichtig, dass man weiß, was man nicht tun sollte. Aber wenn Du das sagst, heißt das, dass Du eine sehr genaue Vorstellung davon hast, wie ein Bild aussehen sollte, oder hast Du eine genaue Vorstellung davon, wie ein Bild nicht aussehen sollte?

Eine klare Vorstellung habe ich von keinem von beiden. Ich habe nur eine vage Idee.

Bei einem gegenständlichen Bild zum Beispiel, wieviel von dessen späterem Aussehen weißt Du, wenn Du anfängst? Du hast eine Fotografie als Ausgangspunkt, und die technische Ausführung steht weitgehend unter Deiner Kontrolle. Wieviel weißt Du im voraus darüber, wie das fertige Bild aussehen wird?

Bei einem gegenständlichen Bild weiß ich eine Menge. Ich habe eine ziemlich klare Vorstellung davon, wie es aussehen sollte, aber nur sehr selten wird es tatsächlich so, nur selten entsteht dieses Bild. Zum Beispiel möchte ich immer gern ein sehr detailreiches Bild haben, und das gelingt mir fast nie.

Eins, bei dem die Einzelheiten klar und eindeutig wären?

Klar und deutlich, so schön wie bei Vermeer van Delft. Dieses Unscharfe, damit kaschiere ich nur die Unfälle. *(lacht)* Verzweiflungsmaßnahmen am Ende. Damit das Bild doch noch irgendwie hübsch aussieht. Deswegen lasse ich alles verschwimmen.

Verstehe. Etwas gelingt nicht so ganz, und dann verschwindet es unter dem Schleier.

Ja, aber vorher, da ist es schrecklich.

Die ersten Bilder in dieser Art stammen aus den frühen sechziger Jahren. Es gibt eine Gruppe von Familienportraits aus dem Jahr 1965 – Junge Baker, Mädchen Baker, Herr Baker *und* Frau Baker *–, bei denen es aussieht, als seien weiße Tupfen darauf. War das das erste Mal, dass Du ein Bild übermalt hast?*

Mit den Tupfen? Nein, das Verschwommene, das war die Übermalung. Ich habe die vier Köpfe abgeschnitten. Ich wollte das Bild reparieren, weil es kleine Risse hatte, und dann wurde ich wütend und habe es so zugerichtet.

War der Tisch *von 1962 das erste vermalte Bild?*

Ja.

Und was hat Dich in diesem Falle dazu gebracht, das Bild zu verwischen?

Ich hatte es sehr realistisch gemalt, und es sah so blöd aus. So kann man nicht malen, das ist das Problem. Man hält es einfach nicht mehr aus. Oder kaum noch. Die *Lesende* von 1994, das ist fast so, wie ich es haben wollte, aber das ist eine Ausnahme; das ist nicht so unpräzise.

Nein, es ist ziemlich klar. Und so hattest Du es Dir vorgestellt?

Noch besser, aber das ist in Ordnung. *(lacht)*

Es ist sogar sehr in Ordnung! Die ersten Verwischungen entstanden also als Notfalloperationen, entweder nach einer technischen Panne – den Rissen – oder einer konzeptuellen – „Man hält es nicht mehr aus". Wann kam der Punkt, an dem Du festgestellt hast, dass es tatsächlich eine Art zu malen war?

Das kam erst ganz allmählich. In den Abstrakten Bildern gibt es manchmal einen Trick. Ich muss mich zusammennehmen, damit ich das nicht tue, aber ab und zu überdecke ich ein Bild mit Weiß, und dann ist alles frisch und schön und neu, wie Schnee. Alles Elend, aller Terror ist vorbei.

Das Angsteinflößende am Bild selber oder...

Nein, die Art wie ich es gemacht habe, meine Unfähigkeit, das blöde Zeug hinzubekommen, das wird immer schlimmer.

Und wodurch wird es in Deinen Augen blödes Zeug? Die Farbe selbst kann doch nichts dafür.

Ich verstehe nicht, was Du meinst.

Wie entscheidest Du, ob etwas gelungen ist oder nicht? Ich weiß, das ist nichts Logisches, nichts was man einfach feststellen kann, aber...

Das wichtigste im Leben, für die Menschheit, ist zu entscheiden was gut ist und was schlecht. Es ist auch das schwierigste. Ich kann mich an eine Zeit erinnern, da war es aus der Mode, ein Bild gut zu finden. Aber alles was ich an konstruktiven Erfahrungen mit Menschen gehabt habe, da ging es um gut oder nicht gut, das war mit Polke, Palermo, Fischer und der Bildhauerin Isa Genzken so, einer sehr strengen Frau. „Das ist furchtbar hässlich", sagte sie dann. Auf so etwas kommt es an.

Und was ist der Unterschied zwischen gut und schön, schlecht und hässlich?

Es geht immer um gut oder schlecht. Ich weiß nicht, ob das im Englischen auch so ist, aber auf deutsch würde man sagen, das ist ein gutes Bild, und das hieße soviel wie schön; wenn man sagt, ein Bild sei ein schlechtes Bild, heißt das auch, dass es hässlich ist. Es hat etwas beinahe Moralisches, etwas von Gut und Böse. Wenn wir sagen, etwas sei schön, dann meinen wir damit auch gut.

Und daran glaubst Du?

Ja.

Was wenn ein Bild beunruhigend ist? Hässlich ist da vielleicht nicht das richtige Wort, aber wenn es einen beschäftigt, einem zu denken gibt?

Das könnte eine gute Eigenschaft sein, eine, aus der man etwas machen kann.

Ich könnte mir vorstellen, dass viele, die die Lesende ansehen, das Thema ohne weiteres erkennen und auch auf die Art, wie es gemalt ist, reagieren. Aber es gibt auch Bilder, wo die Farben auf der Oberfläche ineinandergemalt sind, wo sie uneindeutig und unklar sind. Diese Bilder könnten etwas sehr Beunruhigendes haben.

Selbst dann muss es noch irgendwie gut sein. Es muss etwas daran sein, das passt, das Resonanz hat.

Anders ausgedrückt, es scheint, dass in den gegenständlichen Bildern, gerade in den neuesten, eine gewisse Sanftheit, etwas Einladendes auftaucht. In manchen jüngeren Abstrakten Bildern hingegen gibt es durchaus Aggression, sie wirken abweisend. Zwei sehr unterschiedliche Erfahrungen.

Und beide haben ihre eigenen Maßstäbe, und sie müssen gut sein.

Wärst Du denn mit dieser Deutung einiger Deiner Abstrakten Bilder einverstanden?

Ja natürlich.

In manchen davon verdeckt, wie Du sagst, das Weiß etwas. In anderen Fällen lässt Auskratzen oder Übermalen das Bild fast ganz verschwinden, wie ein aggressiver Akt. Wäre das eine zutreffende Beschreibung?

Ich glaube schon.

Wie kommt das?

Ich weiß nicht recht, wie ich das sagen soll.

Wie ich höre, hat Robert Ryman Dich einmal in Deinem Atelier besucht. Er sagte mir, ein wenig perplex, dass es unglaublich sei, wie Du alles und jedes könntest. Ich wüsste gerne, wie Du Dich zu etwas entschließt, wenn Du so viele verschiedene Möglichkeiten zur Verfügung hast.

Ich hatte nie das Gefühl, dass ich soviel Verschiedenes kann. Ich habe an einem Landschaftsbild gemalt, dann an etwas Abstraktem. Ein Tag ist lang, und ich wäre nicht auf den Gedanken gekommen, dass das etwas Besonderes ist. Nur dass ich ein schlechtes Gewissen bekam. Als ich Ryman sah, wie er so gründlich, so hartnäckig Tag für Tag malte, wurde ich ein wenig nervös. Ich dachte, vielleicht bin ich überhaupt kein richtiger Maler. Ich habe mir wirklich oft Sorgen gemacht, dass etwas fehlen könnte, dass mit mir etwas nicht stimmte, weil ich so viele verschiedene Sachen versuchte, in so vielen Richtungen. Ich beneidete andere Künstler, besonders Ryman, und dachte, sie hätten eine Eigenschaft, die mir fehlte. Das hat sich ein wenig geändert, als ich ihn erst besser kannte, da habe ich seine Probleme gesehen und meine auch. *(lacht)*

Und welches waren Deine Probleme?

Meine Probleme? Die gleichen wie heute. Daran hat sich nichts geändert; nur heute weiß ich, dass ich trotzdem das Recht habe weiterzumalen.

In der Regel erwartet man von Künstlern, dass sie ein zusammenhängendes Werk schaffen und sich bewusst von einer Idee zur nächsten weiterentwickeln. Bemerkenswert an Deinem Werk ist die Freiheit, die Du Dir allem Anschein nach gestattet hast, die Freiheit von einer Idee zur nächsten zu springen ohne Gedanken daran, wie die Bilder wohl aufgenommen werden. Wie hast Du Dich davon überzeugen können, dass daran nichts Schlimmes ist?

Künstler, die so furchtbar konsequent waren und diese Art von gleichmäßiger

Entwicklung hatten, haben mich immer geärgert; ich fand das schrecklich. Ich habe das Malen nie als eine Arbeit aufgefasst; ich habe immer aus Interesse oder aus Spaß gemalt, aus dem Wunsch heraus, etwas auszuprobieren. Andere malen vielleicht Bilder für eine Ausstellung. Sie sagen: „Ich brauche da noch etwas Großformatiges." Als ich in finanziellen Schwierigkeiten war, als ich Ärger mit Heiner Friedrich[5] hatte, da konnte ich bei der Galerie nicht mehr bleiben, ich musste gehen. Damals habe ich angefangen zu unterrichten[6]. Ich habe alles mögliche gemacht. Ich wollte nicht Bilder malen, um Geld damit zu verdienen, und ich wollte auch nicht nett zu einem Kunsthändler sein – obwohl ich ja ein sehr netter Mensch bin. *(lacht)* Aber wenn man mich zwingt, etwas zu tun, das kann ich nicht.

Unterrichten war also eine Möglichkeit, sich die Freiheit zu verschaffen…

Um zu malen. Ich war nie ein guter Lehrer.

In den Vereinigten Staaten unterrichten sehr, sehr viele Maler, aber man hat immer den Eindruck, dass sie es tun, weil sie als Künstler nicht erfolgreich genug sind. Es ist auffällig, dass gerade in Deutschland fast alle wirklich interessanten Künstler auch unterrichtet haben, viele sogar über einen langen Zeitraum.

Das hat mit dem System zu tun, dem Beamtentum. Als Professor hat man sein lebenslanges Einkommen garantiert, und man hat auch ein gewisses Ansehen. Die Deutschen sind immer noch ein bisschen verrückt nach dem Titel „Professor". Alle Künstler sind Professoren.

Und Du hast keine Angst, dass Du zu akademisch wirst, wenn Du in der Akademie bist?

Nein, da wird man weder besser noch schlechter. Es ist einfach nur eine Arbeit, eine ausgesprochen leichte Arbeit. Geradezu unmoralisch. Ich habe fünf Monate frei. Und den Rest der Zeit, die anderen sieben Monate, müssen die Professoren sich kaum blicken lassen. Ich bin hingegangen, ich war immer sehr gewissenhaft. Schrecklich!

Gab es enge Kontakte zu den Studenten? Hattest Du das Gefühl, dass das Unterrichten Dir auch für Deine Arbeit etwas nützt oder bekamst Du Bestätigung für das was Du getan hast?

Mit Thomas Schütte habe ich mich angefreundet. Er kommt uns mit seiner Familie besuchen, und wir machen uns immer gegenseitig Mut. Das ist eine Ausnahme.

Aber Du hattest nicht die Beziehung zu den Schülern, die zum Beispiel Beuys hatte.

Nein. Ich hatte ja selbst keinen Lehrer, und da konnte ich mir nicht vorstellen, dass die Schüler tatsächlich etwas von mir hören wollten. Ich kam in den Unterrichtsraum und sagte „Verzeihen Sie, ich wollte Sie nicht stören".

Du hast gesagt, dass Du keine Vaterfiguren wolltest, dass Du selbst keinen starken Vater hattest...

Und da war es unvorstellbar für mich, dass die Studenten mich als Vater haben wollten. Aber das habe ich irgendwann dann begriffen.

Abgesehen von der wirtschaftlichen Sicherheit, die Du dadurch bekamst, hat das Unterrichten auch Deine Sicht auf die Kunst verändert? Findest Du überhaupt, dass Kunst etwas ist, das man lehren kann?

In den ersten Jahren dachte ich schon, dass es da etwas gibt, was ich weitergebe – dass ich auf meine merkwürdige Art ein wenig opponieren, ein wenig Partei ergreifen kann. Das war dringend notwendig.

Für Dich?

Ja. Die Akademie war so schlimm, die Lehrer waren so korrupt, ich fand, da musste ich etwas tun.

Wie meinst Du das, schlimm und korrupt?

Das waren alles erfolglose Künstler, mit Ausnahme von Beuys, und auch der nur für kurze Zeit. Und was sie lehrten, war wirklich entsetzlich. Das war so modern – Sachen wie ich haben die Studenten nie gemacht. Ich habe mit Stillleben angefangen, und das fanden sie reaktionär. Aber für meine Begriffe war es eine wichtige Grundlage; sie sollten zeichnen lernen und verstehen, was Farbe ist.

Und so hast Du unterrichtet?

Ja, am Anfang ging das gut. Aber dann wurden die Zeiten so seltsam, 1968 und so weiter, da verstand niemand mehr, was ich sagen wollte; ich konnte keine Stillleben mehr anbieten. Sie weigerten sich. Und natürlich gab es unter den Studenten auch die, die es einfach nicht nötig hatten, Stillleben zu malen. Thomas Schütte, einer der besten, oder Isa Genzken, die haben das nie gemacht. Mit denen habe ich diskutiert.

Ist es für Dich eine Herausforderung, Dinge zu malen, von denen andere denken, man könne sie nicht malen, zum Beispiel ein Stillleben, sogar ein Blumenstillleben wie kürzlich?

Nicht bewusst. Aber ein unbewusster Antrieb könnte es schon sein. Wer weiß? Andererseits erinnere ich mich, als ich meine erste Landschaft malte, *Korsika* im Jahr 1969, da war es wirklich nicht für das Publikum gedacht, ich dachte „Das mache ich zum Spaß, nur für mich". Ich hätte nicht geglaubt, dass es möglich sein würde, das auszustellen.

Es gibt ein paar sehr interessante Parallelen zwischen der Art, wie Du über Dein Werk redest, und der Art, wie de Kooning redete. Er malte zu einer Zeit, als viele – Künstler wie Kritiker – überzeugt waren, dass es Dinge gab, die man tun konnte, und andere, die man nicht tat. Er sagte immer „Sobald man merkt, dass man etwas nicht tun darf, muss man es tun". (lacht) *Als man es unmöglich fand, figürliche Bilder zu malen, sagte er „Schön, dann muss ich Frauen malen, das geht ja anscheinend jetzt nicht mehr". Und ich frage mich, ob etwas davon nicht auch in Deinem Denken steckt.*

Als ich mit den Landschaftsbildern anfing, hatte ich das Gefühl, dass man ja eigentlich mehr oder weniger tun kann, was man will, auch wenn die Szene noch vom Minimalismus und der Konzeptkunst beherrscht wurde. Aber zehn Jahre darauf, da war es eher in Mode, viele verschiedene Sachen zu machen. Martin Kippenberger hat alles gemacht! *(lacht)*

Kreuzen gegen den Wind. Lass uns noch einmal auf etwas kommen, was wir vorhin gesagt haben; es war die Rede davon, dass Du den Posten an der Akademie angenommen hast, damit Du nicht gezwungen warst, bei Deiner Arbeit konsequent zu sein, weil sie sich sonst nicht verkaufen ließ. Ich frage mich, ob die Kunstgeschichte eine besondere Bedeutung für Dich hatte, ob sie beeinflusste, wie Du Dich Deinem eigenen Werk genähert hast, oder hast Du einfach nur getan, was Du tun musstest und Dich gar nicht um die Kunstgeschichte gekümmert?

Ich gehöre eindeutig zur Kunstgeschichte, das ist meine Domäne, mein Zuhause.

Und wo genau in dieser Domäne stehst Du?

In der Kunstabteilung, bei den Malern.

Der Kultur der Maler?

Ja.

Aber nicht unbedingt bei der Avantgarde, die die Kunstgeschichte nach ihren Glaubenssätzen definiert?

Nein, das ist mir vollkommen fremd.

Wie machen Künstler Kunstgeschichte?

Überhaupt nicht. Sie machen keine Kunstgeschichte. Sie tun ihre Arbeit, und nach zehn Jahren ist es Kunstgeschichte. *(lacht)*

Es gibt eine jüngere Werkgruppe, die vielleicht in gewissem Sinne noch überraschender ist als die Landschaftsbilder – die Bilder, die Du 1995 von Deiner Frau und Deinem kleinen Kind gemacht hast. Das kam ausgesprochen unerwartet.

Vielleicht weil es so viele davon gibt.

Die Anzahl und auch das Motiv.

Das Motiv? Weil es Kinder auf dem Bild gibt?

Ja.

Ich verstehe nicht, was daran so außerordentlich sein soll.

Es kommt unerwartet, weil es so privat ist.

Sehr privat, das stimmt. Nur dass ich schamloser geworden bin. Ich schäme mich nicht mehr so sehr und ich habe nicht mehr soviel Angst. Meine Ängste haben ein wenig nachgelassen. Ich habe jetzt nicht mehr das Gefühl, dass ich mich anständig benehmen muss. Irgendwie habe ich endlich begriffen, dass ich tun darf, was ich will.

Seit 1988, als Du den Zyklus von Bildern über die Baader-Meinhof-Gruppe gemalt hast, 18. Oktober 1977, *scheint sich ein radikaler Wandel an Deinem Werk vollzogen zu haben. Die Farben sind anders, und die Themen wirken persönlicher. Ich denke zum Beispiel an das Bild von Deiner Tochter,* Betty, *das zur gleichen Zeit enstanden ist wie die Baader-Meinhof-Serie. Es ist, als ob zwei Seiten Deines Verstandes in einem ständigen Spannungsverhältnis zueinander arbeiteten. Wie ist das gekommen?*

Was soll ich darauf antworten? Vielleicht hat es etwas mit dem Älterwerden zu tun. Mit der Zeit. Die Zeit macht es notwendig.

Du hast einmal gesagt, die Oktober-Bilder seien ein Abschied gewesen.

Aber wenn man so will ist jedes Bild ein Abschied. *Betty* war ein Abschied, die Bilder von Mutter und Kind.

Wieso das?

Weil sie sagen, dass die Zeit vorbei ist – die Zeit, die sie zeigen.

Kann ein Bild die Zeit festhalten? Malt man deswegen Bilder?

Das ist nicht der Grund, warum ich male, aber es stimmt schon, ein wenig halten sie die Zeit fest. Deshalb mögen wir sie so sehr.

Als wir über den Unterschied zwischen den Bildern, die Du nach Schnappschüssen malst, und den Schnappschüssen selbst sprachen, hast Du gesagt, die Schnappschüsse sind Andachtsbilder, die gemalten Bilder etwas anderes. Wo liegt der Unterschied, wenn Du Dich daranmachst, Dein eigenes Leben auf diese Art zu malen?

Das ist eine wirklich interessante Frage. Schnappschüsse sind wie kleine Andachtsbilder, die Leute bei sich haben und die sie ansehen. Ein wenig sind die Gemälde auch so, aber sie sind nicht ganz so privat. Vielleicht ist das unsere größte Sehnsucht, über das Private hinauszukommen. Hinaus in die Öffentlichkeit zu gehen, offen für die Welt.

Wenn Du von Offenheit für die Welt sprichst, dann geht mir durch den Kopf, dass die Baader-Meinhof-Bilder von öffentlichen Ereignissen sprechen, die Dich sehr bewegt haben, aber die Bilder von Sabine und Deinem Kind, die sind auf eine ganz andere, intimere Weise persönlich.

Genau wie *18. Oktober 1977* haben auch die Mutter-und-Kind-Bilder[7] eine Reihe heftiger Reaktionen hervorgerufen und sind schwer kritisiert worden.

Tatsächlich? Weswegen?

Es gab eine verrückte Feministin[8], die in einer unserer angesehensten Zeitungen einen gehässigen Artikel darüber geschrieben hat. Und eine Zeitung in

Basel brachte eine sehr interessante Antwort[9], etwas über Malerei und Schönheit. Jemand schrieb, wenn ich Sex und Gewalt gemalt hätte, dann hätte keiner Anstoß daran genommen, aber Schönheit darf man nicht malen, nichts Heiles, nichts Ideales. Das mag ein Grund sein, weshalb Leute über diese Bilder empört waren.

Für diese Leute waren sie sentimental oder kitschig?

Ja.

Was sie ja auch wirklich sind; deshalb habe ich gesagt, es sind ungewöhnliche Bilder. Ich weiß nicht, wann ich das letztemal gesehen habe, dass ein Künstler so etwas malt; Krippenbilder regelrecht.

So schön sind sie gar nicht. Sie sind ein wenig ramponiert, so wie ich das vorhin beschrieben habe. Auch da habe ich es wieder nicht durchhalten können; sie sind nicht so schön wie ein Vermeer.

Du hast sie angegriffen? Bist auf sie losgegangen?

Ja. Ich konnte nicht anders. Ich musste es. Ich wollte es nicht. Ich möchte wirklich schöne Bilder malen.

Viele der Notizen in Text. Schriften und Interviews *scheinen entsetzlich negativ, über die Sinnlosigkeit der Malerei, die Korruption des Kunstbetriebs. Gibt es wirklich eine Verbindung zwischen den Bildern und diesen Gedanken – oder machst Du Dir die Gedanken erst, wenn die Bilder fertig sind? Hat das Bild seine eigene Logik, seinen eigenen Status?*

Das Malen ist das einzig Positive was ich habe. Selbst wenn ich alles andere noch so negativ sehe, kann ich wenigstens in den Bildern eine Art Hoffnung weitergeben. Wenigstens kann ich weitermachen.

Interview mit Jürgen Hohmeyer 2002

Herr Richter, Sie sagten früh, wer male, sei auf dem falschen Dampfer. Wieso malen Sie immer noch?

Ich kann ja nichts anderes. Es macht mir Freude, und wenn ich nicht dazu komme, habe ich Entzugserscheinungen. Das mit dem falschen Dampfer stimmt aber nach wie vor.

So schlimm kann es wohl kaum sein, wenn das Museum of Modern Art Sie durch eine Werkbilanz mit vielen in der Kunstwelt berühmt gewordenen Bildern ehrt. Macht Sie das nicht stolz?

Doch, das ist ein riesiges Ereignis. Aber bei den ersten Planungen vor drei, vier Jahren dachte ich noch an eine ganz andere Ausstellung – eine, die eher Neues und Unbekanntes zeigen würde. Dann ist mir klargeworden, dass vier Jahrzehnte Malerei eben ein eigenständiges Gebilde geworden sind, das längst die Spielregeln bestimmt. Vielleicht muss ich sogar aufpassen, mir noch genügend Freiraum für meine aktuelle Arbeit zu erhalten.

Etliche Ihrer neuesten abstrakten Bilder werden von blassen, zart verschwimmenden Farbtönen beherrscht. Zeichen einer emotionalen Abkühlung?

So könnte man es nennen. Mit dem Alter wird man ja ruhiger, milder, resignativer. Aber ich selbst kann nicht gut erklären, warum meine Bilder so oder so aussehen. Bestimmt hängt es auch mit der gegenwärtigen Situation zusammen. Und das Letzte, was unsere Zeit braucht, ist ja anscheinend Malerei.

Geht es der so schlecht? Natürlich wird sie immer wieder totgesagt, doch jedes Mal kommt dann ein „New new painting" oder „Das Bild nach dem letzten Bild"[1] hinterdrein – wie die flotten Ausstellungstitel so lauten.

Sicher, auch wir haben uns als junge Leute beschwert, es sei alles schon getan – und dann ging doch noch irgendwas.

Was ist jetzt anders?

Nicht nur die Malerei, sondern die Kunst überhaupt ist so anspruchslos, so beliebig und nett geworden, dass sie gar nicht mehr ernst genommen werden kann. Früher hätte man gesagt, ihr fehle die „gesellschaftliche Relevanz". Das trifft es.

Dabei geben die Summen, die für Ihre Bilder bezahlt werden, einen soliden Maßstab der Werkschätzung ab. Insoweit können Sie sich wirklich nicht beschweren.

Ja, ich bin erfolgreich, deswegen mag mein Lamentieren komisch klingen. Aber die Öffentlichkeit sieht gar nicht die Bilder, sondern nur die hohen Preise. Sie schätzt die Rarität, nicht die künstlerische Wirkung.

Woran merken Sie das?

Vor allem daran, dass man über Bilder nicht mehr reden kann. Die Medien wissen mit Filmen, mit Fernsehproduktionen, mit Literatur und auch mit Musik viel mehr anzufangen. Es gibt keine Kriterien mehr, nur noch Geschwafel.

Gab es mal Kriterien?

Ja, auch wenn sie nicht genau zu definieren waren. An der Akademie wussten meine Freunde und ich sehr wohl, wer etwas konnte und wer nicht. Das war zwar etwas totalitär aber darum auch wirksam und es ging so bis zur Minimal Art und Konzept-Kunst. Unter dem Einfluss der neuen Realisten, der neuen Wilden und der Transavanguardia-Leute wurde das „gute Bild" ein lächerlicher Begriff und „Qualität" beinahe ein Unwort. Es begann eine unterhaltsame Zeit, viele bunte Sachen entstanden, viele Museen wurden gebaut und die Ausstellungen wurden immer größer.

Haben Sie sich nicht im Verdacht, einfach dem Nachwuchs seine munteren Einfälle zu missgönnen?

Das hat mit Nachwuchs nichts zu tun, das Gros der Alten spielt doch fleißig mit.

Und nichts findet Ihre Gnade?

Doch, natürlich gibt es ab und zu gute und schöne Sachen zu sehen. Es braucht ja auch nicht alles gemalt zu sein.

Beispielsweise?

Gregor Schneiders gespenstisches *Haus ur* auf der Biennale von Venedig hat mir imponiert. Ich kam mit einem negativen Vorurteil, stieg durch das verschachtelte Bauwerk, kam raus und dachte: „Sieh an, du hast dich geirrt." Hoffentlich hält Schneider durch. Aber erst mal ist das eine Tat gewesen.

Thema: Generationswechsel. Nach einem Foto haben Sie Ihren kleinen, auf der Vorlage acht Monate alten Sohn Moritz[2] *gemalt und die Bilder als „Selbstportraits" bezeichnet. Wie ist das zu verstehen?*

Erst einmal im Sinne von Ebenbild und Nachfolger. Das hat bei allen Glücksgefühlen auch etwas Bedrohliches. Mit einer Tochter ist das ganz anders. Und bei diesem Bild war es der erschrockene Blick, der mich so getroffen hat und den ich so gut nachfühlen kann. Wir haben ja auch allen Grund, erschrocken in die Welt zu blicken.

Schrecken bildet das Leitmotiv Ihres Bilderzyklus 18. Oktober 1977, *der den toten Baader-Meinhof-Terroristen gewidmet ist. Seit 1995 gehört er dem MoMA, wo er nun sicher eine zentrale Position in Ihrer Ausstellung einnehmen wird. Der Transfer ist seinerzeit von deutschen Kritikern als Ausverkauf eines unersetzlichen Kulturguts und eines Dokuments nationaler Katharsis angeprangert worden. Sie haben das zurückgewiesen. Verstehen Sie die Einwände heute besser?*

Nein, ich finde es nach wie vor verlogen und stumpfsinnig. Die Welt ist so klein geworden, dass es keinen Grund gibt, auch nur ein einziges zeitgenössisches Kunstwerk an der Grenze aufzuhalten. Mein Zyklus hat seinen idealen Platz gefunden.

Gäbe es diese Bilderserie nicht, würden Sie statt Ihrer jetzt vielleicht die Flugzeug-Attentäter vom 11. September 2001 malen?

Bestimmt nicht.[3] Diese grauenhafte globale Art von Terror ist mir gänzlich fremd. Verglichen damit war das in Deutschland ein geradezu romantisches Vorspiel.

Aber die Welt ist klein, wie Sie sagen. Und die ideologische Fixierung, der Weltverbesserungswahn, der Fanatiker zu Mördern macht – das sind doch parallele Motive? Sie haben ja auch schon 1964 den Kennedy-Mörder Harvey Lee Oswald[4] gemalt.

Der erschien mir damals nicht als Terrorist, sondern als ein seltsamer Verrückter, während mir Kennedys Tot sehr naheging. Jedenfalls: Der 11. September hat mich nicht in derselben Weise persönlich betroffen wie der Terror der RAF. Ich war ja aus der DDR gekommen, und es entsetzte mich, im Westen auf solche Verblendung zu stoßen. Ich hatte ja viele Freunde, die damit sympathisierten.

Ihre eigene Sympathie galt immerhin der Geste des Protests, die Sie den RAF-Leuten zugestanden. Wogegen protestieren Sie?

Ganz allgemein: dagegen, dass die meisten Menschen in unerträglichen Umständen leben müssen. Und auch gegen die furchtbare Gewissheit, sterben zu müssen. Das passt mir nicht, diese Ohnmacht.

Sind Bilder Modelle einer besseren Welt – schön, vollendet, unangreifbar?

Das ist mir schon zu konkret. Sie können ein Trost sein, wenn sie genügend Geheimnis besitzen und ähnlich rätselhaft sind, wie das Leben selbst. Allein die Annäherung an diesen Zustand löst Glücksgefühle aus.

Sprechen Sie von eigenen Bildern?

Eher von Velázquez oder Vermeer. Bei eigenen Arbeiten würde ich das nicht so leicht zugeben.

MoMA-Interview mit Robert Storr
2002

In den achtziger Jahren haben die Aktivitäten von Galerien in den Vereinigten Staaten explosionsartig zugenommen, wobei man der Kunst aus Europa und insbesondere der deutschen Kunst große Aufmerksamkeit geschenkt hat. Viele Amerikaner haben damals Dein Werk als Ganzes entdeckt, und die meisten haben Deine gestischen Abstraktionen aus den siebziger und achtziger Jahren neben den von der Pop Art inspirierten Bildern aus den Sechzigern gesehen, ohne viel darüber zu wissen, wie diese verschiedenen Werkkomplexe ein und desselben Künstlers zueinander in Beziehung stehen.

Die allgemeine Vorstellung war, dass Du die Malerei Stil für Stil auseinander nahmst, indem Du Dich mit verschiedenen Dingen zugleich beschäftigtest. Ich frage mich, wie Du diese Rückmeldung damals empfunden hast: Wie angenehm oder unangenehm war Dir diese Auffassung, dass Du eine Art destruktiver Maler bist?

Ich habe von dieser Auffassung gar nichts mitbekommen. Vielleicht war ich froh, überhaupt Aufmerksamkeit zu erhalten. Manche Leute würden behaupten, das ist ziemlich clever. Es gab einen Hunger nach Bildern, und den habe ich befriedigt, und gleichzeitig gab es viel gegen Bilder zu sagen, das wäre dann meine konzeptionelle Seite. Also habe ich beide Seiten bedient. Das war schon ganz geschickt gemacht, die Legitimation, gleich mitzumalen, ist wie Genuss ohne Reue. Vorsicht! *(lacht)*

Jetzt lachst Du, aber damals wurden um diese Fragen in Amerika sehr ernste Kämpfe ausgefochten. Niemand hat darüber gelacht. Unter dem Deckmantel der Politik hegte man den puritanischen Glauben, dass Vergnügen etwas Schlechtes ist, dass das Ästhetische suspekt ist und dass einzig darin, dass man antiästhetische, in keiner Weise ansprechende Sachen machte, eine Legitimation liegen konnte, überhaupt Bilder zu malen.

Ich erinnere mich an eine Eröffnung bei Marian Goodman [in den neunziger Jahren], bei der Lawrence Weiner eine Rede hielt, in der es hieß: „Es ist nicht mehr möglich, zu malen, aber Gerhard zeigt uns, dass es doch möglich ist... Wir wussten alle, es ist vorbei, man kann nicht mehr abstrakt malen aber hier ist es." Er hat viel Beifall bekommen und ich war sehr beglückt darüber.

Aber damit macht man es sich in gewisser Hinsicht einfach. Das schwierigere Problem ist doch, dass diese Rhetorik benutzt wurde, um zu sagen, dass die Malerei nur dann ernst zu nehmen sei, wenn der Maler sie als eine Zeitbombe betrachtet, die er gelegt hatte – die Du gelegt hattest –, um die Gründe dafür, zu malen, einen nach dem anderen in die Luft zu spren-

gen, bis die Malerei schließlich zu Ende sein würde. Und so haben die Leute gesagt: „Es ist toll, dass er das macht, und im Moment ist es okay, solche Malerei zu mögen. Aber wenn er fertig ist, wird es keine Malerei mehr geben.“

Schön. *(lacht)* Das habe ich nicht gewusst.

Dafür gab es in der amerikanischen Malerei schon einen Präzedenzfall. Ad Reinhardt hat gesagt: „Ihnen muss klar sein, dass ich die letzten Bilder male, die möglich sind.“ Als eine Art logisches Gambit ist das sehr elegant. Aber es ist ein Unterschied, ob man einen solchen Standpunkt wegen der darin liegenden Provokation vertritt oder ob man wirklich daran glaubt.

Das wird ja sehr oft behauptet, das Ende der Malerei...

Ja, aber ist es ein Unterschied, wenn ein Künstler so etwas sagt – es als Ausgangspunkt benutzt – oder wenn ein Kritiker zu diesem Schluss kommt und das behauptet?

Dazu kann ich nichts sagen, weil ich immer nur dachte, mein Ende ist da. Bei jeder Krise dachte ich, ich bin am Ende, und alles andere läuft weiter. Ich habe es nie verallgemeinert, das Ende der Malerei, obwohl ich sah, dass es nicht gerade gut mit der Malerei steht. Aber ich habe diese Zeiten als Pausen gesehen.

Douglas Crimp hat in den achtziger Jahren einen berühmten Aufsatz mit dem Titel „The End of Painting“ geschrieben, in dem er nicht nur Deine Aussage „im Grunde genommen ist das Malen eine komplette Idiotie“ falsch interpretiert hat, sondern zudem behauptet hat, unter den gegebenen Umständen würde ein Maler – wie Du oder Daniel Buren – einfach so tun als ob und die Malerei auf kritische Weise „inszenieren“, um ihre Sinnlosigkeit zu beweisen.

Das ist anmaßend und unsinnig –, dann müsste man das ganze Leben so betrachten. Einkaufen gehen wäre dann ein sinnloser Akt und das Kinderernähren sowieso. Von dieser Perspektive aus gesehen ist alles sinnlos, da kann man sich ja gleich erschießen.

Gut, das war eine Interpretation, aber viele waren auch der Ansicht, dass Du ein sehr wichtiger Maler seist, weil Du versuchen würdest, die Malerei auf meisterliche Art zu vernichten. Stimmt das?

Nein, keinesfalls will ich die Malerei vernichten.

Etwas anderes, was ich hin und wieder jemanden im Gespräch habe sagen hören, ist: „Richter ist nicht gut, weil er nie Stellung bezieht. Er sagt Ja und Nein, und Nein und Ja, sodass der Eindruck entsteht, dass er ein ästhetischer Zyniker ist.“

Das mit dem Zyniker halte ich für ein Missverständnis. Ich denke eher, meine Malerei ist etwas sentimental, sogar weniger professionell als die von Hockney oder Stella zum Beispiel. Also eher naiv als zynisch, denke ich.

Und der Vorwurf, meine Bilder seien völlig kalt und distanziert, ist mir völlig unbegreiflich.

Wie, glaubst Du, kommt es zu solchen Reaktionen?

Wahrscheinlich ist es mein häufiger Wechsel von Techniken und Sujets, der den Eindruck von besonderer Virtuosität vermittelt. Und durch die realistischen Bilder wird noch das alte Klischee bestätigt: „Der kann auch richtig malen". Dass ich diese Bilder nur mit Hilfe eines Fotos machen konnte, vergisst man dann leicht – genauso leicht wie die Tatsache, dass das so genannte handwerkliche Können, also die besondere Fähigkeit zur Ausführung, nur noch eine ganz untergeordnete Bedeutung hat. Wichtig ist doch nur das Sehen, das Beurteilen, ob etwas gut oder schlecht ist. Und zum zweiten halten sich sicher noch immer einige frühere Bemerkungen von mir, so wie: „ich glaube an nichts", „mir ist alles egal", „die Motive in meinen Bildern haben keinerlei Bedeutung", „ich könnte auch einen Kohlkopf malen". Das kam ja auch etwas einer bestimmten L'art-pour-l'art-Bewegung entgegen – da, wo die Malerei nur die Malerei malt oder so ähnlich.

Warum hast Du diese Dinge gesagt? In welchem Zusammenhang?

Um zu provozieren und um nicht sagen zu müssen, was ich vielleicht zu diesem Zeitpunkt dachte, und um nicht mein Herz ausschütten zu müssen. Das wäre mir peinlich gewesen. Und tatsächlich wusste ich selber nicht, warum ich *Onkel Rudi* oder *Tante Marianne* malte. Ich hätte mich auch geweigert zuzugeben, dass diese Bilder irgendeine Bedeutung für mich hatten. Darum war es viel einfacher, zu sagen, dass mir alles gleichgültig sei.

Mit diesen Bildern ist also eine persönliche Geschichte verknüpft, aber es gibt auch einen historischen Bezug. Wenn man sieht, in welchem Jahr diese Bilder entstanden sind – 1965 –, dann war das sehr früh für einen deutschen Künstler, Bilder über den Zweiten Weltkrieg zu malen, die nicht bloß rhetorisch waren. Es gab zwar politische Künstler, die antifaschistische Bilder malten, aber ein persönliches Bild von etwas zu malen, das mit dem Krieg in Zusammenhang stand, das war fast noch nicht dagewesen. Und in dieser Zeit hast Du Bilder gemalt, die diese Vergangenheit ans Licht geholt und den Leuten sehr nahe gebracht haben. Hattest Du, als Du diese Bilder gemalt hast, das Gefühl, Dich in einem Niemandsland zu bewegen?

Vielleicht ist das der Hauptgrund, warum das Publikum – und auch ich selbst – auf eine Strategie der Verstellung und der Verharmlosung zurückgreifen mussten. So hat es funktioniert. Die Leute haben gedacht, es sei schelmisch oder absurd und nicht ganz ernst gemeint, so war es viel einfacher, damit umzugehen.

Trotzdem ist es erstaunlich, dass kaum jemand etwas über Deine Bilder aus den Jahren 1962 bis 1965 geschrieben hat, zum Beispiel als Du mit Blick auf die besondere Situation im Deutschland der Nachkriegszeit acht Bilder von Militärflugzeugen gemalt hast – Bomber der

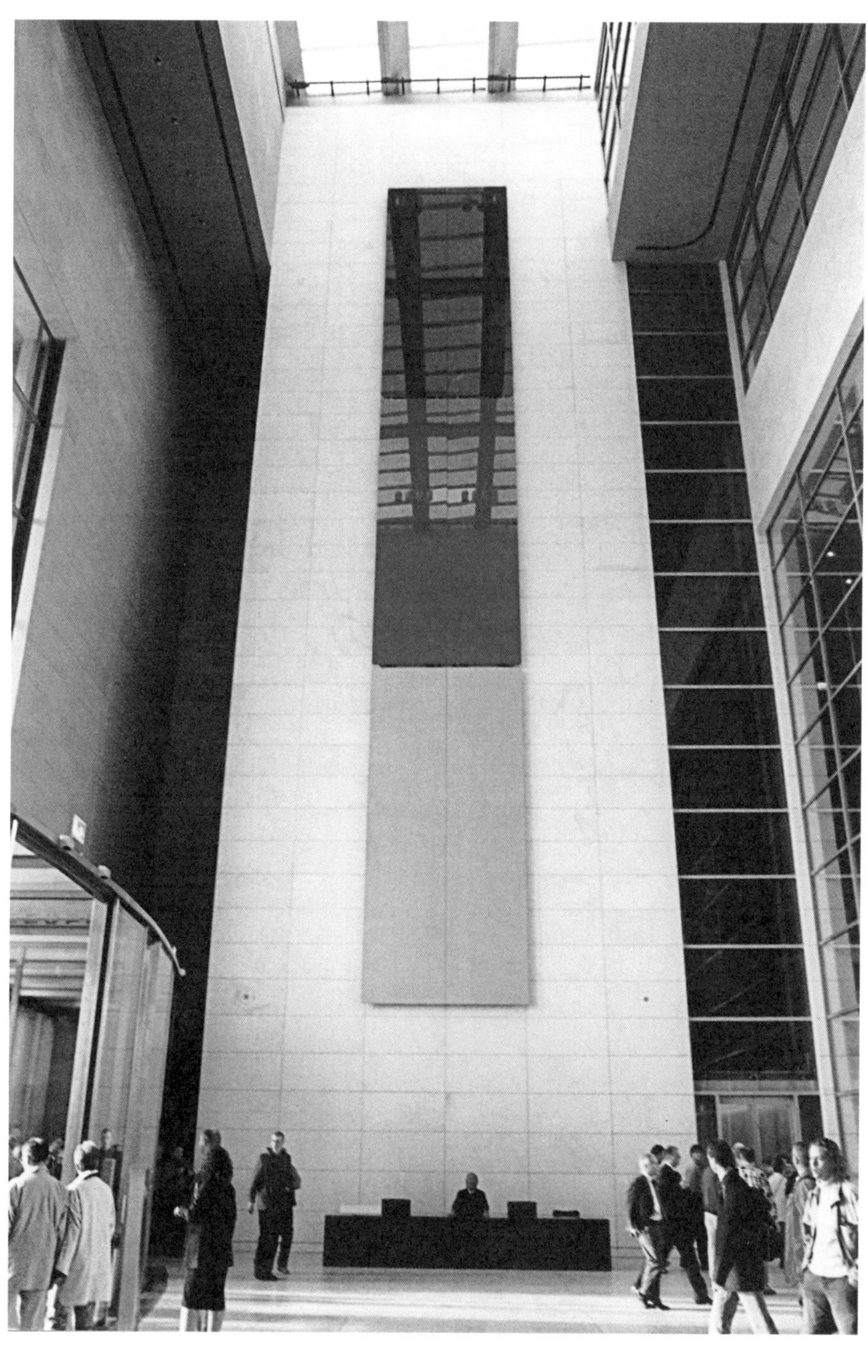

Schwarz, Rot, Gold im Reichstag Berlin, 1999

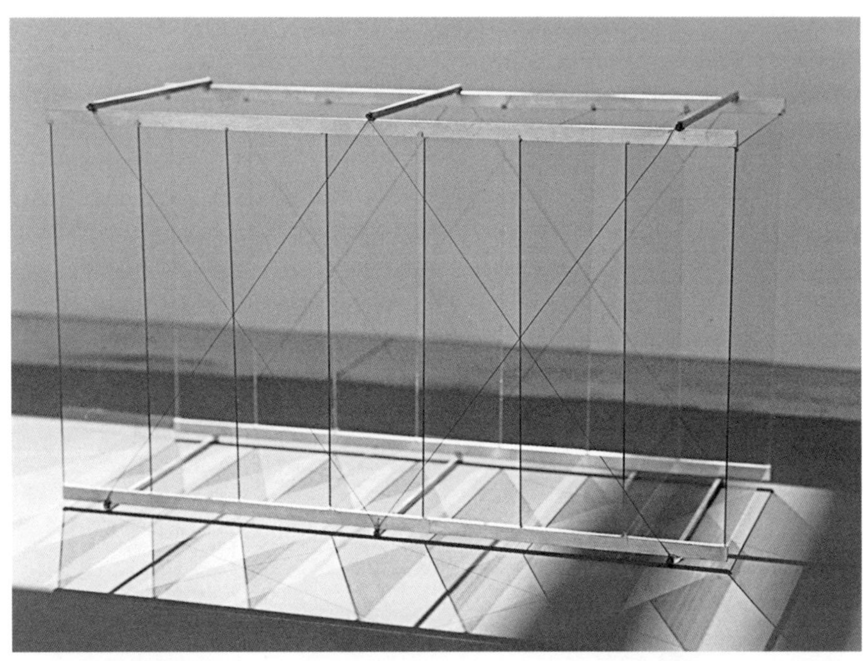

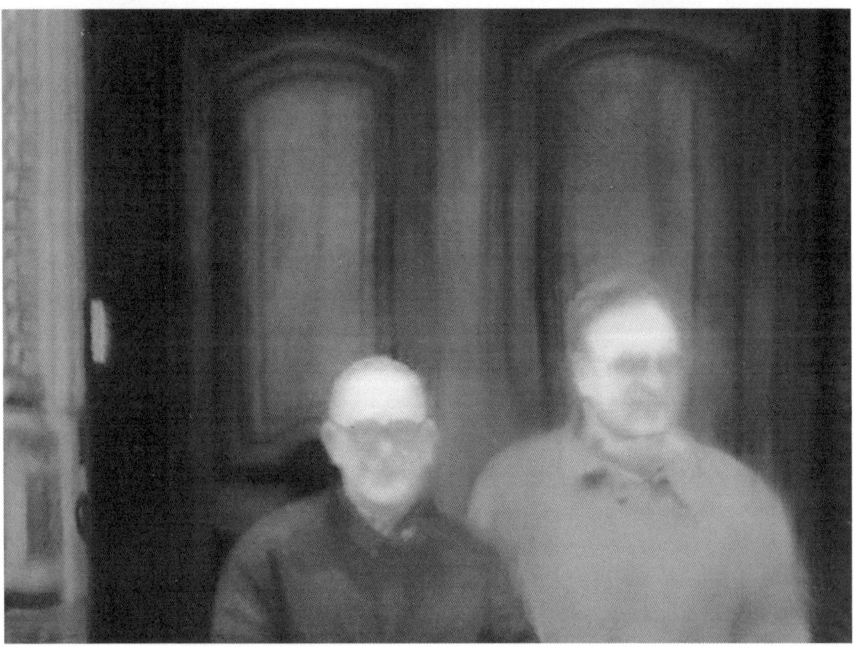

Modell für *Stehende Scheiben*, 2002
Hofkirche Dresden, 2000

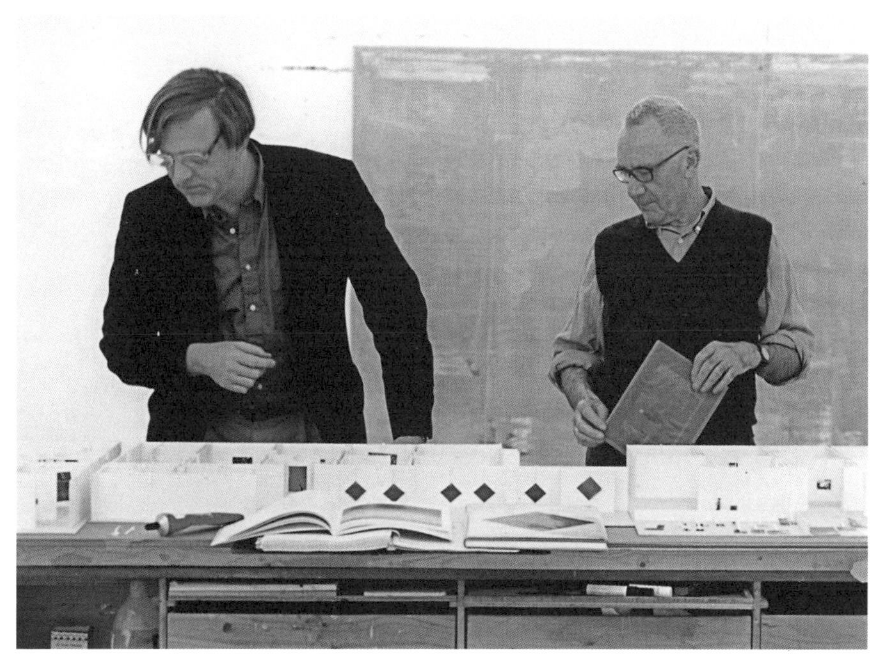

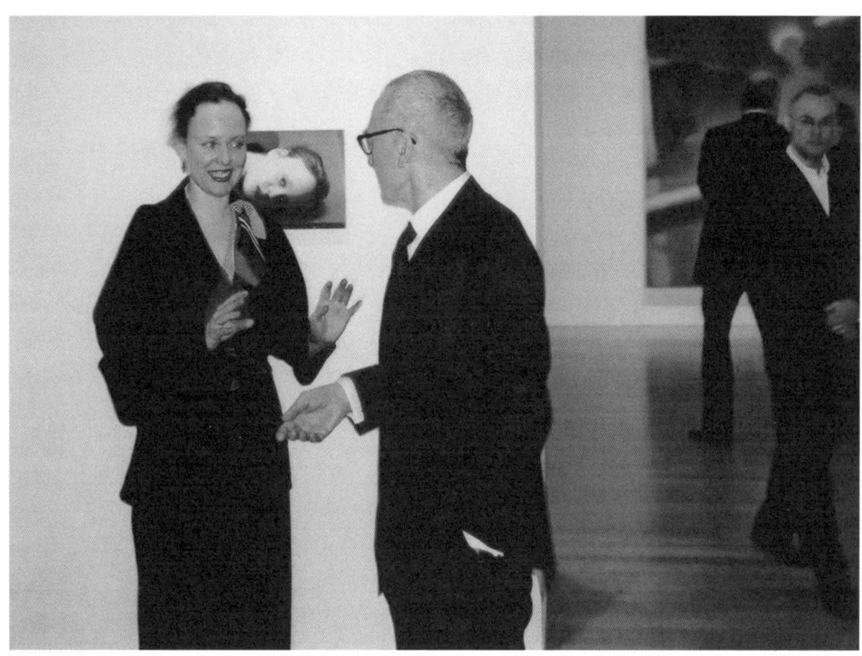

G.R. mit Robert Storr im Atelier, 2001
G.R. mit Tochter Betty, The Museum of Modern Art, New York 2002

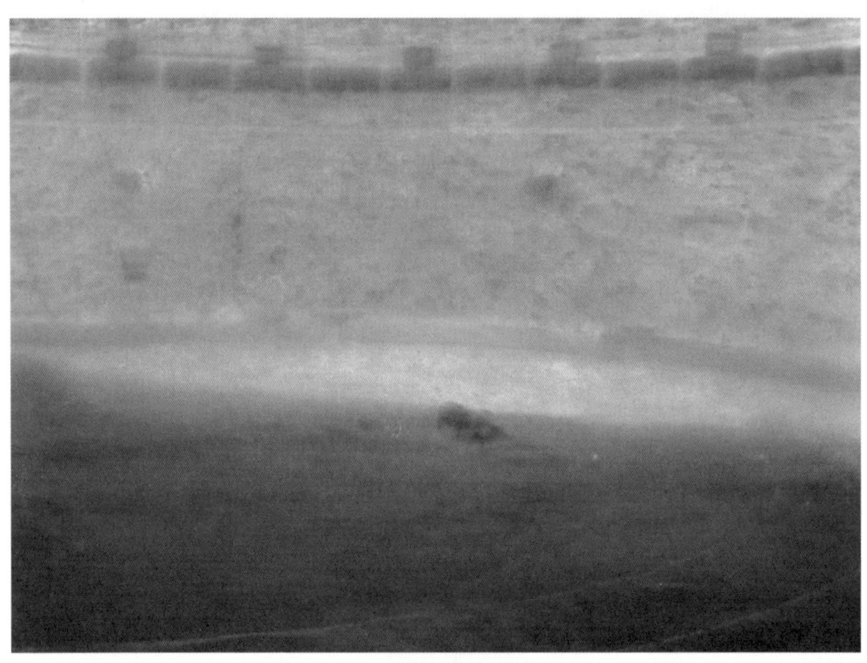

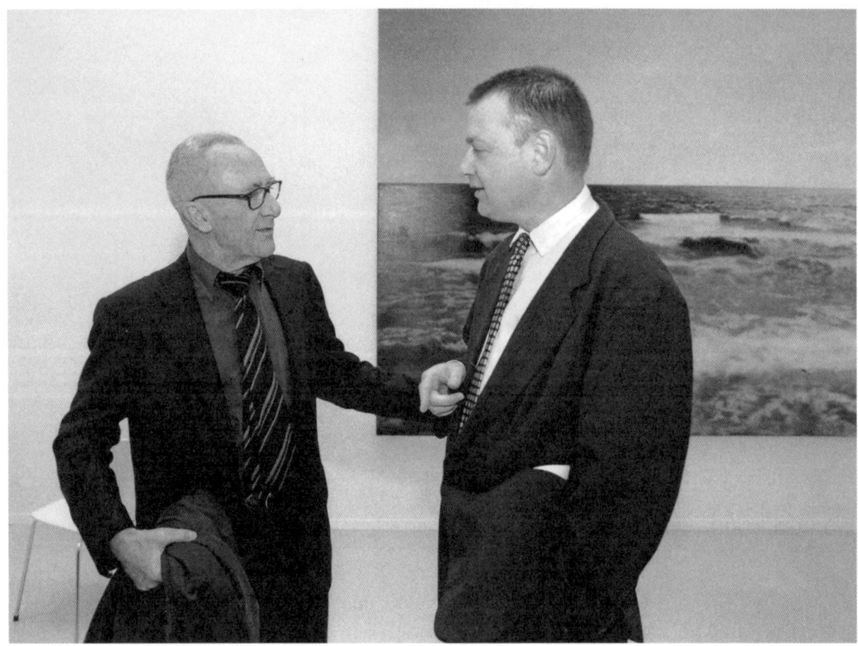

Arena, 1995
G.R. mit Dietmar Elger, 1998

Alliierten, Jagdflugzeuge aus den vierziger Jahren und neue deutsche Düsenjäger. Das war damals ein unglaublich starkes Statement. Aber da Deine Arbeitsweise so neutral wirkte, scheinen die Leute einfach ignoriert zu haben, was vor ihren Augen lag. In Wirklichkeit waren die Bilder jedoch viel pointierter – und zum Teil ergreifender –, als man damals glaubte oder selbst als man heute glaubt.

Wir (die von der Pop Art beeinflussten Künstler) haben es abgelehnt, irgendetwas ernst zu nehmen. Es war zum Überleben wichtig. Wir waren nicht in der Lage, die Aussagen der Werke zu sehen. Weder ich noch das Publikum. Wir haben das abgelehnt, das gab es nicht. Das lag zum Teil daran, dass es eine andere Art von Malerei gab, und für diese deutsche Tradition war Georg Baselitz der richtige Mann. Man hielt meine Bilder für irgendwie modern, man konnte aber auch nicht zugeben, dass das irgendeine Qualität haben könnte, sondern es war eben dann ganz witzig, aber abgeguckt von den Amis. Man hielt uns also für Verräter. Baselitz sagte mir wörtlich: „Du hast Dein Vaterland verraten."

Wie hat er das gemeint?

Ich gebe mich dem internationalen Stil hin. Aber er ist ein Deutscher geblieben. Auch Sigmar Polke wurde von einigen Leuten abgekanzelt, weil er Rasterpunkte machte, wie Roy Lichtenstein. Es war damals leicht, uns als Pop-Art-Epigonen abzutun.

Aber lassen wir den Stil, und wenden wir uns dem Motiv zu. Wenn Lichtenstein Bilder nach Comics aus dem Zweiten Weltkrieg gemalt hat, mit G.I. Joe-Kampfflugzeugen, die explodieren, dann war das etwas völlig anderes, als wenn man als deutscher Künstler ein Bild von amerikanischen Flugzeugen über Deutschland malte. Und es ist etwas völlig anderes, wenn man ein Bild von einem deutschen Soldaten malt wie Onkel Rudi, *das weder das Bild eines Helden ist wie das von Baselitz, noch ein Comicbild von einem Soldaten wie das von Lichtenstein, sondern das Bild eines wirklichen Soldaten, der auch noch Dein Onkel ist.*

Aber dieses Bild, *Bomber*, war ja irgendwie verboten. Das durfte man nicht ernst nehmen, das konnte man nur als einen Joke nehmen.

Aber Du hast es nicht als einen Joke gemalt.

Wahrscheinlich nicht, aber ich war zufrieden, dass es als das genommen wurde. Nicht zu ernst, das wäre mir peinlich gewesen. Es war ja auch keine Anklage, ich habe damit nicht die Amis angeklagt. Ich wollte nie etwas anklagen. Höchstens das Leben, wie beschissen es ist. Aber nie... die hatten doch recht. War alles in Ordnung. *(lacht)* ...Ich wollte auch nicht als Ankläger missbraucht werden.

Du hast gesagt, dass Du Deklarationen, alles Rhetorische vermeiden willst, aber amerikanische B-52-Bomber und Mustangs oder eine deutsche Fliegerstaffel zu malen, zu einer Zeit, in der die Erinnerung an die Bombardierungen der Alliierten noch lebendig war und über die Remilitarisierung Deutschlands diskutiert wurde – das muss auch ohne Kommentar viele Emotionen geweckt und viele Fragen aufgeworfen haben.

Ich habe doch nur ein deutsches Flugzeug gemalt, den *Schärzler*. – Nebenbei gesagt hieß der Mann Schwärzler; ich hatte das „w" vergessen mitzumalen, und „Schärzler" hörte sich auch besser an.

Ja, aber es gibt ein Bild von amerikanischen Bombern und eines von Fliegern, eines von den Stukas der deutschen Luftwaffe und schließlich Schärzler. *Insgesamt sind es acht Bilder von Kampfflugzeugen.*

Ich bin also Spezialist für Flugzeuge. *(lacht)*

Was ich sagen will, ist, dass mir der Gedanke zwar einleuchtet, dass Du sie nicht zu polemischen Zwecken gemalt hast, aber die Wahl des Sujets kann doch kein Zufall gewesen sein. Es sind ganz bestimmte Flugzeuge – es ist zum Beispiel kein kommerzielles Passagierflugzeug dabei –, und die Bilder sind in den sechziger Jahren entstanden, als sich Deutschland mit der jüngsten Vergangenheit auseinanderzusetzen begann, sich aber auch im Zentrum des Kalten Krieges befand und wieder anfing, sich zu bewaffnen.

Was soll ich da sagen?

Na ja, Dir muss doch klar gewesen sein, dass Du, auch wenn Du weder politische Kunst noch mythologische Kunst über die Verheerungen des Krieges gemacht hast wie Baselitz, doch einen Nerv getroffen hast. Schließlich hast Du gesagt: „Stockrübe und Madonna sind nicht gleichwertig". Es gibt gewisse Hierarchien hinsichtlich des Gegenstands. Eine Kuh, die Du ja auch gemalt hast, ist kein Kampfflugzeug aus den vierziger oder sechziger Jahren.

Ich habe nie gewusst, was ich tue. Was soll ich nun sagen? Ich könnte jetzt wie auf einer analytischen Couch meine eigentlichen Beweggründe mit Hilfe anderer ans Licht bringen und einen Sinn hineinbringen. Wollen wir das machen ?

Ich will Dich nicht auf die Couch legen, aber auf irgendeiner Ebene müssen diese Bilder eine Bedeutung gehabt haben, die mit der konkreten Situation um Dich herum oder mit der Vergangenheit zu tun hatte, die Du und andere erlebt hatten. Was 1960 oder 1965 eine historische Verweigerung gewesen sein mag, steht in einem merkwürdigen Zusammenhang mit der postmodernen Vorstellung, dass Bilder nichts als Zeichen sind, willkürliche Fragmente einer Sprache in einem nicht mehr funktionierenden Zeichensystem. In diesem Sinne ist die eine Art Verweigerung, die historisch motiviert war, mit einer anderen gekoppelt, die ideologisch oder ästhetisch begründet ist. Und doch hast Du damals Bilder gemalt, die sehr starke Aussagen über sehr reale Dinge gemacht haben. Als die Leute 1988 überrascht waren, dass Du die Oktober-*Bilder gemalt hast, und gesagt haben: „Moment mal, das hier ist etwas anderes, das ist ein anderer Richter als der, den wir kennen – er hat noch nie Bilder von solcher Emotionalität und mit einem so spezifischen historischen Bezug gemalt", da habe ich gedacht: „Moment mal, das ist nicht wahr."*

Ja, du hast recht. Die *Oktober*-Bilder kamen nach einer langen Zeit, in der ich ganz andere Sachen gemacht habe, und Leute wie [der Galerist] René Block warfen mir vor: Richter ergibt sich den schönen Künsten und hört auf politisch zu sein. In den sechziger Jahren sei ich politisch gewesen, und dann hätte ich mich den schönen Künsten zugewandt. Schließlich war ich richtig etabliert und bunt und ästhetisch, da kamen diese Baader-Meinhof-Bilder sehr unerwartet.

Eigentlich möchte ich alles andere als psychoanalytisch sein, sondern eher jemand, der den Text von Bildern sehr genau liest. Und es gibt jetzt diese Auffassung, dass Texte völlig offen sind, dass alles in jedem Sinn verstanden werden kann, in dem es der Leser verstehen will. Ich glaube, dass ist nicht die richtige Art, an die Dinge heranzugehen – oder jedenfalls nicht die produktivste oder interessanteste Art, Bilder zu lesen –, und dass in einem Gesamtwerk Intentionen zum Ausdruck kommen können, die dem Künstler nur zum Teil bewusst sind, durch die Wiederholung jedoch sehr deutlich zutage treten, und dass man sich diese latenten Intentionen sehr genau ansehen und ernsthaft über sie nachdenken muss. Meine Frage bezieht sich also eher auf die Gegenwart als auf die Vergangenheit, darauf, wie Du die Bilder jetzt siehst, in welcher Beziehung sie für Dich zueinander stehen. Wird eine solche Beziehung erkennbar?

Ja, durchaus, und ich verstehe, was Du meinst. Manchmal bin ich ja selbst überrascht, dass ich mich nie nach Inhalten der Bilder und nach den Zusammenhalten gefragt habe.

Zum Beispiel das Bild Herr Heyde. *Bei dem Mann mit dem breitkrempigen Hut, der das Gesicht vom Betrachter abwendet, handelte es sich um Dr. Werner Heyde[1], der für die Ermordung geistig zurückgebliebener, geisteskranker und chronisch kranker Krankenhauspatienten verantwortlich war, im Rahmen eines Euthanasieprogramms, das die Techniken der „Endlösung" vorbereitete. Im Jahr 1959 – das ist die Jahreszahl, die im Bild erscheint – wurde er entlarvt, nachdem er jahrelang unter falschem Namen in Deutschland gelebt und gearbeitet hatte. Als Du dieses Bild sechs Jahre nach seiner Verhaftung gemalt hast, hatte sich praktisch noch niemand auf so direkte Art mit dem Thema im Verborgenen lebender Kriegsverbrecher befasst. Warst Du Dir der Bedeutung seiner Verhaftung nicht bewusst, und spielte es nicht auch eine Rolle, dass Deine Tante Marianne, die an Schizophrenie litt, ein Opfer des Systems medizinischer Morde war, das er entwickelt hatte?*

Es war nicht in meinem Bewusstsein. Und ich war selbst überrascht, als ich viele Jahre später – ich glaube, während der Ausstellung *Deutschlandbilder*[2] – gesagt bekam, dass das ein Kriegsverbrecher war.

Du hast also nicht gewusst, wer Heyde war?

Ich bin sicher, dass ich das gewusst habe. Aber ich habe es sofort verdrängt, und es wurde ein Bild wie jedes andere. Vielleicht habe ich auch versucht, damit darzustellen, dass es ein Typ wie jeder andere ist, der jetzt verhaftet wird; man sieht auch zwei Polizisten. Ich wollte Bilder machen und nicht in das Lager derer kommen, die irgend etwas anklagen. Ich gehöre nicht zu denen, die sich als Antifaschist darstellen, denn das bin ich nicht. Ich bin auch kein Faschist. Ich hatte nie die Neigung, mir allzu viele Dinge bewusst zu machen, das wäre schlecht fürs Malen. Das ist auch heute noch so. Ich weiß beim Malen wirklich nicht, was ich tue. Hinterher kann ich mir das bewusst machen. So ist es auch mit den beiden Bildern. Aber damals hätte ich jede Verbindung zwischen Heyde und mir selber geleugnet. Ich hätte sicher gesagt, ach, das ist ein seltsames, banales Foto, „das hat was".

Es gab also für Dich keine bewusste Verbindung zwischen Heydes Programm im „Dritten Reich" und dem Tod Deiner Tante?

Überhaupt nie, nicht ein einziges Mal. Es gab sie nicht. Es gibt überhaupt keine bewussten Verbindungen in mir. *(lacht)* Aber ich bin sicher, dass ich das natürlich gewusst habe, weil ich es irgendwo gelesen hatte.

Das führt zu der Frage, was man malen kann und was nicht. In Deinem Atlas gibt es Bilder aus dem KZ[3] – von Gefangenen und Leichen –, und Du hast einmal daran gedacht, die KZ-Bilder zusammen mit den Pornobildern auszustellen. Aber dann bist Du zu dem Schluss gekommen, dass man diese Dinge nicht vergleichen, ja dass man nach den dokumentarischen Fotos vom Holocaust noch nicht einmal Bilder malen kann. Warum war das nicht möglich?

Sagen wir mal, ich hätte es nicht geschafft. Ich habe keine moralische oder formale Lösung gesehen, wie man die KZ- und die Pornobilder hätte ausstellen können, so wie es Konrad Lueg und ich geplant hatten. Wir hatten das in einer Düsseldorfer Galerie geplant, und deswegen haben wir die Fotos gesammelt, jeder für sich. Dann haben wir es aufgegeben, es ging nicht. Wir haben keine Möglichkeit gefunden. Wir hätten Aufsehen erregt, aber es wäre unergiebig, unangemessen – mindestens unangemessen gewesen.

Wo liegt der Unterschied zwischen einem Bild, das man ansehen, in sein visuelles Gedächtnis aufnehmen kann, und einem, das man malen kann? Die KZ-Bilder sind doch im Atlas enthalten, und man sieht sie dort als Teil einer sehr viel umfassenderen Reihe von Bildern, und trotzdem sind sie nicht malbar. Wodurch wird etwas nicht malbar?

Ich denke, generell gibt es kein Bild, das man nicht malen kann. Aber es gibt persönliche Grenzen und Grenzen der Zeit, wo die Rezeption so voraussehbar falsch laufen würde, dass es nicht geht. Aber es ist auch die eigene Unfähigkeit, wo man nicht in der Lage ist, einer Sache die richtige Form zu geben. Vor drei Jahren habe ich versucht, die Lagerszenen wieder aufzugreifen, und es ging wieder nicht. Das lag aber an mir.

Mit anderen Worten: Es gibt kein Bild, das völlig tabu ist, es gibt nur Bilder, die ein bestimmter Mensch zu einem bestimmten Zeitpunkt nicht malen kann?

Ja. Ich habe immer noch solche Fotos im Atelier, über die ich nachdenke. Wer weiß? Es gibt nur Themen, die sind unerledigt. Und es gibt viele, die einfach uninteressant geworden sind. Ein Bild, das nicht malbar ist, ist ein Bild, von dem ich weiß, es würde falsch laufen; es würde dann eins, von dem die Leute sagen: „Er hat es gut gemeint, aber vielleicht wird er alt." *(lacht)* Das ist das einzige Kriterium, ansonsten ist nichts unmalbar.

Welche Qualitäten sind es, die ein Bild, das es bereits als Foto gibt, für Dich faszinierend oder bedeutsam machen, wenn daraus ein Gemälde wird?

Das ist ja unmöglich zu beantworten. Ich weiß nicht, warum mir etwas gefällt. *(sieht sich ein Buch mit Bildern an)* Das hier gefällt mir, oder das. Das hier hat zuviel mit Courbet zu tun, aber ich mag es trotzdem.

Es geht mir weniger um die Frage, warum Dich ein bestimmtes Foto reizt, als darum, was während des Malens passiert, das das Ergebnis interessant oder annehmbar macht, so dass Du es nicht zerstörst oder übermalst.

Das ist auch eine unmögliche Frage. *(lacht)*

Das wird mich nicht davon abhalten, sie Dir zu stellen. (lacht)

Ich weiß das nicht, aber ich kann das sehen (wenn ich das kann). Vielleicht ist das Sehen und Entscheiden und Machen ein so komplizierter, heikler Vorgang, dass ich da nicht durch Verbalisierungsversuche stören sollte. Aber jetzt male ich ja nicht, also...

Von Außen betrachtet, scheint mir, dass es vielleicht der Punkt ist, an dem in dem Bild plötzlich eine bestimmte Qualität oder Erfahrung auftaucht, die im Foto nicht enthalten war.

Ja, klingt ziemlich gut.

Und kann man irgendwie beschreiben oder sagen, wie das passiert oder was überhaupt passiert?

Nein. Den umgekehrten Weg gibt es auch. Ich mache manchmal von Bildern eine Grafik, ein Multiple, per Foto, und das dauert sehr lange. Zuerst habe ich eine Reproduktion, und die sieht furchtbar aus, und dann fang ich an, sie zu verändern, unscharf oder etwas in der Art, oder ich lege sie unter Plexiglas, sodass es ein eigenständiges Objekt wird.

Ich glaube, diese Rückverwandlung in die Fotografie[4] *als Medium hat alle sehr überrascht. Bis dahin war der Weg von der Fotografie zur Malerei eine Einbahnstraße gewesen, wobei Du bestimmte Qualitäten zu dem ursprünglichen Bild addiert oder davon subtrahiert hast. Was für eine Transformation willst Du erreichen, wenn Du ein Bild wie* Onkel Rudi *oder* Domecke *fotografierst?*

Mit dem Foto nehme ich dem Gemälde erstmal die Materialität wieder weg, und damit komme ich dem reinen Anschein etwas näher.

Wenn man dem Bild die Materialität nimmt, entsteht ein sehr interessanter Effekt, aber inwiefern ist das wichtig oder bedeutsam?

Vor allem, wenn man dann nur die Reproduktion vom Gemälde erhalten hat – schrecklich. Deshalb muss ich dann diese charakteristische Reproduktionsqualität zerstören, mit Unschärfe oder mit Glas oder was weiß ich.

Das habe ich zwar nicht gemeint, aber es ist eine interessante Frage, denn ich glaube, für manche Leute ist das „bloß" ein Multiple.

Das Gemälde ist besser. *(lacht)*

Ja, aber wichtig ist es doch, dass das visuelle Erlebnis ein anderes ist. Worin bestehen nach Deiner Ansicht die entscheidenden Unterschiede? Mir scheint, dass jedes Stadium dieses Prozesses in einem anderen Verhältnis zum Licht steht, dass die Form, die das Licht annimmt, eine andere ist. Ein Foto ist in gewisser Hinsicht eine direkte Aufzeichnung des Lichtes, während ein Gemälde das Licht darstellt. Das Foto der zweiten Generation, das nach dem Gemälde kommt und die dritte Generation eines Bildes ist, enthält und verströmt das Licht auf eine sehr andere Art als das Gemälde und auch als die ursprüngliche Fotografie. Das visuelle Phänomen, das es einfängt, ist in gewisser Weise raffinierter, nicht besser oder schlechter, aber anders in Bezug auf die Wahrnehmung.

Das wird sicher stimmen. Das Problem ist, mit dem Begriff „Licht" habe ich noch nie etwas anfangen können. Ich weiß, dass manchmal erwähnt wurde – „der Richter hat es mit Licht" und „die Bilder haben ein spezielles Licht" –, und ich wusste nicht, wovon die Rede ist. Licht hat mich noch nie interessiert. Es ist da, und man schaltet es ein oder aus, je nachdem ob die Sonne scheint oder nicht. Mehr fällt mir dazu nicht ein.

Das erstaunt mich, denn es scheint nicht nur in dem, was Du selbst machst, so eine zentrale Rolle zu spielen, sondern auch bei den Malern, die Du magst: Velázquez, Manet und Vermeer.

Auch das kann ich nicht verstehen. Velázquez und das Licht. Natürlich gibt es hier Licht. Ohne Licht könnten wir einander nicht sehen. Da geht mir irgend etwas ab.

Ich rede nicht von Licht als einer gleichsam metaphysischen Sache, ich rede von Licht als einem Phänomen.

Ja, wir haben schönes Licht, kaltes Licht, warmes Licht, südliches Licht – in

Italien, die haben anderes Licht. Das kann ich schon sehen. Ich habe einmal Streit mit Norbert Kricke bekommen, als er mir sagte, ich müsse seine Skulpturen in räumlichen Begriffen sehen, es geht darin um den Raum. Dann sagte ich, ja, Raum ist in der kleinsten Hütte. Da war er ziemlich sauer, und er hat mir sehr übel genommen, dass ich das elementare Wesen der Skulptur, den Raum, so abtue. Daran muss ich immer denken, wenn ich das Wort „Licht" in Zusammenhang mit Malerei höre. Schein – das ist für mich ein Phänomen.

Ich will Dir ein Beispiel nennen.

Jetzt bin ich neugierig.

Okay, hier haben wir die erste und letzte Fassung von Klorolle. *Die erste hat starke Schatten, wodurch das Bild sehr räumlich wirkt, was durch die direkte Malweise noch verstärkt wird. In der dritten Fassung sind die Schatten und die ganze Malweise weicher, und die Form hat etwas Leuchtendes. In der ersten Fassung ist die Behandlungsart sehr objektiv, in der dritten dagegen ist sie atmosphärisch.*

Gut.

Motiv, Farbgebung und Technik sind bei diesen Bildern dieselben, aber der Unterschied liegt in dem unterschiedlichen Licht. Sehr viel später hast du die Kerzen *und die* Schädel *auf ganz ähnliche Weise gemalt wie die dritte Fassung von* Klorolle. *Diese Akzentverschiebung muss irgendeine Bedeutung haben. Ich will nicht behaupten, dass sie für Dich dasselbe bedeutet wie für mich, aber diese beiden Beispiele stellen doch verschiedene Realitäten oder verschiedene Einstellungen zur Realität dar.*

Ja, das klingt gut, wenn Du Licht so pragmatisch siehst, stimme ich zu. Ich verändere ja auch das Licht, wenn ich ein Foto von einem Bild mache. Zum Beispiel ist das Gemälde *Kleine Badende* viel weicher und verhaltener im Licht als die Fotoedition, die ich davon gemacht habe. Wenn ich da das Licht des Bildes imitiert hätte, wäre das ein mattes, unansehnliches Etwas geworden, das man keinem Menschen anbieten kann.

Das heißt, Du denkst an den Betrachter.

An das Publikum, ja, immer. Und das ist eine Edition für 100 Leute, das Bild ist nur für einen. Da sollte doch die Edition fast besser als das Bild sein, auf jeden Fall anders, vielleicht etwas deutlicher, handfester.

Es gibt eine interessante Diskrepanz zwischen Deiner Akzeptanz, wenn man so will, des sanfteren Bildes und Deiner Ansicht, dass die Bilder im öffentlichen Diskurs härter sein müssen.

Ja, stabil, und das muss ich erhalten. Es ist ja nicht so, dass das ein hartes Bild geworden ist, das Multiple, es ist nur ein bisschen knackiger.

Das ist die praktische Antwort. Die Käufer dieser Arbeit sind ein wenig anders.

Es wurde ein ganz anderer Gegenstand mit dem Rahmen, mit der Plexiglasscheibe über dem Foto, das frei dazwischen hängt. Man sieht die Fragilität, die der des Gemäldes entspricht. Das hat alles eigenständige Qualitäten bekommen, die das Bild alle nicht hat.

Dazu gehört der Rahmen und die Distanz zum Glas und zum Rand. Es ist ein neues Objekt geworden, keine Kopie des Bildes.

Anfangs hast Du viel davon gesprochen, wie wichtig es ist, dass die Bilder, nach denen Du gearbeitet hast, bereits gegeben sind, Readymades, Bilder aus einem Album oder aus einer Zeitschrift. Was Du machst, ist, dass Du dieses Gegebene veränderst, indem Du es malst.

Warum verändere ich die Qualitäten des Fotos? Weil es zu klein ist. *(lacht)* Ich bin der Maler, ich liebe es, zu malen. Fotos zu benutzen war ja der einzige Weg, um überhaupt weiter malen zu können. Ich konnte ja da nicht ein Modell hinsetzen. Das war ein Unding, ein unzeitgemäßes Anliegen, das alles verkürzt hätte. Das kann ich nicht, nicht einmal Lucien Freud kriegt das hin. Ich musste Fotos benutzen, die brachten die neuen Inhalte, die mich und andere angehen. Das war die Überzeugung.

Was für Inhalte waren das?

Dinge, die uns berühren.

Aber die Bandbreite der Sujets reicht von völlig banalen Dingen wie Klopapier bis zu Bildern, die nicht so banal sind, wie Herr Heyde.

Ein Foto von einem Gemälde zu machen, das man wieder an die Wand hängen kann, ist vergleichbar damit, ein Bild nach einem Foto zu malen. Aber das sind die alten Fragen, wo man nur Ausreden hat. Nimm zum Beispiel die Musik – wie manche Leute einfach hören, wenn sie stimmt. Was die Malerei angeht, denk an die Bob-Ryman-Ausstellung[5] in Bonn, wo man plötzlich auf Bilder stößt, die eben „stimmen", und keiner weiß, warum, oder was das ist.

Nein, aber könntest Du bestimmte Qualitäten beschreiben, die Dir das Gefühl geben, dass es stimmt?

Ich weiß nicht, was da stimmt, warum die *Klorolle* stimmt, wieso die auch nicht nur banal ist, wieso das Banale so schlimm ist.

Warum?

Weil es das Eigentliche ist, das eigentlich Schlimme, so böse eben wie Eichmann oder wie Herr Heyde.

Jetzt bin ich verwirrt. In einem gewissen Sinn sind Herr Heyde und das Klopapier beide banal, und in einem anderen Sinn ist auch das Böse banal.

Ja. Und ich will ja nur weg vom Etikett „Der malt die Banalitäten des Lebens", und damit ist das abgetan, oder „Er ist einer von diesen Leuten, die nichts interessiert." Eine zeitlang war das für mich in Ordnung. Zumindest hat man mich in Ruhe gelassen.

Aber jetzt möchtest Du diesen Ruf wieder loswerden?

Ja, wenigstens will ich ihn korrigieren. „Banalität" meint ja schon ein bisschen mehr als das „Unwichtige".

Was bedeutet es denn?

Einfach mehr. Zum Beispiel mit dem Begriff von der „Banalität des Bösen" ist ja schon die Banalität als etwas Ungeheuerliches geschildert worden. Und das ist mir wichtig, die Banalität als etwas Beängstigendes zu schildern. Der Kronenleuchter (*Flämische Krone*) ist ein Ungeheuer, ich brauche also gar kein Monster malen. Es reicht, wenn ich das Ding male, diesen kleine, banalen Kronenleuchter. Früher hatte ich so etwas schon mal erwähnt, um mich von Bacon abzusetzen: Ich brauche die Körper nicht entstellt darzustellen. Wenn ich sie so male, vom Foto, so normal und so banal wie sie sind, dann ist das doch viel erschreckender.

Das ist es, was das Banale mehr macht als bloß banal.

Was Du gesagt hast, finde ich in mehrerlei Hinsicht interessant. In der amerikanischen Pop Art lag der Akzent auf ganz gewöhnlichen Waren, Dingen, die man im Laden kauft, Bildern aus Zeitschriften und so weiter. In jüngerer Zeit hat Jeff Koons eine ganze Ausstellung zum Thema Banalität gemacht. Aber es ging um eine groteske Banalität, eine übertriebene Banalität. Und auch Du sprichst vom Grotesken oder Monströsen, in einer sehr distanzierten, gedämpften, nicht übertriebenen Form. Es ist kein rhetorisches Statement, wie Du das Bild machst, das ist sehr...

...bescheiden, ganz klein und leise, wie die berühmten Taubenflügel. Das wäre toll, wenn das funktionieren würde.

Sollen die Bilder etwas Unheimliches haben, oder ein Symbol sein?

Nein, kein Symbol. Sie sollen wie ein echtes Stück Wirklichkeit erscheinen und deshalb erschrecken.

So ist zum Beispiel die Flämische Krone *ein Stück einer größeren Realität, die beängstigend ist, nicht ein Symbol für etwas, sondern ein Teil der Sache selbst.*

Ja, ein Abbild dieser Schrecklichkeit.

Der Hässlichkeit?

Des Elends dieser Welt. *(lacht)* Vielleicht von dieser bestimmten Kultur.

Welche Kultur meinst Du?

Eine kleinbürgerliche Kultur. Aber ich weigere mich, es auf diese Ebene zu bringen.

Das wird Sozialkritik, bei der ich eine bestimmte Klasse angreife, die der

Spießbürger, die das Ding in der Mitte der Wohnung hatten, die Flämische Krone. Sie ist Teil einer Kultur, und ich klage die nicht an, auch wenn sie mir nicht passt oder schrecklich ist, so wie alle Wohnzimmer schrecklich sind, voll von Verbrechen und Elend, wie überall. *(lacht)*

Es war also nicht als Kritik gemeint?

Nein, es ist ein Bericht. Erinnert euch, Leute. Bitte, vergesst es nicht. *(lacht)*

Die amerikanische Pop Art hat sich im Allgemeinen auf in der Öffentlichkeit verbreitete Bilder und die kommerzielle Kultur konzentriert. Aber Du hast mir gesagt, dass Polke, Lueg und Du eine breitere Erfahrung darstellen wolltet, eine umfassendere Sicht der Realität. Könntest Du noch etwas mehr über diese umfassendere Sicht im Verhältnis zum Blickwinkel der amerikanischen Pop Art sagen?

Vielleicht hatten wir gar keine Chance. Die Aussage der amerikanischen Pop Art war so kraftvoll, so optimistisch, aber auch so limitiert, dass wir denken konnten, da kann man sich nur von absetzen und ein anderes Anliegen unterbringen.

Was war daran anders?

Wir konnten nicht denselben Optimismus produzieren und dieselbe Art von Humor oder Ironie. Roy Lichtenstein hat eine spezielle Art von Humor. Bei Polke und mir war das alles gebrochener. Aber wie, das ist für mich schwer zu beschreiben.

Sprichst Du von einer historischen Erfahrung des Bruchs oder von einer persönlichen?

Das hängt doch beides zusammen, oder? Ich weiß nicht, warum. Sonst hätten wir eine Rolle spielen müssen. Das gab es ja auch. Manche haben richtig mitgemacht, sie haben die Amerikaner imitiert: so optimistisch, groß, bunt, stark.

Lueg kommt der amerikanischen Pop Art näher, und Du bist viel...

...gebrochener? Ja, vielleicht.

Ein Vertreter der amerikanischen Pop Art, der eindeutig gebrochen ist, ist Andy Warhol.

Ja, das ist wahr.

Fühlst Du Dich Warhol besonders verwandt?

Ich mochte ihn immer am meisten. Aber es gibt einen Riesenunterschied: Das ist einmal die Freiheit, die er hatte – wir sind ja hier alle verklemmt. Und das war er nicht. Aber auch seine Lebensgeschichte, die Homosexualität, die Allüren, das war hier alles eine Nummer kleiner. Polke hat sich ja einige Freiheiten rausgenommen, aber die waren auch wieder vollkommen anders als die von Warhol. Da muss einem schon ein ganz besonderer Boden bereitet werden, wo man sich so inszenieren kann. Den gab es für uns nicht.

Ein sehr starker Aspekt bei Warhol ist seine Morbidität. Kannst Du Dich damit identifizieren?

Die Tragik ist mir lieber und das sind auch die Bilder von Warhol, die ich am liebsten mag, die *Disaster*-Bilder. Und ein paar Filme. Ansonsten finde ich das meiste, zum Beispiel seine Riesenproduktion an Auftragsportraits, ziemlich schlecht.

Ich interessiere mich eher für Dich als für Warhol, aber ich denke, es gibt ein paar aufschlussreiche Parallelen, auf die man hinweisen sollte, und ein paar aufschlussreiche Gegensätze. Wenn Warhol etwa ein Bild ausgewählt und übertragen hat, dann hat er Dinge weggelassen, Informationen beseitigt. Und Du hast selbst gesagt, Dir stünden viele Mittel zur Verfügung, aber das Eliminieren sei vielleicht das Wichtigste dabei. Könntest Du etwas dazu sagen, was es heißt, Elemente eines Bildes zu eliminieren oder sie zu reduzieren?

Ich denke, das ist die eigentliche Arbeit jedes Malers aller Zeiten gewesen, dass er sich auf das Wesentliche konzentriert. Das haben die Hyperrealisten nicht gemacht, die haben wirklich alles abgemalt, jedes Detail. Deswegen waren die eine sehr kurze Überraschung. Für mich war es selbstverständlich, Details wegzulassen, und ich war froh über die Methode, die so mechanisch war. In dem Punkt habe ich Warhol viel zu verdanken, er legimitierte das Mechanische. Er hat es mir vorgemacht, per Siebdruck und Foto, und ich eben in dem mechanischen Verwischen. Das war eine sehr befreiende Methode.

Ist der Prozess der Eliminierung ein zufälliger und das Ergebnis eine Überraschung, oder hast Du Dir vorgestellt, was Du entfernst, bevor Du es wirklich getan hast?

Es liegt dazwischen. Es gibt die Vorstellung was anders sein muss, und es gibt die Zufälle, die das Unerwartete bringen. Diese Methode hatte damals fast was Utopisches, etwas so mechanisch entstehen zu lassen ohne all zuviel Denkarbeit. Das passte zu dieser Zeit, die das Leben so „happy" machen und vereinfachen wollte, zu den sechziger Jahren, wo man „wie eine Maschine sein wollte". Ich weiß gar nicht mehr, wer was gesagt hat. Polke hat so etwas gesagt und Warhol auch. Man kann sich das heute gar nicht mehr vorstellen. Weil die Bilder von damals gar nicht technisch wirken, sondern sehr handgemacht, malerisch, unperfekt. Damals sah man nur die Fotoähnlichkeit und die technische Perfektion. Und so wirkten sie provokativ, als wären sie mit der Maschine gemacht. „Richter malt mit solcher Perfektion, dass die Oberfläche aussieht wie die eines Fotos."

Das heißt, die Rezeption war anders?

Ja.

Meinst Du vor allem die Reaktion der Kritiker?

Nein, ich selber habe die Gemälde viel perfekter in Erinnerung. Das war ein Markenzeichen von mir, dass ich das so perfekt konnte. Und wenn man die heute sieht, wirken sie ziemlich unperfekt, so europäisch handgemacht.

Das stimmt. Aber ich glaube auch, dass es in Deinem Werk entweder eine Entwicklung gibt oder ein Paradox, das schon von Anfang an da war, nämlich dass die Gemälde einerseits hinsichtlich ihrer Technik in der Tradition der kunstvollen Ateliermalerei stehen, während andererseits die in dieser Tradition gemalten Bilder auf eine willkürliche oder mechanische Weise bearbeitet wurden. Schließlich bist Du auch ein Meister der spaltenden, zerstörenden Technik. Die Unschärfe wird nicht durch eine Maschine erzeugt, sondern mit Hilfe eines größeren Pinsels oder mit einer Rolle. Es war eigentlich nie so mechanisch, so zufällig, stimmt's?

Ja.

Aber andererseits hast Du gesagt, was Dich von anderen Künstlern unterscheide, sei nicht einfach Dein technisches Können, sondern dass Du sehen kannst, wann eine Arbeit einen Punkt erreicht hat, an dem sie irgendwie stimmt.

Ja, denn es geht nicht ums Können, sondern nur ums Sehen.

Der spezifische Charakter Deiner Arbeiten ist also sowohl eine Frage der Beherrschung des Materials als auch eine Frage des Erkennens und der Entscheidung. Es ging nie darum, dass dem Bild Gewalt angetan wird, in dem Sinn, in dem manche Leute diese Art von zerstörender Materialität schlicht und einfach als Aggression verstanden haben.

Ja, das ist richtig.

Das, worum es Dir geht, hat in gewisser Hinsicht mehr mit dem zu tun, was Alberto Giacometti gemacht hat, als mit jener Art von Malerei, die üblicherweise als wild oder brutal bezeichnet wird. Es geht darum, intensiv an dem Bild und an der Farbe zu arbeiten, bis man etwas sehen kann.

Ja.

In dieser Hinsicht ähnelt Dein Ansatz also dem Giacomettis, aber Du bedienst Dich einer anderen formalen Sprache mit anderen Konventionen, und Du verfolgst diesen Ansatz zu einer anderen Zeit.

Ja, klingt gut.

Neulich hast Du gesagt, als Du noch in der DDR warst, hättet ihr – Du und Deine Freunde – einen „dritten Weg" gesucht, einen, der zwischen dem russischen und dem amerikanischen Modell lag. Ihr habt euch mit bestimmten Künstlern identifiziert, und Du hast unter anderen Giacometti genannt. Nun kommt ja Giacometti von Paul Cézanne und einer Tradition her, die Du gemieden hast, und doch scheinst Du Dich um bestimmte Qualität bemüht zu haben, die gerade diese Bilder besaßen. Könnte man sagen, dass Du eine andere Art des Malens erfunden hast, um an denselben Punkt zu kommen?

Das wäre schön. Aber vielleicht hängt mir diese Verpflichtung zur Qualität immer noch an wie ein Klumpfuß und macht mich unfrei, unproduktiv und impotent.

Wenn Du impotent bist, dann haben wir anderen wirklich Probleme. (lacht) *Aber ich meinte „Qualität“ nicht im Sinne einer Hierarchie der Werte, sondern eher ein bestimmtes Gefühl, eine bestimmte Art von visueller und emotionaler Erfahrung. Aber kehren wir noch einmal zum Ausgangspunkt zurück: Du zeigst das gewöhnliche Leben in einem erhellenden, aber undramatischen Licht, und Du bedienst Dich malerischer Sprachen, die den Stil Lügen strafen. In gewisser Hinsicht hat Giacometti etwas ähnliches versucht: die Erscheinung von Dingen festzuhalten, die sich ständig entzogen oder verschwanden und dann plötzlich partiell deutlich wurden. Als ich Dir neulich bei der Arbeit zusah, schien genau so etwas zu passieren. Du arbeitest mit einem Verfahren, bei dem Du das Bild zuerst skizzierst – oder eine Aussage machst und es dann verwischst – oder sie zurücknimmst. Und wenn Du das eine Zeitlang getan hast, wird ein Bild sichtbar, das sich grundsätzlich von dem unterscheidet, von dem Du ausgegangen bist. Ich möchte den Vergleich mit Giacometti nicht überstrapazieren, aber der existenzielle Aspekt seiner Arbeit hatte weniger mit einem expressiven Stil zu tun als mit einem ebensolchen Verfolgen einer sich entziehenden Realität, das frei von Melodramatik war.*

Ja. Ich würde mich wohl sehr schämen, wenn ich hier ein sentimentales Drama aufführen würde.

Es ist existentiell, und es ist humanistisch, aber es ist nicht sentimental, und es ist nicht melodramatisch.

Ja. Nur ein bisschen. *(lacht)*

Du gibst es also zu! (lacht) *Das ist interessant, denn es ist, als hättest Du es geschafft, über die Pop Art und die mechanische Reproduktion, die damals sehr aktuell war, wieder zurückzukommen und einige der Fragen zu beantworten, vor der die Künstler Deiner Generation in den fünfziger Jahren standen, nur dass Deine Antworten nicht aussehen wie etwas, das der Tradition entsprungen ist, in der diese Fragen gestellt wurden.*

Gut.

In der Kunsttheorie gibt es prinzipiell drei Erklärungen für das bewusste Eliminieren oder Auslöschen in der modernen Malerei. Die erste ist die Zerstörung. Ist das, was Du machst, für Dich ein destruktiver Akt?

Ja, ich habe oft das Gefühl, dass das sehr destruktiv ist, was ich mache – aus der Not heraus, weil mir die Fähigkeit zur Konstruktion fehlt. Mein Wunsch ist es, ein gut gebautes, schönes, konstruktives Bild zu machen. Und das plane ich oft und es gibt sogar Momente der Annäherung. Und dann merke ich, es sieht grauenhaft aus. Ich fange an, es zu zerstören, Stück für Stück, und dann kriege ich das, was ich nicht wollte, aber was ganz gut aussieht. Insofern kann ich es verstehen, wenn man es destruktiv nennt. Das kommt mir entgegen, aber vielleicht ist das nur... ich weiß es nicht.

Das lässt mich zum Beispiel an Lucio Fontana denken. Von ihm hat man gesagt, dass er mit seinen Schnitten und Stichen die Leinwand attackiere, aber das Ergebnis ist etwas sehr Schönes. Hat dieses Paradox in Fontanas Werk irgendetwas mit dem zu tun, was Du machst?

Vielleicht. Ich empfinde ihn als viel konstruktiver, weil er, Polke und andere das am Anfang wirklich in Wut gemacht haben, später konnten sie das dann zielgerichtet tun. Das habe ich noch nie gekonnt. Wenn ich mir vornehme, etwas zu machen, was von vornherein geplant ist, unscharf oder so, das geht nicht. Dem Gemälde *Schnee* lag auch ein anderer Wunsch zugrunde, und das graue Bild hätte ganz anders werden sollen, als es dann geworden ist. Deswegen ist es mir auch noch nie gelungen, ein Bild zu wiederholen. Aber das ist ein anderes Thema. Ich muss das gleich wieder korrigieren: Es gibt ja auch viele kleine abstrakte Bilder, die ich wirklich geplant und gemacht habe. Das sind meistens kleine Arbeiten und Teile einer Art Multiple-Arbeit. Zum Beispiel für München habe ich einmal hundert kleine Bilder[6] gemalt, die flossen raus, da hätte der Fontana gestaunt. So eins nach dem anderen und alle perfekt.

Für 18. Oktober 1977 *hast Du von einigen Bildern mehrere Fassungen gemalt.*

Ja, die waren so geplant und so gemacht.

Die zweite Erklärung für das Auslöschen oder Eliminieren lautet, dass es in dem Bild nicht um den Akt der Zerstörung geht, durch den es seinen endgültigen Zustand erlangt, sondern um einen Verlust. Was man in diesen Bildern sieht, ist eine Abwesenheit.

Ich glaube, so etwas hat auch mal Dieter Schwarz erwähnt. So was wie Schmerz und Verlust, und das kam mir sehr nahe. Ich kann nicht so gut malen wie Vermeer, wir haben diese ganz schöne Kultur verloren, all die Utopien sind kaputt, es geht nur den Bach runter, diese herrliche Zeit der Malerei ist vorbei. So kann man das sehen. Vielleicht hänge ich auch mehr als andere an der Kunstgeschichte und liebe die klassischen Meister derart, dass ich manchmal so malen möchte. Tizian wollte ich ja mal wieder zum Leben erwecken, aber das hat natürlich nicht funktioniert. Das ist dann ein Beispiel, warum das heute nicht mehr geht. Vorbei.

Das Thema dieser Arbeiten ist also eine Realität, die noch nicht ganz verschwunden ist, sich jedoch immer weiter entfernt? Aber ich denke dabei eher an visuelle Phänomene, die man einfangen kann, als an historische Beispiele für dieses Einfangen. Was passiert, wenn das Sujet nicht Tizian ist, sondern eine Rolle Klopapier? Heißt das, dass die Realität selbst, die alltägliche Realität, etwas ist, was wir nicht mehr in einem Bild festhalten können?

Nein, das ist nie das Problem. Ich wollte noch nie Realität ins Bild holen, möglicherweise in schwachen Stunden, aber das weiß ich nicht mehr. Das war nicht mein Anliegen. Aber den Schein der Realität, das schon. Das ist mein Thema oder meine Aufgabe.

Die dritte Erklärung dafür, dass ein Bild ausgelöscht oder beschnitten wird, ist, dass das, was am Ende übrigbleibt, etwas Irreduzibles und Grundlegendes ist. Man führt keinen symbolischen Akt der Zerstörung aus und malt auch nicht den Verlust, sondern gewinnt ein Extrakt aus den wesentlichen Merkmalen des Bildes.

Das hoffe ich, dass das so ist. Du darfst das sagen, ich nicht.

Aber wenn man tatsächlich aus diesem Grund so arbeitet, dann ist das, was dabei herauskommt, weder das dargestellte Objekt selbst noch ein klares Spiegelbild des Subjekts, das sich bemüht, das Objekt zu erkennen, sondern ein merkwürdiges Zwischending, das den Austausch der Erscheinung zwischen dem gemalten Objekt und dem es studierenden Subjekt darstellt, zwischen dem Gegenstand und dem Betrachter.

Das ist etwas für Intellektuelle. *(lacht)*

Aber eigentlich versuche ich, eine Erfahrung zu beschreiben und nicht einfach eine logische Abstraktion. Dieses Buch dort hat seine eigene Realität, und ich habe meine. Und die beiden sind voneinander getrennt. Aber wenn ich das Buch in die Hand nehme und es mir ansehe und versuche, ein Bild darin mit den Augen zu erfassen, dann überschneiden sich diese Realitäten und vermengen sich. Ich trete visuell ein Stück aus mir heraus und ein Stück in diese andere Welt hinein, aber ich kann auch die Orientierung verlieren und zwischen meinem Selbstbewusstsein und dem Bewusstsein der in dem Bild dargestellten Dinge stecken bleiben.

Ja.

Und genau dort findet Malerei statt, zumindest eine Art von Malerei. Wenn ich Bilder von dem malen will, was in meinem Innern vorgeht, dann werde ich Surrealist oder Expressionist. Aber ich rede von einer Art von Malerei, die weder rein reflexiv oder rein objektiv ist.

Das wird sicher stimmen, aber Du überschätzt mich.

Du hast gesagt, dass das Arbeiten mit Fotografien Dich von bestimmten Erwartungen befreit hat. Du brauchtest keinen Stil zu haben; Du brauchtest kein Thema zu haben im traditionellen Sinn; Du konntest völlig verschiedene Dinge malen. Aber in diesem frühen Statements hast Du auch auf die scheinbare Neutralität der Fotografie verwiesen. Könntest Du ein wenig erläutern, warum es Dir damals so wichtig war, den Eindruck zu erwecken, in diesem Sinne objektiv zu sein?

Ja, das war ein Wunsch, neutral zu sein. Darin sah ich eine Chance. Das war das Gegenteil von Ideologie, und so objektiv wie möglich zu sein, darin lag eine Legitimation zu malen, da man objektiv ist und tut, was notwendig ist. Aufklärerisch und so weiter.

Der englische Schriftsteller Christopher Isherwood hat in den dreißiger Jahren dem Erzähler seines Romans Goodbye to Berlin *eine ähnliche Rolle zugewiesen, indem er ihn hat sagen lassen: „Ich bin eine Kamera", was heißen sollte, dass er keinerlei Stellung bezog, sondern nur registrierte, was um ihn herum vor sich ging. Als Du zum ersten Mal Fotos benutzt hast, um Bilder zu malen, hast Du da auch so eine kameraartige, objektive Position eingenommen?*

Das war in jedem Fall mein Anliegen. Aber zum Glück kam immer noch etwas anderes rein in die Bilder, denn Neutralität und Objektivität sind natürlich Illusion. Das geht irgendwo nicht. Jedes Gemälde enthält automatisch meine Fähigkeiten und Meinungen, meine Beziehung zur Realität, Dinge, die subjektiv sind. Darum war es legitim, dass es gemalt wurde. Es ging nicht um die absolute Reinheit oder um die größtmögliche Objektivität.

Isherwoods Standpunkt war in vielerlei Hinsicht die literarische Entsprechung zur Neuen Sachlichkeit in der Malerei jener Zeit, aber in Wirklichkeit konnten die Bilder der Neuen Sachlichkeit äußerst parteiisch sein.

Das war sehr oft der Fall.

Und Du hast etwas Neutraleres gesucht, etwas...

...Komplexeres.

Die Neue Sachlichkeit war zum Teil eine Reaktion auf ältere Formen des Moderne, insbesondere auf den Expressionismus, den Kubismus und Dada, und die Art und Weise, wie diese das traditionelle Bildermachen aufgebrochen und neu gestaltet haben. Ein großer Teil der amerikanischen Pop Art hat auf Methoden der Moderne zurückgegriffen, um Bilder aufzubrechen und die Stücke neu zusammenzusetzen. So ist es zum Beispiel bei Warhol und Robert Rauschenberg. Im Gegensatz dazu sind Deine Bilder fast immer ganz.

Ja, das ist wahr.

Obwohl Du Deine Bilder beschneidest oder zurechtstutzt und sie in dem Rechteck, auf dem Du malst, neu einfasst, behandelst Du diese edierten Details als ganze Bildeinheiten, und mit wenigen Ausnahmen hast Du niemals in ein und derselben Arbeit Bilder aus verschiedenen Quellen collagiert oder nebeneinander gestellt.

Ich kann nicht erklären, warum ich eine Abneigung gegen Collagen hatte. Das schien mir immer billig zu sein, oder das war mir zu liederlich, zu locker. Ich wollte immer ein Bild machen.

Was reizt Dich daran, in diesem Sinne ein Bild zu machen?

Ja, das ist irgendwie meine Pflicht, meine Aufgabe, den Bildraum zu füllen und ein Ganzes zu machen. Alles andere scheint mir unzulässig.

Polke macht natürlich Collagen, und von der Sensibilität her seid ihr euch in mancher Hinsicht sehr ähnlich, aber in diesem Punkt bist Du ganz anders.

Ich bin ja auch mehr der Klassische. Es gab mal jemanden, der sagte: Du bist Goethe und Polke ist Schiller. Oder ich bin Thomas Mann und er Heinrich Mann.

Könntest Du dem amerikanischen Publikum erklären, was das heißt?

Das Klassische ist das, was mich zusammenhält, was mir die Form gibt. Das ist die Ordnung, die mich schützt, was mein Chaos bändigt, mich zusammenhält, sodass ich weiter existieren kann. Das stand für mich nie außer Frage. Das ist lebensnotwendig.

Was die Situation hier im Rheinland in den sechziger Jahren betrifft, mit dem Einfluss von Fluxus und Joseph Beuys, standen fast alle in Deinem Kreis auf der anderen Seite.

Ja, es scheint, dass Beuys auf der anderen Seite stand, und auch Nam June Paik und John Cage. Aber Cage ist eigentlich ein Klassischer – so skrupulös, wie er seine Dinge zusammenhält und wie präzise und gut er alles macht. Er denkt nicht einmal daran, liederlich zu sein. Manchmal tut er so, aber er ist es nicht. Er ist vermutlich noch strenger als ich und vielleicht noch skrupulöser.

Du hast gesagt, dass Du in den sechziger Jahren sehr beeindruckt warst von Cages Lecture on Nothing, *in der er an einer Stelle erklärt: „Ich habe nichts zu sagen, und das sage ich." Wie hast Du dieses Paradox damals verstanden, und welchen Zusammenhang hast Du zwischen diesem Paradox und Deinem eigenen Bedürfnis gesehen, in Deinen Arbeiten keine großen, deklarativen Aussagen zu machen?*

Ich dachte, dass da dasselbe Motiv dahinter stand, aus dem heraus er mit der Idee des Zufalls arbeitete, nämlich dass wir gar nicht viel sagen können und gar nicht viel wissen können, in einem klassischen, philosophischen Sinne: Ich weiß, dass ich nichts weiß.

Als Du damals über Deine Verwendung von Fotos als Quelle für Gemälde gesprochen hast, über die Auswahl, die Du dadurch hattest, und die Verschiedenheit der gewählten Bilder, hattest Du da die scheinbare Zufälligkeit von Cages Vorgehensweise als Modell vor Augen?

Cage hatte größere Disziplin. Er hat den Zufall zur Methode gemacht und richtig konstruktiv angewendet, das habe ich nie gemacht. Hier ist alles etwas chaotischer.

Chaotischer im Sinne von zufälliger oder im Sinne von intuitiver?

Vielleicht intuitiver. Ich glaube, er wusste mehr, was er tat. Vielleicht liege ich damit völlig falsch, aber das war mein Eindruck.

Du meinst, er hatte eine striktere ästhetische Philosophie?

Ja, dass er überhaupt eine Theorie hatte, die er benennen und erklären konnte. Er konnte reden oder schreiben über das, was er tat.

Und Deine Vorgehensweise war eher...

...von einem Zufall zum anderen. *(lacht)*

Aber nehmen wir einmal an, es war nicht von einem Zufall zum anderen, sondern von einer Intuition zur anderen. Das heißt, Du hast so eine Ahnung, Du weißt die Antwort nicht, und Du weißt nicht genau, warum Du bestimmte Bilder wählst, und doch waren sie im Deinem Kopf auf irgendeine Weise miteinander verbunden, verwiesen auf einander oder weckten Assoziationen, während Du sie Dir ansahst. Spätestens, als die 48 Portraits entstanden, war Deine Wahl sicher nicht mehr ganz unbewusst. Welcher Instinkt oder welche Motivation hat dazu geführt, dass Du statt Bilder der zeitgenössischen Realität Bilder von historischen Gestalten gemalt hast?

Ich kann nur feststellen, dass das so war. Polke driftete ab in die psychedelische Richtung und ich in die klassische. Ich fand Unterstützung bei Gilbert & George, wo ich das gleiche sah. Und dann Blinky Palermo, der war von Natur aus ein Klassiker.

Und bei Marcel Broodthaers?

Ja, aber ihn habe ich nie richtig verstanden.

Aber fast alles, worauf er sich bezieht, stammt aus dem 19. Jahrhundert.

Aber das war 19. Jahrhundert, und ich wollte etwas Klassisches.

In Amerika machte die Pop Art die Gegenwart zum Thema. Auch wenn Lichtenstein Micky Mouse so gemalt hat, wie er vierzig Jahre zuvor ausgesehen hatte, so hat er doch Micky Mouse gemalt. Aber in Europa haben sich die Künstler einer Bildsprache bedient, die aus der Pop Art hervorging, um sich mit historischen Dingen auseinanderzusetzen. So hat Broodthaers zum Beispiel Kühe katalogisiert, auf eine Weise, die auf Warhols Aufreihung von Coca-Cola-Flaschen, Suppendosen, Filmstarlächeln und altmodischen grafischen Darstellungen zurückging. Und als Polke eine Reihe von Büchern gemalt hat, die die Aufschrift „Polke" und „I–XVII" trugen, hat er sie aussehen lassen als stammten sie aus einem Regal einer alten Bibliothek. Als Du, statt Bilder von Motorbooten, Autos, Flugzeugen und Jackie Kennedy zu malen, die 48 Portraits gemacht hast, da ist auch etwas von diesem Anachronismus ins Spiel gekommen. Du sagst, Du strebst eine Art Klassizismus an, aber das hat doch noch mehr Dimensionen.

48 Portraits sollte vieles sein. Es waren die typischen Fotos, die die Neutralität haben, wie sie ein Lexikon hat. Neutralität war mein Wunsch und mein Hauptanliegen. Und genau das waren sie. Damit waren sie modern und absolut zeitgemäß.

Das stimmt. Aber was sind das für Leute in diesem Verzeichnis? Es sind alles Wissenschaftler, Philosophen, Schriftsteller, Komponisten.

Ja, kluge, angesehene Leute.

Es ist kein Maler, kein Künstler dabei.

Das wäre zu nah dran an mir selbst. Man hätte versucht, Rückschlüsse zu ziehen, warum ich diesen Maler aufnahm und den nicht. Ich habe Gestalten genommen, mit denen ich möglichst wenig zu tun hatte. Ich hatte natürlich mit Literaten und Musikern zu tun, aber es fehlen ja so viele, die mir viel lieber waren als die Portraitierten, Sigmund Freud und Friedrich Nietzsche, zum Beispiel. Aber ich wollte nicht meine Lieblinge darstellen, sondern dieses Typische, Gleichmacherische, deswegen war das zeitgemäß, die Neutralität eines Lexikons, die alles und jede Ideologie aufhebt. Darum habe ich viele aufgenommen, die ich nicht kannte, und viele, die ich kannte, weggelassen. Es war das Gegenteil von Wahrheit. Adorno hat gesagt: „Jedes Kunstwerk ist der Todfeind des anderen." Also können die nicht nebeneinander sein. Aber ein Lexikon macht das möglich.

Heißt das, dass Du Dich damit gegen die Stilisierung kultureller Gestalten zu Heroen gewandt hast?

Nicht wirklich. Nein, es war nicht meine Ambition, gegen Heroen zu sein. Die liebe ich ja zu sehr. Ich bin glücklich, dass es diese Leute gibt.

Hast Du damit für eine pluralistische Kultur plädiert?

Ja, aber ohne dass ich das wollte. Denn alle und alles gleich machen liegt mir nicht. Also, es ist keine Kulturkritik, aber es ist widersprüchlich, denn ich habe sie auch so wunderbar klassisch aufgehängt, wie ein Heiligtum. Das ist ihr klassischer Aspekt, und das hatte mit Gilbert & George zu tun.

In dieser Hinsicht scheinen die Abgüsse, die Du von Palermo und Dir gemacht hast (Zwei Skulpturen für einen Raum von Palermo) *fast zu der Reihe der Köpfe der* 48 Portraits *zu gehören?*

Ja, sie haben viel Gemeinsames, zum Beispiel dass sie nicht in die zeitgemäße Kunst passten, selbst dann nicht, wenn es formale Ähnlichkeiten gab. Ich habe die beiden Stelen später mal im Lenbachhaus gesehen, als dort zur gleichen Zeit eine Ausstellung über zeitgenössische Kunst in Italien war. Da gab es zum Beispiel bei Giulio Paolini eine sehr ähnliche klassizistische Haltung und Formulierung. Aber die beiden Palermo-Richter-Köpfe zeigten ein fast naives Pathos, dass sie dagegen todernst aussahen.

Natürlich hat jedes Kunstwerk, das Wert hat, viele Bedeutungsschichten. Man kann witzig und ernst sein, auf verschiedenen Ebenen. Paolini ist zugleich witzig und ernst in seiner Liebesaffäre mit der Kunst der Antike, die Intensität der Ambivalenz ist geringer.

Ja.

Aber Deine Situation war eine andere. Deine Evokation des Klassischen war im Grund eine Antwort auf die ganze Stimmung der Zeit um 1970, in der die allgemeinen Regeln waren: Weg mit dem Alten; alles muss relevant sein; und alles muss Kulturkritik sein.

Ja, genau.

Aber diese Interpretation entspricht keineswegs dem, was viele Leute für das Thema dieser Arbeit halten.

Ach so!

Manche Kritiker scheinen die 48 Portraits als eine leere, briefmarkenartige Versammlung von kulturellen Ikonen anzusehen. Wie, glaubst Du, kam es zu so heftigen Reaktionen?

Wenn sie so klein wie Briefmarken wären, gäbe es keinen Ärger. Aber so: Die Arbeit ist zu groß, sie hat zuviel Präsenz, die Auswahl kann man nicht verstehen, die Frauen ärgern sich, weil keine Frauen dabei sind. Und überhaupt, das ganze Konservative und Traditionelle, Zelebrierte, Erhabene – das ist doch alles so unzeitgemäß, das ist doch schon reaktionär.

Manche Kritiker erklären sich die Arbeit so – damit es in Ordnung ist, sie zu mögen –, dass es sich dabei um eine rhetorische Übung handelt, um die Rhetorik einer bestimmten Form der Darstellung einer Kultur, die die Autorität dieser Kultur in Frage stellt und zunichte macht.

Ich denke nicht, dass das ein wesentlicher Inhalt sein könnte. Viel eher würde ich das Vaterproblem sehen können. Und das ist ja auch ein typisch deutsches Nachkriegsproblem, dass die Väter fehlten, in vielerlei Hinsicht, also ganz weg waren, oder beschädigt waren, auf jeden Fall ihren Status, ihren Wert verloren hatten. Das erzeugt eine Unruhe und eine Unsicherheit, die sicherlich dazu beitrug, dass ich die 48 Männer malte.

Es geht also um die Wiederherstellung eines Geschichtsbewusstseins, das zerstört oder abgeschnitten wurde.

Ja. Es ist ein Hinweis auf den Verlust. Es ist eine Schilderung der Tatsache, dass wir etwas verloren haben. Und es stellt die Frage, ob wir irgendetwas tun müssten. Es geht nicht darum, irgendetwas zu etablieren.

Die Frage ist, ob das, was verloren ging, wiederhergestellt werden kann oder nicht?

Da ist nichts davon wieder herstellbar. Aber die leeren Stellen werden ja immer mit irgendwas aufgefüllt.

Hast Du die Portraits gemalt, um zu sehen, ob von diesen Bildern selbst noch eine Wirkungskraft ausging?

Ich wusste doch gar nicht, warum ich die malte. Mein Anliegen war, Aufmerksamkeit zu bekommen. *(lacht)* Ich wollte gesehen werden.

Bruce Nauman hat einmal eine Neonarbeit mit dem Text gemacht: „The true artist helps the world by revealing mystic truths" [Der wahre Künstler hilft der Welt, indem er mystische Wahrheiten offenbart], die er wie eine Bierwerbung ins Fenster seines Ateliers gehängt hat. Diese Arbeit war sowohl an ihn selbst als auch an das Publikum gerichtet.

Das ist gut.

Und was aussah wie eine Deklaration, war in Wirklichkeit eine Frage: „Glaubt ihr das? Glaube ich das?" Gibt es irgendwelche Parallelen zwischen seiner Arbeit und dem, worum es Dir ging?

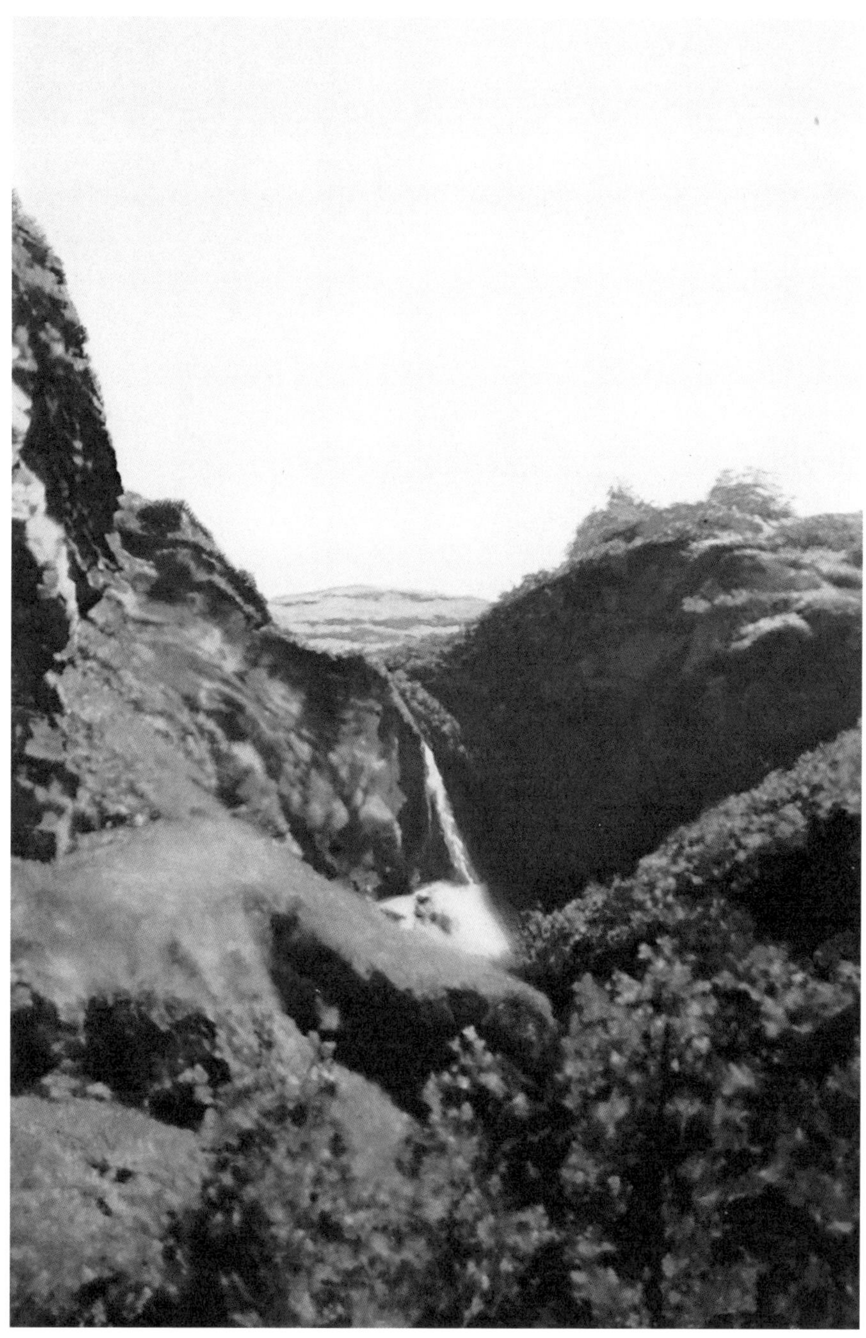

Wasserfall, 1997

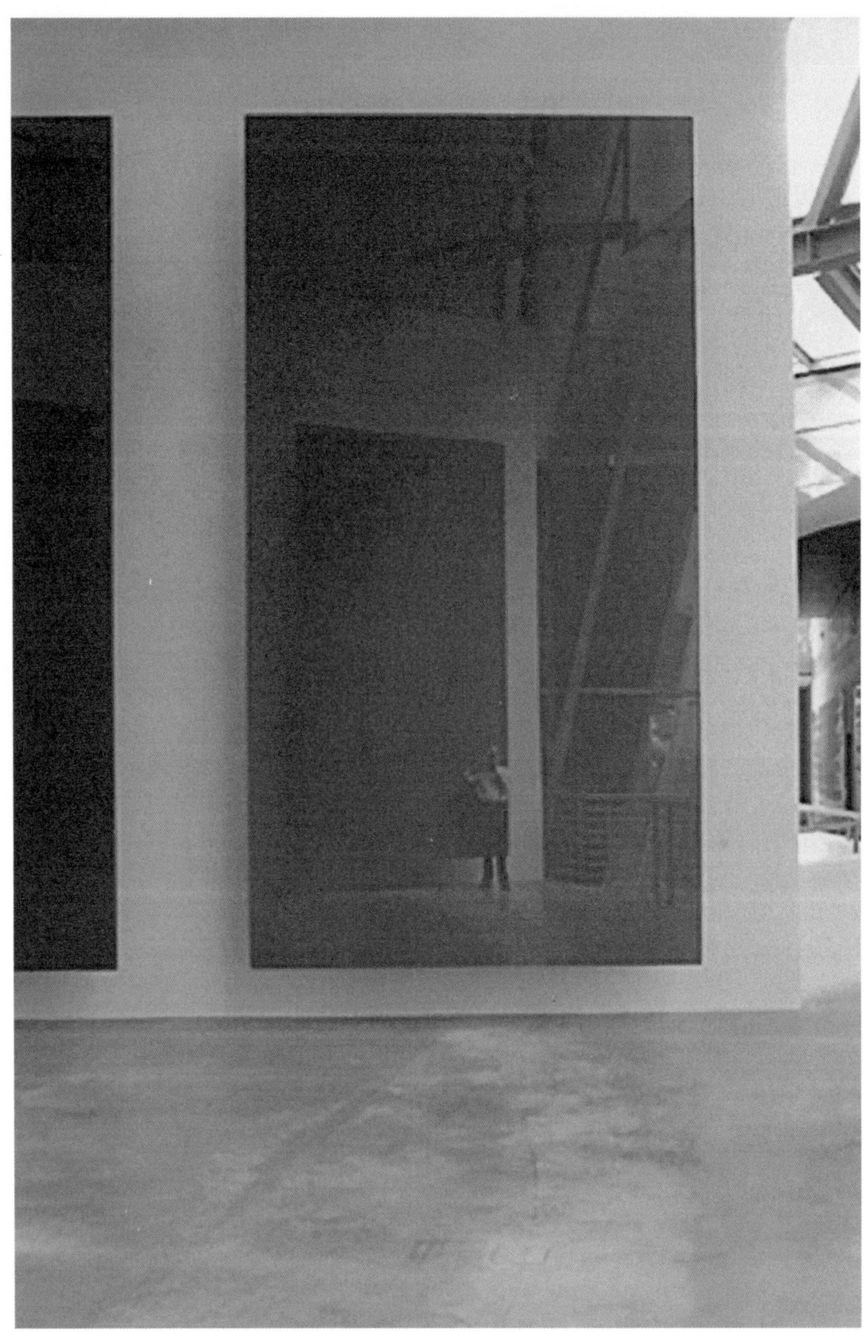

Guggenheim Bilbao, 2004

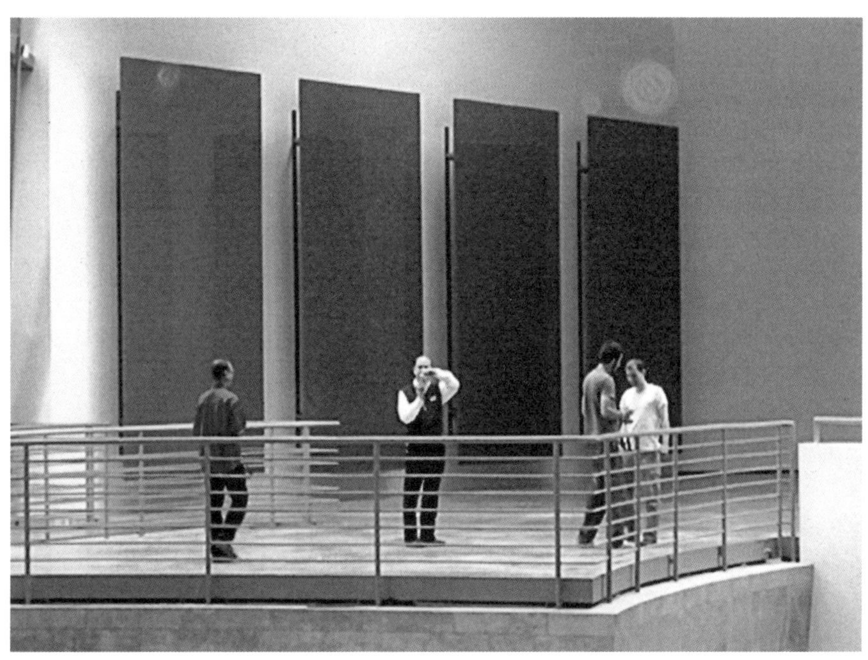

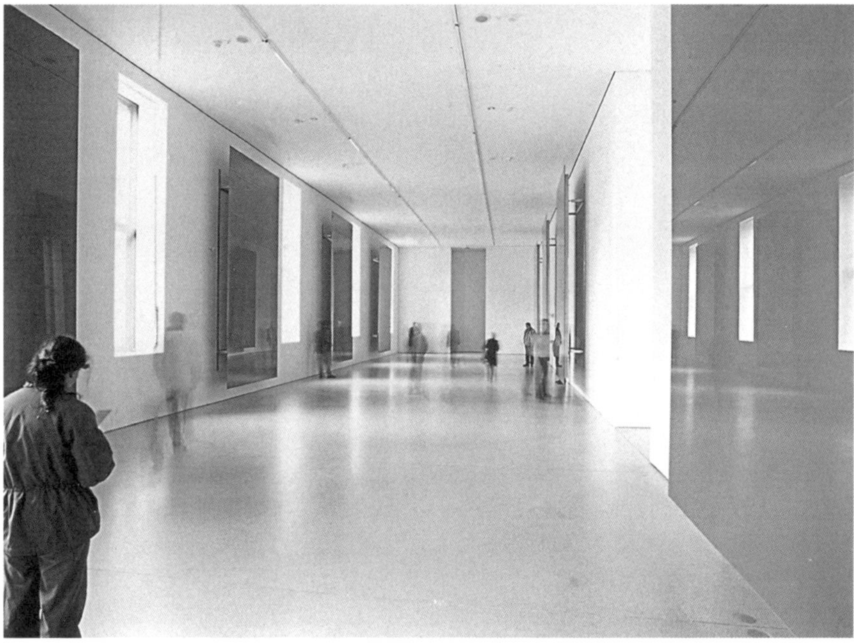

Guggenheim Bilbao, 2004
Guggenheim Berlin, 2002

Abstraktes Bild, 2000

Ja, ich denke, so etwas gibt es. Das kann sein. Aber ich habe zu viel Respekt vor Bruce Nauman, um zu sagen, da haben wir das gleiche Anliegen, wir denken über dieselben Dinge nach. Ich weiß doch davon viel zu wenig.

Vielleicht könnten wir uns dem Problem auch so nähern, dass wir ein wenig über Deinen Entschluss reden, Tizians Verkündigung[7] zu kopieren, oder über Dein Interesse an der Landschaft.

Die Motivation ist immer dieselbe.

In anderen Interviews hast Du gesagt, mit der Nostalgie oder mit einem Anachronismus zu arbeiten sei eine Form von Subversion. Aber auf traditionelle Weise zu malen kann auch bedeuten, dass man sich die Traditionen zu eigen macht. Hast Du diese Bilder dafür benutzt, die fixen Vorstellungen der Avantgarde ins Wanken zu bringen, oder hast Du mit ihnen die grundlegenden Paradigmen bekräftigt, auf die Du zurückgegriffen hast? Waren sie eher ein Mittel oder ein Ziel?

Das ist mir jetzt zu schwierig.

Gut, aber nehmen wir die Landschaften und die Tizian-Kopie: Du hast Dich darin nicht nur stilistisch, sondern auch was die Sujets angeht von der Moderne entfernt. Dass jemand in Deiner Position einen Tizian oder eine schöne Landschaft malt, auf ziemlich romantische Weise, musste doch eine Reaktion hervorrufen, musste die Frage provozieren: Was macht er da?

Einerseits war es eine Polemik gegen diese moderne Entwicklung, die mich anekelte. Und natürlich die Behauptung meiner Freiheit: Wieso soll ich das nicht malen, wer soll mir denn das verbieten? Und dann war natürlich der Wunsch da, genauso schöne Bilder zu malen wie Caspar David Friedrich. Also die Behauptung: Das ist alles noch möglich, und wir brauchen das, und das ist gut. Es war eine Polemik gegen die moderne Kunst, gegen die Blechkunst, die wilde Kunst – und für die Freiheit, dass ich machen kann, was ich will.

Blechkunst?

Viele moderne Sachen sahen aus wie Aluminium. Modern, rein. Es war die Zeit des Minimalismus. Ich erinnere mich an eine kleine Geschichte, die sich zutrug, als ich mit Palermo zum ersten Mal in New York war. Wir hatten einige Fotos von unseren Arbeiten dabei – nur für alle Fälle. Und wir haben sie irgendwem gezeigt – ich glaube, es war Bob Ryman –, und ich dachte, er würde natürlich die abstrakten Bilder vorziehen, aber er interessierte sich nur für meine erste Landschaft, *Korsika (Feuer)*.Und ich war so erstaunt, dass ihm dieses Bild gefiel. Ich dachte, er ist ein moderner Künstler, ein richtiger Künstler, nicht so wie ich. Aber es hat ihm gefallen.

Nun, er ist ein moderner Künstler, und er ist ein richtiger Künstler, und genau darum hat es ihm gefallen. Aber man hat den Eindruck, dass du es in der Zeit von Ende der sechziger bis Mitte der siebziger Jahre ziemlich schwer hattest.

Ja, es war die Zeit, in der ich etwas den Boden unter den Füßen verloren hatte.

Wie das? Weil die Welt um Dich herum sich verändert hat oder weil Du angefangen hast, an dem, was Du gemacht hast, zu zweifeln?

Ich konnte und wollte nichts anderes tun als malen. Aber ich war schon out.

Aber wenn ich die Situation richtig verstehe, dann kann out zu sein und in eine völlig unbekannte Richtung zu gehen doch auch eine Art von Freiheit sein?

Na ja, es war nicht so weit her mit der Freiheit und dem Trost, den ich dadurch hatte, dass ich draußen war. Out zu sein hatte keine so positive Wirkung. Ich wollte ja drinnen sein.

Aber diese Position hat Dir doch letztlich ermöglicht, Deine Arbeit ganz anders zu sehen, oder nicht?

Ich habe das nicht so unterschiedlich in Erinnerung. Erst später habe ich kapiert, dass das keine Krisen sind, wovon man Aufhebens machen muss, sondern dass das die normale Arbeit ist. Das hat jeder. Ganz so ist es auch nicht. Es gibt Leute, die können sicherer arbeiten, und andere taumeln von Krise zu Krise. Es war irgendwo dazwischen. Aber ich weiß nicht, ob es eine besondere Krise war, vielleicht doch.

Es geht mir weniger darum, wie Du das damals empfunden hast oder wie die unmittelbaren Umstände aussahen. Ich glaube nur, wenn Du einen Schritt zurücktrittst und Dir das Ganze im Zusammenhang ansiehst, dann war das jemand, der mit der Avantgarde in Verbindung stand und der auf einmal Bilder mit traditionellen Sujets malte, in einem klassischen Stil. Das widersprach fast allem, was es damals gab, und es widersprach auch dem, was man insbesondere von Dir erwartete und was viele Deiner Anhänger wertschätzten. Angesichts dieser Bedingungen musst Du doch irgendeine Vorstellung davon gehabt haben, dass es notwendig war, all das zu tun?

Na gut. Aber das weiß ich eben nicht. Ich wüsste nicht, was ich jetzt sagen sollte. Die Situation hat mich sicherlich dazu angetrieben, mehr zu versuchen, in verschiedenen Richtungen. Damit ich irgendetwas finde, das besser trägt und was eine Wichtigkeit hat. So zum Beispiel war ich mir sehr sicher, dass die großen Detail-Bilder[8], die ich gemalt hatte, nicht die Richtung waren. Also musste ich was Neues suchen.

Okay, reden wir von Deiner Hinwendung zu abstrakteren Bildern. Du hast einmal gesagt: „Wenn die abstrakten Bilder meine Realität zeigen, dann zeigen die Landschaften oder Stillleben meine Sehnsucht“. In welchem Sinne zeigen die abstrakten Bilder Deine Realität?

Das war später, und die Realität der Abstraktion war das, was ich unmittelbar machen konnte – geistig, körperlich, es war mein tägliches Brot, mit den normalen Schwierigkeiten, das hat weniger mit irgendeiner Art von Sehnsucht oder

Traum zu tun. Die gegenständlichen standen im Kontrast zu den abstrakten wie eine Pause und Erholung vor der täglichen Arbeit. Heute würde ich da auch nicht mehr von Sehnsucht reden. Damals war das etwas polemisch gesagt. Um der Kritik die Spitze zu nehmen, habe ich gesagt, das ist die reine Nostalgie.

In welchem Sinn – dass es beim Malen der abstrakten Bilder weniger um eine Illusion als um einen physischen Prozess ging?

Ja, genau. Wie ein Musiker, der seine Sachen kennen muss und arbeiten und die Musik machen, sie aufbauen muss.

Auch Robert Ryman hat abstrakte Bilder die realistischste Art von Malerei genannt, weil man alles, was zählt, direkt vor sich hat – das Material, die Oberfläche. Die Erfahrung hängt nicht von etwas außerhalb oder jenseits des Bildes ab, sondern allein von dem, was man unmittelbar wahrnehmen kann, was „real" ist. Meinst Du etwas Ähnliches, wenn Du von der Realität abstrakter Bilder sprichst?

Ja, aber seine Realität, die er erwähnt, ist eine andere. Für ihn ist es eine physisch gegenwärtige Realität, und er würde wahrscheinlich abstreiten, dass das irgendetwas imaginiert. Ich habe einmal polemisch gesagt, dass das Weiß bei Ryman uns an etwas erinnert, uns etwas erzählt. Es gibt immer irgendeine Art von Erzählung oder Verweis, obwohl ich glaube, er würde das leugnen und sagen, dass es für ihn nur um die Struktur geht oder was auch immer.

Welche erzählerische Qualität steckte zum Beispiel in Deinen abstrakten Bildern aus der zweiten Hälfte der siebziger Jahre? Was meinst Du mit „Erzählung", wenn Du Dir solche Bilder ansiehst?

Das erinnert mich an Buchloh, der mich mal dasselbe fragte und ich antwortete: „Ich sehe hier roten Regen fallen und einen See dahinter, da sind zerbrochene Felsen, und Stangen laufen herum, und Scherben fliegen durch den Raum", und er war entsetzt und sagte: „Das kann doch wohl nicht Dein Ernst sein! Das ist doch nicht wahr!" Und ich sagte: „Doch, das ist wahr, genau wie das mal ein Kind sagte, ‚Guck, Mama, das ist roter Regen'."

Ich glaube, man kann das durchaus ernst nehmen. Aber ich bin erstaunt, dass Du Dinge siehst, die so direkt mit der Natur zu tun haben. Wenn Du diese Bilder malst, denkst Du dann die ganze Zeit in Metaphern?

Nein, nie. Und ich versuche auch, das zu vermeiden, dass etwas in einem Bild einem Tisch ähnlich sieht oder anderen Gegenständen. Das ist furchtbar, denn dann sieht man nur noch den Gegenstand.

Es darf also in den abstrakten Arbeiten Aspekte oder Andeutungen von Bildern geben, aber keine wirklichen Bilder?

Keine wirklichen Bilder. Ich wollte nur noch einmal betonen, dass wir gar nicht anders wahrnehmen können. Wir finden Bilder überhaupt nur interessant, weil wir immer etwas suchen, eine Ähnlichkeit. Ich sehe etwas, und in meinem Kopf vergleiche ich es und versuche herauszufinden, womit hat das zu tun? Und normalerweise finden wir dann auch die Ähnlichkeiten und können es deswegen auch benennen, Tisch, Tuch usw. Wenn wir nichts finden, sind wir frustriert, und das hält uns erregt, interessiert, bis wir uns gelangweilt abwenden müssen. So funktionieren abstrakte Bilder. Das war auch der Streit mit Buchloh, denn ich sagte, so funktionieren auch Malewitsch und Ryman. Nur so. Das Schwarze Quadrat, das kannst du interpretieren, wie du willst, es bleibt ein seltsamer Gegenstand und alle Wirkung kommt nur von daher.

Es ist wichtig, ob ein Künstler uns tatsächlich einen Hinweis gibt, dass ein solcher Gegenstand existiert, oder uns auch nur damit reizt, dass es ihn geben könnte, oder aber der Künstler uns letztlich wissen lässt, dass ein solches Bild nicht existiert – da ist etwas, aber es ist keine Darstellung von etwas.

Ich wollte nur auf der Mechanik unseres Funktionierens insistieren. Letztlich versuchen wir immer, den Bezug eines Bildes mit irgendeiner Erscheinung zu identifizieren. Es geht nicht um das Erkennen eines bestimmten Gegenstandes, aber um die Eigenschaft eines bestimmten Gegenstandes.

Leonardo da Vinci hat davon gesprochen, dass man Muster an der Decke studieren und darin Gesichter sehen kann, und vielleicht hat der Mensch grundsätzlich die Tendenz, das zu tun, aber es ist eine sehr wichtige Frage für die abstrakte Malerei, ob der Künstler diese Tendenz unterstützt oder ob er dagegen angeht.

Die meisten Künstler haben versucht, das zu vermeiden. Und sie können diesem Mechanismus trotzdem nicht entfliehen. Sogar jene Bilder, die nichts weiter sein sollen als eine monochrome Oberfläche, sieht man auf diese suchende Weise an. Die Wirkung dieser Bilder basiert auf diesem Mechanismus. Ich weiß gar nicht, wie es sonst laufen sollte.

Das stimmt, und in gewisser Hinsicht stellt das eine Verbindung zwischen den abstrakten Bildern und den figürlichen her, denn in den figürlichen Bildern werden die Leute dadurch beruhigt, dass sie eine bestimmte Art von Bild sehen. Sie verlangen nach der Verifizierung des Gegenstandes und sehnen sich danach, zu sehen, was sie über den Gegenstand wissen oder in ihn hineinlegen, und doch schaffst Du eine Distanz, in der dieser Gegenstand doppeldeutig wird. Die Leute wollen ein Bild, das ihren Erwartungen entspricht, und Du machst etwas, das dem Bild bestimmte Qualitäten nimmt oder es wieder aufhebt. Du malst Gemälde auf Kosten von Bildern oder zumindest auf Kosten des dargestellten Gegenstandes.

Ich weiß nicht, ob Du da Recht hast oder ob ich da zustimmen könnte. Aber ich weiß auch nicht, ob ich Dich richtig verstanden habe.

Ich meine nur, dass Du die Malerei dazu benutzt, es den Leuten schwer zu machen, einfach das Bild zu lesen.

Eigentlich wollte ich immer das Gegenteil.

Viele der grauen abstrakten Bilder, die den farbigen vorangingen, hatten sehr malerische Oberflächen. Die ersten bunten Abstraktionen waren dagegen antimalerisch, aber die Farbkombinationen waren oft sehr grell. Insofern bestand zwischen den beiden Werkgruppen ein sehr dramatischer Kontrast in Pinselstrich, Textur und achromatischen versus chromatischen Effekten. Wie bist Du zu diesem Einsatz der Farbe gekommen? Was wolltest Du damit im Gegensatz zu den monochromen grauen Bildern erreichen?

Es kam sehr plötzlich, weil ich dachte, so kann es nicht weitergehen. Die grauen haben nicht mehr funktioniert. Das war das Ende. Und dann fing ich mit diesem komischen Ding an *(sieht sich ein Beispiel an)*. Das war sehr groß und auch nicht besonders gut, und dann machte ich die kleinen, die ich dann zum Teil wieder abmalte.

Welcher Impuls stand hinter diesem Sprung zu einer sehr dramatischen Farbgebung?

Das Gegenteil zu machen, mich frei zu schwimmen. Ich fragte mich: Warum nicht? Sollen wir ein bisschen Psychoanalyse betreiben? *(lacht)*

Nein. Wenn Du mir eine Analyse anbieten willst, dann nehme ich sie, aber darum geht es mir nicht. Ich habe mich gefragt, welcher formale Impuls es war.

Na ja, ich habe mich nicht getraut, diese Bilder irgendwo auszustellen. Ich dachte, sie sind verrückt. Die ersten habe ich als Kopien von Teilen anderer Bilder gemacht. Ich stellte fest, dass, indem ich diese Bilder kopierte, ich sie auf akzeptable Weise konstruieren konnte. Man kann ja nicht nur dieses wilde Zeug zeigen, diese hilflosen Schmierereien, die völlig willkürlich, zufällig, sinnlos, gegen jeden Verstand und Geschmack, gegen alles sind. Aber dann, nachdem ich Kopien von den Originalen[9] gemalt hatte, fühlte ich mich damit wohl genug, um sie auszustellen – in Halifax[10], in Nova Scotia. Das war ein Test, und dann merkte ich, dass sie ernst genommen werden können und ich so weiter machen kann.

Das war auch die Zeit, in der Dein 128 Details from a Picture[11] *entstand, das im wesentlichen ein Katalog aus Schwarzweißfotos von der Oberfläche eines malerisch-abstrakten Bildes ist.*

Ja.

Zu den letzten auf Fotos basierenden farbigen Abstraktionen, die Du gemacht hast, bevor Du zur unmittelbaren, gestischen Abstraktion übergingst, gehörte ein Bild mit dem Titel Faust. *Hattest Du damals das Gefühl, dass um in die Rolle des gestischen Malers zu schlüpfen, in gewisser Hinsicht ein Faustischer Handel erforderlich war?*

Das war purer Übermut. Es war ein sehr riesiges und ziemlich unverschämtes Bild, und ich weiß nicht, ob mich irgend etwas an den oder die Faust erinnert hat. Die Doppeldeutigkeit war mir sicher recht, aber so, wie es dann aussah, hat es schon was von der Walpurgisnacht.

Ich frage mich, mit wie vielen Ebenen wir es hier zu tun haben. Schließlich geht Faust einen Handel mit dem Teufel ein. Wer ist in diesem Fall der Teufel?

Irgendein Anspruch wird mich schon geritten haben. Aber gleichzeitig war ich mir nicht so sicher, ob das Bild nicht doch etwas zu manieristisch ist.

Aber es ging in die richtige Richtung...

Es war immerhin das letzte dieser Übertragungsbilder. Danach hab ich alle anderen abstrakten ausschließlich direkt gemalt.

Dieser Sprung vom indirekten zum direkten Malen fällt zusammen mit einer allgemeinen Hinwendung zu einer malerischen Malerei um das Jahr 1980 herum sowie mit dem Auftauchen von neoexpressionistischen Arbeiten in Europa und Amerika.

Mit dem Zeitgeist.

War Dir diese allgemeine Entwicklung bewusst? Hattest Du das Gefühl, ein Teil davon zu sein, oder empfandest Du Dich als davon unabhängig? Hat der Begriff „neoexpressionistisch" irgendeinen positiven Wert im Hinblick auf das, was Du damals gemacht hast?

Nein, nie. Ich war mir absolut sicher, dass ich damit nicht zu tun hatte. Das war doch der Aufstand der Dummen.

Was meinst Du mit „dumm"?

Na, die skrupellose lärmende Fröhlichkeit der jungen Wilden, dieser alberne Dilettantismus. Im Nachhinein war es doch derselbe Zeitgeist, der mich ähnlich beeinflusst hat, nur eben etwas anders.

Wolltest Du, dass Deine Bilder in einem bestimmten Sinne als expressiv oder expressionistisch verstanden wurden (womit ich nicht die Kunstrichtung meine)?

Nicht expressionistisch, nein expressiv mit Vorbehalten. Eher artifiziell, oder etwas in der Art, distanziert und klar – und nicht sentimental.

Und die Farben, diese grellen Farben?

Damit konnte ich diese ganz und gar künstlichen, strahlenden, abstrakten Szenerien malen.

Das verwirrt mich jetzt.

Ich hatte die Hoffnung, ich könnte, von einem frischen Wind getragen, etwas machen, was frei war, klar, offen, kristallin, sichtbar, transparent, eine Utopie.

Lass uns kurz über die Kerzenbilder reden, die kaum weiter hätten entfernt sein können von Deinen abstrakten Bildern vom Anfang der achtziger Jahre. Wenn ich mich nicht irre, war die Resonanz, als Du sie zum ersten Mal ausgestellt hast, nicht sehr positiv.

Keines der sechs, die ich damals ausgestellt hatte[12], wurde verkauft. Später sind sie dann umso teurer geworden. *(lacht)*

Die Reaktion der Kritik auf diese Arbeiten war gemischt, wie auch schon bei den abstrakten Bildern. Damals nahm man an, dass sie entweder als eine direkte Satire auf bestimmte historische Stile gemeint waren oder dass es Dir, wie wir bereits erörtert haben, um eine allgemeinere, postmoderne Demontage der Konventionen der Malerei ging, bei der jeder Stil, den Du aufgegriffen hast, als leer entlarvt wurde.

Buchloh hat gemeint: „rhetorisch". Tja, ich kann dazu überhaupt nichts sagen. Aber ich muss das korrigieren, was ich vorhin über die abstrakten Bilder sagte, dass die völlig frei sind von Meinung und Bedeutung und sie nur eine kristallklare, coole Malerei sind. Das wäre eine Verkürzung, denn die haben schon mit Stimmung zu tun, mit Inhalten, sie sind narrativ und sentimental. Da gibt es grundsätzliche Intentionen und Motivationen, die zur Darstellung kommen.

Einerseits scheinst Du zu sagen, dass diese Bilder nicht als traditionelle, ernst gemeinte, melodramatische gestische Malerei verstanden werden sollen, und andererseits, dass in ihnen dennoch gewisse Ambitionen zum Tragen kommen, innerhalb der Tradition zu malen, auf die sie verweisen. Sie sind weder „retro" noch „neo", noch Teil eines Duchampschen Spiels.

Nein.

Letztlich sollen sie als abstrakte Malerei betrachtet werden.

Ja. Das erinnert mich daran, wie ich in Holland meine Bilder zeigte[13], und eine Kritikerin sagte mir: „Das kann nicht sein, dass das echte Bilder sind. Die tun nur so. Sie mochte die Bilder sehr, aber die eigentliche Qualität dieser Bilder sei, dass sie so tun, als wären sie Bilder. Ich glaube, so konnte sie etwas damit umgehen, sie musste nicht beschreiben, was das für Bilder sind.

Und wie fandest Du das?

Damals fand ich das interessant genug. Und es stimmte ja auch, dass die Bilder manchmal wie tolle gestische Malerei aussahen, und gleichzeitig zeigten, dass sie das gar nicht sein können, dass es nicht möglich ist, so zu malen. Im Gegensatz zu Leuten wie Franz Kline und anderen, die mit Überzeugung ein expressionistisches Bild malen konnten, was man jedem Pinselstrich ansieht, fehlte mir doch diese einfache Selbstverständlichkeit. So konnte es jedenfalls scheinen.

In gewisser Hinsicht ähneln diese Bilder aber vielmehr denen von Jackson Pollock als denen von Kline oder Willem de Kooning, denn Pollocks große Allover-Bilder sind nicht mehr symbolistisch oder narrativ, und die Energie, die in ihnen steckt, ist nicht mehr die einer muskulären Anstrengung. In den großen Allover-Arbeiten wird das Bild in gewisser Hinsicht unabhängig. Die Distanz, die sich zwischen dem Maler und dem Bild auftut, ist ein Raum, an dem auch der Betrachter teilhaben kann, aber das Bild selbst ist sowohl äußerst anregend geworden, als auch etwas, das sich formal selbst trägt, so dass seine Überzeugungskraft nicht mehr auf der Überzeugung oder der latenten Anwesenheit seines Schöpfers basiert.

Da hast Du völlig recht, und jetzt sind wir auf einem anderen Level, denn ich bin nicht der Meinung, dass die Bilder so tun, als wären sie Bilder. Aber zu dieser Zeit war es nicht möglich, diese als gleichberechtigte Bilder anzuerkennen, wenigstens nicht in Europa.

Aber es besteht ein großer Unterschied zwischen einem Bild, das der Künstler malt, um sich mit den Konventionen auseinanderzusetzen – sei es satirisch, kritisch oder analytisch –, und einem Bild, das zwar akzeptiert, dass es Konventionen gibt, aber zugleich versucht, eine materielle und visuelle Realität zu schaffen, die so frei wie möglich von Konventionen ist. Macht das Sinn?

Ja, absolut! Die Bilder thematisieren keine theoretischen Konventionen der Malerei selbst, sondern die haben einen anderen Beweggrund. Ja, das stimmt absolut. Deswegen habe ich mich gewehrt, wenn jemand versuchte, mir solche Absichten und Motive unterzuschieben.

Wahre klassische Kunst – im Unterschied zu einem konservativen klassischen oder klassizistischen Stil – könnte als eine Kunst definiert werden, die ihre eigenen Konventionen akzeptiert, aber sie nicht einfach formelhaft wiederholt. Sie benutzt sie vielmehr, um sich selbst zu verändern und die eigenen Grenzen hinauszuschieben. Eine entscheidende Dimension solcher klassischer Kunst besteht jedoch darin, dass sie zutiefst unpersönlich ist. Als Pollock Ende der vierziger und Anfang der fünfziger Jahre seine großen Allover-Bilder gemalt hat, war er vielleicht zum einzigen Mal in seinem Leben frei von sich selbst als Maler und ganz in die Farbe und den Raum und den Prozess vertieft. In diesem Sinne war seine Kunst klassisch. Auch John Cage und Merce Cunningham sind in diesem Sinne klassische Künstler. Was Dich betrifft, so liegt eine gewisse Ironie in der Tatsache, dass die malerischen Abstraktionen, die Du seit den siebziger Jahren machst, entweder als expressionistisch oder als auf polemische Weise antiexpressionistisch bezeichnet wurden, während der Begriff „expressionistisch" in beiden Fällen nicht passt.

Und beim Malen existieren solche Begriffe ohnehin nicht.

Aber die Ironie liegt nach meiner Ansicht darin, dass Du einen Stil aufgegriffen hast – den des Expressionismus –, der für viele Leute per definitionem nicht gleich klassisch sein kann. Und Du hast das Gegenteil bewiesen, dass es nämlich durchaus möglich ist, ein visuell aufregendes, materiell expansives, ja aggressives Bild zu malen, das insofern klassisch ist, als es darin in keiner offensichtlichen Weise um den Maler geht, und nicht im banalsten Sinne des Wortes emotional.

Ja, das klingt sehr gut.

Das andere Modell, das wir der früheren Moderne verdanken, ist das von Kandinsky: die Vorstellung von der abstrakten Kunst als einer metaphysischen oder transzendentalen Kunst. Nun hast Du einmal gesagt: „Abstrakte Bilder sind fiktive Modelle, weil sie eine Wirklichkeit veranschaulichen, die wir weder sehen noch beschreiben können, auf deren Existenz wir aber schließen können." Siehst Du Deine abstrakten Bilder – entweder die grauen Bilder oder die farbigen oder beide – wirklich als Werke, in denen es eben so sehr um die Sehnsucht nach transzendenten Seinszuständen geht, wie es in den Landschaften und die Sehnsucht nach der Natur gegebenen Schönheit geht?

Wenn ich Dich richtig verstanden habe, würde ich sagen, die Landschaften sind näher an so einer Absicht als die abstrakten, die sind weiter entfernt von der postulierten Absicht, hier Modelle einer Wirklichkeit zu sein. Du hast Kandinsky erwähnt – ich kann seine Bilder alle nicht leiden, und seine Texte kenne ich auch nicht.

Aber ich habe nicht konkret von dem gesprochen, was Kandinsky gesagt hat, oder von seinem Stil, sondern von den Ambitionen der modernen abstrakten Kunst, mit denen er assoziiert wurde. Es handelt sich um eine Tendenz, die auch bei Piet Mondrian, Mark Rothko und Barnett Newman auftaucht, ein Bedürfnis, ein bildliches Ausdrucksmittel zu finden, um auf philosophische und spirituelle Ideen zu verweisen, um etwas darzustellen, was im Grunde nicht darstellbar ist. Verstehst Du ungefähr, was ich meine?

Ja, und es scheint mir, als sollte ich mich von meinem Modellbegriff etwas distanzieren. Weil das Modell zu sehr vereinfacht, beziehungsweise dass man in den Bildern dann immerzu nach den Modellen sucht.

Aber einmal abgesehen von Deiner eigenen Arbeit – glaubst Du, das ist etwas, was die Kunst leisten kann?

Ja. Ein Bild kann uns helfen, etwas zu denken, was über dieses sinnlose Dasein hinausgeht. Das ist etwas, das die Kunst kann.

Und Du glaubst, das kann sie auch heute noch, trotz allem, was Du gesagt hast?

Ja, auf jeden Fall.

Glaubst Du, das kommt wirklich vor?

Ja, ab und zu. Und wir werden sicher andere Formen finden, und vielleicht wird die Malerei dann obsolet, aber irgendetwas werden wir immer brauchen, oder?

Aber viele Leute glauben offenbar, dass die Möglichkeit, Kunst zu machen, die in diesem Sinne bedeutsam ist, einfach erschöpft ist. Sie glauben, dass es von der Geschichte und von unserer Erfahrung her zuviel gibt, was gegen einen solchen Idealismus spricht.

Unsere Zeit sieht ja auch so aus, als hätten wir diesen ganzen Ballast endlich überwunden, hätten uns befreit von dem Bedürfnis nach Sinngebung, könnten die Geschichte vergessen, brauchen die Kunst nicht mehr. Alles wird dann irgendwie befreit und tierisch werden, technisch-tierisch.

Glaubst Du wirklich, dass zur Zeit so eine dramatische Veränderung stattfindet, eine, die dramatischer als das ist, was in den sechziger Jahren passiert ist?

Doch, ja. Wir haben jetzt mehr Fakten, die sich ändern. Diese tollen Sachen wie Computerwelt und Internet und Gentechnik, das ist so real und schwergewichtig, dagegen waren die sechziger Jahre nur Träume – „strawberry fields". *(lacht)*

Vielleicht ist das der Punkt, an dem wir uns ein wenig über die Oktober-Bilder unterhalten sollten. Der Idealismus der Baader-Meinhof-Gruppe und sein Fehlgehen sind schließlich Thema des Zyklus, und die Fertigstellung der Arbeiten war ihrerseits ein idealistischer Akt, insofern sie einen hohen Standard in Bezug auf das setzte, was die Malerei leisten kann, wie viel sie mitteilen kann. Du scheinst zu glauben, dass Idealismus in einem ästhetischen Kontext möglich ist, in einem praktischen, politischen Kontext dagegen gefährlich. Kann man das zusammenfassend so sagen?

So habe ich das auch geglaubt, dass das möglich sei und wichtig, und dass ich das auch so mache. Und das war meine größte Illusion, dass ich sie nur in den Bildern zulasse und selbst frei sein könnte.

Wann hast Du Dich selbst so gesehen, als jemanden, der keine Illusion hat?

Vielleicht bis zu der Zeit, als ich die Oktober-Bilder malte und mich mit dem Thema beschäftigte, Notizen machte und auf die Ideologen schimpfte. Als ich dann merkte, welchen Eifer ich entwickelte, da wurde mir bewusst, dass ich glaube, und dass ich das auch gar nicht lassen kann.

Zu wem hast Du Dich in dieser Situation in Opposition gesehen?

Zum Naheliegenden, das waren die Terroristen und alles, was damit zusammenhing. Aber grundsätzlich war ich doch voller Misstrauen, also in Opposition zu der linken Gläubigkeit, zu diesem selbstgerechten Dünkel vieler Künstler und Intellektueller. Da war ich doch schon immer äußerst skeptisch; ich erinnere mich, mit welcher Andacht Malewitsch und andere Avantgardekünstler verklärt wurden, das war doch reinstes Dogma – des Kaisers neue Kleider. Und im gesellschaftlichen, politischen Bereich ist diese Gläubigkeit lebensgefährlich. Gefährlicher kann kaum eine bürgerliche Regierung sein mit ihren normalen Betrügern und Kriminellen als es Utopisten sein können, die nur immer unser Bestes wollen.

Aber in gewisser Hinsicht hat Dein Widerstand Dich zu einer Art von Glauben bekehrt, auch wenn die Ansichten der Mitglieder der Baader-Meinhof-Gruppe, die Du gemalt hast, nicht teilen konntest. Du hast gesehen, dass ein Glaube von einer Intensität wie der der Terroristen sehr, sehr viel bewirkt.

Ja, er versetzt Berge. Und das Wichtigste für mich: Er ist ein Teil von uns, wir können gar nicht auf einen Glauben verzichten, so wenig wie auf Luft. Letztendlich war ich auch nicht frei, auch ich wurde von irgendeinem Glauben getragen.

Der Zyklus 18. Oktober 1977 markiert in vielerlei Hinsicht einen Wendepunkt in Deinem Werk. Die Landschaften, die Tizian-Bilder, ja sogar die 48 Portraits spielen noch mit der Tradition Versteck, aber seit den Oktober-Bildern scheinst Du Deine Sujets weniger distanziert zu malen. Nimm zum Beispiel die Blumenbilder. Sie treten weniger schüchtern als schöne Bilder auf als die frühen Landschaften. Und auch deine Portraits von Sabine sind anders als die, die Du früher von Dir nahe stehenden Personen gemalt hast. Die Bilder haben eine Intimität, die eine andere Qualität hat als die früheren Arbeiten.

Was ist mit *Ema auf der Treppe*?

Ja und nein. Das ist ein sehr schönes Bild, aber...

Ist es zu demonstrativ?

Ja, da steht etwas zwischen Dir und dem Bild. Eine Idee.

Ja, es ist inszeniert. Aber die *Kleine Badende* ist ebenso inszeniert. Ich glaube nicht, dass sich die Bilder so verändert haben, man sieht sie heute nur etwas anders, persönlicher.

Ich denke weniger an den Akt als an die Bilder von ihr, auf denen sie liest. Diese Bilder bewegen sich wirklich auf demselben Terrain wie Vermeer, nicht stilistisch, nicht im Sinne eines historischen Bezugs, sondern weil sie dem Betrachter einen Einblick in eine private Situation gewähren – mit großer Zurückhaltung zwar, aber man darf doch hinsehen. Glaubst Du, so eine Veränderung hat stattgefunden?

Wenn ich jetzt mal von mir absehen könnte, würde ich sagen, der Maler hat ein bisschen mehr Reife gewonnen, mehr Souveränität, er ist älter und besser. Das gibt es ja manchmal. Wie bei Velázquez: Als er älter wurde, wurden seine Bilder besser. *(lacht)* Schön. Ich danke dir. *(lacht)*

Wenn man älter wird, malt man besser, aber nicht aus Gründen der Technik, nicht aus formalen Gründen, sondern weil man ein anderes Verständnis hat.

Man wird ein bisschen gelassener.

Oder mit anderen Worten: Es ist einem mehr erlaubt. Wenn man jung ist, sagen die Leute um einen herum: „Nein, das oder das kann man nicht machen", und dann sagt auch eine Stimme in einem selbst Nein zu den Dingen, die am meisten zählen. Aber es ist, als hättest Du Dir nach den Baader-Meinhof-Bildern die Erlaubnis gegeben, Bilder zu malen, die eine andere Qualität haben. Ist das so?

Es fällt mir schwer, das so zu sehen beziehungsweise schwer, überhaupt zu beurteilen, was da besser oder schlechter war oder ist. Was ich sehe, ist, dass es die gleichen Schwierigkeiten sind, die ich immer schon hatte. Ich hoffe nur, dass sich mehr Freiheit einstellt.

Und zur Freiheit, bestimmte Dinge zu tun, kann ein gewisser Trotz hinzukommen. So hast Du zum Beispiel in den letzten fünf Jahren einige Bilder gemacht, die die Avantgarde empört haben.

Davon weiß ich gar nichts.

Du hast eine Bilderserie von Sabine mit Eurem Sohn gemalt – fast wie eine Madonna mit Kind. Und Du hast eine Multiple vom Kreuz gemacht.

Ah ja. *(lacht)*

Hast Du die negativen Reaktionen vorhergesehen, die diese Arbeiten in manchen Kreisen hervorgerufen haben?

Nein, natürlich nicht. Und als ich dann solche Kritiken sah, war ich sehr erstaunt darüber, dass schon ein Ansatz von Schönheit wütend kritisiert wird und als reaktionär angesehen wird. Das verstehe ich nicht.

Ich bin zwar nicht dieser Meinung, aber ich glaube, ich verstehe es. Wir leben in einer Zeit, in der es fast keinen Raum gibt für solche Wörter, wie Du sie im Zusammenhang mit den Oktober-Bildern benutzt hast – zum Beispiel Glaube – oder schon Anfang der sechziger Jahre, als Du gesagt hast, die Kunst sei eine Ersatzreligion. Wenn Du ein solches Vokabular benutzt oder auf so eine traditionelle Symbolik oder Ikonografie anspielst, dann wirkt das angesichts des Missbrauchs, den Fundamentalisten oder Leute in Machtpositionen damit betreiben, sehr provokativ. Du kannst auf sehr viele Weisen missverstanden werden. Aber vielleicht ist die Frage nicht, auf wie viele Weisen Du missverstanden werden kannst, sondern wie Du verstanden werden willst?

Das weiß ich nicht, wie ich verstanden werden möchte. Vielleicht doch als der Hüter der Tradition. *(lacht)* Das ist mir dann lieber als alle sonstigen Missverständnisse.

Als Hüter einer ästhetischen Tradition oder als Hüter einer philosophischen oder moralischen Tradition?

Was immer zu haben ist. *(lacht)*

Interview mit Babette Richter 2002

Ich würde zunächst erst einmal ganz allgemein über den Vorgang des Interviewtwerdens sprechen. Wie ist das für Dich? Hast Du ein ambivalentes Verhältnis dazu oder ist es im Grunde eine reine Qual, sich selbst definieren zu müssen?

Nein, es ist ambivalent, wie alles im Leben. Es ist erstmal reizvoll und zur Qual wird es nur dann, wenn es nicht klappt, wenn man versagt, und ich mich verpflichtet fühle und denke, das musst Du eigentlich schaffen, so intelligent und so fähig muss man sein, das zu schaffen. Da kommt ja auch Eitelkeit dazu, die Illusion, für alle etwas ganz Besonderes, Wichtiges und Erstaunliches zu sagen. In Wirklichkeit staunt natürlich kein Mensch und wenn man Glück hat, ist es überhaupt anhörbar, was man sagt.

Inwieweit spürt man hierbei auch eine Diskrepanz zwischen sprachlicher Ausdrucksmöglichkeit und der eigenen Vorstellung? Man kennt ja die Schwierigkeit, dass man etwas sagt, das man eigentlich ganz anders gemeint oder sich vorgestellt hat.

Das ist auch der schöne Effekt dabei, diese Enttäuschung, wenn man merkt, dass man Vorstellungen hat, die nicht haltbar sind. Das kennt ja jeder Mensch. Man denkt z. B., wenn ich was zu sagen hätte, ich würde den Leuten genau sagen, wo es lang geht und was alles falsch ist; man ist sich da oft ganz sicher, egal auf welchem Gebiet. Und wenn man dann aufgefordert wird, was zu sagen, dann kann man kein Wort, keinen Satz raus bringen, weil es zu kompliziert ist, nur in der Fantasie ist das ganz einfach. So ist das auch beim Interview. Da kann man sich dann in Geschwätzigkeit retten, da habe ich inzwischen etwas gelernt; damit man überhaupt etwas redet.

Gibt es auch das Problem des Nichtverstandenwerdens, dass Du das Gefühl hattest, der andere versteht mich überhaupt nicht?

Ja. Es gibt ja auch ganz dumme Interviews oder ganz peinliche. So geübt bin ich ja nicht, dass ich auf alles gut reagieren könnte. Die letzte Blamage war ein Interview in New York, wo ich mich hinterher fragte, wieso hast du nicht so und so geantwortet, wieso hast du überhaupt geantwortet. Die Fragen waren so, dass ich jedes Mal sprachlos wurde. Ich glaube, die ersten Fragen waren: „Was haben Sie gegen Sprache? Was ist Ihnen suspekt daran?"

Was soll man auch darauf antworten: dann lassen wir es doch gleich, miteinander zu sprechen...

Genau! Auf jeden Fall hätte ich lässiger reagieren sollen. Politiker können das sehr gut.

Siehst Du denn auch manchmal die Gefahr, zu persönlich zu werden?

Früher habe ich diese Gefahr immer gesehen und war darauf bedacht, dass da nicht zu viel über mich herauskommt. Also einmal ist das Angst, dass man Widerspruch erregt und Angst, dass man eine entsprechende Antwort bekommt, die weh tut, wenn man zu viel Blech redet. Und dann natürlich, dass es nicht zu intim wird, dass man sich entblößt, lächerlich macht. Obwohl, die interessanteren Interviews sind ja meist die sehr privaten. Sie können ja nicht persönlich genug sein, aber wenn ich selber betroffen bin, ärgere ich mich sehr.

Welche Interviewer waren Dir am liebsten? In welchen Gesprächen hast Du Dich am sichersten gefühlt, welche hast Du als sehr produktiv empfunden?

Das sind eigentlich nur die beiden, Buchloh und Storr, weil die was von der Materie verstehen, und weil ich mich von ihnen verstanden fühle. Weil die auch keine Scheu hatten, mich zu attackieren, also nachzufragen.

Ich sehe einen Zusammenhang zwischen bestimmten Begriffen, die immer wieder bei Dir auftauchen. Das sind Begriffe wie Schweigen, in dem Sinne auch Verschweigen, Verlust, Abwesenheit und Verletzung, im malerischen Kontext verwischen, auslöschen, wegnehmen, wegkratzen, darüberrakeln, auch zerstören. Welche Bedeutung haben diese Begriffe für Dich?

Oh, jetzt wird's schwierig. Ja, das ist eben so, da muss was Wahres dran sein...

Es gibt ja bei Dir auch immer wieder diese Ambivalenz zwischen Öffnen und Verschließen, ein Zeigen, das gleichzeitig wieder weggenommen wird. Der introvertierte Maler, der schweigt und der aber beliebt ist, weil er sich und seine Bilder so persönlich und privat zeigt. Wie ist das Verhältnis zwischen dem, was Du sagen und tun kannst, oder dem, was Du malst?

Da weiß ich erstmal gar keine Antwort. Nur auf das vorher Gesagte möchte ich noch mal zurückkommen, d.h. auf die Meinung, auf den Vorwurf, dass ich im Gespräch und ebenso in meiner Arbeit keine eindeutigen Antworten und Stellungnahmen geben würde, dass ich also politisch indifferent sei, nicht links, nicht rechts und beides dann vielleicht doch. Aber das kann ich eigentlich nie als einen Makel empfinden. Es ist vielmehr ein Instinkt und eine Klugheit, die sehr erstrebenswert ist, weil sie uns kritischer macht und erkennen lässt, dass gar nichts so einfach und eindeutig ist, wie man es immer leichtfertig behauptet, in all den schönen, klaren Stellungnahmen und Parolen. Obwohl solche Vereinfachungen attraktiver sind, interessanter.

Solche Vereinfachungen sind aber nicht unbedingt immer interessanter...

Nein, aber so ein Parole regt mehr zum Widerstand an, denn wenn jeder nur abwägen würde, im Sinne von, ja aber so, das wäre ja sehr langweilig, oder?

Ja, in dem Sinne, dass diese Parolen komprimiert, einseitig-klar, also schwarz oder weiß und dadurch auch einprägsam sind. Kommen wir zu Deiner Malerei. Du malst ja heute nicht mehr schwarzweiß?

Ja, das ist wahr.

Hatten die frühen Schwarzweiß-Bilder damals gegenüber den farbigen Bildern eine andere Qualität, eine andere Bedeutung für Dich? Konntest Du Dir z. B. durch Schwarzweiß eine größere Distanz schaffen, oder ging es Dir dabei um die Darstellbarkeit von Objektivität?

Im Grunde war es einfach ungewöhnlicher damals, Ölgemälde in schwarzweiß und dann lebensechter, weil alle Zeitungen, das alltägliche Bildmaterial, bis zum Fernsehen hin, schwarzweiß waren und auch die Fotoalben und das ganze Fotografieren, alles war schwarzweiß, das kann man sich heute kaum noch vorstellen. Das brachte damit eine Objektivität in die Bilder, die völlig neuartig war. Heute wird man das Fotoähnliche und Dokumentarische daran nicht mehr so sehen, da wirken die Bilder eher malerisch. Aber eine bestimmte besondere Qualität hat ein Schwarzweißfoto behalten, die FAZ hat sie ja immer noch, die Schwarzweißfotos, obwohl die Mehrheit es sicher bunt will.

Die letzten Schwarzweißbilder gehören zum RAF-Zyklus. Die Bilder setzen sich mit der Thematik der Ideologie auseinander, mit dem Scheitern an der Idee, einer Ideologie als fanatischer Glauben, als Wahn. Letztendlich sind sie vor allem Todesbilder. Es geht um die Darstellbarkeit von Tod und es ist eine Auseinandersetzung damit. Ist der Tod für Dich immer wieder ein Thema?

Immer mehr, sozusagen naturgemäß.

Wie hast Du die 68er-Revolte damals selbst miterlebt?

Die Ideen und Parolen der 68er waren mir immer ziemlich fremd, obwohl, ein gewisser antiautoritärer Habitus lag mir schon, das hat dann sicher mit einer Vaterproblematik zu tun...

So kommen wir zu den drei Bildern: Onkel Rudi, Mann mit Hund[1] *und* 48 Portraits. *Was haben sie mit Deinem Vaterbild zu tun?*

(lacht) Ich glaube, das erzähle ich Dir lieber privat...

Aber man kann doch hier von einem Vaterproblem sprechen, die Bilder zeigen den Verlust einer Vaterfigur: das Foto des verlorenen, kleinen und strahlenden Onkels als Offizier, der seltsame Schnappschuss des Vaters, der fast clownesk wirkt, und die unnahbaren Lexikonportraits verschiedener Männerideale. Sie beschreiben doch das Bild des abwesenden Vaters.

Ja, unbedingt, und das kann ich umso leichter sagen, weil es ja eine ganze Generation betrifft, die Nachkriegsgeneration oder gar zwei Generationen, die aus allen möglichen Gründen ihre Väter verloren hatten, – zum Teil tatsächlich, das sind die so genannten Gefallenen, die anderen, die Gebrochenen, Gedemütigten, die physisch und psychisch verletzt zurückkamen, und dann die Väter, die ins Verbrecherische verwickelt waren. Das sind drei Sorten von Vätern, die man nicht haben will. Jedes Kind wünscht sich einen Vater, auf den es stolz sein kann.

Stolz hat hier ja auch mit einer Vaterrolle als Identifikationsfunktion zu tun. Der Vater als Abwesender, als Versager oder als Verbrecher stellt das Problem der fehlenden Identifikation dar. Was war Dein Vater für eine Identifikationsfigur für Dich? Was hattest du später für Vaterfiguren? Gab es bestimmte Vorbilder oder Vaterfiguren?

Ja, sicher, aber die waren meistens nur schon tot, wie Goethe, Van Gogh, oder weit weg, wie Picasso und Gerauld Philippe.

Van Gogh?

Ja, als junger Mensch wollte ich auch so verrückt sein wie Van Gogh.

Und wie zeigt sich das Mutterbild bei Dir?

Da weiß ich gar nicht, was ich darauf antworten soll, – meine Mutter – das ist so was Selbstverständliches, was soll ich dazu sagen, die hat man eben.

So selbstverständlich ist eine Mutter-Sohn-Beziehung nun wieder auch nicht, auch da gibt es natürlich bestimmte Mutteridealbilder und unterschiedliche Frauenbilder, die mit einer mehr oder weniger problematischen Mutterbindung zu tun haben. Wie siehst Du Deine Frauenbilder, die Du gemalt hast?

Tja, das fiel mir jetzt wieder auf, in der New Yorker Ausstellung[2], als ich die ganzen Frauenbilder zusammen gesehen habe, und mich wunderte über so widersprüchliche Bilder. Da gibt es eine Erhöhung der Frau, das fängt an mit dem *Ema*-Akt, der ja da wirklich wie ein Engel die Treppe herunter kommt, vom Himmel herabsteigt. Dann das Bild der Tochter, das auch mit Erhöhung zu tun hat, denn es ist so getragen von der Sehnsucht nach der Kultur, der Schönheit der Malerei, die wir aber nicht mehr haben, deswegen die Abwendung. Dann die *Lesende*, wieder eine Überhöhung, weil sie so den Vermeer, den Malergott ehrt und so eine ähnliche Schönheit versucht. Das sind so idealisierte Wunschbilder, wer weiß. Und dann gibt es die andere Seite, das sind eher die Opfer. Die schwarzweiß gemalten Frauenbilder haben ja mehr mit den alltäglichen Schicksalen zu tun, die nur dann in die Zeitung kommen, wenn ihnen etwas zustößt, wenn sie Opfer sind, wie die acht Lernschwestern und andere. Die *Isa*-Bilder sind nach eigenen Fotos gemalt. Und meine Mutter direkt habe ich nie gemalt, es gibt nur ein Familienbild[3], wo sie mit drauf ist.

Du sprichst hier von einer Erhöhung des Frauenbildes. Könnte man Ema im indirekten, sehr versteckten Sinne und Sabine mit Kind im direkten religiös-ikonenhaften Sinne auch als Mutteridealbilder verstehen?

Bei aller Ähnlichkeit mit Madonnenbildern haben die aber nichts mit Mutteridealbild zu tun. Dafür sind sie in jeder Hinsicht zu individuell, selbst dann, wenn sie zum Teil sehr unkenntlich gemalt sind. Und auch der Akt auf der Treppe hat mit seiner leicht religiösen Anmutung schon etwas von einem Erlöserbild. Was ich da aber gedacht habe, oder machen wollte, ist mir im Grund unverständlich, so dass ich keine Interpretation liefern kann. Irgendwie habe ich mich ja immer strikt geweigert, irgend etwas verstehbar machen zu wollen oder meine Motive zu analysieren, das ging alles über die Bilder. Dass ich z. B. damals Deine Mutter auf der Treppe fotografierte, war genauso wenig geplant und überlegt, wie das Malen des Bildes. Und das war dann auch so, dass ich mich kaum getraut habe, das jemandem zu zeigen. So unmodern war es. Modern war Glas, Metall und Pop.

In welchem Zusammenhang sind dann später die beiden Betty-Portraits entstanden, das Liegende und das Abgewandte, im Grund sind es ja drei, mit dem Verschwommenen, Unscharfen?

Die drei Motive sind nicht am gleichen Tag gemacht, aber es ist eine ähnliche Zeit. Wobei das Verschwommene auch ein Liegendes auf dem Tisch war, was ich dann hochgestellt habe und unscharf gemacht habe, da die Gesichtszüge nicht mehr stimmten.

Da war ich vielleicht zwischen 10 und 13. Wann hast Du sie dann gemalt? Wann ist das Liegende entstanden?

Den auf dem Tisch liegenden Kopf habe ich gemalt, als ich nur abstrakte Bilder malte. Es gibt ein Foto, wo das Bild in der Brückenstraße im Atelier auf der Staffelei steht[4]. Der ganze Raum ist voller abstrakter Bilder mit dieser einen Ausnahme. Das ist wie ein Luxus gewesen oder wie ein Ausgleich, ein Gegengewicht.

Und das andere ist ja auch in einem konträren Zusammenhang gemalt worden.

Ja, das war zu der Zeit der Baader-Meinhof-Serie, oder auch kurz danach, ich weiß es nicht mehr genau, wann ich es gemalt habe, das war schon mal ungeklärt geblieben. Das ist auf jeden Fall eine schöne Geschichte, dass es als Ausgleich zu den Terroristen-Bildern gemalt wurde.

Der zerbrechliche und aggressive Charakter der Bilder scheint mir aber ebenso offensichtlich. Das liegende Portrait von mir... diese Leichenblässe... dieses Abgeschnittene... und diese Verletztheit. Aber auch das Abgewandte hat eine rätselhafte, seltsame Wendung...

Gesichtslosigkeit... dieses unheimliche Nichts, in was ich schaue.

Ja, das mit dem abgewandten Kopf hat mich damals an Hitchcock erinnert. Das ist sicher nicht kunstgeschichtlich interessant, eher psychoanalytisch, dass ich auf den Vergleich mit dem Hitchcock-Effekt gekommen bin und dann aber froh war, dass das niemandem sonst auffiel.

Das abgewandte, weggedrehte Gesicht hat ja etwas mit Abschied, auch mit Tod zu tun. Das Nicht-Zeigen spielt dabei mit der Ungewissheit und dem Unbekannten. Der Film benutzt einen ähnlichen Effekt des Unheimlichen.

Ja sicher, aber im Film dreht Perkins doch den Stuhl mit der Mutter so, dass man sie von vorne sieht als zerfressene Leiche, als der Schrecken an sich und als des Rätsels Lösung. Ich glaube nicht, dass das *Betty*-Bild irgendetwas mit dieser Thematik zu tun hat.

Die ersten abstrakten, diese grell bunten Bilder, über die meine Schulkameraden damals sagten, „Was ist das für ein Geschmiere?", sorgten für Aufregung, weil sie gerade nicht geschmiert, sondern eher distanziert, kühl und künstlich wirkten. Du hast sie selbst damals als verrückt empfunden. Wo war der Wahnsinn, hatte das mit einer Befreiung zu tun? Wie siehst Du die Bilder heute?

Mehr ihrer Zeit entsprechend, als ich es damals empfand. Minimal- und Konzeptkunst waren am Ende, es entstand wieder mal eine Lust am Aufstand, an der Provokation, der Werteauflösung. Das ist wie eine Klimaveränderung, von der alle weltweit erfasst werden, auch wenn „sie nicht wissen, was sie tun...", oder wie es in dem alten Film heißt. Dieser Umbruch, so kann man es hinterher sagen, setzte überall zugleich ein und hatte nur verschiedene Gesichter, je nach Kondition waren es die Jungen Wilden oder die Konstruktivisten oder Postmodernen oder wie immer sie genannt wurden. Auf jeden Fall war das auch für mich eine Aufbruchzeit, wenn du so willst eine Art Wahn, der trägt und sehr produktiv macht. Aber was mich dabei eben nie verließ, war die Skepsis, das ständige Bewusstsein von überlieferten oder erarbeiteten Kriterien, die mich wie Wächter begleiten. Und deshalb kam es in der Rezeption zu solchen Bezeichnungen, wie „Kühle" oder „Distanziertheit". Also zum intellektuellen Maler wurde ich ja nur, weil ich im Kontrast zur Mode stand, und Mode war all das dümmliche, witzige, unreflektierte, hässliche Zeug, was sich auf die Schnelle herstellen ließ.

Was gibt es heute für eine Bewegung in der Kunst, die Dich beeinflusst?

Zur Zeit gibt es solch eine Bewegung oder Mode nicht, oder sie realisiert sich vorwiegend in den neuen Medien, dass ich sie gar nicht mitkriege. Die traditionelle Kunst selbst ist jedenfalls so gut wie tot, ich meine dieses ganz große komplizierte Gebilde mit all seinen wunderbaren ästhetischen und moralischen Ansprüchen, als das, was man mal Kunst nannte. Das steht ja gänzlich im Abseits, es hat überhaupt keine öffentliche Wirksamkeit mehr, im Gegenteil, es wird mehr und mehr verunglimpft.

Das klingt ja sehr altmodisch. In welcher Position siehst Du Dich dabei? Als Kritiker dieser Zeit oder als der Maler, der das Traditionelle und all die klassischen Werte noch aufrecht erhält?

Ich bin die geduldete Ausnahme, vielleicht aber nicht einmal die. Von was ich aber gerade gesprochen habe, war aber nicht von mir, sondern vom Zeitgeist, von der Rolle der Kunst in der Öffentlichkeit.

In Deinem letzten Interview mit Robert Storr setzt Du Klassik mit Ordnung, Halt, Strenge und Präzision in Verbindung. Du gebrauchst in diesem Zusammenhang auch das Gegenbild der Liederlichkeit. Schlechtes, liederliches Benehmen ist für Dich gleichzusetzen mit dem Verlust von Haltung, Form und Inhalt? Oder wie war das gemeint?

Das stimmt alles, aber in dem Interview spreche ich von der Methode der Zufälligkeit von Cage, der, auch wenn er alles dem Zufall überlassen hätte, was gar nicht geht, und auch wenn er noch so verführerisch davon sprach, hatte Cage doch so viel Sorgfalt auf die Realisierung von etwas aufgewandt, dass selbst die banalste Reihenfolge ein hochartifizielles Produkt wurde. Das war mir natürlich ein Vorbild, dass Zufall erst schön und brauchbar wird, wenn er von uns geformt wird.

Der Zufall muss also wieder in einem Ordnungssystem festgehalten und dabei in einer strengen Form zusammengehalten werden. Ist diese Ordnung, so ordentlich wie ja auch Dein Atelier und alles bei Dir ist, eine Notwendigkeit, also ein Schutz und ein Halt für Dich? Gibt es Dir die Sicherheit und damit eine größere Freiheit, oder kann es Dich dabei auch hemmen?

Es gibt mir Halt und spart Zeit, das ist was ganz Praktisches, sehr Nützliches. Und dann ist es auch manchmal ein bisschen Mogelei, z. B. wenn ich mich vor der eigentlichen Arbeit drücken will. Und dann gibt es auch noch die zwanghafte Ordnungsliebe, aber das ist nicht so sehr mein Problem.

Die deutschen Klassiker wie z. B. Goethe, Thomas Mann schätzt Du sehr. Haben sie Dich schon in Deiner Jugend beschäftigt? Waren das Deine Vorbilder?

Ja, schon immer. Goethe vor allem und Nietzsche und Beethoven. Das ist die Mutter, die immer damit ankam.

Und welche Maler waren Deine Vorbilder gewesen?

Oh, die haben ja immer sehr gewechselt, dass ich sie gar nicht aufzählen könnte, aber ein paar konstante könnte ich nennen, die im Laufe der Jahrzehnte immer besser wurden. Solche, wie Raffael, Velázques, Vermeer oder Manet, aber die jeweils aktuellen Vorbilder waren dann nicht solche Götter, sondern ganz normale Maler.

1970 hat Du davon gesprochen, dass es Priester und Philosophen nicht mehr gäbe und wir sie auch nicht mehr brauchen würden, und dass die Kunst das übernehmen könnte. Damals hast Du die Kunst auf eine sehr hohe Stufe gestellt, eben als „höchste Form der Hoffnung". Wie siehst Du das heute? Was hat Kunst für Dich heute mit Religion oder mit Philosophie zu tun? Was kann sie anders oder besser vermitteln, oder was kann sie nicht erklären?

Abgesehen von der jugendlichen Polemik hat sich für mich an der Bedeutung der Kunst nicht viel geändert. Und ab und zu werde ich von Schopenhauer und Nietzsche und anderen klugen Leuten darin bestätigt, dass die Kunst das einzige ist, was uns überhaupt noch am Leben hält und dem Dasein, wenn nicht Sinn, dann wenigstens Trost spendet.

Was ist in diesem Zusammenhang mit Deinem Satz, Malerei sei eine Idiotie, gemeint?

Auch wieder so ein hübscher Spruch, aber zur Idiotie wird ja tatsächlich alles, wenn man nicht vom Sinn einer Sache erfüllt ist, wenn man nicht daran glaubt.

Was bedeutet Dir Glaube? An was glaubst du?

An sehr vieles. Also zum einen ist das Glauben ja eine ganz alltägliche Fähigkeit, die wir ununterbrochen bei all unseren Unternehmungen anwenden: „ich glaube, dass ich den Zug kriege, dass das Essen gut wird, dass ich das oder das schaffen werde usw.", und so selbstverständlich praktizieren wir das Glauben eben auch in den großen Bereichen, also in Ideologien, Überzeugungen, Religionen usw.

Dem kann man sich gar nicht entziehen, wir können nur darum wissen und das bewusst machen, damit wir nicht zu blind das Falsche glauben. Natürlich läuft das ganze naturgemäß und unausweichlich ab. Das sieht man ja an Menschen in elenden Situationen, in Lagern, Krankenhäusern und Altersheimen, wo sie völlig sinn- und hoffnungslos leiden und eben nicht die Freiheit haben, zu entscheiden, ob das so weitergehen soll oder nicht.

Du sprichst von dem Glauben als selbstverständlicher Vorgang, als ein uns eingegebener Antrieb, der als die einzige Möglichkeit erscheint, mit der Realität umzugehen und sie in gewisser Weise auch erträglicher zu machen. Das, was wir über die Realität und unsere Existenz nie objektiv wissen können, können wir durch unseren subjektiven und mehr oder weniger freien Glauben erfassen. Dabei ist aber der Glaube auch das Produkt eines Lebenswillens, eines unbewussten Selbsterhaltungstriebs, den wir selbst nicht steuern können.

Deterministisch scheint uns dieser Lebensantrieb und der Glaube instinktiv eingegeben zu sein, von dem wir abhängig sind und dem wir, wie ein von seinen eigenen Trieben gefangenen Tier, unterliegen. So formulierte es Schopenhauer auch etwas sarkastisch, dass vernünftig gesehen der Tod dem Leben vorzuziehen sei, da der Wille zum Leben, als unser innerstes eingegebenes Prinzip, tatsächlich erkenntnislos und damit auch unvernünftig ist.

Versteht man aber den Glauben als Produkt eines bloßen Willens zum Leben, einer instinktiven Todesfurcht, wie erklärt sich dann der religiöse Glaube, der ja im Grund immer mit

11 Scheiben, 2003

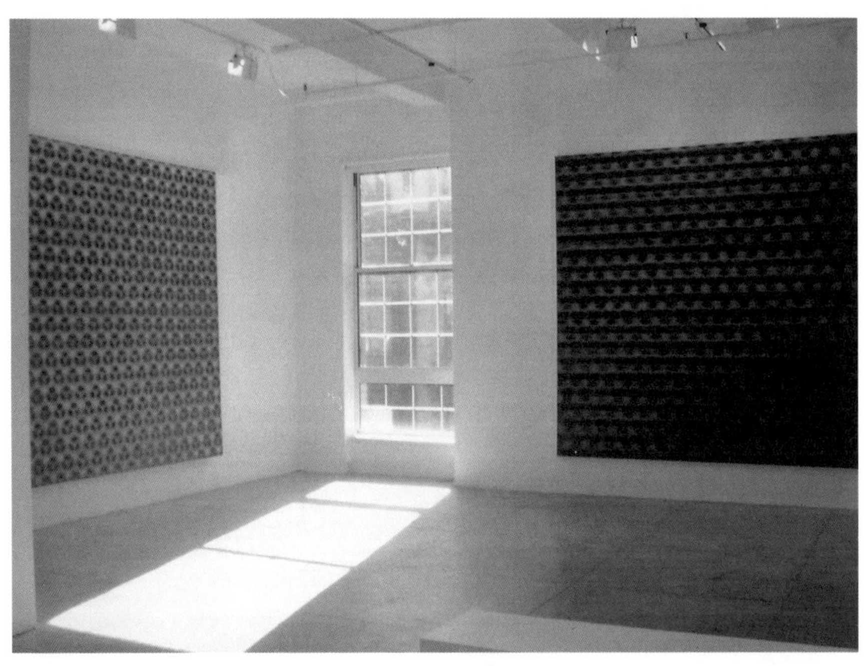

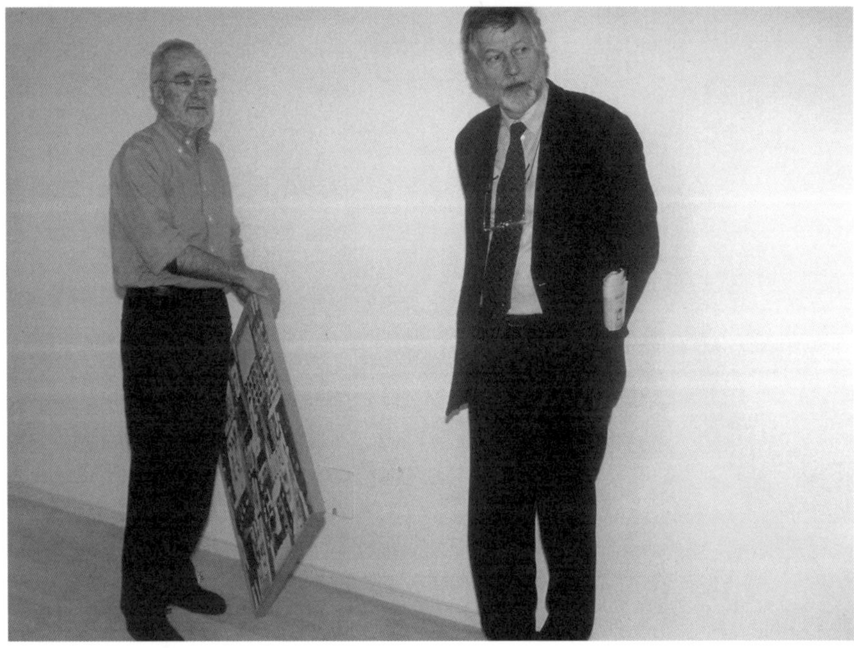

Marian Goodman Gallery, New York 2005
G.R. mit Armin Zweite, 2005

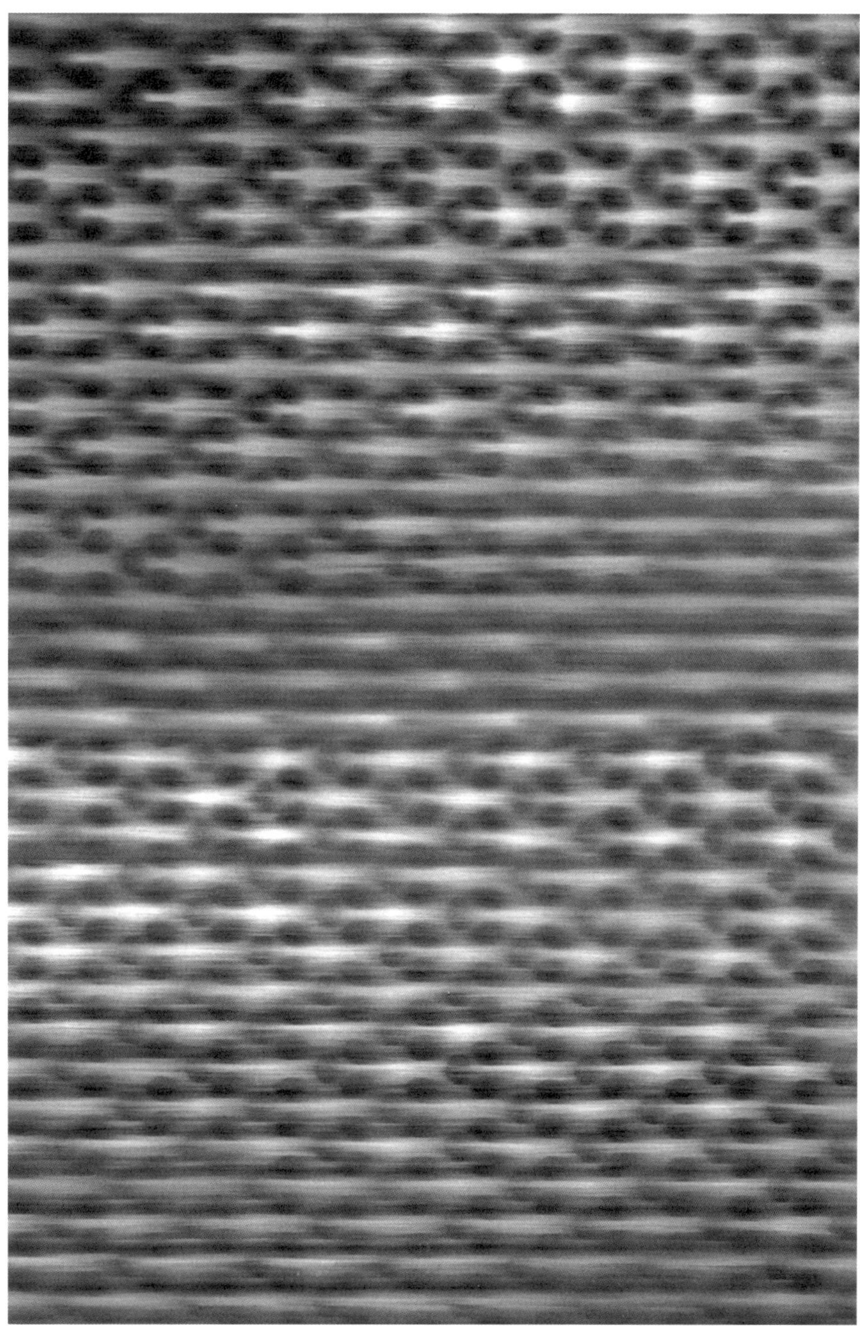

Silikat, 2003 (Ausschnitt)

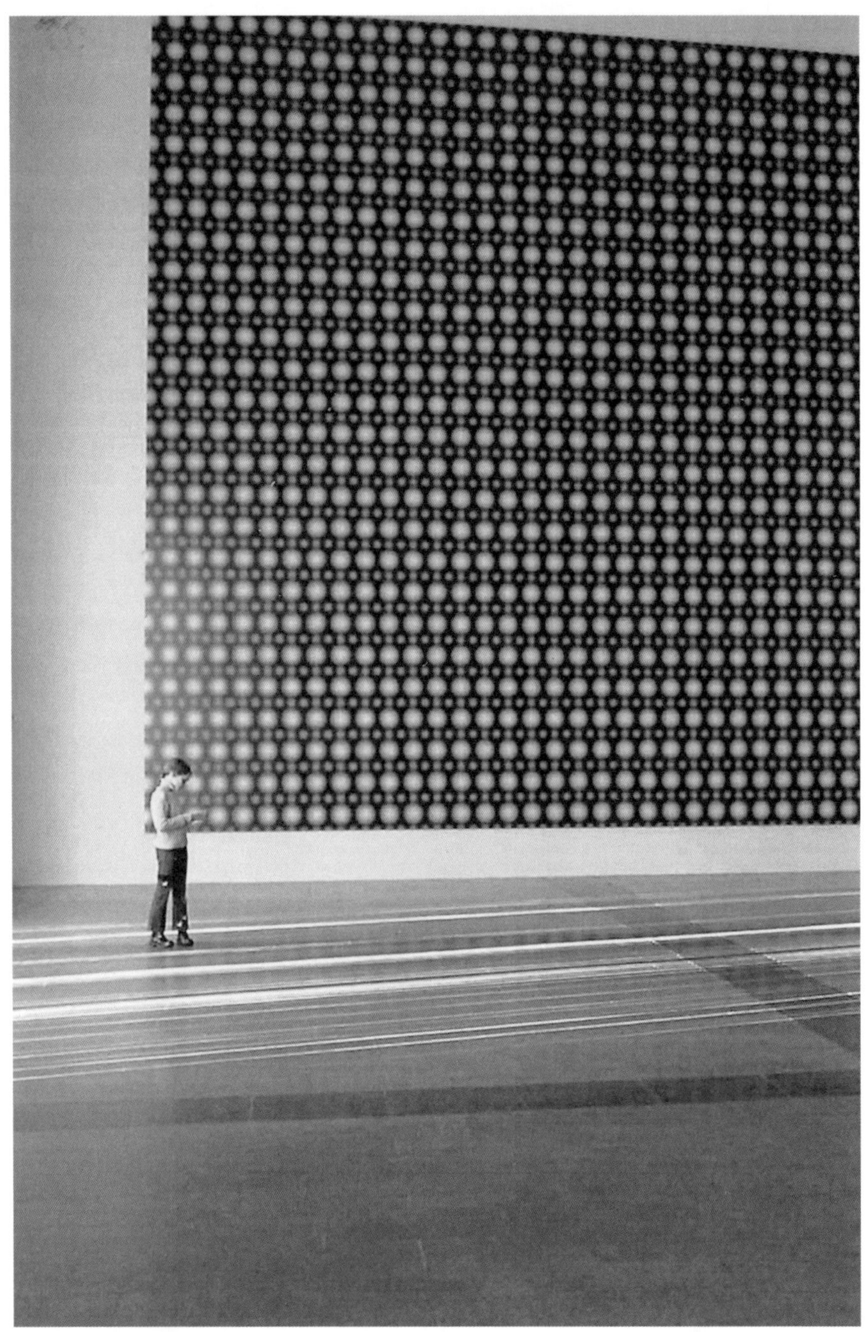

Strontium, K20 Düsseldorf, 2004

einer Selbstopferung verbunden ist, wie das heilige Märtyrertum der christlichen Religion einerseits und andererseits die fanatischen Selbstmordattentäter, die sich auch als Märtyrer verstehen, während sie sich selbst und damit andere in die Luft jagen?

Die Not zwingt uns, die Illusion aufzubauen, die uns das Überleben möglich macht, und da sind verschiedene Formen des Glaubens und verschiedene Glaubensinhalte die Möglichkeit, dieses Dasein zu ertragen und sich etwas vorzumachen. Da gehört dann alles dazu, da ist alles möglich, vom billigsten, schäbigsten Aberglauben bis zu den kompliziertesten Glaubensgebäuden.

Was hat das kleine goldene Kreuz, das Multiple, in diesem Sinne für Dich für eine Bedeutung?

Das goldene Kreuz ist nicht etwas ganz Bestimmtes, es ist auch ein bisschen polemisch gemeint. Einmal ist es natürlich eine Verneigung und Hochachtung vor unserer Geschichte der zweitausend Jahre christlicher Kultur. Das ist meine Heimat, das sind meine Wurzeln, das ist die Tradition, die ich sehr hoch schätze und die sehr viel komplexer ist, als alle Kritiker denken können. Zufällig kam dann auch dieses Zusammentreffen mit dem Kreuzverbot in der Schule, das reizte mich zum Widerspruch und ich fand es daher gut, dass ich es gemacht hatte.

Du hast in einer Deiner Notizen die Natur als unmenschlich und ihre Blödheit als absolut beschrieben. Das liegt dem Realitätsbegriff Rossets sehr nah, der von der Idiotie des Realen spricht. Rosset beschreibt das Reale in seiner unausweichlichen idiotischen wie grausamen Präsenz als ein Angriff auf das eigene Leben und auf die Vernunft. Unser Scheitern ist damit schon vorprogrammiert, in unserem Begehren dem Realen einen Sinn zu geben. Der Mensch kann so nur hilflos gegen sein jämmerliches und sinnloses Dasein protestieren und versuchen, die Wahrheit von sich fernzuhalten.

Ja, aber dass wir diesen Trieb haben, dass wir dem etwas abzutrotzen versuchen, das ist doch das Lebendige, dass wir uns nicht zufrieden geben, sondern verstehen wollen. Das macht es doch etwas erträglicher, selbst wenn man die unangenehme Wahrheit erfährt.

Ja, der Erkenntnistrieb ist massiv, indem wir immer tiefer eindringen wollen, auch wenn wir immer wieder auf Grenzen stoßen, die uns aber auch letztendlich vor etwas schützen. Wir wollen ja vielleicht gar nicht bis ins Letzte sehen. Wie gehst Du als Maler mit der Natur um, so wie Du sie in ihrer „Blödheit" und „Unmenschlichkeit" beschrieben hast?

Landschaftsbilder zeigen nichts anderes, als das Schöne; und im Grunde will ich auch nichts anderes zeigen und, wo es geht, festhalten. Wir sind ja ganz determiniert, z. B. gibt es keinen anderen Grund, etwas schön zu finden, als den der vielen kollektiven Erfahrungen, die wir mit Landschaften gemacht haben und die uns mit Lust und Unlust reagieren lassen. Also wenn ich jetzt aus dem Fenster schaue und die Sonne scheint, bin ich ganz automatisch erfreut.

Das zeigen ja auch unsere Fotoalben, wo wir immerzu das Sonnige festhalten wollen, also das Gegenteil von Elend, von Mühsal und Tod.

So sind wir am Ende wieder beim Tod angelangt. Dass wir irgendwann unser Leben loslassen müssen, widerstrebt uns ja und dass das so ist, können wir vernunftmäßig auch nicht begreifen.

Ja, aber da gibt es noch einen Trost, dass man sich in gewisser Weise irrt, bei der Vorstellung, sterben zu müssen. Der Irrtum besteht in der Annahme, dass ich, so wie ich hier und jetzt bin irgendwann sterben muss. Das stimmt deshalb nicht, weil irgendwann ein ganz anderer sterben wird und eben nicht ich, wie ich hier sitze; genauso wie umgekehrt, ist ja der, der ich z.B. vor zwei Jahren gewesen bin, auch schon längst tot. Auf Zeitangaben kann man sich natürlich nicht festlegen bei diesem Modell. Das ist dann das Problem, wie man das zusammenbringt, mit einer immer größer werdenden Vergangenheit zu leben und sich mit dem zu beschäftigen, den es eigentlich gar nicht mehr gibt, der aber mir natürlich doch auch sehr ähnlich ist... das ist mir alles viel zu rätselhaft.

Das ist ein schöner Gedanke, dass die Vernunft nicht dazu in der Lage ist, sich im selben Moment als Nichts zu begreifen. Hierbei sprichst Du auch von der Selbstspaltung, dass sich das Subjekt selbst auch als einen anderen sieht, indem es in der Vergangenheit eine ganz andere Person war, als im gegenwärtigen Moment und zukünftig auch wieder ein anderer sein wird. Der Gedanke an den eigenen Tod ist dadurch nicht richtig möglich, als Gedanke, der meine Person betrifft, als die ich mich jetzt begreife. Das heißt, so lange ich nicht im selben Moment tatsächlich im Sterben liege, liegt der eigene Tod weit von mir entfernt, er hat mit mir jetzt nichts zu tun. Andererseits ist der Umgang mit mir selbst, die eigene Selbstreflexion, in der ich mich objektiv sehe, mich in der Vergangenheit erinnere, ja auch schon eine Spaltung von mir selbst. Die Vernunft verfängt sich dabei in der Paradoxie der Selbstbetrachtung, die aus der Diskrepanz zwischen realer Empfindung, gedanklicher Reflexion, Erinnerung und Todesbewusstsein entsteht. Als das empfindliche, verletzliche Wesen muss ich mich dadurch ja auch selbst als das zu achtende Subjekt bewahren, d.h. ich muss meine Mangelhaftigkeit und Sterblichkeit vor dem anderen und vor mir selbst verbergen.

Es geht aber dennoch nicht ganz auf, weil es einen ja doch zu sehr belastet, sowohl das mit dem Tod als auch das mit dem Vergangenen, da ja alles zur Gegenwart wird. Die Gewissheit des zukünftigen Sterbens wird zur gegenwärtigen Angst und die Erinnerung an das, was nicht mehr ist, kann ja auch zu einem gegenwärtigen Schmerz werden.

Ich danke Dir für das Gespräch. Vielleicht machen wir wieder ein Interview.

Über Blinky Palermo 2003

Ich weiß jetzt gar nicht mehr, wann ich Palermo kennen gelernt habe... – in der Akademie! Da war ich befreundet mit Lueg und Polke. Es gibt da immer diese Semesterrundgänge im Februar, und da sah ich, da hängen von Palermo so kleine Farbe-auf-Papier-Arbeiten, so kleine Bilderchen, Farbe auf Papier, und da hieß es: „Ja, der ist gut!" Und so kamen wir dazu. Er war bei Goller. Ja, das fand ich interessant, wie einer so etwas Stilles machen kann. Ich weiß gar nicht, wie das gekommen ist, dass wir uns anfreundeten. Ich glaube, Polke hat ihn eher kennen gelernt. Er war in so einer Clique mit Imi Knoebel, die kennen Sie ja alle? Auch Chris Kohlhöfer. Ich weiß da nicht viel, es ist ja auch wahnsinnig lange her, über 30 Jahre! Zum Schluss hat er mein Studio in der Harkortstraße übernommen, weil ich ein anderes bekam, und da haben wir uns immer noch besucht, aber er glitt dann ein bisschen ab in diese Drogenszene, und ich war immer etwas solider. Deswegen habe ich da nicht mehr so viel mitbekommen. Das waren ja auch alles Säufer. Diese Zeit mit Kohlhöfer, ganz am Anfang. Es war bloß erstaunlich, als ich in sein Atelier kam, ich mochte das Zeug. Er hatte ein völlig verwahrlostes, kleines Atelier, und dann stand da, wie von einem Heiligenschein umwoben, ein reines Stoffbild, ganz sauber und klar! Das war ein schöner Anblick! Das hat mich beeindruckt. Und dann hatten wir so einen *sense*, was gut und schlecht ist – das war was Tolles!

Was sich sofort versteht, wenn man irgendwas sieht – ein Bild – und sagt: „Das hat was!" Das ist ganz gut, das war bei ihm besonders gut. Damals war ja auch die Zeit, in der eigentlich Kunst nicht relevant genug war. Vor allen Dingen Malerei war gesellschaftlich nicht relevant. Ja, das war übel, und wir fühlten uns da manchmal als Reaktionäre.

Meine Frau Ema hat ihm die Stoffbilder genäht. So sind wir auch an einen Palermo gekommen. War nett, hatte so einen Charme! Wir kannten uns vielleicht so acht Jahre. Er kam oft zu uns, auch häufiger mit Freundin, mit so einer Rotblonden, Kristin. Sie hatte ein Kind mitgebracht, einen Jungen, der lebte da mit ihnen. Das war immer etwas verwunderlich für mich. Er war vielleicht sieben Jahre alt. Sie sind ja dann zu dritt nach Mönchengladbach gezogen. Zuerst wohnten sie in der Verlängerung der Corneliusstraße in Düsseldorf. Da waren wir manchmal. Ich war mehr die solide Seite, wo man bürgerlich sein konnte. Wir haben auch was getrunken, wenn ich mal dabei war in der Altstadt. Diese

Sauferei von Palermo war hart, und eigentlich hat es mich recht geschmerzt – ja, da kann man nichts machen. Wenn ich mit ihm darüber geredet habe, dann wiegelte er das gleich ab: „Ja, ja, ich hör bald auf damit." Heute sieht man das ja anders. Wenn ich den Stand gehabt hätte, dann hätte ich ihm auch was sagen können, so psychoanalytisch oder so. Damals hat man ja nur gelacht über so etwas, über Therapie. Man hatte überhaupt kein Gesundheitsbewusstsein. Den Freund gab's schon – aber nicht für uns –, das ist der Preis. Das war eine illusionistische Zeit.

Beuys mochte ihn, Palermo liebte Beuys, und der hatte eine gewisse Macht über Palermo. Das war nicht so unser Thema. Das mochte ich nicht. Wenn so eine Abhängigkeit entsteht, auf eine andere Weise auch mit den Galeristen Friedrich. Und Dahlem, der hatte auch so eine Macht über den Palermo. Wir hätten uns beinah mal geprügelt – Friedrich und ich. Wir standen mit geballten Fäusten voreinander, wir kämpften beide um den Palermo – so: „Du kommst mit!" – „Du bleibst!" –, oder so ging das. Er hat ihm Geld gegeben und war auch so ein Vaterersatz. Palermo war ja vaterlos, er war doch Vollwaise. Das Leben mit Kristins Kind – ich verstand ja nichts davon, ich hatte damals kein Kind –, es kam mir etwas unheimlich vor. Ich weiß das gar nicht, dass sie dann gegangen ist, die Kristin ist gegangen? Mit der Babett war er dann in Sri Lanka, wo er gestorben ist – erstickt–, und aus.

Er hatte mein Atelier übernommen. Es gab Gerüchte, wer seine Arbeiten nach seinem Tod abgeholt hat – das Atelier leer geräumt –, ich weiß in keinster Weise wie und was – das ist ein heikles Thema.

Auf der Beerdigung war ich, der Beisetzung. Ach, das hatte so was komisch Filmisches. Wir waren da, Rückriem und ich und Marlies Grüterich, Kunstkritikerin in Köln, und ich weiß nicht, wer noch. Ein ganzer Tisch voll. Ich kann mich komischerweise nur an die erinnern, es waren sicher noch mehr dabei – auf jeden Fall. Dann gingen wir da in Richtung Grabstätte, und dann kommen von der Seite die Friedrich-Leute. Friedrich und Thordis, die stießen da an das Grab und waren gleich wieder verschwunden. Das war so merkwürdig, dass sie nicht zu dem Leichenschmaus kamen. Wir haben ja danach alle auf Blinky getrunken. Es war ein großer Tisch. Wer das ausgerichtet hat, also nicht sein vertrauter Galerist! Konerding war noch dabei, der ist tot. Das war in Münster.

Ich war ja auch mal bei den Friedrichs auf dem Land in Kirchberg. Da war Holger [Heiner Friedrichs Bruder] noch mit. Blinky war damals nicht mit, aber da gab's den furchtbaren Dahlem. Ich habe keine gute Erinnerung, ich weiß aber auch gar nicht, wie mein Verhältnis zu Friedrich auseinander gegangen ist. Ich war mal unter Vertrag[1] bei ihm, als Künstler, und dann habe ich das aufgegeben.

Ich habe Palermo geraten, Friedrich auch aufzugeben. Die hatten schon ein besonderes Verhältnis. Er war ja auch ein interessanter Typ, der Heiner, ein machthungriger.

Bei der Six, da gab es mal eine Party, mit der Bridget Polk[2] – die Dicke von der Warhol factory. Und dann zogen wir drei uns aus und sprangen nackt herum. Wir haben nur eine Vorstellung gegeben und haben uns wieder angezogen. Das war für die anderen, damit die was zu kreischen hatten. Wir haben gar nichts gemacht, wir waren nur nackt. Bridget machte immer solche „tit prints" von ihren Brüsten.

Ich würde gerne mehr erzählen – ich habe so angenehme Erinnerungen, wie da meine Frau Ema nähte, und wir saßen und tranken Kaffee, und es war so gemütlich und nett. Und Blinky mit seinen ungewaschenen Händen, und immer Zigarette, und gelbe Hände, und so charmant – so nett. Auch war ich erstaunt, in der Kneipe, wie der dann die Frauen anguckte, so treu, und dann schleppte er sie ab. Das fand ich ganz beeindruckend. Es kann auch sein, dass da ein bisschen Neid dabei war, wie es einer so schafft, der absolut nix hatte, kein Geld, und besoffen war, wie so was funktioniert, das ist so. Das war ja auch sein Zuhause, diese Kneipe und die Atmosphäre dort. Das war auch die Zeit, wo Kristin hinter der Bar stand, und er guckte rüber.

Ach, ja, in New York war ich mit ihm, das war schön. Ich weiß gar nicht mehr, wann das war, vielleicht 1970. Das war für beide von uns der erste Trip nach New York. Wir hatten 14 Tage gebucht, so eine Reisegesellschaft, einen Billigflug, ein Billighotel, und sind nach zehn Tagen zurückgekehrt, weil wir so erschöpft und müde waren vom Laufen, Laufen, Laufen. Wir hatten es auch dann satt und spürten das erste Mal, dass wir Europäer sind, und kriegen so ein bisschen Stolz. Das war ein sehr schönes Erlebnis, dass das so war, dass wir merkten, wir sind Europäer, wir sind ein Anderer, wir sind etwas komplizierter, und die sind ja so *straight* und müssen immer alles genau vereinfachen, klar, und wir nicht. Er kam immer später, ich schlief schon, er war so jazzinteressiert. Er ging in die Kneipen, wo Jazz gespielt wurde, das gab's ja noch.

In einer Zeit, als wir häufig zusammen waren und er manchmal in meinem Studio arbeitete, ist es zu den Gemeinschaftsbildern gekommen. Ich weiß es nicht mehr so genau, das erste Mal standen da zwei Tafeln[3], und ich fing an, eine grau zu bemalen, und sagte zu Palermo: „Mach doch mit, mach auch eine." Das war ganz hübsch. Wir beide haben diese graue Farbe mit den Fingern auf die Leinwand verteilt. Die Tafeln waren zwei mal einen Meter, und zusammen waren sie zwei mal zwei Meter groß. Sie wurden später ausgestellt, und danach sind sie kaputtgegangen. So fing es an! Es hat sich hernach immer mal so ergeben. Ein Anlass war der, dass auf dem Tisch zwei Polaroid-Fotos lagen. Ich hatte sie von einer Glühbirne gemacht, und ich sagte: „Ich hab ein bisschen Bedenken das abzumalen, das ist zu abstrakt." Darauf sagte er: „Ach, ich mache einfach eins dazu, dann wird's noch abstrakter." So kamen die Krefelder braun-beigen Bilder[4] zustande. Diese beiden waren auch auf Leinwand.

Dann kam es zu einer anderen Arbeit. Mir gefiel diese Wandmalerei[5] so gut, die er machte. Er hatte eben einfach einen Raum so klassisch ocker-gelb angestrichen, mit einem sauberen Rand, den er ließ – eine Hand breit – oben , unten, links, rechts – Felder – klassizistisch und in der modernen Zeit damals *(lacht)* –, da war das so schön traditionell, so ein Hauch davon. Das mochte ich sehr, und dann sagte ich, eigentlich gehören da noch Skulpturen[6] rein, in so einen Raum – ja, mach mal! Die haben wir dann selbst gemacht. Ich habe seinen Gips-Gesichtsabguss abgenommen, er hat meinen überwacht, und ich habe den Rest dazumodelliert, den Kopf, die Haare, die Ohren, den Hinterkopf.

Diese beiden Köpfe sind in München permanent[7] ausgestellt. Die Wände sind natürlich jetzt nicht da, die Münchner haben das so, in Erinnerung an Palermo, eben auch gelb gestrichen. Das ist das typische Münchner Ocker. Es ist halt „so ähnlich wie" gemacht worden. Es steht nicht dabei: „Das ist ein Werk von Palermo." Gezeigt werden nur meine beiden Skulpturen. Sie waren damals, mit den Palermo-Wänden, nur für eine Ausstellung zusammen. Das war keine Bedingung, dass die Skulpturen zusammen mit den Palermo-Wänden stehen müssen. Damals, nach der Ausstellung, habe ich die Skulpturen mit nach Hause genommen. Und später dann habe ich sie in Bronze abgießen lassen. Davon gibt es insgesamt drei Pärchen. Ein Paar aus Gips, zwei aus Bronze. Ich habe das alles nie gelernt. Die Fachleute, die das abgießen, gibt es überall. Ich habe das damals in Ton gemacht; das Modellieren macht ja ein bisschen Spaß. Ich bin nie in eine Bildhauerklasse gegangen.

Statement für 100 *Artists See God*, 2004

Ein monochromes graues Bild, Öl auf Leinwand, in irgendeiner Größe, ist einfach die einzig mögliche Repräsentation / das einzig mögliche Bildnis von Gott. Das scheint sehr einfach, zu einfach; selbstverständlich habe ich, als ich dieses graue Bild malte, weder versucht eine Vorstellung von Gott zu schaffen, noch wäre ich fähig, ein solches Bild überhaupt zu malen.

Gespräch mit Christiane Hoffmans 2004

Sie haben doch Ihre Überlegungen, einige Ihrer Bilder nach Dresden zu geben, nicht etwa aufgegeben?

Nein, im Gegenteil. Ich bin daran sehr interessiert, dass das klappt. Aber die sind mit unseren Überlegungen zu früh an die Presse gegangen, denn wenn ich eine Bildidee habe, kann ich auch nicht sagen, hier habe ich ein wunderbares Bild gemalt. Glücklicherweise hat sich mittlerweile alles wieder beruhigt.

Und wie geht es jetzt weiter?

Das hängt nicht nur von mir ab. Es gibt ja den Sammler, der anonym bleiben will, der für Dresden auch einige Richter-Bilder zur Verfügung stellen will. Ich werde ihn jetzt wieder treffen und besprechen, welche Gemälde er gibt und für welchen Zeitraum. Denn allein das Museum zu bestücken, ist für mich nicht so sinnvoll. Ich weiß, dieser Sammler besitzt eine ganze Reihe von Richter-Bildern, und wenn er rund zehn davon Dresden gibt, und ich dann auch zehn, wäre das schon was. Und dann kann man vielleicht noch an den einen oder anderen Sammler meiner Bilder denken, die könnten ja auch noch was dazutun.

Die Beziehung zu Ihrer Geburtsstadt Dresden ist auch nach über 40 Jahren Abwesenheit immer noch sehr intensiv.

Ich habe besondere Gefühle für Dresden, weil ich da geboren bin, und weil ich diese Stadt jetzt, nach der Öffnung, wiederentdeckt habe, nach so vielen Jahrzehnten. So viel Heimat, das hatte ich nicht erwartet. Es ist schon eine außergewöhnliche Gruppe von Gebäuden, die sich dort zusammengefunden hat; dieser kleine Kern, die Brocken, die komisch regellos, unsymmetrisch in der Gegend stehen. Ich hätte dort gern ein Zuhause für die Bilder, so dass man weiß, da sind die Richter-Bilder zu sehen, und zwar ein Querschnitt aus allen Zeiten.

Hat Ihr Schritt neben der persönlichen Entscheidung auch eine politische Komponente?

Daran habe ich zwar nicht gedacht, aber das bringt es automatisch mit sich. Man fühlt immer mit, wenn es denen schlecht geht, das berührt.

Und haben Sie auch für Köln, Ihre zweite Heimat, ähnliche Vorkehrungen getroffen?

Köln ist eine wunderbare Stadt – mein Wohnort.

Eine interessante Unterscheidung.

Vielleicht legen sich die Gefühle zu Dresden ja auch wieder. Aber die Dresdner haben es auf jeden Fall nötiger als die Kölner. Irgendwie könnte es ja auch ein Push sein für die Galerie Neuer Meister in Dresden. Damit sie Mut kriegen, wieder was zu machen.

Und Ihr Archiv?

Dazu kann ich am wenigsten sagen. Weil mir da die Kompetenz fehlt. Ich weiß gar nicht so genau, was ein Archiv ist[1]. Ich habe hier ein Büro, das funktioniert, das ist in Ordnung und da ist alles drin und im Moment gibt es keinen Grund, das dahin zu geben. Man erfährt dann: Da gibt es noch was in München und was in Hannover und in Nürnberg und jetzt lerne ich langsam, was ein Archiv ist; aber das ist eher was für Witwen.

Wann glauben Sie, werden Entscheidungen fallen?

Bis Ende Mai, denke ich. Der erste Schritt wäre, mit einer Reihe von Bildern nach Dresden zu gehen und eine Probehängung zu machen, um zu sehen, wie das in diesen Räumen geht. Es wäre ganz toll, wenn das mit den Bildern klappen würde[2]. Und die Bilder in Dresden zu sehen, würde mir viel Freude bereiten.

Interview mit Jan Thorn-Prikker über die Arbeit *WAR CUT* 2004

Ihr Künstlerbuch WAR CUT *verbindet 216 fotografierte Details eines abstrakten Gemäldes aus Ihrer Hand mit ebenso vielen Zeitungsartikeln. Können Sie etwas zu dem Ausgangsbild sagen, dem* Abstrakten Bild *(Werkverzeichnis 648-2) aus dem Jahr 1987?*

Das Bild ist sehr alt, hat also nichts mit dem Irak-Krieg zu tun. Damals habe ich mich etwas gewundert, dass das Museum in Paris dieses Bild gekauft hat. Es gab attraktivere in der Ausstellung, die nicht so kratzig und spröde waren. Aber ich freue mich, dass es überhaupt gekauft wurde. Ich habe dann im Museum die Details aufgenommen, ohne zu wissen, wofür ich die jemals gebrauchen würde. Die lagen hier fast zwei Jahre. Dann kamen dieser Krieg und die ganzen Meinungen, die Bilder und Berichte. Das fand ich ungeheuer kompliziert – all die widersprüchlichen Meinungen und Beurteilungen, für und gegen Krieg, für oder gegen Bush oder Saddam. Demgegenüber fand ich die Zeitungsberichte richtig wohltuend, zwar auch hilflos und vergeblich wie alles im Angesicht von Katastrophen, aber indem sie die Fakten so beschrieben, empfand ich sie als tröstlich, sie brachten so was Normales in das Geschehen.

Wussten Sie was Sie suchen?

Nein, d. h., ich wollte es erkunden, weil ich nicht so ganz verstehen konnte, was das Bild sagt. Es gibt Bilder, die eindeutiger sind, in ihrer Stimmung verständlicher, also entweder sehr aufgeregt oder still oder nahezu märchenhaft erzählerisch, dass sie fast gegenständlich oder surreal anmuten. Das hatte das nicht, es war eher nichtssagend, ich meine das gar nicht negativ.

Warum verzichten Sie gerade im Fall des Irak-Kriegs, wo der Krieg doch so sehr „Fernsehkrieg" war, auf die Arbeit mit Bildzitaten?

Sicher weil es das gab, diese Bildberichterstattung, und viel besser, als ich es je könnte. Das war also gar nicht mein Interesse. Natürlich habe ich auch solche Fotos gesammelt, aber nicht um damit etwas zu machen. Hier ging es um diese seltsamen abstrakten Bilder in Verbindung mit den Texten.

Sie stellen die 216 Fotodetails Ihres Gemäldes neben ebenso viele, vollständig zitierte Artikel, die alle der Frankfurter Allgemeinen Zeitung *vom 21. und 22. März 2003 entnommen wurden. Wieso haben Sie gerade diese zwei Ausgaben der Zeitung gewählt?*

Der Ausbruch des Kriegs war das markante Datum, das man sich merkt. So wie den 1. September 1939, der Hitlerkrieg. Allerdings scheint mir, dass sich der

21./22. März nicht so eingeprägt hat wie andere Daten, wie der 11. September zum Beispiel.

Wie haben Sie die Texte angeordnet? Systematisch chronologisch?

Nein, nur annähernd chronologisch. Es gab ja dieses strenge Raster, jede Seite mit festgelegten Anordnungen und Mengen. Aber das ließ noch genügend Freiraum für Bevorzugungen und für bestimmte Konfrontationen mit Bildern und für die Erhaltung einer gewissen Breite der Themen. Also einigermaßen ausgewogen. Die meisten Texte habe ich ja erst gelesen, als ich sie im Buch sah bzw. im Layout. Und so befreit von Überschriften und sonstigem Beiwerk konnte ich sie wie Literatur lesen: Das habe ich als sehr angenehm empfunden.

Man vergisst, dass hier viele Stimmen sprechen. Es sieht so aus, als spräche hier nur eine Stimme. Die Stimme der Zeit. Haben Sie das wirklich auch alles gelesen?

Ja, schon. Aber das ist so ähnlich wie bei den 48 *Portraits*. Da weiß ich heute auch nicht mehr, wer da alles dargestellt ist. Aber wenn ich dann einen Text ungelesen neben ein Bild platziert hatte, musste ich ihn auch lesen, um zu sehen, ob das funktioniert. Und das war dann das eigentliche Geschenk für mich: dass der Zufall wunderbare Kombinationen zustande bringen konnte.

Können Sie etwas zur Form Ihrer Arbeit WAR CUT sagen?

Das mit der Form meine ich sehr simpel. Wir müssen ja immer, egal auf was wir treffen, dem eine Form geben, damit wir überhaupt damit umgehen können. Denn das, was wirklich ist, ist ja so uferlos und ungestaltet, dass wir es zusammenfassen müssen. Und je dramatischer die Ereignisse sind, desto wichtiger ist die Form. Deswegen gehen die Leute zur Hochzeit in die Kirche, und zur Beerdigung brauchen wir einen Pfarrer.

Was ist im Fall von WAR CUT die Form? Die Tatsache, dass etwas zwischen zwei Buchdeckel gebracht wurde?

Die Buchdeckel und dann die Weise, wie dazwischen mit dem Inhalt umgegangen ist. All das Material ist auf 216 Blöcke reduziert, d. h., 216 Textflächen sind 216 Bilder zugeordnet. So, dass sich Texte und Bilder gegenseitig beeinflussen, ihren Sinn ändern, wobei sich die Bilder, weil sie ja viel offener und vieldeutiger als konkrete Texte sind, ungleich stärker verändern als Texte. Das ist wie bei abstrakten Bildern, wenn da ein Titel darunter steht, weiß man sofort, was gemeint ist.

Ein Element der Form von WAR CUT ist doch das fast „blinde" Nebeneinandersetzen von Bildern und Texten.

Ja, das ist hier ein Teil der Form, eine Methode, die erst einmal ganz formalistisch begrenzt ist, und damit zu einer Formulierung zwingt, so dass etwas Verstehbares, Ablesbares entstehen kann.

Im Grunde genommen haben Sie ein großes Vertrauen in die Form bzw. in die Zufälle, die die Form mit sich bringt.

Die Form ist doch das Einzige, was wir leisten können, um den grundsätzlich chaotischen Fakten und Attacken begegnen zu können. Etwas formulieren, das ist doch der große Anfang. Ich vertraue der Form, meinem Gefühl oder meiner Fähigkeit, dass ich schon die richtige Form dafür finden werde. Und wenn es nur ordentlich ist. Selbst das ist eine Form. Und was den Zufall betrifft, also seine Verwendung, die ja immer auch im Gegensatz zur freien Setzung und Erfindung gesehen wird, da ist John Cage für mich ein vorbildliches Beispiel. Seine aleatorischen Kompositionen sind ja nie die 1:1-Übernahme eines zufälligen akustischen Geschehens, sondern er hat erst einmal ein raffiniertes System entwickelt, um aus der blöden Fülle die Strukturen herauszufiltern. Und dann gibt er mit noch mehr Raffinement diesen Tonfolgen eine Form. Das ist doch dann nur noch Gestaltung, also Form – und das absolute Gegenteil von Zufall, von Natur, von Unrat.

Wenn man sagt, das Wichtigste ist die Form, könnte man das leicht formalistisch missverstehen, als würden Sie dem Krieg gleichgültig gegenüberstehen.

Nein, nein. Dieser Inhalt ist ja das Gegebene, das, was ist; und hier in dem Fall ist das Faktische eben so übermächtig, dass wir viel mehr Formulierungsversuche als woanders unternehmen müssen. Weil hier der Inhalt so bedeutend ist, ist auch die Form umso bedeutender. Wir haben sie einfach nötiger, um damit umgehen zu können.

Haben Sie ganz bestimmte Texte neben Ihre Fotos gestellt?

Das eher selten und nachträglich. Die Methode war ja, dass eine Reihe von Texten einer Reihe von Bildern zugeordnet wurde, ohne nachdenken zu müssen, ob etwas besser links oder rechts oder oben oder unten platziert sein muss. Oder ob ein bestimmtes Bild zu einem bestimmten Text passt oder nicht. Und das Resultat ist dann, dass das meiste passte, dass also nur ein paar ungünstige oder alberne Zusammenstellungen geändert werden mussten.

Diese Methode half also, die Unmengen an Material in den Griff zu kriegen. Aber die Bilderabläufe sehen nicht so aus, als hätten Sie sie dem Zufall überlassen?

Nein, das stimmt, die Bilder sind immer nach – wie nenne ich das: ästhetischen Kriterien? – geordnet. Ich habe die Bilder so platziert, dass ein Zusammenhang entsteht, nach Farben, Strukturen und sonstigen Merkmalen. Das Ganze fängt etwas indifferent an: Es war wie die Herstellung einer Erzählung oder eines Filmes, der irgendwie anfängt, der ruhige und wilde, böse oder phantastische Passagen hat und dann wieder ausklingt, im Weiß wieder endet. Ein Traum.

Der Zufall muss bei dem Buch eine viel größere Rolle gespielt habe, als ich es mir gedacht habe.

Na ja, die Arbeit mit dem Zufall war mir ja schon immer ziemlich wichtig. Deshalb erwähnte ich vorhin ja auch John Cage. Und tatsächlich ist mir der Zufall weit mehr als ein Werkzeug und eine Methode, um etwas aufzubrechen, zu verändern... Indem ich den Zufall als das Geschehen akzeptiere, das weit über mein Vorstellungsvermögen, über alles Verständnis überhaupt hinausgeht, nehme ich doch die Rolle dessen an, der nur darauf reagieren kann, der aber bei aller Ohnmacht etwas daraus machen kann, so weitgehend, dass es dann gar kein Zufall mehr ist. Und danach hat man einen neuen Zufall.

Wenn ein Text neben ein Bild tritt, dann verlieren beide ihre Unabhängigkeit. Es stellen sich sofort Bezüge her.

Manche Bilder passen ja erschreckend gut zu der Grausamkeit, dem Wahnsinn, den die Texte beschreiben. Und andere können sogar wie Illustrationen wirken, wenn der Text von Wüsten und Landschaften spricht.

Da sind Luftaufnahmen. Brennende Ölfelder. Lachen, Blut – all das steckt in diesen Bildern. Sie haben es nicht gemalt, aber es steckt drin. Manchmal steigen Geister aus den Bildern, Totenköpfe, Fratzen.

Das ist mir sehr recht.

Ihr Buch ist widersprüchlich. Als Arbeit eines Künstlers sagt es: So ist es, so sieht die Welt aus. Gleichzeitig aber sagt das gleiche Buch: So geht es nicht, so kann es nicht weitergehen. Das Buch erhebt seinen Einspruch gegen die Welt, wie sie ist, und bestätigt sie.

Ja, deshalb wollte ich eben auch versuchen, diesen Krieg von einer ganz anderen Seite her zu sehen. Mahnungen, Proteste usw. liegen mir nicht. Für mich ist es beides. Auch dieser trotzige Versuch.

Inwieweit ist WAR CUT ein Versuch, einen Krieg zu „bewältigen"? Ich habe ein paar Personen getroffen, die haben auf WAR CUT geradezu verärgert reagiert. „Der nimmt da alles, haut das einfach zusammen, das ist hochartifiziell, aber eigentlich ist das nur die Simulation von Anteilnahme" – so ähnlich haben die Vorwürfe geklungen. Ihre Kritiker werfen Ihnen vor, dass Sie auch eine Collage mit irgendetwas anderem hätten machen können. Die sehen hier eine „Ästhetik des schlechten Gewissens" am Werk. Ein Getue. Viele Ihrer Kritiker werfen Ihnen vor, dass Ihnen alles gelingt.

Das ist natürlich nicht so. Sonst hätte ich ja eine Collage mit dem anderen Material gemacht. Ich mache ja auch andere Sachen. Außerdem geht das gar nicht, wie soll man in dieser Welt sein, ohne davon betroffen zu sein. Selbst wenn man Blumen malt und Pfefferkuchen backt.

Hat Ihr Buch etwas mit Trauer zu tun?

Ja, und mit Wut. Zunächst mehr mit Wut, weil er stört, der Krieg, weil er uns unsere Ohnmacht zeigt, weil wir ihn offensichtlich nicht verhindern können, weil wir ihn nicht annähernd treffend beurteilen können. Deshalb habe ich es auch unbedingt vermieden, eine Meinung zu sagen, die ist hier ganz unnütz und gleichzeitig auch hinderlich bei dem Versuch, der Wahrheit etwas näher zu kommen.

Außerdem ist meine Meinung mit Sicherheit genauso falsch wie die meiner Freunde, die ja fast alle etwas arg vereinfachend und nahe am Kitsch den Krieg verurteilen und auf Bush schimpften. Sie merken, das ist nicht mein Thema. Ich halte den Krieg überhaupt nicht für unnötig. Sonst wäre er nämlich gar nicht da. Und wir sind noch lange nicht so weit, dass wir auf Kriege verzichten können. Aber wie gesagt, ich hatte nicht so viel Anlass zur Trauer. Da ist mir der 11. September mehr zu Herzen gegangen. Da war ich betroffen. Der 11. September war in dieser Hinsicht das stärkere Entsetzen.

Ich frage das auch, weil Sie zu einer Generation gehören, die den Zweiten Weltkrieg noch erlebt hat. Bringt das eine besondere Wahrnehmung des Themas Krieg bei Ihnen als Person hervor?

Ich denke, ja, das sind Erfahrungen, die wie ein Grundthema vorhanden sind. Aber hier, diese Collage, *WAR CUT*, hat wenig mit Trauer zu tun. Ich kann's aber nicht beschreiben.

Sie insistieren auf der Erinnerung. Sie halten eine Wunde offen. Das ist unzweifelhaft, ob Sie es wollen oder nicht, eine Form der Anteilnahme.

Doch, das ist es. Aber die schönste Lust war die, das fertige Buch am Ende zu bemalen. Die Arbeit war abgeschlossen. Da hat es Spaß gemacht, so etwas Schönes zu machen. Ich habe überhaupt wieder zum Malen zurückgefunden. Das war ja der Anfang nach einer langen Pause. Ich hatte ja zwei Jahre nicht mehr gemalt. Das war wieder der Anfang. Das war gut, so etwas herzustellen. So etwas Märchenhaftes, Phantastisches. Das ganze Gegenteil von Krieg.

Interview mit Jan Thorn-Prikker 2004

Was war der Ausgangspunkt Ihrer neuerlichen Beschäftigung in Dresden?

Die Flut[1] natürlich. Sie war es, die das mobilisierte, was bisher wohl schlief. Als Helge Achenbach mich vor zwei Jahren fragte, an der Auktion zugunsten von Dresden teilzunehmen, habe ich, ohne viel nachdenken zu müssen, mein größtes Bild dafür vorgeschlagen und damit ein Bild, das eine gewisse Signalwirkung hat und auch einen richtigen Preis bringt.

Die Auktion war sehr erfolgreich und Ihr Bild Fels *(1989) brachte 2,6 Millionen Euro.*

Worüber ich sehr glücklich war. Und dass dann derjenige, der es ersteigert hatte, das Bild den Dresdnern auch noch als Dauerleihgabe zur Verfügung stellte, das überstieg alle meine Erwartungen.

Dann steht eigentlich am Anfang Ihrer Wiederbeschäftigung mit Dresden schon wieder eine Zerstörung, diesmal durch eine Naturgewalt. Das ist zwar ein Zufall, aber vielleicht ist das doch nicht unwichtig. Die Not lenkt den Blick.

...und bewegt das Herz *(lacht)*. Ich war ja vorher auch schon mal in Dresden, aber das hatte mich nicht weiter beschäftigt, es war sehr schön, alles wieder zu sehen, dieses seltsame barocke Ensemble, die Brühlsche Terrasse, die Hofkirche, Zwinger, Schloss, Oper, die Gemäldegalerie. Mir wurde klar, dass das schon sehr viel mit meiner Entwicklung zu tun hat, dass das alles eine ganz eigene Kultur darstellte, die mich sehr geprägt hat, mehr als es mir je bewusst war.

1986 war ich schon einmal in Dresden und habe dort an der Ausstellung *Positionen*[2] teilgenommen, die im Rahmen des Kulturaustausches – damals noch zwischen der DDR und der Bundesrepublik – stattfand.

Danach bin ich noch zwei- oder dreimal da gewesen. Einmal zusammen mit meiner Tochter, um ihr das alles zu zeigen. Dann vor zehn Jahren mit meiner Frau. Und dann noch mal mit Benjamin Buchloh[3] zu der Ausstellung *Zeichnungen und Aquarelle*[4] im Jahr 2000.

Wie hängt die Einrichtung eines Gerhard-Richter-Saals im Albertinum mit dieser Spendenaktion zusammen? Ist das Museum bei diesem Anlass auf Sie aufmerksam geworden und auf die Tatsache, dass Sie aus Dresden stammen?

Das denke ich. Die Kontakte auf der Museumsebene haben sich erst nach der Flut ergeben, eigentlich erst im Februar dieses Jahres als Martin Roth mir sagte: „Sie müssen nach Dresden, wir wollen einen Richter-Raum im Albertinum haben – und ein Richter-Archiv wollen wir auch.“ Da bin ich direkt hingefahren, d. h. geflogen.

Was ist in Dresden genau geplant?

Es geht um drei Räume, die bislang mit Gegenwartskunst bestückt waren. Die setzte sich zusammen aus Schenkungen, Ankäufen und Leihgaben – zwangsläufig etwas unzusammenhängend. Die anderen ungefähr 350 Bilder werden ab heute (21.6.04) abgehängt. Dann wird Raum für Raum renoviert und danach werden die Bilder wieder, nur in einer neuen Ordnung, aufgehängt. Darüber haben wir diskutiert. Ulrich Bischoff, der Direktor mit seinen Mitarbeitern, wird eine geänderte Folge der Bilder mit einzelnen Schwerpunkten präsentieren. Vielleicht wird sich der Rundgang im zweiten Obergeschoss dann in sechs Ausstellungen gliedern, beginnend mit Caspar David Friedrich, und mit Richter endend.

Rund 40 meiner Bilder werden dort gezeigt, elf davon kommen aus privaten Sammlungen, der Rest kommt von mir. Da wird ein Überblick aus den letzten 40 Jahren zu sehen sein. Das wird ganz gut.

Worum geht es bei dem Interesse an Ihrem Archiv?

Das ist auch ein schönes Vorhaben der Dresdner und ich hoffe, dass sich das auch wirklich einrichten lässt. Das Archiv würde erstmal alles Gedruckte haben und zugänglich machen: also alle Kataloge, Bücher, Plakate; die Aufsätze, die Presseberichte, die Werkverzeichnisse mit allen Informationen über einzelne Bilder und so weiter und so weiter. Das ist eine Menge Zeug, das da aufzubewahren wäre, zu betreuen und verfügbar zu machen. Es würde also die zentrale Stelle für alle Interessierten sein und natürlich wäre sie auch viel effizienter als es mein Atelierbüro je sein könnte.

Sie beschäftigen sich seit einiger Zeit mit den Anfängen Ihrer eigenen Geschichte in Dresden?

Das kam ohne Absicht. Als ich letzten April mit meiner Frau und den Kindern nach Dresden fuhr, war ich erstaunt, dass mir längst vergangene Straßennamen einfallen, und ich habe dann die Orte aufgesucht, wo ich als Kind war, als Jugendlicher, als Student.

Sie sind in Dresden geboren, haben aber die ersten Jahre in Zittau gelebt?

Bei Zittau, in Reichenau. Als ich drei Jahre alt war, zogen wir dahin, weil mein Vater dort eine Lehrerstelle bekam. Warum das so war, weiß ich nicht, genauso wenig wie die Gründe für den zweiten Umzug nach Waltersdorf, auch wieder im Umkreis von Zittau. Das war ungefähr 1942.

Ihr Vater war in den entscheidenden und prägenden Jahren ihrer Kindheit im Krieg, von 1939 bis 1946, als er dann aus amerikanischer Gefangenschaft zurückkam, war er für Sie eigentlich immer abwesend.

...und danach war ich ihm – oder wir, die Familie – so entwöhnt, dass wir gar nichts Richtiges miteinander anfangen konnten. Kein Einzelfall war das.

Sie waren zehn als Sie nach Waltersdorf kamen.

Ja, deshalb ist auch der Ort viel deutlicher in meiner Erinnerung, dort erlebte ich ja auch die entscheidenden Sachen. Das Ende des Krieges, den Umsturz, die erste Nachkriegszeit. All diese Abenteuer und die Ansätze von Verständnis, Weltanschauung, mein Bekenntnis zum Atheismus, was weiß ich.

Sie haben in Waltersdorf gelebt, als Dresden zerstört wurde. Haben Sie davon etwas mitbekommen?

Das war zu weit weg, fast 80 Kilometer Luftlinie. Ich weiß, dass wir bei dem Bombardement alle auf der Straße waren, weil es im Rundfunk kam und die Leute sagten: „Hörst du nicht, wie es wummert"? Ich denke, es war Einbildung. Aber dass da etwas Schreckliches geschah, das wussten wir ganz genau.

1945 waren Sie 13 Jahre alt. Können Sie sich noch an Dresden vor der Bombardierung erinnern?

Nur sehr vage. Erst vor ein paar Monaten erinnerte ich mich plötzlich an die Großenhainer Straße, die Hausnummer 18b, da wo ich geboren bin. Dann die Tieckstraße, wo meine Urgroßmutter wohnte, unweit davon war das Stammhaus vom Zirkus Sarrasani, in dem ich als kleiner Junge die Elefantenställe durch die Kellerfenster sehen konnte. Der Nähkasten meiner Urgroßmutter – ein präpariertes Gürteltier. Ein von der Leiter fallender Mann, den nur ich gesehen hätte, wie meine Eltern behaupteten. Was da so alles auftaucht...

Den Krieg in einem kleinen Dorf zu erleben, wo es weder Bombardierung noch Vertreibung gab...

...war abenteuerlich genug. Die zurückweichenden deutschen Soldaten, die Trecks, die russischen Tiefflieger, die die Flüchtlinge beschossen, Schützengräben, viele Waffen, die rumlagen, Geschütze, kaputte Autos. Dann der Einmarsch der Russen, auch da ganz arme Teufel darunter – Plünderungen, Vergewaltigungen, ein riesiges Zeltlager, wo wir Kinder manchmal Graupensuppe bekamen.

Eine aufregende Zeit?

Ja, die ich ganz toll fand. Ich habe die Soldaten beneidet, die da mitmachen durften. Ich war fasziniert, so wie alle Kinder oder alle Jungs. Ich bin durch die Schützengräben durch. Dann kamen die sowjetischen Tiefflieger, die die Trecks beschossen haben. Ich fand das alles ganz toll. Ich habe die Soldaten beneidet, die in der Scheune lagerten. Mich hat erst ein Soldat zur Besinnung gebracht. Dir Rotzlümmel, Dir sollte man den Arsch versohlen. Da kriegte ich einen Schrecken. Das hat mir ein bisschen zu denken gegeben.

Haben die Erwachsenen mit Ihnen über den Krieg gesprochen?

Doch, das schon. Mitnehmend war, wie die Brüder meiner Mutter gefallen waren. Der erste und dann der zweite. Wie die Frauen schrieen. Das vergesse ich nie. Wenn so der Briefträger kommt und bringt das Telegramm: „Für Volk und Vaterland gefallen" – daran erinnere ich mich ganz genau. Auch an die kleinen Feinheiten. Wir haben erst gedacht, der andere Bruder ist gefallen. Und dann lesen wir noch einmal und dann sehen wir, also das ist ja gar nicht der Fred, das ist ja der schöne Rudi[5]. Da haben die beiden Frauen noch mal und viel mehr geschrieen.

Wie war diese Zeit in Waltersdorf, gehörten Sie irgendeiner Organisation an, waren Sie jemals politisch aktiv?

Automatisch sozusagen, mit so einem Wechsel der Systeme. Also mit 14 Jahren sofort in der FDJ, aktiv als Kassierer. Dann in die Liberaldemokratische Partei eingetreten und dann bald wieder ausgetreten, jedes Mal aus Überzeugung. Und ich war dann kulturell sehr aktiv, war Mitglied einer Laienspielgruppe, nahm an Malkursen teil. Diese ersten Jahre nach dem Krieg auf dem Dorf, die waren schon unglaublich schön.

Es gab plötzlich Bibliotheken, die aus enteigneten Häusern kamen. Cesare Lombroso: Genie und Wahnsinn, Hesse, Stefan Zweig, Feuchtwanger, diese ganze große bürgerliche Literatur. Eine wunderbare freie Zeit war das. Da vergisst man wohl gerne die anderen Seiten.

Das Chaos als Chance. Der Zusammenbruch als Atemholen zwischen zwei Zeiten?

Ja, sicher. Natürlich war das eine sehr unordentliche Zeit bis zur Akademie, – etwas Schule, ein paar Jobs, ein halbes Jahr Bühnenmaler, ein halbes Jahr Plakatmaler und zuletzt Betriebsmaler für ein ganzes Jahr.

Was heißt das?

Ich hatte mich mit 18 Jahren an der Akademie beworben, wurde abgelehnt, aber die Prüfer gaben mir den Rat, eine Arbeit in einem volkseigenen Betrieb zu suchen. Ich fand eine Stelle in einer großen Zittauer Textilfabrik, und nach einem Jahr delegierte mich der Betrieb zum Studium an die Dresdner Akademie.

Da waren Sie 19 Jahre alt. In welchem Zustand war die Dresdner Akademie unmittelbar nach dem Krieg?

Es gab noch erhaltene Gebäude oder Gebäudeteile, vor allem in der Güntzstraße, wo alle Anfangssemester studierten, dort war ich zuerst. Was ich gut erinnere ist, dass wir sehr oft, eigentlich täglich, durch die Trümmer von dem einen Gebäude zum anderen Gebäude gingen, von der Güntzstraße zur Brühlschen Terrasse und umgekehrt. Die ganze Stadt nur Trümmer.

Sie kamen ja von einer Handelsschule, da wird man ja normalerweise nicht zum Künstler ausgebildet? Woher kam der Anstoß? Wer war derjenige, der Ihre musischen Interessen geweckt hat?

Die Mutter war sehr musisch interessiert. Aber Sie hatte mit bildender Kunst nichts zu tun. Es gab ein paar Kunstbücher. Pompeji und Dürer, Corinth und ähnliches. Ich malte gern, zeichnete viel, sammelte dann Kunstdrucke, schrieb Gedichte, also die übliche Entwicklung. Und dann findet man die, die die gleichen Interessen haben, und dann landet man an der Akademie.

Was sind die ersten Eindrücke aus der Akademie?

Also erstmal war es etwas ganz Tolles, überhaupt an die Akademie zu kommen, selbst das demolierte Gebäude an der Brühlschen Terrasse war eben wahnsinnig imponierend. Und dass man da nun dazugehörte und die Lehrer echte Künstler waren. Nach und nach relativierte sich das und das strenger werdende System sorgte schon dafür, dass man so seine Methoden entwickelte, damit zu leben. Dass es jeden Morgen um acht klingelte, war ja nur ein Zeichen für all die Zumutungen, für die Fächer wie Gesellschaftswissenschaft, Polit-Ökonomie und Russisch. Auch Ästhetik war ein furchtbares Fach, weil ein Typ uns beweisen wollte, welche Bilder sozialistisch, also gut waren.

Man darf ja nicht vergessen, wir sprechen über eine Akademie in den Gründungsjahren der DDR . Das muss ja eine seltsame Mischung gewesen sein. Ein liberales Klima zu Beginn, das sich dann mit jedem weiteren Jahr hin zu einer strengeren Formierung veränderte. Man hat sich ja dann dogmatisch auf die Doktrin des Sozialistischen Realismus festgelegt.

So habe ich das erlebt. Es wurde immer verfestigter. Zum Beispiel durften Bücher ab dem Impressionismus nicht mehr ausgeliehen werden, weil ja ab da die bürgerliche Dekadenz begann. Oder der Formalismus, das war die andere Bezeichnung für das Schlimme. Ausgenommen waren davon nur die Künstler, die sich zum Kommunismus bekannten. Guttuso und Picasso und ein paar andere, die durften auch formalistische Bilder malen. Und ich ergriff auch etwas diese Chance, übernahm vieles von Picasso und Guttuso, und die Bilder, die ich in dieser Art malte, wurden immer schlechter und schiefer.

Ich stelle mir eine Bereitschaft zur Anpassung bei Ihnen vor und gleichzeitig eine Unfähigkeit so zu malen, wie man es von Ihnen verlangte.

Ja, sicher, ich war jung. Da kam etwas Zwitterhaftes raus, dekorativ modernistisch. Und als ich dann so was in einer der großen Dresdner Jahresausstellungen[6] zeigte, wurde ich namentlich im englischen Rundfunk erwähnt. Mir erschien das als unangebrachter Ruhm, als die falsche Wichtigkeit und dafür genierte ich mich schon. Ich mochte auch nicht die dissidentischen

Gruppen, die dann so einen bestimmten Dünkel hatten oder entwickeln mussten.

Sie haben sich bemüht, in Frieden mit dem System zu leben?

Ja, das habe ich eigentlich immer gewollt, obwohl ich anders dachte. Wir hatten ja auch immer diese große Illusion von einem „dritten Weg". Das war die hoffnungsvolle Mixtur aus Kapitalismus und Sozialismus. Ich weiß auch, dass ich oft dankbar war über schlechte Meldungen aus dem Westen, d.h. wo der Westen entlarvt wurde als ein System, was wirklich furchtbar ist. Anders kann man sonst gar nicht existieren da, sonst muss man sich ja nur schämen, dass man immer noch da lebt, wo man lebt. Da war dieser „dritte Weg" schon ein idealer Traum.

1959, also zwei Jahre nach Ihrer Studentenzeit an der Akademie, besuchten Sie die Documenta II.

Auf der Suche nach einer akzeptablen Form von gegenständlicher Malerei, die dem Bild eines „dritten Weges" entsprach. Aber was mir dann wirklich dauerhaften Eindruck machte, waren die Bilder von Pollock, Fontana und Fautrier.

Die Documenta II *legte den Schwerpunkt auf die amerikanische Malerei. Werner Haftmann erklärte damals die Abstraktion zur Weltsprache. Warum haben gerade Jackson Pollock und Lucio Fontana Sie so beeindruckt? Gegenständlich ist das ja nun wirklich nicht gerade.*

Aber radikal anders, rücksichtslos; unfassbar, dass so etwas da ausgestellt war.

Zurück nach Dresden. (Jan Thorn-Prikker zeigt Gerhard Richter verschiedene Fotos von Dresden vor und nach der Bombardierung.)

Hier mischen sich ja alle Erinnerungen, die echten und die anderen, die von den Bildern, den Fotos der Kindheit stammen. Das kann man schon mal verwechseln.

Der goldene August auf dem Pferd in der Neustadt, gegenüber vom Haus der Deutsch-Sowjetischen Freundschaft. Rechts geht's zur Tieckstraße und weiter links zur Großenhainer Straße, wo ich geboren bin.

Der Postplatz, der war am 17. Juni wichtig. Da konzentrierte sich das Geschehen und wir flitzten da hin, während der Maler Harald Metzkes in der Akademie blieb und malte. Da stand ein Motorradfahrer, den ich anschrie, damit er seinen knatternden Motor abstellte, denn irgendein Protestierer hielt eine Rede, dass wir nichts zu verlieren hätten, als unsere Ketten. Aber dass der Metzkes weiter malte, nagte etwas an mir, denn ich nahm es als Zeichen von ungebrochenem Malertum.

Der Altmarkt, die Kreuzkirche. Alles sehr intakt. Wahrscheinlich die Prager Straße vom Hauptbahnhof aus gesehen. Nur vage Erinnerungen, nichts Konkretes. Als ich später wieder da hinkam, war da nichts, gar nichts, nur Trümmer, Trümmer, genauso sah es aus.

Das muss die Straße zur Güntzstraße sein. Ich erinnere den romantischen Eliasfriedhof, wild zugewachsen. Den Innenhof der Akademie. – Da auf dem Hof, bekam ich zum ersten Mal zwei Fotobücher über KZs, die KZ-Greuel, zu sehen. Anfang 20 war ich da. Ich vergesse das nie. So was wie ein Protokoll, mit dokumentarischen Fotos. Furchtbare Aufnahmen. Vielleicht war es sogar ein amerikanisches Buch. Denn ich weiß auch, dass ich mich im Nachhinein gewundert habe, dass die DDR nicht mehr daraus gemacht hat. Das war fast wie ein geheimes Buch. Es war wie der Beweis, Schwarz auf Weiß, davon, was man immer halb gewusst hatte.

Hier die typischen tapezierten Zimmerwände mit Resten oder Spuren der Einrichtungen. Das was übrig blieb, die Fassaden, Brandmauern über mehrere Stockwerke, wie Bilder.

Die DDR war lange Zeit immer das Land mit der unüberwindbaren Grenze. Ein Land, dessen Bewohner nicht aus freien Stücken reisen konnten. Konnten Sie Auslandsreisen machen?

Jein. Das absolute Reiseverbot gab es erst nach der Mauer (1961). Bis dahin gab es ja auch das große Fenster Westberlin. Ich konnte eigentlich jeden Sommer nach Westdeutschland fahren. Ich stellte einen Antrag, mein Professor befürwortete diesen, und damit erhielt ich die Genehmigung. Heinz Lohmar[7], ich mochte ihn. Einmal war ich in Paris. Ich dachte, ich würde dort alle die Künstlertypen treffen, sah aber keinen.

Sind Sie mal in Italien gewesen?

Nein. Damals nie. Aber einmal bin ich über Warschau nach Moskau und Leningrad mit dem Zug. Der Zug kam in Berlin an und fuhr direkt weiter nach Westberlin. Ich bin sitzen geblieben, habe meinen Koffer in die Gepäckaufbewahrung gegeben, bin zurück nach Dresden und habe zu meiner damaligen Frau gesagt: „Komm, wir hauen ab".

Also eine Entscheidung aus dem Moment heraus?

Nein, das war schon geplant. Die Moskaureise war nur der Anstoß, sofort abzuhauen. Das war 1961, kurz vor dem Mauerbau.

In der Zeit sind Zehntausende aus der DDR geflohen. Sie haben also das allgemeine Meinungsklima dieser Jahre, dass man in der DDR nicht leben kann, geteilt?

Ja, genau so.

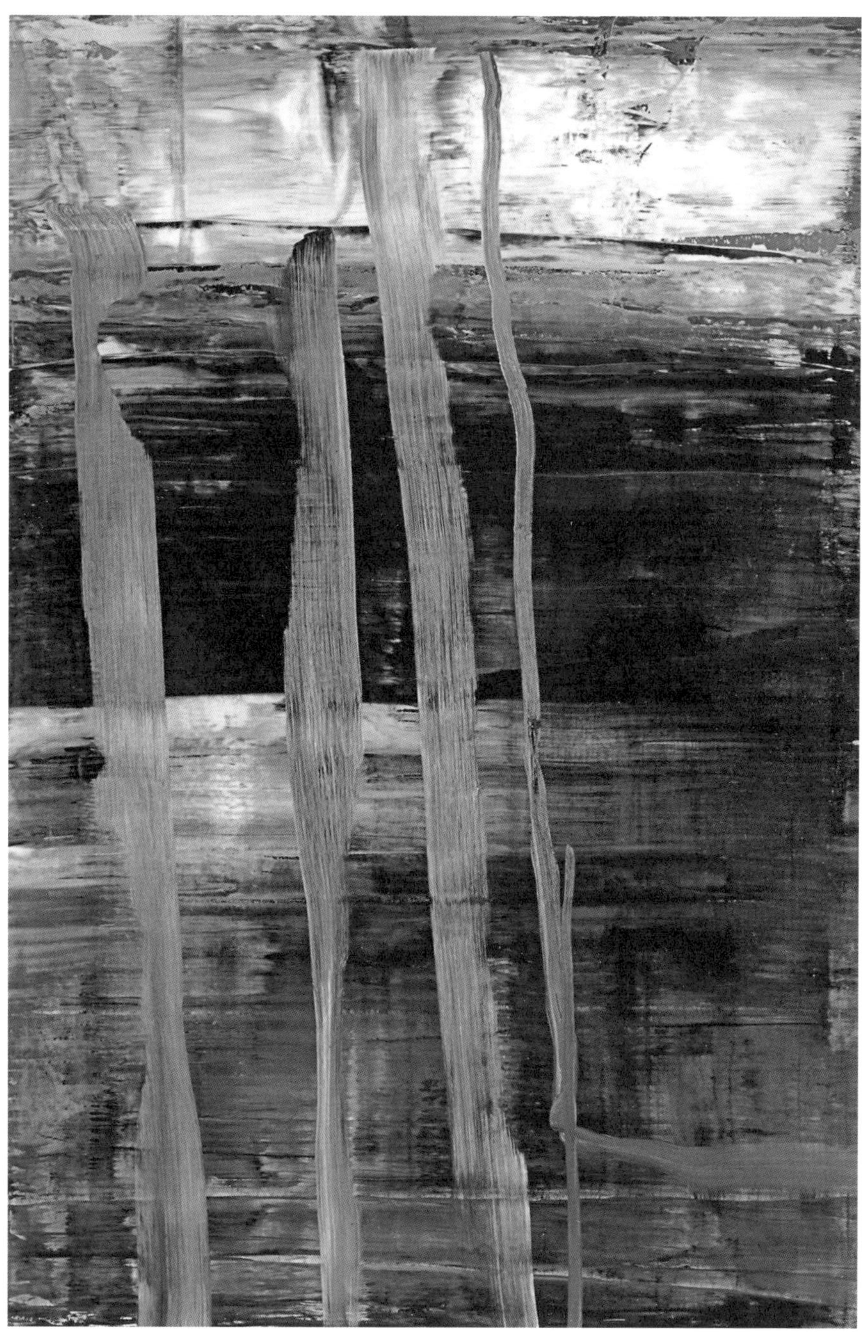

Wald (2), 2005

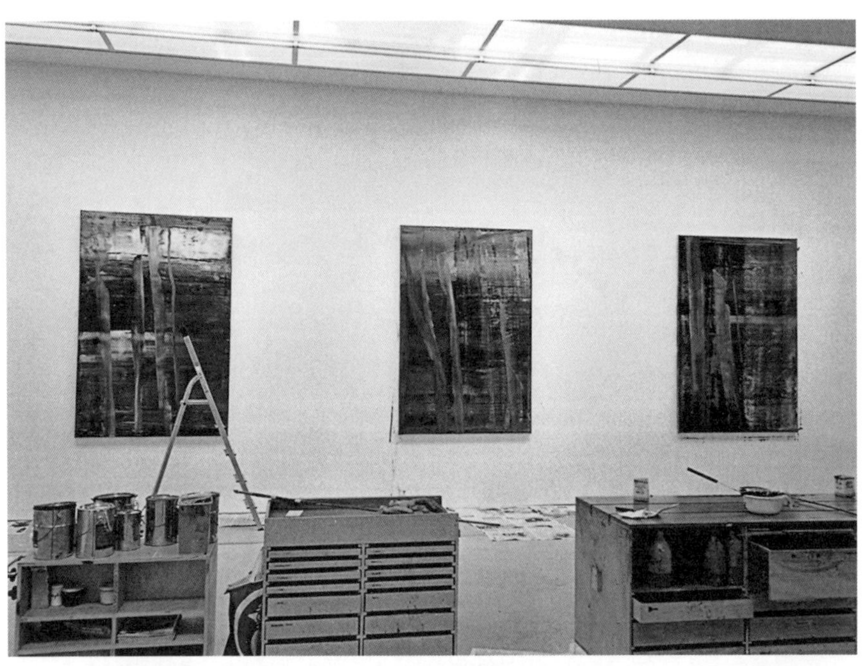

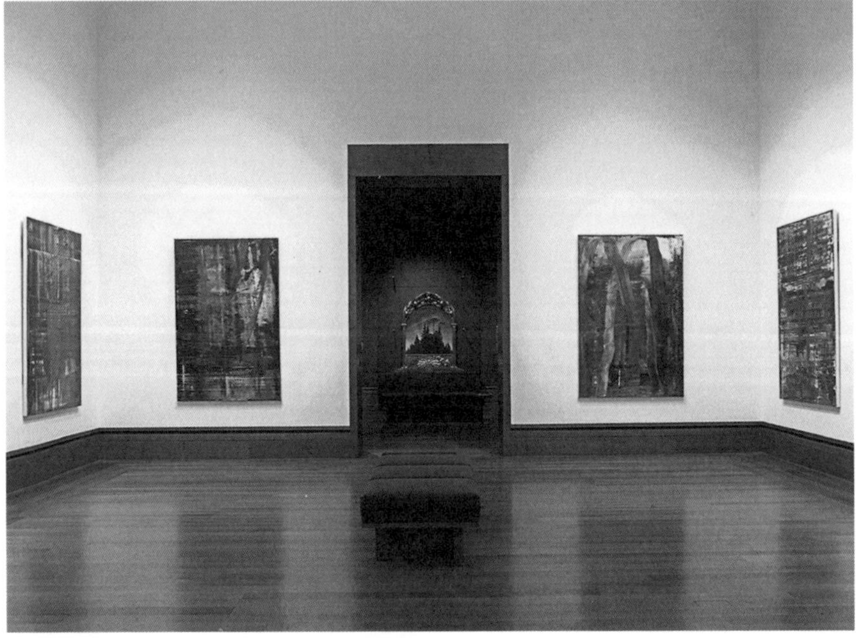

Atelier, 2005
J. Paul Getty Museum, Los Angeles 2006

Was hat Sie in der DDR am meisten gestört? Es ging Ihnen ja nicht schlecht. Sie waren ja damals ein junger Maler, hatten bereits Aufträge, standen am Anfang einer Karriere.

Na ja, so rosig sah es nicht aus, aber mir ging es relativ gut. Ich hatte damals schon ein Motorrad und später dann ein Auto, einen Trabant. Das eigentlich Unerträgliche war die Hoffnungslosigkeit, waren die Zwänge zum Verbiegen, was soll ich sagen, zum Kompromiss, zum Anpassen. Ich hatte das Gefühl, dort gar nicht das rauskriegen zu können, was für mich richtig und notwendig wäre. Es gab ja Kollegen, die sich da besser einfügten, oder auch in der Resistenz lebten und ihre Sache machten. Aber das lag mir nicht, ich bin mehr fürs akzeptiert werden. *(lacht)*

Brauchen Sie die offizielle Anerkennung?

Ich sag's andersrum: Ich wollte zu keiner Zeit ein unverstandener Künstler sein, ein Außenseiter, ein Bürgerschreck. Nie. Schon vor 50 Jahren sah ich es mit Genugtuung, dass in den Blütezeiten der Kunst die Künstler eher Staatskünstler waren als Freaks, dass sie als hoch gebildete Meister zu den Spitzen einer Gesellschaft gehörten. Davon zehren wir noch heute.

Hat Ihr vorhin erwähnter jugendlicher Atheismus mit Nietzsche zu tun? Ihre Familie war doch streng protestantisch.

Mein Vater, ja. Aber das öffentliche Klima war ja sehr antichristlich. Und außer Nietzsche und Schopenhauer und der Freigeisterei meiner Mutter gab es ein Buch, der Autor hieß glaube ich Selbmann, ein Wirtschaftswissenschaftler, ein Marxist, der hat etwas wie eine kleine Weltanschauung geschrieben. Über den Dialektischen Materialismus. Das hat mich sehr beeindruckt.

Für mich war der Dialektische Materialismus ein Versuch, eine wissenschaftliche Erklärung der Welt zu geben. Da wurde auf Fragen, warum etwas so ist, wie es ist, immer eine Antwort gegeben. Das entsprach meinem Wunsch nach Sachlichkeit. Materialismus war für mich ein philosophischer Seitenzweig der Sachlichkeit. Können Sie das teilen?

In meiner Jugend hätte ich das wohl ganz genauso gesehen. Im Konfirmandenunterricht ging mir auf, dass ich gar nicht an den Gott glauben kann. Ich war sehr erschrocken und hatte natürlich auch Angst. Da war ich 14.

Sie haben später immer prononciert das „Unideologische" betont, den Wunsch auf keine Ideologie reinzufallen, keiner Ideologie anzugehören. Das scheint ja seine Wurzeln in diesen Anfängen zu haben: Glauben, das ist nicht meine Sache, haben Sie wohl mal gesagt.

Das ändert sich langsam.

Ich meine, dass es eine grundsätzlich religiöse Tendenz in Ihrem Werk gibt. Da sind z. B. die Vanitasmotive. Die Neigung zur Erhabenheit mancher Motive. Heute hängt hier in Ihrem Atelier in Köln der Entwurf für ein Kirchenfenster[8]: Und nicht zuletzt sind es die zwei

Kreuze, die Sie als Objekte gemacht haben. Eigentlich sind das ja nur die Maße Ihres eigenen Körpers in der Höhe und Breite. Das Kreuz sind Sie ja selber stehend, mit ausgebreiteten Armen.

Ich bin ein Sympathisant der katholischen Kirche. Ich kann zwar nicht an Gott glauben, aber ich finde die katholische Kirche großartig.

Was beeindruckt Sie so?

Sie hat uns geprägt, die christliche Kultur, die es gibt auf der Welt. Ich bin dankbar für die große Kunst, die Musik, die schönste Architektur, für die Literatur und Philosophie, die ja auch dann noch durch und durch katholisch ist, wenn sie den extremen Atheismus predigt.

Alles, was Sie an Kunst verehren, kommt aus diesem Denken. Da nehmen Sie die Religion dankend in Kauf, ist das so?

Na ja, es ist schon mehr. Als wir unsere beiden Kinder hier im Dom taufen ließen, hatte sich meine Einstellung zur Kirche sehr geändert, ich merkte allmählich, was die Kirche bieten kann, wie viel Sinn sie gibt, wie viel Halt, Trost und Geborgenheit.

Auch das ist im Kern eigentlich keine religiöse Begründung für die Religion, sondern eine praktische und eine ästhetische Begründung. Sie schätzen die Kraft der Rituale und den Halt der großen Formensprache. Das bedeutende Wort, den Raum, der uns schützt, das große Bild, die Vision vor Augen, der Klang der Musik. Die Hoffnung auf etwas, was größer ist, als wir selber es sind.

All das, was wir brauchen.

Spielte Literatur in Dresden für Sie eine Rolle?

Sehr sogar. Vor allem Thomas Mann. Und als ich damit in den Westen kam, musste ich merken, dass ich mich damit eher lächerlich machte. Er war nicht progressiv, nicht radikal – er war bürgerlich, das waren die wichtigsten Schlagworte dieser Zeit.

Konnten Sie im Westen überhaupt irgendetwas fortsetzen, oder war es ein Rückschritt auf den Nullpunkt?

Eher die Ankunft bei Null. Das machte auch Angst, diese plötzliche Freiheit, die ja nichts anderes war als Verlassenheit. In meiner Not bin ich ja dann nach Düsseldorf an die Akademie gegangen, um überhaupt ein Zuhause zu haben. Da traf ich zum Glück einen ehemaligen Kommilitonen aus Dresden wieder. Er wohnte in Düsseldorf, erklärte mir, dass Düsseldorf ein Zentrum der modernen Kunst sei und ließ mich die ersten Wochen bei sich wohnen. So blieb ich dort und ging nicht nach München, wo ich anfangs dachte, hingehen zu müssen.

Sie wurden 1961 also noch einmal Student, mit 29 Jahren – ein „verspäteter Maler"?

Und da ich ein bisschen jung aussah, etwas kindlich war, fiel das nicht so auf. Der Polke war neun Jahre jünger als ich. Konrad Fischer sieben Jahre. Palermo elf Jahre. Alle waren jünger als ich. Und die eigentlichen Altergenossen, die Zero-Leute[9], die waren für mich die Älteren.

Wie haben Sie Ihre Lehrer gefunden?

Damals war es so, dass man nur einen Professor finden musste, der einen in seine Malklasse aufnahm, damit war man eingeschriebener Student. Der freundlichste schien mir Ferdinand Macketanz, bei ihm blieb ich wohl ein Semester, dann wechselte ich zu K.O. Götz, den ich interessanter fand, der auch die interessanteren Studenten hatte, z. B. Konrad Fischer.

Bei Macketanz malte ich wie ein Besessener, so zwischen Dubuffet, Giacometti, Tàpies und vielen anderen. Eine Art Crashkurs in Nachkriegsmalerei – später habe ich das alles im Hof der Akademie verbrannt. Bei K.O. Götz fand ich es ganz toll, dass er ins Atelier kam und sagte: „Lassen Sie sich nicht stören".

Ihre Picasso-Begeisterung hat also genau bis Düsseldorf gehalten und war dann vorbei. Von da an konnten Sie so malen, wie Sie es wollten?

Na ja. Es dauerte schon ein gutes Jahr, bis ich überhaupt und ansatzweise wusste, was ich wollte, was mich interessierte und was zu mir passt.

Düsseldorf bot ja damals sehr viele Anregungen?

O ja, es war ungeheuer aufregend mit all den Ausstellungen und Veranstaltungen, den vielen Künstlern. Und dazu kam der große Glücksfall, dass ich dort an der Akademie die richtigen Freunde fand, also Sigmar Polke, Konrad Fischer und Palermo, wir erlebten alles gemeinsam, die ersten Happenings, die Fluxus-Auftritte[10], die schon eine ungeheure Wirkung hatten.

Aber Fluxus war doch auch eine komische Bastelbude.

Damals erschien mir das nicht so, und wenn man von den Mitläufern absieht, gibt es doch einige, die geblieben sind: Nam June Paik, Beuys und Cage natürlich.

Gehörte John Cage zu Fluxus? Für mich war er der große Star, den ich von Fluxus getrennt wahrnahm. Er war „der Künstler", der Rest war „die Bewegung".

Das ging mir genauso. Und später lernte ich seine Musik lieben, sie wurde mir so was wie ein Leitbild.

Sie hatten im Zusammenhang mit der Documenta II, 1959 erwähnt, dass Jackson Pollock und Lucio Fontana Sie beeindruckten. Gab es später andere wichtige künstlerische Positionen für Sie? Jemanden, den Sie „einholen und überholen" konnten, um es im Sowjetjargon zu formulieren.

Beeindruckend waren die Pop-Artisten, die ganze Bewegung und dabei vor allem Warhol und Lichtenstein. Und danach kam Minimal- und Concept-Art, das war ähnlich beeindruckend für mich, nur etwas schmerzhafter, weil sie von der Aktualität her die Pop Art alt machten. Zum Glück ist das nur die halbe Wahrheit, und die Lust zum Malen bleibt sowieso das Wichtigste. *(Thorn-Prikker und Richter betrachten ein Foto der Wandmalerei aus dem Hygiene-Museum)*

Meine Diplomarbeit[II]. 1956. 5 × 15 Meter.

Die ganze Kunstgeschichte kommt mir hier entgegen: Botticellis Venus*, Manets* Frühstück im Grünen *und* Der Reigen *von Matisse.*

Wie sollte es anders sein. Die Kunstgeschichte war damals das ganz große Pflichtfach, und die lieferte alle Vorbilder.

War das eine lästige Pflicht oder eine eher angenehme selbstverständliche?

Eine selbstverständliche, auch mühevolle, aber insgesamt eine wunderbare Sache, ein Schatz sozusagen, daraus leiten sich die Kriterien ab, die Maßstäbe. Heute ist das wohl etwas out.

Der Bezug auf Tradition und alles Handwerkliche ist heute ein rotes Tuch in der modernen Kunst. – Aber zurück zu dem Bild, das doch auch eine seltsame Mischung zwischen der „Kraft durch Freude"-Ästhetik der NS-Zeit und typischer DDR-Malerei ist. Zwei Formen ästhetischer Idiotie.

Ja, und deshalb hat es auch die unangenehme Biederkeit. Der junge Maler hatte sie etwas modernistisch aufzumöbeln versucht.

(Ein anderes Foto) *Dies hier ist ein Wandbild für das SED-Parteihaus. Die Niederschlagung einer Arbeiterdemonstration durch berittene Polizei.*

Noch modernistischer, ganz in der Manier von Guttuso. Aber ich hatte nie Probleme damit, dass ich so was mal gemalt habe. Irgendwie gefällt mir sogar der naive Elan, diese Lust am Herstellen-Können, und ich mag auch die gewisse Respektlosigkeit gegenüber der Ideologie – nichts als Theater, das war mir schon klar. Auf jeden Fall ist es sehr gut, dass das Bild jetzt nur noch als Abbildung existiert.

Wann beginnen Sie das zu tun, was Sie wollen?

In Ansätzen habe ich das immer getan. Aber um es gewissermaßen ganz zu tun, musste ich schon die DDR verlassen. Sonst hätte ich vielleicht immer wieder Kompromisse oder Theater gemacht.

(Sie betrachten verschiedene andere Fotos von Bildern) *Das ist der* Hirsch*, der nur in der Mitte richtig ausgemalt ist. Ist das ein unfertiges Bild?*

Das ist ein fertiges Bild, das ich Konrad Fischer zu verdanken habe. Der kommt rein, sieht das Bild und sagt: „Lass das doch, das ist doch gut." Ich stutzte und dachte: „Ja, der hat Recht." Das zeichnete uns aus, das schnelle Urteil.

Wird in Dresden der Hirsch gezeigt?

Nein, in Dresden hängt Tote, ein schönes Bild. Der Tote wurde unter einem Eisblock gefunden.

Erinnern Sie sich an die Geschichte?

Nein, überhaupt nicht mehr. Es muss eine Leiche gewesen sein, die man beim Schmelzen des Eises nach einem ungewöhnlich harten Winter gefunden hat. In meiner Vorstellung ist das immer die Nordsee, obwohl es da sicher nicht solche Rieseneisblöcke gibt. Ein tragischer Unfall.

Ich finde auch, dass das Bild eine Tragik und gleichzeitig etwas Komisches hat.

Etwas Kümmerliches, Armseliges hat dieser Mann wie er da so beiläufig liegt.

Damals herrschte der so genannte „Kalte Krieg". In den sechziger Jahren begann das Eis zu tauen, man sprach doch immer von den Tauwetterperioden, wenn es irgendwo im Ostblock eine Zeit lang mal wieder einen Schimmer von Liberalisierung gab. Manchmal hatte man den Eindruck, dass das Eis des „Kalten Krieges" schmelzen könnte. Das Bild ist extrem aufgeladen. Gleichzeitig lädt nichts an der Geschichte dazu ein, zu verstehen, was damit gemeint ist. Das Bild ist ja keine Metapher. Wie groß ist es?

Einen Meter hoch und anderthalb Meter breit. Die Vorlage stammte sicher aus einem Magazin, und die dazugehörende Story hatte ich nicht mit ausgeschnitten, aber es gibt eine Doktorarbeit, die die Vorlage genau identifiziert hat.

Wäre dieses Motiv auch in einer Dreimeter-Version vorstellbar gewesen?

Nein, dann wäre es kaputt gegangen. Ich wollte das Motiv schon aus der Kleinheit und Anonymität der Zeitung holen und hervorheben, aber nicht aufblasen. Das war ja auch ein wunderbarer Effekt, dass das geht: Etwas mit Ölfarbe auf Leinwand malen, an die Wand oder in eine Ausstellung hängen und schon wirkt das Motiv gänzlich anders. Es wird zum Bild, erhält Bedeutung und Wichtigkeit. Es wird sichtbarer und vor allem wichtiger.

Zum Arbeitsprozess. Sie übertragen erst eine Vorzeichnung, die Sie dann ausmalen. Quadrat für Quadrat handwerkliche Arbeit. Wie viel Platz bleibt denn bei diesem Übertragungsvorgang überhaupt für den Künstler?

Am Anfang wird das so genau gemalt, wie es geht. Dann hat man eben ein abgemaltes Foto mit allen Details und es sieht sehr hässlich aus. Ich fange dann an, es zu verwischen. Dabei wird viel vom ganzen Detailreichtum des Fotos zerstört.

Wurde hier auch etwas verwischt?

Ja, schon. Hier bei dem Bild fallen mir die ungeschickten Schuhe auf, die ich in Kauf genommen habe. Ein Schönheitsfehler.

Hätten Sie das gleiche Motiv auch im gleichen Format als Fotografie präsentieren können?

Das habe ich manchmal versucht, es hat aber nie was gebracht. Es ist sicher nicht nur das Öl auf Leinwand, das Handgemachte, es ist das mehr oder weniger Andere, der Unterschied zu einem Foto, das von Natur aus rätselhaft ist, wie das ganze Geschehen. Und das Bild soll wieder die Rätselhaftigkeit bringen, wenn's geht noch rätselhafter werden. Also wenn ich es nur richtig abgemalt hätte, wär's doch sehr langweilig.

In Düsseldorf herrschte zu der Zeit, als Sie dort hinkamen, das Informel vor. Wie sind Sie denn in dem Moment auf die Fotomalerei gekommen? Das war ja nicht gerade abstrakte Malerei.

Durch die Pop Art und dann Fluxus. Pop Art als äußere Anregung, Fluxus durch seine respektlose Haltung. Und die Pop-Artisten gaben die imponierende Antwort auf die Abstrakten. Wir machen etwas Neues, etwas, was total verboten ist und wo Eure Kriterien nicht hinkommen.

Trotz? Das Antibürgerliche, vor allem -autoritäre war ja damals sehr zeitgemäß.

Sicherlich. Und das Antiautoritäre gehörte immer zu mir, auch wenn man mir das nie so ansah.

Man sagt Ihnen großes handwerkliches Können und Virtuosität nach – sind das die Voraussetzungen für Kunst?

Allgemein ist das keine Voraussetzung mehr für's Bildermalen. Ein bisschen Geschicklichkeit erleichtert sicherlich die Arbeit, und manche haben eben ein Händchen von früh an, sind praktisch, und manche nicht. Aber eine Voraussetzung oder ein Kriterium für Eignung ist das alles nicht mehr.

Wo versteckt sich dann die Kunst? Denn genauso unzweifelhaft ist ja, dass nicht jeder Ihre Bilder malen kann. Also was macht das spezifisch Künstlerische, die Kunst Ihrer Malerei aus?

Zuerst die Lust, die Lust das zu machen. Und dann das Sehen können, ob das gut aussieht oder nicht, brauchbar aussieht. Zu erkennen, ob das eine Ansehnlichkeit hat, eine Aussagekraft, die Qualität, die es haben soll, die geht in Richtung Kunst. Also nur die Fähigkeit zum Sehen. Deshalb ist Duchamp so wichtig, sein Readymade ist ja nichts anderes als ein Akt, der die grundsätzliche Fähigkeit, um die es überhaupt geht, etwas sehen zu können, in den Vordergrund stellt. Dieser Akt ist viel wichtiger als die Ausführung. Die Ausführung, die kann jeder, aber wissen, was ausgeführt werden sollte, das ist das Wichtigste.

Ein kluger Blick. Eine intelligente Empfindung. Es scheint um einen Zwischenzustand zwischen Wissen und Empfinden zu gehen. Ist Qualitätsbewusstsein eine Art unbewusste Sicherheit des Empfindens? Das dann man doch nicht lernen.

Mir scheint, dass die Lust, sich mit so was abzugeben, nicht mehr sehr ausgeprägt ist. Als ich Student war und jemand sagte zu meinem Bild, dass das nicht gut aussieht und stellenweise falsch und schlecht gemalt sei, versuchte ich mit viel Mühe herauszukriegen, was da nicht gut aussieht, was es für Kriterien für so ein Urteil geben könnte. Natürlich versteht man erst mal gar nichts, sieht nichts, weder die guten noch die schlechten Stellen. Aber im Lauf der Zeit bildet sich eine Fähigkeit zum Sehen, also ein Gefühl für Qualität aus. Und das Wichtigste schien mir, dass dabei ein Qualitätsverständnis entstand, das sehr breit gültig war, was also eine vergleichbare wiederkehrende Qualität bei Chardin und Palermo und Carl Andre und Vermeer und und und erkennen konnte. Aber die dümmste Antwort, die ich mal auf eine kritische Bemerkung bekam, war: „Das wollte ich so."

(Vor den beiden liegt eine Abbildung von *Motorboot* (1965)) *Erinnern Sie sich, woher Sie dieses Foto haben?*

Ich weiß es nicht mehr. Es könnte ein Werbefoto[12] gewesen sein, das man im dokumentarischen Stil gemacht hat. Die Illusion von Glück und Freizeit. Sind Sie mal Motorboot gefahren? Furchtbar, oder?

Wie bei dem Bild im Hygiene-Museum geht es um das Thema: Lebensfreude. Im Hygiene-Museum die Ostversion. Zehn Jahre später die Lebensfreude West. Das Freizeitvergnügen.

Auf jeden Fall realistischer als die Ost-Fassung.

Menschen wie Du und ich.

...auf der Suche nach dem Glück. Oder auf der Überfahrt zum Schreckenstein.

Hinter uns an der Wand hängt ein abstraktes Bild. Das Bild trägt den Titel: März, 1994. *Wieso heißt das Bild* März*? Ist das Bild im März gemalt, oder wollten Sie eine März-Stimmung festhalten?*

Beides. Es hat ein bisschen was von Schmelze, von Vorfrühling.

Ich erinnere, dass Sie mehrfach Jahreszeitenbilder gemalt haben.

Ah ja, es gab mal Juli und 1989 *November, Dezember, Januar*. Diese sehr großen, etwas schweren Bilder, ziemlich gelungen.

d.h. wenn ein Bild einen Titel eines Monats trägt, dann kann man bei Ihnen davon ausgehen, dass es bei Ihnen auch irgendetwas mit der Jahreszeit zu tun hat. Es ist nicht nur ein Datums-Bild, wie z.B. bei On Kawara.

Nein, das nicht. Das Datum als Bildtitel verwende ich nur bei Zeichnungen und Aquarellen. Dadurch bekommen sie etwas von einer Tagebucheintragung.

Sie haben jetzt für das Inhaltliche dieses abstrakten Gemäldes das Stichwort „Schmelze" verwendet. Aber das ist doch sehr summarisch. Wenn man das alleine hört, dann sieht man ja noch keineswegs Ihr abstraktes Bild.

Für mich ist es immer sehr schwer, ein abstraktes Gemälde in Worten zu erfassen. Wie würden Sie Ihr eigenes Bild beschreiben, wenn Sie jemandem am Telefon beschreiben würden, was Sie da gemalt haben.

Ich würde sagen, es ist ungefähr zweieinhalb Meter hoch und zwei Meter breit. Da ist die aufgetragene Farbe senkrecht abgekratzt. Ziemlich gleichmäßig wie ein Bretterzaun. Darunter sind eher waagerechte Pinselstriche, oder auch Spachtelzüge. Es hat rötliche und hellblaue Töne und dunklere lockere Pinselstriche, die darunter sind und zum Teil wieder abgeschabt sind. Und mit den Spuren von Weiß bekommt das Bild etwas Leichtes, wie ein chinesisches Tuschbild, so eine Leichtigkeit. Und die Reste von Schnee haben für mich was Optimistisches, wie Vorfrühling. Deshalb mag ich es.

Wollen Sie mit Ihrer thesenhaften Formulierung sagen, dass es keine Abstraktion gibt, dass März gar kein abstraktes Bild ist?

Der Begriff Abstraktion wird in der Malerei doch sehr ungenau verwendet, wenn etwas nicht figürlich ist, kein Tisch, kein Stuhl erkennbar ist, dann ist es eben ein abstraktes Bild.

Das dann wovon abstrahiert?

Von der Wirklichkeit *(lacht)*. Von der alten Konvention, dass Bilder einen Gegenstand abbilden.

Sie haben gerade Ihr abstraktes Gemälde auf eine jahreszeitliche Stimmung zurückgeführt. Könnte man sagen, dass unser Gehirn stets auf Wiedererkennbarkeit besteht? Das Abstrakte soll nicht abstrakt bleiben, es soll übersetzt werden in erkennbare Wirklichkeit. Das Gehirn will die Welt erkennen.

Genau davon leben die „abstrakten" Bilder. Von dieser Mechanik, dass, wenn wir etwas wollen, wir es erkennen und benennen. Und da einige Teile in dem Märzbild eine gewisse Ähnlichkeit mit wirklichen Ereignissen haben, entstehen Assoziationen.

Der Hinweis auf den Titel und auf die Übergangsstimmung hilft mir, Ihr Bild leichter zu „lesen", aber wenn ich dem Bild im Museum begegnet wäre, dann hätte ich es zunächst nur betrachtet, ich hätte mir den Titel nicht angesehen, sondern versucht, das Bild so frisch und unverblendet zu betrachten, wie es nur irgendwie geht. Dieses Bild hat auch einen Zauber, damit meine ich etwas, was sich jedem Verstehen entzieht, was auch vom Titel nicht erreicht wird. Es ist keine Mitteilung. Es hat auch eine selbstverständliche eigene Präsenz. Einen Farbklang, dem man sich überlassen kann oder an dem man vorbeigeht, ohne berührt zu werden. In diesem Teil meiner Wahrnehmung empfinde ich es „abstrakt".

Könnte man vielleicht sagen, dass eine Abstraktion zum Teil eine Abstraktion von etwas ist, ein Absehen von der Wirklichkeit? Und dass sie auf der anderen Seite auch so etwas ist wie eine eigene Welt?

Ja, so kann man es sicher auch sehen, das finde ich gut.

Das Bild mit dem Titel Grau von 1973 wird auch in Dresden zu sehen sein. Sie haben mehrfach in den verschiedenen Jahrzehnten graue Bilder gemalt. Können Sie dazu etwas sagen?

Kompliziertes Thema. Sicher kommt das Grau auch von den Fotobildern und es hat natürlich auch damit zu tun, dass ich das Grau für eine wichtige Farbe halte, die ideale Farbe für Meinungslosigkeit, Aussageverweigerung, Schweigen, Hoffnungslosigkeit. Also für Zustände und Aussichten, die einen betreffen und für die man ein Bild finden möchte.

Ein grauer Anzug, ein grauer Panzer, eine graue Maus – sind das erwünschte Assoziationen? Grau auch als Ausdruck einer Krise?

Doch, ja. Krisen sind normaler Bestandteil des Lebens, wenn sie nicht klinisch werden.

Grau malen, auch dann, wenn es nichts mehr zu sagen gibt?

So ähnlich hat es Cage gesagt: „Ich habe nichts zu sagen und das sage ich." Das war mir immer ein wunderbarer Satz. Die beste Möglichkeit, die wir haben, um weitermachen zu können.

Sprechen die immer wieder in Ihrem Werk auftauchenden grauen Bilder auch von einer Kontinuität in einer Misere der Kunst? Von der Kunst, die im Kontext der Zeit an Wendepunkte und jeweilige Endpunkte kommt? So etwa?

Sicherlich, aber es gibt noch die andere Seite, ich meine das Bestreben, etwas Komplettes, Heiles herzustellen, woran man nicht mehr rütteln kann. In sich perfekt, selbstverständlich und makellos. Mit einem grauen Bild kann man sich diesem Ideal schon nähern.

Sie haben in Berlin acht graue Bilder gezeigt in den Räumen der Deutschen Guggenheim, Grau hinter Glas. Mir erschien dies ein ganz anderes Grau als bei den frühen grauen Bildern.

Das ergibt sich mit all den verschiedenen Versuchen, das richtige Grau entstehen zu lassen.

Das man zum Glück nicht herstellen kann. In Dresden zeigen Sie eine Arbeit, die aus elf gestaffelten Glasscheiben besteht. Das Glas spiegelt mehr als eine normale Scheibe. Wie kam es zu dieser Arbeit?

Es ergab sich zufällig, dass bei mir mal elf Scheiben hintereinander gestapelt abgestellt waren – und ich war bald sehr fasziniert davon. Ich probierte dann eine ganze Weile damit, und so entwickelten sich daraus fünf verschiedene Fassungen: Jeweils elf Scheiben, in veränderten Proportionen mit diesem stärker reflektierenden Glas oder auch mit normalem Glas.

Und warum die Anzahl elf?

Natürlich versuchte ich es auch mit zehn oder neun oder zwölf, aber dann sah es immer irgendwie falsch aus, entweder es fehlte eine oder es war eine zuviel.

So blieb es bei elf. Als Zahl gefällt mir die elf auch, sie ist nicht so glatt wie zehn, nicht so bedeutsam wie zwölf, aber sie ist auch nicht nichtssagend, schon weil sie so häufig zur Nachfrage animiert: warum elf?

Und die erinnert an den 11. September.

...was mir sehr recht ist.

Glas ist im Laufe der Zeit bei Ihnen immer wichtiger geworden. 1967 entstand Ihr erstes Glasobjekt, die 4 Scheiben. *Worum geht es in Ihrer Auseinandersetzung mit Glas? Auf einer Skizze dafür notierten Sie: „Glas – Symbol (alles sehen, nichts begreifen)". Dem Readymade am ähnlichsten kommen eigentlich Ihre Spiegel. Der aus dem Jahre 1986 wird in Dresden mit ausgestellt sein. Was sehen Sie im Spiegel?*

Mich. – Aber danach gleich das, dass er wie ein Bild funktioniert. Nur perfekter. Und genau wie ein Bild zeigt er etwas, was gar nicht da ist, wenigstens nicht da, wo wir es sehen.

Dann wäre der Spiegel ja der perfekte Künstler.

So sieht es aus.

„Wie viel Moral braucht die Kunst?"
2004

Ich kenne die Sammlung Flick nicht, und diejenigen, die sie jetzt so hochloben, kennen sie auch nicht – das ist doch schon mal ein widerliches Theater. Da wird mit Namen gepokert, da werden Werte und Qualitäten behauptet, und eigentlich wird nur gezeigt, wie leicht und wie schnell es heute geht, eine so genannte hochkarätige Sammlung hinzuklotzen.

Mit etwas Geld kann das fast jeder. Und wenn Herr Flick dann seine Sammlung den Berlinern sieben Jahre leiht, behandeln das viele schon wie ein Geschenk an die Nation. Die moralische Seite der ganzen Geschichte, sofern man diese überhaupt von einer ästhetischen Seite trennen kann, ist doch auch nur ekelhaft für mich.

Gerhard Richter

Gespräch mit Stefan Koldehoff 2004

Herr Richter, wie ist 1988 die Idee zur Grafik Kerze II[1] *entstanden?*

Das ist so langsam entstanden. Das war nicht eines Mannes oder einer Frau Idee, sondern es ergab sich einfach. Als das Plakat für die Ausstellung in Goslar fertig war, hieß es: Das ist aber schön, da stört nur noch die Schrift. Ja dann machen wir doch noch was ohne Schrift. Und als es dann ans Signieren ging, habe ich diese Riesenunterschrift ironisch gemeint, oder besser aus reinem Übermut so groß geschrieben.

Warum sind einige Blätter mit „Joseph Beuys" oder mit „Georg Baselitz" beschriftet?

Ich habe damals aus Quatsch auch noch Beuys und Baselitz geschrieben. Das war Übermut, keine Provokation. Da habe ich niemanden ärgern wollen, das war gute Laune.

Warum ausgerechnet Beuys und Baselitz?

Das waren für mich immer die bekanntesten und besten Künstler. Sicher habe ich auch ein paar mit Polke unterschrieben.

War das auch ein Spiel mit den Erwartungen des Kunstmarktes?

Das habe ich damals eigentlich nicht so gesehen, dass das die Erwartungen sind. Die haben sich ja auch erst später erfüllt – in einer eigentlich ein wenig perversen Weise, weil das so teuer geworden ist. Ich habe mitbekommen, dass dafür auf einer Auktion 26 000 Dollar bezahlt worden sind, und das sind natürlich mindestens 25 000 Dollar zuviel.

Zumal das Motiv ja als ganz einfacher Offsetdruck hergestellt wurde.

Das war normal. Ich habe ja von Anfang an für meine Art von Grafik Offset bevorzugt.

Warum eigentlich?

Ich mochte diesen Handwerksethos nicht. Diesen Kult um kostbare Drucke und um Handgemachtes. Ich dachte immer: Darum geht es ja gar nicht. Es geht darum, dass das Motiv selber interessant sein sollte und dass man es deshalb vervielfältigt. Und es geht eben nicht darum, daraus eine Extratugend mit einem Extrawert zu machen. Natürlich muss die Sache sauber und ansehnlich umgesetzt werden, da haben wir uns auch immer Mühe gegeben. Aber wir wollten nicht in dieser Tradition stehen, das erschien mir zu künstlich.

Ist das bis heute der Grund dafür, dass ihre Grafiken Offsetdruck sind?

Ja, das kann ja genau so schön sein.

Der ästhetische Wert ist schon von Bedeutung?

Ja, immer. Die Papierqualität, der Druck, die Größe der Rahmen – das spielt alles zusammen, das muss ein Ganzes geben, so gut es eben geht.

Hat sich die Kerze damals in Goslar gut verkauft?

Das weiß ich nicht. Das Blatt war damals ja gar nicht so ernst gemeint. Und dass das mal so umschlagen würde, konnte ich mir damals nicht ausmalen.

Inzwischen ist es eine der teuersten Grafiken, die es von Ihnen gibt…

Ja, das sind die Wunder des Lebens.

In einer Ausstellung, die zur Zeit von Bonn aus durch die Welt zieht, werden jetzt nur Ihre Grafiken und Editionen gezeigt. Ist das für Sie in Ordnung, dass man diese Arbeiten vom restlichen Œuvre löst?

Man kann ja alles separieren, deshalb ist das auch gerechtfertigt. Das ist wie in der Natur: Ich könnte in einem Buch ja auch erst alle Nadelhölzer behandeln und dann alle Rosengewächse, obwohl alles Pflanzen sind. So kann ich auch nur Landschaften ausstellen oder eben nur Grafik. Das ist ja alles interessant.

Die Edition zur Bonner Ausstellung war fünf Minuten nach der Eröffnung vergriffen. Hat man da eigentlich das Gefühl, dass die Menschen noch auf das Motiv achten, oder kommt es nur auf die Signatur an? Damit wären wir dann wieder bei der Kerze.

(lacht) Die Illusion müssen Sie mir einfach noch lassen, dass ich denke: Das Blatt ist mir gelungen, das sieht gut aus, und deswegen wird es gekauft.

Sie haben einmal gesagt, wie wichtig Ihnen das Schöne in den Motiven sei. Gilt das auch für die Druckgrafik?

Ja, unbedingt.

Suchen Sie nach Motiven?

Nein, ich finde die irgendwie. Ich gehe nicht durch die Zeitungen und suche schöne Bilder, aber die fallen mir dann auf.

Interview mit Benjamin H. D. Buchloh
2004

Was hat Dich motiviert, mikroskopische Fotos als Vorlagen für die neuen Bilder[1] *auszusuchen? Was glaubtest Du, außer der Desintegration der Materie ins Molekül, gesehen zu haben?*

Ich hatte schon ziemlich lange darauf gewartet, dass mir mal wieder ein Motiv in die Hände fallen würde, das mich zum Abmalen reizt. Und als ich dann die Abbildung in einer Zeitung fand, war das wie ein Geschenk für mich. So kam es zu den vier großen Bildern. Ich nannte sie *Struktur*, *Struktur 1–4*, weil ich gar nichts von dem Dargestellten verstand, d. h. so gut wie nichts über Silikat wusste. Inzwischen ist mir das aber so vertraut geworden, dass ich den Titel Silikat übernahm. Später entdeckte ich noch eine andere, sehr reizvolle Struktur, das ist die von Strontium.

Offensichtlich gehen diese Bilder über den Anspruch einer bloß wissenschaftlich exakten Abbildung hinaus, was ja ohnehin nicht sehr weit führen würde. Im Gegensatz zum wissenschaftlichen Foto, haben diese Bilder ja eher etwas Düsteres an sich. In mancher Hinsicht ähneln sie ja den frühen verwischten Fotobildern ebenso sehr wie den frühen Abstrakten, oder zum Beispiel auch den Röhrenbildern. Und trotz der vermeintlichen Ähnlichkeit dieser Motive, oder der möglichen Vergleichbarkeit der Technik, haben diese neuen Bilder ja eine ganz andere Qualität. Eine solch rigide Serialität, und die fast mechanische Wiederholung einer ornamentalen Struktur hat es ja bei Dir ganz selten, wenn überhaupt je gegeben.

Das hat es in der Tat noch nie gegeben. Eigentlich ist dies ja auch zunächst einmal suspekt, denn schließlich ist das alles ja schon längst durchgespielt, serielle Abstraktion, Minimalism etc.

Es ist aber trotzdem keine Op Art, obwohl die Bilder eben durchaus Momente einer pseudowissenschaftlichen, technologischen Kunst der fünfziger Jahre wieder aufzugreifen scheinen, jener Moment, in dem die Kunst glaubt, sich total verwissenschaftlichen zu müssen. Somit stellen die neuen Bilder auch ganz merkwürdige Beziehungen zur unmittelbaren Gegenwart her. In der Konfrontation mit einer ungeheuren technologischen Entwicklung, der digitalen Elektronik zum Beispiel, die unsere Wahrnehmungsformen in der letzten Zeit wohl mehr beeinflusst hat und kontrolliert als wir es je erwartet hatten, hat die Malerei ja nun wiederum einen ganz neuen, prekären Status und Stellenwert.

Aber meine frühen *Röhren-*, *Streifen-*, und *Vorhang*-Bilder haben schon etwas mit diesen Bildern hier zu tun.

Und würdest Du sagen, dass sich hier frühe Bildmotive und Prozesse wiederholen, oder ist das für Dich eine ganz neue Art von Malerei?

Natürlich wiederholt sich die Technik, und die Bilder ähneln in vieler Hinsicht meinen alten Bildern. Und ich weiß auch nicht, woran das liegt, dass sie mir trotzdem anders, also aktuell erscheinen.

Sind die neuen Bilder denn nicht projiziert?

Doch, ja und selbst dann, wenn ich sie mit Hilfe von Schablonen aufgezeichnet habe. Oder wenn sie nur noch drucktechnisch hergestellt werden, Projektion ist es immer.

Die Schablone erlaubt Dir, die Struktur zu übertragen?

Ja, damit alle Einzelformen an der richtigen Stelle stehen, und immer gleich aussehen. Danach werden sie ausgemalt, so mechanisch wie möglich, und weiter vermalt bis alle Pinselstriche weggemalt sind, und alles so unscharf wird wie das mikroskopische Foto und ähnlich geheimnisvoll aussieht. Als pure Zeichnung sehen diese Muster sehr wie Op Art aus, wie Bridget Riley oder Sol LeWitt; auch sehr schön.

Hast Du die Bilder von Bridget Riley immer schon geschätzt?

Doch, ja. Dieses Flirren hat mir immer gefallen. Mir fehlte nur die illusionistische Unschärfe.

Deine neuen Bilder sind in der Tat sehr schwer zu beschreiben. Auf Anhieb, würde ich sagen, ihre Strukturen sind sehr zellenhaft, sie vermitteln eine Erfahrung zwischen geschlossener Serialität und Kontrolle, zwischen Computerzelle und Massenstruktur. Sie artikulieren eine ziemlich tiefe Skepsis, um nicht zu sagen, Hoffnungslosigkeit.

Ja, das ist richtig. Das hast Du schnell gesehen. Ich hab das auch manchmal gedacht, dass das ja vielleicht eine ganz erschreckende Thematik ist, wie eine Annäherung an das Ende, also ganz Richtung Tod und Auflösung, und zum Elementaren hin, wo dann nur noch diese schrecklichen atomaren Strukturen bleiben. Ewig. Und das würde dann auch zu den anderen Arbeiten passen, zu den Glasscheiben, die ja auch so eine Seite haben, weil sie wie Tore zum Nichts aussehen. Na ja.

Diese mikroskopischen Fotos haben Dich ja aus irgendeinem Grund sehr beschäftigt. Und was Du gerade über die Gläser gesagt hast, habe ich noch nie so gesehen, aber das ist natürlich auch sehr überzeugend. Aber die Frage bleibt – wenn die Todesreflektion in der Tat ein Ausgangspunkt dieser Bilder ist – wie weit man die Lektüre in eine Verallgemeinerung der Erfahrungsformen ausdehnen kann. Selbst wenn diese Bilder aus einer privaten Reflektion entspringen, dann sind sie ja nicht nur als private Bilder zu verstehen, sie sind trotzdem noch öffentlich, und dann hat das ja notwendigerweise etwas mit einer allgemeineren, gesellschaftlichen Situation zu tun.

Es gibt ja auch eine allgemeine menschliche Situation des Todes...

Es wäre ja wohl unbefriedigend, das nur auf Formen des natürlichen privaten, biologischen Todes oder auf psychosomatische, oder naturwissenschaftliche Modelle beschränken zu wollen, oder? Heißt das, dass Du die gesellschaftliche und historische Komponente, die ich jetzt schon wieder vorschnell in die Interpretation einbringen wollte, nicht so deutlich siehst?

Nein, das heißt das gar nicht. Diese andere, die allgemeine Dimension muss unbedingt dabei sein, sonst wäre es doch total uninteressant.

Die Erfahrungs-Dimension einer totalen Kontrolle und eines erzwungenen Konformismus, einer Art von Isolierung jeder einzelnen Struktur, die in sich vollkommen abgeschlossen ist. Das Unheimliche in diesen neuen Bildern ist deren zellenartige Vermassung, oder ihre massenhafte Verzellung, wenn man das als ein gesellschaftliches Modell sehen würde. Für mich wird das dann gleich zur politischen Metapher und zur Metapher von sozialer Organisation. Und ich weiß, dass Dir das gar nicht passt. Aber ganz im Gegensatz zu fast allen Beispielen aus der langen Geschichte Deiner Abstraktion, haben diese Bilder eher etwas Ornamentales. Und der Übergang von der Malerei ins reine Ornament, das beunruhigt Dich nicht? Ist das nicht eine gefährliche Tendenz?

Ja, sicher hat mich das beunruhigt. Ornamente malen ist doch das Dümmste, was man machen kann. Aber mir scheint, dass die Bilder doch etwas mehr zeigen als ein paar Ornamente.

Denn die Dialektik zwischen Ornament und Spannungslosigkeit, gibt diesen Bildern eine merkwürdig unheimliche Dimension. Sie veranlassen mich, darüber nachzudenken, in welchem historischen Moment, wenn je zuvor, so genannte abstrakte Malerei totales Ornament wurde, ohne jedoch Dekoration zu werden. Das scheint mir eine praktisch unbekannte, wenn auch nicht eine undenkbare Dialektik zu sein. Du definierst diese Bilder in einer doppelten Verneinung, sie sind weder dekoratives Ornament, noch reine Abstraktion.

Obwohl ich beides verwende.

Und es wird dann noch interessanter, wenn man sich klarmacht, dass nicht nur diese Abstraktionen eine fotografische Grundlage haben, sondern auch die Ornamentstruktur selbst. Dies ist ein weiterer Widerspruch, denn ein Ornament ist ja eigentlich nie fotografisch.

Hier sind es ja abfotografierte Anordnungen von Atomen, die nur so aussehen wie Ornamente.

Und Deine malerische Abstraktion war auch nie explizit fotografisch, obwohl es im Laufe der Jahre etwas klarer geworden ist, dass selbst Deine abstrakten farbigen Bilder eine ganz merkwürdige Beziehung zur Fotografie haben, obwohl es bislang noch niemandem gelungen ist, das vernünftig zu formulieren.

Nein.

Deine abstrakten Bilder sind im Grunde genauso fotografisch vermittelt wie alle Deine anderen Bilder. Sie haben immer schon eine technische, physikalische, wenn nicht gar eine chemische Dimension gehabt, und befinden sich damit am absoluten Gegenpol zu einer Abstraktion, die dem malerisch Expressiven, dem Gestischen, oder dem rein Chromatischen gewidmet ist, was immer das auch sein könnte.

Ja, das stimmt. Damit hängt sicher auch zusammen, dass irgendwelche abstrakten Schmierereien sich so gut mit einem realistischen Foto vereinbaren lassen. Das sind zwei illusionistische Weisen der Bilderschaffung, die da zusammengebracht werden.

Die chemische und die optische?

Die fotografierte Realität und die realen Farbspuren.

Das ist ja auch was Roland Barthes über die Fotografie sagt, dass die eine flüssige, chemische Dimension hat, nämlich die Materialien, mit denen der fotografische Abzug hergestellt wurde, und eine optische und ikonische Dimension, in der das Licht und die Optik der Kamera ein Bild erzeugen.

Ja, das erklärt vielleicht auch, warum ich immer wieder dieses große Interesse hatte, Fotos zu übermalen. Aber mich interessiert mehr die optische Dimension, also die Erzeugung von Anschein.

Also es ist ein ganz merkwürdiger Zwischenraum, den Du in diesen Bildern konstruiert hast. Und dann ist es eben wirklich die Frage, um noch einmal darauf zurückzukommen, welches Spektrum der Lesbarkeit für Dich akzeptabel ist. Das heißt, ob es einfach mit den chemisch-physikalischen Molekularstrukturen anfängt, wie Du es selber beschrieben hast, mit denen Du eine Form der Erfahrung, oder des Wissens, zum Ausgangspunkt des Bildes machst. Dies wäre durchaus möglich. Oder ob Du eine andere Form gesucht hast, in der das Ornament zum Modell der Erfahrungslosigkeit erstarrt und in der Erfahrungslosigkeit zum Ornament gerinnt.

Ja, durchaus.

Also, Malerei als größte Form der Hoffnung, als einzige Form der Hoffnung, wie Du es mal vor einiger Zeit so schön gesagt hast, würde ich aus diesen Bildern nicht gerade entnehmen.

Kunst, die höchste Form der Hoffnung!

Ist dies die höchste Form der Hoffnung als Alterswerk, oder ist dies die Malerei am Anfang des neuen Jahrhunderts?

Es scheint so, dass es das Alterswerk ist, aber vielleicht sollte ich mir lieber ein anderes wünschen...

Ein anderes Alterswerk oder eine andere Malerei? Wie sollte es denn anders sein?

Ein bisschen leichter, entspannter. Nicht so ernst und angespannt.

Ist doch gut, gespannt zu sein.

Anstrengend. Lieber hätte ich so eine Malerei wie Matisse.

Dazu hast Du doch überhaupt keine Anlage.

Deshalb träume ich ja manchmal davon.

Hat es das denn jemals in Deiner Malerei gegeben? Vielleicht in den Blumenstillleben?

Die sind zu melancholisch.

Im Portrait der Betty? Oder in den Portraits von Sabine mit Kind?

Nein, auch nicht, vielleicht hat es das bei mir nie gegeben. Höchstens in den Aquarellen, die haben eine gewisse Lässigkeit. Deshalb sind diese ja auch Deine liebsten Bilder...

Na, das hast Du aber gut geraten. Es ist schon merkwürdig, dass es von Anfang an ein so strenges Verbot der hedonistischen Dimension der Malerei in Deiner Arbeit gibt. Und dies gilt eigentlich bis auf den heutigen Tag. Denn selbst in den großen farbigen, abstrakten Bildern, in denen die Interpreten manchmal chromatische, wenn nicht symphonische Freude zu sehen glauben, gibt es das ja eigentlich auch nicht. Denn das sind ja immer Klänge oder Farb-Konstellationen, die sich weder als symphonische Freude auflösen lassen, noch auf irgendein zukunftsträchtiges Versprechen verweisen?

Ja, das habe ich befürchtet.

Also, so wie man etwa bei Matisse Farbe sehen kann, als Körperfarbe oder als Naturfarbe, oder als Korrespondenz zur Sinneserfahrung, oder gar zur Glückserfahrung, das ist ja in Deiner Farbe nie denkbar gewesen?

Nein, das ist richtig, eine Art angespannter Fröhlichkeit, etwas schrill oder auch böse.

Das ist ja ein schöner Widerspruch. Was wäre das denn, eine angespannte Fröhlichkeit?

...eine künstliche, eine mit zusammengebissenen Zähnen, die die Drohung gleich mitliefert.

Eine Art technisch regierter Fröhlichkeit. Das hat Deine Malerei durchaus an sich. Aber was glaubst Du denn, woran es liegt, dass Du als deutscher Künstler nie die Basis einer Malerei wie der von Matisse hast erreichen können, aber dass Du diese auch nie hast erreichen wollen? Glaubst Du, dass das damit zusammenhängt, dass die Motivationen der Kunst in Deiner Generation von Anfang an radikal andere waren?

Die Bedingungen waren auf jeden Fall ganz andere, und ich hätte mit einer solchen Malerei keine Chance gehabt. Und wenn ich andere Künstler sehe, die vorgeben, diese malerische Lässigkeit zu haben, so wird natürlich sofort klar, dass diese nie auch nur eine der Qualitäten haben können, wie Matisse und Bonnard sie zu einer anderen Zeit gehabt haben.

Glaubst Du, dass diese Differenz primär national-kulturell oder vielmehr historisch determiniert ist?

Das fällt zusammen, meine nationalen Bedingungen waren meine historischen und umgekehrt.

Also doch auch historisch-spezifisch. Also hängt das Hedonismus-Verbot auch damit zusammen, dass Du ein deutscher Nachkriegskünstler bist? Deine Erfahrung als Deutscher nach dem Zweiten Weltkrieg und nach dem Holocaust hat Dich in Deiner Arbeit unweigerlich beschäftigt und hat diese zutiefst determiniert? Du glaubst also auch, dass es etwas ganz spezifisch Deutsches in Deiner Arbeit gibt, oder glaubst Du eher, dass Du ein internationaler Künstler bist? Weil es ja schon etwas merkwürdig ist, dass Du als deutscher Künstler einen so ungeheuren internationalen Ruf hast.

Ja sicher, diese Vergangenheit hat mich unbedingt geprägt.

Deine Malerei war eben von Anfang an nur in der Vermittlung von Technologie und Fotografie zu verstehen, was ja bei Matisse nie der Fall gewesen ist. Bei ihm war Malerei immer nur malerisch und ästhetisch vermittelt, und durch Technologie und Fotografie scheinbar überhaupt nicht berührt. Aber es gab andere französische Künstler, für die diese Vermittlung von Technologie und Fotografie ungemein wichtig war.

Zeitgenossen von Matisse?

Duchamp, zum Beispiel, der zwar etwas jünger war, aber nicht um so vieles jünger, als dass man diesen Vergleich nicht erstellen dürfte.

Aber Duchamp gehört eben doch in ein anderes Zeitalter?

Vielleicht gar nicht einmal so sehr. Deshalb ist es eben so merkwürdig, dass Du nun ausgerechnet wieder von Matisse sprichst. Dies ist im Übrigen das erste Mal, dass ich Dich von Matisse reden höre.

Nun, ich habe auch schon viel über ihn geschimpft.

Es ist ja dann doch interessant, sich klarzumachen, welche malerischen Positionen entgegen allen historischen ‚Verboten' mit den Mitteln der traditionellen Malerei erreicht worden sind.

Gott sei Dank.

Und mehr noch, was suchen wir denn letztlich in dieser Art von Malerei? Einen Grad von Differenzierung, der mit den Mitteln einer technologisch vermittelten Malerei nicht mehr erreichbar ist? Wenn Du sagst, dass auch Du immer noch den hedonistischen Aspekt in Deiner Malerei erreichen möchtest, liegt das daran, dass Dir diese Malerei ein Maß an Differenzierung erlaubt, welche die gegenwärtigen, technologisch vermittelten Formen der Malerei nicht zulassen? Würdest Du also in der Tat das Verbot des Hedonismus aufheben, das Du schon früh verinnerlicht hast, wie sähe Deine Malerei dann jetzt eigentlich aus? Was würdest Du Dir davon versprechen?

Das ist doch alles gar nicht denkbar für mich.

Aber wenn es Dir in der Malerei um die absolute Individualisierung und Differenzierung zu tun ist, warum kannst Du dann nicht soweit gehen wie Matisse?

Zu alt inzwischen. Also wenn ich jetzt zwanzig wäre, dann könnte ich vielleicht auf dem Computer spielen und irgendwelche Zeichnungen und Clips ins Internet stellen, so richtig entspannte unterhaltsame Sachen, die die Leute brauchen. Zum Glück ist das nicht unser Thema.

Das ist jetzt vielleicht eine etwas seltsame Frage, aber wie kommt es, dass Du nur Deinen Sohn Moritz gemalt hast? Wie wäre es, wenn Du ein Portrait von Deiner Tochter Ella malen würdest, ein Bild das also nicht – wie das Moritz-Portrait – aus einer offensichtlich ödipal gespannten Situation entsteht? Würde das in Richtung einer Malerei ohne Hedonismusverbot verweisen? Würde das eine ganz andere Art von malerischer Differenzierung verlangen? Oder würde sich Deine Malerei einem solchen Projekt mit dem Argument versagen, dass man das einfach nicht mehr machen kann?

Ich bin ganz betroffen, weil Du so einen aktuellen Punkt berührst. Warum habe ich sie noch nicht gemalt? Manchmal wird das ja auch an mich herangetragen, dann sagt Ella: wann malst Du denn mich? Oder die Mutter sagt: Du hast Deine Tochter gemalt, und dann den Jungen, nun musst Du die Ella aber auch malen, nicht wahr? Und dann fällt mir spontan nichts ein, oder dieses schöne Velázquez-Portrait eines jungen Mädchens...

Oh, das Bild einer Infanta?

Die *Infanta*, ja. Wunderbar. Aber tatsächlich ist es so, dass mir noch keine Bildidee für Ella eingefallen ist. Vielleicht habe ich zu wenige Probleme mit ihr. Aber hinderlich ist sicher auch, dass einige meiner früheren Bilder solche Monumente geworden sind, also von mir verlangen, jetzt ein noch schöneres Bild zu liefern. Das ist ganz schlecht.

Aber es ist doch sehr interessant, sich die Frage zu stellen, warum dieses Projekt mit der Epistemologie Deiner eigenen Kunst zutiefst in Konflikt steht. Denn wenn die Kunst noch die höchste Form der Hoffnung sein soll, ist es dann nicht ein doppeltes Paradox, dass sie diese ausdifferenziertesten Formen der Erfahrung überhaupt nicht artikulieren kann, weil Deine Malerei immer auf Negation basierte, auf Verweigerung und auf Kritik?

Das weiß ich nicht. Die *Lesende* ist nicht so. Und es gibt auch andere Bilder, wie zum Beispiel das Portrait von Betty. Diese Bilder basieren offensichtlich nicht auf Kritik und Verweigerung. Natürlich würde das auch nicht mit einem möglichen Portrait von Ella so sein. Wer weiß, vielleicht kann ich mir bald wieder einmal die nötige Muse verschaffen. Dann hätte sich vieles erledigt... dann geht auch das Malen wieder.

Wie siehst Du denn die gegenwärtige Situation Deiner Arbeit und von Künstlern allgemein? Hat sich das in den letzten dreißig Jahren radikal verändert, oder ist es im Grunde die gleiche Situation mit anderen Vorzeichen? Zum Beispiel die Nahtstelle, an der sich Kunst in der Gegenwart mit Herrschaft berührt. Diese Beziehung ist ja viel enger geworden, etwa im Gegensatz zur Periode der sechziger und siebziger Jahre, als die dialogischen Beziehungen zwischen Kunstpraxis und Herrschaft wirklich kontroverser waren.

Und jetzt sind diese beiden Sphären eigentlich geradezu fusioniert worden. Das heißt, selbst eine Kunstproduktion, die noch als Kritik und Opposition verstanden werden könnte, findet sich unmittelbar mit einer Rezeptionspraxis konfrontiert, die alles einverleibt und in Investitionsgüter verwandelt.

Ja, das müsste mich eigentlich hoffnungsfroh stimmen. Denn für mich war es immer so, und gar nicht anders möglich, als dass Kunst mit Herrschaft fusioniert ist, dass sich beide gegenseitig bedingen und tragen. Und das war eben die Utopie und der große Irrtum der sechziger Jahre, dass wir glaubten, das abschaffen zu müssen.

Hast Du diese Utopie denn jemals geteilt?

Ja, in gewisser Weise, damals schon.

Und jetzt ist dieser falsche Glaube aber korrigiert worden, jetzt sieht das alles richtig aus?

Jetzt sieht es wahrhaftiger aus, aber erschreckend hässlich, die Herrschaft und die Kunst.

Ach ja? Gab es denn schon einmal schöne Herrschaft?

Fast schön, aber nur dann, wenn Herrschaft mit Kunst verbunden war, wenn sie selbst fast Kunst war. Und eigentlich sind wir schon so klug und begabt, um uns eine solche Herrschaft schaffen zu können. Das ist doch der Sinn der Sache. Leider geht's aber oft daneben.

Glaubst Du wirklich an das, was Du da gerade gesagt hast? Und Du glaubst auch, dass die kulturelle Praxis kein Dissens mehr ist, oder keine Negation mehr erzeugen kann, sondern unmittelbar Teil der Herrschaft wird. Du glaubst, dies sei ein Zustand, den man voll akzeptieren sollte?

Idealerweise ja. Idealerweise ist das ja auch ein Zustand, der alle Gegensätze, alles Divergierende in sich vereint und etwas daraus macht. Das ist doch das gemeinsame Ziel.

Was ist das Ziel?

Wir wollen es schön machen auf der Welt.

Das will Herrschaft auch?

Das will Herrschaft auch, ja.

Ach, Herrschaft will nicht ausbeuten? Herrschaft will nicht kontrollieren?

Kontrollieren muss sie ja, deswegen haben wir sie ja gewählt. Und ausbeuten will jeder, das brauchen wir, von Natur aus.

Wir brauchen Ausbeutung und Unterdrückung?

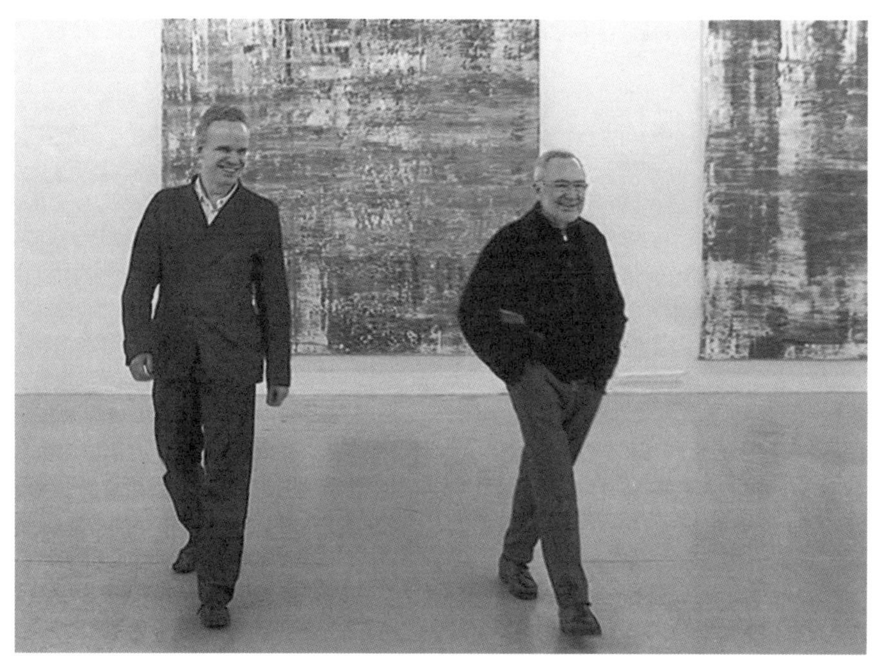

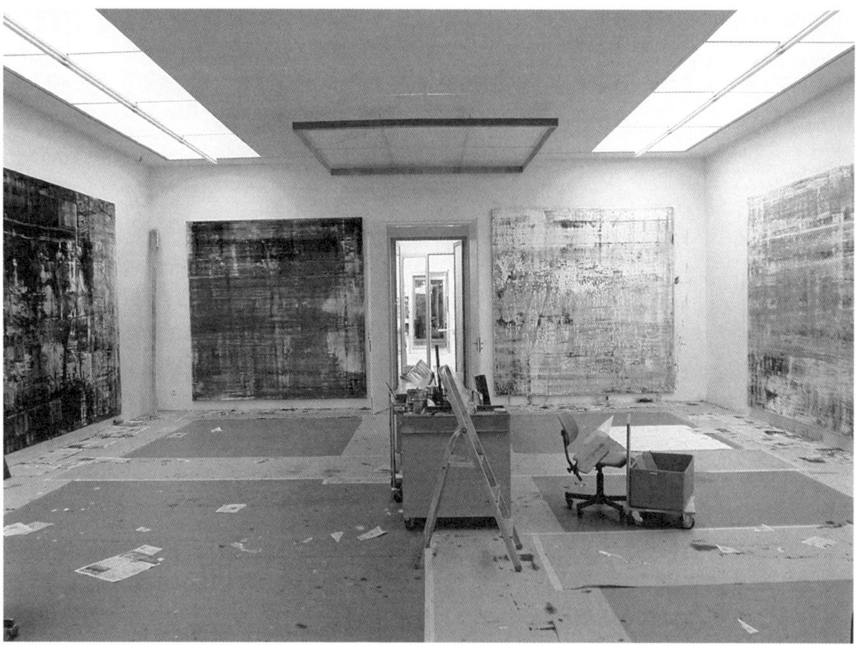

G.R. mit Hans Ulrich Obrist, 2007
Cage im Atelier, 2006

Cage, 2006 (Ausschnitt)

Ja, aber es ist nicht Ausbeutung und Unterdrückung, es ist das normale Dasein.

Das heißt, das gibt's gar nicht mehr? Das ist abgeschafft worden?

Das hat es noch nie gegeben. Das hat es so wenig gegeben wie den Teufel. Das sind doch alles Vereinfachungen, um Schuld abzuschieben.

Also Du sagst, wir haben es doch sehr weit gebracht, in der historischen Perspektive einer Subjektentwicklung, oder einer Emanzipation des Subjektes von Herrschaft und Ausbeutung? Wir haben eigentlich eine ideale Gemeinschaft von freien Menschen erreicht? Und damit die Kunst überflüssig gemacht?

Natürlich haben wir das alles ganz und gar nicht erreicht. Im Gegenteil, zur Zeit sieht doch alles heillos schrecklich aus, und wir sind weit davon entfernt, die Kunst überflüssig zu machen. Aber das wird es ohnehin nie geben, dass wir Kunst nicht mehr nötig haben, dafür sind wir doch viel zu bösartig.

Welche Rolle spielt die Kunst in Hinsicht auf das Böse? Die Kunst als Erzieherin zum Besseren?

Auch diese, natürlich, und die der Aufklärung und vieles mehr.

Kunst als Erziehung zur Welt? Kunst als Versöhnung mit der Welt?

Unbedingt.

Oder Kunst als Exerzitie der Sublimation, um uns vorzumachen, wie man am besten sublimiert?

Ja sicher, auch das gehört dazu. Wir müssen ja sublimieren. Ich kann Dich jetzt doch nicht einfach umbringen. Ich muss mich doch benehmen mit Dir.

Das heißt, die Register, in denen Negation artikuliert wird, sind andere geworden als ausdrücklich politische? Die Negation wird auf dem Niveau der psychischen Erfahrung formuliert, auf dem Niveau der kognitiven, perzeptuellen, intellektuellen Erfahrung?

Das mag ja alles so sein, aber weit vor allen solchen Aufgaben der Negation und der Kritik interessiert mich doch nur die ästhetische Leistung der Kunst.

Ja, aber ästhetische Erfahrung ist doch auch eine Form der kollektiven Wahrnehmung, das geht eben auch alle an. Und wenn die Kunst sich dort einmischt und sagt, „...dies ist eine reduzierte Wahrnehmungsform, die ich unerträglich finde; das ist ein Erfahrungsmodell, das mich abtötet; das ist eine Verhaltensform, die mich leiden macht", dann ist das doch auch eine Art politischer Intervention?

Na ja, was die bildende Kunst angeht, so sieht es doch sehr mager aus in puncto Interventionsfähigkeit.

Glaubst Du denn nicht, dass Deine Kunst das kann?

Meine? Ach, ich gehöre doch zu einem Bereich von Kunst, der sehr unwichtig geworden ist und kaum noch etwas zu sagen hat.

Der größte lebende Maler sagt das über seine Kunst?

Mein Erfolg hat damit nichts zu tun, der verschafft mir doch nicht das, wovon wir hier reden, also Erfolg ist doch kein Zeichen dafür, dass die Malerei heute noch eine allgemeine gesellschaftliche Relevanz hätte.

In früheren Gesprächen hast Du ja immer abgestritten, dass die Malerei an ein gewisses Ende kommen könnte. Wie beurteilst Du nun diese Situation nach der Erfahrung Deiner großen und ungemein erfolgreichen Retrospektive im Museum of Modern Art in New York?

Vielleicht kamen die vielen Leute, um das Ende der Malerei zu sehen, ein letztes Aufflackern, bevor es vorbei ist.

Warum glaubst Du denn, dass es keine Malerei mehr gibt?

Weil ich keine mehr sehe. Wohl aber Filme, die eben im Gegensatz zur so genannten Malerei etwas aussagen, etwas geben. Es ist eigentlich erstaunlich, dass Malerei noch ausgestellt wird, und wenn man dann noch sieht, mit wie viel Aufwand die Kunstkritiker diesen Bildern Bedeutung andichten, dann zeigt sich doch die lächerliche Rolle von Malerei heute.

Also Du siehst die Malerei schon als eine absterbende Kultur mit Trauer, oder mit Genugtuung?

Mit Trauer. Es gab ja Zeiten, wo diese Kultur auflebte. Zum Beispiel nach dem Krieg, erst in Frankreich, oder dann in Amerika. Da haben ja weite Kreise der westlichen Welt daran geglaubt, dass ein Barnett Newman etwas Wunderbares und Aufregendes ist. Davon ist doch wirklich nicht mehr viel da.

Ja, und jetzt sehen weite Kreise der westlichen Welt und der amerikanischen Welt, dass die Malerei von Gerhard Richter etwas ganz Besonderes ist. Deine Ausstellung in New York hat ja fast eine kultische Verehrung ausgelöst, die endlosen Schlangen im New Yorker Museum of Modern Art, da haben wir uns alle gefragt, wie ist es denn möglich, dass das so viele Leute sehen wollen? Und was sehen die denn da? Und warum wollen die das sehen?

Das kann ich doch nicht wissen. Wahrscheinlich, wie gesagt, wollten diese Leute das letzte Aufflammen der Nachkriegsmalerei sehen.

Und die repräsentierst Du?

Ja, die repräsentiere ich. Danach ist aber Schluss.

Also, Du bist der letzte große Maler?

So gesehen weiß ich keine andere Antwort.

Und das technische Moment, also die Virtuosität der Herstellung Deiner Bilder, ist das nicht ein zusätzliches Argument, oder gar das Geheimnis des Erfolges? Also nicht nur, dass Du der letzte große Maler bist, sondern dass Du auch der letzte Künstler bist, der wirklich weiß, wie man so etwas technisch macht?

Das kann sein.

Und ist Dir das nicht widerwärtig, dass Virtuosität zum Kult wird?

Aber nein, Virtuosität hat etwas Schönes. Das mag ich ja.

So wie Yehudi Menuhin? Großer Geiger der Malerei?

Großer Geiger der Malerei!

Glaubst Du denn, dass es wirklich in der Malerei um die Aufrechterhaltung der meisterhaften individuellen, artisanalen Produktion geht? Oder glaubst Du nicht viel eher, dass es um die konzeptuelle, kognitive und perzeptuelle Grundlage des Kunstwerkes geht, die in der Malerei gerettet werden kann?

Das gehört doch alles zusammen. Die Virtuosität von Menuhin ist doch nur dann genießbar, wenn er damit ein wunderbares Stück spielt.

Gleichzeitig ist es in den neuen Bildern aber auch sehr eindeutig, dass Du mit den Mitteln der Malerei eigentlich nur einen bestimmten Zustand aufzunehmen, oder eine Struktur zu dokumentieren versuchst...

...die sehr unmalerisch ist. Genauso wie auch in meinen Glasscheiben. Da hört es ja sowieso ganz auf.

Also, was Du da bewahren willst, ist diese extreme Ambiguität Deiner Arbeit, eine andernfalls unvorstellbare Widersprüchlichkeit, die eben nur mit malerischen Mitteln hergestellt werden kann?

Nein, die könnten auch mit anderen Mitteln hergestellt werden. Für meine Glasscheiben gelten doch die gleichen Kriterien, wie ich sie für die Beurteilung eines Bildes von Chardin anwende. Darum geht es mir.

Wenn Du in der Gegenwart Silikatstruktur malst?

Es ist ja letztlich egal was ich male, es geht immer um diese selbe Qualität.

Wäre das mit anderen Mitteln denn nicht auch denkbar?

Doch, natürlich, was Du willst, mit Video, Kino, Fotografie und so weiter, keine Grenzen.

Also geht es doch eher um eine bestimmte Definition der differenzierten Subjektivität, nicht um bestimmte Techniken, die da gerettet werden müssten?

Eine Technik würde ich nie retten wollen.

Aber bestimmte Formen der Subjektivität oder der differenzierten Erfahrung sollen gerettet werden gegen das gesellschaftliche Projekt einer totalen Desublimierung? Du bist doch ein konservativer Mensch, und wenn man konservativ ist, dann will man doch etwas retten, oder nicht?

Ja, unbedingt will ich das. Bestimmte Werte bewahren wollen, das halte ich auch für ein ganz natürliches Verlangen, das tun alle. Und deshalb glaube ich auch, dass wir hier auf diesem Globus trotz all der schrecklichsten Verirrungen prinzipiell doch auf dem richtigen Weg sind. Manchmal.

Was macht Dich denn da so zuversichtlich? Die Gegenwart...

...selbst die hat Momente, die etwas Gutes verheißen...

Gespräch mit Georg Imdahl 2005

Herr Richter, ist der Entwurf, den Sie entwickelt haben, in einem strengen Sinn ortsbezogen? Passt er also nur in den Kölner Dom?

Ja, natürlich, er war allein für diesen Ort bestimmt. Ich habe aber zudem seit einem halben Jahr unabhängig davon das Angebot, in der Kathedrale von Reims etwas zu machen. Damit habe ich noch gar nicht angefangen, in der näheren Zukunft soll es darüber die ersten Gespräche geben. Dort könnte ich nun nicht wieder eine Lösung mit den Kästchen machen, das ist natürlich klar.

Ist ein Entwurf wie Ihrer für Köln nicht auch an einem säkularen Ort denkbar?

Ja. So etwas gibt es ja von mir in einer kleineren Andeutung in einem Einfamilienhaus[1] im Stil des Bauhauses in Berlin. Dort ist es im Treppenhaus, da ist es allerdings mit Bleiverglasung, da passt es nicht richtig zusammen.

Worin lag die besondere Herausforderung, als Sie begonnen haben, das Kirchenfenster für den Kölner Dom zu projektieren?

Das war sehr schwierig. Nach all dem, was ich an heutigen, modernen Kirchenfenstern sehe, muss ich feststellen: Es gibt das moderne Kirchenfenster eigentlich gar nicht mehr. Als ich die Prospekte der Glasfirmen durchgesehen habe, die sich für die Ausführung meines Entwurfes angeboten haben, da hat mir keines gefallen, da ist vieles einfach schrecklich. Vielleicht können wir das gar nicht mehr.

Wird Ihr Entwurf das gesamte spitzbogige Fenster ausfüllen, das im südlichen Querhaus hin zum Roncalliplatz gelegen ist? Das wäre ein Riesenprojekt.

Ja, das geht von der Spitze bis ganz unten, 20 Meter hoch.

Ihr Werk lässt immer einen Spaltbreit zur Transzendenz offen. Anzeichen von Religiosität und Glauben kann man darin aber nicht unmittelbar erkennen. Hat der Glaube eine Bedeutung für Ihr Werk?

Was ist Glauben denn eigentlich? So etwas Ähnliches wie eine Grundeigenschaft von uns Menschen. Es gibt eine Sehnsucht danach. Ich wünschte, ich könnte das.

Was bedeutet es Ihnen, ein Werk für den Kölner Dom entwerfen zu können?

Das ist schwer: Man möchte sich manchmal gar nicht eingestehen, dass dies eine ganz tolle Sache ist. Das ist etwas Einmaliges. Der Dom steht da ewig, und da so ein öffentlich wirksames Fenster, dazu noch das Südfenster, wo die Erstrahlung gegeben ist – das ist schon ein Geschenk.

Gespräch mit Bertram Müller 2005

Wenn Sie Ihre alten Bilder aus Düsseldorf wieder sehen – beispielsweise die Portraits von Alfred Schmela, dem Galeristen, und Karl-Heinz Hering, dem früheren Kunstvereins-Direktor, dazu noch die Ansicht vom Stadtteil Hubbelrath: sind Sie gerührt?

Ja, natürlich bin ich gerührt. In Düsseldorf liegen schließlich meine Anfänge. Von Düsseldorf ging alles aus.

Und mit Ihrem jetzt in der Ausstellung gezeigten Gemälde K 20 aus dem vorigen Jahr knüpfen Sie daran an?

Das war eher Zufall. Ich hatte das Museum fotografiert, um mir ein Bild davon zu verschaffen, wo ich ausstellen würde. Aus jener Aufnahme ist dann dieses Gemälde entstanden. Wichtig war mir dabei die Fensterpartie.

War es Ihre Idee, anders als sonst bei Ausstellungen in K 20 einen Blick hinaus auf den Grabbeplatz und von dort einen Blick hinein zu ermöglichen?

Ja, ich habe darauf bestanden. Ich mag keine Räume, in die man nicht hineinsehen und aus denen man nicht hinausschauen kann.

SPIEGEL-Interview mit Susanne Beyer und Ulrike Knöfel 2005

Herr Richter, Ihre Bilder erzielen auf Auktionen Höchstpreise, Sie gelten als der teuerste Künstler der Welt. Je berühmter Sie wurden, je mehr man Sie weltweit feierte, desto mehr wurde betont, wie scheu und unnahbar Sie seien. Lebt es sich gut als hoch gehandeltes Geheimnis?

Sicherlich, obwohl ich mich selbst nicht als Geheimnis sehen kann. Ich bin nur relativ zurückhaltend. Ich war nie gut im Reden, habe keinen Spaß daran, das macht etwas scheu. Außerdem bin ich grundsätzlich skeptisch mir selbst gegenüber und anderen gegenüber natürlich auch. Und so bin ich mir auch nie sicher, ob das, was ich tue, richtig, ob es gut ist.

Das können wir dem begehrtesten Künstler der Welt leider nicht abnehmen.

Das müssen Sie aber. Bei anderen habe ich diese schöne Sicherheit immer bewundert. Zum Beispiel die fundamentale Selbstgewissheit bei meinem Kollegen

Georg Baselitz, der kann sich leicht auf ein Podium stellen und losreden. Oder früher als Akademiestudent, da erstaunten mich Kommilitonen, die pfeifend vor ihren Bildern saßen, so begeistert waren sie von ihren eigenen Sachen. Ich bin beim Malen eher enttäuscht, dass es bloß wieder ein Bild geworden ist.

Bloß ein Bild – um das sich dann der Weltkunstmarkt reißt. Herr Richter, Ihre Bescheidenheit wirkt kokett.

Zur Selbstzufriedenheit gibt es gar nicht so viel Grund. Warum sollte ich nicht etwas kleinlaut werden bei der Konfrontation mit all den Meisterwerken der Kunstgeschichte? Über das Eigentliche, die Kunst, kann man sowieso nicht reden. Man kann nicht erklären oder gar beweisen, was an einem Bild des niederländischen Altmeisters Pieter Saenredam so gut ist, das kann man nur sehen. Aber zum Trost: Unsicherheit kann ein ganz guter Motor sein.

Sind unsichere Menschen bessere Künstler?

Keine Ahnung. Ich weiß ja nicht, wie der Herr Rubens gewesen ist.

Wir haben aber den Eindruck, dass Sie Ihre Zurückhaltung ablegen. Sie haben in den vergangenen Jahren Ihre Geburtsstadt Dresden für sich wieder entdeckt und auch Ihre Freude darüber bekundet. Sie haben wichtige Werke ins Dresdner Museum Albertinum gegeben und wollen dort jetzt auch ein Richter-Archiv mit Dokumenten zu Ihrem Leben, Ihrem Werk unterbringen. Sind Sie tatsächlich dabei, das Geheimnis um sich selbst zu lüften?

Nochmals: Es gibt kein Geheimnis, aber ich denke, dass ich nun – mit 73 Jahren – nicht mehr so viel Grund habe, scheu zu sein. Es bringt ja nichts. Man kann ohnehin nicht immer alles richtig machen oder sagen. Ich kann vieles jetzt entspannter sehen.

Und doch müssen Sie als Künstler schon immer sehr selbstbewusst gewesen sein: In den sechziger Jahren sind Sie angefeindet worden, weil Sie nach Fotovorlagen malten – was ungewöhnlich war und viele irritiert hat. Aber Sie haben unbeirrt weitergemacht.

Ja, ja, so allein für mich gab es diese Seite bei mir schon immer, eine Art instinktives Wissen von dem, was gut und schlecht ist. Ich sehe viele Landschaften, fotografiere davon Hunderte, male davon eine oder zwei; ich kann daraus schließen, dass ich weiß, was ich will. Und das scheint mir doch eine gewisse Sicherheit zu geben.

Sind die Preise, die für Ihre Werke bezahlt werden, nicht schon Grund genug, selbstbewusst zu sein? Es geht da um Millionen, die ein Auktionator erzielen kann. So mancher Sammler dürfte reich geworden sein, als er ein frühes Bild von Ihnen zur Versteigerung eingereicht hat.

Von solchen Rekordsummen zu hören ist natürlich erst mal sehr erfreulich, und zugleich ist es erschreckend. Vor allem aber taugt so was nicht als Motivation zur Arbeit. Wenn ich nicht gut drauf bin, nehme ich solche Erfolge sogar als

Zeichen, dass die Zeiten verdorben sind, dass die Käufer nichts von Kunst verstehen, dass ich sie vielleicht betrogen habe und das tun sie ja nun tatsächlich: allgemein viel zu viel für Kunst zahlen. Da besteht doch ein völliges Missverhältnis zwischen dem Wert und der Relevanz von Kunst und diesen wahnwitzigen Preisen, die dafür gezahlt werden.

Was soll so furchtbar daran sein, viel Geld für Kunst auszugeben?

Es gibt ja auch Käufer, die ein Werk per Telefon ersteigern, das sie nie gesehen haben. Das ist kein Kunstverständnis, das ist Verwahrlosung und gehört zum Kulturabbau. Der Sinn und das Interesse für Kunst verschwindet. Vielleicht geht es den Menschen darum, ihr Kapital anzulegen. Aber es ist nicht so, dass sie die Kunst noch brauchen.

Und ob sie das tun. Die Leute laufen doch in Massen gerade in Ihre Ausstellungen, dabei machen Sie es dem Publikum nicht immer leicht. Sie sorgen dafür, dass man Ihren Bilder-Kosmos schwer deuten kann. Da wechseln sinnliche Landschaften mit strengen Farbtafeln oder schwelgerisch bunter Abstraktion. Von einer „unerbittlichen Neutralität" Ihrer Kunst war mal die Rede. Selbst die Kritiker scheinen nicht schlau aus Ihnen zu werden.

Warum sollten die per se klüger sein als andere Kunstinteressierte? Sie haben nur das schwierige Los, sofort formulieren zu müssen, was die Bilder meinen. Da kommt es dann zu Behauptungen wie der, dass es sich bei meinen Gemälden um Malerei über Malerei handelt, dass das also gemalte Konzeptkunst sei, distanziertes Virtuosentum, Verweigerung, Verschleierung und was weiß ich.

Das sind Begriffe, mit denen Ihre Kunst seit 30, 40 Jahren beschrieben wird. Alles falsch?

Ja. Denn die Sache ist viel einfacher, meine Bilder sind viel mitteilsamer als die der meisten meiner Kollegen. Ich verschleiere doch kaum etwas. Im Gegenteil: Mir ist das fast peinlich, dass ich mich, mein Leben in den Bildern so ablesbar zeige.

Heute weiß man, dass es sich bei den Menschen auf Ihren Portraits oft um Familienmitglieder handelt und welche Geschichten sich da verbergen – das Bild Ihrer Tante Marianne etwa, die im Februar 1945 umkam, oder Ihr Onkel Rudi in Wehrmachtsuniform. Warum sind die autobiografischen Bezüge in Ihrem Werk so lange ignoriert worden?

Ich hatte gar kein Interesse daran, dass darüber gesprochen wird. Ich wollte doch, dass man die Bilder sieht und nicht den Maler und seine Verwandten, da wäre ich doch irgendwie abgestempelt, vorschnell erklärt gewesen. Tatsächlich hat mich das Faktische – Namen oder Daten – auch gar nicht so interessiert. Das alles ist wie eine andere Sprache, die die Sprache des Bildes eher stört oder sogar verhindert. Man kann das mit den Träumen vergleichen: Sie haben eine ganz spezifische, eigenwillige Bildsprache, auf die man sich einlassen oder die man vorschnell und falsch übersetzen kann. Natürlich kann man Träume auch ignorieren, nur wäre das schade, sie sind ja nützlich.

Inzwischen werden all Ihre Werke und Ihre Biografie bis ins kleinste Detail durchleuchtet. Als Sie vor ein paar Jahren Bilder präsentierten, auf denen Ihre Frau Sabine und Ihr kleiner Sohn Moritz[1] zu sehen waren, galt das wie eine Offenbarung, als Richters Bekenntnis zu einer neuen Empfindsamkeit – kein Feuilleton, das nicht darüber berichtete.

Diese Art der Berichterstattung führt von den Bildern weg, da wird ein ganz anderer Bedarf gedeckt, der nach Klatsch. Ich kann das auch verstehen. Wenn ich beim Zahnarzt in der Bunten blättere, unterhält mich Klatsch ja auch. Zum Werkverständnis können biografische Details nur bedingt beitragen, und natürlich muss man erst einmal das Bild kennen. Man glaubt halt gern, dass man Francis' Bilder deshalb so viel besser versteht, weil man erfahren hat, dass er schwul ist.

Anfang September erscheint ein Buch des Journalisten Jürgen Schreiber[2] über Ihre Tante Marianne, die in den vierziger Jahren Opfer eines Euthanasie-Mordes wurde. Ihr erster Schwiegervater, ein Medizinprofessor in Dresden, war in solche Untaten verstrickt. All das wird in dem Buch rekonstruiert – der Ausgangspunkt ist ein von Ihnen gemaltes Bild Ihrer Tante. Passt Ihnen das?

Nun ja, so was geschieht, ob mir das passt oder nicht. Was mich natürlich stört, ist die Aufmachung, also diese reißerische Titelei wie „Das Geheimnis des Malers" oder „Das Drama einer Familie". Das ist schon sehr kitschig. Das Buch selbst kenne ich noch nicht, es wird so sein wie der Bericht von Jürgen Schreiber im *Tagesspiegel* vor einem Jahr[3], nur mit sehr viel mehr Fakten und viel weiter gehenden Recherchen. Wenn das Buch hält, was der Bericht versprach, wäre ich sehr erfreut.

Warum?

Weil es immer interessant ist, wenn man etwas über sich erfährt, was man vorher nicht wusste. Das sind Familiengeschichten, die im Nachhinein richtig gestellt und damit verständlicher werden, oder solche, die überhaupt erst ans Licht gebracht werden. Und auf diese Weise können diese Bilder von Tante, Onkel, Vater und so weiter im Nachhinein eine zusätzliche Bedeutung erhalten.

Es fällt auf, dass Sie immer wieder Familienmitglieder malten und malen. Dient das alles der Problembewältigung?

Vielleicht nur ein Prozent meiner Bilder zeigt Angehörige von mir, und ob dabei Probleme bewältigt werden? Wahrscheinlich können diese Probleme nur gezeigt werden. Aber es gibt immer wieder Fotos, private und andere, die mich so faszinieren, dass ich sie malen möchte. Und oft merkte ich erst später, welche

Bedeutung diese Bilder für mich haben. Besonders krass war das mit dem kleinen Bild *Horst mit Hund*. Als ich es gemalt hatte, fand ich es nur komisch und auch angenehm nahe am Humor eines Malers wie Sigmar Polke, aber als ich es gut 30 Jahre später in New York hängen sah, erschrak ich etwas, denn wie da der Vater dargestellt war, das fand ich vor allem tragisch.

Horst mit Hund ist berühmt geworden als kurioses Portrait Ihres Vaters Horst Richter. Er wirkt darauf wie eine tragische Clownsfigur. Ihr Biograf Dietmar Elger nannte Sie einen vaterlosen Sohn, weil Ihr Vater im Krieg war und Sie ihn als Kind kaum erlebt haben. Das New York Times Magazine *deutete allerdings an, Horst Richter sei nicht Ihr leiblicher Vater.*

So ist es auch. Aber so etwas ist ja nicht gerade unhäufig.

Sie sind 1932 geboren. Haben Sie als Kind gewusst, dass dieser Mann nicht Ihr Vater war?

Ich wusste es sehr bald.

War das schwierige Verhältnis zu Ihren Eltern ein Grund dafür, 1961 in Ost-Berlin in die S-Bahn zu steigen und in den Westen zu fliehen?

Nein, mit den Eltern hatte das nichts zu tun, dann schon eher mit den Schwiegereltern, die bereits im Westen wohnten und so den Übergang etwas erleichterten. Aber das Abbrechen von allen vertrauten Bindungen, freundschaftlichen, beruflichen, das war für mich ausgesprochen hart. Und es gab nur einen Grund dafür: diesen alles erstickenden Staat.

Im Westen wurden Sie dann 1966 zum ersten Mal selbst Vater. Bringt einen diese Erfahrung den eigenen Eltern näher?

Das kann ich gar nicht sagen. In den späten sechziger Jahren hatte doch die ganze Gesellschaft wenig Sinn für Familie und für Väter schon gar keinen. Zurückblickend empfinde ich das Gehabe der Progressiven in den sechziger und siebziger Jahren nur als lächerlich; trunken von haltlosen Illusionen über Wohlstand und Gesellschaftsveränderung war man doch mit der Betonung des Antiautoritären nur fahrlässig. Man hat die Kinder sich selbst überlassen. Ich war nicht viel besser, hatte nur mehr Skrupel. In meinem viel später gemalten Bild meiner Tochter Betty, die ihr Gesicht abwendet, mag etwas von der Trauer darüber anklingen.

Diese Rückenansicht Ihrer Tochter ist eine weltberühmte Ikone.

Ja, es ist sehr beliebt, ich hörte, es sei das am häufigsten reproduzierte Bild der Gegenwartskunst. Es ist ja auch ziemlich attraktiv, delikat gemalt, es hat eine schöne Farbigkeit und einen interessanten Kontrast von dem einfarbigen dunklen Hintergrund zu der leuchtenden Pracht des Blumenmusters auf dem Bademantel, den meine Tochter trägt. Und – man sieht das Gesicht nicht. Anfangs hatte ich deshalb Bedenken, es schien mir zu filmisch, so in Richtung Hitchcocks *Psycho*.

Der Thriller handelt von einem Mörder, der sich immer wieder mit seiner Mutter unterhält, die man aber höchstens von hinten sehen kann...

...und schließlich dreht er den Stuhl um, und man sieht das zerstörte Gesicht der mumifizierten Mutter. Ziemlich erschreckend.

Daran zu denken wäre – beim Anblick des Betty-Bildes – tatsächlich eine furchterregende Assoziation.

Zum Glück stellt die sich gar nicht ein. Der abgewendete Kopf bringt zwar etwas plakativ das Geheimnisvolle in das Portrait, aber das Eigentliche, was da zur Wirkung kommt, ist doch vielmehr eine schmerzliche Wehmut über Verlust und Trennung und was da so in die Richtung geht. Als ich es malte, war mir das natürlich gar nicht bewusst.

Sie hatten Probleme mit dem Vater – und deshalb auch Probleme mit dem eigenen Vaterdasein?

So erging es einer ganzen Generation. Ich hatte, wie viele in meinem Alter, die Erfahrung eines vorbildhaften Vaters nie gehabt. Die meisten unserer Väter waren lange im Krieg und kamen entweder gar nicht zurück oder als Beschädigte und Gebrochene und als Schuldige. Diese Problematik einer vatergeschädigten Generation setzt sich bis heute fort. Der Terrorismus hatte vielleicht deshalb in diesem Land eine andere Form als andernorts. Er war hier in den siebziger Jahren auch mehr ein Ausdruck der Ablehnung der Väter, die eben in jeder Hinsicht versagt hatten.

Der Krieg, der Terrorismus – das scheinen Themen zu sein, die Sie nicht loslassen. Ihr legendärer Zyklus 18. Oktober 1977 *zeigt Terroristen der RAF, da sind auf 15 Bildern Gesichter zu sehen, Zellen im Gefängnis Stammheim, Leichen, eine Begräbnisszene. Das alles fügt sich zu einem irritierenden Spuk zusammen. Diese Bilder wurden zuerst oft verflucht, heute nennt man sie „Altäre", und die* New York Times *würdigte die Serie noch 2002 als „ganz einfach das einzige großartige Kunstwerk, das bisher über Terrorismus geschaffen wurde". Wenn wir uns jetzt hier in Ihrem Atelier umschauen...*

...ist alles ungegenständlich, nur abstrakte Bilder.

Ein kleines Bild hier zeigt aber doch etwas weniger Abstraktes: Man kann die Türme des World Trade Center[4] erahnen. Ein neues Bildthema?

Leider nein. Das hier ist nur der missglückte Versuch dazu. Mich hatte dieses typische Foto der beiden Türme mit der Explosionswolke und dem strahlend blauen Himmel nicht losgelassen, bis ich schließlich versuchte, es zu malen. Es ergab nichts. Beim Malen merkte ich schon, dass es die falsche Richtung ist.

Was passiert jetzt mit dem Bild?

Es wird zerstört, oder ich übermale es irgendwann, die Leinwand ist ja noch gut. Wer weiß, vielleicht stellt sich ja doch noch mal die richtige Bildidee zu diesem Thema, zum Terrorismus, ein.

Ein Bild zum 11. September von Richter würde weltweit Aufmerksamkeit erregen. Es wäre aber auch ein Risiko, denn die Gefahr, falsch verstanden zu werden, ist groß. Kaum einer Ihrer Kollegen hat sich an dieses Thema herangewagt.

An diesem Thema interessiert mich genau genommen nur der Wahn. Ganz gleich, wie man ihn je nach Art und je nach Standpunkt immer auch bezeichnet: als Glaube, Überzeugung, Ideologie, Plan oder Vision, immer handelt es sich um die Vorstellung einer Realität, die kommen wird. Und was mich fasziniert und natürlich erschreckt, ist: Es ist diese Vorstellungsfähigkeit, die so viel Macht hat, die solche Leidenschaft freisetzt, uns beflügelt, antreibt, motiviert zu all den wunderbaren Leistungen, aber eben auch zu den größten Verbrechen. Auf einem Gebiet kann sich der Wahn wunderbar und völlig ungefährlich entfalten: in der Kunst. So gesehen ist die Beuys-Formel „Jeder Mensch ist ein Künstler" doch ein sehr schöner Traum.

Gerade von Beuys unterscheiden Sie sich diametral. Beuys stand für eine provokante Anti-Ästhetik. Ihre Bilder aber, ob abstrakt oder gegenständlich, feiern trotz der oft heiklen Motive die Schönheit.

Es ist schwierig mit der Schönheit, wir sind uns nicht mehr einig, was darunter zu verstehen sein sollte. Sicher liegt es auch daran, dass der Begriff „Schönheit" so abgedroschen ist oder klingt. So wie „das Gute" und „das Wahre". Aber das ändert nichts am Wert solcher idealen Eigenschaften und daran, dass die Menschen Schönheit brauchen. Für mich war Schönheit immer ein Kriterium für die Qualität von Kunstwerken, gleich welcher Art und aus welcher Zeit.

Die Schönheit – mehr noch als das Schreckliche – gilt als Kampfbegriff. Viele empfinden sie als unzeitgemäß und deshalb ärgerlich.

Ganz simpel ist Schönheit erst mal das Gegenteil von Zerstörung und Auflösung und Beschädigung, und damit ist sie schon mal untrennbar mit Form verbunden, ohne die nichts entstehen kann. Und was ich für das Wichtigste daran halte: dass es nur die Form ist, die eine Sache verständlich macht und damit Gemeinschaft stiften kann. Das Gegenteil wäre authentisches Gestammel, und das ist nur asozial.

In der aktuellen Kunstdebatte ist aber viel von Authentizität die Rede.

Im Kunstbetrieb kann ich schon einen Trend zur Formauflösung sehen, der ja auch einer allgemein gesellschaftlichen Entwicklung entspricht. Form als allgemeiner, verbindlicher, idealer Wert ist out. Form in diesem Sinn ist auch viel zu unbequem, es kommt ja viel besser an, wenn wir die Karre laufen lassen und irgendwas faseln von Authentizität, Individualisierung, künstlerischer Freiheit und Selbstverwirklichung. Im Grunde ist das so fahrlässig und falsch wie das Denken in Quoten und Stimmenzahlen: Es verführt zum Lügen. Dem Kunden oder Wähler darf nur die allerleichteste Anstrengung zugemutet werden, und ihm muss, egal wie blöd er sich benimmt, immer wieder gesagt werden, dass er ganz toll ist, super.

Sind Sie nicht zu streng? Die Gegenwartskunst lebt von der Vielseitigkeit ihrer Formen und Stile, davon, dass sie das Publikum auf unterschiedliche Weise berührt, unterhält oder eben verstört.

Die Künstler wollen ihre Kunst machen, das ist natürlich, aber die Konsumenten müssen in der Lage sein, zu wählen, zu urteilen, zu wissen, was sie wollen. Heutzutage fehlen da die Kriterien.

Das klingt, als wollten Sie den Akademismus früherer Jahrhunderte und seine standardisierte Ästhetik zurück.

Ich meine etwas anderes. Wenn zum Beispiel über ein misslungenes Bauwerk geschimpft wird, dann gibt man dem Architekten die Schuld, der einen ganz schlechten Bau geliefert und damit eigentlich wieder mal nur sich selbst verwirklicht habe. Tatsächlich ist das aber erst mal die Schuld des Auftraggebers, der gar nicht mehr die Kompetenz hat zu wissen, was er für ein Haus haben will, wie das aussehen soll. Ich weiß, in der Gegenwartskunst liegt das etwas anders, weil sie so autonom ist, dass sie sich gar nicht mehr beauftragen lässt. Da muss man nehmen, was geliefert wird, und sich was vormachen wie in dem Märchen von des Kaisers neuen Kleidern.

Nennen Sie uns ein Beispiel.

Die Willy-Brandt-Statue[5] im Berliner SPD-Haus sieht wie Zombie aus. Aber die Genossen stellen sich blind und glauben, es sei moderne Kunst, mit der sie da Willy Brandt ehren. Ähnlich geht es jetzt den Salzburgern, die sich da eine fragwürdige Mozart-Ehrung zugelegt haben und sich ähnlich blind verhalten müssen.

Sie meinen die Mozart-Skulptur von dem nicht unberühmten Markus Lüpertz, die seit kurzem in Salzburg steht und die den Komponisten nackt, armamputiert und erstaunlich weiblich zeigt.

Warum beschwert sich da keiner? Ich kann nicht sagen, wie diese Unsicherheit im Umgang mit der Kunst entstanden ist. Es ist, als hätten wir verlernt, unseren Augen zu trauen. Eines hat sicher dazu beigetragen: die Nazis mit der

Diffamierung der modernen Kunst als einer „entarteten". Das hatte eine verheerende Wirkung, die die Bürger enorm verunsicherte. Und später entstand im Umkehrschluss bei uns eine Argumentation mit einer sehr einschüchternden Wirkung: Da wurden Leute als spießige Banausen beschimpft, die angeblich rechte oder gar faschistische Töne anschlugen, wenn sie es wagten, zeitgenössische Kunst abzulehnen. So was trägt dazu bei, dass man lieber die Augen schließt und den Mund hält, bevor man sich als Spießer bezeichnen lässt.

Wollen Sie, dass die Kunst elitärer, schon die Ausbildung strenger wird?

Zunächst wäre das Sache einer allgemeinen Bildung, also aller Schichten, und natürlich des kulturellen Willens der ganzen Gesellschaft. Und die Akademien hätten dann natürlich eine Schlüsselposition einzunehmen. Früher habe ich mich darüber mokiert, dass wir viel zu viele und viel zu schlechte Akademien haben. Das kann ich inzwischen anders sehen, dass also, entsprechend der so sehr veränderten Gesellschaft, auch die Akademien viel massenhafter und vielseitiger ausbilden müssen. Ein bisschen ist das dem Tourismus vergleichbar, der sich auch längst weg von dem elitären Reiseerlebnis für die *Happy Few* entwickelt hat. Das Problem bleibt die Qualität, die einen Anspruch voraussetzt, der immer Höheres will als das bereits Vorhandene. Ohne Ideal läuft nichts.

Was halten Sie von der jungen Malergeneration aus Leipzig? Die malt bunt und anschaulich – ihr Erfolg lässt sich an irrwitzigen Preissteigerungen ablesen.

Schön illustrativ, der richtige Grad von Unverbindlichkeit. Das hat im Osten Deutschlands Tradition, schon zu DDR-Zeiten, die Maler Willi Sitte und Werner Tübke sind auch solche Erzähler. Aber mich interessiert es nicht, ist mir zu pragmatisch, formalistisch.

Die Generation der Mittdreißiger gilt nicht nur als pragmatisch und erfolgsorientiert, sondern auch als erstaunlich konservativ. Das allerdings müsste Ihnen gefallen – denn auch Sie gelten als ewiger Verfechter des Bürgerlichen.

Bei diesen jungen Malern ist mir eine wirklich konservative Seite noch nicht aufgefallen. Überhaupt ist der Begriff konservativ noch nicht richtig gesellschaftsfähig, er ist negativ besetzt, so wie rechts oder bürgerlich oder rückständig, auf jeden Fall out. Und man ist auch noch kein Konservativer, wenn man eine geschmackvoll designte Wohnung hat. Eine konservative Haltung ist viel unbequemer. Viele meiner links denkenden Freunde würde ich da eher schon als konservativ bezeichnen. Schon wegen ihrer hohen Arbeitsmoral, ihrem Kunst- und Weltverständnis, die wollen alle etwas bewahren, erhalten und sind im Grunde so bürgerlich wie ein Golo Mann – eines seiner Bücher habe ich mir gerade in den Ferien auf Usedom gekauft.

Bei dem Historiker Golo Mann lässt sich die konservative Haltung von den biografischen Brüchen in seinem Leben herleiten, angefangen mit seiner Flucht aus Nazi-Deutschland 1933. Gibt's da Parallelen? Auch Sie haben Brüche erlebt, vier deutsche Epochen: die Nazi-Zeit, die DDR, die alte und neue Bundesrepublik.

Das mag sein. Man hat mehr Sinn dafür, etwas Gutes bewahren zu wollen, skeptisch zu bleiben und den jeweils neuen Parolen zu misstrauen, wenn man so viel Unsinn erlebt hat und wenn man dabei relativ unbeschädigt geblieben ist. Ich habe sehr viel Glück gehabt.

Herr Richter, wir danken Ihnen für dieses Gespräch.

Gespräch mit Roberta De Righi 2005

Herr Richter, warum sind Sie mit Jürgen Schreibers Buch Ein Maler aus Deutschland *nicht einverstanden?*

Es ist leider gar kein gutes Buch geworden, und das hatte ich so nicht erwartet. Jürgen Schreibers Artikel im Tagesspiegel[1] vor gut einem Jahr hatte mich ziemlich beeindruckt, genauso wie die Gespräche über seine Recherchen und die Besessenheit, mit der er dieses Thema verfolgte. Er hatte sehr viele Fakten zusammengetragen, von denen ich nichts gewusst hatte, und die ich auch ganz allgemein sehr interessant fand. Aber mit jeder Seite kamen mir mehr Zweifel und es kostete mich schon einige Überwindung, das Buch zu Ende zu lesen.

Inwiefern?

Schreiber bläst dieses bewegende Thema zum Buch auf, er mixt Fakten, konstruiert Zusammenhänge, schmückt aus mit seinen Fantasien und zerrt intime Begebenheiten ans Licht, die nicht dem Thema dienen, sondern nur seiner Lust am Schnüffeln.

Aber dass bei einem solchen Buch-Projekt höchstwahrscheinlich Dinge an die Oberfläche kommen würden, die wehtun, muss Ihnen doch von Anfang an klar gewesen sein.

Nein, durchaus nicht. Und es geht hier auch gar nicht um ein paar Empfindlichkeiten, sondern ich rege mich nur über die Qualität des Buches auf, über diese Haltung und den Jargon, die beide doch die erwünschte Annäherung an die Wahrheit verhindern.

Schreiber versucht ständig zu emotionalisieren und neigt zum Fabulieren, zum Beispiel, wenn er die Besuche Ihrer Großmutter bei Ihrer Tante in der Anstalt schildert. Als Leser fragt man sich immer wieder: Woher weiß er das?

Er weiß es nicht, woher denn auch, das sind Mutmaßungen. Und auch was die Beschreibungen von Heinrich Eufinger[2] angeht, wird er unerträglich unsachlich. Der Autor schreibt, er „rieche förmlich die Brillantine" und spricht von dessen „ungutem Blick aus kleinen und eng stehenden Augen". So was ist nicht nur unwahr, sondern vor allem absolut dumm.

Bei dieser simplen Gleichsetzung von Physiognomie und Charakter nähert sich der Autor bedenklich der NS-„Rassenkunde".

Auch das. Aber mir stellte sich Eufinger damals einfach anders dar. Er hatte nichts von einem Nazi, er war hoch gebildet, tüchtig, ein sehr imponierender Typ. Von seiner Rolle bei den Zwangssterilisierungen wusste ich nichts, ebenso wenig von seinem Mitwirken bei der NS-Eugenik und Euthanasie. Und seine SS-Mitgliedschaft wurde mir als eine Art Ehrenmitgliedschaft erklärt.

Wussten Sie nicht mehr oder wollten Sie es nicht wissen?

Anfang der fünfziger Jahre hatten wir wirklich ganz andere Sorgen.

Und als Sie das Bild Tante Marianne malten, kannten Sie deren Geschichte?

Ich wusste nur, dass sie umgebracht worden war, aber kaum etwas von ihrem Leben und fast gar nichts von ihrem Leiden. Doch das ist immerhin ein Verdienst von dem Schreiber-Buch, dass es mir die Geschichte zum Bild nachgeliefert hat.

Interview mit Jeanne Anne Nugent 2006

Die Ausstellung im Getty Museum betont eine deutsche Tradition in der Malerei, eine sehr komplexe und zeitweise schwierige Argumentation. Da Caspar David Friedrich am Beginn und Sie am Schluss stark vertreten sind, erscheinen Sie in gewisser Weise als heutiger „Bannerträger" der deutschen Malerei. Wie stehen Sie dazu?

Positiv, vielleicht sollte ich statt „Bannerträger" eher Mitstreiter sagen, Anhänger einer bestimmten Tendenz also, die sich eben mehr der Tradition verpflichtet fühlen, – genauer einer bestimmten Tradition, für die Caspar David

Friedrich sehr wichtig ist. So gesehen bin ich sehr glücklich, wenn man mich da dazu zählt.

Was bedeutet Tradition für Sie? War das nicht immer wichtig für Ihre Werke?

Sie war mir immer eine Selbstverständlichkeit, die Tradition, das kulturelle Erbe, das Wert hat und das die Kriterien liefert. Mit so einer Haltung stehe ich sicher ein bisschen außerhalb vom Trend, der es schick findet, Tradition zu negieren und vom Ende der Geschichte und der Kunst zu reden. Sie kennen das besser als ich.

Ja, das wird immer wieder behauptet, aber in den sechziger Jahren, war Ihnen diese Haltung nicht gar so fremd, oder?

Sicher, wenn man jung ist, gibt man schon mal so provokatives Zeug von sich, und wenn das dann noch von einem entsprechenden Zeitgeist unterstützt wird, kann es schon zu sehr rüpelhaften Vorschlägen kommen, wie Venedig versinken zu lassen oder die Alpen einzuebnen. Das muss man also nicht so ernst nehmen.

Ihre künstlerische Laufbahn ist eng mit Dresden verbunden. Ihre frühsten Aquarelle scheinen von der romantischen Landschaftsmalerei beeinflusst zu sein, vielleicht sogar von der Brücke und dem Blauem Reiter. Wie lernten Sie solche künstlerischen Strömungen zuerst kennen?

In Büchern und den damals erhältlichen kleinen Mappen mit Kunstdrucken; ich erinnere Velázquez, Dürer, Corinth, – aber das war noch vor meiner Dresdner Akademiezeit, was man eben so hat und sieht und sich besorgt.

Es ist sehr wichtig, dass Sie in Dresden die große Tradition der deutschen Malerei gelernt und studiert haben...

Ja. Diese Dresdner Zeit hat mich in einem allgemeinen Sinn doch sehr grundsätzlich geprägt. Auf jeden Fall viel mehr als es mir bewusst war, das merkte ich erst im Alter. Aber die „große Tradition der deutschen Malerei", die wurde mir doch nur sehr gebrochen vermittelt, einmal durch die ideologisierende Betrachtung von Kunst, die uns gelehrt wurde, und zum anderen durch die aktuellen Auffassungen von moderner Kunst, die uns mehr oder weniger deformiert aus dem Westen erreichten.

Es ist natürlich eine problematische Geschichte, aber Sie haben viel gemalt und hatten dabei viel Tradition im Kopf.

Dabei war es aber so, dass ich nie wirklich bemüht war, so wie Rembrandt oder Raffael oder Friedrich zu malen, das hätte ich auch gar nicht gekonnt, – ich wollte nur an diese geheimnisvolle, bleibende Qualität herankommen, die viele dieser alten Bilder haben.

Und das ist das, was für mich von großem Interesse bei Ihren Werken ist. Sie haben viel mit Geschichte zu tun, deutscher Geschichte, deutscher Kunstgeschichte, weltweiter Kunstgeschichte, und sind gleichzeitig modern.

Ein Beispiel mag das vielleicht simpel illustrieren. Die fünf Bilder, die ich über die *Verkündigung* von Tizian[1] gemacht habe, Sie kennen sie. Damals sah ich das Bild in der Accademia und wollte es für mich haben, für meine Wohnung, ich wollte es also kopieren, so gut es geht. Aber es gelang mir nicht, eine halbwegs ansehnliche Kopie zu machen. Danach malte ich die fünf Variationen der Verkündigung, die nicht viel mit der Tizianischen Verkündigung zu tun haben, aber mit denen ich ganz zufrieden war.

Ja, aber ich muss sagen, dass Ihre Arbeiten aus der DDR einen ähnlichen Effekt haben, zum Beispiel bei dem Gemälde Abendmahl *mit Menzel, Picasso, Mona Lisa und andere, alle zusammen waren sehr...*

...typisch für meine Haltung? Ja, – aber die Qualität war schon sehr dürftig, studentisch verzeihlich vielleicht...

... klug, kluge Auseinandersetzungen mit der Tradition. Meiner Meinung nach. Ich weiß, das war nicht ein „great painting", aber die Idee, dass Sie so jung waren und ein Verständnis dafür hatten, dass diese problematische Geschichte auch komisch war. Zusammen genommen war es sozusagen eine „cut-and-paste"-Tradition.

Na gut.

Was verstehen Sie unter Tradition im Sinne von Tradition kennen, um sie brechen zu können? Und wenn dem so ist, was wird gebrochen in der Tradition?

Der Wunsch mit einer Tradition zu brechen, ist ja nur angebracht, wenn es sich um überholte, also störende Traditionen handelt, an diese Seite habe ich gar nicht gedacht, weil ich ganz altmodisch Tradition mit Wert gleichsetze (das mag ein Fehler sein). Egal wie, aber auch bei dieser positiven Tradition gibt es Anlass, gegen sie zu sein, ganz einfach, wenn sie zu mächtig, zu fordernd, zu anspruchsvoll ist. Das wäre dann prinzipiell die menschliche Seite des Aufbegehrens.

Zu diesem Wert gehört auch das Zeitlose –

Ja, das wäre die wichtigste Wirkung der Qualität, die gleichzeitig so einfach wie geheimnisvoll ist, die wie selbstverständlich da ist, aber nie berechenbar. Und sie ist weder an eine Disziplin, noch an eine Zeit gebunden, sie kann bei Giotto, Cage oder Bach oder wo auch immer da sein.

Als Sie die Dresdner Kunsthochschule besuchten, veränderte sich die experimentelle Freiheit Ihrer frühen Werke. Einerseits führte die formale Ausbildung zu einer Reihe virtuoser Figurenzeichnungen, Stillleben und Portraits. Andererseits wurden sozialistische Themen dargestellt, und Sie schufen mit wachsendem Selbstbewusstsein komplexe, vielfigurige Kompositionen. Können Sie sich an ein Gefühl erinnern, etwas aufzugeben, als die akademische Ausbildung an die Stelle Ihrer experimentellen Aquarelle trat, oder erschien das neue Programm zunächst positiv als legitimer Schritt zu einer neuen Kunst?

Immerhin bemerkte ich den Verlust an Spontaneität und Freiheit, und so nahm ich die Ausbildung als eine notwendige, unvermeidliche Mühe an.

Wie stark wurde das Ihrer Meinung nach von der Ausbildung in Dresden beeinflusst?

Diese, heute gänzlich altmodisch anmutende Ausbildung war aber die, die ich hatte, und ich war eigentlich zu jeder Zeit, bis heute noch, von ihrer Richtigkeit überzeugt. Die handwerkliche Seite entwickelte das Gefühl für die Werkstoffe, und das Training des Zeichnens und Malens nach der Natur waren unschätzbar für die Entwicklung des Sehens. Die Einseitigkeiten der Gebote und Verbote dieser Ausbildung ließen sich noch positiv sehen, weil sie die oppositionellen Kräfte förderten. Wenn man Bücher nicht ausleihen darf, studiert man sie eben intensiver im Lesesaal, und was ganz verboten ist, reizt umso mehr.

Welche Bücher und Kataloge und waren Ihnen denn in der Akademie-Bibliothek nicht zugänglich?

Na ja, bis Manet war das Ausleihen möglich, aber was danach kam, die Impressionisten, konnte nur noch im Lesesaal angesehen werden.

Ah ja, also vorhanden waren sie.

Ja, aber doch sehr viel spärlicher als die Klassiker, und je näher sie der Gegenwart kamen, desto weniger gab es sie. Ausnahmen waren nur Gegenwartkünstler, die einer kommunistischen Partei angehörten – wie Fougeron, Guttuso, und wie die alle hießen, die waren zugänglich. Und deren formalistische Malweise wurde damit entschuldigt, dass sie sich diesem westlichen Modernismus anpassen mussten, um existieren zu können. Hahnebüchene Geschichten, die es uns doch sehr leicht machten, eine andere Meinung zu entwickeln.

Der Stundenplan an der Akademie füllte doch fast den ganzen Tag, wie konnten Sie denn da frei experimentieren, wenn Sie also jetzt die Ideologie vorgegeben bekommen haben?

Mit etwas Vigilanz fand man schon die offenen Stellen im Zaun der Vorschriften, und vor allem hatten man ja gleichgesinnte Freunde.

Künstlerische Freundschaften sind für Sie immer wichtig gewesen, natürlich auch in Ostdeutschland. Viele Ihrer Dresdner Kommilitonen, die im Kalten Krieg dort blieben, etwa Wieland Förster[2], Wilfried Werz[3] und Helmut Heinze[4], wurden bedeutende Vertreter künstlerischer Strömungen in der DDR. Alle sind gegenständliche Künstler, aber alle entfernten sich auch von der staatlich propagierten didaktischen Kunst. Meiner Meinung nach stehen sie für einen „dritten Weg", über den Sie in Verbindung mit Ihrer eigenen Arbeit dort gesprochen haben. Wie ergänzten diese Freundschaften Ihre Ausbildung an der Hochschule?

Sie waren Bestandteil, wahrscheinlich sogar der wichtigste Teil, der Ausbildung überhaupt.

Da entstand auch die Idee vom „dritten Weg"?

Ja sicher.

Der „dritte Weg", war das nicht ein bisschen idealistisch?

Oh ja, der Traum einer heilen Welt zwischen allen Fronten.

Zuerst waren Sie auch idealistisch in Bezug auf den Sozialismus, oder?

Nein, eigentlich nie. Allein der Wortteil „ismus" machte mich sofort immun gegen jede Anfechtung in dieser Richtung.

Das Erstaunliche ist für mich, dass Sie mit dieser Haltung so unbehelligt blieben und sehr viele Bilder gemalt haben.

Zum einen war die DDR ja keine solche Diktatur, wie sie im Nazi-Deutschland herrschte, sondern man konnte sich schon gewisse Freiräume schaffen. Und zum anderen kann ich bei mir eine besonders ausgeprägte Lust am Malen und darüber hinaus an jeglicher Arbeit feststellen, die eben in vielen schwierigen Situationen sehr hilfreich ist.

Sie konnten sich also einrichten in dem System DDR und haben viele Bilder gemalt, die idealistisch sind, und die sind sehr gut gemalt. In den Privatwerken gibt es schöne Familienportraits, zum Beispiel die Lesende (Ema) und andere Motive. Es sind positive Bilder aus der DDR, wenn ich so sagen darf. Sie haben sich trotzdem die Freiheit genommen, das herauszugreifen, was für Sie positiv war, um sich dort besser entwickeln zu können.

So sieht es aus.

Der Leipziger Maler Werner Tübke ist neben Ihnen der einzige Künstler in der Getty-Ausstellung, der auch in der DDR arbeitete. Während Sie weggingen, blieb er da. Er ist in den USA nahezu unbekannt, obwohl die nächste Generation von Künstlern, die von ihm, Bernhard Heisig und Wolfgang Mattheuer an der Leipziger Kunsthochschule angeregt wurde, hier ein Begriff ist. Tübkes Werk versucht die historische Malerei mit sozialistischen Themen zu verbinden. Ihr Werk setzt sich ebenfalls mit der Tradition auseinander, doch der Widerstand gegen jede Form von Instrumentalisierung gibt Ihren Bildern eine völlig andere Motivation. Ist es richtig, dass Sie in Ihrem Werk den Widerstand gegen die Instrumentalisierung zeigen wollen?

Diesen Widerstand wollte ich gewiss nicht zeigen, denn damit hätte ich ja Instrumentalisierung zugelassen. Ich will ja nur Bilder machen.

Ich verstehe, dass Sie keinen Vergleich mit diesem Tübke…

…doch, warum nicht vergleichen. Aber ich hatte den Unterschied schon erwähnt, als wir über die Verkündigungs-Bilder sprachen: Tübke möchte so gut wie die alten Meister malen, und er kann das auch auf eine außergewöhnlich geschickte Weise, er ist ein toller Illustrator. Und ich kann das nicht und will das auch nicht.

Klar. Aber er bezieht sich auf die Tradition der Fähigkeit, aber in einem sehr strengen Sinne, für ihn war es immer sehr eng gefasst, und für Sie ist es immer weiter. Ist das nur eine Ost/West-Frage oder etwas anderes?

Eigentlich hat das nichts damit zu tun, höchstens in dem Sinne, dass der sozialistische Realismus genau nach dieser illustrativen Fertigkeit verlangte. Im Westen hätte Tübke eben ganz andere Anwendungsmöglichkeiten für seine enorme Geschicklichkeit gefunden.

Die Rolle der Fotografie in Ihrem Werk wird seit langem breit diskutiert. Bei meiner Forschung über Ihre frühe Laufbahn in Dresden war ich überrascht, als ich herausfand, wie intensiv Sie in der DDR die Fotografie benutzten. Sie benutzten sie nicht nur als Hilfsmittel für die Malerei und zum Dokumentieren Ihrer Werke, sondern Sie fotografierten auch Kunstwerke, die von der SED verboten waren. Könnten Sie kurz die Notwendigkeit dafür erläutern?

Das ist nicht so außergewöhnlich, man fotografiert doch immer das, was man nicht mitnehmen kann, wenn ich also ein Bild nur im Westen, oder nur einmalig in einem Katalog sehen kann, fotografiere ich es eben. Aber ich denke, dass bei mir zusätzlich die Neugier und die Ungeduld eben etwas stärker als üblich ausgeprägt waren.

Aber ich war wirklich erstaunt, als ich alle diese Fotografien gefunden habe von Kunstwerken, die Sie gemacht haben für Kollegen, zum Beispiel von einem Buch über Henry Moore. Sie haben das ganze Buch abfotografiert, und ich habe darüber nachgedacht, und ich dachte: ja, es ist klar. Sie haben von diesen Genres und Traditionen etwas gelernt, ein anderer Weg, oder? Und andererseits haben Sie auch mit Foto, mit der Kamera viele Fotos Ihrer Werke gemacht, aber auch von Ausstellungen und von Büchern. Es ist ein anderes Stück Ihres „Sehens", oder?

Mag sein. Auf jeden Fall war diese Technik für mich eine wunderbare Möglichkeit, etwas Gesehenes aufzuzeichnen, und dann als kleines Bild wieder sehen zu können. Das ist für mich ein ständiges Training des Sehens. Und eine Weise der Aneignung, die mir mehr liegt als die verbale.

Aber mit dieser Praxis beschritten Sie auch einen Weg gegen die Ideologie, denn die Bücher über Henry Moore und Picasso waren offiziell nicht zugänglich. Es ist merkwürdig, dass Sie so eng mit der Kamera gearbeitet haben, und später, nach ihrer Übersiedlung haben Sie die Kamera sozusagen neu erfunden.

Indem ich die Fotos abmalte?

Sie haben in der DDR das Fotografieren nicht nur zum Konservieren verwendet, sondern auch zum Internalisieren und Visualisieren. Stimmt das so?

Sicher. Aber für mich ist diese Praxis so selbstverständlich, dass ich Ihnen da gar nichts erklären könnte – ich weiß nichts darüber.

Ja, okay. Aber es gibt eine Frage über diese frühen Einflüsse. Glauben Sie nicht, dass auch die sozialen und historischen Umstände ihrer Ausbildung ihren Blick beeinflusst haben?

Doch. Ja. Selbstverständlich.

Der Kontrast zwischen den Kunsthochschulen in Ostdeutschland und der Düsseldorfer Kunstakademie der sechziger Jahre hätte kaum größer sein können. Viele wissen nicht, wie stark Sie mit dem Informel experimentierten, bevor Sie die erste Serie der Fotogemälde im Westen begannen. Das rührt vor allem daher, dass Sie diese Werke noch an der Düsseldorfer Kunstakademie verbrannten. Sie waren in den sechziger Jahren skeptisch in Hinblick auf das Informel.

Ich war ehe skeptisch gegenüber meinen eigenen Versuchen.

Ja, aber später...

...hatte ich auch nichts gegen die informelle Kunst, ich konnte da nur nicht mitmachen, sondern musste meine Weise finden...

Und da haben Sie etwas sehr Elegantes gemacht.

Ich ahne was Sie meinen, in der Wissenschaft bzw. in der Mathematik gibt es elegante Lösungen, aber in der Kunst ist Eleganz eine eher etwas abfällige Bezeichnung. Ich habe weder gegen die eine noch gegen die andere Art von Eleganz etwas einzuwenden.

Als junger Mann haben Sie oft etwas gegen Expressivität gesagt, und später: nein, ich möchte Expressivität haben. Warum?

Tatsächlich liegen mir die sogenannten Expressionisten nicht. Das liegt aber weniger an den einzelnen Malern, deren Bilder mir sehr gut gefallen können. Ich mag nur den propagandistischen Slogan nicht, das Etikett Expressionismus, unter der rüde, dilettantische Malerei aufgenommen wird.

Aber Sie haben etwas mit der Expressivität zu tun.

Ich hoffe! Bilder, die nichts ausdrücken, also nichts sagen, wären doch ganz uninteressant.

Kommen wir zu Ihren neuen Arbeiten in der Getty-Ausstellung: zwölf abstrakte Bilder mit dem Titel Wald[5]. *Ich denke, sie evozieren nicht nur vom Titel her eine Beziehung zu C.D. Friedrich, sondern haben als abstrakte Bilder mehr mit Friedrich zu tun als Ihre gegenständlichen Landschaftsgemälde haben würden. Wie erklären Sie sich das?*

Das ist zu schwierig für mich, ich bin ein schlechter Interpret. Ich kann hier also nur Ihre Feststellung der Friedrich-Nähe bestätigen, ich kann aber nicht erklären, warum. Auf jeden Fall finde ich auch, dass diese zwölf abstrakten, verzwickten und kratzigen Bilder viel besser zu den Friedrich-Bildern und ihrem Geist passen. Meine glatt gemalten Landschaftsbilder hätten aufgrund ihrer äußerlichen Ähnlichkeit peinlich gewirkt. Es ist also eine ganz andere Beziehung zwischen den beiden Bildergruppen, die da zu spüren ist.

Vor 15 oder 16 Jahren haben Sie den Titel Wald *schon einmal für vier größere abstrakte Bilder verwendet.*

Ja. Die damaligen *Wald*-Bilder[6] sind homogener als die neuen zwölf, und mit ihrem vorherrschenden Blauton scheinen sie auch schneller mit Romantik in Beziehung gesetzt werden zu können. Es ist schon eine andere Art von *Wald*, wenn wir den Titel überhaupt so wörtlich nehmen wollen, oder ich bin einfach etwas weiter gegangen.

Wir sind fast am Ende, aber ich muss fragen: Gibt es einen „deutschen Geist" in der Malerei?

Ich glaube: ja. Aber so genau möchte ich das gar nicht wissen.

Notizen zur Pressekonferenz, 28. Juli 2006

Die Idee der Farbfelder-Bilder entstand schon 1966 und die Beschäftigung damit endete 1974 mit einem Bild, das aus 4 096 Farbfeldern bestand[1].

Anfangs reizte mich die für die Pop Art typische Ästhetik der handelsüblichen Farbmusterkarten; mir gefiel die unkünstlerisch geschmackvolle und profane Darstellung der Farbtöne besser als die Gemälde von Albers, Bill, Calderara, Lohse etc.

Etwas später interessierte mich mehr die neutrale und systematische Erfassung aller Farben, die wir sehen können, und damit verbunden deren vom Zufall bestimmte Platzierung auf der Bildfläche. Mit dieser Methode vermied ich die Kreation von Farbigkeit und Gestalt aller Konfigurationen im Bild und hatte nur noch das Bildformat, die Proportionen des Rasters und die Stofflichkeit des

Materials zu bestimmen. Die so entstandenen Bilder haben eine Tendenz zur absoluten Vollkommenheit und imaginieren die quasi unendliche Anzahl möglicher Bilder.

Bei dem vergeblichen Versuch, die Anzahl der möglichen Zufallskonstellationen eines Bildes zu errechnen, konnte ich annähernd verstehen, dass im Prinzip alle Zufallsbilder ähnlich diffus erscheinen und dass vielleicht alle 1 000 Jahre ununterbrochener Zufallsoperationen mal ein gegenständliches Motiv erkennbar wäre.

Zur Systematik der Farbskalen[2]:
Ausgang sind die 4 reinen Farben Rot, Gelb, Grün und Blau; deren Zwischentöne und Helligkeitsstufen ergeben die Farbskalen mit 16, 64, 256 und 1.024 Farbtönen. Mehr Farbtöne wären sinnlos, weil sie sich nicht mehr deutlich voneinander unterscheiden lassen.)

Bei dem weiter oben erwähnten Bild mit 4.096 Farben sind auch nur 1.024 verschiedene Töne verwendet worden – sie wurden allerdings jeweils 4-mal platziert. Diese hohe Anzahl kleinerer Farbquadrate sollte eine pointillistische Wirkung erzeugen und u. U. eine zufällige Gegenständlichkeit entstehen lassen. Abgesehen von aller Theorie und Interpretation erfreut mich die Ansehnlichkeit dieser Bilder.

Anfang 2002 legte mir die Dombaumeisterin nahe, Entwürfe für die Glasgestaltung des Südfensters zu machen. Vorgabe war die Darstellung von 6 zeitgemäßen Märtyrern. Ich war natürlich sehr beeindruckt von diesem ehrenvollen Antrag, musste aber sehr bald feststellen, dass ich dieser Aufgabe überhaupt nicht gewachsen bin. Nach einigen vergeblichen Versuchen, mich dem Thema zu nähern, und im Begriff die Sache definitiv aufzugeben, geriet mir eine große Abbildung meines 4 096-Farben-Bildes auf den Tisch. Ich legte die Schablone des Maßwerkes darüber und sah, dass es nur so gehen könnte. Der Dombaumeisterin schrieb ich daraufhin, dass ich den Vorschlägen des Domkapitels nicht entsprechen könnte, dass ich ihr aber trotzdem einen Entwurf zuschicke, der für mich die einzig mögliche Gestaltung darstellt.

Danach gab es eine mehrmonatige Pause, und dann begann die Arbeit an den Proben mit Musterscheiben und der Reihe von Ausführungsentwürfen. Die besonderen Bedingungen des Materials, d.h. der aus Glas herstellbaren Farbtöne, verlangten eine Reduzierung des Farbskala auf 72 verschiedene Farbtöne. Tatsächlich werden sich aber ca. 5-10-mal so viele Töne ergeben, weil jeder manuell hergestellte Ton als größere Scheibe produziert wird, die den gewünschten Farbton in deutlich unterschiedlichen Schattierungen zeigt. So wird die Skala über 500 verschiedene Farbtöne aufweisen, von denen jeder etwa 20-mal in diesem Fenster erscheint. Insgesamt wird das Glasbild aus 11 000 Scheiben von 94 × 94 mm Größe zusammengesetzt. Eine Hälfte davon (5 500) wird mit Hilfe eines Zufallsgenerators platziert, die andere zeigt sich als spiegelbildliche Wiederholung der ersten Hälfte.

Gerhard Richter / 28. Juli 2006

Interview mit Hans Ulrich Obrist November 2006

Vor mehr als zehn Jahren haben wir ein Interview für das Buch Deiner Texte[1] aufgezeichnet. Und heute haben wir mit Walther König darüber gesprochen, das Buch wieder aufzulegen, und zwar erweitert um neue Texte. Aber es sind paradoxerweise seitdem keine neuen Texte mehr entstanden.

Nein, keine Texte mehr. Das Buch hat mir das irgendwie ausgetrieben. Ich war davon wahrscheinlich so schockiert, dass ich dachte: „Das brauchst du nicht mehr“, „dieses Notieren von Befindlichkeiten, das kannst Du auch bleiben lassen“.

Aber es sind seither mehrere neue, teils sehr lange Interviews entstanden.

Interviews ja, da hat man ja auch Partner.

Da ist das lange Interview mit Robert Storr[2], dann das Gespräch mit Jan Thorn-Prikker zur Publikation WAR CUT[3] und außerdem ein neues SPIEGEL-Interview[4], das diesen Sommer erscheint.

Das ist eher allgemein, über Dresden und meine eigene Geschichte.

Mir ist aufgefallen, dass Du in allen existierenden Interviews bisher sehr wenig zur Architektur befragt wurdest. Es gab Dialoge mit Architekten und auch den Moment, als Du das Haus gebaut hast. Wie hat das begonnen?

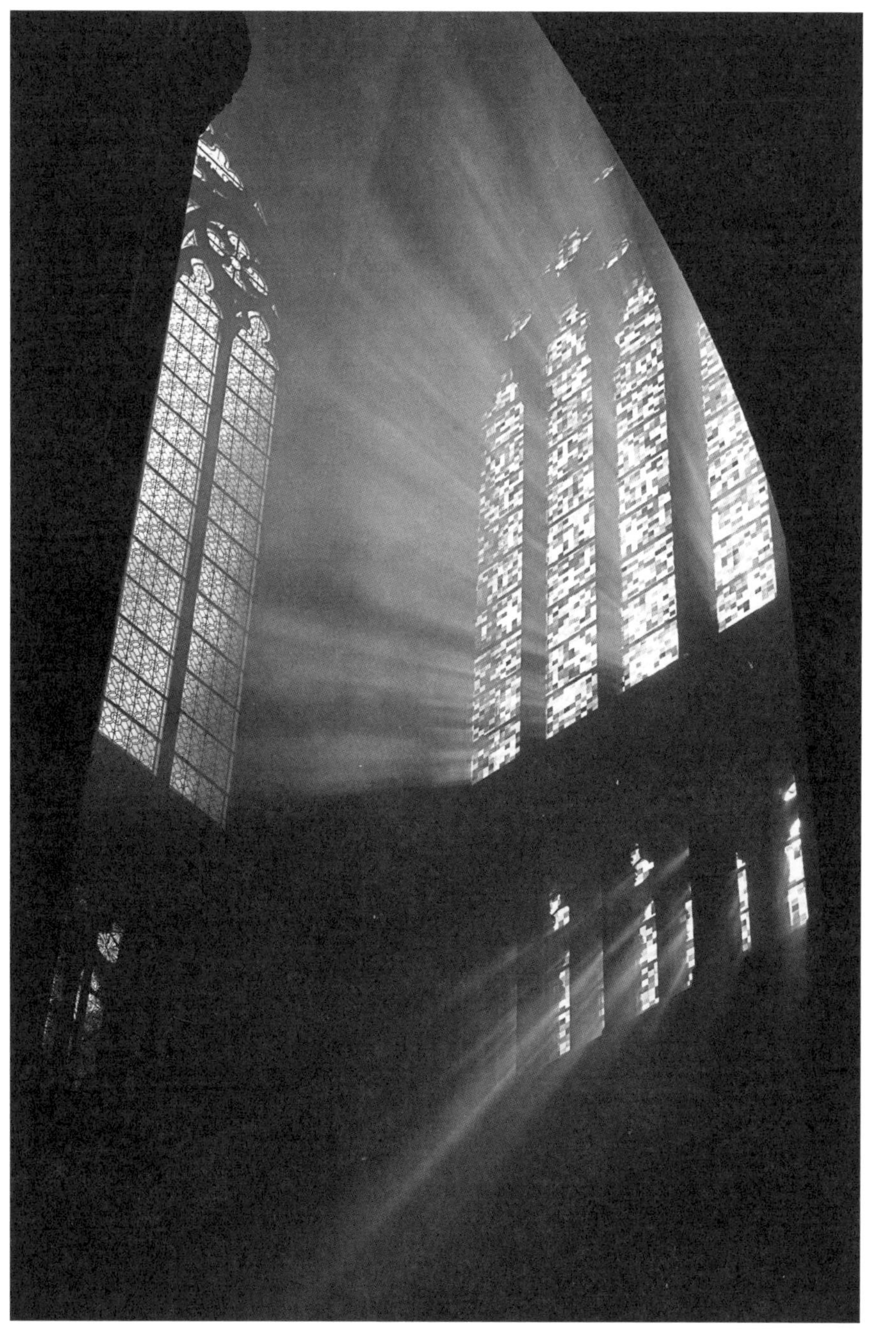

Domfenster, Köln 2007

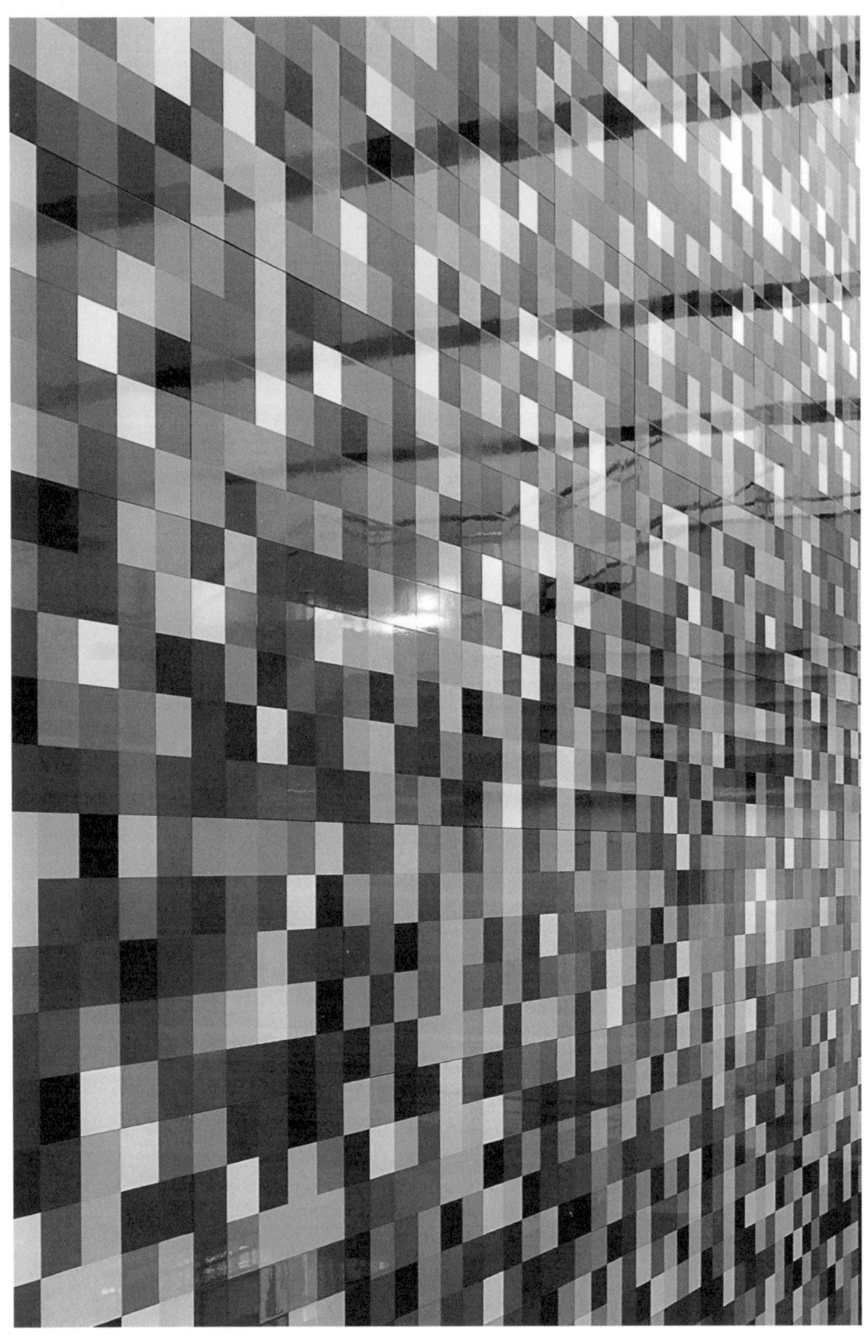

4.900 *Farben*, 2007 (Ausschnitt)

Das war oder ist eine Art Liebhaberei, eine Neigung zum Basteln und Bauen. Regale und Schränke oder Werkzeuge bauen oder Häuser entwerfen, das hat immer auch eine funktionale oder soziale Motivation. Wenn soziale Änderungen anstehen, erfasst mich sofort eine Baulust, und ich denke, dass ich damit ja auch die Lebensänderung beschleunige oder vorwegnehme, zumindest als Entwurf. Bei meinem Wohnhaus war es schon eine Vorwegnahme, also erst bauen und danach das Leben ändern.

Das heißt, es hat eine Veränderung mit ausgelöst?

Ja, erst war das Haus und dann kam die Familie, und das Haus wurde gefüllt.

Kann es sein, dass das Haus realitätsproduzierend ist?

(lacht herzlich) Ja, mit diesem Haus habe ich meinen vagen Wunsch nach neuen sozialen Bedingungen vorweggenommen. Und die Form des Hauses richtete sich auf eine etwas naive, polemische Weise gegen die Auflösung der Architektur. Also ganz konservativ: symmetrisch, übersichtlich, stabil.

Gegen den damals vorherrschenden Dekonstruktivismus.

Ja, und der ist ja bis heute nicht weniger toll geworden.

Also war es eine Reaktion gegen...

...all dieses wilde Zeug. Sicher, und ich weiß auch um die Gefahren einer strengen Position in der Architektur, so wie z. B. Ungers sie vertritt. Und es gibt ja auch andere großartigen Architekten, Foster, Renzo Piano zum Beispiel. Aber als ich jetzt sein Klee-Zentrum in Bern sah, das aussieht wie eine Reitsporthalle, fand ich das einfach furchtbar. Das hat mit Klee nichts zu tun, das kann mit allem gefüllt werden. Wahrscheinlich gibt es in Bern einen Mäzen, der seine 100 Millionen in den Wind setzen will. Es ist ja auch schrecklich, dass man den Architekten alles überlässt. Im Grunde ist das doch die Schuld der Auftraggeber, die nicht mehr wissen, was sie wollen. Jeder wird übermütig, wenn man ihm keine Grenzen setzt.

Dass ein brillanter Auftraggeber auch großartige Architektur produzieren kann, sieht man jetzt am Beispiel des dieses Jahr eröffneten Walker Art Center in Minneapolis: Das Museum als Verstärker. Aber bei Deinem Haus war es ja noch eine andere Geschichte, denn Du warst nicht der Klient des Architekten, sondern hast das Haus gezeichnet und wurdest selbst zum Architekten. Du hattest einen Architekten, der Dir aber nur beratend zur Seite stand.

Ich hatte mehrere Modelle gebaut. Für die Details und für die gesamte Umsetzung brauchte ich schon einen Architekten, der mir zeigt, wie etwas aussieht, was ich suche. Darin liegt der Unterschied zu Wittgenstein[5], der alles entworfen hat, bis zu den letzten Leisten und Schrauben. Zu dieser unbedingten Extremform von Baulust habe ich gar keine Neigung.

Du hast also die Zeichnungen gemacht, den Grundriss und auch die Struktur entworfen?

Alles, jedes Zimmer und die ganze archaische Grundform, das Kreuz und die quadratischen Flügel, diese schöne Symmetrie, und wenn ich Glück habe, ist etwas Zeitlosigkeit entstanden.

Mich interessiert, ob es Architekten gab, die für Dich wichtig waren, Dich beeinflusst oder inspiriert haben?

Keine bestimmten Architekten, ich hatte eher ein allgemeines Interesse an Bauten, egal von wann und von wem, natürlich gibt es auch Namen, Palladio und die Bauhaus-Architekten und Ungers, alles, was gut aussah.

Mies?

Ja.

Gropius? Le Corbusier?

Gropius ja. Corbusier ist mir ein bisschen zu bunt und zu rund.

Mit Ungers verbindet Dich eine lange Freundschaft.

Ungers war mir immer sympathisch. Er entwarf damals in den achtziger Jahren die Architektur der *Westkunst*-Ausstellung[6] von Kasper König, die mir sehr gut gefiel. Es gab wohl viele Angriffe, irgendjemand in der Stadt wollte sein Konzept nicht. Ich sagte, dass ich das ganz toll fände, was Ungers geholfen hat. Seitdem ist die Verbindung da. Das hat aber auch menschliche Seiten, dass wir uns so gut verstehen.

Interessiert Dich die Arbeit von Herzog & de Meuron?

Früher mehr, heute ist mir da zu viel Auflösung. Aber wenn ich daran denke, wie ich über das Gehry-Museum in Bilbao geschimpft habe – und als ich dann dort gewesen bin, war ich zwar nicht begeistert, aber schon fasziniert, und etwas nachdenklich.

Es gibt immer wieder von Künstlern entworfene Architektur. Das hat auch mit dem Interesse für Licht zu tun. Und es gibt in der Geschichte verschiedene Beispiele von der Idee des Künstlerateliers. Joan Miro hat sich zum Beispiel von José Maria Sert, dem Protagonisten der Spanischen Moderne, ein Atelier auf Mallorca bauen lassen. Wie muss ein Raum funktionieren, damit er Dir als Atelier dienen kann?

Besser als mein jetziges. Aber irgendwie würde es mir Angst machen, ein perfektes Atelier zu haben, deshalb lasse ich es lieber so mangelhaft wie es ist.

Wie fandest Du 1992 den Documenta-Raum, *den Robbrecht für Deine Bilder entworfen hat?*

Sehr schön, das hat sehr gut funktioniert, als Ausstellungsraum. Aber ein Atelier möchte ich nicht so haben.

Der Raum war mit Holz verkleidet.

Das war gut, deshalb habe ich auch mein Büro so gemacht

Auffällig sind die hohen Türen bei Dir.

Ja, 3 m hoch, das gefällt mir sehr, und eine Person wird ganz und gar nicht klein gemacht durch so eine Tür, sondern im Gegenteil, sie wird größer. Klingt vielleicht paradox, denn ich mit meinen ein-Meter-siebzig passe ja fast zweimal durch.

Ein anderes Merkmal Deines Hauses ist eine Öffnung nach Innen und eine Schließung gegen Außen. Von der Straße aus ist es fast unsichtbar...

Vielleicht wäre ich heute weniger bedacht, mich so abzuschließen, aber diese Gegend hier im Hahnwald war für mich schon schwierig, und ich habe mich erst langsam daran gewöhnen müssen, so eine schräge Nachbarschaft zu haben.

Also hatte es mit Abschottung zu tun?

Ja, mich abkapseln, ungestört bleiben. Das Haus selbst ist ja ringsum offen. Ich hatte erst nach einem Jahr gemerkt: dass man da gar nicht ohne Alarmanlage leben kann, mit zwölf ebenerdigen Außentüren, quasi ungesichert, da kann man ja in Ruhe abgeschlachtet werden. Also das habe ich dann gründlich geändert.

Ein anderer Aspekt Deines Architekturbezugs sind Deine Ausstellungssituationen. Du hast immer wieder Räume für Deine Bilder entworfen.

Manchmal utopisch und ansonsten immer für reale Räume, um die Ausstellung richtig zu inszenieren und die Bilder möglichst gut zu präsentieren.

Wann hat das eigentlich begonnen? Es finden sich im Atlas schon sehr früh in den sechziger Jahren utopische Raumkonstellationen[7].

Da fing das an. Das ist einfach eine Neigung, schöne Räume haben zu wollen.

In manchen Fällen habe ich auch darauf insistiert, dass ein Raum ein Fenster haben muss. Zum Beispiel habe ich 1986 in der Kunsthalle Düsseldorf als erstes die Fenster wieder freigelegt[8].

Du warst auch der erste, der die sehr problematische Raumsituation der Deutschen Guggenheim in Berlin in den Griff gekriegt hat, und zwar durch die Öffnung der Fenster auf die Straße[9].

Das war quasi ein Teil der Arbeit. Es war sehr aufwendig, die Fenster freizulegen, und wegen der Konstruktion zur Neigung der Glasplatten war es zugleich kostspielig. Jetzt in Düsseldorf, bei der Ausstellung in der Kunstsammlung Nordrhein-Westfalen[10], hab ich wieder die Fenster einbezogen, so dass man von Außen nach Innen und vor allem auch von Innen nach Außen sehen kann.

Das Fenster als „display-feature“?

Ich weiß zwar nicht was das heißt, aber ich finde es ist ein Verlust, dass die Museen möglichst gar keine Fenster mehr haben wollen. Die Häuser sind alle in einem Maß klimatisiert und steril beleuchtet, dass man keine Fenster mehr braucht.

Wie diese Untergrundsituation im Lenbachhaus München[11], in dem Deine Düsseldorfer Ausstellung zur Zeit zu sehen ist.

Damit war ich sehr unglücklich und es ging mir richtig schlecht. Das ist überhaupt keine Architektur, das ist ein Bahnsteig, eine Un-Architektur. Wie ein richtiges Theaterstück eine Bühne braucht, brauchen Bilder eben Architektur, das ist ganz einfach.

Wann hat Dein Interesse für Räume begonnen?

Ende der sechziger Jahre, oder früher.

Es gibt Skizzen für die Hängung der Bilder, Gläser oder Portraits. Und es gibt die interessante Zeichnung eines Museums für die 1000 Grauen Bilder, eine Kaserne mit 1000 Räumen. Pro Bild ein Raum. Diese gegenseitige Beziehung zwischen dem Bild und dem Raum ist Dir wichtig. Wie ist es zu dem Raum mit Blinky Palermo gekommen?

Ich fand seine Wandarbeiten sehr sehr gut, und als ich mal in München in die Galerie kam, wo er gerade die Wände mit Ocker bemalte, meinte ich eher scherzhaft: „Da fehlt was, beim nächsten Mal sollten wir vielleicht zwei Skulpturen reinstellen." Und das haben wir dann in Heiner Friedrichs Galerie in Köln realisiert[12].

Ein weiteres Beispiel ist die gemeinsame Ausstellung in der Galerie Ernst.

Ach ja, die Ausstellung für Salvadore Dalí[13] mit Palermo in Hannover in der Galerie Ernst; nur zwei Bilder von mir und ringsum unter der Decke den schwarzen Streifen von ihm – sehr inszeniert, ziemlich gut.

Obwohl das für den Surrealisten Salvador Dalí war, habt ihr das gemacht?

Ja, und aus Überzeugung, obwohl oder weil Dalí für die Modernen der verrufenste Künstler war, ein bürgerlicher reaktionärer Kitscher. Dieser Meinung wollten wir was entgegensetzen.

Aber Dalí ist kein Künstler, den Du wirklich schätzt.

Nein, auch Palermo liebte ihn nicht sonderlich. Aber wir sahen auch, dass er ein genialer Maler war, der wunderbare wahnsinnige Bilder gemalt hat. Da ist so ein pauschales negatives Urteil ganz unangemessen und eben blind.

Kannst Du diese Ausstellung genauer beschreiben? War auch damit etwas von Parodie beabsichtigt?

Wie gesagt, ich hatte zwei große Bilder[14], 2 × 3 Meter, für jeden Raum eins. Und Palermo hat über den Bildern direkt unterhalb der Decke einen umlaufenden schwarzen Streifen gemalt. Das war alles sehr ausgewogen und eher ernst. Also etwas Parodistisches oder Ironisches lag nicht in unserer Absicht.

Im Gegensatz zum vorigen Projekt mit Palermo, das zu einem permanenten Raum wurde und heute im Lenbachhaus wie eine kleine Kapelle funktioniert, blieb dieser Dalí-Raum temporär. Könnte dieser Raum rekonstruiert werden?

Ach, das kann ich mir immer noch vorstellen. Allerdings nicht wirklich ohne Palermo. Es war schon im Lenbachhaus in München nicht möglich, den Raum zu rekonstruieren. Dort stehen nur die beiden Skulpturen, und mit dem typischen Ockerton erinnert das Ganze an Palermo; es ist also eher eine Hommage an ihn.

Von Dir an ihn?

Von mir und von dem Lenbachhaus.

Was auch interessant ist, das sind die Gläser, die in den sechziger Jahren mit den Räumen beginnen. Die sind ein immer wiederkehrendes Element. Und in den letzten Jahren sind diese gestapelten Gläser hinzugekommen. Kannst Du mir dazu etwas sagen?

Du meinst die elf an die Wand gelehnten Glasscheiben. Also nach den in einem Rahmen stehenden Scheiben, die ich richtig geplant und entworfen hatte, sind die angelehnten Scheiben eher ein Geschenk. D. h. ich fand sie vor, hier bei mir im Atelier, vom Glaser an die Wand gelehnt, standen sie, bis ich sie entdeckte

Eine Art Quasi-Readymade?

Quasi-Readymade. Weil sie bei mir für andere Zwecke abgestellt wurden. Es waren auch nicht elf, sondern fünf oder sechs, und sie sahen immer besser aus. Das ging so Schritt für Schritt: Erst stellt man das ins rechte Licht, vom Flur weg ins Atelier. Als nächstes kommen die richtigen Balken dazu, die günstigste Anzahl wird geprobt, und irgendwann ist das Stück fertig. Zu der Zeit erwartete ich Kasper König, und ich war mir nicht sicher, ob er diese elf Scheiben überhaupt sehen würde. Aber er sah sie sofort und sagte, dass er sie haben wolle. Das hat mich natürlich sehr gefreut.

Mittlerweile gibt es ja verschiedene Versionen von diesen Stapeln.

Es gibt fünf verschiedene Versionen, die unterschiedliche Größen haben, aber immer die gleiche Anzahl von elf Scheiben.

Alle folgen dem gleichen Prinzip, nur die Größe variiert. Ändert sich sonst noch etwas?

Nein, nur die Stehenden im Rahmen haben auch eine jeweils andere Anzahl von Scheiben, also vier, fünf, sieben und acht sind es da.

Einige wenige Deiner Arbeiten reagieren auf Räume, und zwar im Sinne einer Antwort oder auch einer Kritik an einem Raum.

Wie zum Beispiel die *Acht Grau*, die zuerst im Berliner Guggenheim installiert waren, oder die *6 Grauen Spiegel* für Dia Beacon. Obwohl beide Serien für einen bestimmten Raum konzipiert sind, wären Sie natürlich auch in einem anderen Raum möglich.

Die drei BMW-Bilder[15] *sind aber ausschließlich für diese eine Eingangshalle beauftragt worden; genau wie die 20-Meter-Striche für die Schule in Soest. Und trotzdem wären auch die woanders denkbar? Auch die Schwarz-Rot-Gold-Installation für den Reichstag?*

Na ja, die Flagge hat dann doch zu extreme Maße um woanders hinzupassen. Ganz abgesehen von der inhaltlichen Seite; für so eine Darstellung von Schwarz-Rot-Gold ist der Reichstag schon der richtige Ort.

Es gibt noch etliche kleinere Versionen dieser Flagge, und Editionen. Interessanterweise hat das Auftragswerk wiederum zu anderen Werken geführt.

Ich hatte ja nicht den Auftrag, die deutsche Flagge darzustellen, mich hatte das Thema gereizt, obwohl es Palermo gegeben hatte[16] und diese berühmte Jasper-Johns-Flagge. Ich hatte mir auch mal eine 1 × 1 m große Version der Flagge ins Wohnzimmer gehängt; das funktionierte aber nicht, es war zu penetrant, dieses Schwarz-Rot-Gold immer sehen zu müssen.

Das ist ein Wechselspiel. Zum einen hat man eine Flagge, und zum anderen kann man es auch abstrakt sehen – es geht hin und her.

Ja, in Berlin stört das Flaggenmotiv natürlich nicht. Und die ganze Darstellung ist da so riesig – hat so viel Eleganz, dass man gut gelaunt wird *(lacht)*.

Wie sind die BMW-Bilder entstanden, die auch Auftragswerke waren?

Ich machte damals Fotos von Palettenstrukturen und Farbresten, die ich dann stark vergrößerte und malte. Da kam die Auftragsarbeit im richtigen Moment, also wenn das verwendbar ist, was ich gerade mache. Mit *Strontium* war es noch besser: ich versuchte mich gerade an Bildern mit dem Thema, als die Anfrage von Herzog & de Meuron[17] kam, und so bekam ich genau das geliefert, was das *Strontium*-Motiv brauchte: eine perfekte Drucktechnik und diese extreme Dimension von mehr als 9 × 9 Metern.

Und das funktioniert nur dort an dieser Wand?

Nein, auch an einer anderen Wand, z. B. im K20 in Düsseldorf, sah es sehr gut aus, vielleicht sogar besser als im de Young-Museum, ich kenne nur ein Foto davon und da wirkt es enttäuschend, tot und leer wie ein Modellfoto.

In Düsseldorf wirkte das überhaupt nicht tot. Die beiden Striche waren auch eine Auftragsarbeit?

Ja, ich bekam diese langen Wände und dachte, dass da vielleicht zehn bis zwölf einzelne Bilder hinpassen. Ich fing also an, dafür „Kunst" zu entwerfen und es entstand nur albernes Zeug – bis mir dann die Idee mit den zwei *Strichen* kam.

Aber die Arbeit der Striche hat etwas ausgelöst, das extrem ist und es ohne diesen Auftrag nicht gegeben hätte. Und das ist der andere Aspekt, der interessant ist.

Ja, das stimmt, das hat die Aufgabe mit sich gebracht. Eine Sache irritierte mich damals, das war die Nähe zum *Stroke* von Lichtenstein. Aber mein langer Strich war dann doch so extrem und anders als Lichtensteins, dass meine Bedenken verflogen.

Bei Lichtenstein war es deutlich die Repräsentation eines Strokes, aber bei Dir ist es viel ambivalenter.

Meine zwei *Striche* spielen ja auch mit der Illusion von wirklichen Strichen, die halt nur von einem Riesen mit einem gigantischen Pinsel gemacht sein konnten.

Wir haben in Bezug auf die Architektur noch nicht über die Kirchenfenster gesprochen. Als ich vor einem Jahr hier war, bin ich zu dieser kleinen Kapelle in der Kölner Vorstadt gefahren. Das war keine Auftragsarbeit, sondern Du hast ein vorhandenes Fotobild da hingehängt. Wie kam es dazu?

Mir hatte ein netter Drucker ein 60 Jahre altes Foto geschenkt[18], das mich sehr faszinierte. Eine Luftaufnahme vom Februar '45 der US-Air-Force vom südlichen Stadtteil Kölns, mit einer zerstörten Brücke und mit unzähligen Bombentrichtern.

Es erinnert an Deine Stadtbilder –

– weil die auch so zerbombt aussehen. Bei dem Foto war es eher umgekehrt: weil es selbst sehr lädiert war, ließ ich es so bearbeiten und retuschieren, dass es wie ein brandneues makelloses Foto aussah. Davon machten wir dann eine Edition und dieses eine Großfoto für die Kirche hier.

Jetzt arbeitest Du wieder an einem Projekt für eine Kirche, eine Fenstergestaltung für den Kölner Dom.

Ja, und das ist schon eine riesige Sache. Ausgangspunkt für den Entwurf ist ein Bild, eine Farbtafel von 1974. Das Prinzip bleibt dasselbe: eine Anzahl verschiedener Farbtöne wird zufällig in einem bestimmten Raster platziert. Und damit wird das Fenster gefüllt.

Das aus lauter kleinen Quadraten besteht, wie die Farbtafel von 1974.

Ja, nur in einem anderen Feld, also kein Quadrat, sondern dieses gotische Fenster. Und die Größe der Quadrate ist anders, und die Farbskala ist reduziert.

Warum ist die Anzahl der Farben kleiner?

Sie ist auf 72 Farbtöne begrenzt. Natürlich lassen sich viel mehr verschiedenfarbige Gläser herstellen, aber zum einen muss man die Farbtöne auch von weitem voneinander unterscheiden können, und zum anderen sollte die Skala ausgewogen sein, d.h. wenn sich z.B. 500 Rottöne herstellen lassen, aber nur 100 verschiedene Grüntöne, würde das Gesamtbild rotstichig. Also mussten wir eine ausgewogene Farbskala entwickeln.

Ich sehe auch Bezugspunkte zu den 1 000 grauen Bildern in den 1 000 Räumen, beides ist eine „Ars Combinatoria".

Ach ja? Nun, hier bei dem Domfenster geht es um etwas ganz Handfestes, Wirkliches, und um einen ganz besonderen Ort, der wie kaum ein anderer mit Geschichte und ungeheurer Bedeutung aufgeladen ist. Das ist alles so mächtig, dass dort jede Ergänzung mit moderner Kunst oft völlig verklemmt, falsch, albern oder kitschig ausfällt. – Um diese Gefahr zu umgehen, habe ich wohl den Ort ganz faktisch genommen: wie sieht der Dom aus und wie wird er benutzt; und habe damit vermieden, etwas Besonderes zu wollen, also keine Heiligendarstellungen, keine Botschaft, und in bestimmter Hinsicht nicht einmal Kunst. Es sollte nur ein strahlend schönes Fenster werden, so gut und schön und vieldeutig wie es mir hier und heute eben möglich sein kann.

Nichts illustrieren? Nichts darstellen?

Nichts dergleichen. Nur eben diesen sehr einfachen Entwurf optimal verwirklichen. – Natürlich habe ich mir solche Gedanken nicht vor dem Entwurf machen können, sondern am Anfang stand das Rumprobieren mit allen möglichen Bildvorstellungen, begleitet von der Unzufriedenheit über all diese unbrauchbaren Ideen; bis ich dann eine Reproduktion meines alten Farbfelderbildes sah und sogar etwas erschrak, weil es so gut passte.

Dennoch ist es auffällig: Du hast etwas für diese kleinere Kirche gemacht, jetzt das Fenster für den Kölner Dom, und die Fenster für die Kathedrale in Reims stehen auch noch aus. Du hast Dich ja in früheren Interviews immer als Atheist bezeichnet – hat sich da etwas verändert?

Nein, im Sinne der Kirche bin ich schon Atheist. Als Fünfzehnjähriger habe ich mir diesen Status trotzig angeeignet, mit Mitte 20 bin ich aus der evangelischen Kirche ausgetreten, und später merkte ich, dass ich gar nicht fähig bin, diese christliche Vorstellung von Gott und allem was dazugehört wirklich zu glauben. Und trotzdem ist mir alles, was die Kirche, besonders die katholische, darstellt und tut, was sie verlangt und bietet, so vertraut und wertvoll wie nichts sonst. Das hat natürlich erstmal mit der christlichen Kultur zu tun, mit all den wundervollen Werken, die mich ein Leben lang getragen haben, und dann mit meiner lebenslang wachsenden Einsicht in die Überlegenheit der christlichen Lehre, die so viel klüger ist als diese Ideologien, die uns die Paradiese auf Erden versprechen. Und eine weitere Verbindung zur Kirche sehe ich in der Glaubensfähigkeit, d.h. für mich ist unsere Fähigkeit zu glauben eine genau so unbedingte Eigenschaft wie Essen und Trinken, egal wie schlecht oder wie gut, wir glauben immer. Aus diesem Grund klingt mir auch der Begriff „Atheist“ zu vereinfachend.

Vielleicht wirst Du ja doch noch mal ein Katholik. Aber zurück zu den Räumen für Bilder. Die Viktoria-Bilder sind zwei riesige abstrakte Gemälde in der Eingangshalle einer Versicherungsgesellschaft.

Im Gegensatz zu anderen Großbildern, die geplant waren, also nach Entwurf ausgeführt wurden, sind die beiden ganz frei gemalt, ohne Skizze, ohne Foto. Das war schon etwas leichtsinnig, einfach so drauflos zu malen.

Ist das in der Bismarckstraße entstanden?

Nein, in einer leerstehenden Messehalle. Die Bilder sind ja je 6,30 Meter hoch.

Diese Großbilder oszillieren oft zwischen Mikro- und Makroelementen. Das ist beim Strich besonders stark, das kann man aber auch in Beziehung zu Deinen Details im WAR CUT-Buch[19] setzen. Und ich wollte Dich noch was zu diesem Hin und Her von Mikro und Makro fragen. In Deiner Münchner Ausstellung bildete der letzte Raum mit dem Silikat fast eine autonome Zone. Das war ja fast der Raum-im-Raum – es war mein Lieblingsraum in der Ausstellung.

Schön! Das hängt damit zusammen. Ich war fasziniert von dem Motiv, weil die Abbildungstechnik in den Mikroskopen zwar soweit ist, dass man wirklich das Atom sehen kann, aber man kann es nie scharf sehen. Und das liegt mir sehr, denn damit ist eine Grenze gegeben.

Weiter kann man nicht gehen.

Weiter kann man nicht gehen, da ist wirklich ein Ende da, eben weil da nichts mehr ist was sich sehen lässt. Da beginnt eine neue Qualität, das ist schon faszinierend! Und als Fakt zeigt sich uns so ein Ereignis ganz schlicht und einfach als Unschärfe, als ein kleines unscharfes Foto.

Die erste Vorlage[20] kam aus der Frankfurter Allgemeinen Zeitung. *Ist die FAZ so was wie eine permanente Quelle?*

(lacht) Na ja, das ist so bei Zeitungen, man gewöhnt sich an die tägliche Lieferung von Neuigkeiten aus der Welt. Und auch wenn ich mich täglich über sie ärgere, mag ich sie.

Die FAZ war ja auch der Auslöser für WAR CUT. *Das Buch hat als kleines Projekt begonnen: ich hatte Dich nach Paris eingeladen und Du hast dort viele Details aus einem Deiner Bilder fotografiert. Was danach kam hatte viel mit Zufall zu tun, oder?*

Na ja, – ich wusste erstmal gar nicht, was ich mit den vielen Fotos machen sollte. Sie lagen im Atelier rum bis der Irak-Krieg ausbrach und ich die vielen Berichte in der Zeitung las.

Dann ergab sich aus der Zufallsbegegnung eine große Konstruktion.

Ja. Vielleicht weil das Geschehen, das mir die Zeitungsartikel beschrieben, genauso unbegreiflich war wie meine abstrakten Detailfotos. Auf jeden Fall sah ich einen Zusammenhang.

Du hast dann monatelang hin und her geklebt.

Ein paar Wochen waren es schon. bis das Layout stand, also eine Ordnung gegen das Chaos. War gut.

Vielleicht können wir zum Abschluss noch über das Atelier sprechen. Eigentlich ist eine ganze Ausstellung mit vielen neuen Bildern und Zeichnungen hier zu sehen.

Die Zeichnungen[21] sind gerade erst begonnen, aber die zwölf Bilder[22] sind abgeschlossen. Nur ist es schwer, dazu was zu sagen, für mich sind sie noch zu frisch, um sie verstehen zu können. – Kennst Du Stallfeuer? Nein? Wenn Pferde vor dem Rennen etwas zu lange im Stall stehen, rennen sie besser. Das war wohl bei mir so mit dieser Serie.

Dann ging es ganz schnell?

Es waren schon ein paar Monate. Und jetzt wüsste ich nicht, was ich daran noch tun soll. Es scheint, sie sind fertig und vielleicht nicht so schlecht.

Das kleinere Bild hier zeigt doch die Twin Towers?

Ja. Wahrscheinlich beschäftigt mich der 11. September mehr als ich erwartet habe. Die großen Zeichnungen haben auch was mit dem Thema zu tun, vielleicht zur Zeit alle die Bilder, auch wenn's da nichts zu erkennen gibt.

Du warst am 11. September auf dem Weg zu Deiner letzten New Yorker Ausstellung[23] und das Flugzeug ist dann gezwungen worden, in Halifax zu landen. Da ist jetzt die nächste New York-Ausstellung. Diese 12 Bilder sind mit die dunkelsten von Deinen abstrakten Bildern.

Bis auf die eleganten *Dezember*, *November* und *Januar*, die mehr Schwarz haben. Die neuen Bilder hier sind spontaner, kratziger, weniger ästhetisch, etwas schmerzlich. Das kleine Bild der beiden Türme war anfangs sehr bunt, mit der grell bunten Explosion unter dem wunderschön blauen Himmel und mit den fliegenden Trümmern. Das konnte nicht gelingen, erst als ich es quasi zerstörte, abkratzte, wurde es ansehnlich.

Als Zeichnung hing es ja schon vor einem Jahr bei Dir – also war das eigentlich das erste und das letzte Bild zugleich.

Ja, das stimmt. Aber ich habe Bedenken, es auszustellen. Zum einen ist es ein ganz harmloses Bild, klein und gar nicht sensationell. Und zum anderen hat es dann so einen spektakulären Titel, *11. September*. Ich sollte es behalten, und wenn es ansehnlich bleibt, später mal ausstellen.

Ich wollte Dich zum Abschluss fragen, ob es bisher unrealisierte Projekte gibt, die Du gerne verwirklicht sehen möchtest?

Neue Häuser bauen. Etwas von den Utopien verwirklichen, die wir uns damals, also vor rund 40 Jahren, ausgedacht hatten, ganz praktische Sachen; Verkehrssysteme im Ruhrgebiet, schöne Sozialwohnungen[24] an den Rheinwiesen, in Oberkassel.

Es gibt Entwürfe für Sozialbauten von Dir?

Ganz hübsche Holzmodelle waren das, dilettantisch, aber mit tiefer Überzeugung, dass die Welt besser gemacht werden muss und kann.

Aber Dein Haus hast Du ja verwirklicht.

Ich könnte es mir jetzt besser vorstellen.

Was würdest Du jetzt anders machen?

Na ja, die Gegend austauschen, das Geländeniveau etwas anheben. Das Haus etwas praktischer ausführen und die vier Flügel des Hauses einen Meter länger bauen – also nicht sieben, sondern acht Meter lang. Das wäre günstiger, auch für die Treppen. Und dann natürlich ein viel besseres Atelier.

Interview mit Hans Ulrich Obrist 2007

Zuerst, um mit dem Anfang zu beginnen. Ich wollte Dich fragen, was es für Dich bedeutet, bei dieser Robert Storr-Biennale[1] in diesem Jahr mitzumachen?

Dass Robert Storr diese internationale Ausstellung macht, das finde ich natürlich ganz besonders erfreulich, er ist ein Profi im allerbesten Sinn. Und die Biennale ist ohnehin ein großartiges und wichtiges Ereignis, mit Sicherheit das Schönste – egal, wie oft sie gescholten wird. Also ich bin sehr froh, dass ich dabei sein kann, dass ich dort meine Bilder zeigen kann.

Können wir über die neuen Bilder sprechen ... es ist ja das erste Mal, dass dieser unglaubliche, neue Zyklus gezeigt wird.

Es ist eine Serie von sechs großen, quadratischen Bildern[2]; und sie haben für mich insofern eine Besonderheit, weil ich sie immer noch nicht ganz verstehe. Sie waren gänzlich anders geplant, das heißt ich wollte sie nach Fotos malen, die ich vor zwei Jahren vorbereitet hatte, Fotos von verschiedenen atomaren Strukturen, vergleichbar mit den Silikat-Bildern[3] oder dem Strontium-Bild[4] von

2004. Also schöne, ernste, etwas unheimliche Bilder, das versprachen diese sechs Fotos. Und als ich dann, Ende August, mit dem ersten Bild angefangen hatte, verlor ich plötzlich die Lust daran und begann das Gemalte zu zerstören, zu übermalen, ohne mir bewusst zu machen, was und wohin ich nun will, und so malte ich halt irgendwie weiter. Und dieser eigenartige Zustand von Aussichtslosigkeit, Ratlosigkeit und Übermut hielt dann so lange an, bis alle sechs Bilder fertig waren. Natürlich entstehen während der Arbeit immer auch Fantasien davon, wie die Bilder einmal aussehen könnten. Zum Beispiel dachte ich mal daran, dass die Bilder ganz weiß werden müssten, mit wenigen Andeutungen, also große Zeichnungen in Öl auf Leinwand.

Also ein bisschen wie die weißen Bilder, die in Japan ausgestellt waren...?[5]

Ja, so was in der Art. Solche Vorstellungen treiben ja immer sehr an, aber meistens haben die sich dann schon am nächsten Tag erledigt, oder nach einer Woche. Und dann geht es weiter, ohne „Sinn und Verstand". Also insofern sind es schon die freiesten Bilder. Und ich hatte auch gar nicht für möglich gehalten, dass die Bilder einmal fertig sind – ich hatte ja keine Vorstellung von einem Endergebnis. Aber tatsächlich waren die dann nach drei Monaten fertig, das heißt ich konnte nichts mehr daran tun. Darüber war ich fast enttäuscht.

Weil auf einmal eine Leere entsteht?

Ja, das auch. Dies ist ja oft der Fall, wenn etwas fertig ist und man sich entlassen und unnütz fühlt. Aber in dem Fall kam das „Beendet sein" der Bilder ganz unerwartet, also fast etwas enttäuschend. Immer hatte ich wohl das Gefühl, da ewig weitermalen zu müssen oder zu können. Wie auch immer, die Bilder waren fertig, und das nächste Problem war, dass ich nicht wusste, was die Bilder da zeigen und wie ich sie also benennen könnte. Und da hast Du mir mit einer Frage sehr geholfen: Du fragtest mich, was für Musik ich während dieser Arbeit gehört hätte, und ich antwortete: Cage!

Und damit war der Titel gegeben.

Im Nachhinein muss ich sagen: zu Recht; denn damals hatte ich gerade die *Complete Piano Music* von John Cage entdeckt oder wieder entdeckt und seitdem fast ausschließlich gehört, und ich höre sie noch heute gern. Zirka zwölf CDs, alle mit Steffen Schleiermacher, wunderbar. Natürlich hat so ein Titel nur indirekt mit den Bildern zu tun, er schildert ja nichts tatsächlich, er lenkt nur die Sichtweise in eine bestimmte Richtung, auf bestimmte Zusammenhänge und Ähnlichkeiten, aber es macht schon mehr Sinn als ein bloßer Name. In jedem Fall ist der Titel auch als eine Ehrung und Bewunderung für die Musik gemeint.

Du warst ja von Cage schon seit sehr langem beeindruckt, Du hast auch gesagt, dass Dich diese Lecture on nothing *beeindruckt hat: ich habe nichts zu sagen, und das sage ich …*

Ja, das stimmt. Komischerweise fällt mir jetzt ein ganz anderer Bezug ein, eine visuelle Ähnlichkeit: gestern sah ich wieder diese schöne Postkarte von Guardi[6] – die *Laguna Grigia*; ein wunderbares kleines Bild, das ich mal in Milano sah. Solche Zusammenhänge machen Freude.

Das bringt uns nach Venedig zurück…

In die graue Lagune von John Cage.

Großartig. Vielleicht können wir noch ein bisschen mehr über Cage sprechen und den Zufall. Du hast ja auch oft über den Begriff des Zufalls bei Cage und bei Dir gesprochen, und es scheint ja so zu sein, dass gerade bei diesen nicht geplanten Bildern der Zufall auch wieder eine Rolle spielt…

Ja, eine wesentliche, auch bei den Abstrakten Bildern. Denn bei aller technischen Erfahrung kann ich nicht genau voraussehen, was da entsteht, wenn ich mit so einem großen Spachtel Farbe auftrage oder wegnehme. Da entstehen immer Überraschungen, enttäuschende und erfreuliche, auf jeden Fall Veränderungen und Bilder, die ich erstmal mit meinem Verständnis einholen muss, bevor ich weitergehen kann. Bei Cage ist es ja sehr beispielhaft zu sehen, oder zu hören, wie aufwendig und klug und empfindsam der Zufall bearbeitet wird, damit dann Musik daraus wird.

Du sprachst auch von der Disziplin bei Cage. Was Dich interessierte ist, dass Zufall nur mit einer großen Dosis an Disziplin möglich ist. Das gilt ja auch für diese Bilder.

Ja, sonst wäre es doch bloßes Geschmiere. Auch bei den Farbtafeln und jetzt bei dem Domfenster sind alle Zufälle ja nur deshalb brauchbar, weil sie bearbeitet werden, das heißt eliminiert oder belassen oder hervorgehoben, also in eine Form gebracht werden. Das ist alles kunstvoll.

Als ich die Cage-Bilder zum ersten Mal sah, im Atelier, da warst Du Dir noch nicht ganz sicher, ob der Zyklus fünf oder sechs Bilder umfasst, es war so, als ob es eine Zusammengehörigkeit dieser fünf Bilder gab, und dann ein sechstes Bild, das irgendwie Teil der Serie ist aber auch nicht… Kannst Du vielleicht dazu noch was sagen? In Venedig werden, glaube ich, alle gezeigt.

Ja, die Frage, ob fünf oder sechs, hat sich mit der Zeit von selbst erledigt, weil dieses erste Bild ganz selbstverständlich zu der Serie gehört, auch wenn es äußerlich etwas anders, etwas weicher als die folgenden fünf aussieht, es hat jetzt was von einer Einleitung.

Diese neuen Bilder sind …

… spontaner, freier, ungeplanter.

Ich versuche nur, noch mal nachzufragen, weil ja mit den Bildern etwas ganz Neues passiert, was es vorher nicht gab, das wir vielleicht noch mal einkreisen können ...?

Das ist schwierig für mich, das zu formulieren. Ich bin ja erst mal froh, dass ich so langsam erkennen kann, was die Bilder zeigen, dass da überhaupt etwas dargestellt ist, also dass die überhaupt etwas abbilden, etwas quasi Reales. Also es dauert noch eine Weile, bis ich das auch beschreiben könnte.

Du sagtest ja mal, dass es bei den abstrakten Bildern die Suche nach einer Ähnlichkeit gibt, die immer da ist...

Ja, die ist immer da, so, denke ich, funktionieren alle abstrakten Bilder, wir können Bilder gar nicht anders betrachten, als sie nach Ähnlichkeiten abzusuchen mit dem, was wir erfahren haben, was wir kennen. Um zu sehen, was sie uns bieten, ob sie uns bedrohen oder ob sie nett zu uns sind oder was weiß ich...

Vielleicht eine Frage noch zu Konstruktion und Dekonstruktion, weil es sehr interessant ist, dass der Zyklus begonnen hat wie viele Deiner abstrakten Bilder vorher auch, mit einem Bild, das dann zerstört wird, und es gibt ja diese verschiedenartigen Phasen der Bilder, die Du fotografisch dokumentiert hast in diesem Buch, wo man die ganzen übermalten Bilder sieht, die es nicht mehr gibt. Eigentlich ein sehr destruktiver Akt, und Du sagtest, als wir uns das angesehen haben, dass es diesen destruktiven Akt gibt, aber dass es gleichzeitig den Wunsch gibt, ein gut gebautes, konstruktives Bild zu machen.

Ja, es ist sehr spannend, so zu arbeiten, mit dem Zerstören und Aufbauen und wieder Zerstören und so fort – das ist die Voraussetzung, anders kann gar nichts entstehen. Nur bei den figürlichen Bildern ist es anders, da ist das Zerstören und Aufbauen nicht so offensichtlich.

Denkst du, es sind optimistische Bilder?

... langsam ja...

Ich dachte, die grauen Bilder der New Yorker Ausstellung, die waren schon sehr dunkel dagegen ...

... die ich 2001 bei Marian ausstellte?[7] Die waren doch eher hellgrau. so wie heller Staub und Nebel, aber ziemlich melancholisch.

Irgendwie kommt da bei den Cage-Bildern etwas Optimistischeres ins Spiel... etwas vom Prinzip Hoffnung.

Das liegt wahrscheinlich an der gewissen Aggressivität und Unberechenbarkeit, dass die etwas optimistischer sind als die grauen New Yorker Bilder.

Und was kommt als nächstes? Die Bilder sind ja jetzt abgeschlossen, und es ist immer interessant, in die Zukunft zu gucken ...

Ich habe keine Ahnung! Das ist ja in meinem Alter auch Glückssache, ob da noch etwas Neues kommt, ich hoffe es und bin bereit.

Wir haben noch nicht über das Licht dieser Bilder gesprochen, über kaltes Licht, warmes Licht, südliches Licht, nördliches Licht... Wie würdest Du das Licht dieser Bilder beschreiben?

(lacht) ...da ich ja vorhin den Guardi angeführt habe, mit dem sanften, südlichen Licht der Lagune, muss ich jetzt wohl das als nördliches Licht bezeichnen.

Vielleicht ist es ja dieses Paradoxum des Engadiner Lichtes, wo der Süden und der Norden, ... wo quasi Finnland und Italien ... zusammenprallen.

Wunderbar! Das hat ja doch Nietzsche so schön gesagt. Genau das ist es, das Licht von Sils Maria[8].

Allerletzte Frage, es gibt dieses schöne Büchlein von Rainer Maria Rilke Der Ratschlag an einen jungen Dichter, *und ich wollte Dich fragen, was 2007 Dein Ratschlag wäre an den jungen Maler?*

(lacht) Nicht verführbar sein, und nicht aufgeben, an die Kunst zu glauben – das ist das Einzige.

Großartig. Vielen Dank für dieses Interview.

Anhang

Quellennachweise, Einleitungen und Kommentare

Die in der ersten Publikation der Texte von Gerhard Richter aus dem Jahr 1993 verwendeten Überschriften wurden beibehalten. Für die hinzugekommenen Beiträge wurden die Titel entsprechend angeglichen. Sie sind nicht mit den Originaltiteln der Erstveröffentlichungen identisch. Wann immer vorhanden, sind die Informationen zu den Erstveröffentlichungen nachfolgend aufgeführt. Ebenso wird auf die Publikation in dem Band von 1993 verwiesen.

Zu einigen angesprochenen Sachverhalten und Personen finden sich in den Texten Anmerkungsziffern, die auf die nachfolgenden erläuternden Kommentare verweisen.

Die Rechtschreibung der Beiträge wurde der Neuen Deutschen Rechtschreibung angeglichen. Offensichtliche Rechtschreibfehler und kleinere inhaltliche Irrtümer wurden stillschweigend korrigiert.

D. E.

Abgekürzt zitierte Literatur: Gerhard Richter: *Text. Schriften und Interviews*, Frankfurt/M. / Leipzig 1993 (= *Text*, 1993).

Brief an Prof. Heinz Lohmar, 6. April 1961
Unveröffentlicht.

Brief Richters an seinen ehemaligen Lehrer an der Hochschule für Bildende Künste in Dresden, geschrieben nur wenige Wochen nach seiner Flucht zusammen mit seiner Frau Ema aus der DDR über Berlin nach Westdeutschland. Das Original des Briefes befindet sich im Archiv der Hochschule.

1 *Professor Lohmar*: Der 1900 in Troisdorf bei Köln geborene Maler Heinz Lohmar leitete an der Dresdner Hochschule für Bildende Künste die Klasse für Wandmalerei. Als Lehrer hatte er Richter sehr gefördert.
2 *Reise nach Moskau und Leningrad*: Richter hatte unmittelbar vor seiner Flucht eine Studienreise nach Moskau und Leningrad unternommen. Bei seiner Rückreise über Westberlin deponierte er dort bereits einen Teil seines Gepäcks.

Notizen 1962
Erstveröffentlichung: *Text*, 1993, S. 7–9.

1 *Ich bin ja nicht hierhergekommen*: Richter bezieht sich auf seine Flucht aus der DDR von Dresden über Berlin nach Düsseldorf im März 1961.

Brief an die *Neue Deutsche Wochenschau* (29.4.1963)
Erstveröffentlichung: *Text*, 1993, S. 11/12.

Von Gerhard Richter unterzeichneter Brief an Herrn Schmidt von der *Neuen Deutschen Wochenschau*, Düsseldorf, vom 29. April 1963. Der Brief ist zugleich die Presseankündigung für die Ausstellung der Künstler Manfred Kuttner, Konrad Lueg, Sigmar Polke und Gerhard Richter in einer ehemaligen Metzgerei in der Düsseldorfer Kaiserstraße 31a. Den Raum konnten sie für DM 40,– von der Stadt Düsseldorf anmieten. Die Ausstellung war die einzige gemeinsame Präsentation der vier befreundeten Künstler. Später haben sie nur noch einmal, im Rahmen einer umfangreicheren Gruppenausstellung zusammen ausgestellt (Neodada, Pop, Decollage, Kapit. Realismus, Galerie René Block, Berlin, 19.6.–5.11.1964). Die Ausstellung in der Kaiserstraße 31a wurde am Samstag, den 11. Mai 1963 um 11 Uhr eröffnet und war bis zum 26. Mai zu sehen. Von Gerhard Richter waren die Werke *Party (2-1)* und *Tote (9)* ausgestellt.

Ein identisches Typoskript, von allen vier Künstlern unterzeichnet und an Cent-Fox u. Fox-Tönende-Wochenschau, Düsseldorf, adressiert, befindet sich im Archiv Manfred Kuttner (für eine Abb. siehe: „Ganz am Anfang / How it all began. Richter, Polke, Lueg & Kuttner", in: *Sediment*, Heft 7, 2004, S. 72). Im Gespräch mit Susanne Küper berichtete Manfred Kuttner, dass sie ihre Presseberichte an Filmgesellschaften, Zeitungsredaktionen, Museen und Galerien bis in die USA versandten (vgl.: Susanne Küper: „Konrad Lueg und Gerhard Richter: Leben mit Pop – Eine Demonstration für den Kapitalistischen Realismus", in: *Wallraf-Richartz-Jahrbuch*, Bd. LIII, 1992, S. 305, Anm. 27). Für eine ausführliche Darstellung der Ausstellung siehe: „Ganz am Anfang / How it all began. Richter, Polke, Lueg & Kuttner", in: *Sediment*, Heft 7, 2004).

1 *Kapitalistischer Realismus*: Der Begriff taucht in dieser Pressemitteilung das erste Mal auf. Obwohl auf der Einladungskarte zahlreiche Stilbegriffe mit Fragezeichen aufgelistet werden („Pop-Art?, Imperialistischer Realismus? Antikunst?") fehlt dort der Hinweis auf den „Kapitalistischen Realismus". Der Begriff ist wohl auch als eine Ironisierung des ostdeutschen Sozialistischen Realismus zu verstehen, den zumindest zwei der beteiligten Künstler, Richter und Manfred Kuttner, in der DDR kennengelernt hatten. Vom 18. November 1964 bis 5. Januar 1965 zeigte die Galerie René Block in Berlin die Einzelausstellung *Gerd Richter. Bilder des Kapitalistischen Realismus.*

2 *„Deutscher Pop-Art"*: Im Herbst 1964 reisten Richter und Konrad Lueg nach Paris und stellten sich dort u. a. in den Galerien von Iris Clert und Ileana Sonnabend als „German Pop Artists" vor.

3 *verbleiben wir*: Richter schreibt den Brief im Namen auch der anderen an der Ausstellung beteiligten Künstler Manfred Kuttner, Konrad Lueg und Sigmar Polke.

Manfred Kuttner wurde 1937 in Greiz, Thüringen, geboren. Von 1956 bis 1959 studierte er wie Richter an der Hochschule für Bildende Künste in Dresden. Als Richter 1957 im Rahmen seiner Aspiratur an der Akademie einen Abendkurs im

Zeichnen gab, gehörte Kuttner zu seinen Studenten. Nach Kuttners Flucht im März 1960 in den Westen, begann er zum Sommersemester 1960 sein Studium an der Staatlichen Kunstakademie Düsseldorf bei Gerhard Hoehme. Später wechselte er gemeinsam mit Richter in die Klasse von K. O. Götz. 1962 hatten sie zusammen ihre erste Ausstellung in der Galerie Junge Kunst in Fulda (8.–30.9.1962). Die Ausstellung verdankten sie der Vermittlung ihres Düsseldorfer Mitstudenten Franz Erhard Walther, der aus Fulda stammte. Kuttner ist 2007 in Erkrath verstorben.

Konrad Lueg hieß eigentlich Konrad Fischer. Er wurde 1939 in Düsseldorf geboren. Als Künstler nahm er den Mädchennamen seiner Mutter an. Von 1958 bis 1962 studierte er u. a. bei K. O. Götz an der Staatlichen Kunstakademie Düsseldorf, wo er sich mit Richter befreundete. Gemeinsam veranstalteten sie am 11. Oktober 1963 die Demonstration *Leben mit Pop. Eine Demonstration für den Kapitalistischen Realismus* im Möbelhaus Berges. 1967 eröffnete Konrad Fischer in der Düsseldorfer Neubrückstraße 12 eine Galerie. Richter stellte hier 1970 das erste Mal aus (11.4.–7.5.). Konrad Fischer-Lueg ist 1996 in Düsseldorf verstorben. Über Konrad Lueg als Künstler informiert ausführlich der Katalog *Ich nenne mich als Künstler Konrad Lueg*, Kunsthalle Bielefeld, 1999. Über die Galerie Konrad Fischer ist das Buch *Ausstellungen bei Konrad Fischer, Düsseldorf Oktober 1967–Oktober 1992*, Bielefeld 1993, erschienen.

Sigmar Polke wurde 1941 in Oels in Niederschlesien geboren und kam 1953 nach Düsseldorf. Seit 1962 studierte auch er bei K. O. Götz. Richter und Polke stellten ein einziges Mal gemeinsam aus, 1966 in der Galerie h in Hannover, zu der ein Katalog als Künstlerbuch erschien (siehe: „Text für Ausstellungskatalog der Galerie h, Hannover, 1966", zusammen mit Sigmar Polke, S. 36–44)

Programm und Bericht
Ausstellung *Leben mit Pop – Eine Demonstration für den Kapitalistischen Realismus,* Düsseldorf 11.10.1963 (zusammen mit Konrad Lueg)
Erstveröffentlichung (Programm): (Ohne Titel), in: *Brennpunkt Düsseldorf. Joseph Beuys. Die Akademie. Der allgemeine Aufbruch*, 1962–1987 (Kat.), Kunstmuseum Düsseldorf, 1987, Abb. S. 100.
Erstveröffentlichung (Bericht): „Bericht über *Eine Demonstration für den Kapitalistischen Realismus* von Konrad Lueg und Richter, am Freitag, den 11. Oktober 1963, in Düsseldorf, Flingerstraße 11 (Bergeshaus)", in: Rolf-Gunter Dienst: *Pop-Art. Eine kritische Information*, Wiesbaden 1965, S. 138–140.

Text, 1993, S. 14–17.

Programm und Bericht wurden von Konrad Lueg und Gerhard Richter verfasst. Die Programme wurden oben rechts in einem markierten Feld handschriftlich fortlaufend nummeriert und an die Besucher der Veranstaltung verteilt. Das Typoskript des Berichts befindet sich im Archiv Konrad Fischer-Lueg, ebenso das Original für die während der Demonstration verlesenen Lautsprecherdurchsagen. Von Richter waren folgende Werke ausgestellt: *Mund* (11-1), *Papst* (zerstört, für eine Abbildung siehe: *Gerhard Richter. Bilder, Paintings 1962–*

1985 (Kat.), Städtische Kunsthalle Düsseldorf, 1986, S. (20)), *Hirsch (7)* und *Schloss Neuschwanstein (8)*. Eine ausführliche Darstellung der Demonstration findet sich bei Susanne Küper (Konrad Lueg und Gerhard Richter: *Leben mit Pop – Eine Demonstration für den Kapitalistischen Realismus*, in: Wallraf-Richartz-Jahrbuch, Bd. LIII, 1992, S. 289–306). Siehe auch: „Ganz am Anfang / How it all began. Richter, Polke, Lueg & Kuttner", in: *Sediment*, Heft 7, 2004.

1 *Prof. Beuys*: Joseph Beuys wurde 1921 in Kleve geboren. Er studierte von 1947 bis 1951 an der Staatlichen Kunstakademie Düsseldorf bei Ewald Mataré und wurde dort zum Sommersemester 1961 selbst als Professor der Akademie ernannt. Richter berichtet, dass er Beuys für einen der Studenten hielt, als er ihm das erste Mal an der Akademie begegnete.

2 *als Ehrengäste die Herren Schmela und Kennedy*: Richter und Lueg hatten zwei Pappmachéfiguren des Düsseldorfer Galeristen Alfred Schmela und des amerikanischen Präsidenten John F. Kennedy hergestellt und in ihre Demonstration im Möbelhaus Berges integriert. Um Geld zu verdienen hatte Richter damals auch Wagen für die Karnevalsumzüge gestaltet. Die Kennedy-Figur wurde nach der Ausstellung von Kasper König erworben, die Schmela-Puppe kaufte der Kölner Restaurator Wolfgang Hahn. Für Abbildungen der Werke siehe: *Aufbrüche, Manifeste, Manifestationen* (Kat.), Städtische Kunsthalle Düsseldorf, 1984, Abb. S. 103 (Schmela), Abb. S. 106 (Kennedy).

3 *14 Rehbockgeweihe*: Richter hatte sich für die Demonstration die Rehbockgeweihe von seinem Schwiegervater Prof. Heinrich Eufinger (siehe: „Gespräch mit Roberta De Righi 2005", Anm. 2) entliehen.

4 *Texten aus Möbelkatalogen*: Die Texte wurde als Fragmente aus den Verkaufskatalogen ausgeschnitten und über Lautsprecher verlesen, bspw.: „Einzelraum oder Doppelzimmer? Hier ist diese Frage mit dem breiten Schwedenbett einmal anders gelöst. Der Schrank zeigt den Wechsel von Holz und Glastüren," oder: „Kostbare echte Stilmöbel, die wir in Schlössern, Museen und alten gepflegten Bürgerhäusern bewundern, wurden damals schon gern in Birke und Kirsch baum gearbeitet."

Notizen 1964(–1967)

Erstveröffentlichung: *Text*, 1993, S. 17–20.

In den 1993 als „Notizen 1964" veröffentlichten Statements spricht Richter auch von den Werkgruppen der *Türen* und *Vorhänge*, die erst 1967 (Türen) bzw., bis auf eine Ausnahme (Nr. 36a), ab 1965 (Vorhänge) entstanden sind. Zumindest Teile des Textes sind deshalb später als 1964 und nicht vor 1967 entstanden.

1 *als Fotolaborant gearbeitet*: Trotz dieser eigenen Bekundungen hat Richter tatsächlich nie als Fotolaborant gearbeitet. Als Jugendlicher in Walterdorf hatte er aber in dem Fotolabor des Vaters eines Schulfreundes die Gelegenheit, seine Fotos selbst zu entwickeln. Eine eigene Kamera hatte ihm seine Mutter zu Weihnachten 1945 geschenkt.

2 *Götz*: Karl Otto Götz, geboren 1914 in Aachen, unterrichtete von 1959 bis 1979 als Professor für Malerei an der Staatlichen Kunstakademie Düsseldorf.

Nachdem Richter sein Studium an der Akademie zum Wintersemester 1961/1962 bei Ferdinand Macketanz begonnen hatte, wechselte er zum nächsten Semester in die Klasse von Karl Otto Götz. Hier studierte Richter, bis er die Düsseldorfer Kunstakademie zum Ende des Sommersemester 1964 ohne Abschluss wieder verließ.

3 *Gaul*: Winfred Gaul (1928 bis 2004) hatte von 1950 bis 1953 an der Stuttgarter Kunstakademie studiert und lebte seit 1955 in Düsseldorf. K. O. Götz schreibt in seinem Erinnerungsbuch: „Ich erinnere mich an den Rundgang im Februar 1962, da hingen seine (*Richters*) informellen Bilder auf dem dunklen unteren Flur der Akademie. Aber bald malte er Signalbilder. Als der Maler Gaul mich in der Akademie besuchte und einen Blick in meine Klasse warf, war er überrascht, dass u. a. Signalbilder an der Wand hingen. Gaul malte damals auch Signalbilder und schimpfte: ‚Kaum taucht etwas Neues im Kunstbetrieb auf, und schon wird es an der Akademie praktiziert.'" (K. O. Götz: *Erinnerungen und Werk*, Bd. 1b, Düsseldorf 1983, S. 912).

4 *Kontakt mit gleichdenkenden Malern – eine Gruppe*: Die Studienfreunde Richter, Manfred Kuttner, Konrad Lueg, Sigmar Polke diskutierten ihre Werke und planten Strategien, wie sie mit ihren Arbeiten an die Öffentlichkeit treten könnten.

Plakattext der Ausstellung Klasen und Richter, Galerie Friedrich & Dahlem, München 1964

Erstveröffentlichung: Plakat zur Ausstellung *Gerd Richter. Fotobilder, Portraits und Familien* in der Galerie Friedrich & Dahlem, München, vom 10. Juni bis 10. Juli 1964.

Text, 1993, S. 20.

Die Ausstellung von Richter (*Fotobilder, Portraits und Familien*) fand parallel mit einer Ausstellung von Peter Klasen in getrennten Räumen der Galerie Friedrich & Dahlem, München, statt. Für Richter war es seine erste Einzelausstellung. Das Plakat ist beidseitig bedruckt. Auf der einen Seite befindet sich die Reproduktion des Bildes *Stukas (18-1)*, 1964. Auf der Rückseite sind weitere Kleinabbildungen von Werken, eine Exponatenliste sowie der hier abgedruckte Text. Bei dem Plakattext handelt es sich um einen von Richter in einer Zeitung gefundenen Beitrag, den er wie ein Readymade behandelt und hier reproduziert hat. In ähnlicher Weise hatten Konrad Lueg und Richter bereits die Texte für die Durchsagen bei ihrer Demonstration im Möbelhaus Berges in Verkaufskatalogen gefunden.

1 *Klasen*: Der Maler Peter Klasen wurde 1935 in Lübeck geboren. Er studierte von 1956 bis 1959 an der Hochschule der Künste in Berlin. Im gleichen Jahr ging er nach Paris, wo er auch heute noch lebt.

2 *Galerie Friedrich & Dahlem*: Die Galerie wurde 1963 von Heiner Friedrich, seiner Frau Six und ihrem Partner Franz Dahlem gegründet. Auf Richter war Heiner Friedrich durch Kasper König

aufmerksam geworden, der damals in London lebte und ihm im Frühjahr 1964 empfahl, den jungen Künstler in Düsseldorf zu besuchen. Heiner Friedrich war während der sechziger Jahre Richters wichtigster Galerist.

Interview zwischen Anthony Twaites und Gerhard Richter, von Sigmar Polke im Oktober 1964 verfasst
Erstveröffentlichung: *Text*, 1993, S. 20–23.

Es handelt sich um ein von Sigmar Polke erfundenes Interview des Kunstkritikers Anthony Thwaites mit Gerhard Richter. Knapp ein Jahr später, im Juli 1965, entstand ein nahezu gleichlautendes fiktives Interview, in dem jetzt der Kunstkritiker Albert Schulze-Vellinghausen als Interviewer auftrat und in dem die identischen Fragen von Polke und Richter gemeinsam in der „Wir"-Form beantwortet werden. Entsprechend lautet die Antwort der beiden Künstler auf die erste Frage: „Wir haben viel Arbeit und sind künstlerisch gut entwickelt, auch geistig und körperlich. Wir ziehen den Expander vorn und hinten. Und wenn sie unsere neuen Bilder sehen würden, Herr Schulze-Vellinghausen, Sie würden zusammenbrechen!" Das maschinengeschriebene Manuskript des alternativen Interviews befindet sich im Atelier Gerhard Richter und enthält Richters handschriftlichen Zusatz: „das von Polke erfundene Interview leicht verändert, für einen Katalog, der nicht erschien."

Brief an Heiner Friedrich 23.11.1964
Erstveröffentlichung: *Text*, 1993, S. 23–25.

1 *Kataloge und Plakate*: Richter bezieht sich auf den Katalog zu seiner Ausstellung bei René Block in Berlin *Gerd Richter. Bilder des Kapitalistischen Realismus* (18.11.1964–5.1.1965) sowie auf das Plakat zu der gemeinsamen Ausstellung *Neue Realisten. Konrad Lueg, Sigmar Polke, Gerd Richter* (20.11.–31.12.1964) in das Galerie Parnass in Wuppertal.
2 *Jährling*: Rudolf Jährling hatte die Galerie Parnass bereits 1949 gegründet. Die Ausstellung von Richter, Lueg und Polke war eine der letzten Veranstaltungen seiner Galerie, die er am 5. Juni 1965 mit dem 24 *Stunden*-Happening schloss.
3 *Block*: René Block hatte seine Galerie im September 1964 mit der Ausstellung *Neodada, Pop, Decollage, Kapitalistischer Realismus* (16.9.–5.11.1964) eröffnet, an der auch Richter, Lueg, Polke und Kuttner beteiligt waren. Die Einzelausstellung von Gerhard Richter war, nach einer Präsentation von Stanley Brouwn, erst die dritte Ausstellung der jungen Galerie.
4 *Den Haager Realisten*: Die Ausstellung *Neuer Realismus und Pop Art* in der Akademie der Künste in Berlin (20.11.1964–3.1.1965) war zuvor im Gemeentemuseum, Den Haag, und in Wien zu sehen.
5 *Katalogtext*: Manfred de la Motte: „Gerd Richter oder der kapitale ‚Kapitalistische Realismus'", in: *Gerd Richter. Bilder des Kapitalistischen Realismus* (Kat.), Galerie René Block, Berlin 1964, o. S.
6 *einiges habe ich mir jetzt notiert*: Richter bezieht sich wahrscheinlich auf die hier abgedruckten „Notizen 1964(–1967)", S. 21–23.

7 *Ausstellung im Frühjahr in Rom*: Bei der angesprochenen Ausstellung handelt es sich um die erst 1966 realisierte Einzelausstellung in der Galleria La Tartaruga in Rom (20.1.–20.2.1966).

Notizen 1964–1965
Erstveröffentlichung: *Text*, 1993, S. 25–33.

In seinem Brief an Heiner Friedrich vom 23. November 1964 (siehe S. 25–29) weist Richter auf einige jüngst niedergeschriebene Notizen hin, bei denen es sich wahrscheinlich um einen Teil der hier veröffentlichten Notizen handelt.

1 *Dalí*: Salvador Dalí (1904–1989). 1970 veranstaltete Richter mit Blinky Palermo in der hannoverschen Galerie Ernst sogar eine Ausstellung mit dem Titel *Für Salvadore Dalí* (10.10.–6.11.1970). Richter zeigte die beiden großformatigen Bilder *Ausschnitt (rot-blau)* (273) und *Ausschnitt (grau-lila)* (274), 1970, je 200 × 300 cm.
2 *Bacon*: Francis Bacon (1909–1992). 1962 hatte Richter u. a. das stark an Bacon angelehnte Bild *Papst* gemalt. Für eine Abbildung siehe: *Gerhard Richter. Bilder, Paintings 1962–1985* (Kat.), Städtische Kunsthalle Düsseldorf, 1986, S. (20).
3 *damaligen Fluxus-Veranstaltungen*: Richter hat u. a. die folgenden Veranstaltungen als Besucher miterlebt: *NEO-DADA in der Musik* in den Düsseldorfer Kammerspielen (16.6.1962), *Festum Fluxorum Fluxus* in der Staatlichen Kunstakademie Düsseldorf (2. u. 3.2.1963) und das *Festival der neuen Kunst – Actions / Agit-Pop / De-Collage / Happening / Events / Antiart / L'Autrisme / Art Total / Refluxus* in der Technischen Hochschule Aachen (20.6.1964).

Text für Ausstellungskatalog der Galerie h, Hannover, 1966, zusammen mit Sigmar Polke
Erstveröffentlichung: *Polke / Richter* (Kat.), Galerie h, Hannover 1966, o. S.

Text, 1993, S. 35–53.

Vom 1. bis 26 März 1966 stellten Sigmar Polke und Richter in der Galerie h von August Haseke in Hannover aus. Von Richter waren u. a. die Bilder *Tiger* (78), *Onkel Rudi* (85), *Zwei Frauen mit Torte* (95), *Stuhl im Profil* (98) und *Mann mit zwei Kindern* (96), alle von 1965, zu sehen. Zu der Ausstellung, die Richter später als eine „demonstrative" im Gegensatz zu seinen kommerziellen Galerie-Ausstellungen beschrieb, erschien ein Katalog, der zugleich ein Künstlerbuch ist und von beiden Künstlern in die Werkverzeichnisse ihrer Editionen aufgenommen wurde (*Sigmar Polke. Die Editionen 1963–2000*, Ostfildern-Ruit 2000, Nr. 2, S. 12/13; *Gerhard Richter. Editionen 1965–2004* (Kat.), Kunst Museum Bonn, 2004, Wvz.-Nr. 3, S. 126). Im Katalog ist von jedem Künstler lediglich ein Werk abgebildet, von Richter *Onkel Rudi* (85). Der Text wird von elf privaten und inszenierten Fotos beider Künstler begleitet. Er ist selbst eine Collage aus eigenen und gefundenen Textfragmenten. Dabei haben sich Richter und Polke ausführlich bei der populären Science-Fiction-Reihe der Perry Rhodan-Heftromane bedient. Das neben den Künstlern in der Textcollage auftretende Personal, u. a. Perry Rhodan, Atlan, Gucky und Leutnant Afg Moro, entstammt diesen Abenteuer-Geschichten. Neben einigen sachlichen Informationen Polkes und Richters zur eigenen Person und zum Werk, verknüpfen die beiden Künstler an anderen Stellen ironisch eigene Formulierungen und gefundene Textstücke so eng miteinander, dass für den Leser Realität und Fiktion nicht mehr zu trennen sind. Das Klebemanuskript von Text und Abbildungen befindet sich im Archiv von August Haseke (siehe auch: „Ganz am Anfang / How it all began. Richter, Polke, Lueg & Kuttner", in: *Sediment*, Heft 7, 2004, Abb. S. 97).

1 *Perry Rhodan*: Die 1961 erstmals erschienenen Heftromane über die Science-Fiction-Abenteuer des Titelhelden Perry Rhodan wurden damals von Richter gerne gelesen.

Interview mit Dieter Hülsmanns 1966
Erstveröffentlichung: „Dieter Hülsmanns: Das perfekte Bild" (Interview), in: *Rheinische Post*, Düsseldorf, 3.5.1966, o. S.

Text, 1993, S. 52/53.

Notiz 1966
Erstveröffentlichung: *Text*, 1993, S. 53.

Biografische Daten 1966
Unveröffentlicht.

Das Original des Typoskripts befindet sich im Zentralarchiv des internationalen Kunsthandels, Köln.

1 *Waltersdorf*: Obwohl Richter am 9. Februar 1932 in Dresden geboren wurde, hat er selber bei verschiedenen Gelegenheiten Waltersdorf als Geburtsort angegeben. In Waltersdorf ist Richter lediglich aufgewachsen. Diese Fehlinformation hat sich in der Künstlerbiografie z. T. bis heute festgesetzt. Über den Hintergrund dieser Fehlinformation hat Richter kürzlich geäußert, ihm sei einmal empfohlen worden, seinen weit verbreiteten Namen „Richter" durch den Namen „Waltersdorf" zu ersetzen, nach dem Beispiel des aus Nolde stammenden Emil Hansen oder von Karl Schmidt aus Rottluff. Obwohl er diesem Vorschlag nicht gefolgt ist, hat er in den sechziger Jahren wiederholt Waltersdorf statt Dresden als seinen Geburtsort angegeben.

2 *Fotolaborant*: Siehe: „Notizen 1964", Anm. 1.

3 *Übersiedlung nach Düsseldorf*: Richter ist zusammen mit seiner Frau Ema im März 1961 über Berlin in die Bundesrepublik geflohen.

4 *Kunstakademie Düsseldorf*: Richter kam im Sommer des Jahres nach Düsseldorf und begann hier zum Wintersemester 1961/1962 sein Studium an der Staatlichen Kunstakademie. Nach dem ersten Semester wechselte er in die Klasse von Karl Otto Götz, wo er bis zum Ende seines Studiums im Sommer 1964 blieb.

5 *Hemden*: Richter bezieht sich hier auf Werke, die in den Jahren 1961 und 1962 entstanden und in denen er Hemden auf den Leinwänden befestigte und sie übermalte. Die Werke erinnern an Arbeiten von Alberto Burri oder Antoni Tapiès. Richter hat diese Arbeiten später, nachdem er Beispiele in der Ausstellung in der Galerie Junge Kunst in Fulda (zusammen mit Manfred Kuttner) gezeigt hatte (8.–30.9.1962), zerstört.

Statement 1967
Erstveröffentlichung: (Ohne Titel), in: *Art International*, März 1968, S. 54/55.

1 *Akte*: *Osterakte* (148), *Studentin* (149), *Spanische Akte* (150), *Pi-Mädchen* (151), *Akt* (152), *Schwestern* (153), *Badende* (154), *Diana* (155), *Gymnastik* (156), *Olympia* (157), alle von 1967.
2 *Türen*: *5 Türen (I)* (158), *5 Türen (II)* (159), beide Werke von 1967.
3 *„Chirico-Leere“*: Bezieht sich auf die Darstellungen menschenleerer italienischer Plätze in den Gemälden der *pittura metafisica* von Giorgio de Chirico.

Arbeitsübersicht 1968
Erstveröffentlichung: „Arbeitsübersicht“, in: 14 × 14. *Junge deutsche Künstler* (Kat.); Staatliche Kunsthalle Baden-Baden, 1968, o. S.

1 *Film über V. Bradke*: Richter zeigte seinen einzigen, ca. 14 Minuten langen schwarzweißen Künstlerfilm im Rahmen der Ausstellung *Volker Bradtke*. Das Projekt war Teil der Ausstellungsreihe *Hommage à Schmela*, die vom 9. bis 15. Dezember 1966 in der Galerie Schmela stattfand und jeden Tag einen anderen Künstler präsentierte. Andere beteiligte Künstler waren Sigmar Polke, Konrad Lueg, John Latham, Heinz Mack und Joseph Beuys. Richters Beitrag fand am Dienstag, den 13. Dezember 1966 statt. Neben dem Film zeigte er das großformatige Bild *Volker Bradke* (133) sowie mehrere Portraitfotos Bradkes. Für den Namen existieren verschiedene Schreibweisen. Während auf der Einladungskarte in Richters eigener Handschrift „Bradtke“ gedruckt steht, kann man auf Fotografien, die die Ausstellung dokumentieren, den Wandtext „Bradke“ lesen.

Interview mit Rolf-Gunter Dienst 1970
Erstveröffentlichung: „Rolf-Gunter Dienst: Interview“, in: *Noch Kunst*, Gütersloh 1970, S. 192–199.

Text, 1993, S. 55–59.

1 *Reklame- und Bühnenmaler*: Richter arbeitete vom 1. April 1949 an für ein halbes Jahr als Gehilfe bei einem Schriftenmaler in Zittau. Am 1. Februar 1950 begann er eine Ausbildung als Malsaaleleve am Stadttheater Zittau, wurde aber zum 15. Juli bereits wieder entlassen, nachdem er sich geweigert hatte, zusammen mit den Kollegen das Treppenhaus des Theaters zu streichen.
2 *Fotolaborant*: Siehe: „Notizen 1964“, Anm. 1.
3 *Happening*: *Leben mit Pop – Eine Demonstration für den Kapitalistischen Realismus* im Düsseldorfer Möbelhaus Berges am 11. Oktober 1963 (siehe: „Programm und Bericht Ausstellung *Leben mit Pop – Eine Demonstration für den Kapitalistischen Realismus*, Düsseldorf 11.10.1963 (zusammen mit Konrad Lueg)“, S. 17–20)
4 *Informalismus*: Gemeint ist die Kunst des „Informel“, zu dessen wichtigsten deutschen Vertretern Ernst Wilhelm Nay, Emil Schumacher und Richters Lehrer an der Düsseldorfer Akademie K. O. Götz gehörten.

Notiz 1971
Erstveröffentlichung: *Text*, 1993, S. 59.

Stellungnahme zum Folgerecht 10.12.1971
Unveröffentlicht.

Richters nicht adressierte Stellungnahme zur geplanten Änderung des Folgerechts ist die Antwort auf einen Brief des Galeristen Rudolf Zwirner vom 9. Dezember 1971. Dessen Brief richtete sich, wie aus einer handschriftlichen Notiz hervorgeht, an Konrad Klapheck, Richter und Blinky Palermo. Zwirner weist darin auf die weitreichenden Konsequenzen einer Gesetzesänderung hin (Erhöhung der Folgerechtsabgabe von 1% auf 5%) und bittet um ein Gespräch in den nächsten Tagen. Richters Originaltyposkript befindet sich im Zentralarchiv des internationalen Kunsthandels in Köln.

Interview mit Rolf Schön 1972
Erstveröffentlichung: Rolf Schön: „Unser Mann in Venedig“, in: *Deutsche Zeitung*, 14.4.1972, S. 13.

Text, 1993, S. 66–70.

Das Interview entstand im Vorfeld von Richters Teilnahme an der Biennale Venedig (11.6.–1.10.1972) und wurde im Katalog der Biennale wiederabgedruckt (Rolf Schön: „Interview“, in: *Gerhard Richter* (Kat.), 36. Biennale, Venedig 1972, S. 23–25).

Befragung der *Documenta* 1972
Erstveröffentlichung: (Ohne Titel), in: Klaus Staeck (Hrg.): *Befragung der Documenta oder Die Kunst soll schön bleiben*, Göttingen 1972, S. C 1.7.

Klaus Staecks Dokumentation zu der von Harald Szeemann geleiteten *Documenta* 5 erschien noch vor Eröffnung der Ausstellung am 30. Juni 1972 (Ausstellung bis 8. Oktober). In dem Band findet sich ein Fragebogen abgedruckt, zu dem u. a. die folgenden, an der Ausstellung beteiligten Künstler Stellung genommen haben: Giovanni Anselmo, Dan Graham, Jörg Immendorff, Sol LeWitt, John Salt und Richter.

1 *Hyper-Realismus*: Siehe: „Interview mit Peter Sager 1972“, Anm. 2.

Gespräch mit Mathias Schreiber 1972
Erstveröffentlichung: Mathias Schreiber: „Ein gutes Foto von mir gibt es nicht“; in: *Kölner Stadt-Anzeiger*, 14.6.1972, o. S.

1 *Dichter- und Denkerportraits*: Gemeint ist die Werkgruppe der *48 Portraits* von 1971/1972.

Interview mit Peter Sager 1972
Erstveröffentlichung: Peter Sager: „Gespräch mit Gerhard Richter“, in: *Das Kunstwerk*, Juli 1972, S. 16/17.

Text, 1993, S. 62–66.

Das Interview erschien anlässlich Richters Ausstellung im Deutschen Pavillon auf der Biennale Venedig vom 11. Juni bis 1. Oktober 1972.

1 *Palermo*: Blinky Palermo wurde als Peter Schwarze 1943 in Leipzig geboren. Durch Adoption erhielt er den Namen Peter Heisterkamp. Später nannte er sich als Künstler nach einem italienischen Mafiosi Blinky Palermo. Seit dem Wintersemester 1961 studierte er an der Staatlichen Kunstakademie Düsseldorf. Richter lernte er anlässlich des Semesterrundgangs im Frühjahr 1963 kennen. 1970 reisten sie zusammen nach New York. Sie haben zweimal gemeinsam ausgestellt: *Für Salvadore Dalí*, Galerie Ernst, Hannover (10.10.–6.11.1970) und in der Galerie Heiner Friedrich, Köln (21.4.–15.5.1971) eine Wandmalerei Palermos mit Richters *Skulpturen für einen Raum von Palermo (297-1)*. Drei, in Richters Werkkatalog verzeichnete Bilder entstanden als Gemeinschaftsarbeiten mit Palermo: *Fingerspuren (253)* von 1970 und *Ohne Titel (303, 304)* von 1971. Über ihre Freundschaft äußerte Richter später einmal: „Wir hatten kein Konkurrenzverhalten, weil wir so verschieden waren. Das konnte ich immer anerkennen, dass er so etwas Stilles machen kann. Das war mir immer fremd." (Dietmar Elger: *Gerhard Richter. Maler*, Köln 2002, S. 227) Blinky Palermo starb 1977 während einer Reise auf Ceylon. Siehe auch Richters Bericht über seine Freundschaft zu Palermo: „Über Blinky Palermo 2003", S. 463–467.

2 *Neuen Realisten*: Gemeint sind die sogenannten amerikanischen Foto- oder Hyperrealisten wie Chuck Close, Richard Estes, Ralph Goings, Malcolm Morley und der Schweizer Franz Gertsch, die 1972 auf der *documenta* 5 in Kassel (30.6.– 8.10.) prominent präsentiert wurden.

3 *Carl Andre*: Wurde 1935 in Quincey, MA, geboren. Am 21. Oktober 1967 eröffnete Konrad Fischer (Lueg) seine Galerie mit einer Ausstellung von Carl Andre.

Brief an Wulf Herzogenrath 1972
Erstveröffentlichung: Wulf Herzogenrath (Hrg.): *Selbstdarstellung. Künstler über sich*, Düsseldorf 1973, S. 18/19.

Text, 1993, S. 70/71.

Richters zwei Briefe vom 22. November und 22. Dezember 1972 an den damaligen Direktor des Kölnischen Kunstvereins Wulf Herzogenrath erschienen ganz am Anfang des Buches, außerhalb der eigentlichen alphabetischen Reihenfolge. Das von Richter mitgesandte Foto zeigt, anders als angekündigt, keineswegs ihn selbst, sondern den Pförtner der Düsseldorfer Kunstakademie Herrn Schmettka, an der Gerhard Richter seit 1971 unterrichtete. Das Buch enthält u. a. Selbstdarstellungen von Joseph Beuys, Erwin Heerich, Otto Piene, Günther Uecker, Timm Ulrichs und Stefan Wewerka.

1 *Rau*: Johannes Rau war damals Wissenschaftsminister in Nordrhein-Westfalen. Am 11. Oktober 1972 entließ er Joseph Beuys aus seinem Professorenamt, nachdem dieser sich geweigert hatte, Studenten, die bei ihm studieren wollten, abzuweisen. Richter beteiligte sich mit zahlreichen anderen Künstlern und Kulturschaffenden an einem Protestschreiben gegen das ausgesprochene „Berufsverbot oder Lehrverbot".

Notizen 1973
Erstveröffentlichung: *Text*, 1993, S. 72.

1 *Verlust der „Mitte"*: Richter bezieht sich auf die Streitschrift von Hans Sedlmayr (*Verlust der Mitte*, Salzburg 1948), in welcher der Autor gegen die abstrakte Malerei als Weltsprache der Kunst polemisiert und das Menschenbild als künstlerisches Bekenntnis vermisst.

Brief an Jean-Christophe Ammann Februar 1973
Erstveröffentlichung: *Text*, 1993, S. 72–74.

Der Brief entstand im Zusammenhang mit Richters Ausstellung im Kunstmuseum Luzern, dessen Leiter Ammann damals war. Die Ausstellung fand vom 21. Januar bis 25. Februar 1973 statt.

1 *Biennale*: Richters Ausstellung im Deutschen Pavillon auf der 36. Biennale in Venedig (11.6.–1.10.1972).
2 *Gläser*: 4 *Glasscheiben* (160), 1967.

Interview mit Irmeline Lebeer 1973
Erstveröffentlichung: Irmeline Lebeer: „Gerhard Richter ou La réalité de l'image", in: *Chroniques de l'art vivant*, Nr. 2, Feb. 1973, S. 13–16.

Aus dem Französischen übersetzt von Isabel Jouannic.

1 *Konrad Fischer*: Richters erste Ausstellung in der Galerie Konrad Fischer fand vom 11. April bis 7. Mai 1970 statt. An die Ausstellung erinnerte sich Richter später so: „Bei Fischer, das hat mir Spaß gemacht, diese kleinen kaputten Bilder eng aneinandergehängt." (Dietmar Elger: *Gerhard Richter. Maler*, Köln 2002, S. 226).
2 *Fotorealisten*: Siehe: „Interview mit Peter Sager 1972", Anm. 2.
3 *180 Farbtöne*: *180 Farben* (300/1-4), 1971, Lack auf Leinwand, je 200 × 200 cm.
4 *Kugel*: Tatsächlich hat Richter 1989 und 1992 drei Editionen mit Kugeln aus glänzendem Edelstahl produziert (siehe: *Gerhard Richter. Editionen 1965–2004* (Kat.), Kunst Museum Bonn, 2004, Wvz-Nrn. 70, 76 und 77).

Statement, 10. Oktober 1973
Erstveröffentlichung: (Ohne Titel), in: *Der Löwe. Theorie, Dialoge, bildende Kunst*, Nr. 5, 31.7.1975, S. 15.

1 *Hyper-Realisten*: Siehe: Interview mit Peter Sager 1972, Anm. 2.

Interview mit Gislind Nabakowski 1974
Erstveröffentlichung: Gislind Nabakowski: „Zur Verkündigung von Tizian", in: *Heute Kunst*, Juli/Aug. 1974, S. 3–5.

Interview zu Richters Bildern nach der *Verkündigung* (um 1530) von Tizian in der Scuola di San Rocco, Venedig. Richter hatte Tizians Werk bei einem Besuch in Venedig anlässlich der Vorbereitung seiner Ausstellung im Deutschen Pavillon der Biennale 1972 gesehen. Entstanden sind 1973 fünf Bilder *Verkündigung nach Tizian* mit den Werknummern 343/1-2 und 344/1-3.

1 *Unschärfe in einem vergleichbaren Zusammenhang*: Richter bezieht sich hier auf die so genannte „Unschärferelation" von 1927 des deutschen Physikers und Nobelpreis-

trägers Werner Heisenberg, nach der sich Ort und Geschwindigkeit atomarer Teilchen nie mit gleicher Präzision bestimmen lassen, sondern immer nur entweder Ort oder Geschwindigkeit zu Lasten des jeweils anderen Wertes.

2 *Uecker*: Günther Uecker (geb. 1930 in Wendorf, Mecklenburg; lebt in Düsseldorf) bildete Anfang der sechziger Jahre zusammen mit Otto Piene und Heinz Mack die Düsseldorfer Künstlergruppe ZERO. 1963 bis 1970 hatte Richter sein Atelier direkt neben dem von Günther Uecker am Fürstenwall 204. Beide Künstler stellten 1968 gemeinsam im Rahmen der Ausstellungsreihe 14 × 14 in der Staatlichen Kunsthalle Baden-Baden aus (5.–14.4.1968).

3 *Professor an der Kunstakademie wurdest*: Richter lehrte von 1971 bis 1994 Malerei an der Staatlichen Kunstakademie Düsseldorf.

Katalogtext für Gruppenausstellung im ‚Palais des Beaux Arts', Brüssel 1974 1024 Farben in 4 Permutationen
Erstveröffentlichung: „1024 Farben in 4 Permutationen", in: *Andre, Broodthears, Buren, Burgin, Gilbert & George, Richter* (Kat.), Palais des Beaux Arts, Brüssel 1974, o. S.

Text, 1993, S. 75.

Gerhard Richter war an der Ausstellung im Palais des Beaux Arts (9.1.–3.2.1974) mit den vier großformatigen Farbtafeln *1024 Farben (350/1-4)* von 1973 beteiligt.

Aus einem Brief an Edy de Wilde 23.2.1975
Erstveröffentlichung: (Ohne Titel), in: *Fundamentele Schilderkunst / Fundamental Painting* (Kat.), Stedelijk Museum Amsterdam, 1975, S. 57.

Text, 1993, S. 76/77.

Gerhard Richter war an der Ausstellung, die vom 25. April bis 22. Juni 1975 stattfand, mit den Bildern *Grau (348, 349, 361-1, 361-3, 366)* beteiligt. An der Ausstellung nahmen auch Alan Charlton, Raimund Girke, Robert Mangold, Brice Marden, Agnes Martin, Edda Renouf, Robert Ryman und Jerry Zeniuk teil.

Katalogtext aus *Acht Künstler – acht Räume* Mönchengladbach 1975
Erstveröffentlichung: (Ohne Titel), *Räume* (Kat.), Städtisches Museum Mönchengladbach, 1976, o. S.

Text, 1993, S. 77.

Das Statement von Gerhard Richter erscheint in dem Katalog *Räume* als Zitat innerhalb des Textes über den Künstler von Johannes Cladders. Richter war an der Ausstellung, die vom 29. August bis 8. Oktober 1976 stattfand, mit der achtteiligen Werkgruppe *Grau (367/1-8)*, 1975, beteiligt, die das Museum kurz zuvor erworben hatte. Die weiteren beteiligten Künstler waren Carl Andre, Marcel Broodthaers, Daniel Buren, Bruce Nauman, Ulrich Rückriem sowie der Architekt Hans Hollein, der für das Museum den 1982 eröffneten Neubau auf dem Abteiberg entwarf.

Aus einem Brief an Benjamin H. D. Buchloh 23.5.1977
Erstveröffentlichung: *Text*, 1993, S. 80/81.

Der 1993 im Ausschnitt abgedruckte Brief wird hier erstmals vollständig veröffentlicht.

1 *Benjamin H.D. Buchloh*: Richter hatte Buchloh 1972 in der Galerie Rudolf Zwirner in Köln kennengelernt, als dieser dort als Assistent arbeitete. Buchloh half ihm später bei der Konzeption und Hängung der Ausstellung im Musée national d'art moderne, Centre Georges Pompidou, Paris (1.2.–21.3.1977) und schrieb den Text für den begleitenden Katalog.
2 *neuen Bilder*: Gemeint sind die, von Richter so genannten „weichen" Abstrakten Bilder, die Richter nach kleinformatigen abstrakten Skizzen gemalt hat. Die Skizzen wurden von ihm fotografiert, mit dem Projektor auf großformatige Leinwände projiziert und fotorealistisch malerisch übertragen. Beispiele aus dieser Werkgruppe sind die in jenem Jahr entstandenen *Abstrakten Bilder (417-424)*. Zwei dieser Bilder, *Abstraktes Bild (421 und 422)*, sollten 1977 auf der *Documenta 6* (24.6.–2.10) in Kassel ausgestellt werden, wurden aber von Richter nach Diskussionen mit der Ausstellungsleitung über die Präsentation seiner Werke kurz vor Ausstellungsbeginn wieder abgehängt. Auf einigen Pressefotos, die damals erschienen, sind die beiden Gemälde noch in den Ausstellungsräumen zu sehen.
3 *große Format*: Der in Anm. 2 beschriebene malerische Prozess der Übertragung der kleinen Skizzen ins große Format.

Antworten auf Fragen von Marlies Grüterich 2.9.1977
Erstveröffentlichung: *Text*, 1993, S. 81–83.

Schriftliche Antworten von Gerhard Richter auf die Fragen von Marlies Grüterich. Das Interview ist damals allerdings nicht veröffentlicht worden. Eine maschinengeschriebene Fassung befindet sich im Atelier Gerhard Richter.

1 *Drei dieser Bilder*: Tatsächlich handelte es sich lediglich um die beiden *Abstrakte Bilder (421 und 422)*. Zu den Gründen, warum die Bilder nicht auf der *Documenta 6* zu sehen waren, siehe: „Aus einem Brief an Benjamin H.D. Buchloh 23.5.1977", Anm. 2.
2 *DDR-Kollegen*: Auf der *Documenta 6*, 1977 in Kassel, waren mit Bernhard Heisig, Wolfgang Mattheuer, Willi Sitte und Werner Tübke erstmals auch Vertreter der offiziellen Kunst der DDR vertreten.

Interview mit Amine Haase 1977
Erstveröffentlichung: Amine Haase: Malerei als Schein, in: Rheinische Post, Düsseldorf, 16.9.1977, o. S.

Text, 1993, S. 85–88.

Aus einem Brief an Benjamin H. D. Buchloh 29.9.1977
Erstveröffentlichung: *Text*, 1993, S. 88/89.

Der 1993 in Ausschnitten abgedruckte Brief wird hier erstmals vollständig veröffentlicht.

Interview mit Marlies Grüterich 1978
Erstveröffentlichung: Marlies Grüterich: „Gerhard Richter", in: *Poetische Aufklärung in der europäischen Kunst der Gegenwart bei Joseph Beuys, Marcel Broodthaers, Daniel Buren, Jannis Kounellis, Mario Merz, Gerhard Richter – Geschichte von heute und morgen* (Kat.), InK. Halle für internationale neue Kunst, Zürich 1978, S. 87/88.

1 *Katalog der erwähnten Ausstellung Fundamentale Malerei*: siehe die Anm. zu: „Aus einem Brief an Edy de Wilde 23.2.1975", S. 559.

Interview mit Bruce Ferguson und Jeffrey Spalding 1978
Erstveröffentlichung: Bruce Ferguson und Jeffrey Spalding: „Gerhard Richter", in: *Parachute 13*, Herbst 1978, S. 31–33.
Aus dem Englischen übersetzt von Manfred Allié.

1 *Zero*: Düsseldorfer Künstlergruppe, 1957 von Heinz Mack und Otto Piene gegründet. Seit 1962 war auch Günther Uecker Mitglied der Gruppe, die sich 1964 offiziell auflöste.
2 *Nulle*: Die niederländische Künstlergruppe „Nul" gründete sich 1960. Sie verfolgte ähnliche Ziele wie die Düsseldorfer Zero-Künstler. Zu ihren bekanntesten Mitgliedern gehörten Jan Schoonhoven und Henk Peeters.
3 *Fluxus*: Düsseldorf war eine der Hauptstädte der internationalen Fluxus-Bewegung. Richter hat hier die beiden folgenden Veranstaltungen besucht: *NEO-DADA in der Musik* in den Düsseldorfer Kammerspielen (16.6.1962), *Festum Fluxorum Fluxus* in der Staatlichen Kunstakademie Düsseldorf (2. und 3.2.1963).
4 *Picabia*: Richter bezieht sich auf Francis Picabia (1879–1953) und dessen malerischen Stilwechsel zwischen ironischen erotischen Akten, reduzierten Abstraktionen und komplexen Transparenzbilder, in denen Picabia mehrere malerische und zeichnerische Motive in Schichten übereinander legte.
5 *Wolkenbild in der National Gallery of Canada*: *Wolke* (*270/1-3*), 1970, je 200 × 300 cm.
6 *Ausstellung im holländischen Eindhoven*: *Gerhard Richter. Abstract Paintings*, Stedelijk van Abbemuseum, Eindhoven (8.8–5.11.1978). Die Ausstellung wurde anschließend in der Whitechapel Art Gallery, London (14.3.–22.4.1979) gezeigt.
7 *Realität und Abstraktion*: Es handelt sich um die Ausstellung *Dalla natura all'arte, dall'arte alla natura* auf der Biennale in Venedig 1978. Von Richter waren zwei großformatige *Graue Bilder* (je 250 × 200 cm) von 1973 und 1974 ausgestellt, dazu das *Stadtbild* (*177-3*).
8 *in Chicago zu sehen war*: *Europe in the Seventies. Aspects of Recent Art*, Art Institute of Chicago (8.10.–27.11.1977). Die Ausstellung war anschließend noch im Hirshhorn Museum and Sculpture Garden, Smithsonian Institution, Washington, D.C. (16.3.–7.5.1978), dem San Francisco Museum of Modern Art, San Francisco (23.6.–6.8.1978), dem Fort Worth Art Museum, Fort Worth (24.9.–29.10.1978) und im Contemporary Arts Center, Cincinnati (1.12.1978–31.1.1979) zu sehen. Beteiligt waren u. a. Giovanni Anselmo, Bernd und Hilla Becher, Daniel Buren, Hanne Darboven, Jan Dibbets, Gilbert & George, Richard Long, Mario Merz, Panamarenko, Klaus Rinke und Gilberto Zorio.

9 *National Gallery*: Siehe Anm. 5.

10 *Winnipeg Art Gallery*: Von Richter gibt es keine Werke in der Sammlung der Winnipeg Art Gallery.

11 *erste Einzelausstellung in New York gehabt*: Der Hinweis bezieht sich auf die Ausstellung *Gerhard Richter. New Paintings*, die vom 14. Januar bis 11. Februar 1978 in der SperoneWestwaterFischer Gallery stattfand. Richter hatte eine erste Einzelausstellung in New York allerdings bereits 1973 in der Onnasch Gallery (15.9.–15.11.1973).

12 *Eine in London*: Siehe Anm. 6.

„Anmerkung des Künstlers", August 1979

Erstveröffentlichung: „Anmerkung des Künstlers", in: *128 details from a picture (Halifax 1978)*, Halifax 1980, o. S.

Die Details entstanden als Fotografien des Bildes *Halifax (432-5)* von 1978.

Brief an Benjamin H. D. Buchloh vom 30.8.1979

Unveröffentlicht.

Brief an Benjamin H. D. Buchloh, der am Nova Scotia College of Art and Design in Halifax unterrichtete und die Buchreihe herausgab, über verschiedene mögliche Formulierungen für das Buch *128 details from a picture (Halifax 1978)*, Halifax 1980. Die endgültige Textfassung findet sich dort abgedruckt (siehe: „Anmerkung des Künstlers", August 1979, o. S.).

1 *Oelskizze*: Das Werk trägt den Titel *Halifax (432-5)*, 1978, 52 × 78 cm.

2 *Ausstellung 17 PICTURES*: Die Ausstellung fand vom 4. bis 18. Juli 1978 in der A. Leonowens Gallery in Halifax statt.

3 *großformatige Bilder*: Richter spricht von den so genannten „weichen" *Abstrakten Bildern* (Werknrn: 417–424, 428–430, 434–440, 444).

Brief an Birgit Pelzer, 25. März 1980

Unveröffentlicht.

Brief Richters zu den, im van Abbemuseum, Eindhoven (8.10.–5.11.1978) und in der Whitechapel Art Gallery, London (14.3.–22.4.1979), ausgestellten großformatigen, so genannten „weichen" *Abstrakten Bildern* (Werknrn: 417–424, 428–430, 434–440)

1 *Ausschnitte*: *Ausschnitt (braun) (271)*, 135 × 150 cm, *Ausschnitt (272)*, 140 × 140 cm, *Ausschnitt (rot-blau) (273)*, 200 × 300 cm, *Ausschnitt (grau-lila) (274)*, 200 × 300 cm, *Ausschnitt (grün-grau) (275)*, 200 × 130 cm; alle von 1970, und *Ausschnitt (Makart) (288)*, *Ausschnitt (karmin) (289)*, *Ausschnitt (Kreutz)*, je 200 × 200 cm, sowie *Ausschnitt (291)*, 3teilig, 250 × 375 cm, alle aus dem Jahr 1971.

2 *Striche*: *Strich (auf Blau) (451)*, 1979, vierteilig, 190 × 2000 cm, *Strich (auf Rot) (452)*, 1980, vierteilig, 190 × 2000 cm. Die beiden Bilder entstanden als „Kunst am Bau"-Projekt für die Kreisberufsschule in Soest, wo sie auch heute noch zu sehen sind.

Beschreibung der Konzeption für die Gestaltung des U-Bahnhofes König-Heinrich-Platz 1980 (zusammen mit Isa Genzken)
Erstveröffentlichung: Gerhard Richter und Isa Genzken: „Beschreibung der Konzeption für die Gestaltung des U-Bahnhofes ‚König-Heinrich-Platz'", in: *U-Bahn-Kunst in Duisburg* (Faltblatt), Wilhelm-Lehmbruck-Museum, Duisburg 1992, o. S.

1 *Isa Genzken*: Wurde 1948 in Bad Oldesloe geboren. Nach ersten Studiensemestern in Hamburg und Berlin, wechselte sie 1976 in die Klasse von Gerhard Richter an der Düsseldorfer Staatlichen Kunstakademie. 1983 heirateten Richter und Genzken. Die Ehe wurde 1994 geschieden.

Notizen 1981
Erstveröffentlichung: *Text*, 1993, S. 89–91.

1 *großen Striche*: *Strich (auf Blau) (451)* von 1979 und *Strich (auf Rot) (452)* von 1980. Die beiden je 190 × 2000 cm großen Bilder entstanden im Rahmen eines „Kunst am Bau"-Auftrags für die Kreisberufsschule in Soest, wo sie auch heute noch zu sehen sind.
2 *Möbelhaus Berges*: Das Happening von Konrad Lueg und Richter 1963 im Möbelhaus Berges. Siehe: „Programm und Bericht. Ausstellung *Leben mit Pop – Eine Demonstration für den Kapitalistischen Realismus*, Düsseldorf 11.10.1963 (zusammen mit Konrad Lueg)", S. 17–20.

Text für Katalog *documenta 7* 1982
Erstveröffentlichung: (ohne Titel), in: *documenta 7* (Kat.), Bd. 1, Kassel 1982, S. 84/85.

Text, 1993, S. 92/93.

An der *documenta 7* (18.6.–29.9.1982) in Kassel war Richter mit fünf großformatigen *Abstrakten Bildern* beteiligt: *Gelbgrün (492)*, *Rot (493)*, *Lilak (494)* und *Orangerie (495)*, je zweiteilig, 260 × 400 cm, sowie dem Bild *Oldenburg (489)*, 225 × 175 cm. Alle Werke entstanden 1982.

Interview mit Amine Haase 1982
Erstveröffentlichung: Amine Haase: „Kunst ist die höchste Form der Hoffnung", in: *Kölner Stadt-Anzeiger*, 15.9.1982, S. 33.

Interview anlässlich der Verleihung des Arnold-Bode-Preises am 22. September 1982 an Richter.

1 *großformatige Bilder*: Siehe Kommentar zu: „Text für Katalog *documenta 7* 1982", S. 563.

Notizen 1982
Erstveröffentlichung: *Text*, 1993, S. 93 (Notiz zum 14.6.82).
Gerhard Richter. Werken op papier 1983–1986 (Kat.), Museum Overholland, Amsterdam 1987, S. 4 (Notiz zum 25.11.82).

Text, 1993, S. 93.

Gerhard Richter schreibt bis heute gelegentliche Notizen. Anlässlich der Ausstellung mit Arbeiten auf Papier im

Museum Overholland in Amsterdam (20.2.–20.4.1987) hat er einige dieser Notizen aus den Jahren 1982 bis 1986 im Katalog veröffentlicht. In der Ausgabe der Texte von 1993 wurden weitere Notizen bis 1992 veröffentlicht. Im Katalogvorwort von Braun zur Ausstellung im Museum Overholland heißt es: „Während eines Atelierbesuchs anlässlich der Ausstellungsvorbereitung sprach Gerhard Richter von seinen Tagebüchern. Da sich schon viele Kunstkritiker mit dem schwierig einzuordnenden Werk Richters auseinandergesetzt haben, schien es ein guter Gedanke, den Künstler nun selbst zu Wort kommen zu lassen, mit einer Auswahl seiner Tagebuchnotizen. Oft sind das sehr persönliche Eintragungen und schon aus diesem Grunde bin ich ihm dankbar für die Bereitschaft, diese bei und zu dieser Gelegenheit an die Öffentlichkeit kommen zu lassen. Die Notizen entstanden meist nachts; nicht als Statements, sondern als unmittelbare Niederschriften einer bestimmten Stimmung und insofern vergleichbar mit den Arbeiten auf Papier, die auch mehr von dieser privaten Spontaneität haben als die Gemälde. Für diesen Katalog suchte er diejenigen aus, die mit Kunst zu tun haben.“ (S. 3)

Die Publikation der Texte von Gerhard Richter von 1993 berücksichtigt weitere, damals nicht veröffentlichte Eintragungen.

Notizen 1983
Erstveröffentlichung: *Gerhard Richter. Werken op papier 1983–1986* (Kat.), Museum Overholland, Amsterdam 1987, S. 4/5 (Notizen zum 27.1.83, 2.6.83, 11.6.83). *Text*, 1993, S. 95–99 (Notizen zum 18.3.83, 13.5.83, 8.6.83, 3.11.83).

Text, 1993, S. 94–99.

Siehe Kommentar zu: „Notizen 1982“, S. 563/564.

1 *Minimal*: Gemeint ist die amerikanische Minimal Art, die Richter seit 1967 vor allem durch die Ausstellungen von Carl Andre, Sol LeWitt und Fred Sandback in der Galerie Konrad Fischer, Düsseldorf, und die von Donald Judd in der Galerie Heiner Friedrich in München kennengelernt hat.

Notizen 1984
Erstveröffentlichung: *Gerhard Richter. Werken op papier 1983–1986* (Kat.), Museum Overholland, Amsterdam 1987, S. 5–7 (Notizen zum 15.4.84, 23.4.84, 15.6.84, 6.9.84, 21.9.84, 19.10.84, 27.12.84). *Text*, 1993, S. 99 (Notiz zum 16.4.84).

Text, 1993, S. 99–102.

Die im Katalog *Gerhard Richter. Werken op papier 1983–1986*, Museum Overholland, Amsterdam 1987, abgedruckte Notiz zum 27.12.84 ist in der Publikation *Gerhard Richter. Text*, 1993, nicht aufgenommen. Siehe auch Kommentar zu: „Notizen 1982“, S. 563/564.

1 *Goldbergvariationen*: 1984 realisierte Richter die Edition *Goldberg-Variationen*, die aus 120 individuell bemalten Langspielplatten der Einspielung von Glenn Gould bestand. 50 Exemplare stellte Richter für die Mappe *Hommage à Cladders* des Mönchengladbacher Museumsvereins zur Verfügung (siehe: *Gerhard Richter. Editionen* 1965–2004 (Kat.), Kunst Museum Bonn, 2004, Wvz.-Nr. 60).

Interview mit Bruno Corà 1984
Erstveröffentlichung: Bruno Corà: (Ohne Titel), in: *Terrae Motus* (Kat.), Fondazione Amelio, Instituto per l'Arte Contemporanea, Neapel 1984, S. 145.

Text, 1993, S. 102–104.

Ausstellung und Katalog für das Projekt *Terrae Motus* gingen auf eine Initiative des Galeristen Lucio Amelio in Neapel zurück, der mit seiner Initiative auf das schwere Erdbeben am 23. November 1980 in Süditalien reagierte. An dem Projekt waren auch Joseph Beuys, Christian Boltanski, Enzo Cucchi, Gilbert & George, Keith Haring, Mario Merz, Robert Rauschenberg, Cy Twombly und Andy Warhol beteiligt. Richter stiftete der Fondazione Amelio, Instituto per l'Arte Contemporanea das Bild *Static* (487) von 1982, die es von März 1983 bis Ende 1984 in der Villa Compolieto in Neapel ausstellte.

1 *Glenn Branca Static*: *Static* (487), 1982. Im folgenden Jahr entstand das Bild *Glenn* (532). 1983 entwarf Richter gemeinsam mit Isa Genzken (siehe: „Beschreibung der Konzeption für die Gestaltung des U-Bahnhofes König-Heinrich-Platz 1980" (zusammen mit Isa Genzken), Anm. 1) auch das Plakat für ein Konzert von Glenn Branca und seiner Band in der Düsseldorfer Kunstakademie am 24. Mai 1983 (siehe: *Gerhard Richter. Editionen* 1965–2004 (Kat.), Kunst Museum Bonn, 2004, Wvz.-Nr. 59).

Interview mit Wolfgang Pehnt 1984
Erstveröffentlichung: Wolfgang Pehnt: „Gerhard Richter. Kunst wird kritiklos aufgenommen unter dem Motto: Nun macht mal, es ist ja alles ganz interessant", in: Werner Krüger und Wolfgang Pehnt (Hrg.): *Documenta-Documente. Künstler im Gespräch*, Köln 1984, S. 118–131.

Text, 1993, S. 105–110.

Das Interview entstand bereits 1982 anlässlich der Ausstellung *documenta* 7 in Kassel (18.6.–29.9.) und wurde am 4. Juli 1982 im Rahmen der Sendereihe „Kunst und Künstler" im Deutschlandfunk ausgestrahlt. Für die Buchausgabe wurde das Gespräch redigiert und gekürzt. Weitere interviewte Künstler waren Georg Baselitz, Bernhard Becher, Joseph Beuys, Bernhard Leitner, Richard Paul Lohse, Markus Lüpertz, Meret Oppenheim, A. R. Penck und Salomé.

1 *So ein Bild*: Gemeint sind die seit 1976 entstehenden *Abstrakten Bilder*.
2 1952–1957: Richter wurde zum Wintersemester 1951/1952 an der Dresdner Hochschule für Bildende Künste zum Studium angenommen. Nach dem viersemestrigen Grundstudium wechselte er in die Klasse für Wandmalerei von Heinz Lohmar. Er schloss sein Studium 1956 ab. Als Diplomarbeit entstand eine

Wandmalerei im Deutschen Hygiene-museum Dresden Aufgrund seines erfolgreichen Studiums wurde ihm 1957 die neu eingerichtete Aspiratur zuerkannt, durch die er für drei weitere Jahre ein Atelier an der Hochschule und eine finanzielle Förderung erhielt.

3 *Happening*: Gemeint ist die Demonstration *Leben mit Pop – Eine Demonstration für den Kapitalistischen Realismus* am 11. Oktober 1963 im Düsseldorfer Möbelhaus Berges zusammen mit Konrad Lueg (siehe S. 17–20).

Notizen 1985

Erstveröffentlichung: *Gerhard Richter. Werken op papier 1983–1986* (Kat.), Museum Overholland, Amsterdam 1987, S. 7–10 (Notizen zum 20.2.85, 22.2.85, 28.2.85, 18.5.85, 28.8.85, 13.11.85, 27.12.85).

Text, 1993, S. 112/113 (Notizen zum 25.3.85, 30.5.85).

Text, 1993, S. 110–115.

Siehe Kommentar zu: „Notizen 1982", S. 563/564.

1 *Rückenakt von Hausmann*: Richter bezieht sich hier auf einen fotografischen „Rückenakt", um 1930, von Raoul Hausmann, der die folgende Ausstellungsbesprechung begleitet: Katharina Hegewisch: „Hanteln statt Rüschen. Das Aktfoto: ein Panorama im Münchner Stadtmuseum", in: *Frankfurter Allgemeine Zeitung*, 21.2.1985, S. 23.

2 *Lack-Studien*: Einige dieser Lack-Studien haben sich im *Atlas* auf der Tafel 413 erhalten (Helmut Friedel (Hrg.): Gerhard Richter. *Atlas*, Köln 2006).

3 *Kiefer-Ausstellung*: Zum Zeitpunkt der Niederschrift der Notiz (25.3.85) hat keine Einzelausstellung von Anselm Kiefer stattgefunden. Es ist deshalb unklar, auf welche Präsentation sich die Ausführungen Richters beziehen.

Interview mit Dorothea Dietrich 1985

Erstveröffentlichung: Dorothea Dietrich: „Gerhard Richter. An Interview", in: *The Print Collector's Newsletter*, Nr. 4, Sept./Okt. 1985, S. 128–132.

Hier abgedruckt nach dem deutschsprachigen Originalmanuskript des Interviews. Das Gespräch fand am 5. März 1985 in New York, anlässlich der Ausstellungen von Gerhard Richter in der Marian Goodman Gallery und der SperoneWestwater Gallery statt (5.–26.3.1985).

1 *abstrakte Arbeiten nach Fotos malte*: Die Formulierung ist missverständlich. Gemeint sind die sogenannten „weichen" *Abstrakten Bilder*, die Richter nach Fotografien gemalt hat, die er zuvor von kleinen abstrakten Skizzen angefertigt hatte. Für Beispiele siehe die *Abstrakten Bilder* (417–424, 428–430, 434–440, 442–444, 446, 460).

2 *das Buch war mehr oder weniger ein Abschluss*: Das Gespräch bezieht sich auf die bereits 1972 erschienene Ausgabe des *Atlas van de foto's en schetsen* anlässlich der Ausstellung im Hedendaagse Kunst, Utrecht (1.–31.12.1972). Die Arbeiten an dem *Atlas* waren keineswegs, wie Richter hier noch annimmt, „mehr oder weniger" abgeschlossen. 1989, 1997 und 2006 sind jeweils neue und immer umfangreichere Ausgaben des *Atlas* erschienen.

3 *ein Buch damit herausgebracht*: *Gerhard Richter. Aquarelle*, München 1985. Das Buch erschien anlässlich der Ausstellung der Werke in der Graphischen Sammlung der Staatsgalerie Stuttgart vom 19. Januar bis 17. Februar 1985. Außer den Aquarellen waren auch drei Bilder ausgestellt.
4 *Glenn Branca*: Siehe: „Interview mit Bruno Corà 1984", Anm. 1.
5 *Tatlin*: *Tatlin*, 17.11.1982, Graphit auf Papier, 29,7 × 21 cm. Für eine Abbildung siehe: Gerhard Richter. Zeichnungen 1964–1999, Werkverzeichnis, Kunstmuseum Winterthur 1999, Werkverzeichnis-Nr. 82/24, Abb. S. 237.
6 *Manifest des Kapitalistischen Realismus*: Gemeint ist der Beitrag „Programm und Bericht. Ausstellung *Leben mit Pop – Eine Demonstration für den Kapitalistischen Realismus*, Düsseldorf 11.10.1963 (zusammen mit Konrad Lueg)" (siehe S. 17–20).
7 *unbestimmbar ist*: Das Interview endet sowohl in der deutschen Original- wie auch in der gedruckten amerikanischen Fassung mit dieser unbeantwortet stehengelassenen Frage.

Notizen 1986

Erstveröffentlichung: *Gerhard Richter. Werken op papier 1983–1986* (Kat.), Museum Overholland, Amsterdam 1987, S. 11–15 (Notizen zum 18.2.86, 21.2.86, 25.2.86, 17.3.86, 18.3.86, 21.3.86, 28.3.86, 21.4.86, 25.4.86, 12.10.86).

Text, 1993, S. 121 (Notiz zum 25.10.86).

Text, 1993, S. 115–121.

Siehe Kommentar zu: „Notizen 1982", S. 563/564.

1 *Kucki, Kia und Klemente*: Richter bezieht sich hier ironisch-kritisch auf die italienischen Maler der so genannten arte chifra Enzo Cucchi, Sandro Chia und Francesco Clemente.

Interview mit Benjamin H. D. Buchloh 1986

Erstveröffentlichung: Benjamin H. D. Buchloh: „Interview with Gerhard Richter", in: *Gerhard Richter. Paintings* (Kat.), Museum of Contemporary Art, Chicago / Art Gallery of Ontario, Toronto 1988, S. 15–29.

Text, 1993, S. 123–155.

1 *1963 die Duchamp-Ausstellung in Krefeld*: Die bedeutende Retrospektive von Marcel Duchamp wurde vom 19. Juni bis 1. August 1965 im Museum Haus Lange in Krefeld gezeigt. Die Ausstellung war zuerst im Gemeentemuseum Den Haag und später auch in Eindhoven, Bern und Hannover zu sehen. In einem Brief an seinen Münchner Galeristen Heiner Friedrich schrieb Richter am 25. Juni 1965: „Die Duchamp-Ausstellung in Krefeld sah ich, das war sehr interessant für mich."
2 *Ileana Sonnabend*: Die Reise gemeinsam mit Konrad Lueg nach Paris fand im Frühjahr 1963 kurz nach der Eröffnung der Ausstellung von Kuttner, Lueg, Polke und Richter in der Düsseldorfer Kaiserstraße 31a statt (11.5.1963). Hier stellten sich Richter und Lueg u. a. in der Galerie Ileana Sonnabend, aber auch bei Iris Clert, als „German Pop-Artists" vor, ohne dass sich daraus irgendeine Ausstellungsmöglichkeit ergeben hätte. 1966 allerdings schrieb Ileana Sonn-

abend Richter ein Brief und bat darin um Informationsmaterial, da sie ihn für einen Kunstpreis vorgeschlagen habe. Im folgenden Jahr besuchte sie Richter dann sogar in seinem Düsseldorfer Atelier.

3 *seine erste Ausstellung bei Konrad Fischer*: Die erste Ausstellung von Robert Ryman bei Konrad Fischer fand vom 21. November bis 17. Dezember 1968 in der Neubrückstraße 12 statt. Ausgestellt waren sechs mehrteilige Bilder aus der *Classico*-Serie von 1968.

4 *Pariser Katalog*: *Gerhard Richter* (Kat.), Centre national d'art et de culture, Georges Pompidou – Musée national d'art moderne, Paris (1.2.–21.3.1977).

5 *Loock und Harten*: Ulrich Loock: „Das Ereignis des Bildes", in: U. Loock und D. Zacharopoulos: *Gerhard Richter*, München 1985, S. 118; Jürgen Harten: „Der romantische Wille zur Abstraktion", in: *Gerhard Richter. Bilder, Paintings 1962–1985* (Kat.), Städtische Kunsthalle Düsseldorf, 1986, S. (21/22).

6 *Verlust der Mitte*: siehe: „Notizen 1973", Anm. 1.

7 *Jacques Monods Zufall und Notwendigkeit*: Jacques Monod: *Zufall und Notwendigkeit. Philosophische Fragen der modernen Biologie*, München 1971 (Original: *Le hasard et la nécessité*, Paris 1970).

Text für den Katalog *Beuys zu Ehren* 1986
Erstveröffentlichung: (Ohne Titel), in: *Beuys zu Ehren* (Kat.), Städtischen Galerie im Lenbachhaus, München 1986, S. 482.

Text, 1993, S. 158.

1986 veranstaltete die Städtische Galerie im Lenbachhaus in München anlässlich von Joseph Beuys' 65. Geburtstag für den kurz zuvor verstorbenen Künstler die Ausstellung *Beuys zu Ehren* (16.6.–2.11.1986). Ausgestellt waren neben zahlreichen Werken von Beuys selbst, Arbeiten befreundeter Künstler und von Weggefährten des Künstlers. Richter war in der Ausstellung mit dem Bild *Abstraktes Bild* (596) von 1988 und dem Werk *Zwei Skulpturen für einen Raum von Palermo* (297-2) (1971/1984) vertreten.

1 *Kuhstall hinter Kleve*: Richter besuchte gemeinsam mit Konrad Lueg die so genannte „Stallausstellung" von Joseph Beuys, die vom 26. Oktober bis 24. November 1963 in einem ehemaligen Kuhstall in Kleve stattfand. Die Ausstellung wurde von Franz Josef und Hans van der Grinten organisiert und zeigte Werke aus ihrer gemeinsamen Sammlung.

Interview mit Christiane Vielhaber 1986
Erstveröffentlichung: Christiane Vielhaber: „Interview mit Gerhard Richter", in: *Das Kunstwerk*, Nr. 2, April 1986, S. 41–43.

1 *Düsseldorfer Möbelhaus*: Richters und Konrad Luegs Demonstration und Ausstellung im Möbelhaus Berges. Siehe „Programm und Bericht. Ausstellung *Leben mit Pop – Eine Demonstration für den Kapitalistischen Realismus*, Düsseldorf 11.10.1963 (zusammen mit Konrad Lueg)", S. 17–20.

2 *Ausstellung in Hannover*: Siehe: „Text für Ausstellungskatalog der Galerie h, Hannover, 1966", zusammen mit Sigmar Polke, S. 36–44.

Interview mit Anna Tilroe 1987
Erstveröffentlichung: Anna Tilroe: „Sensaties voor het oog", in: *Volkskrant*, 20.2.1987, S. 20.

Aus dem Niederländischen übersetzt von Marlene Müller-Haas.

Interview anlässlich der Eröffnung der Ausstellung *Gerhard Richter. Werken op papier 1983–1986* im Museum Overholland, Amsterdam (20.2.–20.4.1987). In der Originalfassung des Interviews ist das Gespräch an mehreren Stellen durch Erläuterungen der Autorin unterbrochen, die hier unberücksichtigt geblieben sind.

1 *in einer amerikanischen Galerie*: Richter hatte seine erste Einzelausstellung in einer amerikanischen Galerie 1978 in der SperoneWestwaterFischer Gallery in New York (14.1.–11.2.1978). Gemeint ist hier aber wohl eher die 1973 stattgefundene Ausstellung in der New Yorker Dependance der Berliner Reinhard Onnasch Galerie (15.9.–15.11.1973).
2 *Fluxus-Zeit*: Gemeint ist die Demonstration und Ausstellung *Leben mit Pop – Eine Demonstration für den Kapitalistischen Realismus* von Richter und Konrad Lueg im Düsseldorfer Möbelhaus Berges (11.–25.10.1963).
3 *fundamentalen Malerei*: Richter war 1975 an der Ausstellung *Fundamentele Schilderkunst / Fundamental Painting* im Stedelijk Museum Amsterdam beteiligt. Siehe: „Aus einem Brief an Edy de Wilde 23.2.1975", S. 91/92.
4 *Retrospektive in Düsseldorf*: *Gerhard Richter. Bilder, Paintings 1962–1985*, Städtische Kunsthalle Düsseldorf (18.1.–23.3.1986).

Brief an Manfred Schlösser, Präsidialsekretär der Akademie der Künste Berlin, 16.4.1987
Erstveröffentlichung: *Text*, 1993, S. 159.

Richters Stellungnahme zu dem Berliner Ausstellungsprojekt *Skulpturenboulevard* auf dem Kurfürstendamm (Sommer 1987) anlässlich der 750-Jahr-Feier der Stadt im Sommer 1987. Beteiligte Künstler waren u. a. Frank Dornseif, Brigitte und Martin Matschinsky-Denninghoff, George Rickey und Wolf Vostell. Besonders kontroverse Reaktionen hat der Beitrag von Olaf Metzel ausgelöst, der einen Turm aus rot-weißen Absperrgittern errichtet hatte.

Notizen 1988
Erstveröffentlichung: *Text*, 1993, S. 160–164.

Nicht mehr im Katalog *Gerhard Richter. Werken op papier 1983–1986*, Museum Overholland, Amsterdam 1987.

Siehe Kommentar zu: „Notizen 1982", S. 563/564.

Notizen November 1988 (für die Pressekonferenz Februar 1989 – Museum Haus Esters, Krefeld)
Erstveröffentlichung: *Text*, 1993, S. 164–166.

Richters vorbereitende Notizen und Überlegungen für die Pressekonferenz zur Ausstellung des 15-teiligen Bilderzyklus *18. Oktober 1977*, der erstmals vom 12. Februar bis 18. April 1989 im Museum Haus Esters, Krefeld, ausgestellt wurde. Ein zweites, ausführlicheres Typoskript mit Notizen befindet sich im Atelier Gerhard Richter.

1 *den toten Meins*: Richter hatte zunächst auch ein Gemälde mit dem Motiv des toten Terroristen Holger Meins gemalt, das Bild später aber doch nicht in den Zyklus *18. Oktober 1977* aufgenommen und wieder übermalt (*Abstraktes Bild* (686-9), 1988).

Gespräch mit William Furlong, Jill Lloyd, Michael Archer und Peter Townsend 1988
Erstveröffentlichung: *Audio Arts Magazine*, 9. Jhrg., Nr. 4, London 1989, Toncassette, Seite A. In schriftlicher Form erstmals erschienen in: William Furlong: *Audio Arts. Beunruhigende Versuche zur Genauigkeit*, Leipzig 1992, S. 231–242.

Das Gespräch fand anlässlich von Richters erster Einzelausstellung in der Anthony d'Offay Gallery (11.3–16.4.1988) in London statt.

1 *London Paintings*: Im Einzelnen handelt es sich um die Bilder *Tower 1–6* (646/1-6), 1987, *Brick Tower* (643-1), 1987, *Flint Tower* (652-1) und *Salt Tower* (652-2), beide von 1988, sowie die Gruppe *St. James, St. Andrew, St. Bridget* und *St. John* (653/1-4), alle von 1988.
2 *Möbelhaus*: Richters und Konrad Luegs Demonstration und Ausstellung im Möbelhaus Berges. Siehe „Programm und Bericht. Ausstellung *Leben mit Pop – Eine Demonstration für den Kapitalistischen Realismus*, Düsseldorf 11.10.1963 (zusammen mit Konrad Lueg)", S. 17–20.
3 *Landschaftsbilder*: Dabei handelt es sich u. a. um die beiden folgenden Ausstellungen: *Gerhard Richter. Städte*, Galerie René Block, Berlin (17.1.–5.2.1969); *Gerhard Richter. Zwei Seestücke 1975*, Kabinett für aktuelle Kunst, Bremerhaven (29.11.1975–4.1.1976).
4 *documenta*: *documenta 8*, Kassel (12.6.–20.9.1987). Ausgestellt war das Bild *Domecke* (629-1), 1987, 122 × 78 cm.

Notizen 1989
Erstveröffentlichung: *Text*, 1993, S. 166–173.

Nicht mehr im Katalog *Gerhard Richter. Werken op papier 1983–1986*, Museum Overholland, Amsterdam 1987.
Siehe Kommentar zu: „Notizen 1982", S. 563/564.

Interview mit Gregorio Magnani 1989
Erstveröffentlichung: Gregorio Magnani: „Gerhard Richter", in: *Flash Art*, Mai/Juni 1989, S. 94–97.
Aus dem Englischen übersetzt von Manfred Allié.

1 *Szenen aus Konzentrationslagern zu malen*: Von dem gemeinsamen Projekt mit Konrad Lueg sind in Richters Werk lediglich die im Atlas auf den Tafeln 16 bis 23 gesammelten Materialien erhalten geblieben (Helmut Friedel (Hrg.): *Gerhard Richter. Atlas*, Köln 2006).
2 *Schädel*: 1983 malte Richter eine Gruppe von kleinformatigen Bildern mit einem Totenschädel als Motiv: *Schädel* (545/1-3, 547-1, 548/1-2). Eines der Bilder kombiniert das Motiv mit einer Kerze: *Schädel mit Kerze* (547-2).
3 *nicht zu verkaufen*: 1995 verkaufte Richter den Zyklus *18. Oktober 1977*, der sich zu diesem Zeitpunkt als Leihgabe im

Museum für Moderne Kunst in Frankfurt/M. befand, an das Museum of Modern Art, New York. Die Werke wurden allerdings erst im Jahr 2000, nach Ende des Frankfurter Leihvertrages, nach New York transportiert. Siehe hierzu auch die beiden Interviews: „Interview mit Hubertus Butin 1995", S. 329–334; „Interview mit Stefan Koldehoff 1995", S. 334–336.

Stellungnahme zur Ausstellung *Bilderstreit*, 1.6.1989
Erstveröffentlichung: „Ein Kratzer ohne Folgen? Diskussionsbeiträge von Künstlern, Sammlern, Kunstvermittlern", in: *Kölner Stadt-Anzeiger*, 1.6.1989, S. 9.

Der Beitrag von Gerhard Richter erschien als Zitat in dem Artikel, in dem u. a. auch der Plastiker Heinz Günter Prager, der ehemalige Leiter des Museum Abteiberg in Mönchengladbach und der Kölner Sammler Udo Brandhorst zu Wort kamen.

1 *Werner-orientierte Sicht*: Richter wirft den Ausstellungsmachern eine überproportionale Berücksichtigung von Künstlern vor, die von der Kölner Galerie Michael Werner vertreten werden. Zu diesen Künstlern in der Ausstellung gehören Georg Baselitz, Per Kirkeby, Markus Lüpertz und A. R. Penck.

Gespräch mit Jan Thorn-Prikker über den Zyklus *18. Oktober 1977* 1989
Erstveröffentlichung: Jan Thorn-Prikker: „Wir sehen auch unser eigenes Ende. Ein Gespräch mit dem Maler Gerhard Richter über den Zyklus *18. Oktober 1977*", in: *Frankfurter Rundschau*, 29.4.1989, S. ZB3. Wiederabdruck: „Gespräch über den Zyklus *18. Oktober 1977*", in: *Parkett*, Nr. 19, 1989, S. 127–126.

Text, 1993, S. 173–197.

1 *Bilderatlas*: Siehe: Helmut Friedel (Hrg.): *Gerhard Richter. Atlas*, Köln 2006, Tfn. 470–479.
2 *Ausstellung in Krefeld sah*: Erstpräsentation des Zyklus *18. Oktober 1977* im Museum Haus Esters, Krefeld vom 12. Februar bis 18. April 1989.
3 *Stefan Aust*: Stefan Aust: *Der Baader-Meinhof-Komplex*, Hamburg 1985.
4 *in diesem Katalog*: *Gerhard Richter. Bilder, Paintings 1962–1985* (Kat.), Städtische Kunsthalle Düsseldorf, 1986.

Brief an Walter Grasskamp zum *18. Oktober 1977*, 17.10.1989
Erstveröffentlichung: „Brief an Walter Grasskamp", in: *Gerhard Richter. 18. Oktober 1977*. Presseberichte, Köln 1989, S. 111/112.

Richters Brief an Walter Grasskamp ist die Antwort auf dessen Beitrag über den Zyklus *18. Oktober 1977* („Gerhard Richter: 18. Oktober 1977. Erborgte Radikalität", in: *Jahresring 36*, Köln 1989, S. 220–229).

1 *Arnulf Rainer-Ausflug*: Richter bezieht sich auf den Zyklus *Hiroshima* von Arnulf Rainer mit übermalten Fotos von den Opfern und der Stadt nach dem Atombombenabwurf am 6. August 1945.

Notizen 1990
Erstveröffentlichung: *Text*, 1993, S. 209–211.

Nicht mehr im Katalog *Gerhard Richter. Werken op papier 1983–1986*, Museum Overholland, Amsterdam 1987.

Siehe Kommentar zu: „Notizen 1982“, S. 563/564.

1 *Baselitz-Austellung*: Richter bezieht sich hier auf die Ausstellung *Georg Baselitz* in der Städtischen Kunsthalle Düsseldorf vom 28. Juli bis 9. September 1990. Die Ausstellung wurde zuvor im Kunsthaus Zürich gezeigt.
2 *„das Brückebild“*: Gemeint ist das Bild *Der Brückechor* von Georg Baselitz, datiert auf den 1. August 1983. Für eine Abbildung siehe: Andreas Franzke: *Georg Baselitz*, München 1988, S. 202/203.
3 *Hypo-Bank*: *Zwölf Spiegel für eine Bank* (740) und *Sechs Spiegel für eine Bank* (741), beide Werke 1991 fertiggestellt. Auftragsarbeit für das neue Gebäude der Hypo-Bank in Düsseldorf des Architekten Oswald Mathias Ungers. Sol LeWitt war als weiterer Künstler an dem Projekt beteiligt. Für Abbildungen siehe: *Oswald Mathias Ungers, Gerhard Richter, Sol LeWitt*, Hypo-Bank, Düsseldorf 1991, Entwurfsabb. und Farbabb. o. S.

Brief an Werner Schmidt 1990
Erstveröffentlichung: (Ohne Titel), in: *Ausgebürgert. Künstler aus der DDR und aus dem Sowjetischen Sektor Berlins 1949–1989* (Kat.), Staatliche Kunstsammlungen Dresden, 1990, S. 30/31.

Text, 1993, S. 211/212.

Brief Richters vom 18. Juli 1990 an Werner Schmidt, den Generaldirektor der Staatlichen Kunstsammlungen Dresden und Kurator der Ausstellung *Ausgebürgert. Künstler aus der DDR und aus dem Sowjetischen Sektor Berlins 1949–1989*. Die Ausstellung fand im Albertinum, Dresden (7.10–12.12.1990) und in der Kleinen Deichtorhalle, Hamburg (10.1.–1.3.1991) statt.

Leserbrief in der *FAZ* vom 24. Juli 1990 „Ausgesperrt“
Erstveröffentlichung: „Ausgesperrt“, in: *Frankfurter Allgemeine Zeitung*, 24.7.1990, S. 8.

Text, 1993, S. 212.

Richters Leserbrief auf eine Nachricht in der *Frankfurter Allgemeinen Zeitung* vom 10. Juli 1990, S. 31, in der die Zeitung über die Kritik des Sammlers Peter Ludwig an der Leitung des Museum Ludwig in Köln berichtete, dass das Haus keine Werke von Künstlern aus der ehemaligen DDR in seinen Ausstellungsräumen zeigen würde. Ludwig beklagt, dass Bilder von DDR-Künstlern, die er und seine Frau dem Museum, das ihren Namen trage, geschenkt hätten, im Keller lagerten.

Im Juni 1990 hatte Georg Baselitz in einem Gespräch mit der Zeitschrift *art. Das Kunstmagazin* („Ein Meister, der Talent verschmäht“, in: *art. Das Kunstmagazin*, Juni 1990, S. 54–72) seine Abneigung gegen die prominenten Repräsentanten der DDR-Kunst Bernhard Heisig und Wolfgang Mattheuer geäußert: „Keine Künstler, keine Maler. Keiner von denen hat je ein Bild gemalt. Die haben an Wiederherstellungen gearbeitet, an Rekonstruktionen, aber nichts erfunden. Das ist ja alles ganz langweilig. Das sind Interpreten, die ein Programm des Systems in der DDR ausgefüllt haben." (S. 70) Und wenig später: „Keine Jubelmaler, ganz einfach Arschlöcher." (S. 70) Richter antwortete darauf mit einem Leserbrief an die Zeitschrift im Folgemonat: „Baselitz hat recht und ich könnte es nicht treffender (bestenfalls höflicher) sagen." (Gerhard Richter: Leserbrief, in: *art. Das Kunstmagazin*, Juli 1990, S. 6).

Interview mit Sabine Schütz 1990
Erstveröffentlichung: Sabine Schütz: „Gerhard Richter", in: *Journal of Contemporary Art*, New York, Herbst/Winter 1990, S. 34–46.

Text, 1993, S. 197–207.

1 *Film über Ihre Arbeit*: Viktoria von Flemming: „Meine Bilder sind klüger als ich", NDR, 1987 (aktualisierte und erweiterte Fassung: 1992).

Kommentare zu einigen Bildern 1991
Erstveröffentlichung: (Ohne Titel), in: *Gerhard Richter* (Kat.), Tate Gallery, London 1991, S. 125–130.
Aus dem Englischen übersetzt von Manfred Allié.

Kommentare Richters zu einigen der in der Tate Gallery, London (30.10.1991–12.1.1992), ausgestellten Bildern. Die Äußerungen sind einem Gespräch entnommen, das der Kurator der Ausstellung Sean Rainbird mit dem Künstler während der Ausstellungsvorbereitung geführt hat. Das vollständige Interview existiert nicht mehr.

1 *Erschießungskommando*: Eine Abbildung des Werkes *Erschießung*, 1962, 170 × 200 cm, befindet sich in dem Katalog *Gerhard Richter. Bilder, Paintings 1962–1985*, Städtische Kunsthalle Düsseldorf, Abb. S. (19).
2 *Ein Student*: Ingrid Misterek-Plagge: *„Kunst mit Fotografie" und die frühen Fotogemälde Gerhard Richters*, Münster / Hamburg 1992. Die Publikation enthält auch ein Gedächtnisprotokoll eines Gespräches mit Gerhard Richter (S. 329/330).
3 *Elizabeth II.*: *Königin Elisabeth (168)*, 1967, 62 × 53 cm.
4 *Ein Teilstück habe ich dann grau übermalt*: *Stadtbild M1–9 (170/1-9)*, 1968, 9teilig, je 85 × 90 cm. Richter hat die achte Tafel (170-8) monochrom grau übermalt.
5 *Art der Tourist-Bilder*: Die vierteilige Serie *Tourist (368 bis 370-1)* entstand 1975. Das erste Bild, *Tourist (grau) (368)* wurde von Richter grau übermalt.
6 *kriegszerstörten Dresden*: Richter erlebte den Luftangriff auf seine Geburtsstadt Dresden am 13. und 14. Februar 1945 als 13-Jähriger im ca. 70 km entfernten Waltersdorf mit.
7 *erste Monat, in dem es zu sehen war*: *Gerhard Richter, Ausstellungen bei Konrad Fischer*, Düsseldorf, Juli 1983. Das Werk ist farbig auf der Einladungskarte abgebildet.
8 *Bilder für eine Privatsammlung in Düsseldorf*: *Abstraktes Bild (grün) (588/1-3)* und *Abstraktes Bild (blau) (589/1-3)*, 1986, je dreiteilig, je 160 × 150 cm.
9 *Metropolis*: *Metropolis*, Martin-Gropius-Bau, Berlin (20.4.–21.7.1991). Ausgestellt waren die vier großformatigen Bilder *Wald 1–4 (731 bis 734)* von 1990, je 340 × 260 cm.

Interview mit Jonas Storsve 1991
Erstveröffentlichung: Jonas Storsve: „Gerhard Richter. La Peinture à venir", in: *Art Press*, September 1991, S. 12–20.

Text, 1993, S. 212–220.

1 *Kunsthalle Düsseldorf*: Georg Baselitz – Gerhard Richter, Städtische Kunsthalle Düsseldorf (30.5.–5.7.1981).
2 *letzten Ausstellung in London*: *Gerhard Richter. Mirrors*, Anthony d'Offay Gallery, London (22.4.–17.6.1991). In der Ausstellung waren die Spiegel-Arbeiten mit den Werknrn. 485-1, 735-1, 735-2, 736-1, 737 und 739-1 zu sehen.
3 *Verkündigung*: Es handelt sich um die fünf Bilder *Verkündigung nach Tizian (343/1-2, 344/1-3)* von 1973.
4 *Foto-Editionen*: Es handelt sich um Foto-Editionen, die nach von Richter gemalten Bildern entstanden, wie die *Acht Lernschwestern (130a)* von 1966, *Olympia (157a)* von 1967 und die 48 *Portraits (324a)* von 1972, die alle als Foto-Unikate existieren. Später hat Richter Foto-Editionen in Auflagen produziert. Dazu gehören die Arbeiten *Betty* (1991), *Ema (Akt auf einer Treppe)* (1992), *Kl. Badende* (1996), *Ravine* (1997), *Domecke* (1998), *Orchidee* (1998), *Onkel Rudi* (2000) und *Herr Heyde* (2001) (Für Abb. siehe: *Gerhard Richter. Editionen 1965–2004* (Kat.), Kunst Museum Bonn, 2004)
5 *Sie unterrichten auch*: Gerhard Richter hatte von 1971 bis 1994 eine Professur für Malerei an der Staatlichen Kunstakademie Düsseldorf.
6 *meine erste Bewerbungsmappe*: Richter bewarb sich erstmals zum Wintersemester 1950/1951 an der Dresdner Hochschule für Bildende Künste, wurde aber abgelehnt. Er erhielt den Ratschlag, sich zunächst in einem volkseigenen Betrieb zu bewähren. Richter begann daraufhin eine Tätigkeit als Betriebsmaler bei der Dewag, einem Zittauer Textilbetrieb. Ein Jahr später wurde er dann zum Studium zugelassen.
7 *Londoner Pop-Art*: *Pop Art Show*, Royal Academy of Arts, London (13.9.–15.12.1991). Die Ausstellung wurde anschließend im Museum Ludwig, Köln gezeigt (22.1.–21.4.1992). In der Ausstellung waren von Richter die frühen Bilder *Faltbarer Trockner (4)*, 1962, *Schwimmerinnen (90)*, 1965, und *Alfa Romeo (mit Text) (68)*, ebenfalls von 1965, zu sehen.
8 *Berliner Metropolis*: *Metropolis*, Martin-Gropius-Bau, Berlin (20.4.–21.7.1991). Richter zeigte hier die vier Abstrakten Bilder *Wald (1–4) (731–734)* von 1990.

Notizen 1992
Erstveröffentlichung: *Text*, 1993, S. 231–240.

Nicht mehr im Katalog *Gerhard Richter. Werken op papier 1983–1986*, Museum Overholland, Amsterdam 1987.
Siehe Kommentar zu: „Notizen 1982", S. 563/564.

Interview mit Doris von Drathen 1992
Erstveröffentlichung: Doris von Drathen: „Entretien avec Gerhard Richter", in: *Les Cahiers du Musée national d'art moderne*, Centre Georges Pompidou, Paris, Nr. 40, Herbst 1992, S. 86–89.

Text, 1993, S. 221–229.

1 *Baudrillards Essay*: Jean Baudrillard: *La Guerre du Golfe n'a pas eu lieu*, Paris 1991.
2 *hintereinander gezeigt*: Nach der Präsentation des Zyklus *18. Oktober 1977* im Portikus, Frankfurt/M. vom 29. April bis 4. Juni 1989, zeigte Kasper König dort vom 12. bis 19. Dezember 1989 die drei großformatigen *Abstrakten Bilder November* (701), *Dezember* (700) und *Januar* (699) von 1989.

Interview mit Hans Ulrich Obrist 1993
Erstveröffentlichung: *Text*, 1993, S. 240–260.

Abschlussinterview von Hans Ulrich Obrist zu der Publikation der Texte von Gerhard Richter 1993.

1 *Demonstration für den Kapitalistischen Realismus*: Gemeint ist das Happening *Leben mit Pop – Eine Demonstration für den Kapitalistischen Realismus* von Richter und Konrad Lueg im Düsseldorfer Möbelhaus Berges am 11. Oktober 1963 (siehe: „Programm und Bericht. Ausstellung *Leben mit Pop – Eine Demonstration für den Kapitalistischen Realismus*, Düsseldorf 11.10.1963 (zusammen mit Konrad Lueg)", S. 17–20).
2 *Sockel der Welt*: Gemeint ist die Skulptur *Socle du Monde* (1961) von Piero Manzoni.
3 *Text Polke/Richter/Hannover*: Siehe: „Text für Ausstellungskatalog der Galerie h, Hannover, 1966", zusammen mit Sigmar Polke, S. 36–44.
4 *Text*: Siehe: „Plakattext der Ausstellung Klasen und Richter, Galerie Friedrich & Dahlem, München 1964", S. 23.
5 *Katalog der Galerie h*: Siehe: „Text für Ausstellungskatalog der Galerie h, Hannover, 1966", zusammen mit Sigmar Polke, S. 36–44.
6 *verweigerten Selbstdarstellung*: Siehe: „Brief an Wulf Herzogenrath 1972", S. 68/69.
7 *Gespräch Richter/Thwaites*: Siehe: „Interview zwischen Anthony Thwaites und Gerhard Richter", von Sigmar Polke im Oktober 1964 verfasst, S. 24/25.
8 *Betty-Portrait*: *Betty* (663-5) von 1988.
9 *Whistlers „Art happens"*: James Abbott McNeill Whistler (1834–1903) wurde in Lowell, MA, geboren, arbeitete aber hauptsächlich in Großbritannien. Er war befreundet mit Oscar Wilde. Seine Malerei war von den Präraffaeliten beeinflusst und gilt selbst als Vorläufer der Impressionisten. Whistlers berühmtestes Gemälde ist *Arrangement in Grey and Black: Portrait of the Painter's Mother*, 1871, 144,3 × 162,5 cm, das sich im Musée d'Orsay in Paris befindet.
10 *Palermo-Raum*: Die ursprüngliche Ausstellungssituation von 1971 in der Galerie Heiner Friedrich, Köln, mit der Wandmalerei Palermos und den zwei Kopfsäulen von Richter, *Skulpturen für einen Raum von Palermo* (297-1), wurde von Richter 1984 für die Städtische Galerie im Lenbachhaus, München, rekonstruiert. Statt der originalen Gipsfassung der Plastiken, ist hier eine der beiden Bronze-Ausführungen ausgestellt (*Skulpturen für einen Raum von Palermo* (297-2)).
11 *Stadtbildes*: *Domplatz, Mailand* (169) von 1968. Das für die Siemens-Niederlassung in Mailand gemalte Bild wurde 1998 bei Sotheby's in London versteigert und befindet sich heute im Park Hyatt Hotel in Chicago.
12 *seltsamen Gespräch*: Das nichtöffentliche Gespräch zwischen Joseph Beuys, Jannis Kounellis, Anselm Kiefer und Enzo Cucchi fand 1985 in der Bibliothek der

Kunsthalle Basel statt. Es wurde später als Buch publiziert. Siehe: *Ein Gespräch / Una Discussione*, Zürich 1986.

13 *Deinen Raum in Kassel*: Auf der *Documenta 9* (13.6.–20.9.1992) zeigte Richter seine Bilder in einem bescheidenen, getäfelten Raum in einem der in der Karlsaue aufgestellten Ausstellungspavillons. Neben zwölf *Abstrakten Bildern* waren der doppelte graue *Spiegel (765)* und die fotorealistischen *Blumen (764-2)*, beide von 1992, ausgestellt.

14 *Japanreise*: Richter reiste am 16. September 1991 für zwei Wochen nach Japan mit der Absicht, hier das Material für eine Art filmischen *Atlas* zu drehen (näheres hierzu siehe: Dietmar Elger: *Gerhard Richter. Maler*, Köln 2002, S. 403–405). Der Film wurde jedoch nie fertiggestellt.

15 *nach Grönland gefahren*: Die Grönland-Reise fand im Jahr 1972 statt und dauerte zwei Wochen. „Ich wollte Fotos machen, wie die *Gescheiterte Hoffnung* von Caspar David Friedrich. Das ganze war ein Projekt", beschrieb Richter später seine Intentionen (Dietmar Elger: *Gerhard Richter. Maler*, Köln 2002, S. 254).

16 *Hunderte von Fotos*: Richter fertigte während der Fahrt zahlreiche Fotografien, die er zum Teil in den *Atlas* integrierte (Helmut Friedel (Hrg.): *Gerhard Richter. Atlas*, Köln 2006, Tfn. 332–359) und als eigenständiges Künstlerbuch veröffentlichte (EIS, Galleria Pieroni, 1981; siehe: *Gerhard Richter. Editionen 1965–2004* (Kat.), Kunst Museum Bonn, 2004, Wvz.-Nr. 58). Nach den Photos entstanden 1975 auch die vier großformatigen *Seestücke (375 bis 378)* sowie die Bilder *Eis (476)* von 1981, *Eisberg im Nebel (496-1)* und *Eisberg (496-2)*, beide von 1982.

17 *Kunsthalle Düsseldorf*: Gemeint ist die Ausstellung *Georg Baselitz – Gerhard Richter*, die vom 30. Mai bis 5. Juli 1981 in der Städtischen Kunsthalle Düsseldorf stattfand.

18 *Anthony d'Offay*: Gemeint ist die Ausstellung *Gerhard Richter. Mirrors* in der Londoner Anthony d'Offay Gallery (22.4.–17.6.1991). Ausgestellt waren neben *Abstrakten Bildern* zahlreiche Spiegel-Arbeiten (siehe: „Interview mit Jonas Storsve 1991", S. 574, Anm. 2)

Gespräch mit Henri-François Debailleux 1993

Erstveröffentlichung: Henri-François Debailleux: „Monter ce que je veux", in: *Libération*, 5. Okt. 1993, S. 36.

Aus dem Französischen übersetzt von Isabel Jouannic

Interview anlässlich der Retrospektive von Gerhard Richter im Museé d'Art moderne de la Ville de Paris (23.9.–21.11.1993).

1 *in Kassel gezeigt*: Richter zeigte auf der *documenta 9* (13.6.–20.9.1992) neben mehreren *Abstrakten Bildern (752/1–3, 756/2–4, 757, 760, 762/2–4)*, auch das Stillleben *Blumen (764-2)* von 1992, sowie einen *Grauen Spiegel (765)*. Richters Ausstellungsbeitrag ist in dem Katalog *Gerhard Richter*, Marian Goodman Gallery, New York 1993, dokumentiert.

Gespräch mit Stefan Weirich 1993

Erstveröffentlichung: Stefan Weirich: „Wieder mal malen", in: *Bonner Rundschau*, 26.11.1993, o. S.

Das Gespräch ist größtenteils identisch mit dem folgenden Interview von Stefan Weirich: „Gerhard Richter“, in: *Bonner Illustrierte*, Dez. 1993. Es entstand im Vorfeld der Retrospektive des Künstlers in der Kunst- und Ausstellungshalle der Bundesrepublik Deutschland, Bonn (10.12.1993–13.2.1994).

1 *Werkschau*: Gerhard Richter, Kunst und Ausstellungshalle der Bundesrepublik Deutschland, Bonn (10.12.1993–3.2.1994). Die Ausstellung war zuvor im Musée d'Art Moderne de la Ville de Paris (23.9.–21.11.1993) zu sehen und wurde anschließend im Moderna Museet, Stockholm (12.3.–8.5.1994) und Museo Nacional Centro de Arte Reina Sofía, Madrid (7.6.–7.8.1994) gezeigt.
2 *Paris*: Siehe Anm. 1.
3 *Madrid*: Siehe Anm. 1.

Gespräch mit Amine Haase 1993
Erstveröffentlichung: Amine Haase: „Wie ein Schreiner“. Gespräch mit Gerhard Richter in Bonn, in: *Kölner Stadt-Anzeiger*, 11./12.12.1993, S. 37.

Das Gespräch wurde anlässlich der Pressekonferenz zur Retrospektive von Gerhard Richter in der Kunst- und Ausstellungshalle der Bundesrepublik Deutschland, Bonn (10. 12.1993–13.2.1994) geführt.

Interview mit Stefan Weirich über den Zyklus *18. Oktober 1977*, 1993
Erstveröffentlichung: Stefan Weirich: „Aus dem Leben“, in: *Die Tageszeitung*, 28.12.1993, S. 12.

Interview mit Susanne Ehrenfried 1995
Erstveröffentlichung: Susanne Ehrenfried: „Gespräch mit Gerhard Richter am 8. August 1995“, in: Susanne Ehrenfried: *Gerhard Richter. Das Portrait bei Gerhard Richter*, Wien 1997, S. 219–221.

1 *die Kritik von Benjamin Buchloh*: Benjamin H. D. Buchloh: „Die Malerei am Ende des Sujets. Kapitel 4: Das Sujet als Specimen: Achtundvierzig Portraits“, in: *Gerhard Richter*, Kunst und Ausstellungshalle der Bundesrepublik Deutschland, Bonn 1993, Bd. II (Texte), S. 37–45.
2 *Betty*: *Betty* (663-5), 1988, 102 × 72 cm. Die fotografische Vorlage zu dem Bild entstand bereits 1977.
3 *Frauenportraits*: Die Interviewerin nimmt hier Bezug auf die Ausstellung *The Romantic Spirit in German Art* 1790–1990 in der Royal Scottish Academy and The FruitMarket Gallery, Edinburgh (28.7.–7.9.1994), der Hayward Gallery, South Bank Centre, London (29.9.1994–8.1.1995) und dem Haus der Kunst, München (2.2.–1.5.1995). Neben drei Abstrakten Bildern, zeigte Richter die beiden Fassungen der *Lesenden* (799-1, 804), die beide erst 1994 entstanden waren.

Interview mit Hans Ulrich Obrist 1995
Erstveröffentlichung: Hans Ulrich Obrist: „An Interview with Gerhard Richter“, in: *Gerhard Richter* (Faltkarte), museum in progress, Wien 1995, o. S.

Hier zitiert nach der deutschen Originalfassung des Interviews.

Interview von Hans Ulrich Obrist im September 1995 anlässlich der Ausstellung der Präsentation eines 10 × 54 Meter großen Reproduktion des Bildes *River* (*823*), 1995, an der Außenfassade der Kunsthalle Wien (Dezember 1995 bis März 1996).

1 *Blow Up Deines Kerzenbildes in Dresden*: Im Frühjahr 1995 wurde auf der Brühlschen Terrasse in Dresden eine monumentale Vergrößerung des Bildes *Zwei Kerzen* (*512-3*), 1983, präsentiert.
2 *Dr. Schmidt vom Museum*: Prof. Dr. Werner Schmidt war der damalige Generaldirektor der Staatlichen Kunstsammlungen Dresden.
3 *Dufys Fée Electrique*: Raoul Dufys monumentale Wandmalerei *Fée électricité* entstand 1937 für die Weltausstellung in Paris und ist heute im Musée d'Art Moderne de la Ville de Paris zu sehen.
4 *Strichbild*: Gemeint sind die beiden Bilder *Strich (auf Blau)* (451), 1979, vierteilig, 190 × 2000 cm, und *Strich (auf Rot)* (452), 1980, vierteilig, 190 × 2000 cm.
5 *Robert Bresson*: Der französische Filmregisseur Robert Bresson (1901–1999) arbeitete zunächst als Maler und wandte sich in den 1930er Jahren dem Film zu. 1934 entstand sein erster Kurzfilm *Les Affaires publiques*.
6 *Dein Filmexperiment in Japan*: Siehe: „Interview mit Hans Ulrich Obrist 1993", Anm. 14.
7 *geplanten kleinen Buch*: Gerhard Richter: *Abstract Painting* 825-11. 69 Details, Zürich / Berlin / New York 1996.
8 *Halifaxbuch*: Gerhard Richter: *128 details from a picture (Halifax 1978)*, Halifax 1980.

Interview mit Hubertus Butin 1995
Erstveröffentlichung: Hubertus Butin: „Mit der RAF ins Museum of Modern Art. Gerhard Richter im Gespräch", in: *Neue Zürcher Zeitung*, 23.10.1995, S. 21.

Dieses und das nachfolgende Interview von Stefan Koldehoff entstanden als Reaktion auf Presseberichte, dass Richter den Zyklus *18. Oktober 1977* für einen ungenannten Betrag an das Museum of Modern Art in New York verkauft habe. Die Bilder befanden sich 1995 als Leihgaben des Künstlers im Museum für Moderne Kunst in Frankfurt/M. 2000 wurde der Zyklus von Frankfurt/M. nach New York transportiert und vom 5. November 2000 bis 30. Januar 2001 im Rahmen der Ausstellung *Open Ends* erstmals im Museum of Modern Art präsentiert. Zu dem Zyklus erschien ein eigener Katalog von Robert Storr: *Gerhard Richter. October 18, 1977*, The Museum of Modern Art, New York 2000.

1 *Ausstellung in Jerusalem*: Gerhard Richter, *The Israel Museum*, Jerusalem (19.9.–3.12.1995).
2 *zwei Versionen*: Richter hatte bereits 1972 eine Fotofassung der *48 Portraits* (*324/1–48*) hergestellt: *48 Portraits* (*324a*), 48 Fotografien auf Karton, je 70 × 55 auf 100 × 75 cm. Das Werk befindet sich, ebenso wie die malerische Ausführung, in der Sammlung des Museum Ludwig, Köln. 1998 entstand eine weitere fotografische Fassung der *48 Portraits* in einer Auflage von 4 + 2 Exemplaren (siehe: *Gerhard Richter. Editionen 1965–2004* (Kat.), Kunst Museum Bonn, 2004, Wvz.-Nr. 94).

Interview mit Stefan Koldehoff 1995
Erstveröffentlichung: Stefan Koldehoff: „Stammheim in New York", in: *Die Tageszeitung*, 28./29.10.1995, S. 15.

1 *übermalt*: Gerhard Richter: *Stammheim*, Anthony d'Offay Gallery, London 1995.

Interview mit Mark Rosenthal 1998
Erstveröffentlichung: Mark Rosenthal: „Gerhard Richter", in: *Mark Rothko* (Kat.), National Gallery of Art, Washington, D.C. 1998, S. 363–366.

Das Interview wurde am 11. April 1997 geführt. Es wird hier nach der Übersetzung für den Weingarten-Kunstkalender *Mark Rothko*, 2002, abgedruckt.

1 *Robert Rosenblum*: Robert Rosenblum: *Modern Painting and the Northern Romantic Tradition: From Friedrich to Rothko*, London 1975 (deutsche Ausgabe: *Die moderne Malerei und die Tradition der Romantik*, München 1981).

Interview mit Dieter Schwarz 1999
Erstveröffentlichung: Dieter Schwarz: „Über Aquarelle und verwandte Dinge", in: *Gerhard Richter. Aquarelle / Watercolors* (Kat.), Kunstmuseum Winterthur, 1999, S. 5–16.

Das Interview wurde am 26. Juni 1999 im Kölner Atelier des Künstlers geführt. Es wurde im Katalog zur Retrospektive der Arbeiten auf Papier abgedruckt, die nach ihrer Premiere im Kunstmuseum Winterthur (4.9.–11.11.1999), im Kupferstichkabinett, Staatliche Kunstsammlungen Dresden (15.1.–19.3.2000), dem Kaiser-Wilhelm-Museum, Krefeld (9.4.–18.6.2000) und De Pont, Tilburg (1.7.–8.10.2000) gezeigt wurde. Zu der Ausstellung erschien auch das von Dieter Schwarz bearbeitete Werkverzeichnis der Zeichnungen von Gerhard Richter.

1 *Selbstbildnis*: *Selbstbildnis*, 1949 (Für eine Abbildung siehe: *Gerhard Richter. Aquarelle / Watercolors 1964–1997* (Kat.), Kunstmuseum Winterthur, 1999, Farbabb. S. 5, 17).
2 *Bildnis Heiner Friedrich und Intérieur*: Für Abbildungen siehe: *Gerhard Richter. Aquarelle / Watercolors 1964–1997* (Kat.), Kunstmuseum Winterthur, 1999, Farbabb. S. 29.
3 *Utrecht*: *Gerhard Richter. Atlas van de foto's en schetsen*, Hedendaagse Kunst, Utrecht (1.–30.12.1972).
4 *Aquarell vom Dezember 1977*: *Vorlage für abstraktes Bild*, 1977 (Für eine Abbildung siehe: *Gerhard Richter. Aquarelle / Watercolors 1964–1997* (Kat.), Kunstmuseum Winterthur, 1999, Farbabb. S. 40). Das Aquarell ist die Vorlage für *Abstraktes Bild (436)*, 1978, 200 × 250 cm.
5 *die beiden Blätter vom Mai 1978*: Jeweils betitelt *Vorlage für abstraktes Bild*, 1978 (Für Abbildungen siehe: *Gerhard Richter. Aquarelle / Watercolors 1964–1997* (Kat.), Kunstmuseum Winterthur, 1999, Farbabb. S. 51). Die Aquarelle sind die Vorlagen für die beiden Werke *Abstraktes Bild (437)*, 1978, 200 × 335 cm, und *Abstraktes Bild (442)*, 1978, 200 × 300 cm.
6 *Palettausschnitte*: Für eine Auflistung dieser Werk siehe: „Brief an Birgit Pelzer, 25. März 1980", Anm. 1.
7 *im Westfälischen Kunstverein in Münster*: Wasserfarbenblätter, Westfälischer Kunstverein, Münster (14.6.–28.7.1985).

8 *Londoner Goethe-Institut: Watercolours by Joseph Beuys, Blinky Palermo, Sigmar Polke, Gerhard Richter*, Goethe-Institut, London 1987.
9 *Staatsgalerie Stuttgart: Gerhard Richter. Aquarelle*, Graphische Sammlung der Staatsgalerie Stuttgart (19.1.–17.2.1985).
10 *Museum Overholland: Gerhard Richter. Werken op papier 1983–1986*, Museum Overholland, Amsterdam (20.2.–20.4.1987).
11 *Apfel-Aquarelle von 1987*: Für Abbildungen siehe: *Gerhard Richter. Aquarelle / Watercolors 1964–1997* (Kat.), Kunstmuseum Winterthur, 1999, Farbabb. S. 90/91.
12 *Isa und Betty, der Tisch in der Küche*: Für Abbildungen siehe: *Gerhard Richter. Aquarelle / Watercolors 1964–1997* (Kat.), Kunstmuseum Winterthur, 1999, Farbabb. S. 88/89.
13 *wie Ulrich Loock geschrieben hat*: Der Interviewer bezieht sich auf den folgenden Text: Ulrich Loock: „Aquarelle von Gerhard Richter“, in: *Gerhard Richter. Aquarelle* (Kat.), Staatsgalerie Stuttgart, 1985, S. 5–9.

Gespräch mit Paolo Vagheggi 1999
Erstveröffentlichung: Paolo Vagheggi: „La fotografia salva la mia pittura“, in: *La Repubblica*, 11.10.1999.

Aus dem Italienischen übersetzt von Katia Marano.

Das Gespräch wurde anlässlich der Ausstellung Richters im Centro per l'Arte Contemporanea Luigi Pecci / Museo d'Arte Contemporanea Prato (10.10.1999–9.1.2000) geführt.

1 *Landschaft: Sommertag (859-1)*, 1999, 117 × 82 cm. Siehe zu diesem Bild auch Richters Äußerungen in: „Interview mit Stefan Koldehoff 1999“, S. 360.

Interview mit Stefan Koldehoff 1999
Erstveröffentlichung: Stefan Koldehoff: „Gerhard Richter. Die Macht der Malerei“, in: *art. Das Kunstmagazin*, Dez. 1999, S. 18–20.

1 *Prato: Gerhard Richter*, Centro per l'Arte Contemporanea Luigi Pecci / Museo d'Arte Contemporanea Prato (10.10.1999–9.1.2000).
2 *Bild für den Reichstag: Schwarz, Rot, Gold (856)*, 1999, farbig emailliertes Glas, 2043 × 296 cm.
3 *Bild nach einem Foto: Sommertag (859-1)*, 1999, 117 × 82 cm.
4 *Werkkatalog: Gerhard Richter. Zeichnungen 1964–1999*, Werkverzeichnis, Kunstmuseum Winterthur, 1999 (Ausstellung: 4.9.–21.11.1999).

Gespräch mit Birgit Grimm 2000
Erstveröffentlichung: Birgit Grimm: „Schönheit und Hoffnung. Gerhard Richter über Aquarellmalerei, glückliche Zufälle und seine Dresdner Jahre“, in: *Sächsische Zeitung*, 18.1.2000, S. 13.

Das Gespräch wurde anlässlich der Pressekonferenz zu der Ausstellung der Arbeiten auf Papier von Gerhard Richter im Kupferstichkabinett der Staatliche Kunstsammlungen Dresden (15.1.–19.3.2000) geführt.

1 *Studentenarbeit*: Richters Wandbild für das Deutsche Hygienemuseum in Dresden entstand 1956 als Diplomarbeit zum Abschluss seines Studiums an der Hochschule für Bildende Künste, Dresden, im Fach Wandmalerei bei Prof. Heinz Lohmar.

2 *otografenlehre*: Richter hat nie eine Fotografenlehre absolviert. Er hatte als Jugendlicher lediglich die Möglichkeit seine Filme in der Dunkelkammer des Vaters eines Schulfreundes selbst zu entwickeln.

3 *Theatermaler*: Am 1. Februar 1950 begann Richter eine Ausbildung als Malsaaleleve am Stadttheater Zittau. Er wurde aber zum 15. Juli bereits schon wieder entlassen, weil er sich weigerte mit den Kollegen das Treppenhaus des Theaters zu streichen.

Interview mit Bruno Corà 2000
Erstveröffentlichung: Bruno Corà: „Gerhard Richter", in: *Carte d'Arte*, Juni 2000, S. 5/6.

Aus dem Italienischen übersetzt von Katia Marano.

Das Interview entstand anlässlich der Ausstellung Richters im Centro per l'Arte Contemporanea Luigi Pecci / Museo d'Arte Contemporanea Prato (10.10.1999–9.1.2000), die von Bruno Corà kuratiert wurde.

Brief an René Block, 17.8.2000
Erstveröffentlichung: (Ohne Titel), in: *das fridericianum magazin*, Nr. 5, Herbst 2000, S. 41.

Brief Richters vom 17. August 2000 an René Block über die Umstände der Entstehung des Bildes *Arnold Bode (33)* von 1964. Der Abdruck im *fridericianum magazin* wird ergänzt von einem Texts Blocks mit seinen Erinnerungen an die erste Präsentation des Bildes in der Ausstellung *Gerd Richter. Bilder des Kapitalistischen Realismus* in der Galerie René Block in Berlin (18.11.1964–5.1.1965) und an den Besuch Arnold Bodes in der Ausstellung.

Interview mit Astrid Kasper 2000
Erstveröffentlichung: Astrid Kasper: „Abschlussinterview vom 15.12.2000", in: Astrid Kasper: *Gerhard Richter. Malerei als Thema der Malerei*, Berlin 2003, S. 232–239.

1 *Oberflächenbehandlungen*: *S. mit Kind* (827/1–8), 1995. Richter hat die fotorealistisch gemalten Motive bei einigen der Bilder mit dem Rakel abstrakt übermalt und die Farbe mit dem Spachtel partienweise wieder abgezogen.

2 *Blumenbild*: *Lilien* (870-1), 2000, 68 × 80 cm.

3 *Nabakowski*: Gislind Nabakowski: „Heilig, heilig, heilig. Trügerischer Weichmacher-Realismus: Gerhard Richter in Nîmes", in: *Frankfurter Allgemeine Zeitung*, 18.7.1996, S. 36.

4 *ein Bild aus der S. mit Kind-Serie*: *S. mit Kind* (827-7), 1995, 36 × 51 cm.

5 *diese Bar von Jeff Wall*: Jeff Wall: *Picture for Women*, 1979, Cibachrome in Leuchtkasten, 163 × 229 cm.

6 *Saenredam*: Pieter Jansz Saenredam (1597–1665), niederländischer Maler und Zeichner, der vor allem für seine Architekturdarstellungen bekannt wurde.

7 *Ifa-Galerie*: Die Ausstellung *Gerhard Richter. Übersicht* wurde von Richter für das ifa

zusammengestellt und vom 22. September bis 5. November 2000 zuerst in der Galerie des Instituts für Auslandsbeziehungen in Stuttgart gezeigt. Seitdem befindet sich die Präsentation auf einer weltweiten Ausstellungstour durch Museen und kulturelle Institute.

Interview mit dem *SPIEGEL* 2001
Erstveröffentlichung: N.N.: „Wunden kann ich nicht malen", in: DER SPIEGEL, 14.4.2001, S. 165.

Interview zu der sechsteiligen Werkgruppe *Abstraktes Bild, Rhombus (851/1–6)* von 1998, die als Bilder für ein Pilgerzentrum in Italien abgelehnt wurden, jetzt auf der Biennale in Venedig (10.6.–4.11.2001) ausgestellt werden sollen und zwischenzeitlich bereits vom Museum of Fine Arts in Houston erworben wurden.

Gespräch mit Tim Griffin 2001
Erstveröffentlichung: Tim Griffin: „The Richter Scale. The ever-ambiguous Gerhard Richter continues to shake up the art world", in: *Time Out*, New York, 4.–11.10.2001, S. 59.
Aus dem Englischen übersetzt von Manfred Allié.

Gespräch anlässlich der Ausstellung neuer Bilder Richters in der Marian Goodman Gallery in New York (14.9.–27.10.2001).

1 *fünf Jahre her: Gerhard Richter*, Marian Goodman Gallery, New York (18.10.–30.11.1996).

Interview mit Robert Storr 2002
Erstveröffentlichung: Robert Storr: „Gerhard Richter. The Day is Long", in: *Art in America*, Januar 2002, S. 66–75, 121.
Aus dem Amerikanischen übersetzt von Manfred Allié.

Der veröffentlichte Text ist die gekürzte Fassung eines Interviews, das bereits am 17. und 18. Oktober 1996 geführt wurde.

1 *großes Wandbild*: Siehe: Gespräch mit Birgit Grimm 2000, Anm. 1.
2 *Gemäldegalerie in Dresden*: Die Gemäldegalerie wurde am 3. Juni 1956 im Semperbau wiedereröffnet, nachdem die Sammlungsbestände von der Sowjetunion zurückgegeben wurden.
3 *ein Museum*: Die Gemäldegalerie der Staatlichen Kunstsammlungen Dresden zeigte ab 1951 Teile ihres Bestandes in Schloss Pillnitz, darunter auch Gemälde von Caspar David Friedrich.
4 *das Museum in Dahlem*: Die Gemäldegalerie in Berlin-Dahlem besaß eine der bedeutendsten Sammlungen europäischer Malerei des 13.–18. Jahrhunderts. Die Bestände befindet sich seit 1998 in der Gemäldegalerie am Kulturforum.
5 *Ärger mit Heiner Friedrich*: Richter beendete im August 1972 seine Zusammenarbeit mit der Galerie Heiner Friedrich in München.
6 *unterrichten*: Richter trat zum Sommersemester 1971 seine Professur für Malerei an der Staatlichen Kunstakademie Düsseldorf an.
7 *Mutter-und-Kind-Bilder: S. mit Kind (827/1–8)*, 1995.
8 *eine verrückte Feministin*: Gislind Nabakowski: „Heilig, heilig, heilig. Trügerischer Weichmacher-Realismus: Gerhard

Richter in Nîmes“, in: *Frankfurter Allgemeine Zeitung*, 18.7.1996, S. 36.

9 *interessante Antwort*: Thierry Chervel: Wie die Schönheit möglich ist. Eine Ausstellung in Nîmes zeigt neue, ungewohnt private Bilder von Gerhard Richter, in: Basler Zeitung, 20.8.1996, S. 38.

Interview mit Jürgen Hohmeyer 2002
Erstveröffentlichung: Jürgen Hohmeyer: „Mein Ebenbild bedroht mich immer mehr“, in: *Frankfurter Allgemeine Sonntagszeitung*, 3.2.2002, S. 21/22.

Interview von Jürgen Hohmeyer zum 70. Geburtstag Richters.

1 *Das Bild nach dem letzten Bild*: *Das Bild nach dem letzten Bild*, Galerie Metropol, Wien; Museum he Kruithuis, s'Hertogenbosch 1991. Richter war an der Ausstellung mit dem Bild *Grau (334-1)* von 1973, beteiligt. Die Ausstellung *New new Painting* fand 1993 in der Städtischen Galerie Göppingen ohne Richters Beteiligung statt.

2 *Moritz*: *Moritz (863/1-3)*, 2000.

3 *Bestimmt nicht*: In einen späteren Interview von 2005 berichtet Richter von einem Bild, das die brennenden Türme des World Trade Centers zeige, ihm allerdings misslungen sei und deshalb zerstört oder übermalt werden soll (siehe: „SPIEGEL-Interview mit Susanne Beyer und Ulrike Knöfel 2005“, S. 509–518). 2005 entstand auch eine Gruppe von vier großformatigen Zeichnungen, in deren abstrakten Strukturen sich ebenfalls schemenhaft die Türme abzeichnen (für Abbildungen siehe: *Gerhard Richter* (Kat.), Marian Goodman Gallery, New York 2005, o. S.). Auf einer in dem Katalog abgebildeten Atelierszene ist auf der Staffelei die Vorzeichnung zu dem Gemälde zu sehen (Abb. o. S.).

4 *Harvey Lee Oswald gemalt*: *Oswald (16)*, 1964, 130 × 110 cm.

MoMA-Interview mit Robert Storr 2002
Erstveröffentlichung: Robert Storr: „Interview with Gerhard Richter“, in: *Gerhard Richter. Forty Years of Painting* (Kat.), The Museum of Modern Art, New York 2002, S. 287–309.

Das Interview entstand für den Katalog zur Retrospektive anlässlich des 70. Geburtstages des Künstlers im Museum of Modern Art, New York (14.2.–21.5.2002), Art Institute of Chicago (22.6.–15.9.2002), San Francisco Museum of Modern Art, San Francisco (11.10.2002–14.1.2003) und dem Hirshhorn Museum and Sculpture Garden, Washington, D.C. (20.2.–18.5.2003). Das Interview wird hier nach der deutschen Ausgabe des Kataloges wiedergegeben: Robert Storr: „Gespräch mit Gerhard Richter“, in: *Gerhard Richter. Malerei* (Kat.), The Museum of Modern Art, New York 2002, S. 287–309. Dort finden sich zu dem Interview folgende Bemerkungen abgedruckt: „Dieses Interview wurde über mehrere Tage hinweg im April 2001 geführt, assistiert von Catharina Manchanda.“ (S. 287) „Bei dieser deutschen Fassung des Gesprächs zwischen Gerhard Richter und Robert Storr handelt es sich wie bei der amerikanischen um einen Zusammenschnitt. In einigen Passagen differiert die vorliegende Version gegenüber der Originalausgabe, da sich der Künstler die Überarbeitung des deutschen Wortlautes vorbehalten hatte.“ (S. 309).

1 *Dr. Werner Heyde*: *Herr Heyde (100)*, 1965, 55 × 65 cm. Zu dem Fall Heyde ist das folgende Buch erschienenen: Klaus-Detlev Godau-Schüttke: *Die Heyde/Sawade-Affäre*, Baden-Baden 2001.

2 *Deutschlandbilder*: *Deutschlandbilder. Kunst aus einem geteilten Land*, Martin-Gropius-Bau, Berlin (7.9.1997–11.1.1998).

3 *Bilder aus dem KZ*: Helmut Friedel (Hrg.): *Gerhard Richter. Atlas*, Köln 2006, Tfn. 16–20.

4 *Rückverwandlung in die Fotografie*: Solche Fotografien nach Gemälden gibt es im Verzeichnis der Editionen (*Gerhard Richter. Editionen 1965–2004* (Kat.), Kunst Museum Bonn, 2004) u. a. von den Bildern *Betty (663-5)* (Wvz.-Nr. 75), *Ema (Akt auf einer Treppe) (134)* (Wvz.-Nr. 80), *Klorolle (75-3)* (Wvz.-Nr. 83), *Kl. Badende (815-1)* (Wvz.-Nr. 87), *Schlucht (837-1)* (Wvz.-Nr. 90), *Domecke (629-1)* (Wvz.-Nr. 97), *Onkel Rudi (85)* (Wvz.-Nr. 111).

5 *Bob-Ryman-Ausstellung*: *Robert Ryman – Retrospektive*, Kunstmuseum Bonn (22.3.–27.5.2001). Die Ausstellung war zuvor im Haus der Kunst in München (8.12.2000–18.2.2001) zu sehen.

6 *hundert kleine Bilder*: *Fuji (839/1–110)*, 1996, Öl auf Alucobond, je 29 × 37 cm, bzw. 37 × 29 cm. Für eine Abbildung siehe: *Gerhard Richter. Editionen 1965–2004* (Kat.), Kunst Museum Bonn, 2004, Wvz.-Nr. 89, Farbabb. S. 238. Die 110 Bilder entstanden zur Unterstützung des Ankaufes des *Atlas* durch die Städtische Galerie im Lenbachhaus, München.

7 *Tizians Verkündigung*: *Verkündigung nach Tizian (343/1–2, 344/1–3)*, 1973.

8 *Detail-Bilder*: Gemeint sind die von Richter auch als „weiche“ Abstrakte Bilder bezeichneten Gemälde, die zwischen 1977 und 1980 nach fotografischen Vergrößerungen kleiner abstrakter Skizzen entstanden sind (Werknrn: 417–424, 428–430, 434–440, 442–444, 446, 460).

9 *Kopien von den Originalen*: Richter bezieht sich auf die großformatigen „weichen“ Abstrakten Bilder. Siehe Anm. 8.

10 *Halifax*: *Gerhard Richter. 17 PICTURES*, A. Leonowens Gallery, Halifax (4.–18.7.1978).

11 *128 Details from a Picture*: Gerhard Richter: *128 details from a picture (Halifax 1978)*, Halifax 1980.

12 *damals ausgestellt hatte*: Gerhard Richter, Galerie Hetzler, Stuttgart (6.11.–4.12.1982). Ausgestellt waren vier Kerzenbilder (498-1, 498-2, 499-2, 510-3) zu Preisen zwischen DM 16.000.– und DM 24.000.–.

13 *in Holland meine Bilder zeigte*: Gerhard Richter. *Abstract Paintings*, Stedelijk van Abbemuseum, Eindhoven (8.8–5.11.1978).

Interview mit Babette Richter 2002

Erstveröffentlichung: Babette Richter: „Glauben. Gespräch mit Gerhard Richter“, in: Babette Richter: *Der Andere. Interviews – Versuch einer Annäherung*. Köln 2002, S. 38–58.

Interview Richters mit seiner Tochter Babette (Betty) Richter, die von ihm auch mehrmals gemalt worden ist: *Betty (425/4–5)*, 1977, und *Betty (663-5)*, 1988.

1 *Mann mit Hund*: *Horst mit Hund (94)*, 1965, 80 × 60 cm.

2 *New Yorker Ausstellung*: Gerhard Richter: Forty Years of Painting, The Museum of Modern Art, New York (14.2.–21.5.2002).

3 *Familienbild*: *Familie* (30), 1964, 150 × 180 cm.
4 *auf der Staffelei steht*: *Betty* (425-4), 1977, 30 × 40 cm.

Über Blinky Palermo 2003
Erstveröffentlichung: (Ohne Titel), in: *„To the people..." Sprechen über Blinky Palermo*, Köln 2003, S. 72–78.

1 *Vertrag*: Richter schloss zum 1. Mai 1966 einen Vertrag mit der Galerie Heiner Friedrich ab, der der Galerie gegen feste monatliche Zahlungen die Alleinvertretung seines Werkes sicherte. Der Vertrag hatte eine Laufzeit von zwei Jahren und wurde nach einem Jahr modifiziert. Näheres zu den Umständen und Formulierungen des Vertrages, siehe: Dietmar Elger: *Gerhard Richter. Maler*, Köln 2002, S. 151–153.
2 *Brigid Polk*: Heißt eigentlich Brigid Berlin und gehörte in den sechziger Jahren zu Andy Warhols sogenannten „Superstars". Sie hat u. a. in seinen Filmen *The Chelsea Girls* (1966) und *Imitation of Christ* (1967–1969) mitgespielt. Später beschäftigte Warhol sie als Telefonistin in der Factory.
3 *zwei Tafeln*: *Fingerspuren (mit Palermo)* (253), 1970, zweiteilig, 200 × 200 cm. Das Bild existiert nicht mehr.
4 *Krefelder braun-beigen Bilder*: *Ohne Titel (mit Palermo)* (303, 304), 1971, je zweiteilig, je 150 × 325 cm. Die Bilder befanden sich lange Jahre als Leihgaben aus Privatbesitz im Kaiser-Wilhelm-Museum in Krefeld und sind heute in einer amerikanischen Privatsammlung.
5 *Wandmalerei*: Es handelt sich um Palermos Wandmalerei in der Ausstellung *Palermo. Wandmalerei*, Galerie Heiner Friedrich, München (15.2.–3.3.1971).
6 *Skulpturen*: *2 Skulpturen für einen Raum von Palermo* (297-1), 1971, je 174 cm hoch, Gips, grau bemalt. Die gemeinsame Ausstellung von Palermos Wandmalerei und Richters Skulpturen fand vom 21. April bis 15. Mai 1971 in der Galerie Heiner Friedrich in Köln statt.
7 *in München permanent*: Die Bronzefassung der *2 Skulpturen für einen Raum von Palermo* (297-2) befindet sich heute zusammen mit der von Richter rekonstruierten Wandmalerei Palermos in der Städtischen Galerie im Lenbachhaus, München.

Statement für *100 Artists See God*, 2004
Erstveröffentlichung: (Ohne Titel), in: *100 Artists See God* (Kat.), Independent Curators International, New York 2004, S. 56.
Aus dem Amerikanischen übersetzt von Dietmar Elger.

Der Beitrag erschien im begleitenden Katalog zu der Ausstellung *100 Artists See God*, die vom 7. März bis 27. Juni 2004 zuerst im The Jewish Museum, San Francisco, gezeigt wurde. Richter wählte als seinen Beitrag für die Ausstellung das kleinformatige Bild *Grau* (341-5), 1973, 46 × 46 cm.

Gespräch mit Christiane Hoffmans 2004
Erstveröffentlichung: Christiane Hoffmans: „Ein Zuhause für meine Bilder", in: *Welt am Sonntag*, 2.5.2004, S. 90.

1 *was ein Archiv ist*: Seit dem 1. Februar 2006 existiert bei den Staatlichen Kunstsammlungen in Dresden das Gerhard Richter Archiv.

2 *mit den Bildern klappen würde*: Am 20. August 2004 eröffnete die Galerie Neue Meister im Albertinum, Dresden, einen neuen Sammlungsschwerpunkt mit mehr als 40 Werken von Gerhard Richter. Gezeigt wurden mehr als vierzig Bilder aus Eigenbesitz sowie Leihgaben des Künstlers und aus privaten Sammlungen.

Interview mit Jan Thorn-Prikker über die Arbeit *WAR CUT* 2004
Erstveröffentlichung: Jan Thorn-Prikker: „,Je dramatischer die Ereignisse sind, desto wichtiger ist die Form.' Ein Gespräch mit dem Künstler Gerhard Richter über seine Arbeit WAR CUT", in: *Neue Zürcher Zeitung*, 29./30.5.2004, S. 45.

Interview von Jan Thorn-Prikker anlässlich der Veröffentlichung des Buchprojektes WAR CUT (Paris/Köln 2004) mit Richter. Das Buch kombiniert 165 Texte, die vollständige Artikel aus der *Frankfurter Allgemeinen Zeitung* zum Irak-Krieg 2003 wiedergeben, mit 216 von Richter angefertigten fotografischen Ausschnitten aus dem *Abstrakten Bild (648-2)* im Besitz des Musée d'Art Moderne de la Ville de Paris.

Interview mit Jan Thorn-Prikker 2004
Erstveröffentlichung: Jan Thorn-Prikker: *Gerhard Richter im Gespräch mit Jan Thorn-Prikker*, in: *Gerhard Richter im Albertinum* (Kat.), Galerie Neue Meister, Albertinum, Dresden 2004, S. 74–88.

Erschienen im begleitenden Katalog zur Eröffnung der Gerhard-Richter-Räume in der Galerie Neue Meister, Albertinum Dresden, am 20. August 2004.

1 *Die Flut*: Gemeint ist das Elbe-Hochwasser in Dresden im August 2002.
2 *Positionen*: Die Ausstellung *Positionen. Malerei aus der Bundesrepublik Deutschland* mit Werken von elf Malern, Horst Antes, Willi Baumeister, Raimund Girke, Gotthard Graubner, Anselm Kiefer, Konrad Klapheck, Ernst Wilhelm Nay, Siegmar Polke, Richter, Emil Schumacher und Günther Uecker, wurde in der Neuen Berliner Galerie im Alten Museum, Berlin (31.10.–30.11.1986), und im Albertinum, Staatliche Kunstsammlungen Dresden (10.12.1986–12.1.1987) gezeigt. Die Ausstellung war anschließend in gekürzter Fassung im Sprengel Museum Hannover (25.1.–28.3.1987) zu sehen.
3 *Benjamin Buchloh*: Siehe: Aus einem Brief an Benjamin H. D. Buchloh 23.5.1977, Anm. 1. Während dieser Reise entstand die Fotografie von Buchloh und Richter, die Richter später für das Doppelportrait *Hofkirche Dresden (865-3)*, 2000, 80 × 93 cm, als Vorlage diente. Die Aufnahme entstand allerdings nicht vor der Hofkirche, sondern vor dem Eingang zur Hochschule für Bildende Künste auf der Brühlschen Terrasse in Dresden.
4 *Zeichnungen und Aquarelle*: Die Ausstellung *Gerhard Richter. Zeichnungen und Aquarelle 1964–1999* war zunächst im Kunstmuseum Winterthur (4.9.–21.11.1999) zu sehen und wurde vom 15. Januar bis 19. März 2000 im Kupferstichkabinett der Staatliche Kunstsammlungen Dresden gezeigt.
5 *schöne Rudi*: Richter hat seinen Onkel 1965 in dem Bild *Onkel Rudi (85)*, 87 × 50 cm, portraitiert.
6 *Dresdner Jahresausstellungen*: Richter war nach seinem Studium an mehreren sol-

cher Ausstellungen beteiligt, so u. a. an der *Kunst-Ausstellung Dresden* 1957 und der *Ausstellung Junge Künstler*, 1960 im Albertinum. Bei dem in einer Radiosendung der BBC positiv hervorgehobenen Werk handelt es sich um eine Stadtlandschaft, mit der Richter in der Dresdner Weihnachtsausstellung 1959 vertreten war.

7 *Heinz Lohmar*: Siehe: „Brief an Prof. Heinz Lohmar, 6. April 1961", Anm. 1.

8 *Kirchenfenster*: Gemeint ist Richters Entwurf für das Fenster im südlichen Querschiff des Kölner Doms, das 2007 fertig gestellt werden soll. Siehe hierzu auch: „Gespräch mit Georg Imdahl 2005", S. 508.

9 *Zero-Leute*: Düsseldorfer Künstlergruppe, 1957 von Heinz Mack und Otto Piene gegründet. Seit 1962 war auch Günther Uecker Mitglied der Gruppe, die sich 1964 offiziell auflöste.

10 *Fluxus-Auftritte*: Richter hat u. a. die folgenden Veranstaltungen als Besucher miterlebt: *NEO-DADA in der Musik* in den Düsseldorfer Kammerspielen (16.6.1962), *Festum Fluxorum Fluxus* in der Staatlichen Kunstakademie Düsseldorf (2. und 3.2.1963) und das *Festival der neuen Kunst – Actions / Agit-Pop / De-Collage / Happening / Events / Antiart / L'Autrisme / Art Total / Refluxus* in der Technischen Hochschule Aachen (20.6.1964). Eine während dieser Veranstaltung entstandene Fotografie von Heinrich Riebesehl zeigt ihn zusammen mit Blinky Palermo und Manfred Kuttner (Siehe: Dietmar Elger: *Gerhard Richter. Maler*, Köln 2002, Abb. S. 81).

11 *Diplomarbeit*: Als Diplomarbeit entstand 1956 eine Wandmalerei im Deutschen Hygienemuseum Dresden. Das Wandbild wurde nach Richters Flucht im März 1961 aus der DDR übermalt.

12 *Werbefoto*: Richter hat das Motiv einer Werbeanzeige der Firma Kodak entnommen, die am 11. Juli 1965 in der Illustrierten Stern (S. 83) erschienen war.

„Wie viel Moral braucht die Kunst?" 2004

Erstveröffentlichung: „Wie viel Moral braucht die Kunst?", in: *Die Zeit*, 16.9.2004, S. 49.

Richters Diskussionsbeitrag zu einer Umfrage der Wochenzeitung *Die Zeit* anlässlich der Eröffnung der Friedrich Christian Flick Collection im Hamburger Bahnhof, Berlin, und zu der Kontroverse um die Verstrickungen des Flick-Konzerns in die Kriegsproduktion während des Nationalsozialismus. Um ihre Stellungsnahme zu der Frage „Wie viel Moral braucht die Kunst?" wurden Künstler gebeten, die mit ihren Werken in der Sammlung vertreten sind, darunter auch Hans Haacke, Luc Tuymans, Thomas Schütte, Marcel Odenbach und Thomas Struth.

Gespräch mit Stefan Koldehoff 2004

Erstveröffentlichung: Stefan Koldehoff: „26 000 Dollar sind 25 000 Dollar zuviel", in: *Monopol*, Okt./Nov. 2004, S. 34.

Das Gespräch begleitet einen Beitrag von Anne Zielke über die Edition *Kerze I* von 1988 in der Zeitschrift *Monopol* („Das Wunder von Goslar", in: *Monopol*, Okt./Nov. 2004, S. 27–33. Der Artikel berichtet über die ungewöhnlichen Wertsteigerungen, die das Blatt in den vergangenen Jahren erfahren hatte.

1 *Kerze II*: Tatsächlich handelt es sich um die Edition *Kerze I*, 1988 (Siehe: *Gerhard Richter. Editionen 1965–2004* (Kat.), Kunst Museum Bonn, 2004, Wvz.-Nr. 64). Vorlage für das Motiv ist das Bild *Kerze* (512-1), das von Richter hier allerdings seitenverkehrt wiedergegeben wird.

Interview mit Benjamin H. D. Buchloh 2004
Erstveröffentlichung: Benjamin H. D. Buchloh: „Interview", November 2004, in: *Gerhard Richter* (Kat.), Marian Goodman Gallery, New York 2005, S. 59–70.

Hier abgedruckt nach der unveröffentlichten deutschen Originalfassung des Interviews.

1 *neuen Bilder*: Buchloh bezieht sich auf die Bilder *Silikat* (883-7), 2003, *Silikat* (885/1-4), 2003, *Abstraktes Bild (Haut)* (887/2-3), 2004, und *Strontium* (888), 2004.

Gespräch mit Georg Imdahl 2005
Erstveröffentlichung: Georg Imdahl: „Das südliche Fenster und seine Erstrahlung", in: Kölner Stadt-Anzeiger, 3.2.2005, S. 24.

Gespräch von Georg Imdahl über Richters Entwurf für das Fenster im südlichen Querschiff des Kölner Doms, das 2007 fertiggestellt werden soll. Siehe auch: „Notizen zur Pressekonferenz, 28. Juli 2006", S. 526–528.

1 *in einem Einfamilienhaus*: *Glasfenster, 625 Farben* (703), 1989, 273 × 268 cm.

Gespräch mit Bertram Müller 2005
Erstveröffentlichung: Bertram Müller: „Natürlich bin ich gerührt", in: *Rheinische Post*, 2.3.2005, S. A8.

Das Gespräch wurde anlässlich der Pressekonferenz zu der Ausstellung im K 20 Kunstsammlung Nordrhein-Westfalen, Düsseldorf (12.2.–16.5.2005) geführt.

***SPIEGEL*-Interview mit Susanne Beyer und Ulrike Knöfel 2005**
Erstveröffentlichung: Susanne Beyer und Ulrike Knöfel: „Mich interessiert der Wahn", in: *DER SPIEGEL*, 15.8.2005, S. 128–132.

1 *Frau Sabine und Ihr kleiner Sohn Moritz*: Die achtteilige Serie *S. mit Kind* (827/1–8) entstand 1995.
2 *Jürgen Schreiber*: Jürgen Schreiber: *Ein Maler aus Deutschland. Gerhard Richter. Das Drama einer Familie*, München / Zürich 2005.
3 *im Tagesspiegel vor einem Jahr*: Jürgen Schreiber: „Das Geheimnis des Malers", in: *Der Tagesspiegel*, 22.10.2004, S. 1, 4/5.
4 *World Trade Center*: 2005 entstand auch eine Gruppe von vier großformatigen Zeichnungen, in deren abstrakten Strukturen sich ebenfalls schemenhaft die Türme des New Yorker World Trade Center abzeichnen (für Abbildungen siehe: *Gerhard Richter* (Kat.), Marian Goodman Gallery, New York 2005, Abb. o. S.). Auf einer im Katalog abgebildeten Atelierszene ist auf der Staffelei die Vorzeichnung zu dem Gemälde zu sehen (Abb. o. S.).
5 *Willy-Brandt-Statue*: Richter bezieht sich auf die 1996 von Rainer Fetting geschaf-

fene, 3,40 Meter hohe Bronze-Skulptur von Willy Brandt, die im Willy-Brandt-Haus der SPD in Berlin steht. Auf die Kritik von Richter antwortete Rainer Fetting in einem Gespräch mit der Berliner Boulevardzeitung B.Z.: „Gekränkt hat mich das nicht. Ich weiß, was ich von seinen Arbeiten zu halten habe. Seine Technik, diese alla-prima-Malerei, kann man doch in jedem Malbuch lernen. Das ist nicht sehr kreativ. Gerhard Richters Bilder sind langweilig." (Michael Zöllner: „Zicken-Krieg der Super-Künstler", in: B.Z., 13.10.2005, S. 23).

Gespräch mit Roberta De Righi 2005
Erstveröffentlichung: Roberta De Righi: „Mit jeder Seite neue Zweifel", in: *Abendzeitung*, 7.9.2005, S. 17.

Richters Stellungnahme zu dem Buch von Jürgen Schreiber (*Ein Maler aus Deutschland. Gerhard Richter. Das Drama einer Familie*, München / Zürich 2005).

1 *Artikel im Tagesspiegel*: Jürgen Schreiber: „Das Geheimnis des Malers", in: *Der Tagesspiegel*, 22.10.2004, S. 1, 4/5.
2 *Heinrich Eufinger*: Prof. Heinrich Eufinger war der Vater von Richters erster Frau Ema, die er 1957 heiratete. Eufinger wurde 1894 in Wiesbaden geboren, er starb 1988 in Wilhelmshaven. Von 1935 bis 1945 leitete er die Städtische Frauenklinik in Dresden-Friedrichstadt. Nach dem Krieg wurde Eufinger für drei Jahre inhaftiert. Von 1950 bis 1956 leitete er eine Klinik in Burgstädt. 1956 verließen Heinrich Eufinger und seine Frau die DDR.

Interview mit Jeanne Anne Nugent 2006
Erstveröffentlichung: Jeanne Anne Nugent: „Interview with Gerhard Richter", in: *From Caspar David Friedrich to Gerhard Richter. German Paintings from Dresden at The J. Paul Getty Museum, Los Angeles* (Kat.), The J. Paul Getty Museum, Los Angeles 2006, S. 113–117.

Hier zitiert nach der deutschen Originalfassung des Interviews.

Das Interview ist eine Zusammenfassung mehrerer im Mai und Juni 2006 geführter Gespräche.

1 *Verkündigung von Tizian: Verkündigung nach Tizian (343/1–2)*, 1973, je 125 × 200 cm, *Verkündigung nach Tizian (344/1–3)*, 1973, je 150 × 250 cm. Siehe auch: „Interview mit Gislind Nabakowski 1974", S. 85–90.
2 *Wieland Förster*: 1930 in Dresden geboren. 1953–1958 Studium an der Hochschule für Bildende Künste Dresden. Freischaffender Bildhauer. Lebt in Berlin.
3 *Wilfried Werz*: 1930 in Berlin geboren. 1951–1956 Studium an der Hochschule für Bildende Künste Dresden. Bühnenbildner. Lebt in Berlin.
4 *Helmut Heinze*: 1932 in Mulda, Sachsen, geboren. 1950–1957 Studium an der Hochschule für Bildende Künste Dresden. 1979 Professur für Bildhauerei an der Hochschule für Bildende Künste Dresden. Lebt in Kreischa bei Dresden.
5 *Wald: Wald (1–12) (892/1–12)*, 2005, je 197 × 132 cm.
6 *damaligen Wald-Bilder: Wald 1–4 (731 bis 734)*, 1990, je 340 × 260 cm.

Notizen zur Pressekonferenz, 28. Juli 2006
Unveröffentlicht.

Richters Notizen für die Pressekonferenz am 28. Juli 2006 in der Dombauhütte des Kölner Doms anlässlich der Präsentation seines Entwurfes für das Fenster im Südquerschiff. Siehe dazu auch: „Gespräch mit Georg Imdahl 2005“, S. 508.

1 *das aus 4.096 Farbfeldern bestand*: Bei dem ersten dieser Bilder von 1966 handelt es sich um das Werk *Zehn Farben (135-1)*, bei dem letzten Werk von 1974 um *4096 Farben (359)*.
2 *Zur Systematik der Farbskalen*: Vgl. hierzu auch: Katalogtext für Gruppenausstellung im Palais des Beaux Arts, Brüssel 1974, „1024 Farben in 4 Permutationen“, S. 91.

Interview mit Hans Ulrich Obrist, November 2006
Erstveröffentlichung: Hans-Ulrich Obrist: Gerhard Richter, in: DOMUS, Januar 2007, S. 116–124 (englische Fassung: S. 117–125).

Hier zitiert nach der deutschen Originalfassung des Interviews.

Das ursprüngliche Interview wurde bereits im Juli 2005 geführt, von Richter mehrfach überarbeitet und erst am 14. November 2006 abgeschlossen.

1 *ein Interview für das Buch Deiner Texte*: Siehe: „Interview mit Hans Ulrich Obrist 1993“, S. 298–312.
2 *Interview mit Robert Storr*: Siehe: „MoMA-Interview mit Robert Storr 2002“, S. 406–448.
3 *Gespräch mit Jan Thorn-Prikker zur Publikation WAR CUT*: Siehe: „Interview mit Jan Thorn-Prikker über die Arbeit *WAR CUT* 2004“, S. 469–473.
4 *SPIEGEL-Interview*: Siehe: „SPIEGEL-Interview mit Susanne Beyer und Ulrike Knöfel 2005“, S. 509–518.
5 *Wittgenstein*: Der Philosoph Ludwig Wittgenstein hat als Architekt 1914 eine Hütte in Norwegen und 1926–1928 ein Wohnhaus für seine Schwester Margarete Stonborough in der Wiener Kundmangasse errichtet.
6 *Westkunst-Ausstellung*: Die von Kasper König kuratierte Ausstellung *Westkunst. Zeitgenössische Kunst seit 1939*, fand vom 30. Mai bis 16. August 1981 in den Kölner Messehallen statt.
7 *utopische Raumkonstellationen*: Für Abbildungen siehe: Helmut Friedel (Hrg.): *Gerhard Richter. Atlas*, Köln 2006, Tfn. 221–252.
8 *die Fenster wieder freigelegt*: Richter bezieht sich auf seine Retrospektive *Gerhard Richter. Bilder 1962–1985*, die vom 18. Januar bis 23 März 1986 von der Städtischen Kunsthalle Düsseldorf veranstaltet wurde, aber auch in den im selben Gebäude befindlichen Räumen des Düsseldorfer Kunstvereins für die Rheinlande und Westfalen gezeigt wurde.
9 *Öffnung der Fenster auf die Straße*: Anlässlich der Ausstellung *Acht Grau* im Deutsche Guggenheim, Berlin (11.10.2002–5.1.2003), ließ Richter die Verkleidung vor den Fenstern entfernen, so dass sich der Außenraum in den grauen Scheiben spiegeln konnte.
10 *Ausstellung in der Kunstsammlung Nordrhein-Westfalen*: *Gerhard Richter*, K20 Kunstsammlung Nordrhein-

Westfalen, Düsseldorf (12.2.–16.5.2005).

11 *Lenbachhaus München*: *Gerhard Richter*, Städtische Galerie im Lenbachhaus, München (4.6.–21.8.2005). Die Ausstellung fand im Kunstbau statt. Im Lenbachhaus war zusätzlich der *Atlas* ausgestellt.

12 *Heiner Friedrichs Galerie in Köln*: Es handelt sich um die Ausstellung *Richter / Palermo*, Galerie Heiner Friedrich, Köln (21.4.–15.5.1971).

13 *die Ausstellung für Salvadore Dalí*: *Gerhard Richter / Blinky Palermo: Für Salvadore Dalí*, Galerie Ernst, Hannover (10.10–6.11.1970).

14 *zwei große Bilder*: *Ausschnitt (rot-blau) (273)* und *Ausschnitt (grau-lila) (274)*, beide von 1970.

15 *drei BMW-Bilder*: *Rot (345-1)*, *Gelb (345-2)*, *Blau (345-3)*, 1973, je 300 × 600 cm.

16 *Palermo gegeben hatte*: Richter bezieht sich hier auf die aus 39 Tafeln bestehende Werkgruppe *To the People of New York* von Blinky Palermo aus dem Jahr 1976. Palermo hat bei den Bildern ausschließlich die Farben Schwarz, Rot und Gelb eingesetzt.

17 *die Anfrage von Herzog & de Meuron*: Die Architekten des De Young Museum in San Francisco Jacques Herzog und Pierre de Meuron beauftragen Richter mit einer Installation für das Museum. 2004 entsteht das Werk *Strontium (888)*, c-print, 130-teilig, 910 × 945 cm, das erstmals in der Ausstellung *Gerhard Richter* im K20 Kunstsammlung Nordrhein-Westfalen, Düsseldorf (12.2.–16.5.2005) ausgestellt wird, bevor das Werk im De Young Museum, San Francisco, fest installiert wurde. Für Abbildungen siehe auch: Helmut Friedel (Hrg.): *Gerhard Richter. Atlas*, Köln 2006, Tf. 748.

18 *altes Foto geschenkt*: Richter erhielt die Aufnahme von Heinrich Miess, der später auch die vier Editionen mit dem Motiv druckte und herausgab. Für Abbildungen siehe: *Gerhard Richter. Editionen 1965–2004* (Kat.), Kunst Museum Bonn, 2004, Wvz.-Nrn. 113–116, S. 263–266.

19 *WAR CUT-Buch*: Suzanne Pagé und Hans Ulrich Obrist (Hrg.): *WAR CUT*, Paris/Köln 2004.

20 *Die erste Vorlage*: Die Vorlage zu der Druckgrafik *Erster Blick*, 2000, erschien am 26. Juli 2000 in der *Frankfurter Allgemeinen Zeitung*. Für eine Abbildung siehe: *Gerhard Richter. Editionen 1965–2004* (Kat.), Kunst Museum Bonn, 2004, Wvz.-Nr. 112, S. 262.

21 *Zeichnungen*: (4 Zeichnungen). Für Abbildungen siehe: *Gerhard Richter* (Kat.), Marian Goodman Gallery, New York 2005, o. S.

22 *zwölf Bilder*: *Wald (1–12) (892/1–12)*, 2005, je 197 × 132 cm.

23 *New Yorker Ausstellung*: Es handelt sich um die folgende Ausstellung: *Gerhard Richter*, Marian Goodman Gallery, New York (14.9.–27.10.2001).

24 *Sozialwohnungen*: Für eine Abbildung siehe: Helmut Friedel (Hrg.): *Gerhard Richter. Atlas*, Köln 2006, Tf. 259.

Interview mit Hans Ulrich Obrist 2007
Erstveröffentlichung: Hans Ulrich Obrist: „Gerhard Richter", in: *L'UOMO Vogue*, Mai/Juni 2007, o. S.

Hier zitiert nach der deutschen Originalfassung des Interviews.

1 *Robert Storr-Biennale:* Robert Storr, der Kurator der Retrospektive von Gerhard Richter 2002 im Museum of Modern Art, New York, ist 2007 Kurator der Biennale in Venedig (10.6.–21.11. 2007).

2 *eine Serie von sechs großen, quadratischen Bildern:* Es handelt sich um die Gemälde *Cage (1–6)*, 2006, Öl auf Leinwand, 290 × 290 cm (1, 3, 4), bzw. 300 × 300 cm (2, 5, 6).

3 *Silikat-Bildern: Silikat (885/1–4)*, 2003, Öl auf Leinwand, je 290 × 290 cm. Die Bilder wurden 2006 von der Kunstsammlung Nordrhein-Westfalen, Düsseldorf, erworben. Siehe hierzu: Kunstsammlung Nordrhein-Westfalen / Kulturstiftung der Länder (Hrsg.): *Gerhard Richter. Silikat*, Düsseldorf 2007 (= Reihe PATRIMONIA, Bd. 322)

4 *Strontium-Bild:* Das Bild *Strontium (888)*, 2004, c-print, 130teilig, 910 × 945 cm, entstand als Auftragsarbeit für das von den Schweizer Architekten Herzog & de Meuron entworfene Fine Arts Museum of San Francisco – De Young Legion of Honor, San Francisco.

5 *die weißen Bilder, die in Japan ausgestellt waren:* Die Bemerkung bezieht sich auf die unikäre Edition *Snow-White*, die 2006 von der Galerie Wako Works of Art, Tokyo, in einer Auflage von 100 Exemplaren herausgegeben und in einem gleichnamigen Buch publiziert wurde.

6 *Guardi:* Francesco Guardi (Venedig 1710–1793 Venedig), *Gondole sulla laguna (laguna grigia)*, Museo Poldi Pezzoli, Mailand.

7 *2001 bei Marian ausstellte?:* Richter bezieht sich hier auf die *Abstrakten Bilder (867/1–3)*, 2000, Öl auf Leinwand, je 175 × 250 cm. Die Ausstellung in der Marian Goodman Gallery, New York, fand vom 14. September bis 27. Oktober 2001 statt.

8 *Sils Maria:* Gerhard Richter zeigte 1992 eine von Hans Ulrich Obrist kuratierte Ausstellung im Friedrich-Nietzsche-Haus in Sils Maria (Juli 1992 – März 1993). Zu sehen waren vor allem übermalte Fotos.

Personenregister

In kursiv gesetzte Seitenzahlen verweisen auf Abbildungen

R

S

Dieses Buch entstand
in Zusammenarbeit
mit dem Gerhard Richter
Archiv, Staatliche Kunst-
sammlungen Dresden

STAATLICHE
KUNSTSAMMLUNGEN
DRESDEN

Herausgeber
Dietmar Elger und
Hans Ulrich Obrist

Redaktion
Dietmar Elger,
Gerhard Richter Archiv

Verlagskoordination
Herbert Abrell

Gestaltung
Silke Fahnert,
Uwe Koch, Köln

Gesamtherstellung
Printmanagement Plitt,
Oberhausen

Erschienen im
Verlag der Buchhandlung
Walther König, Köln
Ehrenstr. 4, 50672 Köln
Tel. +49 (0) 221 / 20 59 6-53
Fax +49 (0) 221 / 20 59 6-60
verlag@buchhandlung-
walther-koenig.de

*Die Deutsche Bibliothek –
CIP-Einheitsaufnahme*
Ein Titelsatz für diese Publi-
kation ist bei Der Deutschen
Bibliothek erhältlich

Vertrieb Schweiz
Buch 2000
c/o AVA Verlags-
auslieferungen AG
Centralweg 16
CH-8910 Affoltern a. A.
Tel. +41 (0) 1 762 42 00
Fax +41 (0) 1 762 42 10
a.koll@ava.ch

ISBN 978-3-86560-185-8

Printed in Germany

Wiederabdruck der Texte aus
*Gerhard Richter. Text. Schriften
und Interviews*, hg. von Hans
Ulrich Obrist, Frankfurt am
Main, Leipzig: Insel Verlag
1993: Mit freundlicher Genehmigung des Verlages.

Fotonachweis
S. 2: Timm Rautert
S. 28 unten: Reiner
Ruthenbeck, Düsseldorf
1963, © VG Bild-Kunst,
Bonn, 2008
S. 51 unten: Carlo Catenazzi,
Art Gallery of Ontario
S. 150: Henning Lohner,
Los Angeles
S. 220: Jerry Spiegel,
New York
S. 243: © Anne Gold, Aachen
S. 265 oben: © GAECHTER+
CLAHSEN, Fotografen SWB,
Atelier BINZ39, Zürich 1998
S. 265 unten: © Heinz
Jokisch, Düsseldorf
S. 267 oben: Dietmar Elger,
Gerhard Richter Archiv,
Dresden
S. 290/291: © Manfred Leve,
Nürnberg
S. 313 unten: André Morin,
MAM/ARC, 1993
S. 364: Hubert Becker, 1997
S. 388: © Hubert Becker, 1998
S. 409: © Peter Dibke, 2002
S. 411 oben und unten:
© Sabine Moritz-Richter,
2001/2002
S. 458 unten: © Wolfgang
Kuehn, Meerbusch
S. 482 unten: © J. Paul Getty
Museum, Los Angeles
S. 503 oben: © Belz / Hamann
S. 529: © epd-Bild / Guido
Schiefer
Werkfotografie: Friedrich
Rosenstiel, Köln